AF717028

Klaas Huizing

Scham und Ehre

Eine theologische Ethik

Bibliografische Information der Deutschen Nationalbibliothek
Die Deutsche Nationalbibliothek verzeichnet diese Publikation in der Deutschen Nationalbibliografie; detaillierte bibliografische Daten sind im Internet über https://portal.dnb.de abrufbar.

Klimaneutral
Druckprodukt
ClimatePartner.com/14044-1912-1001

FSC
www.fsc.org
MIX
Papier aus verantwortungsvollen Quellen
FSC® C005833

Verlagsgruppe Random House FSC® N001967

2 Auflage, 2020
Copyright © 2016 Gütersloher Verlagshaus, Gütersloh,
in der Verlagsgruppe Random House GmbH,
Neumarkter Str. 28, 81673 München

Sollte diese Publikation Links auf Webseiten Dritter enthalten, so übernehmen wir für deren Inhalte keine Haftung, da wir uns diese nicht zu eigen machen, sondern lediglich auf deren Stand zum Zeitpunkt der Erstveröffentlichung verweisen.

Druck und Bindung: Těšínská tiskárna, a.s., Český Těšín
Printed in Czech Republic
ISBN 978-3-579-08239-4

www.gtvh.de

Den Schwiegersöhnen

Paul Huizing

Thomas Kusitzky

Inhalt

Vorwort und Dank
Das Wüten von Maarten 't Hart

Auch noch jenseits der Siebzig wütet der niederländische Autor Maarten 't Hart nahezu atemlos gegen seine calvinistische Erziehung und gegen das desaströse Menschenbild, das ihm vor allem durch seine Mutter vermittelt worden ist. So lässt er in seinem Roman *Magdalena* über die eigene Mutter sie selbst sagen: »(A)lles, was von Menschenhand geschaffen wurde, ist von der Sünde befleckt, ist mit Sünde getränkt, ist mit Sünde beschmutzt, durch Sünde gebrandmarkt.«[1] Zwar hat Maarten 't Hart seinen leisen Humor nicht eingebüßt, aber für den Calvinismus empfindet er nur laute Verachtung: »Der Calvinismus war eine abartige, bizarre, grauenhafte Form des Christentums.«[2] Andere christliche Konfessionen stehen nicht in seinem Fokus, für ihn ist das Christentum aber insgesamt eine Lebensform, vor deren Nebenwirkungen dringend gewarnt werden muss, deshalb endet sein Roman *Magdalena* mit einer unerbittlichen und verächtlichen Gegenlesung des Credos und des Vaterunsers. Ein kleiner Katechismus der finalen Verweigerung. Kehraus mit dem Christentum. Eine Bitte um Verschonung nach der erlebten Verwüstung. Eine Schlussstrichgeste, der man die Erleichterung ansieht. Maarten 't Hart bleiben als Trost noch die musikalischen Heroen Bach und Mozart. Immerhin. Ganz ohne vertikale Verdrahtung muss auch er nicht auskommen.

Ich bin ebenfalls in einem calvinistischen Elternhaus aufgewachsen, also Maarten 't Harts idealer Leser, folge seit zwanzig Jahren, während der Lektüre seiner autobiographischen Romane unweigerlich nickend, als litte ich an einem Hospitalismus, seinem nie gemütlichen Wüten. Die durch die Erziehung verschriebene Sündenbrille abzulegen, ohne dem Christentum damit abzuschwören, scheint, liest man Maarten 't Hart, unmöglich. Als Augentraining, so der protestantische Instinkt, hilft nur die neuerliche Lektüre. Und die Lektüre hilft sehen, denn an einem biblischen Text, der Kain- und Abel-Geschichte, ging mir auf, dass die biblischen Schriftsteller gegen den ersten (und zweiten) Anschein eine weniger sündenfixierte Lesart zulassen und nahezu trotzig – ohne

1 't Hart (2016: 275).

2 't Hart (2016: 276). Aus katholischer Sicht ringt beherzt mit dem Christentum der Romancier Emmanuel Carrère (2016). Carrère ist neben Paulus an Lukas interessiert: »Ich bin ein Autor, der zu verstehen versucht, wie ein anderer Autor ans Werk gegangen ist.« (328) Verblüffend sind seine poetologischen Überlegungen (315-321), aber sehr einleuchtend. Herrlich präzise diagnostiziert Carrère im Christentum einen »Schuldterrorismus« (444).

naiv zu sein – auf die Bildbarkeit des Menschen bauen. Biblische Schriftsteller trainieren den rechten Umgang mit Scham als Warnung davor, schuldig und sündig zu werden. Das ist eine alternative, weniger misanthropische Sicht der Dinge, die durch die asketischen calvinistischen Mütter bedient wurde. Diese neue Sicht erprobe ich in diesem Buch. Mein ethischer Entwurf ist deshalb zunächst und zumeist als Präventivethik angelegt, ohne den Tatbestand von Schuld und Sünde leugnen zu wollen. Dieser Zugang, der mit dem sündenfixierten Selbstverständnis vieler Theologen sehr grundsätzlich bricht, hat einige Vorteile. Ein entscheidender Vorteil dieser Herangehensweise ist das milde, optimistische christliche Menschenbild. Ein Gespräch mit säkularen Ethikern wird durch das Absenken der Diskursschwellen in dieser Frage sehr viel leichter möglich. Die Generation meiner Töchter und Schwiegersöhne, die nahezu täglich mit der missbrauchten Religion in vielen Facetten konfrontiert werden, können mit dem pessimistischen Menschenbild der christlichen Tradition kaum – kaum ist noch ein Euphemismus – etwas anfangen. Diese Präventivethik, die die Lebensdienlichkeit der christlichen Religion deutlich machen will, ist ein Angebot zum Dialog. Meinen beiden Schwiegersöhnen ist deshalb dieses Buch gewidmet.

Das intensive Gespräch mit meinen Assistenten Dr. Michael Bauer, Johannes Lange, Martin Schott und meinen Assistentinnen Dr. Iris Kreile und Theresa Michalik zu den Themen der Ethik hat mich in der unverbiesterten Sicht der Dinge bestärkt. Unschätzbar ist der Beitrag, den seit zehn Jahren Dr. Michael Bauer geleistet hat. Auch wenn die Diskussionen manchmal kontrovers ausfielen, war der immer von Humor geprägte Disput der Sache geschuldet. Für einen gelernten Dialogiker wie mich, ich habe in der Philosophie über Levinas promoviert, ist der Dialog die Urform des Glücks. Unser beider Hochschätzung der Literatur des Alten und Neuen Testaments – für theologische Ethiker durchaus keine Selbstverständlichkeit – gab der Arbeit immer wieder neuen Schwung. Michael Bauer gilt deshalb mein besonders herzlicher und nachhaltiger Dank.

Meine Mitarbeiterinnen am Lehrstuhl, Xena Hospes, Deborah Wildenhues, Julia Kleemann, Annika Margraf, Theresa Kuhn, Veronika Geißler und Sabrina Maiwald bedienten mit immer neuen Lieferungen meine manische Buchtrinkersucht, pflegten klaglos das ausufernde Literaturverzeichnis, beschafften Bilder und führten dem Fehlerteufel geschuldete Korrekturen aus. Vielen Dank. Aus dem Freundeskreis danke ich vor allem Wolfgang Kerkhoff, der als gelernter Journalist und stellvertretender Regierungssprecher der Saarländischen Landesregierung auf die Lesbarkeit des Buches gedrängt hat.

Diedrich Steen vom Gütersloher Verlagshaus, sein Vorname prädestiniert ihn zum Hermeneutiker, der Texte aufschließen kann, hat nicht nur vor vier Jahren vorgeschlagen, meine drei lange vergriffenen Bände der Ästhetischen

Theologie in einem Band neu aufzulegen, sondern auch den Denkprozess der Ethik mit großem Engagement und extrem viel Sympathie begleitet. Dafür bin ich dankbar.

Im Juli 2016 *Klaas Huizing*

Vorwort zur 2. Auflage

Bücher haben ihr eigenes Schicksal, so geht ein geflügeltes Sprichwort. Eine zweite Auflage ist ein gutes Schicksal. Und ein deutlich günstigerer Ladenpreis lässt ein noch besseres Schicksal erhoffen. Meine 2016 publizierte Ethik *Scham und Ehre* wurde sehr positiv aufgenommen und auch außerhalb der Theologie, in der psychosomatischen Medizin und in der Psychotherapie, war die Resonanz überraschend groß. Mein Verlagslektor Diedrich Steen vom Gütersloher Verlagshaus hat mir das Angebot einer Broschur-Ausgabe gemacht, das ich sehr gerne angenommen habe. Da ich mit Hochdruck an einer Weisheitstheologie schreibe, erscheint die Zweitauflage nahezu identisch mit der Erstausgabe.

Ich darf auf zwei Publikationen verweisen, die den Prozess des Weiterdenkens dokumentieren. Noch eindringlicher als in der vorliegenden Ethik habe ich das Surplus einer theologischen Ethik, Vorschläge von Gerd Theißen aufnehmend, als Statusverzicht bestimmt, eine Haltung, die markant in alttestamentlichen Texten und selbstredend in neutestamentlichen Texten Gestalt gewinnt.

- Hass, Hassmedien und Hassprediger. Versuch über den Ursprung von Gewalt, in: Langthaler, Rudolf/ Hofer, Michael (Hg.): Liebe und Hass. Perspektiven der Philosophie, Religion und Literatur, Wiener Jahrbuch für Philosophie, Band L 2018, Wien 2019, 194-206.
- Scham und Schuld: Fluchtlinien einer Präventivethik und Weisheitstheologie, in: Evers, Dirk/Pfleiderer, Georg (Hg.): Sünde, Schuld und Scham, Tübingen 2020 (im Druck).

Gewidmet bleibt das Buch auch in seiner zweiten Auflage meinen beiden Schwiegersöhnen Thomas und Paul.

Würzburg, an Frühlingsanfang 2020 *Klaas Huizing*

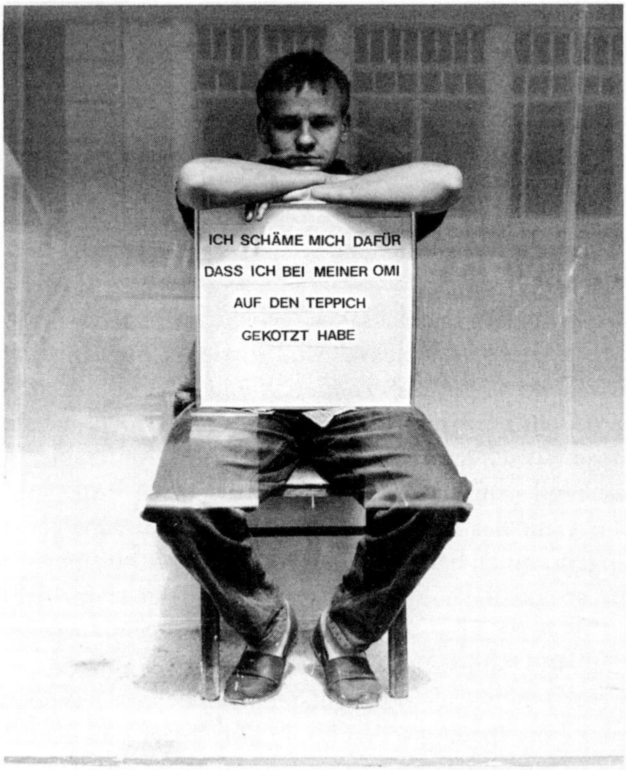

Christian Jankowski, Schamkasten, 1992, Video (1 x Digital Betacam, 1 x DVD), 120:00 min, PAL,4:3, color, sound, German, and 34 b/w photographs, each 30.4 x 23.9 cm, edition of 5, II. In collaboration with Frank Restle.

»Muss es nicht in der Lexik eines Autors immer ein Mana-Wort geben, ein Wort, dessen brennende, vielgestaltige, nicht zu fassende und gleichsam sakrale Bedeutung die Illusion gibt, dass man mit diesem Wort auf alles antworten kann?«
Roland Barthes

Einleitung

Vorspiel

»Die Ethik ist eine Optik.«
Emmanuel Levinas

»›Angst vor Gesichtsverlust‹ (der bösartigste aller Dämonen).«
Roland Barthes

»›Es fragt sich, ob das nicht Gott war‹, meinte Geir. ›Das Gefühl, gesehen zu werden, von dem auf die Knie gezwungen zu werden, was einen sieht. Wir haben nur einen anderen Namen dafür. Das Über-Ich oder die Scham.‹«
Karl Ove Knausgård

Scham und Ehre

Die vorliegende Ethik betritt Neuland, indem sie das Phänomen Scham ins Zentrum ihrer Ausführungen rückt. Meine *Schamethik* unterscheidet sich von bisherigen ethischen Erörterungen, die mit dem Schambegriff arbeiten, markant dadurch, nicht zum x-ten Mal ein Plädoyer für Tugendhaftigkeit im Sinne der Schamhaftigkeit zu halten.[1] Solche Plädoyers verkürzen und entwerten das Phänomen der Scham. Dagegen pointiere ich die zentrale Bedeutung der Schamsituation für die Konstitution der ethischen Person und zeige, wie zahlreiche ethische Konflikte in unserer Gesellschaft durch Scham und vorweggenommene Scham gesteuert oder verursacht werden. Der konzeptuelle erste Teil meiner Schamethik bietet entsprechend eine theoretische Erörterung des Phänomens der Scham, Teil zwei wendet sich den Konflikten in unterschiedlichen ethischen Bereichsfeldern zu, identifiziert Scham als eine der oft übersehenen Ursachen und erwägt Strategien, mit der Scham klug umzugehen, um künftig Konflikte zu vermeiden.

Der erste Essay verortet die Schamethik im bisher nur vage kartographierten wissenschaftlichen Diskurs zum *emotional turn*. Mein Held ist der Philo-

1 Der Begriff »Schamethik«, mit dem diese Ethik arbeitet, ist bisher kein eingeführter Begriff. Sichtet man die spärlichen Belege, so zeigt sich schnell, dass darunter zumeist die Tugend der Schamhaftigkeit verbucht wird: Schneuwly (1954: 6, 14, 89 u.ö.); Schmidt (1986: 62); Emecheta/ Nwapa (2002: 268).

soph Hermann Schmitz, der bereits einen *emotional turn* vollzog, als die Geisteswissenschaften noch hüftsteif in eine andere Richtung marschierten. *Scham ergreift den Überwältigten mit einer normativen Autorität*, die zugleich die Verletzung der sozialen Synthesis hautnah spürbar macht. Die Philosophie von Emmanuel Levinas dient mir dazu, die *Schamsituation als eine primordiale Schlüsselsituation* zu deuten, die für die *Konstitution der ethischen Person* schlechterdings notwendig ist. Nach Levinas ist die *Ethik die erste Philosophie* und *Schäm dich!* – so interpretiere ich ihn – der erste ethische Imperativ, dem der Imperativ *Töte mich nicht!* beigeordnet ist. Darin kommen beide Philosophen überein: *Menschen sind Antwortwesen.*[2] Präziser: *Menschen sind schamgeboren.*

Obwohl die Schamerfahrung unerlässlich ist für die Konstitution der ethischen Person, bringt sie eine Gefahr mit sich: Die Scham drängt den Beschämten in eine *extrem passive* Rolle. Um diese Passivität zu überwinden und wieder die aktive Rolle zu erlangen, scheint es für den Beschämten attraktiv zu sein, Scham in Schuld zu verschieben, also eine aktive Handlungsweise zu wählen, die von der Scham ablenkt, indem der Beschämte gewalttätig wird. Damit ist aber zugleich gesagt: *Die Situation der Scham markiert den kritischen Punkt menschlicher Freiheit:* sich zu ändern, sprich: den eigenen Charakter zu formen und Haltungen auszubilden, die Schamerfahrung zu verdrängen oder – in unterschiedlichen Graden – schuldig zu werden. Daraus ergibt sich die notwendige Schlussfolgerung: Menschen sind nicht zur Schuld verdammt. Als *Ursache für die Entstehung von Gewalt* wird in diesem Buch die *Sehnsucht, Scham in Schuld zu verschieben,* ausgemacht. Eine Schamethik will die Konfliktpotentiale und Konfliktkanten, die durch diese Generaltheorie beschreibbar werden, präventiv bearbeiten.

Scham ist ein Schlüsselbegriff im ethischen Entwurf von Ernst Tugendhat, der mit einer bewundernswerten Hartnäckigkeit und in immer neuen Anläufen und Retraktationen die *Möglichkeiten und Grenzen einer autonomen Begründung der Moral* untersucht, in seinem Spätwerk aber auch den mystischen Nahverkehr mit der Transzendenz zugelassen hat. In der Auseinandersetzung mit seiner Ethik, die mich von allen aktuellen säkularen Ethiken am nachhaltigsten überzeugt, wird das Verhältnis einer theologischen zu einer nichttheologischen Ethik sehr präzise beschreibbar. Das ist für beide Seiten, sofern deren Vertreterinnen[3] sich darauf ohne Überlegenheitsunterstellung einlassen, ein Diskursgewinn.

2 Diese Lesart untermauern auch Bernhard Waldenfels (2000; 2007) und aus soziologischer Perspektive Hartmut Rosa (2016).

3 Ich mische in diesem Text feminine und maskuline Formen, immer mitgemeint sind alle anderen Geschlechtervarianten.

Ein zweiter Essay fragt nach der theologischen Verankerung der Schamethik, die im ersten Essay *ohne explizite religiöse Anleihen* auskommt. Mustert man die gängigen evangelischen Ethiken, dann entdeckt man ein Füllhorn an Begründungsinstanzen: Schöpfungslehre, Christologie, Pneumatologie, Trinitätslehre, Rechtfertigungslehre, Erwählungslehre, Eschatologie. Ich werbe für die bisher weitgehend unbeachtet gebliebene *Weisheitslehre*. Die biblische Weisheitslehre ist eine *Wahrnehmungs- und Inszenierungsschule*, die durch ihre Texte versucht, Selbst, Welt und Gott *religiös erfahrbar* zu machen, und zugleich eine *hochsensible Persönlichkeitsbildung* anbietet. Biblische Modell-Lektüren bestätigen (und erweitern) die im ersten Essay präsentierte Phänomenologie und Anthropologie der Scham. Narrationen, die Schlüsselsituationen inszenieren, verleihen durch ihre emotional gesättigten Überzeugungen *orientierende Kraft und Motivation*, die dort erschlossene Weltsicht zu übernehmen. Genau hierin besteht das Surplus einer narrativen Ethik.[4]

Weil in weisheitlicher Perspektive der Mensch trotz aller Rückschläge für fähig gehalten wird, mit Kontingenzen und der geschenkten Freiheit lebensdienlich umzugehen, ist eine weisheitliche Anthropologie in ihrer Anlage *optimistisch* gestimmt. Diese die Weisheitstheologie und Weisheitsethik befeuernde, milde optimistische Anthropologie macht sie allerdings hochgradig verdächtig für Theologen, die ihre pessimistische Weltsicht schnappatmend pflegen. Die biblischen Schriftsteller präsentieren einen Gott, der mit *wohlwollender Beschämung* und *souverän mit Satire* arbeitet, um das irdische Personal, an dessen Bildungsfähigkeit dieser literalisierte Gott trotz aller Rückschläge trotzig glaubt, an die Hand zu nehmen und zu schulen – und der selbst im Vollzug seiner Schulung einen von den Schriftstellern zugeschriebenen Bildungsprozess durchläuft. In dieser Hinsicht ist der Weisheitserzähler und Geschichtenerzähler Jesus von Nazaret der Vollender der weisheitlich-pädagogischen Tradition, die Altes und Neues Testament verbindet. Ich lese die *Bibel aus Altem und Neuem Testament als weisheitliches Beispielbuch zur ästhetisch-ethischen Erziehung des Menschengeschlechts.*

Die Weisheitstheologie deutet das eigene Leben im Kontext mit anderem Leben und eingebettet in die Welt als *wohlwollend begleitet* durch Gott. Die dogmatische Tradition hält dafür den Topos vom *concursus divinus* bereit, vulgo als göttliche Mitwirkung tradiert.[5] Mal diskret wie ein warmer, stabilisierender Schatten, mal nachdrücklich indiskret zeigt sich in den biblischen Texten das begleitende und schulende Handeln Gottes. Der narrativ inszenierte Optimismus ist ansteckend und bewahrt in den Bereichsethiken davor,

4 Siehe dazu Lesch (2003: 184-199).

5 Zur dogmatischen Verortung des Begriffs siehe Härle (2000: 287-296).

Möglichkeiten, die durch die neuen technisch-wissenschaftlichen Leitwissenschaften erschlossen werden, theologisch reflexhaft alarmistisch zu dämonisieren.

Das Kontrastgefühl zur Scham ist die Ehre – ein vorbelastetes und etwas aus der Mode gekommenes Gefühl. Ich verstehe darunter das soziale und symbolische Kapital eines Menschen[6], sein Kapital an Ansehen und Anerkennung, das in der Schamsituation auf dem Spiel steht.[7] »Ehre«, so treffend Notger Slenczka, ist »ein Bewusstsein des Anerkanntseins in einem sozialen Gefüge, ein ›Sich wissen als anerkannt‹.«[8] In der Schamsituation droht eine galoppierende Inflation dieses Kapitals. Wenn ich Scham und Ehre verbinde, dann greife ich die in der Antike vorgeschlagene Zuordnung wieder auf und setze mich betont von der bei Augustin und Thomas von Aquin vollzogenen Verjochung von Scham und Schuld, Scham und Sünde ab.[9] Präzise in dieser Umwidmung verorte ich den Sündenfall der schuldfixierten Theologie. Biblische Lektüren legen eine andere Sicht der Dinge nahe.

»Die Ethik ist eine Optik«[10] – eine spezifische Sichtweise auf die Welt. Damit wird die Frage drängend, durch welche Stilmittel und welche Pragmatik weisheitliche Literatur diese Sicht für Leserinnen und Leser erschließt und bis in den Habitus hinein prägt. Wer den Inszenierungskünsten für die neue Weltsicht auf die Spur kommen will, wer also die Frage beantworten will, *wie Glaube entsteht*, muss die poetischen, sprich: produktionsästhetischen Kniffe der biblischen Schriftsteller untersuchen. Nichts weniger als eine Poetik des Geistes der Weisheit (oder des Heiligen Geistes) steht damit künftig auf der Agenda – ein mächtiges Projekt für eine interdisziplinäre Forschungsgemeinschaft.

Immer wieder greife ich in meinen Essays auf die biblische Literatur und nachbiblische Literatur zurück, um der Struktur der Scham und ihren möglichen Konkretionen näherzukommen. Ulrich Greiner, ehemals Feuilleton-Redakteur der ZEIT, hat eine beeindruckende kulturwissenschaftliche Studie über die Scham vorgelegt und sehr zu Recht die Literatur gefeiert: »Die Literatur ist ein hervorragendes Archiv, das die Wandlungen der Gefühlskultur sammelt und aufbewahrt. Der Komplex aus Schuld und Scham und Peinlichkeit zählt zu den stärksten Antriebskräften, die Literatur entstehen lassen: als Ausdruck eines unlösbaren Konflikts, als rückwirkende Schambewältigung,

6 Bourdieu (2007).

7 Ein subtiler Text zum Thema stammt von Michael Walzer (2006: 356-369): *Der Kampf um Anerkennung. Eine Soziologie der Titel.* Die Rede vom Kampf scheint etwas misslich zu sein, wie noch zu zeigen, versuche ich deshalb die kompetitiven Elemente aus dem renovierten Ehrbegriff herauszuhalten.

8 Slenczka (2014: 253).

9 Siehe dazu den konzisen Artikel von Elisabeth Gräb-Schmidt (2015b: 174-181).

10 Levinas (2003: 23).

als Erklärungsversuch des Unverstandenen, vielleicht gar Unerklärbaren.«[11] Anders als Ulrich Greiner votiere ich für stärkere begriffliche Differenzierungen, trenne etwa die Scham entschieden von der Schuld. Diese Differenz aufzumachen scheint mir eine Entdeckung biblischer Literatur zu sein.[12] Und die Charakterisierung der Literatur als Archiv klingt semantisch etwas verstaubt und uninspiriert: Literatur, die vielfältige, eigentümliche, überraschende, lebenspralle und zugleich detailgenaue Angebote zur spielerischen Identifizierung macht, ist für mich ein pathischer Übungsraum im Umgang mit Gefühlen, nachdrücklich im Umgang mit der Scham.

Obwohl wir uns im Augenblick der Scham, eigenleiblich gespürt, absolut sicher sind, uns zu schämen, können wir uns nicht immer sicher sein, ob wir uns nicht *falsch schämen*, weil etwa neoliberale Dispositive der Macht[13] uns dazu drängen, uns zu schämen, um unser Handeln hinterrücks zu steuern. (Literarische) Kunst, so meine These, ist ein idealer *Distanzfilter*, um die Autorität des Gefühls zu testen. Zentrale Partien der biblischen Literatur und der nicht-biblischen Literatur sind Lernräume im Umgang mit Scham und wohlwollender, demütigender oder funktionalisierter Beschämung. Lesen, das ist die große Stärke dieser alten Kulturtechnik, verlangt keine spontanen somatischen Reaktionen und steht somit nicht in der Gefahr, das Anerkennungskapital vor den Augen der Anderen zu entwerten. Lektüre ist – um ein semantisches Ungetüm zu wählen – schamangstfrei. Spielerisch wird der Umgang mit kontingent sich einstellenden Situationen trainiert. Eine spielerische Identifizierung mit Protagonisten der Scham, mit denen ich den Umgang mit Scham und Beschämung einübe, gelingt aber nicht nur in der alten Kulturtechnik der

11 Greiner (2014: 21f.) legt »eine strukturelle Betrachtung« vor und verfolgt die These, »dass an die Stelle der alten Schuldkultur und der noch älteren Schamkultur eine neue Kultur getreten ist: die Kultur der Peinlichkeit.« (24) Judith N. Shklar (1997) sieht die Aufgabe von Literatur darin, für alle Formen von Verletzungen, Demütigungen, üblen Beschämungen und Grausamkeiten zu sensibilisieren; ähnlich argumentiert Rorty (1989); vgl. Berthould/Elderkin/Bünger (2013: 253). Zu den emotionalen Wirkungspotentialen von Erzähltexten siehe Hillebrandt (2011). Jacobs (2014: 134-154) ist unterwegs zu einer neurokognitiven Poetik am Beispiel des Lesens.

12 Dazu ausführlich Huizing (2012a).

13 Den Begriff des Dispositivs verwende ich im Anschluss an Michel Foucault und Giorgio Agamben (2008: 26f.): »Als Dispositiv bezeichne ich alles, was irgendwie dazu imstande ist, die Gesten, das Betragen, die Meinungen und die Reden der Lebewesen zu ergreifen, zu lenken, zu bestimmen, zu hemmen, zu formen, zu kontrollieren und zu sichern. Also nicht nur die Gefängnisse, die Irrenanstalten, das Panoptikum, die Schulen, die Beichte, die Fabriken, die Disziplinen, die juristischen Maßnahmen etc., deren Zusammenhang mit der Macht in gewissem Sinne offensichtlich ist, sondern auch der Federhalter, die Schrift, die Literatur, die Philosophie, die Landwirtschaft, die Zigarette, die Schifffahrt, die Computer, die Mobiltelefone und – warum nicht – die Sprache selbst, die das vielleicht älteste Dispositiv ist. [...] Kurz, wir haben [...] zwei große Klassen, die Lebewesen (oder die Substanzen) und die Dispositive. Und zwischen den beiden, als Drittes, die Subjekte. Subjekte nenne ich das, was aus der Beziehung, sozusagen dem Nahkampf zwischen den Lebewesen und den Dispositiven hervorgeht.«

Lektüre, sondern selbstredend auch an anderen Orten: im Kino, im Theater oder vor dem Computer.[14]

In den Bereichsethiken (Essay 3-9) untersuche ich gegenwendig auch jene Verfahren, die Beschämung und Scham strategisch im Rahmen einer Biopolitik (Michel Foucault, Giorgio Agamben) oder inzwischen verstärkt in einer Psychopolitik (Byung-Chul Han, Gernot Böhme), die nicht mehr nur den Leib, sondern auch die Emotionen ausbeuten, einsetzen. *Meine Schamethik versteht sich als eine kritische Theorie neoliberal gesteuerter, nahezu invisibler Beschämungspraktiken.* Einleitend will ich die Fragestellungen, die ich in den Bereichsethiken[15] behandle, und das Storyboard der Erzählung knapp skizzieren.

Wirtschaftsethik. Dieser Essay geht der Frage nach: Wie lassen sich Ökonomie und (theologische) Ethik konstruktiv aufeinander beziehen? Ein bisher unterschätztes Thema in wirtschaftlichen Kontexten ist die *Führungsscham*: Ein Auslöser der ersten Finanzkrisen (selbstredend nicht der einzige) war die nicht eingestandene Scham der ergrauten Vorständler in den Logen, die nicht begriffen, was ihre Börsenprofis auf dem Parkett trieben. Prompt verschoben die Entscheider die *vorweggenommene Scham* zur Schuld, indem sie die Broker gewähren ließen. Romane und Filme leisten entscheidende Sehhilfen für diese Deutung des Finanzdramas. *Führungsscham* verbunden mit *Schamangst* (Wurmser) haben Ingenieure im VW-Konzern dazu getrieben, vorgegebene Abgaswerte durch Manipulation zu erreichen. Aus Ingenieuren wurden Schurken. Auch hier hat die vorweggenommene Scham als Schamangst zu einer Verschiebung in die Schuld geführt. Sogar ganze Staaten können aufgrund ihrer wirtschaftlichen Schwäche kollektiv in einem Scham-Trauma versinken und dadurch in den gefährlichen Verschiebemechanismus von Scham zu Schuld abrutschen. Zu einem weisheitlich-entspannten Umgang mit Geld, Führungsscham und Schamangst motiviert, so meine Überzeugung, ein bis heute verblüffendes biblisches Gleichnis – obwohl ein breiter Graben die Welt der Bibel von unserer durch einen Finanzkapitalismus beherrschten Welt trennt. Inzwischen zählt *Das Gleichnis vom Haushalter* (Lk 16,1-8) zu meinen

14 *Eine Kulturgeschichte der Szene von Aischylos bis YouTube* bietet Heiko Christians (2016). Vielleicht gelingt diese Einübungskunst auch während des Computerspiels. Daniel Michael Feige (2015) hat eine hoch inspirierende Ästhetik des Computerspiels vorgelegt.

15 Dieser Titel, aus dem amerikanischen Kontext als »applied ethics« in den 1960er-Jahren importiert, hat inzwischen Karriere gemacht. Vgl. Pieper/Thurnherr (1998); Nida-Rümelin (2005); Bayertz (1991). Fischer (2008: 95f.) weist zu Recht darauf hin, dass die Bereichsethiken nicht einfach Anwendungen *Allgemeiner Ethiken* auf konkrete Fälle bieten, sondern häufig auftretende Probleme in den Bereichsethiken zu Korrekturen an Allgemeinen Ethiken nötigten, so drängte exemplarisch die Ökokrise zu einer Revision anthropozentrischer Ethikkonzeptionen. Diese Schamethik ist protestantisch geprägt, wer sich über die Bereichsethiken der Weltreligionen informieren will, wird bestens bedient in dem Handbuch von Michael Klöcker und Udo Tworuschka (2015).

ethikproduktiven Schlüsseltexten. Während der ersten Lektüre zögert die Leserin, ob sie den Haushalter klug oder einfach nur korrupt nennen soll, spätestens in der zweiten Lektüre entdeckt sie die Kraft dieses Textes, die Logik des Wirtschaftens durch eine kluge Umgangsweise mit drohender Scham ethisch zu unterfüttern. Sowohl auf der staatlichen, der unternehmerischen als auch auf der Ebene des individuellen Produzenten und Konsumenten, auf der Mega-, Miso- und Mikroebene, lassen sich durch die Brille des Textes geschärft Schamprozesse identifizieren und bearbeiten.

Medienethik. In der Mediengesellschaft wird die Beschämung gerne öffentlich inszeniert, um durch wenig elegante Motivationsverstärkungen eine Veränderung des Verhaltens beim Publikum zu erzwingen: Englische Boulevard-Zeitungen veröffentlichen mit Vorliebe auf der ersten Seite Bilder von prominenten Verhafteten, die es an Anstand haben fehlen lassen, *name and shame*, wie die Briten, phonetisch nicht unbegabt, es nennen. Facebook und Twitter sind, gleichsam im Nebenerwerb, zu einer basisdemokratischen Strip-Show und zu einem digitalen Pranger geworden, an dem die User, je nach Geschmack, aus Lust am Fremdschämen oder um der Arbeit an der Entschämung willen, teilnehmen. Qua Shitstorm kann jeder User selbst zum Dämon und Medienzombie werden. Unter den Händen etwas vorlauter theologischer Medienkritiker verkümmert die Medienethik allerdings oft zur niveaulosen Medienschelte. Das ist unbegründet, zumal die Medienethik für die Theologie durchaus kein Nebenerwerb ist, arbeitet die Theologie doch seit ihren Anfängen mit einem starken Medienbegriff: Medien bringen das Fernste (Gott) nahe. An vielen Medienrevolutionen war die Theologie beteiligt. Am Beispiel der Professionsethik von Journalisten zeige ich, wie ein Journalismus, der sich an der Einzigartigkeit von Schicksalen orientiert, Scham auch als emanzipatorische Kategorie einsetzen kann. Eine Mediennutzerethik sollte allerdings auch über die Probleme eines durchaus positiv zu bewertenden Identitätsmanagements im Netz aufklären: So droht durch die ausufernde Selbstpreisgabe im Netz die Scham- und Peinlichkeitsschwelle abzusinken. Zu den Aufgaben einer neu zu organisierenden Medienpädagogik zählt die Aufklärung darüber, dass die Preisgabe von Daten, die zu einer kurzfristigen Bereicherung in der Währung der Aufmerksamkeit oder zu monetären Vorteilen führt, langfristig Nachteile bringen kann. Mich interessieren schließlich jene Beispiele, die in den Medien Probleme der Mediennutzung aufgreifen und künstlerisch verdichtet Medienkritik und Medienethik betreiben. Ein besonders gelungenes Beispiel aus der Welt des Films heißt nicht zufällig: *Shame*. Ein Exkurs feiert das *Selfie* als glückendes Kleinritual.

Technikethik. Eng mit der Wirtschaftsethik und der Medienethik ist die Technikethik verknüpft. Christliche Technikethiken neigen häufig dazu, die

Technik zu dämonisieren, und ihre Verfechter lassen sich gerne zu Maschinenstürmern umschulen. Theologische Technikethiken deuten, mit wenigen Ausnahmen, nahezu immer Technik als Hybris. Mir geht es um eine Entdämonisierung von Technik und um eine Therapie der von Günther Anders frühzeitig diagnostizierten *prometheischen Scham*. Die Gedankenfigur des *concursus divinus* setzte ich ein, um Handlungsspielräume für ein lebenskluges technisches Handeln zu erschließen. Auch ein Cyborg ist kein transhumanes Gespenst, sondern der Cyborg schickt die prometheische Scham selbstbewusst in Rente. Und woher nimmt Martin Heidegger die Gelassenheit im Umgang mit der Technik? Hilft sein Versuch, Kunst und Technik in eine Beziehung zu setzen, dazu, Technik genauer zu bewerten? Gibt es eine *Logik der Weltbilder,* wie Günter Dux will, die zwangsläufig im *wissenschaftlich-technischen Weltbild* mündet? Ist dieses Weltbild nicht eine sehr grundsätzliche Beschämung des theologischen Weltbildes? Und zugleich der Triumph einer instrumentellen Vernunft? Endspiel der Entzauberung?

Sexualethik. Mit der Fleischeslust hatte der Protestantismus – mit Ausnahme einer kurzen Phase während der Romantik – immer seine Probleme. Eine Ethik der Scham wird sehr grundsätzlich der Frage nachgehen, ob nicht die Sexualität einen gelungenen Umgang mit der Scham bietet. Zwar nicht durchgängig, aber gefühlsintensiv wird das Problem der Vereinzelung und Unvollkommenheit im Sexualakt, in welcher Kombination auch immer, zeitweise geschlossen – auch wenn die Kondition nicht, wie bei den zwei Protagonisten in Péter Nádas' Roman *Parallelgeschichten*, zu einem viertägigen Akt reicht.[16] Die Sexualität ist der Königsweg im Umgang mit der (sexuellen) Scham, weil hier Personalität und Sozialität glücklich zusammenfinden, sofern der Sexualakt nicht zum *egoisme à deux* verkommt. Hermann Schmitz hat nicht zufällig sprachmächtig den *Orgasmus als Neuanfang*, als *Initium* beschrieben! Die Homo-Ehe ist der Stresstest für eine gegenwartstaugliche religiöse Sexualethik. Entschämung ist das Gebot der Stunde. *Wie zusammen leben?*, diese von Roland Barthes[17] mit einem leichten Seufzer ausgegebene Frage, ermuntert zur Suche nach neuen, schamfreien Lebensformen.

Gesundheitsethik. Scham steuert unterschwellig viele Felder der Medizin- oder Gesundheitsethik. Besonders medienwirksam wird der Wellness-Wahn beklatscht und Gesundheit zur Religion hochgeschrieben. Krankheiten wie *Depression* oder *Burnout*, für die sich die leistungswilligen Protagonisten schämen, sind offenbar Folgen unserer neoliberalen Leistungsgesellschaft, wie der Philosoph Byung-Chul Han und der Soziologe Hartmut Rosa behaupten. Am

16 Nádas (2012: 364).
17 Barthes (2007a).

Beispiel von Adipositas zeigt der Essay, wie das Gesundheitsdispositiv Fettleibigkeit von einer ästhetischen Norm, die *beschämende Blicke* auf sich zieht, zu einer moralischen Norm, die *empörte Blicke* auf sich zieht, umcodiert. Fettleibige müssen mit empfindlichen Beschränkungen, etwa einer verweigerten Verbeamtung, die einer Bestrafung gleichkommen, rechnen. Droht, wie Juli Zeh in ihrer Dystopie *Corpus delicti* beschwört, eine Gesundheitsdiktatur? Müssen wir uns also für Krankheiten schämen? Den Stifter der christlichen Religion porträtiere ich als großen Entschämer, der Krankheiten aus der Umklammerung von Schuld, Sünde und Strafe befreit. Weil Krankheit und Leiden keinen Sinn macht, hilft die jesuanische Entschämungspraxis, die Frage nach der Gabe des Lebens genauer zu betrachten. Alarmismus und Hysterie sind auch aus theologischer Perspektive zur Bewertung medizintechnischer Möglichkeiten wie der Präimplantationsdiagnostik (PID) und Pränataldiagnostik (PND) nicht angebracht, sondern verlangen eine besonnene Einzelfallentscheidung. Scham bestimmt nicht wenige Probleme der medizinethischen Gerontologie. So besteht eine große Gefahr darin, dass ältere Menschen sich für auftretende Gebrechen schämen und deshalb zum Lebensende hin aus Scham weitreichende Entscheidungen treffen, die vermuteten Erwartungen entsprechen und verstärkend auf die gesamtgesellschaftliche Mentalitätslage zurückwirken. Darf man die Gabe des Lebens auch selbstbestimmt zurückgeben?

Tier-, Pflanzen- und Umweltethik. Ist der *Anthropozentrismus* in Fragen der Tier- und Umweltethik überholt? Die Karriere von *pathozentrischen* und *biozentrischen* Ansätzen lässt ein entschiedenes *Ja* vermuten. Die Antwort ist komplizierter. Zumindest ein epistemischer Anthropozentrismus scheint unvermeidlich. Evolutionsanthropologische Forschung (Tomasello) macht wahrscheinlich, dass Tiere keine moralischen Subjekte sind. *Tiere können sich nicht schämen*. Ich zeige anhand der autonomen Moralbegründung bei Tugendhat, warum Scham ein für moralische Subjekte *geteiltes Gefühl* ist, wir uns aber nicht zwingend im Angesicht von malträtierten Tieren schämen oder Mitleid empfinden müssen, weil sie nicht zur Klasse der moralischen Subjekte zählen, die sich wechselseitig Respekt und Mitleid schulden. Universal Mitleid für Tiere zu fordern setzt, so die vielleicht überraschende Pointe, ›religiös-mystische‹ (Tugendhat) oder (versteckt) metaphysische Hintergrundtheorien voraus. Wir Menschen können nicht zwingend gegenseitig von uns fordern, uns mitleidig Tieren gegenüber zu verhalten, können es uns aber *wünschen*. Um diesen Wunsch zu stützen, helfen technische, aber auch poetische und dramaturgisch inszenierte Erfahrungen der Eigentümlichkeiten von Tieren (und Pflanzen).

Rechtsethik. Mit Hermann Schmitz frage ich nach der *Gefühlsbasis des Rechts* und entdecke sie in Scham und Zorn. Der Jurist Dieter Krimphove versucht, Scham und Recht neu aufeinander zu beziehen, und fordert Täterscham von den Angeklagten. Die vor allem in Amerika, jetzt aber auch in Deutschland in der Gefängnisseelsorge in den Focus tretende *Re-Shaming-Methode* im Umgang mit Tätern, versucht, die der Tat vielleicht vorangegangene Schamsituation zu bearbeiten und besser aufzulösen. Trotz der großen Risiken, die diese Methode mit sich führt (Retraumatisierung des Täters, Funktionalisierung der Scham), halte ich Re-Shaming für *eine* Option, sofern nicht der Staat als Beschämer auftritt. Im Rahmen meiner Präventivethik kann Re-Shaming als mögliche Prävention künftiger Straftaten gewürdigt werden. Protestantische Rechtsethiken deuten die Institution des Rechts häufig als notwendige Institution für den durch die Sünde korrumpierten Menschen oder als Förderer der Freiheit im Rahmen einer transformierenden Gerechtigkeit. Ich inventarisiere Stärken und Schwächen dieser Ansätze und deute Beschämungsdispositive der Kunst als ideale Sensibilisierungsschule für versteckte Gewalt und kreative Formen gelingenden Zusammenlebens. Die vor allem im angelsächsischen Raum etablierte Forschungsrichtung von *Law and Literature* untersucht die Dechiffrierkunst der Literatur. Nicht zufällig stammt einer der wirkmächtigsten Romane zum Thema Scham und Schuld, *Der Vorleser*, aus der Feder eines Staatsrechtlers. Ein Exkurs zur politischen Ethik schließlich untersucht die Bildpolitiken in der Flüchtlings- und Migrationsdebatte. *Schockphotos* (im Sinne von Roland Barthes) dienen als Beschämungsszenario, dem man sich nicht entziehen kann und sich auch nicht entziehen soll(te). Gibt es Auswege aus dem dann häufig drohenden *Samariterdilemma*? Lassen sich Gesinnungsethik und Verantwortungsethik versöhnen oder droht ein *clash of morals* (Ott)?

Die Bachelorisierung unserer Universitätslandschaft hat zum stetigen Anwachsen der Lehrbuchproduktion geführt. Verfasser eines Lehrbuches müssen immer den Eindruck erwecken, sie wüssten Definitives zu sagen. Diese scheinbar souveränen Gesten sind stets mit Macht legiert. Mir jedenfalls sind Lehrbuchgesten peinlich. Ich habe deshalb das Buch als Essay-Sammlung angelegt, die in immer neuen Anläufen und geschwungenen Linien das Thema bearbeitet. Vielleicht sah William Hogath, der englische Kupferstecher, richtig, als er die geschwungene Linie als *The Line of Beauty and Grace*[18] auszeichnete.

18 Hogarth (2002: 2). In ihrem Roman *Gnade* spielt Linn Ullmann (2004) auf diese Tradition an, wenn sie ihre Protagonistin wiederholt mit einer Bürste die geschwungene Schönheitslinie ihrer Haare nachfahren lässt.

Nachspiel

»›Schämen Sie sich, allein in einem Lokal zu sitzen?‹ Diese Frage müsste ich mit Ja beantworten. Ich schäme mich, allein in einem Lokal zu sitzen. Weil es so aussehen könnte, als hätte man mich versetzt. Da hilft alles nichts. Das in Anankastikerkreisen empfohlene Mitbringen von Lektüre zur Überbrückung der Wartezeit wird von Kreisen mit qualifiziertem Geschmack, denen ich ebenfalls angehöre, strikt abgelehnt. Gerade hier in Ostberlin ist das Kneipenlesertum unangenehm verbreitet. Ich habe schon Leute gesehen, die bei Kerzenschein und Tumult drei Stunden Adorno vortäuschten. Es ist offensichtlich, dass diese Leute nicht mal jemanden haben, mit dem sie sich verabreden könnten, damit er sie versetzt.«[19]

19 Herrndorf (2015: 382).

Shame on you!
Scham als Grundbegriff der Ethik

»Die Grunderfahrung der Scham besteht darin, dass ich von den falschen Leuten in einer falschen und unangenehmen Lage auf unangenehme Weise gesehen werde.«
Bernard Williams

»Schamgefühl: Gefühl, ›in den Boden zu versinken‹. Die Bedrohung der ganzen Existenz und Würde, d.h. dessen, was unverkäuflich und nach Verlust nicht wiederzuerlangen ist, ja, nicht die Bedrohung, sondern der Verlust, das ist die Scham. Entstehen aus dieser Gefühlslage Aktionen, so ist die Wahrscheinlichkeit groß, dass ein Mensch sich schuldig macht. Er wird hierdurch neuen Grund zur Scham haben. Es entsteht die Scham-Schuld-Spirale.«
Alexander Kluge

Einleitung: Der emotional turn

Wir Geisteswissenschaftler besitzen ein ausgemachtes Faible für den Begriff des *turns*[1], der immer häufiger bemüht und mit dem Brustton der Überzeugung kursiv aufgerufen wird, um methodologische Zäsuren zu markieren oder neue Gegenstandsbereiche der Untersuchung zu vermessen oder um sich in der klaustrophobischen und lärmenden Wissenschaftsgesellschaft nachdrücklich Gehör zu verschaffen. *Turn* ist ein Begriff, der von den Geisteswissenschaftlern grundsätzlich *gelikt* wird. Gefällt mir. Daumen hoch. Ob der vielen Spitzkehren droht der Geist, der auf der Höhe des Zitatenkartells sein will, freilich schnell schwindelig und orientierungslos zu werden. Ein peinlicher Sturz auf dem Theorieparkett wäre die Folge. Eine immerhin stabile, länger als zwanzig Jahre währende Nachhaltigkeit hat sich der *emotional turn* erarbeitet, der inzwischen auch im Alltagsdiskurs durch die Selbstkommentierung auf dem Handy mit mehr oder minder phantasievollen, mehr oder minder peinlichen *emoticons* heimisch wurde.

Protestantische Theologen, eher als Begriffsgangster bekannt und gefürchtet, haben sich lange spröde gegenüber dem *emotional turn* verhalten. Präzise in diesen, offenbar nicht einer schnellen, kurzatmigen Mode gehorchenden Kontext verorte ich meine Schamethik. Zunächst kartographiere ich den Dis-

1 Mit dem Phänomen der *Turns* beschäftigen sich Gubo/Kypta/Öchsner (2011).

kurs zum *emotional* turn mit besonderer Berücksichtigung der Ethik, fasse dann den Fokus enger und frage nach dem zentralen moralischen Gefühl: Es gibt gute Gründe dafür, die Scham (neben der Empörung) auszuzeichnen, wie Ernst Tugendhat vorgeschlagen hat. Diese Auszeichnung der Scham nimmt auch der Begründer der Neuen Phänomenologie, Hermann Schmitz, vor, dessen vielbändig entwickelte Gefühls- und Leibphilosophie ich in meiner Phänomenologie der Scham folge. Schmitz spricht von einer extremen Autorität der Scham, die er, im Verbund mit dem Zorn, als »rechtlich-moralische Grundgefühle«[2] auszeichnet.

Emmanuel Levinas hat die Autorität der Scham nochmals verschärft und eine schamgetränkte *Schlüsselsituation* beschrieben. Einleitend will ich diese Schlüsselsituation kurz skizzieren, um den Horizont der Untersuchung abzustecken. In der Schlüsselsituation wird, so die Pointe, die ethische Person allererst konstituiert, sofern das naiv (aber durchaus glücklich) dahinlebende Ich seine eigene Unvollkommenheit in der Begegnung mit dem zugleich beschämenden und wehrlosen Blick oder Antlitz eines anderen Menschen erfährt. Diese im Blick des Anderen liegende ethische Verpflichtung, die mein Dahinleben jäh unterbricht, wird als Störung, als Heimsuchung und als Kränkung erfahren, weil der Andere in seiner Verletzlichkeit das naive Ich über seine eigene responsorische Verfasstheit aufklärt. Eine für das naive Ich zutiefst beschämende Erfahrung: das Inkarnat erglüht, die Atemfrequenz und Pulsfrequenz steigt beträchtlich, die Hände werden vor das Gesicht geschlagen, der Rücken gekrümmt, Flucht- oder Gewaltstrategien werden intuitiv erkundet. Um der Passivität der Schamerfahrung zu entgehen, um wieder aktiv zu werden, scheint neben der Flucht und der Verdrängung ein möglicher Weg zu sein, gewalttätig gegenüber dem Anderen zu werden und dabei die eigene Scham in die Schuld zu verschieben. Nach Levinas spricht aus dem verwundbaren Antlitz der Imperativ: *Töte mich nicht!*, um die der Szene eingeschriebene inhärente Gewalt abzupuffern. Es steht jetzt in der Freiheit des über seine eigene Verfasstheit aufgeklärten naiven Ichs, sein soeben erobertes eigenes Personsein als Antwort auf die ethische Verpflichtung zu leben oder sich der Verpflichtung durch die negative Antwort der Flucht oder durch Gewalt, die sogar bis zum Mord oder Selbstmord reichen kann, zu entziehen. Eine ethische Person, so die Überzeugung von Levinas, wird nur derjenige, der jene Erfahrung durchlebt hat und in dieser Situation nicht havariert. Jede Schamsituation im Alltag partizipiert mehr oder minder explizit an dieser idealtypisch beschriebenen Situation: Die ethische Person muss sich immer wieder gegen eine offensive Reparatur der in der Schamsituation erlittenen Verwüstung des ei-

2 Schmitz (1990: 340).

genen Selbstbildes durch die Verschiebung der Scham in Schuld entscheiden. Die nahezu traumatische Geburt der eigenen Freiheit in der Schamsituation will immer neu durchlitten werden.

Hermann Schmitz wiederum macht stärker noch als Levinas darauf aufmerksam, dass Schamsituationen als Beschämungssituationen, auf die ein Protagonist unzweideutig anspringt, daraufhin geprüft werden müssen, welche *Macht oder Gewalt* sich in der Situation zeigt: eine gute, sprich: *wohlwollende, aus der Schwäche resultierende Macht, eine offen demütigende Macht* oder eine *instrumentalisierende*, nennen wir sie zunächst neoliberale Macht, die sich geschickt als wehrlos kostümiert. Zwar sind wir uns im Augenblick der Scham täuschungsfrei sicher, uns zu schämen, gleichwohl können wir uns in bestimmten Situationen, durch Dispositive der Macht gesteuert, bei Verstößen gegen ästhetische Standards, Konventionen oder Gütern (wie etwa Gesundheit) auch falsch schämen. (Literarische) Kunst, so der Vorschlag, ist, obgleich selbst ein Dispositiv der Macht, ein *idealer Distanzfilter im Umgang mit leibhafter Betroffenheit in der Scham*, um den richtigen Umgang mit Scham einzuüben.

Selbstverursachte Verstöße gegen moralische Normen dagegen, deren Einhaltung wir gegenseitig voneinander fordern können, weil sie die Fähigkeit und Befähigung zu Kooperation abstecken, muss bei allen Personen Scham und bei den Schamzeugen Empörung oder Zorn hervorrufen. In diesen Kontexten sind Scham und die entsprechenden Gefühle der Schamzeugen *geteilte Gefühle*, wie Ernst Tugendhat deutlich machen kann.

1. Homo sensualis

Es gibt keinen Moment, in dem wir als Menschen nicht fühlen. Einen gefühllosen Zustand kennen Menschen, die bei Bewusstsein sind, nicht.[3] Zu behaupten, dass daher Gefühle eine elementare Bedeutung besitzen, um den Menschen, seine Wahrnehmung von sich, seiner Umwelt und der Welt sowie die daraus resultierenden Handlungen zu verstehen, ist kein revolutionärer Gedanke. Und dass Emotionen zumindest von nicht geringer Bedeutung für die moralische Orientierung sind, ist seit jeher in der Philosophie und – seit der Ausdifferenzierung der Wissenschaften – von der (Religions-)Psychologie, Soziologie, der Verhaltens-, Evolutions- und Neurobiologie gesehen worden.[4]

3 Wer aussagt: »Ich fühle nichts«, besitzt immer noch das Gefühl der Gefühllosigkeit. Auch Gleichgültigkeit ist ein Gefühl. Will man partout auf den Sündenbegriff nicht verzichten, dann legt es sich nahe, Sünde als Gefühllosigkeit oder Gefühlskälte zu bestimmen, so mein Vorschlag in Huizing (2015a). Hier, in meiner Schamethik, versuche ich, eine ethische Dimension im Diesseits der Schuld und Sünde zu bearbeiten.

4 Ich verweise auf die Überblicke dazu von Landweer/Renz (2012); Schützeichel (2006); Paul (1998); Lück/Strüber/Roth (2005); Panksepp (2004); Damasio (2010).

Zwar liegt die Vermutung nahe, dass zumindest die Psychologie ihr Hauptaugenmerk stets auf Emotionen richtete, jedoch trügt der Eindruck; denn erst seit den 1980er-Jahren fordern Psychologen zunehmend, die Emotionen in der Psychologie stärker zu berücksichtigen und eine *Emotionale Wende* zu vollziehen. So konnte Heinz-Günter Vester 1999 feststellen: »However, the situation has changed during the last ten or fifteen years. Emotions are back again [...] After behaviourism and cognitivism psychology has experienced an emotional turn.«[5] Auch in den Kulturwissenschaften rückten erst zu diesem Zeitpunkt die Emotionen (wieder) ins Zentrum des Interesses, so dass Thomas Anz 2006 einen *emotional turn* sowohl diagnostizieren, als auch fordern konnte.[6] Inzwischen ist die Rede vom *emotional turn* oder *affective turn* bzw. vom *Homo Sentimentalis* oder *Animal emotionale* nahezu inflationär geworden.[7] Wenn, wie Robert Frank in seinem frühen Klassiker *Passions within Reason* (deutsch: Die Strategie der Emotionen) Ende der 1980er-Jahre feststellte, »Emotionen anscheinend die unmittelbaren Ursachen der meisten Verhaltensweisen«[8] sind, dann ist es nötig, Gefühle und Emotionen nachdrücklicher in die Theologie und theologische Ethik einzubeziehen. Dabei geht es nicht nur um die kognitiven Anteile am Gefühl, die die Wahrnehmung leiten, sondern auch um die inzwischen philosophisch und soziologisch kuratierte Einsicht, wie stark Menschen affektiv rückgebunden sind an Erfahrungen, die uns von außerhalb unserer selbst betreffen.[9] Ohne den Rekurs auf Gefühle bleibt letztlich ungeklärt, *wie* moralisches Handeln entsteht.

Eng verbunden ist der *emotional turn* mit einem verstärkten Einbezug des Leibes in die wissenschaftlichen Untersuchungen, mitunter nicht selten von der Leibphilosophie beeinflusst, deshalb haben Begriffe wie *body turn, somatic turn* oder *corporeal turn* Konjunktur.[10] In der Philosophie trägt vor allem

5 Vester (1999: 19-28).

6 Anz (2006).

7 Siehe dazu Schützeichel (2006: 7); Illouz (2007: 1-39); Clough/Halley (2007); Frevert (2009: 183-208); Ermert (2011); Scherke (2007: 19-33); Dies. (2009), vor allem die Einleitung S. 11-34, die zahlreiche mediale Beispiele oder Produkte auflistet, die auf »Emotion« bis zur Namensgebung setzen, z.B. »Sat 1. Emotions«; »RTL Emotions«; siehe auch: Plamper (2012: 63; 150).

8 Frank (1992: 53). »Gefühle helfen uns dabei, ein wichtiges, immer wiederkehrendes Problem sozialer Interaktion zu lösen«: »das Festlegungsproblem«. Das Festlegungsproblem erscheint dann, wenn man sich verbindlich auf eine Handlungsweise festlegt, die nicht im meinem eigenen Interesse liegt. (48) Insofern sind »moralische Gefühle« »Problemlösungsinstrumente«. (48)

9 »Ein Intellekt ohne Emotionen ist sozusagen wertblind; ihm fehlt der Sinn für die Bedeutung und den Wert von Menschen, der in den in den Gefühlen innewohnenden Urteilen enthalten ist. [...] Gefühle, so habe ich gesagt, stellen das Eingeständnis von Bedürftigkeit und Abhängigkeit dar, das Eingeständnis, dass Dinge für den Menschen wichtig sind, die außerhalb seiner selbst liegen und von ihm nicht völlig gesteuert werden können.« Nussbaum (2012: 157, 168).

10 Gugutzer (2006); Ders. (2013).

die lange von Kollegen absichtsvoll und schnöde übersehene Leibphilosophie von Hermann Schmitz, entwickelt in seinem »System der Philosophie« seit den späten 1960er-Jahren, dazu bei, Gefühle, verstanden als »räumlich ergossene Atmosphären und leiblich ergreifende Mächte«, als zentralen Gegenstand der Philosophie zu erkunden.[11] Längst zählt diese Leibphilosophie von Hermann Schmitz, die die – wie er markig – sagt: »Menschspaltung«[12] in Körper und Seele rückgängig machen will, zu den neuen Klassikern der Debatte. Die wirkmächtige Renaissance der Philosophie Max Schelers, zwischenzeitlich in den Archiven vergraben und dann doch exhumiert, stabilisierte die Forschung.[13] In diesen Kanon eingereiht gehören auch die Arbeiten von Bernhard Waldenfels, oft in einer ingeniösen Auseinandersetzung mit Merleau-Ponty verfasst.[14]

Weil ich, aus Gründen, die noch zu belegen sind, die Gefühls- und Leibphilosophie von Hermann Schmitz als den idealen Partner für den Reimport der Gefühle in die Theologie und vor allem in die Ethik ansehe, spreche ich künftig primär von Gefühlen, nicht von Emotionen. Vor allem die neuere Emotionsforschung unterscheidet sprachlich strikt zwischen Gefühl (feeling) als Selbstwahrnehmung und den Emotionen (emotions), die die Intentionalität von Gefühlen (»sich fürchten vor«) zum Ausdruck bringen sollen.[15] Nach Schmitz sind Gefühle zunächst und zumeist keine subjektiven Zustände, und die Intentionalität geht von den Gefühlen als Atmosphären aus, die auf den resonanten Leib treffen und zugleich normative Ansprüche erheben. Im Diskurs von Schmitz taucht der Begriff der Emotion nur auf, wenn er von Erregung spricht, aber auch an dieser Stelle zurückhaltend, um nicht wieder in die ›Menschspaltung‹ zurückzufallen.[16]

In der Theologie zeigte bisher in dieser Frage die religionspädagogische und praktisch-theologische Forschung am wenigsten Scheu.[17] In den exegeti-

11 Schmitz (2014: 30); Ders. (1965); Ders. (1998). Folgende Autoren bieten Lesehilfen: Schottlaender (1982: 162-167); Dorschel (1999: 18-40); Andermann (2012: 130-145).

12 Schmitz (2014: 8).

13 Bernet (2003: 25-39); Seibert (2009: 509-523); Weber-Guskar (2009); Demmerling/Landweer (2007); Döring (2009); Landweer (2004: 467-486).

14 *Antwortregister* lautet das Hauptwerk von Waldenfels (2007).

15 Sousa (1997). Richard Wollheim (2001) rückt die Wünsche in den Mittelpunkt seiner Erklärung der Gefühle, vgl. Solomon (2000); Kenny (1963); Frank (2002).

16 Konzise entwickelt Schmitz seine Leibphilosophie in der Vorlesung: Der Leib, der Raum und die Gefühle (1998), neu aufgelegt (2007).

17 Ein erstes kompetentes Buch zum Thema hat Kristian Fechtner (2015) vorlegt; vgl. Naurath (2011: 214-218). Siehe auch die seit den 1980er-Jahren erschienenen Beiträge, die zur Renaissance des Gefühls in den praktisch-theologischen Fächern beitrugen: Reilley (1981: 139-143); Ders. (1984: 156-171); Sistermann (1996: 69-85); Götz/Frenzel/Pekrun (2007: 13-19); Engemann (2009b: 271-286). Engemann versteht »Seelsorge als Arbeit am Lebensgefühl eines Menschen« (274), deutet Freiheit und

schen Disziplinen ist inzwischen das Interesse sowohl im Alten Testament[18] als auch im Neuen Testament erwacht.[19] Mit der Monographie *Erleben und Verhalten der ersten Christen. Eine Psychologie des Urchristentums*, setzte der Heidelberger Neutestamentler Gerd Theißen[20] auch international Maßstäbe. In systematisch-theologischer Perspektive erschienen erst in jüngster Zeit tastende Untersuchungen – oft naheliegend im versuchten Anschluss an Friedrich Daniel Ernst Schleiermacher (1768-1834), der in seinen berüchtigten *Reden über die Religion* das Wesen der Religion bekanntlich als »Anschauung und Gefühl«[21] und in seiner späteren *Glaubenslehre* Frömmigkeit als »Gefühl schlechthinniger Abhängigkeit« bestimmte.[22] Schleiermacher[23] unterschied in

Liebe als die »zentralen Themen des Christentums« und will die »beiden identitätsbildenden Erfahrungsbereiche« (276) mit »den damit verbundenen Gefühlskomplexen« (ebd.) ausloten. Vgl. auch Harbeck-Pingel/Roth (2012: 95-106). Zur Seelsorgetheorie vgl. Beile (1999: 12-18); Godina (2003: 17-20); Beck (2008: 53-57); Elliott (2008: 58-61); Dierksmeier (2001: 201-217); Berner/Faß (2014); Charbonnier (2013); Kuhlmann (2006: 124-141); Thandeka (2005: 197-216); Stoker (2003: 79-104); aus evangelikaler Sicht Herrmann (2014: 5-10); aus baptistischer Sicht Williams (2003: 58-73).

18 Wagner (2006); Hartenstein (2015: 225-238).

19 Berger (1991); Schroer/Staubli (2007: 44-49); Strube (2011: 173-188); Kazen (2011: 288-306); Inselmann (2012).

20 G. Theißen (2007).

21 Schleiermacher (1984: 211).

22 Schleiermacher (1980: §4,32-40). Eine funkelnde Schleiermacher-Lektüre bietet Moxter (2015: 125-141), Vorläufertheorien entdeckt in der Aufklärung Claus-Dieter Osthövener (2015: 79-112); vgl. Huizing (2013b).

23 In seinem beeindruckenden, *Resonanz* getitelten Großversuch über die ›Soziologie der Weltbeziehungen‹ beschreibt Hartmut Rosa (2016: 435) auch vertikale ›Resonanzachsen‹, neben Natur, Kunst und Geschichte *primo loco* die Religion: »*Etwas ist da, etwas ist gegenwärtig*: Das ist, so habe ich mit Maurice Merleau-Ponty zu zeigen versucht, die Grundform aller Weltbeziehung. Es ist die Urform aller Wahrnehmung und allen Bewusstseins, aus der sich Subjekt und Objekt, Menschen, Dinge und Handlungen erst herausdifferenzieren; es ist die Urform des Daseins. Religion kann dann verstanden werden als die in Riten und Praktiken, in Liedern und Erzählungen, zum Teil auch in Bauwerken und Kunstwerken erfahrbar gemachte Idee, dass dieses *Etwas* ein Antwortendes, ein Entgegenkommendes – und auch ein Versprechendes ist. *Gott* ist dann im Grunde die Vorstellung einer antwortenden Welt.« Rosa bezieht sich produktiv auf James, Schleiermacher, Buber und Paul Gerhardt. Für Rosa kann *Gewalt* »auf zweierlei Weise aus dem Resonanzversprechen« der Religion entstehen: »Zum einen als Versuch, die Einlösung dieses Versprechens zu erzwingen und damit das Unverfügbare verfügbar zu machen. Krieg und Gewalt fungieren dann als Mittel, Resonanz herbeizuführen.« Die andere Weise besteht darin, Gewalt »als eine Reaktion auf spirituelle Affizierung (zu) verstehen, welche Selbstwirksamkeit nach der Logik der instrumentellen Vernunft mit Verfügbarmachung, Beherrschung und Kontrolle verwechselt. Sie versucht, Dinge und Menschen unter Kontrolle zu bringen (und so zur Resonanz zu zwingen), anstatt sie zu *erreichen* oder sie zu *berühren*.« (452f.) Skeptisch bin ich bei folgender These, »dass die emotionale Grundhaltung oder ›Gesamtreaktion‹ zur Welt weniger die Folge bestimmter religiöser Überzeugungen als vielmehr die *Ursache* für deren Akzeptanz zu sein scheint.« (213f.) Eine Poetik der Weisheit macht eher die erste Alternative wahrscheinlich, weil man andernfalls nicht erklären kann, *wie* es zum Glauben kommt.

den *Reden* einen Strauß von religiösen Gefühlen: Ehrfurcht, Demut, Liebe, Zuneigung, Dankbarkeit, Mitleid und Reue – Scham taucht nicht explizit auf.[24] Inzwischen gibt es auf dem Buchmarkt eigenständige, sich nicht sklavisch an Schleiermacher anlehnende Versuche zu einer *Theologie der Gefühle*, die folgenden Fragen nachgehen wollen: Gibt es religiöse Gefühle – und sofern ja, wie lässt sich ihr Spezifikum bestimmten? Gibt es eine dem Gefühl eigene Rationalität oder ist das Gefühl das Andere der Vernunft? Beinhaltet eine Theologie der Gefühle auch eine Kritik oder Pädagogik der Gefühle?[25] (Die Antworten, übertragen auf eine Ethik der Gefühle, lauten: vorsichtiges Nein, Ja, Ja. Aber dazu später ausführlich.)

Ein Beleg dafür, dass sich in den letzten 20 Jahren auch Ethikerinnen und Ethiker, die nicht der *Neuen Phänomenologie* zuzurechnen sind, mit gesteigertem Interesse dem Thema »Emotionen« zuwenden, bieten die verschiedenen Auflagen von Frido Rickens »Allgemeine Ethik«. Während die erste Auflage von 1983 noch keinen gesonderten Abschnitt zur Erörterung »moralischer Emotionen« besaß, wartet der Grundkurs seit der dritten Auflage von 1998 mit einem markanten Kapitel auf.[26] Gleichwohl ist der Stellenwert der Emotionen in der Ethik häufig umstritten. Ethiker verweisen zwar gern darauf, dass zur motivationalen Begründung einer Handlung Akteure nicht selten Gefühle anführen und Gefühle an moralischen Entscheidungen beteiligt sind, aber zugleich wird etwa von Annemarie Pieper eingewandt, dass damit höchstens Handlungsweisen »zu einem gewissen Grad erklärt und verständlich« werden, »nicht aber schon moralisch gerechtfertigt. Denn kein noch so intensives Gefühl (der Zu- oder Abneigung, der Billigung oder Mißbilligung, der Sympathie oder Antipathie, des Wohlwollens oder Widerwillens) kann die Verbindlichkeit einer moralischen Norm beanspruchen. Es wäre absurd, wollte man jemandem vorschreiben, er solle ein bestimmtes Gefühl haben bzw. nicht haben. Moralische Normen erheben ja einen allgemeinen Geltungsanspruch. […] Obwohl moralische Argumentationen oft sehr emotionsgeladen sind, ist der Rekurs auf ein Gefühl somit nicht hinreichend, um die Moralität einer Handlung zu begründen. Vielmehr muß […] das sich im und als Gefühl äußernde Werturteil erst kritisch auf seine Rechtmäßigkeit hin befragt werden, bevor eine Hand-

24 Großhans (2006: 547-565); vgl. Albrecht (2003: 45-60).

25 Barth/Zarnow (2015: 7-12); Slenczka (2015: 157-189); Buntfuß (2015: 143-154); vgl. Lauster (2010a: 58-64). Zur Religionspsychologie vgl. folgende Arbeiten: Pompey (1980: 21-26); O'Connor (1996: 165-173); Goller (2000: 579-594); Schilderman (2001: 85-96); Knoblauch/Herbrik (2014: 192-210); Grom (2015: 23-45).

26 Ricken (1983); Ders. (1998: 147-156); Ders. (2003: 185-194); Ders. (2013: 192-201). Behandelt werden: Platon, Aristoteles, Adam Smith, Peter Strawson. Frido Ricken konzentriert seine Ausführungen zu den moralischen Emotionen in Aufnahme von Adam Smith ganz auf das Mitleid.

lung zu Recht als moralisch bezeichnet werden kann. [...] Wenn also bestimmte Gefühle als gute Gründe für eine Handlung herhalten müssen, ist stets zu fragen, welches Werturteil sich in oder hinter diesen verbirgt, und dieses Werturteil gilt es zu problematisieren.«[27] Annemarie Pieper gibt mit diesen Bemerkungen das zu haltende Niveau der Debatte vor. In meiner Schamethik werde ich ihr mit Tugendhat in einem zentralen Punkt widersprechen: *Scham ist* – wie die ihr korrespondierende Empörung – *ein von allen moralischen Subjekten in moralischen Angelegenheiten, die man gegenseitig voneinander fordern kann, geteiltes Gefühl!* In nichtmoralischen Kontexten (Konventionen, ästhetischen Standards, relativen Gütern) ist die Scham dagegen nicht zwingend ein geteiltes Gefühl und statt Empörung kann etwa eine Belustigung vorherrschen.

Die theologische Ethik zeigte sich lange extrem zögerlich gegenüber den Gefühlen, weil in der Ethik traditionell die Gefühle in der Tugendethik verhandelt werden, die in der protestantischen Theologie in Verdacht stand, den Menschen als Sünder nicht ernst zu nehmen und Gedanken der Werkgerechtigkeit durch die Hintertür Einlass zu bieten. Erst Konrad Stock verstößt mutig gegen das Ignoranzmanagement und plädiert Mitte der 1990er-Jahre gegen alle seit der Reformation mitgeführten Vorbehalte gegen die Tugendethik für die Renaissance einer theologischen Tugendethik, indem er freilich für eine grundsätzliche Trennung zwischen dem Selbstgefühl als einer durch den Glauben erlangten »Daseinsgewißeit« und alltäglichen Emotionen unterscheidet[28]. »Dieser [Diskurs um Emotionen] läßt allerdings die fundamentalanthropologische Unterscheidung zw. dem ›Gefühl‹ (Selbstgefühl) und den bes. E.[motionen] außer Acht, die für die theol. Deutung des affektiven Lebens grundlegend ist. Ist das Gefühl der Ort einer Daseinsgewißheit und der mit ihr gegebenen Sicht eines Lebensziels, so indizieren die bes. E.[motionen] die Selbstbetroffenheit der Person durch Ereignisse oder Sachverhalte, die ihr im Lichte ihrer Daseinsgewißheit als gut oder als böse erscheinen. E.[motionen] sind – der philos. und der humanwiss. Diskurs übersieht das gerne – rel.-sittlich konstituiert. Weil der Glaube an Jesus als den Christus Gottes die Person in den lebenslangen Übergang von verfehlter zu wahrer Daseinsgewißheit versetzt, bewirkt er auch eine Neuorientierung bzw. eine Heiligung der emotionalen Schemata, als deren Quelle sich die Liebe – das Lebensinteresse am

27 Pieper (2007: 193-195). Diese Debatte nimmt immer mehr Fahrt auf. Nochmals: Unbestritten ist, dass Emotionen kognitive Anteile haben, in Frage steht, ob der traditionelle Kognitivismus auch nach einer Relektüre in der Lage ist zu beschreiben, warum uns Gefühle stärker und anders aufwühlen als neutrale Urteile. Vgl. Nussbaum (2000b); die kognitivistische Engführung dieser Theorie wird kritisiert von Hartmann (2005: 114-120). Vgl. aus soziologischer Sicht von Scheve (2009). Von Scheve klärt auch hellsichtig über emotionale Ansteckung auf (280-287).

28 Stock (1995).

Geschehen des Willens Gottes auf den Interaktionsfeldern der Sittlichkeit – erweist. Während verfehlte Daseinsgewißheit sich in den E.[motionen] des amor mundi und der Selbstgerechtigkeit äußert, führt wahre Daseinsgewißheit zum amor Dei und zur Freude an der Gerechtigkeit Gottes und bindet die Selbstbetroffenheit der Person an die ›Erfüllung des Gesetzes‹ (Röm 13,10). In einer vollständigen theol. Ethik ist die Neuorientierung der E.[motionen] durch die Liebe des Glaubens Gegenstand einer Tugendlehre, die im Anschluß an F. Schleiermacher und R. Rothe das Wahrheitsmoment der Lehre vom moralischen Gefühl aufnehmen können wird.«[29]

Stock nimmt sich dem Thema zwar an, reserviert aber die Semantik des Gefühls für die Daseinsgewissheit des Glaubens, ohne zu zeigen, *in welchem gefühlsgesteuerten Prozess dieser Glaube sich einstellt*. Problematisch ist, dass Stock die faktische Umgangsweise des Menschen mit Gefühlen (in seiner Sprache: Emotionen) ausblendet. Emotionen treten nur insofern ins Blickfeld, als dargelegt wird, wie die im Glauben geschenkte christliche Liebe die emotionalen Schemata reinigt und den Charakter der Gläubigen formt.[30]

Selbstlose Leidenschaften titelt Ingolf U. Dalferth seine Studie über die menschlichen Passionen, die sich wie Prolegomena zu einer theologischen Ethik liest. Dalferth startet mit einer fundamental-anthropologischen Pointe: »Wir haben nicht nur Gefühle, sondern wir *sind*, wie wir fühlen.«[31] Trotz einiger semantischer Differenzen zu Stock steht auch für Dalferth das Christentum ebenfalls für einen spezifischen Umgang mit Gefühlen. »Weder der Zugewinn einer besonderen geistigen Sinnlichkeit bzw. sinnlichen Geistigkeit, noch das Auftreten bzw. Fehlen bestimmter Emotionen, Affekte, Gefühle oder Passionen zeichnen ein christliches Leben aus. Christlicher Enthusiasmus ist nüchtern und klarsichtig, nicht überschwänglich und gefühlstrunken. Nicht dass man sich fürchtet und zittert, erbebt oder erbleicht, einen Weinkrampf oder einen Lachanfall bekommt, Angst hat oder vor Liebe brennt, zornig ist, Mitleid empfindet, jemanden traut oder sich misstraut, ist das christlich Bemerkenswerte, sondern wie man das ist, wenn man es ist, und wie man es tut, wenn man es tut. Nicht die Leidenschaften sind christlich oder nicht christlich, sondern der Umgang mit ihnen.«[32] Dalferth beeilt sich zu ergänzen: »Ihren

29 Stock (1999: 1260); Ders. (2000).

30 Wilfried Engemann (2009b: 286) hat zu bedenken gegeben: »Aber vielleicht ist ja der christliche Glaube im Kern gar keine Kategorie der Gewissheit, sondern der Leidenschaft bzw. leidenschaftlichen Lebens; dann ginge es in der Seelsorge primär um die in der Erfahrung von Freiheit und Liebe gründende Leidenschaft und Gegenwart des Lebens.« Vgl. Ders. (2009a: 287-299).

31 Dalferth (2013: 99). Dalferth (2013: 300f.) kritisiert die Rede vom Gefühl als Daseinsgewissheit.

32 Dalferth (2013: 21), zitiert wird diese Stelle auch bei Etzelmüller (2014: 213-232), dort wird ergänzt: »Christlich gelebt werden Leidenschaften, wenn sie aus dem Geist Jesu Christi heraus gelebt werden.«

wahren Sinn enthüllen die Leidenschaften im Leben eines Selbst, das [...] nicht selbstisch, sondern selbstlos ist, sich also nicht an sich selbst oder an anderen misst, sondern an dem, der beiden erst zur Wahrheit verhilft: an Gott.«[33] Nur konsequent wird Liebe dann im Rekurs auf gängige Vorschläge aus den Nachbardisziplinen etwa als »Kulturinstitution«, »Metagefühl« und »Verhaltensdisposition« ausgezeichnet: »Liebe ist dann kein Gefühl, sondern ein Orientierungsmuster zum Umgang mit Gefühlen anderer und sich selbst gegenüber.«[34] Menschliche Leidenschaften müssen, so fordert Dalferth, »in den Transformationsprozessen des Glaubens in ihrem spezifischen Sinn erhellt werden. Christliches Leben unterscheidet sich von anderem menschlichen Leben ja nicht dadurch, dass es nicht menschlich wäre, sondern darin, dass die Menschlichkeit auf besondere Weise gelebt wird, als menschliches Leben in einem bestimmten Modus ist. [...] Glaube [...] zeigt sich vielmehr darin, wie man leidenschaftlich lebt«, nämlich, und jetzt überschlägt sich die Sprache förmlich und hyperventiliert, »in der Orientierung an Gottes Liebe liebend liebt.«[35] Anders gewendet: »Der Glaube kann dementsprechend als umfassende Affektbestimmung des ganzen menschlichen Lebens verstanden werden; und sein Gegenteil, der Unglaube, ebenso: Glaube ist die Bestimmung des Lebens durch die Affekte der Gottesliebe und Gottesfurcht.«[36]

Das Ergebnis ist trotz vieler Einsichten, die ich teile, milde enttäuschend. Letztlich weigert sich Dalferth zu tanzen, geschweige denn zu schwofen, dreht sich in den *emotional turn* ein, um ihn beschwichtigend und dann im virilen Zugriff vom Parkett zu führen; denn die Fokussierung auf die Liebe verunmöglicht es, hellsichtig für andere Gefühle zu werden. Wenn die Liebe schlussendlich gar kein Gefühl ist, wird der Diskurs um eine Theologie der Gefühle vielwortig sofort wieder verabschiedet und die Chance vertan, zu zeigen, *wie Gefühle Glaube wecken*. Dalferths Faible für theologische Spitzkehren, die

Und damit ist die Einsicht verbunden, »dass es keine spezifisch religiösen Gefühle gibt«. (215) Oder wie Dalferth (2013: 20) selbst sagt: »Die hier vertretene These lautet, dass es keine besonderen Leidenschaften gibt, die christlich sind, sondern dass christlich ein bestimmter Umgang mit den Leidenschaften ist.«

33 Dalferth (2013:16).

34 Dalferth (2013: 169). Angst, Zorn und Liebe sind die Hauptagenten in Dalferths Diskurs.

35 Dalferth (2013: 16, 19). Im Dickicht der Begriffe von Emotion, Gefühl, Leidenschaft versucht Dalferth eine Schneise zu schlagen. Emotionen wie Ekel, Wut, Ärger, Scham sind »keine dauerhaften, sondern situationsbedingt auftretende und abklingende Körperzustände« (166), die sich einstellen, wenn plötzlich ein Mensch in prekäre Situationen hineingerät, die eine erste spontane Reaktion auslöst. Gefühle deutet Dalferth als »erlebte Emotionen« (ebd., 166), die, obwohl sie spontan, situationsbedingt und auch wechselhaft auftreten, als gelebte Emotion offenbar eine erste Distanz und damit ein Verhalten zu den Emotionen ermöglichen sollen. Dalferth selbst bevorzugt den Begriff der Leidenschaften, die durch das Prädikat der Selbstlosigkeit geadelt werden.

36 Dalferth (2013: 136); vgl. Dalferth (2011).

olympische Fähigkeiten in theologischer Gymnastik erfordern – mir fehlt offenbar dafür ein Gelenk –, erschweren unnötig auch ein Gespräch mit den Nachbardisziplinen.

Konzentriertere Aufmerksamkeit schenkt Johannes Fischer den Emotionen im Rahmen seiner ingeniösen narrativen Ethik, gehüllt in den weit offenen Mantel Jüngelscher Theologie, und grenzt sich dabei sehr grundsätzlich von einer strikt argumentativ begründeten Moral[37] ab, die Emotionen häufig nur rudimentär ins Blickfeld bringt und die sich nach seiner Einschätzung zu einseitig am modernen Handlungsbegriff orientiert. Die Konzentration auf den Handlungsbegriff, so die Pointe, dränge die religiöse Dimension der Moral in eine »Latenz«[38] ab, weil jetzt Gefühle zu ›bloßen‹ Gefühlen verkommen und ihre (theologisch anschlussfähige) Passivitätsstruktur gar nicht in den Blick gerät.[39] Strikte Regelethiken erweisen sich zudem – so ein beeindruckend starkes Argument – als unfähig, intuitives Wissen, das im Alltag schnelle Orientierung verschafft, zuzulassen.[40] Bei Fischer erhalten Emotionen eine im Vergleich der handelsüblichen evangelischen Ethiken gesteigerte Bedeutung. Dabei weigert er sich, den Einfluss von Erzählungen für die Wahrnehmungs- und Einstellungsänderung lediglich als »*Auslöser* für die *affektive Reaktion* auf die wahrgenomme Situation«[41] zu verstehen. Er bestreitet eine scharfe Trennung von Kognition und Affekt und schließt sich damit den neueren Ergebnissen der Philosophie und kognitiven Emotionsforschung an: Kognition und Emotion lassen sich nicht trennen. Emotionen sind vielmehr »Wahrnehmungen« und damit auch »kognitive Akte«.[42]

Gegen den verbreiteten Begründungsgestus der Ethik als Handlungstheorie lehrt Fischer die Ethik als Theorie des Verstehens, die sich von der *Überzeugungsrhetorik der Regelethiken* abwendet.[43] Verbunden ist damit ein »an-

37 Fischer (2012: 25-71).

38 Fischer (2015a: 191).

39 Fischer (2015a: 191). Fischer stellt gegen Stock, Herms, aber letztlich auch gegen Dalferth fest: »Es ist ein Missverständnis der religiösen Dimension der Moral, wenn man meint, in theologisch-ethischer Perspektive die Moral in Voraussetzungen des religiösen Glaubens oder der Weltanschauung fundieren zu sollen.« (191)

40 Fischer/Gruden/Imhof/Strub (2008). Vgl. auch: Fischer (2002); Ders. (2012). Anschlussfähig für eine theologische Ethik ist nach Meinung von Fischer (2002: 94) eher der antike, teleologische Handlungsbegriff.

41 Fischer u.a. (2008: 50).

42 Fischer u.a. (2008: 50).

43 Johannes Fischer (Zolle, 305-314) zieht gegen Regelethiken zu Felde, zunächst in einer Rezension zum Lehrbuch von Wilfried Härle, grundsätzlich in einem Streit mit Marcus Düwell, der in der ZEE ausgetragen wurde: Fischer (2011c: 192-204); Düwell (2011b: 205-213); Fischer (2011d: 214-217). Theologen erwecken gerne den Eindruck, ethische Begründungsavancen würden grundsätzlich in ein Desaster führen, gerne wird dabei auf Konrad Ott (2001: 64f.) verwiesen, der diese Versuche immer von

deres Verständnis von Wesen und Aufgabe der Ethik«[44]: »Die Frage, was Dinge für uns moralisch bedeutsam macht und worin deren Bedeutung für uns besteht, zielt nicht auf ein *Begründen* normativer Geltung (von ›ethischen Prinzipien‹ oder Normen), sondern auf ein *Verstehen* unserer moralischen Orientierung und Praxis. Leitend ist dabei nicht bloß ein *moralpsychologisches* Interesse, sondern das *ethische* Interesse, zu einem vertieften Verständnis dieser Praxis und somit zu einer adäquateren, bewussteren und verantwortlicheren Wahrnehmung dieser Praxis zu gelangen bzw. anzuleiten. Weil es nicht um die Begründung normativer Geltung, sondern um Verstehen geht, sind die diesbezüglichen Untersuchungen nicht der normativen, sondern der *deskriptiven Ethik* zuzuordnen. Versteht man Ethik als ein bloßes *Begründungsunternehmen*, dann bewegt man sich also gewissermaßen an der Oberfläche der moralischen Orientierung.«[45] Das ist Fischers zentrale These. Einer der Kernsätze lautet: »Für die sittliche Orientierung hängt […] alles davon ab, wie Menschen in ihrer sittlichen Perzeption eingestellt sind bzw. wodurch sie sich in ihrer sittlichen Perzeption einstellen lassen.«[46] Sittliche Orientierung gelingt nur im Rekurs auf konkrete Situationen, die narrativ vor Augen gemalt werden: »Das geschieht dadurch, dass sie geschildert werden, und insofern macht es Sinn von einer *narrativen Begründung* (Hervorhebung von mir, K.H.) zu sprechen.«[47]

Eine theologische Ethik der Gegenwart darf sich gleichwohl, so Fischer, nicht darin bescheiden, internalisierte Wahrnehmungsmuster des Alltags zu thematisieren, sondern sie will christliche Wahrnehmungsdeutungen in ihrer Lebensdienlichkeit explizieren. »Die Theologische Ethik hat daher zwar zuerst und vor

einem Münchhausen-Trilemma (petitio principii, regressus ad infinitum, Setzung von Axiomen) bedroht sieht. Ich kann dem Vorwurf nicht zustimmen, weil Ernst Tugendhat einen hochreflektierten Versuch einer autonomen Begründung der Moral vorgelegt hat und dabei immer auch die Grenzen des Begründungsversuchs mitthematisiert. Ich halte mich deshalb in diesem Buch an Tugendhat. Relative Einigkeit herrscht darüber, dass jeder ein Interesse daran hat, »rational zu handeln bzw. ein befriedigendes Leben zu führen. […] Keiner (gemeint sind Aristoteles und Kant, K.H.) zielt darauf ab, zunächst die Wahrheit irgendeiner ethischen Aussage zu beweisen, die wir dann vermöge unseres Interesses an wahren Aussagen akzeptieren sollten.« So Williams (1999: 49).

44 Fischer u.a. (2008: 205).

45 Fischer u.a. (2008: 205, 207); vgl. auch Ammann (2007). Fischer schreibt an anderer Stelle (2015b: 93): »Wir sind zwar Urheber unserer freien Handlungen, aber wir sind nicht Urheber unseres Verhaltens. So enthält mitfühlendes Verhalten ein Widerfahrnismoment im Sinne des Affiziertwerdens durch die Situation eines anderen. In der jüdisch-christlichen Tradition entspricht dieser passiven Seite die Vorstellung vom Wirken des Geistes. Dieser Begriff steht nicht zufällig in Verbindung mit Verhaltensweisen (vgl. Galaterbrief 5,22f.) und nicht mit Handlungen.« Vgl. grundlegend zum Thema Fischer (1994); Ders. (2011b).

46 Fischer u.a. (2008: 366).

47 Fischer (2009: 80).

allem den christlichen Glauben hinsichtlich seiner lebenspraktischen Bedeutung zum Gegenstand ihres Nachdenkens. Aber sie muss auch auf die Beziehung reflektieren, in der dieser zu den geltenden Anschauungen und Normen in den verschiedenen gesellschaftlichen Bereichen steht, um denen, die darin als Christen zu leben versuchen, eine Kohärenz ihrer Überzeugungen zu ermöglichen.«[48] Für die Wirklichkeitserkenntnis des Glaubens freilich ist eigentümlich, »dass die Wirklichkeitserkenntnis des Glaubens als praktische Erkenntnis begriffen werden muss in dem Sinne, dass sie den oder die Erkennenden lokalisiert in den Raum des Erkannten«[49]. Anders gewendet: Der Glaubende gibt die unbeteiligte Erkenntnishaltung, die in der theoretischen Erkenntnis vorherrscht, auf und wird versetzt oder lokalisiert in einen Wirklichkeitszusammenhang, an dem er emotional beteiligt ist.

Frido Ricken fragt, welche »positive Funktion der christliche Glaube für die sittliche Erkenntnis«[50] und für den Umgang mit Emotionen bietet. Fischer gibt als Antwort: »Es geht nicht darum, da, wo die philosophische Ethik Gründe des Wissens aufbietet, theologisch die Moral in Gründen des Glaubens zu fundieren. Vielmehr ist das moralisch Gute auch unter religiösen Vorzeichen nicht eine Sache des Glaubens, sondern der Erkenntnis und des Wissens. Die Beteiligung des Glaubens besteht darin, dass dieser sich auf die Wirklichkeit bezieht, die im Akt dieser Erkenntnis als zu dieser befähigend und bestimmend erfahren wird.«[51] Fischer will diese andere Wirklichkeitssicht als »spirituelle Erfahrung«[52] deuten, allerdings bleibt der über biblische Texte und Leseerfahrung erschlossene Zugang in seinen Studien verblüffend schmal, bezieht sich in fast allen Texten monoman auf das *Gleichnis vom Barmherzigen Samariter* und übersieht trotzdem die entscheidenden Pointen des Textes.[53] Des Theologen verständliche Liebe für asymmetrische Strukturen und Widerfahrnisse, die ich teile, sediert zu häufig die Anstrengung nachzufragen, *wie*

48 Fischer u.a. (2008: 267f.). »Es beruht auf einem Irrtum, wenn die Meinung vertreten wird, das christliche Verständnis der Sünde erkenne dem Menschen die Fähigkeit ab, moralisch Gutes zu tun und sich Tugenden anzueignen. Aus theologischer Sicht besteht kein Grund zu bestreiten, dass man auch ohne ›geistliche Tugenden‹ im Sinne bloßer Normenbefolgung moralisch handeln oder sich einen tugendhaften Charakter anbilden kann. Das Defizit, das durch den Begriff der Sünde bezeichnet wird, betrifft die geistliche Ausrichtung des Lebensvollzugs. Die christliche Auffassung hierzu ist, dass kein Mensch sich aus eigenem Vermögen solche Ausrichtung und Beziehungsfähigkeit geben kann.« (52)

49 Fischer (2002: 18).

50 Frido Ricken (2013: 34-36) (»Gibt es ein Proprium christlicher Moral?«), hier: 35.

51 Fischer (2015a: 191); Ders. (1994). Martin Honecker (1980: 339) beeilt sich sogar zu sagen, »für eine theologische Ethik (bringe der Glaube, K.H.) keinen Zuwachs an ethischer Erkenntnis«.

52 Fischer (2015a: 191).

53 Huizing (2000; 2015a).

Texte spirituelle Erfahrungen *inszenieren*. Dieses Geschäft dürfen Menschen, die religiös weniger musikalisch sind, von den Theologen erwarten – auch dann, wenn die spirituelle Gefolgschaft ausbleibt.

So richtig und weiterführend es ist, biblische Texte als emotional orientierende Wahrnehmungsschule auszuzeichnen[54], so teilweise unbefriedigt lässt einen Leser der Entwurf zurück, weil produktionsästhetische Fragen kaum bearbeitet werden. Applaus verdient Fischer, wenn er gegen eine *desengagierte Vernunft* aufbegehrt, aber handstreichartig wird mit dem Stichwort *narrative Begründung* eine honorige Tradition verabschiedet, die an einer universalistischen Begründung festhält. Obwohl Fischers narrative Begründung sich auf eine spezifische Tradition bezieht, schwingt auch hier eine seltsam anmutende Überlegenheitsunterstellung mit. Es muss – und an dieser Stelle klafft bei Stock, Dalferth und Fischer gleichermaßen eine empfindliche Lücke – diskursiv ausgewiesen werden, worin denn über die Orientierung und das Engagement hinaus das Surplus einer biblisch und pneumatologisch gesteuerten Wirklichkeitswahrnehmung im Unterschied zu säkularen Ethiken liegt. Unpräzise bleibt auch die Rede von *der biblischen Wirklichkeitsdeutung*, die hier angeboten wird: eine *gesamtbiblische Wirklichkeitsdeutung* doch wohl kaum! Und wie selbstverständlich schleppen alle genannten Autoren die Sündenanthropologie wie einen Buckel mit sich herum. Ob schließlich eine narrative Ethik rein deskriptiv verfährt, ist doch sehr die Frage, weil Gefühle, wie noch zu zeigen, mit normativer Autorität heimsuchen.

Ich setze deshalb anders an. Es geht mir primär nicht darum, abermals auszuweisen, welche Bedeutung Emotionen für das menschliche Verhalten von Menschen im Allgemeinen haben. Das wurde schon vielfältig ausgewiesen. Ich behandle auch nicht alle Emotionen. Vielmehr möchte ich den Blick auf eine, nach meiner Einschätzung: die *zentrale Emotion* oder *besser: das zentrale Gefühl lenken: Die Scham*. Nur im Durchgang durch eine Schamerfahrung und die darin eingelagerten Imperative konstituiert sich eine ethische Person. Das ist die These. Ethik ist dann die Explikation dieser hochmoralischen Schamerfahrung – mit spürbaren Folgen für die Charakterformung und die Theorie gelingender Lebensführung.[55] Ich verfolge diese Idee zunächst innerhalb der Philosophie,

54 Siehe dazu meine dreibändige Ästhetische Theologie von 2000-2004, neu aufgelegt 2015.

55 Ethik als Theorie der Lebensführung zu konzipieren hat mit Aplomb Trutz Rendtorff (2011) vorgeschlagen. Auch Johannes Fischer orientiert sich am Muster der Lebensführung. Diese Vorschläge sind nicht unwidersprochen geblieben. Ulrich H. J. Körtner (2012: 39, 38f.), der Ethik als »Theorie menschlichen Handelns« bestimmt, kritisiert: »Der Gedanke einer durchgängigen Identität menschlicher Lebensführung scheitert heute daran, dass der einzelne seines Lebens keineswegs zu jedem Zeitpunkt mächtig ist. Kontingenzerfahrung, die nicht nur von Naturereignissen, sondern auch von der Unübersichtlichkeit und Komplexität der modernen Lebensverhältnisse herrühren, führen zu der Einsicht, dass der faktische Lebensverlauf nur zum Teil das Resultat bewusster Lebensführung ist. Wohl gibt es nicht

um erst in einem zweiten Schritt nach theologischen Anschlussmöglichkeiten zu fahnden. Die Brücke ist das Gefühl der Scham. *Der Glaube als Berufungsverfahren für theologische Ethiker bildet nicht den Ausgang der Untersuchung, sondern das Ziel.* Breiter auch als Johannes Fischer will ich herausstreichen, wie stark biblische Texte des Alten *und* Neuen Testaments mit wohlwollenden Beschämungsstrategien und Entschämungsstrategien arbeiten – nur so wird eine *kanongemäße Wirklichkeitsdeutung* skizzierbar. Übersehen wurde von allen theologischen Autoren bisher der innere Zusammenhang von Scham und Liebe: Die wichtigste Agentur der göttlichen Liebe ist die Scham als *liebevolle Beschämung*, die auf eine Charakterschulung oder Tugendbildung zielt.

2. Ethik, Scham und Schamhaftigkeit

In der Forschung mehren sich die Stimmen, der Scham[56] eine zentrale Bedeutung zuzusprechen: Anja Lietzmann deutet in Anlehnung an Helmuth Pless-

nur einzelne Handlungen, sondern auch Handlungsweisen. Auch lassen sich Lebensweisen bzw. Lebensstile unterscheiden. Aber der faktische Lebensverlauf ist mehr als die Summe unserer Handlungen und nur zum Teil das Resultat unseres Planens und Wollens.« Will man dem berechtigten Einwurf begegnen, dann muss man im Konzept einer Ethik als Lebensführung auch passivische Strukturen zulassen und die soziale Ausdifferenzierung der Gesellschaft ernst nehmen, wie Körtner an anderer Stelle (2015e: 39) einräumt: »Von Lebensführung lässt sich allerdings dann theologisch verantwortbar sprechen, wenn die für den christlichen Glauben und seine Anthropologie grundlegende Erfahrung menschlicher Grundpassivität und Rezeptivität mitbedacht wird.« Kann man, so Johannes Fischer u.a. (2008: 246), angesichts der »sozialen Segmentierung des Lebens« von einer christlichen Lebensführung sprechen? Fischer zitiert auch die oben genannte Anfrage von Körtner. Das passivische Moment glaubt Fischer etwa im Rekurs auf 1 Kor 16,14: »Alle eure Dinge *lasset* in der Liebe geschehen« einholen zu können. Hermann Schmitz (1990: 321f.) ist ebenfalls entschiedener Anhänger der Rede von Lebensführung: »Philosophie ist Sichbesinnen des Menschen auf sein Sichfinden in seiner Umgebung. Wer nicht nur dahinlebt und sich leben läßt, sondern ein Leben führt, bedarf der Besinnung auf sein Sichfinden in seiner Umgebung; wer sich auf sein Sichfinden in seiner Umgebung besinnt, orientiert damit seine Lebensführung. [...] So ist Philosophie immer praktische Philosophie und Praxis philosophische Praxis.«

56 Im Griechischen gibt es zwei Begriffe für die Scham: *aischyne* beschreibt präzise, wessen man sich schämt; *Aidōs* ist für Platon die für das staatliche Zusammenleben wichtigste Tugend, ein *Gefühl* für das, *was man tut*, was ehrenvoll und nicht schändlich ist. Aristoteles hat die Scham als *»Widerfahrnis«* bestimmt und die »normative gesellschaftsbildende Funktion der *Aidōs*« auf die Bedeutung einer »Furcht vor einer Rufminderung«, genauer: als Angst vor gesellschaftlicher Schande zugeschnitten. Daneben hat sich in der griechisch-römischen Antike immer das Wissen erhalten, dass die Scham in der Geschlechtlichkeit beheimatet ist, denn *Aidōs* meint auch Genitalien. »Die Genitalien als Symbol der Lebendigkeit sind etwas, das Scheu auslöst. Daraus entwickelt sich bei Männern und Frauen die Aidōs im Sinne eines unwillkürlichen Gewilltseins, seiner eigenen und der Geschlechtlichkeit der anderen mit ehrfürchtigem Feingefühl und dezenter Zurückhaltung zu begegnen.« So Steger (1997: 60, 67); ebenso Williams (2000: 91).

ners Anthropologie Scham als ein »›Wesensmerkmal‹ […] des Menschen«[57]. »Scham stellt weder ein rein historisches Phänomen dar, das im Laufe der Geschichte kommt und geht, noch existieren schamfreie Gesellschaften oder Personen. Vielmehr ist Scham ein Merkmal, das für jeden Menschen charakteristisch ist. Sie gehört dem Menschen zu, insofern dieser exzentrisch positioniert ist. Sie gehört dem Menschen zu, insofern er ein doppeldeutiges, ein sich selbst vermitteltes Wesen ist, das an der Herstellung seiner personalen Einheit scheitern kann. Scham kommt dem Menschen zu, insofern sie ihre Ursache in dieser Doppeldeutigkeit findet. Der Mensch als ein exzentrisches, doppeldeutiges Wesen muss unabänderlich in Schamsituationen geraten. Da die exzentrische Existenzweise allen Menschen gleichermaßen eigen ist, ist Scham ein Merkmal *aller* Menschen. Umgekehrt gilt, dass ein Wesen, das sich nicht schämen kann, kein doppeldeutiges Wesen, also kein Mensch ist.«[58] Weil nach Plessner menschliche Subjekte leiblich agieren und leiblich wahrnehmen, zugleich als Körper ein Objekt in der Welt sind, weil Menschen Leib sind und Körper haben, geraten sie aufgrund dieser Doppeldeutigkeit immer wieder in Schamsituationen hinein. Wenn also Lietzmann Recht hat, dass die Scham ein *Wesensmerkmal* des Menschen ist, dann hat diese anthropologische Erkenntnis auch enorme Auswirkungen auf den ethischen Diskurs.

In seinen *Vorlesungen über Ethik* hat Ernst Tugendhat, der vielleicht prominenteste Vertreter einer autonomen Begründung der Moral im deutschen Sprachraum, der Scham einen herausgehobenen Platz zugesprochen: »Scham ist das Gefühl des Selbstwertverlustes in den Augen der möglichen anderen. Besonders scharf empfinden wir Scham, wenn andere wirklich anwesend sind und wenn wir sie als kompetent ansehen, z.B. ein Violinspieler, wenn er im Konzert schlecht spielt. Aber auch wenn er alleine übt, wird er sich, wenn er schlecht spielt, schämen – angesichts der Augen bzw. Ohren eines möglichen Publikums. Im Unterschied nun zu den speziellen Fähigkeiten, die wir im Allgemeinen nur rudimentär ausbilden müssen, und gut nur, wenn wir unser Selbstwertgefühl mit ihnen verbinden, gibt es eine Fähigkeit, die für die Sozialisation zentral ist, und das ist die Fähigkeit, ein sozial umgängliches, ein kooperatives Wesen zu sein. […] (I)ch möchte nun behaupten, daß die moralischen Normen einer Gesellschaft eben jene sind, die diese Standards festlegen, das heißt die definieren, was es heißt, ein kooperatives Wesen zu sein. In Urteilen, in denen wir über Menschen und ihre Handlungen sagen, sie seien gut oder schlecht, beurteilen wir die Menschen nicht hinsichtlich spezieller Fähigkeiten, sondern im Hinblick auf diese *zentrale Fähigkeit*. (Hervorhebung von

57 Lietzmann (2007: 84). Vgl. Werden (2015: 138f.).

58 Lietzmann (2007: 84). Vgl. Jacoby (1997: 159-168).

mir, K.H.) Mit dieser Auffassung stimmt gut überein, daß wir uns nicht nur schämen können, wenn wir in einer bestimmten, uns wichtigen Fähigkeit versagen, sondern Scham ist auch die emotionale Reaktion, wenn wir moralisch versagen (also angesichts der Normen, die aus der Perspektive des Betreffenden sein Gutsein als kooperatives Wesen definieren).«[59] Dieser Unterschied manifestiert sich auch in der »Reaktion der Schamzeugen: Im nichtmoralischen Fall kann das Publikum sich über den sich Schämenden lustig machen, im moralischen Fall wird der Beschämte mit dem Affekt der Empörung und mit Tadel rechnen müssen«, weil es »um die gemeinsame normative Basis geht«.[60] Die Gesellschaft kann von niemandem fordern ein guter Geiger zu sein, aber sehr wohl ein kooperatives Wesen zu sein; wer dagegen verstößt, muss mit Sanktionen rechnen. Allerdings gilt: »Für die bestimmte Sanktion der Empörung ist nur empfindlich, wer sie in der Scham internalisiert hat [...] und sich zu einer Totalität von Personen zugehörig versteht, die mittels der inneren Sanktion von Empörung und Scham wechselseitig voneinander fordern, die diese Identität ausmachenden Normen nicht zu verletzen.«[61] Wer freilich gar nicht zu dieser Gesellschaft dazugehören will (wie etwa Anhänger von fundamentalistischen Terrorgruppen), empfindet entsprechend auch keine Scham, weil diese Person für diese Vorstellungen von Kooperation nicht empfänglich ist.[62] Für Tugendhat ist ausgemacht, dass Scham und Empörung als *moralische Gefühle* stets »geteilte Gefühle«[63] sind und damit sehr grundsätzlich unterschieden sind von allen anderen Affekten. Als nicht-moralisches Gefühl – bezogen etwa auf Konventionen und ästhetische Standards – muss die Scham nicht ein von allen Menschen in einer Gesellschaft geteiltes Gefühl sein.

Hellsichtig und für mich wegweisend ist Tugendhats Kurzcharakteristik von Jesus von Nazaret: »Jesus hat die damals vorgegebene Moral seines Volkes relativiert und ergänzt. [...] Was der Reformator sagt, ist: Inhalte, über die ihr euch empört und schämt, sind nicht diejenigen, die dieser Gefühle würdig sind; die neuen Inhalte, die ich fordere, sind diejenigen, deren Einhaltung ihr voneinander wechselseitig fordern solltet.«[64]

59 Tugendhat (1993: 57f.)

60 Tugendhat (1993: 58).

61 Tugendhat (1993: 60).

62 Wer »kein Sensorium für Scham, Schuld und Empörung hat«, dem wird von der Psychologie ein »›lack of moral sense‹« attestiert (Tugendhat 1992: 322).

63 Tugendhat (2001: 211).

64 Tugendhat (1993: 63). Scham und Schuld unterscheidet Tugendhat wie folgt: »Die Scham ist auf ›nicht gut‹ bezogen, das Schuldgefühl auf die Verletzung des ›muß‹.« (237) In dem Handbuch von Düwell/Hübenthal/Werner (2011a) wird die Scham unter den zentralen Begriffen nicht gelistet, taucht auch in einzelnen Artikeln nur an vier Stellen auf.

Die neuere *theologische Ethik* hat Scham bisher kaum thematisiert, erst seit einigen Jahren gibt es tastende Versuche. Die maßgeblichen Entwürfe evangelischer Ethik von den 1960er-Jahren bis heute sahen und sehen entweder keinen Anlass, Scham als ernst zu nehmendes ethisches Problem wahrzunehmen, oder reduzieren Scham auf ein Thema der Sexualethik.[65] Vielleicht handelt es sich bei der Scham-Vergessenheit evangelischer Theologie um einen unglücklichen Reflex auf Luthers Äußerungen »christlich Liebe achtet weltlich Scham und Schand nicht«[66] und »Scham ist ein unnutz hausgesind jnn eins armen betlers hause«.[67] Immerhin schenkte Wolfgang Trillhaas dem Phänomen Scham in seinem Ethik-Entwurf Aufmerksamkeit.[68] Doch obwohl er Scham als »Abwehrinstinkt« zur Verbergung und zum Schutz der »innerste[n] Vitalsphäre« und schließlich als eine »Form der Ehrfurcht vor dem Leben« plausibilisierte, sprach er ihr den Status eines sittlichen Urteils ab.[69] Scham könne höchstens zu einem sittlichen Urteil hinzutreten und ein Versagen bewusst machen; aber das sittliche Urteil selbst artikuliere sich allein in der Reue. So fristeten zentrale Gefühle auch in Trillhaas' Ethik, die immerhin »in jedem Sinne angewandte Anthropologie«[70] sein wollte, ein Schattendasein. Das gilt auch noch für die jüngsten Ethik-Entwürfe. Wilfried Härle notiert nur am Rande, dass »die Respektierung des Schamgefühls von großer Bedeutung für die Würde des Menschen ist«.[71] Ähnlich sieht Martin Honecker in der Überschreitung von Schamgrenzen einen »Angriff auf die Würde des Menschen«[72]. Ein Mäzen der Ethik ist die Scham auch für diese Autoren nicht.

Eine Reihe von neueren Aufsätzen von Theologen, die nun sehr viel bestimmter die Relevanz der Scham für die christliche Dogmatik und Ethik einklagen,[73] weisen der Scham ebenfalls primär eine Schutzfunktion zu. Scham diene zur Wahrung des Selbstwertgefühls, der Persönlichkeit, der Persongrenze

65 Thielicke (1964b: 559-563). Wider besseren Wissens verankert Honecker (1995: 214) Scham in der Sexualethik, obwohl er feststellt: »Scham bezieht sich nicht nur auf das Sexuelle [...].«

66 Luther (1525: 467,8f.).

67 Luther (1530: 589-626, 622,28f.). Zu Luthers Auffassung von Gefühlen siehe Gutmann (1991).

68 Die äußerst bedächtige Karriere des Schambegriffs in den bisherigen Auflagen der RGG untersucht Árpád Ferencz (2012, 23-33). Ich stimme ihm zu, wenn er den adhortativen Charakter der Scham auszeichnet, ich plädiere aber, wie noch zu zeigen, dafür, das adhortative Element nicht nur im Kontext der Versöhnung zu verorten, sondern bereits im Diesseits von Schuld und Versöhnung. Ausdrücklich zustimmen möchte ich Ferencz in seinem Bemühen, im Anschluss an Margalit Institutionen kritisch daraufhin zu befragen, ob sie die Menschen demütigen.

69 Trillhaas (1970: 231, 234).

70 Trillhaas (1970: 19).

71 Härle (2011: 241; siehe auch 321f.).

72 Martin Honecker (2010: 255f.).

73 In einem Dogmatik-Entwurf erhält Scham erstmals einen eigenen Ort von Stock (2011: 149f.). Sie findet wenig überraschend innerhalb der Sündenlehre ihren Platz. Dort bleibt sie eine Fremde.

und ihres Geheimnisses, sie beschütze die »zerbrechliche Menschlichkeit« und damit die Würde des Menschen und verhindere, dass »die Gesellschaft schamlos wird«.[74] Daraus leitet Regine Munz den Imperativ: »Du sollst nicht beschämen!« ab und rückt ihn eng an das Tötungsverbot.[75] Zur theologischen Begründung für den Zusammenhang von Menschenwürde und Scham schnürt Christina-Maria Bammel die Scham in das Korsett gängiger theologischer Interpretationen von anthropologischen Phänomenen wie der Sexualität, des Gewissens oder des Todes. Scham, mit der »schöpfungsgemäße[n] Funktion« ausgestattet, das Persongeheimnis zu schützen, jedoch durch die Sünde zu ihrer »Dienstmagd« und einer »Spezialgestalt der Angst« korrumpiert, werde allein durch »Gottes Zuwendung« befreit.[76] Derselben Argumentation bedient sich Ulrike Wagner-Rau: »Scham, so könnte man sagen, ist das Signal für fehlenden Segen.«[77] Der »segnende [...] Blick Gottes« hebe zwar die Scham nicht auf, aber mildere die Angst, transzendiere die Scham und banne »die ihr innewohnende Angst vor der fundamentalen Entwertung und Ohnmacht«.[78]

Wagner-Raus' Rede von den »Verkleidungen« der Scham (Wurmser) macht sichtbar, dass alle genannten Ansätze weniger die Schamsituation selbst hermeneutisch reflektieren, sondern um die Tugend der Schamhaftigkeit kreisen. Die Schamsituation können sie nicht vor Augen gehabt haben, denn *als Körperreaktion vermag Scham das Persongeheimnis gerade nicht zu schützen!* Im Gegenteil: Die Körperreaktion offenbart, was verborgen gehalten werden sollte. Ist aber, wie behauptet wird, die Scham und damit auch die Körperreaktion schöpfungsgemäß gut, dann auch ihre Offenbarungsfunktion.[79] Eine Analyse der Schamsituation steht also noch aus. Zudem bewirkt die sehr einseitige Konzentration auf die Tugend der Schamhaftigkeit, dass alles Gewicht auf der individualethischen Perspektive ruht. Die personal- und sozialethische Relevanz der Scham gerät dabei ins Hintertreffen.[80] Und schließlich wird Scham

74 So bei Ammicht Quinn (2011: 16). Zur Schutzfunktionstheorie siehe Marks (2011b: 8-12).

75 Munz (2009: 129-147, bes. 143-145).

76 Bammel (2004: 192-205); siehe auch Dies. (2005); Haas (2013).

77 Wagner-Rau (2011: 196).

78 Wagner-Rau: (2011: 196).

79 Treffend schreibt Thomas Krüger (2015: 89): »Jedenfalls scheint die Scham, von der in Genesis 2f. die Rede ist, nicht etwas Schlechtes zu sein, kein bedauerlicher Defekt, den sich die Menschen durch die Übertretung des göttlichen Speiseverbots zugezogen hätten, sondern – immer aus der Sicht des Textes bzw. seiner Verfasserschaft – eine Errungenschaft wie die Erkenntnis von Gut und Böse/Schlecht (vgl. Genesis 9,20ff.).«

80 Der Psychoanalytiker Léon Wurmser (2013: 126) meint häufig Schamhaftigkeit, wenn er von Scham spricht: »Die Scham als Haltung – pudor – behütet das getrennte private Selbst mit seinen Grenzen und verhindert sowohl das Eindringen der anderen von außen in den privaten Bereich wie auch die Erfüllung der Wünsche zur Verschmelzung mit dem anderen, zu Selbstauflösung von innen.« Scham als Schamhaftigkeit deutet Wurmser als eine der »Wächterinnen über Stellung und Begrenzung von

auffällig häufig und wie selbstverständlich mit dem Sündenbegriff korreliert.[81] Man kann sich des Eindrucks nicht erwehren, dass ein und dieselbe theologische Hermeneutik den Phänomenen übergestülpt wird. Ob dadurch die Fähigkeit, Phänomene in ihrer Eigenart wahrzunehmen, geschult wird, darf man ausschließen. Es stellt sich die Frage, ob Scham überhaupt etwas mit Sünde zu tun hat, und noch viel grundsätzlicher, ob Theologen und Theologinnen nicht allerorts Korruption durch die Macht der Sünde wittern. Ich fürchte: ja!

Theologische Annäherungen wiederholen dabei eine *Begriffsverwirrung*, die vor allem durch den Psychoanalytiker Léon Wurmser in die Debatte eingespeist worden ist. Léon Wurmser deutet als eine der *Grundformen der Scham* die *Schamangst*[82], »als der Art von Angst, die durch plötzliche Bloßstellung hervorgerufen wird und die die Gefahr verächtlicher Zurückweisung signalisiert.«[83] Nur konsequent verhandelt Wurmser unter diesem Stichwort seiner Profession gemäß *pathologische Formen des Schamumgangs*. Trotz der faszinierenden Lektürezeit bleibt bei mir ein starkes Unbehagen zurück, weil Wurmser nicht trennscharf zwischen Scham und Schamhaftigkeit unterscheidet. Weil Scham immer als extrem unangenehm erfahren wird, ist jede künftige Schamerfahrung, *sofern sie nicht bearbeitet wurde*, so die treffende These

Selbst und Gesellschaft.« Auch Stephan Marks unterscheidet in seinem viel gelesenen Buch *Scham – die tabuisierte Emotion* (2007: 14-36) Grundformen der Scham. Marks, der sich an Wurmser stark anlehnt, teilt mit ihm die Unklarheit in den Verwendungen von Scham und Schamhaftigkeit. Siehe dazu auch Jacoby (1993).

81 Hellsichtiger argumentiert Barnbrock (2010: 285-304).

82 Wurmser (2013: 74; 145f.). Ich gehe sehr viel stärker von der Schamsituation in sozialen Kontexten aus, wo das Verstecken der Scham nicht gelingt. Als zentrales Zitat dient Wurmser (2013: 25, u.ö.) eine Einsicht von Werner Jaeger, der in seinem Buch *Paideia. Die Formung des griechischen Menschen* festhält (Jaeger 1989: 1268 A.126): »Demokrit setzt an die Stelle der aidōs im alten Sinne, der Scham vor den Mitmenschen, die Scham des Menschen vor sich selbst (aideisthai heauton), eine für die Entwicklung des ethischen Bewußtseins bedeutsame Begriffsschöpfung.« Damit ist aber nicht gesagt, dass der Blick des Anderen für diesen Weg nach innen ausfällt. Wurmser (2013: 40) konzentriert sich auf die innere Scham und nennt Themen, weswegen man sich schämt: »1) ›ich bin schwach, ich versage in Rivalitätssituationen‹; 2) ›ich bin dreckig, schmutzig, der Gehalt meines Selbst wird mit Verachtung und Ekel angeschaut‹; 3) ›ich habe einen Defekt, ich bin in physischer und geistiger Ausstattung zu kurz gekommen‹; 4) ›ich habe über meine Körperfunktionen und meine Gefühle die Kontrolle verloren‹; 5) ›ich werde sexuell erregt durch Leiden, Erniedrigung und Schmerz‹; 6) Wahrnehmen und Zeigen sind gefährliche Aktivitäten und können bestraft werden. Verachtung ist ein sehr wichtiger Teil des Schamaffekts.« Richtig sieht Wurmser: »Scham ist im weiteren Sinn selbstbezogen, Schuld ist objektbezogen.« (2013: 40) Wurmser (2013: 42) erinnert daran, dass das Wort Scham »auf die indogermanische Wurzel kam/kem: ›zudecken, verschleiern, verbergen‹ (Kluge 1975)« zurückgeht. »Das vorangestellte s (skam) fügt die reflexive Bedeutung hinzu – ›sich zudecken‹. Die Vorstellung des Sichverbergens ist dabei spezifisch und untrennbar vom Schamkonzept.«

83 Wurmser (2013: 78).

von Wurmser, angstbesetzt. Schamgefühle »präsentieren sich in mancherlei Verkleidungen: versteckt unter einer Maske von Kälte und hochmütiger Distanz, ausgestellt, ja zur Schau gestellt durch vorwegnehmende Selbsterniedrigung in dem Unterwürfigen, überschrien durch lärmende Trotzhandlungen, Gehässigkeit und scheinbare Verachtung, oder durch allgemeine Gehemmtheit und Ängstlichkeit hindurchscheinend.«[84] Eine Schamerfahrung muss aber durchaus nicht immer mit einer *verächtlichen Zurückweisung* zusammengehen, gelegentlich aber mit *Empörung oder Zorn*, die bei moralischer Scham angemessen ist und den Protagonisten nötigt, sich zu ändern. Weil Wurmser Bloßstellung unterschwellig nahezu immer als *demütigende Erfahrung oder als demütigende Beschämung* deutet, ist die entsprechende Schamsituation in der Tat ein Angriff auf die menschliche Würde und vorweggenommene Schamhaftigkeit angemessen. Leicht verständlich haben Theologen an Wurmser angedockt, weil die mitgeführte Sündenanthropologie den Fokus grundsätzlich auf zu bearbeitende Fehlformen des Lebens ausrichtet. Diese *deformation professionelle* gilt offenbar für beide Berufsgruppen. Um nicht missverstanden zu werden: Die therapeutische und seelsorgerliche Arbeit verdient höchsten Respekt, aber beide Berufsgruppen unterschätzen die Präventivkraft und Lebensdienlichkeit der Schamerfahrung. Nähmen beide Berufsgruppen die positiven Elemente an der Schamerfahrung wahr, würde ihr mitgeschleiftes düsteres Menschenbild deutlich aufgehellt.

Häufig wird die vorweggenommene Scham als Schamhaftigkeit, was Wurmser übersieht (was auch nicht sein zentrales Thema ist), eher eine sozial stabilisierende Funktion bedienen, wie Hilge Landweer treffend herausstreicht: »Die Disposition, Scham möglichst zu vermeiden, erzwingt auf leise Art und völlig gewaltlos[85] einen verlässlichen Sockel geteilter Konformität in den Verhaltensweisen. [...] Diese Funktion, kleine Gruppen, größere Gemeinschaften oder gar Gesellschaften durch die Angst vor Beschämung auf einen ›Satz‹ geteilter Normen unbemerkt einzuschwören, hat die Scham neben und zusätzlich zu ihrer herausragenden Bedeutung für die Moral.«[86]

Verhält sich also klug, wer Schamsituationen angstbesetzt schamhaft vermeidet?[87] Die Antwort fällt nicht eindeutig aus. Wer den Alltag angstbesetzt auf vorweggenommene Schamsituationen hin durchsichtig macht, will der Schamsituation durchaus nachvollziehbar entgehen. Diese Klugheitsregel kann aber, wenn sie etwa von der *Führungsscham* gesteuert wird, auch dazu führen,

84 Wurmser (2013: 7, vgl. 302ff.). Siehe auch Pontzen u.a. (2008).

85 Landweer übersieht konsequent die, zugegeben, oft nahezu invisible Gewalt.

86 Demmerling/Landweer (2007: 243). Hier schwingt die alte aristotelische Bedeutung von Aidōs mit.

87 Vgl. Schmitz (1989).

nötigen Konflikten um Normen aus dem Weg zu gehen, kann, wie ich an der Finanz- und Bankenkrise zeigen werde, sogar zu dramatischen Fehleinschätzungen führen. Eine vorweggenommene Scham, also Schamhaftigkeit, zeitigt gegenwendig auch extrem positive Folgerungen, wenn sie dazu dient, eine prekäre soziale Synthesis dadurch zu stabilisieren, dass für alle Parteien *Freiheitsräume erschlossen* werden. Das bedeutungsexplosive biblische *Gleichnis vom klugen Hausverwalter*, einer der Schlüsseltexte dieser Schamethik, steht für diese Welteröffnung.

In einem flamboyanten Essay über die Scham hat auch Notger Slenczka die Scham in theologischen Diskursen salonfähig gemacht. Slenczka deutet das Phänomen des ›Sich-Schämens‹ als negatives emotionales Selbstverhältnis.[88] Slenczkas Held ist neben Sartre vor allem Max Scheler. Mit Scheler deutet er die Scham als Blick-Wechsel, sprich: In der Scham muss ich mich mit den fremden Augen der Anderen sehen, die mich negativ bewerten; damit wird – wie Slenczka mit einer geliehenen Formel von Platon sagt – *Freundschaft mit sich selbst* durchbrochen, die nicht nur unterschwellig von der Billigung durch die Anderen geprägt war. Etwas schnellhändig rechnet Slenczka die Billigung durch die Anderen auf den großen Anderen hoch, wenn er schreibt: »Für die Scham oder auch für das Bewusstsein des Bejahtseins ist es typisch, dass sich in einer solchen Situation immer mehr meldet, als in ihr gegeben ist.«[89]

Problematisch sind auch andere Pointen der dichten Beschreibung. Mir leuchtet nicht ein, warum die Scham auf die »Unfähigkeit, sich als den Gegenstand des missbilligenden Blicks so zu ändern, dass die Missbilligung aufhört«[90], festgelegt wird. Scham, so werde ich zeigen, ist gerade Anlass zur positiven Charakterformung, anders gewendet: Die Passivität der Schamsituation lässt sich auch positiv – nicht nur negativ durch die Verschiebung in die Schuld – aufbrechen. Sogar eine schlagfertige humorvolle Reaktion kann in der Schamsituation gelegentlich die Situation retten. Ein Rekurs auf seinen Gewährsmann Scheler lässt Slenczka dann doch kurzzeitig den markanten Unterschied zwischen Scham und Schamhaftigkeit einebnen, wenn er schreibt: »(I)ch schäme mich dessen, dass ich selbst und mein höchstes innerliches Schamgefühl durch mein Erröten vor aller Augen ist. […] (I)n der Scham der Enthüllung sieht man, dass die Scham – wie das griechische aidōs – Ehrfurcht vor dem Göttlichen noch andeutet – etwas mit dem Bewusstsein eines Schützenswerten und eigentlich Unzugänglichen, daher dem Blick

88 Slenczka (2014).

89 Slenczka (2014: 259).

90 Slenczka (2014: 254).

Entzogenen, mit dem Heiligen zu tun hat.« Offenbar sieht Slenczka das Problem einer unsauberen begrifflichen Differenzierung, wenn er im nächsten Abschnitt schreibt: »Ich lasse diese Form der ›Scham durch Enthüllung‹ auf sich beruhen.«[91]

Unbefriedigend bleiben drei Punkte: Slenczka unterscheidet an entscheidender Stelle im Diskurs ebenfalls nicht eindeutig zwischen Scham, Schamhaftigkeit und Peinlichkeit; er übersieht die Möglichkeit einer verlockenden Verschiebung der Scham in die Schuld; er erkennt nicht die personkonstituierende Erfahrung der Scham. Wie so häufig in theologischen Debatten ist die Wahl der Gewährsmänner, genauer: die *Qualität der geliehenen Stimmen* entscheidend. Statt *Sartre* und *Scheler* favorisiere ich *Levinas* und *Schmitz*, Autoren, die auf positive Widerfahrnis- und Begegnungserfahrungen rekurrieren. Im Rekurs auf diese Gewährsmänner, sekundiert von Ernst Tugendhat, will ich zunächst eine Phänomenologie und Anthropologie der Scham entwerfen ohne expliziten Rückgriff auf religiöse Einsichten.

3. Scham als moralische Autorität

Die Angst vor einer durch den Leib verunreinigten Vernunft hat die Philosophie lange vor dem Thema Gefühl und damit auch vor der Scham zurückschrecken lassen, erst mit deutlicher Verspätung und im Gefolge der phänomenologischen und existenzphilosophischen Zuwendungen zur konkreten Lebenswelt nahm die jüngere Philosophie das Thema zögerlich in ihre Regie. Dabei kam ihr die in der Spätmoderne häufig vollzogene Einebnung des Gattungsunterschieds von Philosophie und Literatur zu Hilfe[92], weil überhaupt erst im Rekurs auf die Beschreibungskünste der Literaten und formulierungsmächtigen Philosophen Zugänge zur hochindividuellen Schamsituation als einer Leiberfahrung eröffnet werden. Diese Beschreibungskünste sind dann unabdingbar, wenn man im Anschluss an die *Neue Phänomenologie* von Herrmann Schmitz, der auch bereits in der *Ästhetischen Theologie* in diesen Fragen mein Mentor war, den Ausgang beim Erleben der Gefühle, nämlich der affektiven Betroffenheit durch Gefühle als Atmosphären nimmt.[93] Die *Neue Phänomenologie* von Hermann Schmitz kümmert sich in einer heroischen Schlacht mit Martin Heidegger um die *Leibvergessenheit*, die prompt nicht nur der Zeit,

91 Slenczka (2014: 50f.).

92 Dafür plädiert jetzt auch Hampe (2014).

93 Schmitz (1980); Ders. (1990); Ders. (2000: 42-59); Ders. (2006: 100-104). Weiterentwickelt und urbanisiert wurde die Neue Phänomenologie von Gernot Böhme (1997); Ders. (2001); vgl. die ausgezeichnete Monographie von Rauh (2012).

sondern dem Raum viel Aufmerksamkeit schenkt – nicht Sein und Zeit, sondern Leib und Raum lautet das anspruchsvolle Programm. Der Leib ist für Schmitz, so seine ursprüngliche Einsicht, ein *Resonanzkörper in seiner Umgebung*, »der universale Resonanzboden, wo alles Betroffensein des Menschen seinen Sitz hat und in die Initiative des eigenen Verhaltens umgeformt wird; nur im Verhältnis zu seiner Leiblichkeit bestimmt sich der Mensch als Person.«[94]

Schmitz verschiebt, wie er knapp seine Revolution der Denkungsart formuliert, die »Bürgschaft für Subjektivität vom Denken auf das affektive Betroffensein«[95], das er mit dem von Goethe, seinem Ideengeber von Anfang an, entliehenen Begriff der Urerfahrung[96] adelt. Die oft leicht gespreizt anmutende Begrifflichkeit, die der Überwindung »reduktionistischer, introjektionistischer und psychologischer«[97] Verkürzungen der Leiberfahrung, die den Leib gerne auf den Körper reduziert, widerstehen will, unterscheidet zwischen leiblichen Regungen (Hunger, Schmerz, Angst), die entweder teilheitlich auf Leibesinseln oder ganzheitlich gespürt werden[98], und Gefühlen, die aus der Weite auf den Leib eindrängen und affektiv betroffen machen.[99] Schmitz ist ein Meister in der Beschreibungskunst für eigenleibliches Spüren und leibliches Ergriffensein, denn die bisher angebotenen Beschreibungsleistungen bleiben allenfalls dürftig, erlauben etwa, wie Schmitz süffisant sagt, nicht präzise zwischen Epilepsie und Orgasmus zu unterscheiden.[100] Verständlich wird, warum der Lite-

94 Schmitz (1990: 116).

95 Schmitz (1980: 22).

96 Schmitz (1980: 24).

97 Zur Einführung in Hermann Schmitz empfehle ich den Aufsatz von Andermann (2012: 130- 145, hier: 132); siehe dazu auch Blume (2003). Die Arbeit mit Schmitz gestaltet sich oft mühevoll, weil er seinen Schmerz über die jahrzehntelange Missachtung seiner Kollegen sehr ehrpusselig ausbreitet. Manchmal schämt man sich, ihn zu lesen.

98 Leib, das ist eine der phänomenologischen Einsichten von Schmitz (1998: 12), ist der gespürte, nicht der sichtbare Körper: Der Leib ist, was der Mensch »in der Gegend seines Körpers von sich spüren kann, ohne sich auf das Zeugnis der fünf Sinne (Sehen, Hören, Tasten, Riechen, Schmecken) und des perzeptiven Körperschemas (d.h. des aus Erfahrungen des Sehens und Tastens abgeleiteten habituellen Vorstellungsbildes vom eigenen Körper) zu stützen.«

99 Schmitz spricht vom »affektiven Betroffensein von Gefühlen«, Gefühle selbst sind für Schmitz »ausgedehnte Atmosphären in einem flächenlosen Raum« (2011: 89).

100 Schmitz (2011: 61). Wie kompliziert die Beschreibungsleistungen sind, zeigt ein Blick auf die Kunstgeschichte. Bei einer Plastik von Gianlorenzo Bernini: Die Verzückung der Hl. Theresa, 1652, Capelle Cornaro, Rom, ist nicht zu entscheiden, ob die Dame hier einen veritablen Orgasmus hat oder sich religiöser Ekstase hingibt. Nahezu ununterscheidbar bleibt auch die Unterscheidung von Schmerz und Ekstase. Schade (2011: 34f.) schreibt dazu in ihrem Beitrag: »Die Darstellungskonventionen zum Beispiel von Schmerz und Ekstase in der europäischen Kunstgeschichte haben eine ikonologische Tradition von Körperhaltungen hervorgebracht, die uneindeutig sind. Je nach Kontext können sie Schmerz, Trauer, Freude, Ekstase etc. bedeuten oder eine Mischung aus allen diesen Zuständen. Das gemeinsame Kriterium ist gewissermaßen die Überwältigung durch einen emotionalen Zustand und der damit assoziierte Kontrollverlust, der in einen Kontrollverlust von

ratur und den Künsten eminente Aufmerksamkeit gezollt wird: Der (hochsensible) Künstler und der Beschreibungsartist der Neuen Phänomenologie wird in die Pflicht genommen, die Abundanz, den bunten Strauß eigenleiblichen Spürens und leiblichen Ergriffenseins zugänglich zu machen und idealtypisch einzuhegen. »Das Sprechenlernen mit Bezug auf die unwillkürlichen Erfahrungen, wozu die Phänomenologie die Menschen befähigen soll, hat die noch wichtigere Aufgabe, *ungeschützte Möglichkeiten des Lebens* (Hervorhebung von mir, K.H.) ans Licht zu bringen.«[101]

Rührend altmodisch wirken jetzt Theorien, die etwa das Phänomen der Scham in einer latenten Körperfeindlichkeit im Streit zwischen der idealen Geistsphäre und dem bedürftigen Körper verorten. Dieser latenten Körperfeindlichkeit macht sich exemplarisch auch – aber die Liste der Autoren, die sich der Leibvergessenheit schuldig gemacht haben, ist extrem lang – Sören Kierkegaard schuldig, wenn er betont: »In der Scham ist eine Angst, weil der Geist auf der äußersten Spitze der Besonderung in der Synthesis derart bestimmt ist, daß der Geist nicht rein als Leib bestimmt ist, sondern als Leib in geschlechtlicher Besonderung.«[102] (Bei dieser Schamangst wundert es nicht, dass Kierkegaards Verlobung mit Regine Olsen kläglich scheiterte.) Offenbar gegen die eigene Intention prolongiert wird diese Körperfeindlichkeit bei Max Scheler, wenn er die Scham auf die Disharmonie von Geist und Körper zurückführt[103] und, als würde er sich tief vor dem Körper-Seele-Dualismus verbeugen, prompt zwischen einer *Leibesscham* und einer *Geistesscham* unterscheidet.

Das diskursleitende Stichwort von der *affektiven Betroffenheit* im Diskurs von Hermann Schmitz markiert unmissverständlich die passive Struktur der Gefühle. In ausgezeichneter Weise gehört die Scham zu den Widerfahrnissen,

Körperbeherrschung übersetzt wird.« Schade schlägt folgende Deutung vor: »Insofern Bilder Vorbild-Funktionen haben, können sie nach wie vor Agenten der Scham sein, auch wenn sie Scham selbst nicht thematisieren.« (37)

101 Schmitz (1990: 460ff.). Dazu Kerstin Andermann (2012: 146): »Schmitz bemüht sich um eine Definition des Leiblichen und des leiblichen Erlebens, die es erlaubt, über subjektive leibliche Tatsachen zu sprechen, ohne diese im Dualismus von Innen und Außen aus den Augen zu verlieren. Aus diesen Gründen ist die Frage nach der Möglichkeit des Sprechens in der Perspektive der Ersten Person so zentral für die Phänomenologie der Leiblichkeit.« Leiblichkeit ist, wie Andermann einschärft, »keine eigentliche Natur des Menschen, die seiner historisch und kulturell geprägten Seite entgegenzustellen wäre, sondern muss [...] frei von wesensphilosophischen Begründungen gesehen werden. [...] Die Tatsache, dass dieser offene Umgebungsbezug der Leiblichkeit von seiner kulturellen Durchdringung nicht zu trennen ist und der Mensch daher nicht einfach natur- und wesensphilosophisch zu reduzieren ist, ist in der Konzeption der Leiblichkeit von vornherein angelegt.« (2012: 142f.)

102 Kierkegaard (1991: 61).

103 Scheler (1957: 65-154). Zur Kritik an Scheler vgl. Schmitz (1973: 38).

die uns plötzlich heimsuchen. Es ist der Beschreibungsbrillanz von Schmitz geschuldet, wenn er das eigenleibliche Spüren bei differenten Gefühlen jeweils anders und zugleich nachvollziehbar schildert, indem er sie, dem vitalen Ein- und Ausatmen abgeschaut, in das Dual von Engung und Weitung einträgt. Ein Anflug von Stolz wird als eminente Weitung erfahren, vergleichbar dem starken Einatmen, Schreck als Engung oder Pressung, Scham wird eigenleiblich gespürt als härteste Pressung, die auf Schrumpfung bis hin zur Unsichtbarkeit hin tendiert.[104] Widerfährt uns Scham, dann entflammt die sprichwörtliche Schamröte[105], die Stimme versagt, man wird stumm, senkt den Blick, erbleicht vielleicht nach der Schamröte, möchte am liebsten im Boden versinken[106] und unsichtbar werden (»man schämt sich zu Tode«), macht sich klein, schlägt die Hände vors Gesicht, um den Blicken und Kommentaren der Anderen, den Zeugen der Scham, nicht länger ausgesetzt zu sein. Die Körperreaktion des Errötens verweist darauf, wie nackt man sich fühlt, der Beschämte ist in den Augen der Anderen sichtbar bloßgestellt.[107] Das »Tribunal der Blicke« [108] spricht eine eindeutige Sprache.

Die Bewegungstendenz der Scham ist, wie Hilge Landweer mit Hermann Schmitz sagt, »leiblich zentripetal und nach unten gerichtet; Scham führt zur massiven Engung«, darin etwa unterschieden vom Zorn, der nach allen Seiten »sprüht« und zentrifugal strukturiert ist: »Scham passiert leiblich spürbar mit Hinfälligkeit, Beugungs- und Unterwerfungsneigung.«[109] Plötzlich bin ich in der Schamsituation in radikaler Weise mit mir selbst konfrontiert, frage mich, wie es zu dieser Bloßstellung in den Augen der Anderen kommen konnte, warum also mein Öffentlichkeitsbild ruiniert wurde. Nicht zwingend notwendig ist die reale Gegenwart des oder der Anderen, der Blick des Anderen kann auch internalisiert worden sein, entscheidend ist: Der Blick des Anderen stammt von jemandem, der mir wichtig ist und dessen Normen oder Wertungen ich teile.[110]

104 Schmitz, ein Kenner Goethes, wird hier fraglos an Goethes Gedicht im ›West-östlichen Divan‹ gedacht haben: »Im Atemholen sind zweierlei Gnaden: Die Luft einziehen, sich ihrer entladen. Jenes bedrängt, dieses erfrischt; so wunderbar ist das Leben gemischt. Du danke Gott, wenn er dich preßt, Und dank ihm, wenn er dich wieder entläßt.«

105 Günther H. Seidler (1995: 21) hat darauf aufmerksam gemacht, dass in der Schamsituation der Protagonist an prominenten Stellen am Körper errötet: oberer Brustbereich, Hals, Gesicht, die dem eigenen Blick verborgen bleiben und nur von den anderen Blicken entdeckt werden.

106 »Es ist nicht einmal nur der Wunsch, im Boden zu versinken, wie man es häufig ausdrückt, sondern der Wunsch, der Raum, den ich gerade einnehme, möge sofort leer sein.« So Williams (2000: 105).

107 Blicke und vielleicht sogar der ausgestreckte Zeigefinger machen, so Schmitz (1973: 40), die »Kraftlinien« des atmosphärischen Raums sichtbar.

108 Benthien (2011).

109 Demmerling/Landweer (2007: 221); vgl. Schmitz (1990: 340f.).

110 Hilge Landweer (1999: 46ff.) versucht, einen Unterschied zwischen Scham und Schuld aufzumachen, wenn sie behauptet, in der Scham sei im Unterschied zur Schuld der Andere immer mit im Blick. An

Die Antwort auf die Grundfrage: *Warum schämen wir uns?* hängt ursächlich mit der Gegenwart des Anderen zusammen: Man hat in den Augen der Anderen (oder des Anderen), die einem viel bedeuten, die aktuelle Situation ruiniert. Hilge Landweer sieht mit Schmitz immer einen Normverstoß vorliegen: »Scham entsteht, wenn jemand gegen eine Norm verstoßen hat, die er oder sie eigentlich anerkennt.«[111] In der metaphorisch aufgeladenen Sprache von Schmitz: Es geht um den Verankerungsbereich, unterschieden vom Verdichtungsbereich: Man schämt sich (Verdichtungsbereich) wegen etwas (Verankerungsbereich).[112] »Als Verankerungspunkt lässt sich im Fall der Scham wie auch der Schuld der Normverstoß auffassen, Verdichtungsbereich ist aber im Fall der Scham die eigene Person, im Fall der Schuld der Geschädigte oder der Schaden.«[113] Auch in der *Schuld* ist der Bewegungsimpuls als Erfahrung der Engung zu beschreiben, umgangssprachlich wird sehr plastisch davon gesprochen, die Schuld bohre im Schuldigen: »Leiblich wird das Schuldgefühl vor allem als bohrend, also auch als eine Form der Engung erlebt.«[114] Dieses Gefühl, das die Schuld in einem bohrt, kann einen längeren Zeitraum umfassen, im Unterschied zur Scham ist die temporale Verlaufsform der Schuld häufig langwieriger. Das Phänomen der späten Reue ist bekannt. Offenbar, so kann Schmitz plausibel machen, ist die Nachhaltigkeit der Schamerfahrung, obgleich von großer Heftigkeit erlebt, relativ flüchtig.[115] Die Dauer der Scham verlängert sich dagegen markant, sofern Schuld mit im Spiel ist, also Scham über Schuld ausgetragen wird.

Der Begriff der Norm ist für die Beschreibung der Schamsituation auf den ersten Blick nicht ein idealer Kandidat, weil er beim ersten flüchtigen Hören sofort an Schuld denken lässt. Landweer wirbt deshalb treffend mit Schmitz für einen umfassenden Normbegriff: »Scham kann in moralischen wie auch in nicht-moralischen Kontexten entstehen. Man kann sich so unterschiedlicher Dinge wie unpassender Kleidung, ungeschicktem Verhalten[116], einer Zahnlü-

anderer Stelle werde ich deutlich machen, dass für das Drama der Scham der Blick des Anderen nicht nur Anlass ist, sondern dass der Blick auch auf eine Antwort wartet.

111 Demmerling/Landweer (2007: 219).

112 Schmitz (1990: 337).

113 Demmerling/Landweer (2007: 222f.).

114 Demmerling/Landweer (2007: 222).

115 Schmitz (2006). Auf den Unterschied von Scham und Schuld komme ich immer wieder zurück.

116 Ein ganz *menschliches Versagen* etwa kann eine Flatulenz sein, die nicht verborgen bleibt, wie Heinz Strunk (2009: 8) in seinem Roman *Fleckenteufel* absichtsvoll drastisch beschreibt: »Pfffffffkkkkkrrrrrrrääää. Ganz heiß und feucht, ich muss echt aufpassen, das klingt nach den Vorboten von Sturzdurchfall, und den kann man nicht mehr kontrollieren, kein Mensch kann das. Puuuääärrrääää. Jetzt mischt sich in den Mief noch was Verdorbenes. Der Geruch ist kurz davor, endgültig umzukippen, wie Milch, die von einer Sekunde zur anderen sauer wird. Das kann selbst ich bald nicht mehr aus-

cke oder einer moralischen Verfehlung schämen.« Oder an anderer Stelle: »Scham entsteht, wenn gegen eine Norm verstoßen wird, so lautete die wesentliche Formulierung zur Kennzeichnung des intentionalen Gehalts der Scham. Selbstverständlich sind im Zusammenhang mit der Scham nicht beliebige Normverletzungen relevant, obgleich die Palette der Normverstöße, für die man sich schämen kann, recht breit ist. Man kann sich schämen, wenn man unabsichtlich gegen eine Bekleidungskonvention verstößt (man fühlt sich zum Beispiel ›gut‹ oder ›schlecht‹ angezogen), wenn man gegen ein bestimmtes ästhetisches Ideal verstößt (man fühlt sich zu dick) oder wenn man sich einer moralischen Verfehlung schuldig gemacht hat.«[117] Aber auch dieser weitgefasste Begriff der Norm fördert im Diskurs ungewollt häufig Missverständnisse, denn unterschwellig droht der Schambegriff schnell vom Schuldbegriff überlagert zu werden. In meinem Entwurf – und darin unterscheide ich mich nachdrücklich von Landweer – trenne ich, wie zu zeigen, sehr stark zwischen Scham und Schuld, deshalb ist der Normbegriff zwar (zumindest für eilige Leser) nicht ideal, aber wohl unvermeidbar.

Nachdrücklich betont Schmitz die *Autorität der Scham*: »Besonders drastisch ist unter den Gefühlen die Autorität der Scham [...]. Scham beugt; sie kann als Katastrophe über den Betroffenen so hereinstürzen, daß er [...] bis ins Zentrum der Erde hätte versinken mögen.[...] Scham ist eine Atmosphäre [...], und in ihrer Autorität erweist sie sich [...] an der Ausstrahlung auf Beteiligte.«[118] Hier trifft sich Schmitz über die Bande mit Tugendhat, der Scham als von allen Beteiligten *geteiltes Gefühl* deutet. Die Schamzeugen reagieren auf die Autorität im Gegenzug mit Empörung (Tugendhat) oder Zorn (Schmitz)[119].

Der Begriff der Autorität der Scham, die sich in Grundformen ausprägt, hilft auch, gebräuchliche Komposita wie die bereits besprochene Schamangst,

halten. QUIITTSCHKNNRRR. Ach du Elend. Begleitet von lautem Knarzen und Knörzen, öffnet sich die Tür des Gemeindehauses. Ich drehe mich um und schaue nach oben. Da steht sie, wie aus Stein gemeißelt, hochgewachsen, starr und streng: Frau von Roth, die Frau des Küsters. Sie schaut mich an, ohne eine Miene zu verziehen. ›Guten Tag, Thorsten.‹ ›Ach, guten Tag, Frau Roth.‹ Es stinkt immer bestialischer, aber sie lässt sich nichts anmerken. Eiserne Selbstbeherrschung. [...] Der Gestank will einfach nicht verziehen. Wahrscheinlich hängt der Miefkern gerade in Höhe ihres königlichen Gesichts. Frau von Roth würde so etwas nie offen ansprechen, niemals. Aber trotzdem muss sie wie alle anderen auch ihre wahnsinnigen Aggressionen loswerden, und sie hat sich für solche Gelegenheiten ein richtig hartes, strafendes Gesicht antrainiert, ein Kleine-Leute-Hassgesicht. Sie bleibt in der Tür stehen und kostet meine Scham richtig aus.« Die Situation fordert den Protagonisten dazu auf, künftig *schamhafter* mit seiner körperlichen Malaise umzugehen. Der Protagonist verarbeitet die Situation mit psychopolitischer Gewalt.

117 Demmerling/Landweer (2007: 219, 228f.).

118 Schmitz (1990: 335).

119 Thymos oder Zorn ist massenwirksam von Sloterdijk (2008) in die Debatte eingeführt worden.

die von mir als Schamhaftigkeit bestimmt wurde, oder die *Gewissensscham* genauer zu beschreiben. Die Grundform der *Gewissensscham* bezieht sich retrospektiv auf geschehene Taten, verbindet Scham und Schuld; damit wird zugleich die oft kurze Verlaufsform der Scham prolongiert. Mit dem Begriff der Gewissensscham lässt sich aber auch das Gefühl meiner Generation beschreiben, künftig, also prospektiv der nächsten Generation eine abgelebte Welt zu hinterlassen: Nennen wir es die *prospektive Gewissensscham*. Versuchen dagegen, Gewissen und Scham sehr grundsätzlich anzunähern, begegne ich eher skeptisch, weil Scham sich stärker körperbezogen artikuliert und Schamzeugen erfordert. Die Differenz ist schnell benannt: Das schlechte Gewissen orientiert sich nicht primär am Öffentlichkeitsbild. So kann ich ein schlechtes Gewissen haben, wenn ich zum wiederholten Mal vergessen habe, meiner Tochter Schulbrote einzupacken. Ich schäme mich aber erst, wenn mir die Mutter einer Freundin meiner Tochter auf einem Elternabend süffisant (und unangenehm laut vor Zeugen) mitteilt, sie gebe ihrer Tochter vorsorglich Brote für meine Tochter mit, weil ich offenbar keine Zeit dafür fände – ich *erleide* also eine Selbstbeschädigung, der eine bisher nicht öffentliche Schädigung durch mich vorausgeht. Mit dieser *Schande* muss ich, wenn ich mein Verhalten nicht ändere, künftig leben.

Hilge Landweer hat die Frage untersucht, ob Scham auch als Sympathiegefühl gedeutet werden kann.[120] Lässt sich angemessen von einer *empathischen Scham* sprechen? Nun gibt es durchaus Fälle, wo in einer Gruppe, deren Mitglieder das identische Normenkostüm tragen, die mit Scham aufgeladene Atmosphäre auch auf andere Personen übergreift und *Mitscham* entsteht; aber diese Mitscham ist durchaus nicht Anteilnahme, sondern eher, wie Landweer treffend sieht, »Gefühl in eigener Sache«.[121] Hermann Schmitz hat darauf hingewiesen, dass in diesen Fällen nicht von echter Anteilnahme zu reden ist: In diesen Situationen, etwa bei einer taktlosen Bemerkung, schämen sich »die Zuhörer nicht aus Anteilnahme für ihn, so wie man aus Anteilnahme Mitleid hat. Die Scham legt sich dann als eine von dem beschämten Vorgang geweckte Atmosphäre der Betretenheit – dem Empfindlichen durchaus spürbar, oft auch an Schweigen oder andern Symptomen von Verlegenheit erkennbar – über die Szene.«[122]

Die Autorität der Scham zeigt sich auch darin, nicht nur *Gruppenscham*, sondern durch *mächtige Ausstrahlung* auch eine *Kollektivscham* für ein ganzes Volk auszulösen. So unsinnig es ist, von einer Kollektivschuld zu sprechen,

120 Landweer (1999: 126-140).

121 Landweer (1999: 137).

122 Schmitz (1973: 39).

weil Schuld stets auf die erste Person Singular verwiesen ist, so sinnvoll ist etwa die Rede von Kollektivscham über die unfassbare Schuldanhäufung im Terrorregime des sogenannten Dritten Reichs in Deutschland, eine Kollektivscham, die, wie ich zeigen werde, in der Flüchtlingsdebatte eindrucksvoll als Willkommenskultur bearbeitet worden ist.

Eine wirkmächtige Grundform der Scham ist die *Herkunftsscham*, besonders ausgeprägt in der Pubertät, weil in dieser biographischen Phase die Frage, wer mir wichtig ist, ganz neu gestellt wird. Einerseits wird die Unvollkommenheit des familiären Personals immer deutlicher (das ist auch für die Eltern eine schmerzhafte, aber hilfreiche Erfahrung), zudem geht es jetzt für den Pubertierenden darum, Anerkennung von anderen, die ihm oder ihr selbst wichtig sind oder wichtig werden, zu erkämpfen. *Coming-of-Age-Romane* sind ein Archiv und zugleich ein Übungsraum für die Herkunftsscham, die nicht selten auch ödipale Elemente bearbeitet. Herkunftsscham geht in der Pubertät häufig zusammen mit Anpassungsscham, wenn die Angleichung an ein Milieu, das mir wichtig ist, misslingt.[123]

Zwar gibt es für die romanhafte Bearbeitung der *Führungsscham* noch keinen Obertitel wie Coming-of-Age-Roman, aber diese Grundform der Scham spielt in vielen Romanen und Filmen eine zentrale Rolle, oft in der Kombination mit Versagensscham und Altersscham auftretend. Anerkennungskapital gewinnen wir im Alltag häufig in beruflichen Kontexten, hier droht in einer neoliberalen Wirtschaftskultur, die auf Steigerung und Optimierung angelegt ist, schnell die Überforderung – also *Überforderungsscham*.

Nicht ganz einfach ist eine Abgrenzung der *Peinlichkeit* von der Scham, zumal das seit den Nullerjahren gebräuchliche Wort *Fremdschämen* in eine enigmatische Nähe zur Peinlichkeit rückt. In der Peinlichkeit, so der Vorschlag, nimmt

123 Botho Strauß (2014: 9) schreibt über seinen Vater, für den er sich schämt: »Ich wollte meinen Vater gewöhnlicher haben, er sollte nicht auffallen, nicht vornehm sein, sondern ein schmuckloser Mensch von heute.« Der klassische Text stammt von Anderson (2013: 213f., 218). Auch Coming-of-Age-Geschichten, die hundert Jahre nach Anderson spielen, thematisieren die entscheidende Rolle der Scham bei der Ausgestaltung von Identität, vgl. etwa Klüssendorf (2011: 114). Im Roman *Sterben* (2011: 34) seiner auf sechs Romane angelegten Lebensgeschichte (im Original: »Mein Kampf«) beschreibt Karl Ove Knausgård die Beschämungen, die er in seiner Kindheit durch den zunächst strengen, später dann alkoholkranken Vater erlitten hat. Hanekes (2009) Spielfilm *Das weiße Band* wird treffend als Scham-codiert entschlüsselt von Wagner-Rau (2011: 184-197). Zahlreiche literarische und cineastische Beispiele nennt Schuster (2011: 2-7). In ihrem starken Roman zeigt NDiaye (2014: 31), wie sich die Protagonistin Malinka für ihre Mutter schämt und ihr keinen Platz in ihrem Leben einräumt, weil sie Angst hat, ihr Aufsteigerleben könnte Schaden leiden. Sie, die in der Hautfarbe deutlich heller ist als ihre Mutter, besucht sie monatlich heimlich in Bordeaux und ringt mit ihren Schamgefühlen. »Oh, sie schämte sich ihrer Scham und ihrer Angst auch, und dies umso mehr, als ihr die Zerbrechlichkeit ihrer Mutter, die keinerlei Unterstützung hatte und dennoch niemandem mißtraute, vollkommen bewußt war.«

die *Autorität der Scham, auch eigenleiblich gespürt, deutlich ab*: »Gelegentlich kommt es vor, dass jemand sich beschämend benimmt, sich aber selbst nicht schämt, während die Anwesenden und Angehörigen peinlich berührt sind. Dann erweist sich die Scham als Atmosphäre, die sich von dem sich nicht Schämenden oder, in anderen Fällen, sich auch Schämenden in den Bereich merklicher Anwesenheit oder auch darüber hinaus erstreckt, bis an einen Rand, wo sie nur noch als Peinlichkeit gespürt wird, von der man noch berührt, aber nicht mehr durch und durch ergriffen ist. Der peinlich Berührte will nicht mehr wie der von katastrophaler Scham Ergriffene im Boden versinken, aber er würde lieber weg sein; er senkt nicht den Blick, kneift aber die Augen etwas zu, um nicht zu genau hinzusehen. Diese Scham ist eine Atmosphäre, die in ihrem Verdichtungsbereich vernichtend, aber zum Rand hin verdünnt ist; in beiden Fällen ist es dieselbe Scham, die im ersten Fall sagen lässt ›Es ist mir entsetzlich peinlich, dass …‹, im zweiten Fall ›Ich bin peinlich berührt von …«.[124]

In der Peinlichkeit ist die zentripetale Bewegungsrichtung abgepuffert, man zieht den Kopf ein, wendet ihn leicht ab, die Augen werden zusammengekniffen, hebt abwehrend häufig sogar die Hände. Im Fall der *Fremdscham* ist der Horizont nochmals extrem gespreizt worden und die Atmosphäre damit weiter ausgedünnt. Oft wird der Gegenstand der Fremdscham medial vermittelt: In der Fremdscham mischt sich dann versteckt ein voyeuristisches Element mit hinein, nämlich eine Lust, die sich mit Überheblichkeit paart. Häufig liegt der Reiz gerade darin, peinlich berührt zu werden von einer Situation, in der der Verursacher der Fremdscham sich gar nicht schämt, oft deshalb, weil er die Norm nicht kennt oder nicht teilt, gegen deren Verstoß stellvertretend, in einer Melange aus Hysterie und Kennerschaft, sich der medial Ergötzte fremdschämt. Fremdscham ist kein Mitleid, sondern eine pharisäische Überlegenheitspose: die Scham der geschmackssicheren Stände.

Unumwunden ist Landweer zuzustimmen, wenn sie für die Scham einen konstitutiven Bezug zur *Ehre* ausmacht. Ehre als Kontrastbegriff zur Scham ist auch theologisch hochbedeutsam, kennt die traditionelle Theologie doch den Topos von der Ehre Gottes, die traditionell in der *Doxologie* abgehandelt wird. Ich gehe der verwunschenen Spur in einem gesonderten Kapitel nach. Trotz der häufigen semantischen Verjochung von Scham und Ehre ist das

124 Schmitz (2011: 90); vgl. Landweer (1999: 165). Taylor (1985) hat versucht, deutlich zu machen, dass Peinlichkeit ansteckend wirken könne, Scham nicht. Auch in Fragen der Peinlichkeit ist die Rede von Ansteckung misslich, weil ich Peinlichkeit nur empfinde, wenn ich den Lapsus gegen eine Norm wahrnehme. Wenn ich im Publikum die Norm, die hier in Frage steht, nicht kenne oder nicht anerkenne, wirkt auch die Peinlichkeit nicht ansteckend. Vgl. Misheva (2000). Zur Peinlichkeit vergleiche Elias (1997b: 414): »Peinlichkeitsgefühle sind Unlusterregungen oder Ängste, die auftreten, wenn ein anderes Wesen die durch das Über-Ich repräsentierte Verbotsskala der Gesellschaft zu durchbrechen droht oder durchbricht.«

Ehrgefühl allerdings selten akut und weist deshalb auch keine »bestimmte Verlaufsgestalt« auf. »Verletzte Ehre ist häufig genug verletzter Stolz«[125], wie Landweer einschränkt.

Zusammenfassend will ich in einem ersten Zugriff zentrale Elemente am Gefühl der Scham herausstellen:

1. Scham wird eigenleiblich als extreme Pressung erfahren und manifestiert sich als Schamesröte und als Senken des Kopfes und des Rückens, um sich möglichst klein und unsichtbar zu machen – kann sogar bis zum Wunsch reichen, kurzfristig im Erdboden zu versinken, steigert die Puls- und Atemfrequenz (Verdichtungsbereich).

2. Auslöser für die Scham ist ein Verstoß gegen normative Konventionen, normativ ausgegebene ästhetische Standards, relative Güter oder moralische Normen in der moralischen Scham, die der sich Schämende mit anderen teilt. Wer sich schämt, der schämt sich vor Dritten, die diesen Normenhaushalt repräsentieren (Verankerungsbereich). Die soziale Synthesis ist aus dem Lot und – im unterschiedlichen Maß – die Kooperation unterbrochen.

3. Scham ist eine Passivitätserfahrung par excellence, die einen ergreift und überfällt. Die Autorität der Scham zeigt sich darin, dass sie auf alle Beteiligten (Gruppenscham) ausstrahlt (Schmitz) oder von allen Beteiligten als geteiltes Gefühl (Tugendhat) bei moralischen Verstößen erlebt wird. Die Schamzeugen reagieren dann mit Empörung (Tugendhat) oder Zorn (Schmitz).

4. Scham ruiniert die *Ehre*, das durch andere vermittelte Selbstwertgefühl und richtet sich zunächst gegen sich selbst. Der eigene Charakter oder die eigene Ehre, die sich dem Ansehen durch Dritte verdankt, wird fraglich. Das eigene Öffentlichkeitsbild ist durch den wertenden: nämlich belustigten oder empörten oder zornigen Blick der Anderen ruiniert.

5. Die *Gewissensscham* verbindet Scham und Schuld, deshalb kann sich die temporale Verlaufsform der Scham, von Hause aus eher flüchtig[126], entsprechend verlängern. Durch den phänomenologischen Befund nicht gedeckt ist die empathische Scham, denn Mit-Scham verrät keine Anteilnahme wie Mitleid.

125 Demmerling/Landweer (2007: 236). Siehe dazu Schmitz (1990: 341-343).

126 Allerdings kann sich durch die Häufung von Schamsituationen auch ein negatives Selbstbild verfestigen, das mit Resignation zusammengeht.

6. *Peinlichkeit* ist zumeist eine Schwundform der Autorität der Scham, deren zentripetale Kräfte weniger stark ausgeprägt sind. Die Semantik der *Fremdscham* reagiert auf die Ausweitung der Schamzone durch die *new media*[127], denn grundsätzlich können wir für jede Person Scham oder besser Peinlichkeit empfinden, in diesem Fall nimmt die Autorität der Scham nicht nur weiter ab, oft äußert sich die *Fremdscham* in der pharisäischen Geste der Überlegenheit.

Im nächsten Kapital will ich die *Autorität der Scham* nochmals verstärken, denn im Anschluss an die Phänomenologie von Levinas vertrete ich die These: *Für die Konstitution der (ethischen) Person ist die Schamerfahrung unabdingbar.* Bisherige Schamtheorien übersehen diesen Befund und damit auch die Lebensdienlichkeit der Schamsituation. Auch die wirkmächtige Theorie von Léon Wurmser nimmt unter dem Begriff der *Schamangst* nur misslungene Schamsituationen, die oft als Demütigung erlebt werden, in den Blick. Wie noch zu zeigen: Unter dem Blickwinkel der vorweggenommenen Scham das Leben zu organisieren kann sowohl lebensklug als auch lebensdumm sein.

4. Die Konstitution des ethischen Subjekts in der Scham

Dieser Abschnitt möchte zeigen, dass Scham als Fundament personalethischer Reflexion dient. Ich teile mit Emmanuel Levinas die von ihm lebenslang mit großer Entschlossenheit verfolgte Einsicht, dass die Personalethik als Basis und Voraussetzung für alle individual- und sozialethischen Konkretionen eines Ethikentwurfes dient.[128] Damit erhält der Schambegriff eine herausragende Position in der Ethik. Aber dies gilt nicht deshalb, weil Scham primär die Menschenwürde oder das Persongeheimnis schützt. Alle Schutzmaßnahmen *folgen* nur auf Schamerfahrungen, sind weder das Primäre noch das Gefühl selbst, sondern prospektiv gerichtete Handlungen und Haltungen, um Schamsituationen (oft zu Recht) zu vermeiden. Positiv können Schamerfahrungen in dem Versuch münden, sich nachhaltig persönlich und sozial zu bessern.

Im Unterschied zur kulturell ausgebildeten Schamhaftigkeit tritt das Gefühl Scham als erlebte Beschämung unweigerlich, sprich: ohne Steuerungsmöglichkeit ein. Eine am eigenleiblichen Spüren orientierte Ethik der Scham

127 Ausführlich geht das Kapitel zur Medienethik auf dieses Thema ein.

128 Zum Begriff der Personalethik in Abgrenzung von der Individual-, Sozial- und Umweltethik siehe Rich: (1987: 41-67).

interpretiert im Rahmen der Personalethik die idealtypische Schamsituation als Schlüsselerfahrung oder Entdeckungssituation, in der ein Ich eine Beschämung erfährt, die für das *Personwerden* schlechterdings notwendig ist. Eine mögliche Kurzformel könnte lauten: *Ich schäme mich, also bin ich.*[129] Salopper: Alle Menschen sind in der entscheidenden Situation ihres Personwerdens Rothäute.

In der Ur-Situation der Scham fühlt sich das naiv dahinlebende Ich durch die Körperreaktion des Errötens beschämt. Die eigene Unvollkommenheit – nicht Sünde – wird erschlossen. In diesem Erschließungsgeschehen der eigenen Unvollkommenheit wird zugleich die bisherige Selbsteinschätzung als Defizit und damit als latente Selbstüberschätzung gedeutet. Wähnte sich das naive Ich auf einem fertigen Ist-Zustand, so muss es nun aber bemerken, über sich selbst nicht genügend Bescheid gewusst zu haben. Insofern sind Schamsituationen passiv erlittene Entdeckungssituationen. Das naive Ich deutet seine Körperreaktion als Verletzung, weil die entscheidende Erkenntnis über sich selbst nicht von ihm selbst, sondern durch den Anderen herbeigeführt wurde. Auch deshalb ist jede Schamtheorie gut beraten, mit dem Blick des Anderen, den man nicht aushalten kann, zu starten. Insofern beschämt uns *primordial* nicht eigentlich, was wir getan oder gelassen haben, sondern die öffentliche Selbstentlarvung. Das Du, das diese Einsicht vermittelt, ist der Andere und in seinem Hof potentiell immer schon alle Augenpaare der Anderen, die die Naivität des Ichs verstören und dem Ich eine Grenze setzen. Schamsituationen offenbaren: Das naive Ich ist zur Selbsterkenntnis elementar auf das Du, die Anderen, angewiesen; mehr noch: verdankt sich dem Anderen, der, in der Sprache von Schmitz, die Inkarnation einer Atmosphäre primordialer Beschämung ist. Diesen Ausweg aus der Sackgasse der Subjektivitätstheorie gewiesen zu haben ist das Verdienst von Emmanuel Levinas. Ethik, so der fulminante Einfall, wird als *Erste Philosophie* ausgerufen. Eine im Wortsinn *prima philosophia.*[130]

Will man einen Imperativ ableiten, der aus dem Antlitz des Anderen spricht, so müsste er »Schäm dich!« lauten.[131] Damit schlage ich eine kleine Korrektur des von Emmanuel Levinas ermittelten ersten ethischen Imperativs, der in der Schlüsselsituation des von Angesicht zu Angesicht aufbricht, vor: Du sollst nicht töten.[132] *Der Tötungsverbot-Imperativ dient dazu, die*

129 Stenger (2009: 217-238).

130 Levinas (1986: 69) selbst hat keine Ethik ausgeführt, sich vielmehr darin beschieden, »ihren Sinn zu suchen.«

131 Der Imperativ ist nicht zu verwechseln mit tugendethischen Aufforderungen zur Schamhaftigkeit, um etwa die Macht des Sexualtriebs zu begrenzen. In diese Richtung geht Ermecke (1980: 49-61).

132 Levinas (1983); Ders. (1989), dazu Huizing (1988).

Gewalt, die der Beschämung inhärent ist, abzupolstern. Insofern handelt es sich bei »Du sollst nicht töten« um einen zweiten oder allenfalls gleichursprünglichen Imperativ. Er rät dringend dazu, eine Verschiebung der Scham zur Schuld, auf die ich weiter unten ausführlicher zu sprechen kommen werde, zu unterlassen.[133] Primordial aber ist die Erfahrung der Scham, die zu einer Responsivität[134] nötigt.[135]

Levinas hat die Scham in seinem Werk unterschiedlich verortet, im Frühwerk beschreibt Scham die Erfahrung, an sich gekettet zu sein, denn wir können nicht vor uns selbst fliehen. »Ce qui apparait dans la honte c'est donc précisément le fait d'être rivé à soi-même, l'impossibilité radicale de se fuir pour se cacher à soi-même, la présence irrémissible du moi à soi-même.«[136] In seinem reifen Hauptwerk *Totalité et Infini* heißt es dann präziser: »(D)er Andere als Anderer [...] ruft meine Scham hervor und ist gegenwärtig als der, der mich beherrscht.«[137] Das Antlitz des Anderen[138] bricht den Hunger des naiven Ichs auf, das alles ihm Begegnende einverleibte, weil das Antlitz in seiner radikalen Einzigartigkeit jenseits des Seins und jenseits des Sichtbaren verbleibt: Seine stumme Forderung besteht darin, durch ein Gespräch eine gemeinsame und damit auch (mit-)teilbare Welt zu errichten.

Im Denken von Levinas wird dieses Beherrschen als die schwache Gewalt der Verwundbarkeit vorstellig, die, so deute ich die Situation, eine primordiale

133 Körtner (2015e: 35) beschreibt die Szene so: »Mit dem Sein von Personen ist nun zugleich ein Sollen gegeben, ohne das Moral nicht denkbar ist. Mit dieser These wird keineswegs irrigerweise vom Sein auf das Sollen geschlossen, sondern vielmehr die Gleichursprünglichkeit von personalem Sein und moralischem Sollen behauptet. Zu begründen ist dies damit, dass das Personsein ohne die Forderung der Anerkennung anderer Personen in sich widersprüchlich wäre. Ist nun aber die immer nur intersubjektiv gegebene Personalität der Grund von Moral, finden wir zugleich in der Achtung und Anerkennung anderer Personen als Personen den grundlegenden Maßstab der Moral.«

134 Waldenfels (2007).

135 Treffend schreibt Rosa (2016: 121): »Weil im Blick des anderen immer ein stummer ›Anruf‹ liegt, ist es zwar möglich, ihm mit Aggression zu begegnen, aber nicht mit Indifferenz.« Die primordiale Bedeutung der Aggression für die Entstehung von Gewalt übersieht Rosa allerdings.

136 Levinas (1982: 86).

137 Levinas (2003: 116); Ders. (1983: 204): »Es ist eine Scham, die die Freiheit über sich empfindet, weil sie entdeckt, daß sie in ihrer Ausübung selbst mörderisch und usurpatorisch ist.«

138 »Die Weise des Anderen, sich darzustellen, indem er die Idee des Anderen in mir überschreitet, nennen wir nun Antlitz. Diese Weise besteht nicht darin, vor meinem Blick als Thema aufzutreten, sich als ein Ganzes von Qualitäten, in denen sich ein Bild gestaltet, auszubreiten. In jedem Augenblick zerstört und überflutet das Antlitz des Anderen das plastische Bild, das er mir hinterläßt, überschreitet er die Idee, die nach meinem Maß und nach dem Maß ihres *ideatum* ist – die adäquate Idee.« Levinas (2003: 63).

Beschämung verkörpert.[139] Levinas akzeptiert also durchaus Gewalt, um die latente Gewalt des naiven Ichs zu beugen – sprachspielerisch betont Levinas immer wieder, das Ich werde zum Angeklagten, der Nominativ zum Akkusativ, aber diese Gewalt dient der Konstitution der ethischen Person, ist also *reine* Gewalt.[140] Hinzu kommt, dass durch den Anderen, diesen Störenfried[141], die schlafende Idee des Unendlichen geweckt wird und »Gott ins Denken einfällt.«[142] Die Idee des Unendlichen hat im Diskurs die für Levinas' Totalitätskritik zentrale Funktion, den Anderen nie funktionalisieren zu können, denn der Andere bleibt immer Zweck an sich. Er bleibt immer einzigartig und löst ein unstillbares Verlangen (*désir*) aus, das im Unterschied zu einem innerweltlichen Bedürfnis (*besoin*) nie ins Ziel kommt.

Jean-Paul Sartre hat bekanntlich literarisch brillant die Schamsituation als Voyeur-Szene konzipiert, in der ein Mann ganz selbstvergessen durch ein Schlüsselloch schaut, um eine für ihn offenbar attraktive Szene zu bestaunen. In gebückter Haltung, als wolle er sich verbeugen, geht er ganz auf in diesem faszinierten Spähen. Erst ein Geräusch lässt ihn erstarren, er fühlt sich von einem Blick ertappt (unklar bleibt, ob er sich diesen Blick nur vorstellt) und dieser Blick macht die Person zum »Objekt für Andere«: »Das bedeutet, dass ich mit einem Schlag Bewusstsein von mir habe, insofern ich mir entgehe [...], insofern ich meinen Grund außerhalb von mir habe. Ich bin für mich nur als reine Verweisung auf Andere.«[143] Der Raum des Sozialen wird genau in diesem Augenblick eröffnet. »Die Scham aber ist [...] Scham über sich, sie ist Anerkennung dessen, dass ich wirklich das Objekt bin, das der Andere anblickt und aburteilt. Ich kann mich nur über meine Freiheit schämen,

139 Vgl. Huizing (2011a).

140 Bereits sehr früh hat Jacques Derrida (1997: 121-235) auf den Zusammenhang zwischen Metaphysik und Gewalt hingewiesen. Levinas reagierte darauf mit der Pointierung der Verwundbarkeit des Anderen. Byung-Chul Han (2014a: 140f.) sieht richtig, wenn er schreibt: Bei Levinas »hat man es mit einem ethischen Subjekt im emphatischen Sinne zu tun.« Für die Leistungsgesellschaft spricht Han von einem »postcartianischen Ich«, einem »ästhetischen Subjekt«, das »nicht der Negation des Anderen« bedürfe, »um sich zu positionieren.« Das Argument leuchtet mir nicht ein, denn das ästhetische Subjekt der Leistungsgesellschaft ist kein naives Ich.

141 »In einem bestimmten Sinne ist nichts störender als der Nächste. [...] Der Nächste, der mich nicht gleichgültig lassen kann.« Levinas (1992: 197). Vgl. auch: von Wollzogen (1995: 130-154).

142 Levinas (1985). In einem ganz elementaren Sinn ruht die Philosophie von Levinas auf dieser von Descartes geliehenen These auf, die Idee des Unendlichen sei apriori dem Menschen mitgegeben. Dieses Problem ist häufig gesehen und moniert worden (Huizing 1988), so zuletzt bei Ingolf U. Dalferth (2013: 228): »Nur im Rückgriff auf die cartesianische Idee der Unendlichkeit kann er ein ›Denken des Unendlichen, das älter ist als das Denken des Endlichen‹, namhaft machen. Aber die Unterscheidung wird argumentativ nicht entwickelt, sondern gesetzt.« Begründungslogisch ist diese Idee des Unendlichen kaum einzuholen, sie lässt sich aber auch nicht naturalistisch reduzieren.

143 Sartre (1993: 348).

insofern sie mir entgeht und ein gegebenes Objekt wird.«[144] Die Rötung in der Scham deutet Sartre mit einem gewagten Bild als innere Blutung (Hämorrhagie), denn die gemeinsame Welt verdankt sich dem Aderlass für den Anderen.

Bewerten lassen sich diese beiden Ur-Szenen nur von außen. Bei Levinas geschieht die Konstitution der ethischen Person von Angesicht zu Angesicht, bei Sartre sitzt der Blick quasi im Nacken, weshalb diese Erfahrung keine *reine Beschämung* ist. Beide Vorschläge, obwohl nicht verrechenbar, sind deshalb für eine theologische Ethik hoch interessant, weil beide die *Evidenz des Ethischen* ohne explizite religiöse Voraussetzungen inszenieren.[145]

Erst durch die Erfahrung der Scham-Situation wird für Levinas aus einem naiven Ich eine Person, die mit Verantwortung in einem *vorschuldhaften Sinn* bekleidet wird, wenngleich Verantwortung liebend gerne abgelehnt wird, indem man den Verursacher der Scham vergessen macht, in Verteidigungsstrategien flüchtet, oder handfest an dem Anderen schuldig wird. Auch wenn man Levinas in der sprachlich überdehnten Rückbindung an den Anderen, eine Erbschaft der cartesischen Idee des Unendlichen – er spricht vom Geiselsein (*être otage*)[146] – nicht bis zur letzten Konsequenz folgt, bleibt die personalethische Pointe in Geltung. Klug dagegen ist die von Levinas aufgezeigte Korrelation von verwundbaren Leibern, die die Gewalt in der Schamsituation abpuffert.

144 Sartre (1993: 348). Siehe dazu den spannenden Artikel von Hentschel (2011: 5-9).

145 Die Lehren Jesu rein human darzustellen, hat 1959 der dänische Religionsphilosoph Knud E. Løgstrup unternommen: Løgstrup (1959: 46) geht aus von der stummen Forderung, den Anderen in die Obhut zu nehmen: »Die Forderung ist – eben weil sie unausgesprochen ist – radikal, mag das, was in der gegebenen Situation zu tun ist, auch nur etwas Geringfügiges sein. Wieso? Weil der einzelne, unter der unausgesprochenen Forderung stehend, selbst entscheiden muß, auf welche Art und Weise er das Leben des anderen in die Obhut nimmt. Soll nämlich für den anderen etwas Gutes dabei herauskommen, so muss der einzelne selbstlos denken und handeln. Die Forderung ist radikal, gleichgültig, ob das Erforderte äußerlich gesehen Erhebliches oder Geringfügiges ist.« Positiv auf dieses Ansinnen hat Ebeling (1969a: 1-41) reagiert, widersprochen wurde diesem Vorschlag von Pannenberg (1977b: 41-54). Rein formal gesehen sind reine Beschämungen moralische Kommunikationsakte, in denen vermittels Defiziterfahrungen Normhorizonte offenbar werden: Scham ist daher »normativ«, wie Neckel (1991: 16f.; vgl. 1993) feststellt, weil sie unmittelbar an der Erzeugung eines »Idealbild[es] des eigenen Selbst« beteiligt ist.

146 Levinas (1992: 248): »(U)nter der Anklage aller stehend, reicht die Verantwortung für alle bis hin zur Stellvertretung. Das Subjekt ist Geisel.« Oder: Ders. (1985: 43): »(D)ie Transzendenz ist Nähe, die Nähe ist Verantwortung für den Anderen, Stellvertretung für den Anderen, Sühne für den Anderen, Bedingung – oder – Un-bedingung der Geiselschaft.«

Eine inzwischen von vielen Ethikern hoch geschätzte *integrative Ethik*[147] – zuerst von Hans Krämer[148] in die Debatte eingeführt –, die Fragen der Pflichtenethik (Wie soll ich, wie sollen wir handeln?), der Güterethik (Was ist das höchste Gut?[149]) und auch, über Krämer hinausgehend, der Tugendethik (Welche Tugenden sollen wir ausbilden?) vernetzt, lässt sich mit Levinas nur begrenzt umsetzen, weil er sich in seinen Schriften auf die Konstitutionsproblematik konzentriert. Zwar nennt Levinas – in meiner Interpretation – zwei basale Imperative: *Schäm dich!* und *Töte mich nicht!*, die der *Konstitutionssituation der ethischen Person* eingeschrieben sind und dem naiven Ich eine Grenze setzen.[150] Zwar kann Levinas die Frage nach dem höchsten Gut stellen und zeigen, dass die eigene Freiheit Antwortfreiheit ist. Zwar kann Levinas durch seine *Methode der Inszenierung von Schlüsselsituationen* (la mise en scéne) *Aufmerksamkeit* und *Sensibilität* einüben und der Imperativ des *Töte mich nicht!* dient als ein Aggressionsstopper. Aber eine Tugend wie die *Besonnenheit*, die Abwägung verlangt, kann Levinas nicht zugestehen, weil der Andere, um jeder Verzweckung zu entgehen, über mich herrscht. Er ist einzigartig, sogar im Mord entkommt er mir in seiner Einzigartigkeit, weil ich allenfalls seine physische Existenz auslöschen kann.[151]

147 So etwa Reuter (2015a: 71): »Im Anschluss an Ricoeur wird im Folgenden zunächst die Konzeption einer integrativen Ethik skizziert, die in ihrer formalen Gestalt unabhängig von religiösen Voraussetzungen Geltung beansprucht, jedoch in besonderer Weise mit Grundstrukturen biblischer Anthropologie konvergiert.« In seiner produktiven Aufnahme von Ricoeur polemisiert Reuter (2015a: 74) implizit gegen die von Levinas favorisierte Asymmetrie zwischen der Person und dem Anderen. Bei Levinas ist sie der Angst vor der Verzweckung des Anderen und der Bestimmung des Menschen als Flucht aus dem totalitären Sein geschuldet. Sie ist in der Tat nicht zwingend, wenn man die Prämissen nicht teilt. »Die moralische Norm der Personachtung dient der reziproken Handlungsfähigkeit von Personen.« Mit einer Spitze mutmaßlich gegen Levinas formuliert: »Die moralische Norm schützt das Gleichgewicht dieser Pole der Gegenseitigkeit vor dem Abgleiten in Formen erzwungener Asymmetrie, in denen das rezeptive Erleiden des einen nichts anderes bedeutet, als zum Opfer des Anderen zu werden.« Diese scharfsinnige Kritik ist durchaus berechtigt. Siehe dazu Ricoeur (2005).

148 Krämer (1995); Endreß (1995). Hans Krämer, ein hübscher Einfall, widmet sich das Buch selbst. Bei Hans Krämer, bekannt geworden durch seine Forschungen zur antiken Philosophie, wird die Tugendethik nur am Rande erwähnt.

149 Reuter (2015a: 32-38).

150 Die Erfahrung des Anderen ist, wie der gelernte Philosoph und Theologe Tillich (1965: 53) sagt, die Erfahrung einer Grenze, und »die Erfahrung dieser Grenze ist die Erfahrung des ›Seinsollenden‹, des moralischen Imperativs.«

151 »Der Andere ist das einzige Seiende, dessen Negation nur als ganze geschehen kann: als Mord. Der Andere ist das einzige Wesen, das ich töten wollen kann. Ich kann wollen. Und doch ist dieses Können ganz das Gegenteil des Könnens. Der Sieg dieses Könnens ist seine Niederlage als Können. In dem Augenblick, in dem mein Töten-können sich realisiert, entkommt mir der Andere. Gewiß kann ich, indem ich töte, ein Ziel erreichen, ich kann töten, wie ich jage oder wie ich Bäume oder Tiere umlege. Aber dann habe ich den Anderen in der Offenseins des Seins überhaupt ergriffen,

Levinas hat die Probleme, die sich durch die *Differenzspreizung des Anderen* ergeben, durchaus gesehen und vom Dritten im Anderen und den Anderen im Dritten gesprochen, das Problem aber eher gestellt, als beantwortet.[152] Erst der Dritte relativiert die für Levinas ausgerufene radikale Autorität des Anderen und setzt das ganze semantische Arsenal ethischer Begriffe von Anerkennung, Ehre, Gerechtigkeit und Tugend in Kraft: Der Dritte als der Dritte im Anderen steht dann idealiter auch für die *antlitzhafte Struktur von Institutionen*[153], damit der Appell des Anderen in den Institutionen nicht ungehört bleibt. Entstresst man Levinas an dieser Stelle seines Diskurses, in der die Totalitätskritik selbst totalitär zu werden droht, dann kann man durchaus für die *Tugend der Besonnenheit* plädieren, die den Appell des Anderen nicht vergisst und Sorge dafür trägt, dass der Andere und der Dritte im Anderen kooperationsfähig werden. In den Bereichsethiken muss dieser Appell immer mitgehört werden.

5. Über die Attraktivität, Scham in Schuld zu verschieben

In nahezu allen neueren Studien von Rang wird versucht, die Scham möglichst trennscharf von der Schuld zu profilieren. Sehr nachdrücklich macht der Doyen der altphilologischen und philosophischen Schamforschung, Bernard Williams, darauf aufmerksam, dass im Unterschied zur Schulderfahrung die Schamerfahrung für moralische Selbstkritik entscheidend ist. »Die Schuld vermag Aufmerksamkeit auf die zu lenken, denen Unrecht oder Schaden zugefügt wurde, und sie verlangen Wiedergutmachung im Namen dessen, was diesen Menschen passiert ist. Aber sie versetzt uns als solche nicht in die Lage, unser Verhältnis zu derartigen Ereignissen zu verstehen, und sie hilft auch nicht dabei, das Selbst,

als Element der Welt, in der ich mich aufhalte, ich habe ihm nicht in die Augen gesehen, ich bin nicht seinem Antlitz begegnet. Die Versuchung der vollständigen Negation, die das Unendliche dieses Versuchs und seine Unmöglichkeit ermißt, das ist die Gegenwart des Antlitzes. Dem Anderen von Angesicht zu Angesicht gegenüberstehen – das bedeutet, nicht töten zu können.« Levinas (1983: 116f.).

152 Bedorf (2003: 96) erinnert zunächst: »Es hat sich vielmehr gezeigt, daß die Konstitutionsproblematik im Mittelpunkt seiner Theorie steht.« Bedorf fragt: »Wie lässt sich (mirkoethisch und nicht soziologisch oder politiktheoretisch) der Übergang denken vom Ethischen als asymmetrische Beziehung eines Anspruchs zum Politischen als Feld, in dem Ansprüche verglichen und Konflikten ausgesetzt werden?« (96) Zu Recht moniert Bedorf an Levinas' Totalitätsbegriff »einen totalisierenden Zug«, denn »Politik und Technik, Wissenschaft und Arbeit gelten ihm als Seinsbereiche, die den Anruf des Anderen vergessen haben.« (96) Bedorf auch hat gezeigt, wie ein Relektüre von Levinas aussehen muss, will man den religiösen Subtext streichen.

153 Eine Institutionentheorie nach Levinas ist noch immer nicht geschrieben worden, aber es gibt sehr spannende erste Versuche bei Delhom (2002); Bedorf (2003); Bedorf u.a. (2010); Bedorf (2010).

das diese Dinge getan hat, oder die Welt, in der es leben muß, neu zu schaffen. Das kann nur die Scham, da sie eine Vorstellung davon beinhaltet, wer ich bin und in welchem Verhältnis ich zu anderen stehe.«[154]

René Majer pflichtet in einer konzisen Studie Williams bei, modifiziert aber leicht die Pointe: »Schuld ist nicht ausschließlich auf das Opfer bezogen. Es ist durchaus eine selbstbezogene Einstellung: ›*Ich* darf mich nicht beklagen, wenn andere wütend, erbost und einfach nur verletzt sind.‹ Schuld konfrontiert den Täter mit dem Groll, den seine Handlung und seine Motive verdienen. Aber Schuld sieht dabei tatsächlich vom Charakter ab. Bei Schuld geht es nicht um die Frage, was etwa Grausamkeit über die eigene Person aussagt, sondern worauf man sich angesichts der eigenen Grausamkeit gefasst machen sollte. Schuld ist selbstbezogen, ohne charakterbezogen zu sein. Gerade deswegen kann Schuld den Blick einer Person auf sich selber verstellen und die Selbstverbesserung blockieren. [...] Die Kritiker des Schuldgefühls wie Williams haben Recht, wenn sie argumentieren, dass sich auf Schuldgefühlen alleine kein moralisches Selbstverständnis aufbauen lässt.«[155] Majer zeigt in seiner Dissertation, wie stark Anerkennung Scham- und Schuldprozesse steuert: »Zustimmung und Wohlwollen, Gegenseitigkeit und sozialisierte Selbstbezogenheit sind die wichtigsten Merkmale von Anerkennungsbeziehungen. [...] Scham- und Schuldgefühle (sind, K.H.) immer auch Ausdruck von Anerkennungskonflikten.«[156] Nach Majer »lehren unsere Gefühle uns, woran uns eigentlich liegt«, woran wir also unser Herz hängen. Unbefriedigend bleibt Majers Entwurf, weil er die Gefühle nicht auf eine Leibphänomenologie hin durchsichtig macht, nicht trennscharf zwischen Scham und Schuld unterscheidet und den Verschiebemechanismus von Scham und Schuld übersieht.

Ganz uneins bin ich mit der Einschätzung von Martha C. Nussbaum, die

154 Williams (2000: 110).

155 Majer (2013: 115). Majer präzisiert: »Schamgefühle sind selbstbezogen: Es sind der eigene Makel, das eigene Versagen und der damit verbundene Autoritätsverlust, die im Vordergrund stehen. Schuldgefühle wenden uns dem Anderen zu. Sie handeln davon, dass man Leid verursacht hat – und sei es nur, dass man Hoffnungen einer Person enttäuscht hat.« (96) Einen möglichen Einwurf räumt Majer (108) aus: »Man könnte hier einwenden, dass es grundsätzlich auch möglich ist, sich schuldig für das zu fühlen, was man ist. Man kann sich schuldig für seine Homosexualität fühlen, weil man [...] fürchten kann, seine Eltern zu enttäuschen. Williams geht stillschweigend davon aus, dass solche Schuldgefühle, wenn sie auch manchmal vorkommen, dennoch niemals angemessen sind und auch nicht kultiviert werden sollten: Niemand schuldet irgendeiner anderen Person, etwas zu sein.« Majer übersieht in seiner Arbeit, dass Scham Warnsignal für einen Übertritt in die Schuld ist. Sein Lehrer Peter Bieri (2013: 157-212) übernimmt viele der Einsichten. Vgl. auch Kilborne (2002).

156 Majer (2013: 4). Wie gesehen: In der von Levinas favorisierten Schlüsselszene ist die Rede von Anerkennung problematisch, weil der Andere – differenzlogisch gelesen – gar nicht an-erkannt werden kann. Sogar die Anerkennungslogik verfängt erst, sobald der Dritte im Spiel ist.

der Scham kein konstruktives Moment zugesteht: »Während ein Schuldgefühl in der Zukunft etwas Konstruktives erwarten lässt – man leistet Wiedergutmachung und tut das Verwerfliche nicht noch einmal –, enthält Scham kein konstruktives Moment.«[157] Nussbaum übersieht nicht nur die personkonstitutive Dimension der Scham, sondern übersieht auch, wie die Schamerfahrung dazu anleitet, sich sehr grundsätzlich zu bessern, die Schamerfahrung also die Schlüsselsituation für die Ausbildung von Tugenden ist – auch für die Tugend der Kooperationsfähigkeit.

Mit großer Energie und empirischer Anstrengung, die sich auch gerne selbstbewusst gibt, hat sich vor allem die amerikanische Ausrichtung der Psychologie dem Thema Scham und Schuld genähert, inzwischen werden die umfänglichen Studien unter folgender Fragehinsicht resümiert: »Moral emotions represent a key element of our human moral apparatus, influencing the link between moral standards and moral behavior.«[158] Die Autoren Tangney, Stuewig und Mashek deuten die Emotionen Scham, Schuld, Peinlichkeit und den Stolz oder die Ehre als »an emotional moral barometer, providing immediate and salient feedback on our social and moral acceptability.« (347) Namentlich für die Scham und die Schuld gilt: »(S)hame and guilt are emotions each primarily evoked by moral lapses.« (348) Sehr nachdrücklich betonen die Studien den sozialen Charakter beider Gefühle: »In short, when experiencing shame, people may feel more exposed – more aware of others' disapproval – but the reality is that situations causing both shame and guilt are typically social in nature.« (349) Durchaus in Übereinstimmung mit phänomenologischen und kulturwissenschaftlichen Forschungen kommen die Autoren zu folgender Einschätzung: »Shame is considered the more painful emotion because one's core self – not simply one's behavior – is at stake. […] Guilt […] is typically a less devasting, less painfull experience because the object of condemnation is a specific behavior, not the entire self.« (349) Nachvollziehbar bleibt auch der Nachweis, wie eng Scham und Wut zusammengehören: »Finally, shame-prone individuals report awareness that their anger typically results in negative long-term consequences for both themselves and for their relationships with others. Guilt-proneness, in contrast, is consistently associated with a more constructive constellations of emotions, cognitions, and behaviors. […] Guilt appears to motivate reparative action« (351f.). Schuld bearbeitet in der Tat den Fehler, nicht den Charakter.

Weil die Studien an entscheidender Stelle zwischen Personen unterscheiden, die in Krisensituation entweder zu Scham- oder zu Schuldverhalten nei-

157 Nussbaum (2014a: 541f.) In anderen Veröffentlichungen nimmt Nussbaum diese These teilweise zurück; vgl. Dies. (2004).

158 Tangney/Stuewig/Mashek (2007: 345). Die folgenden Seitenzahlen beziehen sich auf diesen Text.

gen, übersehen sie allerdings sehr grundsätzlich die konstruktive Funktion von Scham, orientieren sich vielmehr an habitualisierten Kriseninterventionsumgangsweisen, die bei schamanfälligen Personen durchaus auf einen fehlgeleiteten Schamumgang schließen lassen. »A number of studies have found a relationship between childhood physical and sexual abuse and specific forms of shame, including body shame. [...] Nonetheless, taken together, the weight of evidence suggests that people who experience maltreatment in childhood are somewhat more vulnerable to shame issues later in life.« (357, 358) Prompt haben empirische Studien ergeben, dass schamanfällige Personen häufig Drogen konsumieren und zum Alkoholismus neigen. Diese Daten sind leicht erklärbar: Wer sich im Schuldparadigma souverän bewegt, wer sehr leichthändig mit Entschuldigungsroutinen umgehen kann, vermag nahezu jeden normativen Lapsus relativ souverän zu bearbeiten, ist mit einer Entschuldigung leicht zur Hand, muss aber den Charakter nicht ändern. Damit wird auch das Ergebnis der Studie höchst zweifelhaft – um nicht zu sagen: manifest falsch: »In sum, empirical results converge, indicating that guilt but not shame is most effective in motivating people to choose the moral paths in life. The capacity for guilt is more apt to foster a longlife pattern of moral behavior.« (355) Eine ethische Person allerdings, und diese Frage kann die empirische Forschung nicht einmal stellen, wird jeder Mensch erst im Durchgang durch die Scham – darin besteht ihre positive Funktion.

Die Studie übersieht – und geht damit auch empirisch dieser Frage nicht nach – die Attraktivität des Schuldparadigmas, weil der ›Schuldige‹ in Krisensituationen einen aktiven Part spielen kann. Jeder schamanfällige Protagonist hat den Umgang mit Scham und Beschämung nicht gelernt, vielmehr die Schamsituation in Selbstaggression umgewandelt und keine selbstbewusste Identität ausbilden können. Weil die zitierten psychologischen Studien begrifflich sehr fahrlässig arbeiten, den Verschiebemechanismus von Scham in Schuld beflissentlich übersehen, begrifflich nicht zwischen identitätsstiftender Schamsituation und funktionalisierten Beschämungsstrategien unterscheiden, kein Sensorium für den Unterschied von Scham und Schamhaftigkeit besitzen, werden die empirischen Studien in ihrer Aussagekraft entwertet und tragen leider relativ wenig aus. Immerhin nehmen die Arbeiten zwar nicht explizit, aber immerhin implizit Stellung zu einer vom Altphilologen Eric R. Dodds und dann von der Anthropologin Ruth Benedict[159] in den 1940er- und 1950er-Jahren favorisierten Unterscheidung zwischen älteren Schamkulturen und jüngeren Schuldkulturen.[160] Hatten Dodds und Benedict Scham- und Schuld-

159 Dodds (1970); Benedict (2006).

160 Diese temporale Zuordnung spielt auch mit der entwicklungspsychologischen Einsicht, die Ausbil-

kulturen noch geographisch zugeteilt: das antike Griechenland, der Orient und vor allem Japan gegen das christliche Europa und Amerika und von einer zeitlichen Abfolge von Scham- und Schuldkulturen gesprochen, dann indizieren die psychologischen Studien diese Muster nicht mehr temporal, sondern ordnen sie idealtypisch Personengruppen in unseren hochkomplexen Gesellschaften zu. Problematisch ist freilich der Versuch, Schamreaktionen zu pathologisieren und stillschweigend prekären Milieus zuzuschreiben.

Es ist durchaus nicht so, wie Hilge Landweer in der Abgrenzung der Scham von der Demütigung behauptet, dass die Scham im Unterschied zur Demütigung keine Widerstandsmöglichkeit erkennen lasse.[161] In der Scham entsteht die Verlockung, Scham in Schuld zu transformieren. Schuld ist mit einem scheinbaren Vorteil[162] ausgestattet: Im Schuldigwerden gewinnt der Schämende die aktive Rolle zurück.[163] In der Scham leidet der Mensch passiv, ist vollständig auf Passivität festgelegt. Dagegen wirkt Schuld, obwohl sie Beziehungen zerstört, zunächst attraktiver, weil sie mit Souveränitätsgefühlen lockt. Wer handelt, bestimmt die Situation.

Wenn die Scham in Schuld umgewandelt wird, entkommt der Beschämte zwar der Passivität der Scham-Situation, aber nur zum Preis der Schuld: Er wird Täter. Stephan Marks zitiert einen jugendlichen Mörder, der als Motiv für die Tat angibt: »›Der hat mich so komisch angeguckt!‹ […] Vermutlich war dieser junge Mensch so voller Schamgefühle, dass er schon den Blick eines Passanten – der möglicherweise gar nicht abwertend gemeint war – als beschämend erlebte. Sein Gefäß ›lief über‹. Ein anderer jugendlicher Täter antwortete, er habe den alten Menschen umgebracht, um seinen Kumpels zu beweisen, dass er kein Feigling sei. Er wurde lieber zum Mörder, als vor seinen Kumpels als Feigling dazustehen!«[164] Einen Praxisfall, der zeigt, wie Bloßstellung zu Aggression führt, beschreibt Ursula Immenschuh: »Eine Kollegin – eine sehr zugewandte und überaus kompetente Pflegefachkraft – hatte einer betagten Klientin ein schmerzlösendes Zäpfchen versehentlich vaginal statt rektal eingeführt. Sie wurde für diesen Fehler von den Kolleginnen und Kollegen getadelt, verhöhnt und bloßgestellt, indem ihr Versehen auch weitererzählt wurde. Ein paar Tage später ging ich an einem Patienentenzimmer vorbei, in dem diese Kollegin eben jene Patientin aufs Übelste beschimpfte: Aus Scham war bei ihr Gewalt geworden.«[165]

dung des Schamgefühls beim Kind gehe der Ausbildung des Schuldgefühls deutlich voraus.

161 Landweer (1999: 42ff.).

162 Siehe dazu Bastian/Hilgers (1990: 1100-1112); Hilgers (1996); explizit dazu Wurmser (2013: 91f.); vgl. Ders. (1986: 16-41).

163 Münch (2010: 95).

164 Immenschuh/Marks (2014: 27).

165 Immenschuh/Marks (2014: 24).

Schamerfahrung, dieser körperlich erfahrene Hinweis, das zwischen Selbstbild und Fremdbild eine Kluft aufgerissen ist, enthält die Aufforderung, sich zu ändern, den Charakter zu bilden, sprich: Tugenden auszubilden. Anders gewendet: Menschen müssen nicht zwanghaft schuldig werden, sondern können die Schamerfahrung zur Charakterschulung oder eben zur Ausbildung von Tugenden nutzen, um sich künftig nicht zu schämen und auch erst gar nicht in die Versuchung zu kommen, schuldig zu werden.

So aufgeschlüsselt, wird die in der protestantisch-theologischen Wissenschaftsgemeinde unglücklich verlaufende Tugendethikdebatte[166] verständlich, weil hier die Sünde immer schon als unhintergehbare Wirklichkeit gedeutet wird. Die »Frage, wie eine reale Befähigung des Menschen zum Guten angesichts der Wirklichkeit der Sünde – und das heißt der vom Menschen erlebten faktischen Diskrepanz von Wollen und Vollbringen (Röm 7,18f.) – gedacht werden kann«[167], baut auf einer reinen Beteuerung auf, zementiert eine pessimistische Anthropologie und übersieht, wie ich im nächsten Essay deutlich machen werde, alternative biblische Einsichten.

Aktuelle Tugendethiken, die gegen die Kältelehren strikt deontologischer Ethiken *Besonnenheit und Sensibilität* einklagen, passen ihre Tugendlehren häufig in eine umfassende Frage nach dem guten Leben ein. In diesen Debatten bleibt es allerdings umstritten, ob es »einen Begriff des moralisch Guten, der frei von Traditionen und vorgegebenen Funktionen ist«[168] überhaupt gibt. Alasdair MacIntyre verneint die Frage in seinem viel beachteten Buch *After Virtue*[169], weil nach MacIntyre die Tugenden, die zur gelingenden Lebensführung befähigen, nur über die Einübung von narrativ erschlossenen Traditionen zugänglich werden. Innerhalb der protestantischen Denkwelt hat daran Stanley Hauerwas extrem einseitig angeknüpft und den Raum der Kirche als Darstellungsraum eines dezidiert christlichen, kontrastiv zum lebensweltlichen Ethos verstandenen Ethos konzipiert.[170] Damit freilich wird der alte Univer-

166 Noch heute kann die katholische Moraltheologie in der Person Eberhard Schockenhoff (2007) eine bewundernswerte Tugend-Ethik vorlegen. Hailer (2014: 69-87) setzt sich in seinem Aufsatz mit diesem Ansatz auseinander und plädiert für ein Verständnis von Habitus als Netzwerkbegriff: »Gottesrelation, Selbstrelation, Fremdrelation sind die wesentlichen Punkte, an denen die Fäden des Netzes festgemacht sind.« (80)

167 Reuter (2015a: 41); vgl. Ders. (2015b).

168 Tugendhat (1993: 209).

169 MacIntyre (1987); vgl. Herms (1992).

170 Hauerwas (1995): »Die Erkenntnis, daß wir am freiesten sind, wenn wir durch eine Geschichte geformt werden, die uns hilft, der Wirklichkeit, daß unser Leben ein Geschenk ist, entsprechend zu leben, ist zugleich der Kontext für das richtige Verständnis, was es bedeutet, daß wir Sünder sind. [...] (W)ir können erkennen, daß die Behauptung der Freiheit als Besitz, als unsere Leistung, nur ein Ausdruck unserer Sünde ist. [...] Unsere Sünde – unsere grundlegende Sünde – ist die Annahme, daß

salisierungsgrundsatz der Ethik sehr grundsätzlich zugunsten einer Sondergruppensemantik verabschiedet, die sich hermetisch abschließt und auch nicht nach Überlappungen mit anderen Denkschulen Ausschau halten kann.

Hermann Schmitz[171] meldet Vorbehalte gegenüber einem klassischen Tugendbegriff an, sofern darunter die Kultur innerer Gefühle verstanden wird, und spricht lieber von »tugendhafter Gesinnung« und möchte sie am Umgang mit affektivem Betroffensein ausweisen, freilich nicht nur als »Geschehenlassen«, sondern »als Stellungnahme, eigener Einsatz und Eingehen auf etwas. Diesen eigenen Einsatz im Betroffensein, wodurch Sachverhalte, Programme und Probleme für jemand subjektiv sind, bezeichne ich als dessen Gesinnung. Sie beschränkt sich keineswegs auf das willkürliche Betroffensein, sondern durchwächst als Verzweigungen der Personalität und spielerischen Identifizierung bis in die Spitzen der Besonnenheit, der abwägenden Überlegung, des Wählens; aber auch in diesen Hochformen ist die Gesinnung nur durch affektives Betroffensein gegenwärtig.«[172] Das ist im Unterschied zur taktilneurotischen Ethik etwa eines Kant ein enormer Fortschritt. Zudem bleibt bei Schmitz auch die Besonnenheit an das affektive Betroffensein zurückgebunden. Damit ist zugleich gesagt: Affektive Betroffenheit muss kultiviert werden, einerseits hinsichtlich einzelner atmosphärischer Ansprüche, dann aber auch als Kultivierung einer durch den Logos sedierten Leiblichkeit. Wenn der Umgang mit Gefühlen gelernt ist, dann, so die Pointe, steuert das Gefühl auch die Wahrnehmung der Situation und ermöglicht sittlich gesteuertes spontanes Handeln: »Andererseits ist die ethische Zurechnung auf Besinnung und Wahl als Angriffspunkte nicht angewiesen; ihr genügt schon die bloße Besinnung, wenn für Überlegen und Wählen keine Zeit ist. Das ist in kritischen Lagen der Fall, wenn es plötzlich einen Augenblick darauf ankommt, ob der Mensch weich wird und kapituliert oder standhält. […] Wenn sittliche Verantwortung, daher sittliches Lob und sittlicher Tadel, auf Stellungnahmen des Wählens aus der Besonnenheit (wie Herakles am Scheidewege) eingeschränkt wären, müssten

wir der Schöpfer der Geschichte sind, durch die wir unseren Charakter erwerben und besitzen.« (96f.) Reuter (2015a: 44) wendet gegen den »Entwurf eines kontrastgesellschaftlichen christlichen Sonderethos« trefflich ein: »Umso problematischer ist es darum, dass sich der Kommunitarismus McIntyres (sic!) und Hauerwas' von der Möglichkeit eines Konsenses über universelle, allgemeinverbindliche moralische Prinzipien verabschiedet.« Johannes Fischer (2002: 71) tituliert diesen Ansatz als »Modell mit unvermeidlich idealisierenden Zügen.« Johannes Fischer u.a. (2008: 247) versucht, der Gefahr, in einer Sondergruppensemantik zu verharren, zu entgehen, indem er auf die Beziehung reflektiert, in der der Glaube »zu den geltenden Anschauungen und Normen in den verschiedenen gesellschaftlichen Bereichen steht, um denen, die darin als Christen zu leben versuchen, eine Kohärenz ihrer Überzeugungen zu ermöglichen.«

171 Schmitz (1990: 356f.).

172 (1990: 357).

solche momentanen Entscheidungen in überraschenden Situationen ohne ethische Zurechnung bleiben; das ist aber keineswegs der Fall.«[173]

Tugendhat entdeckt mit Adam Smith[174] zwei Grundtugenden, die seinem Ideal der Kooperation entsprechen: *Sensibilität und Selbstbeherrschung* (griech: enkráteia). Einerseits geht Tugendhats Konzept über Kant hinaus, weil in diesem Konzept affektiv kommuniziert wird – Kant verlässt seine Rüstung. Tugendhat überbietet aber auch die Theorie des kommunikativen Handelns von Jürgen Habermas, weil hier nicht nur eine Verständigung über Interessen im Fokus steht, sondern »eine Kommunikation mit den anderen. [...] Es wird nicht ein Ausgleich der Interessen, sondern eine Harmonie der Affekte angestrebt.«[175] Die Forderung nach einer Harmonie der Affekte ist kein Aufruf zum Kuscheln, sondern Tugendhat möchte die Kultur der Kooperation emotional einleiben: Wer gegen die Kooperation verstößt, soll sich gefälligst schämen und muss mit Empörung und damit mit einer Ruinierung seines Anerkennungskapitals rechnen.[176]

Zwar gelingt es Tugendhat, ohne direkten Anschluss an Weltanschauungen formal zu bestimmen, was gut ist; damit ist aber nicht gesagt, dass sich dieser Ansatz auch in den Bereichsethiken als tauglich erweist. Er wird sich als nur begrenzt tauglich erweisen. Tugendhat zeigt freilich auch nicht, wie die eingeforderten Tugenden oder die tugendhafte Gesinnung der Sensibilität und Besonnenheit eingeübt werden können. Hier wäre er doch wieder gut beraten auf Narrationen und Hintergrundtheorien zurückzugreifen, die verständlich ma-

173 Schmitz (1990: 357).

174 Smith (1977).

175 Tugendhat (1993: 296). Unter dem Rubrum *Dog Whistle Politics* wird eine semantische Infiltrierung mit Code-Wörtern aus der rechten Szene diskutiert (Siemons: 2016: 45), die wie das Prinzip der Hundepfeife funktioniert, deren hohe Frequenzen für das gewöhnliche menschliche Ohr (hier: das naive menschliche Ohr) nicht wahrgenommen werden. Soziologische Diskriptionen bekommen unter der Hand einen anderen Sinn, Kultur erinnert ›richtig gelesen‹ dann oft an Rasse. Die Theorie kommunikativen Handelns darf eine solche mauvaise foi, eine solche Unaufrichtigkeit der Diskursteilnehmer nicht unterstellen, soll die Theorie funktionieren. Alle Theorien wie auch exemplarisch die von Ernst Tugendhat, die eine affektive Harmonie einfordern, sind der Theorie von Habermas überlegen und besser geeignet, rechten Gesinnungen Paroli zu bieten. Ein starkes Gefühl wäre etwa die Liebe, die sich auch wohlwollender Beschämungen bedient.

176 Der auch innerhalb der Theologie viel rezipierte tugendethische Entwurf von Nussbaum (1999) deutet Tugenden als Fähigkeiten (capabilities), die Bürger zu einem guten, sprich: gerechten Leben befähigen sollen. Dazu zählen sexuelle Befriedigung, Spiel, Erholung, freie Ortswahl, Naturerfahrung, Schmerz zu vermeiden und Lust zu genießen, gute Gesundheit, gute Ernährung und Unterkunft, ein integres Leben bis zum Tod zu führen. In unterschiedlichen Veröffentlichungen variiert die Anzahl der Fähigkeiten, weil sich erst tastend herausstellt, was zum Wesen einer menschlichen Natur zählt. Problematisch ist der essentialistische Ansatz in der Frühphase, weil immer schon mit einer handfesten Bestimmung des Menschen gearbeitet werden muss. Ich komme darauf zurück.

chen, warum einige Menschen in Situationen sensibel, andere dagegen völlig unsensibel reagieren. Sowohl Levinas und auch Schmitz sind offen für diese Hintergrundtheorien, der späte Tugendhat auch, beschreibt dabei aber präzise, und das macht ihn so unschätzbar, die Leistungskraft einer autonomen Begründung der Moral und die Notwendigkeit einer (etwa in der Tierethik oder in der Umweltethik) geforderten Erweiterung durch (religiöse) Hintergrundtheorien.

Weil für meine Schamethik der Unterschied zwischen Scham und Schuld[177] zentral ist, will ich nochmals einige Charakteristika herausstellen:

1. Schuld bezieht sich auf eine Tat an Dritten, Scham bezieht sich auf den eigenen Charakter: Die ganze Person steht auf dem Spiel. Die Konzentration auf die Schuld kann die Selbstverbesserung blockieren.
2. Scham ruiniert mein Anerkennungs-Kapital, Schuld lässt sich leichter abarbeiten. Nachdem die Schuld abgetragen ist, gilt der Schuldige als resozialisiert. (Oft zielt der Ehrgeiz darauf, sich nicht wieder erwischen zu lassen.) Der Änderungsdruck ist in der Scham ungleich höher.
3. Für die Scham ist der (internalisierte) Blick von Schamzeugen unabdingbar, für die Schuld nicht, denn ein schlechtes Gewissen und Reue wird auch ohne Schuldzeugen geweckt.
4. Zeitlich ist die Verlaufsform der Scham kürzer, aber intensiver und erzeugt einen starken Änderungsdruck.
5. Charakterformung oder Tugendausbildung ist der konsequente Umgang mit der Schamsituation. Ein möglicher Haltungswechsel zeigt sich bereits, wenn die Schamsituation nicht einfach schweigend übergangen wird, sondern, je nach Anlass, ein Gespräch gesucht oder mit Humor oder Selbstironie die Situation gerettet wird. Ob dieser angedeutete Haltungswechsel als Königsweg aus der Scham allerdings nur dazu dient, auf Zeit und Vergessen zu setzen, muss sich in der Zeit der Bewährung zeigen.
6. Ich kann aber auch meine Verhaltensweise demonstrativ beibehalten, um gegen Konventionen, ästhetische Standards und eingespeiste Dispositive der Macht aufzubegehren. Dann schäme ich mich künftig etwa nicht mehr für meine kurvige Silhouette, sondern deute selbstbewusst meine Haltung als Angebot zur Entschämung für andere, die mit dieser Schamsituation kämpfen.
7. Ein falscher, aber attraktiver Weg der Konfliktbearbeitung ist neben der Verdrängung die Verschiebung der Scham in die Schuld, um der Passi-

177 Bereits der Titel des Buches von Larsson (2012) ist falsch.

vität der Schamsituation zu entkommen: Ich kann Schamzeugen als Spießer beschimpfen, als Ausbeuter, als charakterlos, kann handgreiflich werden, demütigen und verletzten bis hin zum (Ruf-)Mord. Dieser Verschiebemechanismus von Scham und Schuld liegt auch dann vor, wenn ein Protagonist aus vorweggenommener Scham, um also die Passivität der Schamsituation zu umgehen, nötigen Konflikten aus dem Weg geht, um etwa die eigene Ehre als Führungspersonal zu schützen, und dadurch schuldig wird.

Ich unterscheide in meiner Ethik zwischen *liebevoller* und *demütigender Beschämung, neoliberal-funktionalisierter Beschämung* und *selbstverursachter Scham*. Die von Levinas inszenierten Schlüsselsituationen lese ich als liebevolle Beschämungen. In der Lebenswelt werden – oft kaum zu entziffernde – Beschämungsstrategien eingesetzt, um (neoliberale) Macht auszuüben. Heikel ist, wie eigens zu zeigen, Beschämung im pädagogischen Geschäft, weil Beschämung mit Macht oder Gewalt legiert ist und oft nicht sichergestellt werden kann, ob diese Macht und Gewalt strikt wohlwollend eingesetzt werden und der Freiheitserfahrung des Protagonisten dienen oder einem Regime der Demütigung unterstellt sind. Auch für denjenigen, der mit wohlwollender Beschämung arbeitet, ist die Sachlage offenbar prekär, wie ein Blick auf den historischen Jesus von Nazaret lehrt: Seine Miniaturdramen, vulgo: die Gleichnisse empfanden einige seiner Zuhörer offenbar als extrem beschämend, die prompt die Scham verschoben und den jüdischen Reformator ans Schandholz nagelten.

Ich möchte ein Angebot unterbreiten, wie denn der fraglos problematische Macht- oder Gewaltgedanke[178], der in der Rede von wohlwollender Beschämung verborgen liegt, einer Lösung zugeführt werden kann.[179] Walter Benjamin hat in seinem Essay »Zur Kritik der Gewalt«[180] nach Spuren einer *reinen Gewalt* gesucht, die weder wie in der Rechtsordnung im Schema von »Zweck und Mittel«[181] beheimatet ist noch wie im mythischen Denken sich als Darstellung grausamer, nackter Gewalt präsentiert. Als göttliche oder reine Gewalt

178 In der Literatur ist immer wieder versucht worden, genau zwischen Macht und Gewalt zu unterscheiden, weil Macht durchaus positive Deutungen zulässt, so etwa bei Hannah Arendt (1970), die Macht für Konsensbildungen positiv bewertet. Aber auch Gewalt hat, als reine Gewalt, eine positive Grundierung, wenn sie die Personbildung befördert.

179 Zum Thema Macht und Gewalt vgl. Körtner (2015c: 123-130).

180 Benjamin (1977: 179-203); vgl. Handke (2015: 214-216).

181 Benjamin (1977: 179). Skeptisch ist Byung-Chul Han (2011: 76): »Es gibt nämlich keine Erziehung, die ganz frei von Dispositiven wäre, die den Mythen benachbart sind. [...] Eine reine Gewalt, gäbe es sie überhaupt, dürfte nicht erscheinen. Jede Sichtbarkeit liefert sie der Interpretation aus, die an Mythen arbeitet, und macht sie unrein.«

gilt für Benjamin jene Gewalt, die im Diesseits der Zweck-Mittel-Relation auftritt. Fündig wird Benjamin an überraschendem Ort: »Diese göttliche Gewalt bezeugt sich nicht durch die religiöse Überlieferung allein, vielmehr findet sie mindestens in einer geheiligten Manifestation sich auch im gegenwärtigen Leben vor. Was als erzieherische Gewalt in ihrer vollendeten Form außerhalb des Rechts steht, ist eine ihrer Erscheinungsformen.«[182] Wenn Erziehung nicht das Dispositiv für eine Formung des Menschen zu einem vorgegebenen Zweck wird, sondern letztlich der Bildung einer Person als Zweck an sich dient, ist diese wohlwollende Gewalt einer Beschämung zwar immer kritisch zu prüfen, aber durchaus in sehr engen Grenzen ethisch zu akzeptieren. *Idealer Ort ist die Lektüre- oder Kunsterfahrung, weil ich als Leserin oder Leser in der spielerischen Identifizierung mit einer Person jeweils testen kann, ob eine wohlwollende Beschämung oder sogar Demütigung der Protagonisten vorliegt.* Eigentümlich für die biblischen Angestellten Gottes – das gilt für viele Propheten und für den aus bekanntlich problematischen Verhältnissen stammenden Jesus von Nazaret – ist ihre Stigmatisierung. *Wohlwollende Beschämung wird absichtsvoll von stigmatisiertem Personal durchgeführt.* Nicht zufällig zeichnet Levinas den Anderen, der das naive Ich beschämt, durch die radikal pointierte Verwundbarkeit aus. Seine Beschämung geschieht aus einer Position der Schwäche heraus.

Ich kann mir lebhaft Szenen in pädagogischen Kontexten vorstellen, wo *demütigende Beschämungen* mit Zorn bearbeitet werden: mal schweigend, mal sogar handgreiflich. So hat Angelika Klüssendorf in ihrem fulminanten *Coming-of-Age*-Roman *Das Mädchen* eine idealtypische Szene festgehalten: »Als sie ins Kinderheim zurückkommt, steht ihr Name auf der Liste der negativen Kinder. Am ersten Tag nach den Ferien nimmt sich Herr Nissen Zeit, sie vorzuführen, schildert beim Appell ausführlich ihre Vergehen. Ohne mit der Wimper zu zucken, hört sie sich alles an, während sie mit der Zunge die übelsten Schimpfwörter an ihren Gaumen schreibt: Arschkrampe, Bazille, Asselarsch. Ungerecht behandelt zu werden, ist ihr vertraut, doch dieser Zorn darüber ist für sie neu. Die Einsicht, dass sie nicht liebenswert ist, erfüllt sie nun mit trotziger Aufsässigkeit. Als August Kreische das nächste Mal ihren Nachtisch einfordert, ist sie fest entschlossen, sich das nicht gefallen zu lassen. Ruhig sieht sie ihm entgegen, duckt sich weg unter seiner Faust, nutzt seine Überraschung und springt ihn an. Sie reißt an seinen Haaren, kratzt, spuckt, pariert seine Schläge. Ihr Atem geht wild, sie kann gar nicht mehr aufhören, um sich zu schlagen. Sie ist schneller, wendiger als der Fettsack, und sie ist böse. Ihr Ansehen bei den Mädchen ist gestiegen.«[183]

182 Benjamin (1977: 200).

183 Klüssendorf (2011: 131f.). Vgl. Huizing (2014a).

In dieser Ethik interessieren mich auch jene Beschämungen, die *nahezu invisibel geschehen*, weil sie – medial verschärft – ein neoliberales, oft ästhetisch angehübschtes Weltbild implementieren, das auf Leistung und Leistungssteigerung zielt und dabei die Lust ausbeutet. Wir können uns auch *falsch schämen*. Dagegen aufzubegehren, dagegen mit Widerstand zu reagieren setzt voraus, Schamerfahrungen immer einem Test zu unterziehen, um die Gewalt zu evaluieren, um nachzuspüren, ob der Ernst der Schamsituation überhaupt angemessen ist, ob nicht Dispositive der Macht eine *Standby-Scham* leiblich verankern wollen.

6. Falsches und richtiges Schämen

Kann man sich falsch schämen?

Offenbar ja. Einen Maßstab zu finden fällt nicht leicht, denn es gibt keinen feststehenden Kanon, worüber Menschen sich schämen und worüber nicht. Schamgrenzen können sich bekanntlich verschieben. Wo eine Person *Schaminhalten bedenkenlos* erliegt, ist oft Falschschämen die Folge. In den biblischen Geschichten schämen sich Frauen, wenn sie kinderlos bleiben – etwa in der Geschichte von Lots Töchtern, die aus Scham einen Inzest begehen. Die Scham wird hier hinterrücks diktiert vom Interesse einer männlich dominierten Stammeskultur, die eine zahlenkräftige und damit wehrkräftige Größe ihrer Gruppe sichern will. Anstelle Freiheit zu realisieren, liefern sich Lots Töchter einer Norm dieser Gesellschaft: Fruchtbarkeit und Mutterschaft, unhinterfragt aus. Spannend ist also die Frage, wofür man sich nicht schämen soll. In einem ersten Zugriff kann man diesen, nach Tugendhat[184] durch den Reformer Jesus von Nazaret neu erschlossenen Raum der Schicklichkeit so beschreiben: Er ist von allen ideologischen, auch genderspezifischen Inhalten[185] zu reinigen. Krankheit, Rasse und Geschlecht (später auch sexuelle Orientierung) sind nicht länger Gegenstand von Schamprozessen.

Gegenwärtige Alltagskulturen muss man kritisch daraufhin befragen, ob sie diesem dort bereits erreichten Spielraum entsprechen. Offenbar gibt es immer wieder, mal offen, mal versteckt, Versuche, diesen Raum einzuengen. Der *emotional turn* muss darüber aufklären, wie wir über hintersinnig inszenierte Gefühle verführbar sind. Spannend ist deshalb die Frage, »wie Gefühle Teil von Machtprozessen in Interaktionen werden können«[186].

184 Tugendhat (1993: 63).

185 Pieper (1998: 338-359). Vgl. den spannenden Aufsatz von Pieper (1995: 231-252).

186 Landweer (1999: 141).

Die Leibtheorie von Hermann Schmitz kann die Frage deshalb elegant beantworten, weil Hermann Schmitz den Leib als »Resonanzboden«[187] oder als Resonanzkörper beschreibt, der auf Mitmenschen, Praktiken, soziale Umgebungen bezogen ist. Der Leib kommuniziert unaufhörlich mit seiner Umwelt, kann, wie Schmitz gezeigt hat, Gestaltverläufe[188], die sich etwa in der Architektur verdichten, als Bewegungssuggestionen einleiben oder nimmt synästhetische Charaktere[189] (ein Schall wird als hell empfunden) hautnah wahr. In der Sprache von Schmitz sind Einleibungen auf Kommunikation räumlicher Nähe angelegt, können, wie im Blickkontakt solidarisch oder antagonistisch verlaufen; Ausleibung beziehen sich eher auf Phänomene der Weite wie ein Blick ins Grüne oder beim Dösen in der Sonne. Als *latent* beschreibt Schmitz eine Einleibung, die quasi en passant in einem Gespräch passiert; *patent* dagegen wird die Einleibung, wenn einzelne Leibesinseln auffällig werden wie beim Erröten in der Scham. *Solidarische* Einleibungen ereignen sich etwa bei Sportveranstaltungen oder auch beim gemeinsamen Singen.[190]

Treffend schreibt Kerstin Andermann: »Diese Offenheit und Dynamik resonanzhafter Selbstüberschreitung auf einer elementaren, empirischen Ebene leiblichen Geschehens eingeholt zu haben, ist die Stärke der Leibphilosophie von Hermann Schmitz.«[191] Beschreibbar wird damit auch die *Anfälligkeit des Menschen für eine Einleibung, die sich ideologischen Zwecken* verschreibt. »Schmitz bietet ein begriffliches Instrumentarium, das nicht nur die alltagsweltliche Rolle der Leiblichkeit, sondern auch hochproblematische Phänomene ideologisch geprägter Vergemeinschaftung auf einer Ebene erklärbar macht, die – insbesondere in politischen Kontexten – selten in den Blick genommen werden.«[192] Kerstin Andermann bemängelt aber, die Leibphänomenologie von Schmitz könne sich nicht vor einer »Indienstnahme ihres affirmativen Lebensbegriffs schützen.«[193]

Diese Kritik ist einerseits zutreffend und doch auch vorschnell, weil Andermann die *Theiologie* (Die Lehre vom Göttlichen) von Hermann Schmitz überliest, die als kritische Norm fungiert, und weil Andermann auch die Kunst

187 Schmitz (1990: 116). Diesen Begriff hat Rosa (2016) von Schmitz übernommen und zu einer veritablen ›Soziologie der Weltbeziehung‹ ausgebaut.

188 Schmitz (1990: 141).

189 Schmitz (1990: 144f.).

190 Diese Überlegungen erweisen sich als anschlussfähig für liturgische Überlegungen, wie David Plüss (2007) gezeigt hat. Und in einem Supplementband zur Ästhetischen Theologie habe ich (Huizing 2007) versucht, die Leibphänomenologie von Schmitz für das Einleiben von christlichen Gesten fruchtbar zu machen.

191 Andermann (2012: 142).

192 Andermann (2012: 140).

193 Andermann (2012: 143).

als Distanzfilter ausblendet. Zunächst gilt es aber, zustimmend im Auge zu behalten, wie diese Leibphänomenologie, weil sie den Gefühlen als Atmosphären selbst Macht zuerkennt, offen ist für verdeckte Macht- und Herrschaftsansprüche. Gefühle als Atmosphären, darauf hat Gernot Böhme[194] hingewiesen, lassen sich inszenieren. Damit erschließt sich ein weites Feld für biopolitische (Michel Foucault; Giorgio Agamben) und psychopolitische (Byul-Chul Han, Gernot Böhme) Einflussnahmen, die sehr genau daraufhin zu befragen sind, wie sie Freiheitsspielräume neu horizontalisieren oder auch einschränken.

Hilge Landweer hat in einer Synopse von Hermann Schmitz und Norbert Elias versucht zu zeigen, wie Normen durch Schamkonditionierung eine *historische Einleibung* bewirken. Die enge Verknüpfung von Scham und Macht im Prozess der Zivilisation wurde zunächst von Norbert Elias in die Debatte eingespeist. Norbert Elias' »These zur Erklärung dieses Phänomens ist, daß es in einer bestimmten historischen Konstellation notwendig wurde, daß Herrschaft auf unmittelbare Gewalt verzichtete und die angestrebten Verhaltensweisen auf andere Weise durchgesetzt werden mussten. Der ›Fremdzwang‹ mußte in ›Selbstzwang‹ überführt werden, und dabei kam – so das Ergebnis von Elias' Untersuchung – der Scham eine zentrale Funktion zu.«[195] Im Rekurs

194 Böhme (2001).

195 Landweer (1999: 162). »(E)s ist diese als Selbstzwang angezüchtete Furcht vor der Verringerung des eigenen Ansehens in den Augen anderer, mag sie nun die Gestalt der Scham oder etwa die des Ehrgefühls annehmen. [...] (D)er Konflikt, der sich in Scham-Angst äußert, ist nicht nur ein Konflikt des Individuums mit der herrschenden, gesellschaftlichen Meinung, sondern ein Konflikt, in den sein Verhalten das Individuum mit dem Teil seines Selbst gebracht hat, der diese gesellschaftliche Meinung repräsentiert: es ist ein Konflikt des eigenen Seelenhaushalts; er selbst erkennt sich als unterlegen an. Er fürchtet den Verlust der Liebe oder Achtung von Anderen, an deren Liebe und Achtung ihm liegt oder gelegen war.« Elias (1997a: 358, 408). Norbert Elias hat in seinem Standardwerk die ›Modellierung des Menschen‹ und damit auch die ›Modellierung seines Triebhaushalts‹ bekanntlich als Zivilisationsprozess beschrieben, die, so einer seiner Lieblingsbegriffe, durch die zunehmenden ›Verflechtungszwänge‹ seit der höfischen Kultur vorangetrieben wurde und den Menschen zur rationalen Langsicht und zum affektiven Selbstzwang nötigte. Je stärker die Monopolisierung der Macht voranschreitet, je stärker wird der Fremdzwang in Selbstzwang umgebildet. Wer sich schämt vor Anderen, der schämt sich, weil er gegen die herrschende, gesellschaftliche Meinung, die er eingeleibt hat, verstoßen hat. Diese Einleibung läuft quasi automatisch ab: »Gerade dies ist charakteristisch für die Veränderung des psychischen Apparats im Zuge der Zivilisation, daß die differenziertere und stabilere Regelung des Verhaltens dem einzelnen Menschen von klein auf mehr und mehr als ein Automatismus angezüchtet wird, als Selbstzwang, dessen er sich nicht erwehren kann, selbst wenn er es in seinem Bewußtsein will.« (328) Vor dem Forum des Lesepublikums wurde von Hans Peter Duerr (1988) scharfzüngig und vielbändig Norbert Elias angegriffen, um zu klären, ob im Prozess der Zivilisation die Schamschwelle mächtiger werde oder eher planer. In den bisherigen Debattenprotokollen der Wissenschaftsgemeinde scheint allenfalls ein Konsens darüber zu bestehen, Scham in einen engen Kontext mit Gewalt und Macht zu verorten. Dazu erhellend Wounders (1994: 203-216), kritisch dazu Lotter (2012). Vgl. auch den griechischen Kontext: Als »internalisiertes Anstandsgefühl«, das durch die Erziehung ausgebildet

auf historische Quellen zeigt Elias etwa, wie das Essen mit den Händen schambehaftet wurde. »Diejenigen Kreise, die Vorbild für andere sind, erwecken durch viele verschiedene Instanzen und Institutionen hindurch allmählich in anderen Kreisen die Scham, einen solchen Anblick zu bieten. [...] In der Folge sozialer Differenzierung werden Verhaltensweisen und Konventionen, die bisher auf bestimmte Kreise oder Stände begrenzt waren, auf weitere Schichten bezogen. Über die latente Drohung von Ausgrenzung und sozialem Ausschluß und der entsprechenden Angst vor möglicher Beschämung können in einer Atmosphäre von Normenunsicherheit neue Normen etabliert werden, die in der jeweils nachfolgenden Generation fester im Gefühl verankert werden.«[196] Über die Scham oder besser: die Beschämung werden Normen im Leib verankert.

Bekanntlich hat Michel Foucault die Herrschaftsprozesse mit ingeniöser Spürwut dechiffriert.[197] Zu den chicen Begriffen zählt seitdem die Rede von Dispositiven. Unter dem Label *Biopolitik* wurde bisher diese Forschungsrichtung verhandelt, Byung-Chun Han möchte sie um die *Psychopolitik* erweitern. Die Fortschreibung ist radikaler als vielleicht auf den ersten Blick ersichtlich, denn Han versucht zu zeigen, wie Foucaults später Versuch einer von Macht- und Herrschaftstechniken abgekoppelten Ethik des Selbst[198] psychopolitisch eingeholt wird: »Die Machttechnik des neoliberalen Regimes bildet den blinden Fleck der Foucaultschen Analytik der Macht. Foucault erkennt nicht, dass das neoliberale Herrschaftsregime die Technologie des Selbst für sich vollständig vereinnahmt, dass die permanente Selbstoptimierung als neoliberale Selbsttechnik nichts anderes ist als eine effiziente Form von Herrschaft und Ausbeutung. Das neoliberale Leistungssubjekt als ›Unternehmer seiner selbst‹ beutet sich freiwillig und leidenschaftlich aus. Das Selbst als Kunstwerk ist ein schöner, trügerischer Schein, den das neoliberale Regime aufrechterhält, um es gänzlich auszubeuten.«[199] Auch das Spiel, das in den Kulturwissenschaften seit Johan Huizingas *Homo ludens*[200] und auch innerhalb der Phänomenologie bei

wird, ist Aidōs für Aristoteles »ein emotionaler Ausdruck der gesellschaftlichen Normen« und garantiert »eine gewisse moralische Durchschnittlichkeit und Einheitlichkeit in einer Gemeinschaft«. Steger (1997: 62).

196 Landweer (1999: 163).

197 Han (2011: 180, 182): »Foucault löst den Machtbegriff ab von der Vorstellung, dass er an Intentionen von Handlungssubjekten gebunden sein müsste. [...] Das Provozierende an Foucaults Machtauffassung besteht in ihrer Ablösung von Personen.« In dieser Frage darf man Foucault allenfalls bedingt folgen.

198 Foucault (2007).

199 Han (2014a: 42).

200 Huizinga (2004).

Eugen Fink[201] stets als zweckfreier Raum gefeiert wurde, wird eingemeindet: »Um mehr Produktivität zu generieren, eignet sich der *Kapitalismus der Emotion* (kursiv, K.H.) auch das Spiel an, das eigentlich das Andere der Arbeit wäre. Er gamifiziert die Lebens- und Arbeitswelt.«[202] Wenn Byung-Chul Han mit seiner Diagnose Recht hat, der Neoliberalismus der Macht dringe darauf, »Geheimnis, Fremdheit oder Andersheit«[203] zu kassieren, dann wird auch die *Tugend der Schamhaftigkeit* in ihr Recht eingesetzt werden müssen, um den Machtpraktiken der Psychopolitik zu begegnen. »Foucaults Disziplinargesellschaft aus Gefängnissen, Spitälern, Zuchthäusern, Kasernen und Fabriken spiegelt nicht die Gesellschaft von heute wider. An ihre Stelle ist längst eine Gesellschaft aus gläsernen Bürotürmen, Shopping Malls, Fitnesscentern, Yogastudios und Schönheitskliniken getreten. Die Gesellschaft des 21. Jahrhunderts ist keine Disziplinargesellschaft, sondern eine Leistungsgesellschaft.«[204] Für diese neoliberal getaufte Leistungsgesellschaft ist nach Han eigentümlich, ohne Souverän auszukommen, weil die Protagonisten der Leistungsgesellschaft sich mit einem *Hurra!* selbst ausbeuten, Opfer und Täter also zusammenfallen. Hintersinnig bedient die spätmoderne Leistungsgesellschaft oder Transparenzgesellschaft[205] ein Freiheitsgefühl der Selbstoptimierung, das mit einer starken Wertung versehen wird. Wer scheitert, löst prompt eine Schamreaktion aus. »Wer in der neoliberalen Leistungsgesellschaft scheitert, macht sich selbst dafür verantwortlich und *schämt sich* (Hervorhebung von mir, K.H.), statt die Gesellschaft oder das System in Frage zu stellen.«[206] Cleane und zugleich per-

201 Fink (2010).

202 Han (2014a: 69). Nicht wirklich überzeugen kann Hans (59f.) Versuch, die ›Begriffskonfusion‹ zu beheben, wenn er Emotion, Gefühl, Affekt und Stimmung voneinander abheben will: »Sowohl Affekt als auch Emotion stellen etwas bloß Subjektives dar, während das Gefühl etwas Objektives anzeigt. [...] Das Gefühl ist konstativ. So sagt man: Ich habe das Gefühl, dass ... Es ist dagegen nicht möglich, zu sagen: Ich habe den Affekt oder die Emotion, dass ... Die Emotion ist nicht konstativ, sondern performativ.« Die Leibphänomenologie von Hermann Schmitz zeigt deutlich, wie stark elementare Gefühle als Atmosphären wie etwa der Zorn emotiv, und performativ sind. Richtig ist die Zuschreibung durch Han, der Affekt sei nicht performativ sondern eruptiv, treffend auch die Bemerkung: »Die Stimmung ist weder intentional noch performativ.« (61)

203 Han (2014a: 19).

204 Han (2011: 115).

205 Han (2012a).

206 Han (2014a: 16). Offenbar zieht die Macht ein neues Kleid an und wird permissiv: »In ihrer Permissivität, ja in ihrer Freundlichkeit legt sie ihre Negativität ab und gibt sich als Freiheit. [...] Die smarte, freundliche Macht operiert nicht frontal gegen den Willen der unterworfenen Subjekte, sondern steuert deren Willen zu ihren Gunsten. Sie ist eher jasagend als neinsagend, eher deduktiv als repressiv. Sie ist bemüht, positive Emotionen hervorzurufen und sie auszubeuten. Sie *verführt*, statt zu verbieten.« Han (2014a: 26f.) Bestimmte Peter Bieri (2001: 73) ganz altmodisch die Freiheit noch als »Gefühl, Urheber unseres Willens und Subjekt unseres Lebens zu sein«, versucht Han zu zeigen, wie smart dieser Wille fremdbesetzt wird. Die Anderen, ob als Einzelne oder als Gruppe, sind nicht

fide Machttechniken sind längst invisibel geworden. »Die psychologische Internalisierung ist eine der zentralen topologischen Verschiebungen der Gewalt in der Moderne.«[207]

Byung-Chul Hans Essays leben in ihrer benutzerfreundlichen Kürze von forsch vorgetragenen performativen Thesen, die jede Leserin verinnerlichen soll. Unter Dauerbeschuss steht der Neoliberalismus, der für Modernitätsschäden verantwortlich gemacht wird, aber unklar bleibt, *welche Dynamiken des gescholtenen Kapitalismus* in die Malaise der Leistungsgesellschaft führen. Byung-Chul Hans charismatischer Prosa hat Hartmut Rosa eine entschleunigende, resonante Prosa entgegengesetzt, die die Leserin auf Augenhöhe mitnimmt. Rosa entdeckt als »Kern der Moderne beziehungsweise der Modernisierung ein(en) bis heute andauernden Prozess der *Dynamisierung* (oder des *Immer-schneller-in-Bewegung-Setzens)* der materiellen, sozialen und geistigen Verhältnisse. [...] Moderne Gesellschaften sind dadurch gekennzeichnet, dass sie ihre Teilbereiche und ihre Sozialstruktur nur noch dynamisch zu stabilisieren und zu reproduzieren vermögen; sie gewinnen Stabilität *in und durch Bewegung*, wobei die Bewegung als *Steigerungsbewegung* bestimmt werden kann. [...] Die Trias Wachstum, Beschleunigung und Innovationsverdichtung lässt sich dabei als zeitliche (Beschleunigung), sachliche (Wachstum) und soziale (Innovationsverdichtung) Dimension eines einzigen Dynamisierungsprozesses verstehen.«[208] Diese von Rosa ausgemachte »kompetitive Orientierung«, eingebunden in »Beschleunigungszwänge«[209], erzeugt eine »Steigerungsdisposition«, die psychologisch, *aber nicht nur psychologisch*, sondern auch auf »medizinischen, bio- und bevölkerungspolitischen, technischen, ökonomischen und juristischen Wegen [...] in die Subjekte ›eingeschrieben‹ werden.«[210] Klarer auch als Han kann der Resonanztheoretiker Rosa gelingendes Leben als »steigerungsunabhängig«[211] und resonanzfreundlich definieren. Die Sensibilisierungsprozesse für Resonanz bleiben aber häufig bei Rosa Beschwörungen, hier ist die Theologie deutlich im Vorteil, weil sie ein fettes Buch besitzt, das unaufhörlich Sensibilisierungsprozesse für Leserinnen und Leser *inszeniert.*[212]

mehr Konkurrenten und Grenzen unserer Freiheit, sondern Spielpartner, das ganze Leben scheint eine Gamekonsole zu sein. Jeder ist seines Glückes Schmied oder besser: Joystick-Profi. Han (2010: 14) spricht von »neuronaler Gewalt«, die nahezu zwangsläufig zu neuronalen »Erkrankungen wie Depression, Aufmerksamkeitsdefizit-Hyperaktivitätssyndrom (ADHS), Borderline-Persönlichkeitsstörung (BPS) oder Burnout-Syndrom (BS)« (ebd., 7) führt.

207 Han (2011: 15).

208 Rosa (2016: 673).

209 Rosa (2016: 311).

210 Rosa (2016: 709).

211 Rosa (2016: 674).

212 Rosa (2016: 440) sieht das Problem, wenn er Buber ins Spiel bringt: »Die für Buber elementare Funk-

Zurückgestellt wurde bisher die Frage, ob die Leibphänomenologie von Hermann Schmitz sich gegen die »Indienstnahme ihres affirmativen Lebensbegriffs schützen«[213] könne, zumal der »rein beschreibende Umgang mit den Erfahrungsquellen« etwa popularwissenschaftlicher und lebensphilosophischer Quellen auch aus den 1920er- und 1930er-Jahren schnell »an ihre Grenzen« komme.[214] Schmitz macht durchaus ein Angebot, wie die Leibphänomenologie kritisch, hier: ethisch gewichtet werden kann, wenn er, wie oben gesehen, von der *Autorität von Gefühlen spricht, die mit unbedingtem Ernst heimsuchen.* Auch die von Schmitz ausgezeichnete Norm der Scham bedarf aber, wie er einschärft, einer kritischen Prüfung: »Die Vernunft (die personale Emanzipation) ist für die Moral erforderlich, um die Autorität von Gefühlen kritisch auf die Probe zu stellen und daran, dass sie sich in der Probe geschlagen geben muss, den unbedingten Ernst moralischer Gefühle zu erweisen. […] (J)eder muss sich selbst, wenigstens in der Moral und der Religion, Rechenschaft davon geben, welche Normen mit absolutem Ernst verbindlich für ihn gelten. Wer sich diese Selbstprüfung erspart, indem er vermeintlich ewige Normen bloß abliest und auf sich selbst und andere anwendet, *betrügt sich selbst über seine Verantwortung.* (Hervorhebung von mir, K.H.)«[215]

Immer wieder ist Schmitz von Kritikern vorgeworfen worden, Gefühle als Atmosphären seien zu fluidal und nicht recht fassbar; der Vorwurf läuft meiner Einschätzung nach aber ins Leere, weil Schmitz davon spricht, Atmosphären könnten sich in einer Person inkarnieren und damit gesichtshafte Präsenz erhalten. Als idealtypische Beispiele nennt Schmitz die Inkarnation der Liebe in Jesus und die Inkarnation der Milde in Cäsar.[216] »Die Gegenwart des Göttlichen im Urchristentum ist die Erscheinung (Epiphanie) einer in Jesus Christus sich verdichtenden, die Ergriffenen befreiend ermächtigenden göttlichen Atmosphäre, des heiligen Geistes; daher sagt Paulus von Christus: ›Der Herr ist der Geist, wo aber der Geist des Herrn ist, da ist Freiheit.‹ (2. Korinther 3,17). Urchristliche Erfahrung ist Konzeption leiblich ergreifender Atmosphären, die Gefühle sind; dazugehören der Friede […], Geist und Fleisch als um den Besitz des mensch-

tion der Religion ist es dann, jenes Urvertrauen in die Antwortfähigkeit und -bereitschaft der Welt zu begründen, ohne das ein Subjekt Resonanzbeziehungen nicht etablieren kann.« Mein Ehrgeiz besteht darin, biblische und nicht-biblische Erzählungen als Inszenierung von Antworterfahrung zu präsentieren.

213 Andermann (2012: 143).

214 Andermann (2012: 142).

215 Schmitz (2012: 141, 144).

216 Schmitz (1990: 446).

lichen Leibes konkurrierende Mächte nach Paulus [...], die Affekte als Dämonen und die Liebe, die Gott ist, in dem wir sind und der in uns ist.«[217] Leider hat Schmitz auch in seinen Exkursen zum Heiligen Geist[218] nicht gezeigt, wie Texte diese Betroffenheit inszenieren, aber immerhin lässt sich ein Widerspiel von destruktiven Mächten und der Geistesgegenwart einer Atmosphäre, die Liebe und Friede einstiftet, erahnen. Hier wird man nachfragen müssen. Schmitz bietet den drama-poetologischen Begriff der »spielerischen Identifizierung«[219] an, der verständlich macht, wie wir uns in die verdichteten Atmosphären einüben und ihre ›Vernünftigkeit‹ prüfen können. *(Literarische) Kunst ist der ideale Distanzfilter, um über spielerische Identifizierung die Autorität des Gefühls zu testen.*

Mir scheint die Leibphänomenologie von Schmitz in Verbindung mit der Leibphänomenologie des Anderen von Levinas und sekundiert von Tugendhat ein idealer Kandidat zu sein, um eine Ethik der Scham auf den Weg zu bringen. In den Bereichsethiken wird es darum gehen, wie ausgehend vom Leib als Resonanzkörper leibvermittelte, neoliberale Vermachtungsstrategien durchschaubar werden, die darauf abzielen, Normen körperlich einzuschreiben, und somit zu einem Falschschämen animieren. Dabei wird es auch immer nötig sein, sogenannte Dispositive zu entdämonisieren, weil man sonst vorschnell einer simpel dämonisierenden Ontologisierung der Macht Tor und Tür öffnet. Matthias Schlossberger hat sehr treffend moniert, wer »alle Phänomene des sozialen Raums von Machtdispositiven bestimmt sieht«, »wird der Fülle menschlichen Verhaltens nicht gerecht« und erhält »das Bild einer schlechten menschlichen Natur.«[220]

Kleine Rekapitulation: Schammanagement

1. Ich deute das Gefühl der Scham als *atmosphärisch affektiv-leiblich betroffen machendes Gefühl*, verdichtet oder wie Schmitz sagen würde: inkarniert im Antlitz des Anderen, das für die Konstituierung der ethischen Person in einer Erschließungssituation die zentrale Leitung übernimmt. Ich behaupte, dass die abgründige Erfahrung einer Beschämung oder Schamsituation nötig ist, um eine ethische Person zu werden. *Schäm dich!* ist der erste ethische Imperativ, der die Grenze

217 Schmitz (1990: 440). Hier ist nicht der Ort, die Nähe zwischen dem Atmosphärenbegriff von Schmitz und dem biblischen Begriff des Heiligen Geistes zu vermessen.

218 Schmitz (1977: 13-46).

219 Schmitz (1990: 176-192).

220 Schlossberger (2000: 828).

des naiven Ichs markiert und die ethische Person konstituiert, die idealiter künftig andere Personen als Personen achtet und mit ihnen kooperiert.

2. Zweitens dient die Scham der Person als Hinweisschild, nicht der Verlockung zu folgen, Scham in Schuld zu transformieren, um tatkräftig der Passivität der Schamsituation zu entkommen. Selbstredend kann ich mich für begangene Schuld schämen, aber die Scham ist ein präventiver Appell, nicht an Anderen und damit auch an sich selbst schuldig zu werden, indem ich die krisenhafte Schamsituation in eine Schuldsituation umpräge. *Niemand ist zur Schuld verdammt. Verschiebe nicht die Scham zur Schuld!* lautet der Imperativ. Gegenläufig zu anderen Großtheorien verorte ich den Ursprung der Gewalt nicht primär im mimetischen Begehren[221], sondern erst in der Verschiebung der Scham in die Schuld.

3. Anders als die Schuld, die durch Vergeltung oder Vergebung beglichen werden kann, nötigt, das ist meine dritte These, die Scham den Protagonisten, sich zu ändern, um ein besseres Lebensgefühl im Kontext mit Anderen zu erreichen. Die Erfahrung der Scham, nicht die Erfahrung der Schuld, in der man sich mehr oder minder behaglich einrichten kann[222], bildet die *Grundlage von Selbstkritik* und *Charakterformung* und motiviert dazu, sich zu bessern. Eine Ethik ohne die Leib-Erfahrung der Scham ist ein deontologisches Gespenst. In Fragen der Konvention, ästhetischer Standards oder im Umgang mit Dispositiven der Macht kann ein Protagonist aber auch selbstbewusst Schamprozesse durchstehen, um gegen die Schamanmutung zu protestieren.

4. Eigentümlich für die Schamerfahrung ist die Störung des Öffentlichkeitsbildes, die das symbolische Kapital (Bourdieu) inflationär entwertet. Es gibt gute Gründe dafür, in der Spätmoderne eine Tendenz auszumachen, die Inszenierung des Lebens, die in dem Begehrnis mündet, »gesehen und gehört zu werden«[223], als zentrale Form der Lebenssteigerung auszumachen. Es macht Lust, gesehen zu werden, eine Lust, die auf Steigerung drängt und den Leistungsstress, der diese Sehnsucht bedient, gar nicht als Stress wahrnehmen lässt. Weil jetzt, wie Gernot Böhme plausibel machen kann, Herr und Frau Everybody den Begehrnissen von Ruhm und Gesehen-werden atemlos und doch zugleich lustvoll folgen, ist der Sturz besonders tief, wenn der soziale Tod eintritt.

221 Girard (2012).

222 von Braun (1997: 61-95).

223 Böhme (2016: 12).

5. Beschämungspraktiken, denen Macht und Gewalt[224] inhärent sind, so meine These, sind dann und nur dann zu akzeptieren, wenn sie in der religiösen und/oder weltlichen Erziehung zur Konstitution der Person und zur Bildung zur Freiheit zum Einsatz kommen – dann haben wir es in der Beschämungspraktik mit der Darstellung *reiner* Gewalt zu tun. Eigentümlich für die Beschämungspraktiken des biblischen Personals sind ihre soziale Stigmatisierung und ihre Position der Schwäche.

6. Die aus der Erfahrung der Scham motivierten Handlungsoptionen sind: Der Beschämte versucht, die Situation zu überspielen und später zu verdrängen, spricht den Normverstoß an und demonstriert damit seine Änderungsbereitschaft, reagiert mit Humor und Selbstironie, um die Situation zu entschärfen oder er versucht, die Passivität der Situation in den Griff zu bekommen, indem er die Scham in die Schuld verschiebt.

7. Durch die Leibreaktion ist sich der Protagonist einer Schamreaktion unverschattet sicher, sich zu schämen. Dieses abgründige *Aha-Erlebnis* ist allerdings, weil es die Spur aller Blicke bündelt, extrem missvergnüglich. Und obwohl hier Evidenz vorliegt, können wir einer vertrackten Täuschung unterliegen und uns bezogen auf ästhetische Standards und Konventionen falsch schämen. Wo eine Person Schaminhalten bedenkenlos erliegt, ist Falschschämen häufig die Folge. Scham, die stets normativ auftritt, bedarf einer Prüfung. Die Kunst ist der ideale Distanzfilter, um durch spielerische Identifikation mit Protagonisten eines Schamdramas mögliche Schamgefühle daraufhin zu prüfen, ob ich mich für bestimmte Situationen künftig schämen oder ob ich mich einer Einleibung widersetzen soll. In meiner Ethik hat die Kunst also eine vielfache Aufgabe, sie soll einerseits die Erfahrungen sprachfähig machen, zugleich diese Erfahrungen zur Prüfung freigeben und Entschämungsprozesse vorspielen, für versteckte Beschämungen und Demütigungen sensibilisieren, schließlich Scham als geteiltes Gefühl in moralischen Kontexten aufrufen.

Nachspiel

Bernhard Schlink, der die Scham zum Konstituens seiner Prosa macht, hat in seiner Erzählung *Der Sohn* eine nachdenkenswerte Definition von Scham als

224 Breun (2014: 32). In seinem klugen, an Cassirer und Plessner orientierten Buch, unterscheidet Breun ebenfalls drei Ebenen: die Konstitutionsebene, die Ebene von Individuum und Allgemeinheit, die von Macht und Ohnmacht. Die letzte Ebene orientiert Breun etwas einseitig an Sartre.

Gefühl des »Halbiertseins« vorgeschlagen. Der Protagonist der Erzählung, ein Professor für Völkerrecht, definitiv kein Mann der Praxis, ist einer von zwölf »Friedensaposteln«, Beobachter in einem vom Bürgerkrieg zerrissenen südamerikanischen Land. Hier, vor Ort einer extrem angespannten Atmosphäre, erinnert er sich all der beschämenden Situationen, die er erlebt hat. »Ihm brannte das Gesicht. Er hielt die Scham kaum aus. Die Erinnerungen an die Niederlagen seines Lebens, die gescheiterten Vorhaben, die gestorbenen Hoffnungen – und nichts war so körperlich wie die Scham. Als wolle er von sich los und komme doch nicht von sich los, als zerre und reiße es ihn auseinander. Als halbiere es ihn. Ja, dachte er, das ist Scham. Das körperliche Gefühl des Halbiertseins, weil man im Herzen halb ist oder war. Mit der einen Hälfte habe ich die Kollegen verachtet und mit der anderen mich ihnen angenehm machen wollen, ich habe den Schwiegervater halb gehaßt und um meiner Frau willen halb verehrt, und ich habe das hübsche Mädchen haben wollen, aber nicht mit ganzem Herzen und ganzem Mut. Und meinem Sohn war ich nur halber Vater.«[225]

Und auch jetzt, in der Situation äußerster Gefahr, gelingt es ihm nicht, die richtigen Worte zu finden, als er seinen Sohn aus Südamerika anruft: »›Was ist passiert?‹ Der Sohn war außer Atem. ›Nichts. Ich wollte dich fragen …‹ […] ›Was ist, Papa? Ich bin im Dienst und muss wieder auf die Station. Von wo rufst du an?‹ ›Aus Amerika.‹ Er hatte mit seinem Sohn seit Wochen nicht gesprochen. Es hatte Zeiten gegeben, in denen er seinen Sohn jeden Sonntag angerufen hatte. Aber die Gespräche waren mühsam gewesen, und so hatte er sie eines Tages sein lassen. ›Meld dich, wenn du wieder hier bist.‹ ›Ich hab dich lieb, mein Junge.‹ Er hatte es noch nie ausgesprochen. Immer wenn er es in amerikanischen Filmen gehört hatte, mit Leichtigkeit von Vätern und Müttern zur ihren Söhnen oder Töchtern gesagt, hatte er sich vorgenommen, es zu seinem Sohn zu sagen. Aber es war ihm immer peinlich gewesen. Auch dem Sohn war es peinlich. ›Ich … ich … ich wünsch dir auch alles Gute, Papa. Bis bald!‹«[226]

Die erinnerten Schamszenen setzen ihm so zu, dass er, gegen die Ratschläge eines anderen Beobachters, auf dem Weg zu einer entfernt gelegenen Provinz trotz aufflackernder Gefechte nicht umdrehen will und durch einen Schuss aus dem Hinterhalt stirbt. Dieser von der Scham halbierte Mensch verschiebt die Scham zu einer (wieder nur halbierten) Selbstaggression. Scham teilt mit der Ver-zwei-felung das Gefühl misslingender Ganzheit: Weil der Protagonist häufig zu stark auf seine eigene Außenwirkung und ein fragwürdiges soziales Ka-

225 Schlink (2000: 265).
226 Schlink (2000: 265).

pital Wert gelegt hat, spürt er in seinem Halbiertsein den Phantomschmerz. Der Schnittpunkt von Personalität und Sozialität geht mitten durch ihn hindurch. Der richtige Umgang mit der Scham misslingt auch hier. Der Protagonist wird an sich selbst und den Anderen schuldig.

Aber zwingend? Nein, zwingend ist der Schritt von der Scham zur Schuld nicht.

Ehre, wem Ehre gebührt
Karte und Gebiet einer weisheitlichen Ethik

Einleitung: Inszenierter Optimismus

In diesem Essay besteht das Ziel darin, zu zeigen, dass die zentralen Einsichten der Phänomenologie und Anthropologie der Scham biblischen Schlüsselnarrationen entsprechen und biblische Schlüsselsituationen den ethischen Diskurs ihrerseits befruchten können. So wenig die durch eine solide und mehrheitsfähige philosophische Dreierkoalition von Levinas, Schmitz und Tugendhat erarbeitete Phänomenologie der Scham auf explizite religiöse Stimmen angewiesen ist, so wenig zeigten sich die Protagonisten unempfänglich für einen religiösen Flirt. Levinas bekundet seinen Ehrgeiz, die jüdische Lebensdeutung in philosophische Begriffe zu übersetzen.[1] Schmitz legt in einem seiner voluminösen Bände eine veritable Phänomenologie des Göttlichen (Theiologie) oder des Heiligen Geistes vor.[2] Und Tugendhat deutet den Reformator des Judentums, Jesus von Nazaret, im sicheren Zugriff als denjenigen, der falsches Schämen durch richtiges Schämen ersetzt hat, und Tugendhat selbst entdeckt in späten Jahren die Mystik.

Zwar kommt das modelltheoretische Instrumentarium der Scham ohne diese Rückgriffe aus, der diskursleitende Begriff der Scham freilich hat eine lange religiöse Herkunftsgeschichte, die offenbar extrem gut in nichtreligiöse Sprache übersetzt werden kann. Das aber hat sich herumgesprochen: Die biblischen Narrationes bieten einprägsame Bilder gelingenden und misslingenden Lebens und ermöglichen spielerische Identifizierungen, die, wie gesehen, nach Schmitz als Distanzfilter nötig sind, um die exigente Nötigung von Gefühlserfahrungen auf ihre Lebensdienlichkeit hin zu prüfen. Darin besteht der Überschuss biblischer Geschichten, eine motivationale Anschubfinanzierung bereitzustellen und gleichzeitig durch die szenische Kraft orientierend zu wirken, indem Schlüsselgeschichten und Schlüsselsituationen inszeniert werden, die ein Einüben von Gelingensbildern erlauben.

Nicht zufällig wählen auch Levinas und Schmitz im engen Schulterschluss die Methode der Inszenierung: als Begegnung mit dem Antlitz des Anderen und als ethische Schlüsselsituation der Scham. Tugendhat dagegen scheut lange die von MacIntyre eingeforderte Einsicht, eine Idee des guten Lebens sei vor

1 Levinas (1985: 107).
2 Schmitz (1977).

dem Hintergrund des semantischen Pluralismus ohne Rückgriff auf spezifische (religiöse) Traditionen kaum mit Inhalt zu füllen, weil er damit die Universalisierungsprämisse jeder Ehtik gefährdet sieht. Inzwischen geht der avancierte Ethikdiskurs davon aus, dass (auch religiöse) Hintergrundtheorien die ethischen Entscheidungen beeinflussen, die dann freilich nicht exklusiv in einer Parallelkultur gelebt (Hauerwas), sondern auf eine Anschlussfähigkeit hin geprüft werden müssen. Das chice neue Schlagwort lautet: overlapping consensus.[3] In der weltanschaulich pluralen und funktional ausdifferenzierten Gesellschaft ist eine ohne Rekurs auf Hintergrundtheorien kuratierte Ethik vielleicht gar nicht möglich und vielleicht auch gar nicht wünschenswert.[4] Tugendhat sieht das Problem, wenn er anthropologisch für den spätmodernen, in vielen Rollen, Belangen und Tätigkeiten zerstreuten Menschen eine Sehnsucht nach einem Einheitsgesichtspunkt ausmacht, der, soll er nicht anfällig sein vom kontingenten Wegfall des Einheitsgesichtspunktes (Liebe, Familie, Freundschaft, Facebook, Staat), nicht von dieser Welt sein darf, weil »es außerhalb von Religion im engeren Sinn […] oder Mystik […] keine Möglichkeit einer ›gesammelten‹ Existenz gibt.«[5] Wenn aber gilt: »Aufgrund des Bedürfnisses nach Anerkennung erscheint es Menschen wichtig, wichtig zu erscheinen. […] Bestätigung und Ruhm zu suchen, sich zur Schau zu stellen, ist eine Komponente des menschlichen Wollens«[6], dann lautet die zentrale Frage: Wie bearbeitet Religion diese Komponente des menschlichen Wollens?

3 Es war ein Schüler von John Rawls, Norman Daniels (1966), der diesen Begriff in den ethischen Diskurs eingespeist hat. Dazu schreibt Dabrock (2012a: 26) treffend: »Die Einbeziehung von Hintergrundtheorien […], von umfassenden Wirklichkeitsannahmen und Identitätsbildern, ist besonders für eine theologische Ethik von Interesse, die davon ausgeht, dass in konkrete sittlich-politische Entscheidungen ›moralische und andere Gründe‹ (ein Verweis auf Fischer, K.H.) hineinspielen.« Dabrock hat sich sehr nachdrücklich für ein »wide reflective equilibrium«, das Hintergrundtheorien einbezieht, ausgesprochen: »Zu den relevanten Hintergrundtheorien können deskriptive und normative Theorien über Mensch und Gesellschaft, umfassende Wirklichkeitsannahmen, aber auch Annahmen über empirische Sachverhalte zählen« (24).

4 Paul Tillich (1965: 306) hat auf die Gefahr eines Dualismus hingewiesen, »der logischerweise zur ›Schizophrenie der doppelten Wahrheit‹ führen müsste. […] Es darf nur eine wissenschaftliche Ethik geben.« Paul Tillich lässt die Moralität mit der Konstitution des ethischen Subjekts oder besser: der ethischen Person in eins fallen: »Ein moralischer Akt ist daher nicht ein Akt, in dem göttliche oder menschliche Gebote befolgt werden, sondern ein Akt, in dem das Leben […] sich als Person in einer Gemeinschaft von Personen konstituiert. […] Niemand kann einer anderen Person das Recht rauben, eine Person zu sein und als Person behandelt zu werden. Deshalb ist das andere Selbst die unbedingte Grenze für den eigenen Wunsch, die ganze Welt zu assimilieren, und die Erfahrung dieser Grenze ist die Erfahrung des ›Seinsollenden‹, des moralischen Imperativs.« (51, 53) Ich habe oben die Erfahrung der Grenze im Anschluss an Emmanuel Levinas als Schamerfahrung konkretisiert.

5 Tugendhat (2003: 114).

6 Tugendhat (2003: 133).

Mich interessieren auch Rückkoppelungseffekte zwischen Philosophie und Theologie, die zu einem Relaunch theologischer Anthropologie nötigten. Die diskursleitende Einsicht in die freiheitskonstituierende Differenz von Scham und Schuld korrigiert an entscheidender Stelle eine biblische Anthropologie, wie sie in vielfach verzerrter Form als bocksfüßige Sündenanthropologie tradiert wird: Auf dem Diskursplan steht eine moderat optimistische, durchaus nicht naive biblische Anthropologie. Als theologische Begründungsinstanz der Schamethik wähle ich die Weisheit, wie sie zunächst im Alten Testament Gestalt gewann und dann im Weisheitslehrer Jesus von Nazareth auch personal verdichtet wurde. Weisheit inszeniert eine Wahrnehmungsschule, die hoch kreativ das Okular der Weltwahrnehmung auch auf Spuren des Gelingens – oft gegen alle Erwartung – lenkt. Ich möchte eine religiöse Ethik horizontalisieren, die gegen alle Missionare des Übels einen Raum *Diesseits der Schuld- und Sündenfixiertheit* theologischer Dogmatik und Ethik erschießt. Meine optimistisch grundierte Ethik der Scham entdeckt eine Ebene der Lebensführung, die der hemmungslosen religiösen Tauglichkeitsskepsis des Menschen widersteht und die optimistischen Potentiale biblisch-narrativer Denkkultur achtsam schont.

Als Aufheller wirkt die zunächst philosophisch orientierte Schamethik, denn mit den angelesenen Augen der philosophischen Schamethik kann jetzt beispielhaft eine biblische Szene als Schlüsselszene für ein durch göttliche Beschämung ausgelöstes Tugend-Coaching rezipiert werden: die Kain-und-Abel-Szene. Vorher allerdings muss ein altes Vorurteil abgeräumt werden, denn die von mir favorisierte Weisheitstheologie hatte und hat zum Teil bis heute innerhalb der evangelischen Dogmatik und Ethik kein gutes Standing, wird vorschnell unter der Rubrik *Selbsterlösung* verrechnet und prompt das mitlaufende optimistische Menschenbild denunziert. Hier steht eine nachhaltige Gegenlesung an. Ich deute die Weisheit als *gesamtbiblisches Angebot* einer *wohlwollenden Lebensführungsschulung und als Kulpationsverhinderungsmanagement.*

Modell-Lektüren suchen anschließend das Gespräch mit der philosophischen Schamethik, machen Angebote der Stützung und Erweiterung der erarbeiteten Phänomenologie der Scham. Weil die optimistische Anthropologie der Weisheitskultur die Sündenverbiesterung der Theologie therapieren kann, korrigiere ich im dritten Teil die ab dem Mittelalter vollzogene Verjochung von Scham und Sünde und lenke auf die seit der Antike gültige Verknüpfung von Scham und Ehre zurück: Scham markiert die Störung von Anerkennungsverhältnissen und ist grundsätzlich korrigierbar.

Gebetsmühlenhaft feiern die Vertreter narrativer Ethik die Kraft biblischer Narrationen, sie unterlassen es aber, eine *Poetik der Texte*, genauer: eine Poetik der Weisheit und/oder der Heiligen Geistes auf den Weg zu bringen. Diese Trägheit wird gerne demütig verbrämt, indem alles auf das *Geschenk* der Einsichtgewinnung durch den Geist der Weisheit oder den Heiligen Geist abgestellt wird. Vielleicht weht der Geist, wo er will, aber er lässt sich in der Werkstatt der Texte auffinden. Texte sind nicht Agenturen der Selbstvergewisserung schreibender Weisheitslehrer, sondern viel eher *Inszenierungen, um Glaubenserfahrung bei Leserinnen und Hörern zu evozieren*. Ich stimme im vierten Teil einen Hymnus an auf ihre ästhetischen Qualitäten. Biblische Texte, so meine These, *inszenieren religiöse, erhebende Erfahrungen* mit einer religiösen Macht, die die Wahrnehmungspraktiken der Menschen verändern.

Ein letzter Teil stellt deshalb knappe Überlegungen an zu einer *Poetik der Weisheit und des Heiligen Geistes*, die nachvollziehbar macht, *wie*, durch welche Stilmittel, Gattungen, Pragmatiken religiöse Erfahrung inszeniert wird, damit das Wort *Gott* in das Denken und Reden einfällt und die Leserin zum Gotteslob und damit einer *Dankbarkeitsbekundung* animiert wird. *Produktionsästhetische Fragen treten damit an die Seite einer Theorie, die von affektiver Betroffenheit ihren Ausgang nimmt.* Thema ist die Betroffenheit von der Atmosphäre des Geistes der Weisheit oder des Heiligen Geistes, die eine Vertikalspannung erzeugt und damit eine Transzendenzerfahrung ermöglicht. In ihrer ästhetischen Performanz übertragen die Texte ihre Einsicht generierenden Kräfte und bewegen die Leser dazu, die inszenierten Gefühle auszubilden und Gesten zu inkorporieren, oder, wie Hermann Schmitz sagt: einzuleiben. Auf eine gleichermaßen affektive und emotive Wahrnehmungs- und Einstellungsänderung zielen nahezu alle biblischen Texte, hier also ist das Wirken des Geistes zu suchen und sind Fragen nach der *Produktionsästhetik* zu stellen. Weisheitliche Poesie ist die Lehrerin der Menschheit. Ihrer Technik will ich mich explizit zuwenden, ohne den Anspruch zu erheben, Erschöpfendes zu sagen. Ich kann allenfalls einen Claim abstecken.

Wer auf die Tonart biblischer Texte achtet, wer die optimistische Grundierung entdeckt, muss innerhalb der religiösen Gefühlskultur den negativen Gefühlswelten nur konsequent eine positive Gefühlswelt entgegenstellen, die gegenwendig zur Monstrosität misslingenden Lebens responsorisch auf das Gelingen antwortet oder genauer: die Erfahrung von Gelingen inszeniert. Freimütige *Dankbarkeit* oder *Lob*, die die *Ehre Gottes* aufgeklärt bezeugt, ist die formvollendete Schwester im Schamdiskurs. Eine optimistisch getönte Schamethik führt als *Pendant die Dankbarkeit* mit sich. Für diesen Sachverhalt hat die theologische Tradition den Ausdruck Doxologie parat.[7] Eine weisheitliche Schamethik ist

7 Ansätze, Doxologie und Ethik konstruktiv aufeinander zu beziehen, legten vor: Ego (2004: 20-26): »Das Lehren des Gotteslobes kann im Kontext der Erzählung dann gleichsam als Vollendung dieser ›Lehr-

immer auch eine doxologische Ethik[8], Dankbarkeit für das (mögliche) Gelingen. Exemplarisch lässt sich am Dank wie später auch am Mitleid studieren: Dank kann sowohl ein säkulares als auch ein religiöses Gefühl sein.

1. Die biblische Weisheitsanthropologie

Weil auch die Geisteswissenschaften von Konjunkturen nicht frei sind, kommt es turnusmäßig zu Debatten, die häufig mit der üblichen Rhetorik bedient werden: Der Streit um die Bedeutung des Alten Testaments, oder – wie es wissenschaftspolitisch korrekt heißt – des Ersten Testaments für die evangelische Theologie flammt nach Dekaden der Beruhigung dann plötzlich jäh auf, erst jüngst wieder, als der an der Berliner Humboldt-Universität lehrende Notger Slenczka[9] die Debatte erneut anfachte. Reflexhaft wurde eine Mobilmachung beschlossen, kollegiale Schelte schlug über den Kollegen zusammen, er wurde an den digitalen Pranger gestellt, kopfschüttelnd der Bruch des evangelisch-akademischen Zivilisationsabkommens konstatiert. Tonart und argumentative Dichte der Rechtgläubigen hielt mit der Gediegenheit von Slenczkas Essay nicht mit. Die lärmende Absetzbewegung beschädigte dabei auch eine honorige Ahnenreihe, die von Semler, Schleiermacher, Harnack, Hirsch bis hin zu Falk Wagner reicht.

Richtig an der Diagnose von Slenczka ist die Unbeholfenheit der Theologie, das Erste Testament auf Augenhöhe zu rezipieren, Pflichtzitate verkommen zu Lametta-Flitter in den akademischen Texten. Offenbar ist das akademische Werkzeug heute ungeeignet, tragfähige Verbindungen herzustellen: einseitig spekulative, christozentrische, pneumatologische oder rechtfertigungstheologische Denkmodelle haben häufig nur Bedarf an den alttestamentlichen Schöpfungserzählungen plus Sündenfall, der Rest wird eilig oder mit Sehschwäche überblättert.[10] Nach der erstaunlich schnellen Auskühlung der Debatte und

tätigkeit‹ und *Vollendung der Weisheit* beschrieben werden.« (21, Hervorhebung von mir, K.H.) Vgl. Dennebaum (2010: 84-104); Brock (2009: 222-243); Hofheinz (2008); Schoberth (2009); Wannenwetsch (2004: 330-347).

8 Huizing (2014b).

9 Slenczka (2013: 83-119). Ich will die Debatte hier nicht inventarisieren, auch deshalb nicht, weil die Argumente von Reflexen gesteuert wurden. Entscheidende Hinweise kamen deshalb allenfalls von außerhalb. So hat in der FAZ Jan Assmann (2015) nachdrücklich seine Hochschätzung des Ersten Testaments für das kulturelle Gedächtnis im Verhältnis zum Neuen Testament markiert: »Das hängt mit der viel höheren Farbigkeit und Einprägsamkeit der alttestamentlichen Erzählungen, dem größeren Reichtum an Gebeten und Lobpreisungen, dem unerschöpflichen Vorrat an ›Weisheit‹ und Lebensregeln und der Vielfalt der lyrischen, narrativen, normativen und historiographischen Gattungen zusammen.«

10 Vgl. Michael Murrmann-Kahl (2000, 101-112). Murrmann-Kahl zeigt in seinem knappen Aufsatz, »daß im Anschluss an fast alle denkbar-möglichen dogmatischen Topoi ethische Entwürfe vorgetragen

den flugs verschorften Stigmata des Berliner Kollegen besteht jetzt der Kairos, ein anderes Theologie- und Anthropologiemodell in die Debatte einzubringen, um den Hiatus zwischen Erstem und Zweiten Testament zu minimieren. Die Kandidatin für dieses neue Theologie- und Ethikkonzept ist die Weisheit. Für diesen Vorschlag führt die Überzeugung Regie, Weisheit könne genau das leisten, was an anderer Stelle offenbar als nicht denkbar oder als gar nicht nötig befunden wird. Einer schleichenden Abkoppelung des Ersten vom Zweiten Testament entgegenzuarbeiten gelingt freilich nur, wenn man gegenüber gehätschelten Vorlieben auf Seiten der Systematischen Theologie und Ethik Diät hält – der Sündenfixiertheit, der christozentrischen Soteriologie und der Rechtfertigungslehre. Steht die biblische Weisheit aber nicht in einem schlechten Ruf?

Die alttestamentliche Wissenschaft pflegte lange eine latente Aversion gegen die alttestamentliche Weisheit, galt die Weisheit doch als nicht genuin israelitisch und erweckte, wie Ernst Würthwein noch Ende der 1950er-Jahre kritisierte, »den Eindruck [...], als könne der Mensch den Segen von sich aus und außerhalb des Bundes erreichen. [...] Das war vielleicht ägyptisch, jedenfalls nicht genuin israelitisch.«[11] Würthwein konstruierte einen Gegensatz zwischen Weisheit und JHWH-Glaube, zwischen einem Gott der Geschichte und einem weisheitlichen Denken (Maat)[12], das, so seine Vermutung, von höfischen Kreisen nach Israel importiert wurde. »Es ist ganz deutlich, daß der Bundesgott, dessen Bereich vor allem die Geschichte ist [...] sich in seiner ganzen Grundkonzeption nach unterscheidet von dem Gott der Weisheit, der als Vergelter im Leben des Einzelnen wirkt.«[13] Würthwein macht, jenseits der Entrüstungslogik, auf ein Problem aufmerksam: Das weisheitliche Denken ist von der Anlage her zu optimistisch und lässt für eine strikt eschatologisch ausgerichtete Versöhnungslehre offenbar keinen Platz. Und auch der optimistische »Menschentyp, der für Israel neu war und dessen Selbstsicherheit dem genuin-isra-

werden« (101). Karl Barth und in seinem Fahrwasser Dietrich Bonhoeffer plädieren für die Christokratie; Werner Elert und Paul Althaus wählen die Gotteslehre für eine letztlich sehr konservative »Ethik der Ordnungen« (101); Jürgen Moltmann behauptet, die christliche Trinitätslehre nötige dazu, einen personalen Sozialismus zu entwickeln; Wolfhart Pannenberg nutzt die Eschatologie für seine Variante einer konservativen Ordnungstheologie, die die funktionale Ausdifferenzierung der modernen Gesellschaft ausblendet; Trutz Rendtorff kombiniert dogmatische Topoi mit einer leichten Hochschätzung der Schöpfungstheologie. Murrmann-Kahl wettet dagegen auf die Pneumatologie. Ganz ähnlich argumentiert in einem Essay Friedemann Voigt (2008: 89-103).

11 Würthwein (1970: 207).

12 Würthwein (1970: 204) stellt vier Charakterzüge weisheitlichen Denkens heraus: »1. Das Leben verläuft nach einer bestimmten Ordnung. 2. Diese Ordnung ist lernbar. 3. Dadurch ist dem Menschen ein Instrument in die Hand gegeben, seinen Lebensweg zu bestimmen und zu sichern, denn 4. Gott selber muß sich nach dieser Ordnung, diesem Gesetz, richten.«

13 Würthwein (1970: 203).

elitischen Glauben anstößig sein mußte«[14], benennt für Würthwein ein Skandalon.

Würthweins Hoffnung, genuin Israelitisches methodisch erheben zu können, ist inzwischen endgültig verflogen; die gegenwärtige alttestamentliche Forschung von Rang erkennt an, dass auch die geschichtlich denkenden Texte an gemeinorientalischen Vorstellungen partizipieren. Das für seine Leserinnen und Leser überraschende Spätwerk Gerhard von Rads[15], bekanntlich unter Mitarbeit von Hermann Timm[16] entstanden, hat die Exegese beflügelt. Auch in systematischer Hinsicht wurde hier inzwischen nachgebessert. Christoph Schwöbel erklärt hellsichtig, »dass es sich bei der Zuordnung von Geschichte und Weisheit um ein Strukturproblem des alttestamentlichen Gottesglaubens handelt, das sich in der neutestamentlichen Überlieferung fortsetzt«, sie ist somit »zentrale Fragestellung«[17], mitnichten importiertes Fremdgut. Scharfsichtig kann Schwöbel zeigen, wie die – etwa von Würthwein – unterstellte Trennung von Geschichtsoffenbarung und Erfahrungserkenntnis eine neuzeitliche Eintragung in die alttestamentlichen Texte ist und sich nicht aus den Texten erheben lässt. »Indem die weisheitliche Literatur die Frage nach den Bedingungen der Möglichkeit des rechten Handelns immer mitthematisiert, richtet sie sich nicht nur auf einen eingegrenzten, gleichsam rein säkularen Raum […], sondern fragt nach dem Grund der Regelhaftigkeit des Geschehens der Welt. Weil diese Frage – jedenfalls in der kanonischen Gestalt der Weisheitssammlungen – immer mitgestellt wird, ist die ›Erfahrungsweisheit‹ immer zugleich – zumindest implizit – ›theologische Weisheit‹. […] Im Blick auf diese theologische Ausrichtung, die auch den im höchsten Maße weltzugewandten Formen der Weisheit eignet, ist es voreilig, von einem Gegensatz zwischen der Offenbarung, die sich vorrangig in der Geschichte eignet, und der Erfahrung, die sich auf die Strukturen der Welt bezieht, zu sprechen.«[18]

Auch Gerd Theißen will für das Urchristentum *keinen Hiatus von Erfahrungsweisheit und Offenbarungsweisheit* aufmachen: »Im Prinzip wäre eine Sammlung von Weisheiten des Urchristentums denkbar, in der solche allgemeinen Erfahrungsweisheiten (wie die Goldene Regel, K.H.) gesammelt würden – also das, was keine Grenzen zwischen Gläubigen und Ungläubigen, Juden, Christen und Moslems, zwischen Ost und West zieht.« Allerdings ergänzt er: »Aber damit würde man das Charakteristische der urchristlichen

14 Würthwein (1970: 204).

15 von Rad (1970; 2013); vgl. Timm (1995: 62-71); vgl. auch Janowski (1996).

16 Timm (1977; 1995).

17 Schwöbel (2005: 146).

18 Schwöbel (2005: 148).

Weisheit verfehlen: die Verbindung einer allgemeinen Erfahrungsweisheit mit einer an Jesus gebundenen Offenbarungsweisheit. Man müsste die Texte willkürlich durch Auslassungen kürzen, wollte man die Beziehung auf Jesus als Sprecher oder Gegenstand der Weisheitsüberlieferung des Urchristentums leugnen.«[19] Offenbarungsweisheit und Erfahrungsweisheit dürfen also nicht vorschnell gegeneinander ausgespielt werden. Theißen mahnt damit freilich auch an, die Weisheit mit der Soteriologie[20] zu verbinden: »Weisheit wird jenseits der Krise der Weisheit als Offenbarungsweisheit neu begründet. Diese Offenbarungsweisheit orientiert sich nicht nur an den Strukturen dieser Welt, sondern erwartet eine neue Welt mit anderen Strukturen, in der sich einmal alle Rätsel lösen werden.«[21]

Weil aber Jesus nicht nur ein Lehrer der Weisheit war, sondern nach neutestamentlichem Verständnis die Inkarnation der Weisheit (Kol 2,3), wird die Offenbarungsweisheit »im Urchristentum zu einer in Menschengestalt ›inkarnierten Weisheit‹, die auf Erden hier und jetzt zugänglich ist. [...] Die Offenbarungsweisheit kann sich wegen ihrer irdischen Erscheinung in Jesus eng mit menschlicher Erfahrungsweisheit verbinden: Denn Jesus lehrte Weisheit in Bildern und Gleichnissen dieser Welt, die für eine andere Welt transparent sind. [...] Nach urchristlicher Überzeugung wurde die neue Welt in einem Menschen schon in dieser Welt verwirklicht. Sofern das Neue in dieser Welt erscheint, hat urchristliche Weisheit die Gestalt der Erfahrungsweisheit, sofern eine neue Welt in ihr erscheint, ist sie Offenbarungsweisheit.«[22]

Viele der genannten Autoren konzentrieren sich erstaunlich einseitig auf die Weisheitsgattung[23] im Alten Testament, erwähnen allenfalls noch die Krise der Weisheit bei Hiob und Kohelet[24], die dann, so der klassische Reflex, durch Jesus geheilt wurde. Dieser Zugriff ist kurzsichtig und kurzatmig, denn ergänzt werden müssen die Weisheitssammlungen durch die komplexen weisheitlichen

19 Theißen (2008: 232).

20 Eine ganz klassische Soteriologie hat ein Text der EKD (2015) eingefordert.

21 Theißen (2008: 233).

22 Theißen (2008: 235, 239). Theißen erinnert noch einmal daran (235f.), dass ab dem Mittelalter die geistlichen Tugenden Liebe, Glaube, Hoffnung die weltlichen Kardinaltugenden *Weisheit, Besonnenheit, Tapferkeit* und *Gerechtigkeit* ergänzen. »Geistliche und weltliche Tugenden sind dabei eine Ausdifferenzierung des antiken Kanons der beiden Tugenden: ›Frömmigkeit gegenüber Gott und Gerechtigkeit unter den Menschen‹. Die Frömmigkeit wird als Glaube, Liebe, Hoffnung entfaltet, die Gerechtigkeit als Weisheit, Besonnenheit und Tapferkeit. Die biblische Variante dieses Kanons von zwei Tugenden ist das Doppelgebot der Liebe zu Gott und zum Nächsten, das wahrscheinlich unter dem Einfluss der allgemeinen antiken Tradition von einem Kanon zweier Tugenden formuliert worden ist.«

23 Daran orientiert sich auch noch das eindrückliche Buch von Müllner (2006).

24 Vgl. dagegen Leuenberger (2011: 252-278).

Erzählungen wie die Kain und Abel-Geschichte, die Josefnovelle und die Bücher Ruth, Jona, Esther und Hiob.[25] Nach erneut problematischen Versuchen durch Horst Dietrich Preuß, die durch von Rad sehr zentral positionierte Weisheitsliteratur wieder an den Rand des Kanons zu drängen, steht inzwischen die Weisheit erneut im Zentrum des Interesses.[26] Beide, sowohl die klassische Weisheit der Weisheitsgattung als auch die kritische, erzählende Weisheit[27], sind immer literarisch vermittelt – einmal als poetische Weisheitssprüche, dann als literalisierte Biographien. Weil die erzählenden Texte der Weisheit die Geschichtserfahrung literarisch inszenieren, verbietet es sich, im harten Sinn von Geschichtserfahrung oder Geschichtsoffenbarung zu sprechen, anders gewendet: Das Offenbarungselement wird im Gegensatz zum traditionellen Geschichtserfahrungsansatz in der literarischen Fiktion, also im literarischen Text verankert – *aus einem Geschichtserfahrungsansatz wird ein Geschichtenerfahrungsansatz.*

Diese Neujustierung bietet mehrere Vorteile: Die erzählenden Texte werden entkoppelt von der hochproblematischen Rückfrage nach der Historizität alttestamentlichen Personals.[28] Zweitens lässt sich relativ problemlos auch in alttestamentlichen Texten vom Geist der Weisheit reden, der eine andere Wahrnehmung der Welt erlaubt. Damit wird auch die Möglichkeit erschlossen, die literarische Kunst der Weisheit mit der literarischen Kunst des Geschichtenerzählers Jesus von Nazaret und der Schriftsteller des Neuen Testaments zu verbinden. Möglich wird damit die Forschungsrichtung einer *Poetik der Weisheit oder des Heiligen Geistes*[29], die produktionsästhetisch plausibel macht, wie und durch welche stilistischen Mittel ein Erleben dieser anderen Weltwahrnehmung möglich ist oder, anders gewendet, wie der weisheitliche Glaube durch das *Handeln der Texte* hervorgerufen wird. Die hermeneutische Aufgabe besteht nicht primär darin, die Glaubenszeugnisse zu verstehen, sondern die literarischen Kommunikationsmittel, die eine andere Weltsicht erlebbar machen, werden Thema.

Ein weiterer Punkt kommt hinzu. Die Weisheit verdichtet sich nicht nur in der Spruchweisheit und der erzählenden oder kritischen Weisheit, sondern die Stärke der Weisheit ist ihre sehr grundsätzliche, bis zur Schlussredaktion

25 Siehe dazu Köhlmoos (2003).

26 Preuß (1987: 154-171). Dazu kritisch: Schwienhorst-Schönberger (2013: 118-142). Einen ausgezeichneten Überblick bietet Witte (2012b: 1159-1176); vgl. Ders. (2012a).

27 In diesem Essay kann ich nur einige Hinweise geben: Krüger (2003: 53-66); Döhling (2011: 30-47); Luchsinger (2010); Wagner (2007: 1-24); Krüger (1997); Sæbø (2012: 9-17).

28 Lemche (1996).

29 Nach der bisher zweibändigen Phänomenologie des Heiligen Geistes von Hermann Timm (1985; 1992) bietet es sich im Anschluss daran an, das Programm einer Poetik des Heiligen Geistes, das interdisziplinär ausgeführt werden muss, aufzulegen. Vgl. die Prolegomena Timm (1983).

des Hebräischen Kanons reichende *Literalisierung von Erfahrung und ihre konsequente Inszenierung von Erleben*. Ob die These, die Vertreter der Weisheit hätten an der Schlussredaktion des hebräischen Kanons federführend mitgewirkt[30], sich als tragfähig erweist, ob sich also nicht die Weisheitstheologie als ideale Kandidatin für einen *canonical approach* anbietet, muss sich zeigen. Ich bin, auch wenn man Voten von Alttestamentlern zu Rate zieht, sehr optimistisch.[31] Zentrale Partien der *literalisierten* Prophetie (etwa die Zeichenhandlungen) lese ich als Geschichtenerfahrungsansatz und Teil eines *Paideia-Programms*, das die Leserinnen und Leser sensibilisiert für eine andere Wahrnehmung und sie damit zur Ausbildung eines ethisch-religiösen Orientierungswissens anhält. In dieser Tradition steht auch Jesus von Nazaret, sofern man seinen eigenen Ansatz zwischen apokalyptischer und traditioneller Weisheit genauer verortet.[32]

Weisheit ist eine dezidiert literarisch vermittelte Weltsicht. Eine weisheitliche Denkkultur rechnet immer mit einer kontingent erfahrbaren und dezidiert *wohlwollenden Begleitung* des einzelnen Lebens und der Geschichte der Menschheit durch Gott. Die dogmatische Tradition hält dafür den Topos von der Vorsehung oder besser: den *concursus divinus* bereit.[33] Dieser, auf den

30 Sheppard (1980); Huizing (2014b: 101-129). Um nicht missverstanden zu werden: Damit ist die Redaktionsgeschichte nicht vom Tisch, im Gegenteil, extrem spannend wäre es zu erfahren, mit welcher Intention und warum an bestimmten Stellen eine weisheitliche Relektüre getätigt wurde. Vgl. auch: Huizing (2015b).

31 Spieckermann (2004: 115): »Diese (die weisheitliche Theologie, K.H.) hat die Endgestalt sowohl der jüdischen Bibel als auch des Alten Testaments so entscheidend geprägt, dass der Eindruck entstehen konnte, sie beherrsche das theologische Feld allein.« Siehe dazu auch Janowski (1996). Childs (1985; 1997; 2003) rechnet sich selbst zu den Schülern von Rads. Ich plädiere für einen *weisheitlichen canonical approach*. Vgl. auch Utzschneider (1999). Utzschneider verzichtet vollständig auf die redaktionsgeschichtliche Fragestellung, dieser Verzicht freilich ist nicht zwingend.

32 Dazu jetzt sehr erhellend Grandy (2012).

33 Vgl. Scheliha (1999); Bernhardt (1999) erinnert treffend an Möglichkeiten, den handelnden Gott durch spieltheoretische Erörterungen als *Deus ludens* vorzustellen (375). Aber auch für das in seiner Sprache »sapiential-ordinative« Modell (380ff.) lassen sich ästhetische Muster ausweisen. Bernhardt will noch ein drittes Modell installieren, das Repräsentationsmodell (399ff.), und verweist u.a. auf Pannenbergs Rede vom pneumatischen Kraftfeld. Ich würde diese Rede durch den von Hermann Schmitz geliehenen Begriff der Atmosphäre einholen. Für die Dreiteilung sehe ich mit Blick auf die biblischen Geschichten keine zwingende Notwendigkeit. Vgl. auch Römelt (2006b: 145-160). Dietrich Korsch hat in seinem Anliegen, »Dogmatik als integrative Disziplin«, so der Untertitel seines Buches: *Antworten auf Grundfragen christlichen Glaubens* (2016), zu präsentieren, auch die Frage gestellt: »Regiert Gott die Welt?« (88-101). In seiner Antwort, die auf eine biblisch-narrative Begründung ganz verzichtet, setzt Korsch der scheinbaren Allmacht der Gewalt Zuversicht gegenüber, die sich aus der Existenz des Rechts speist: »Im Recht nämlich hat sich ein Niveau gegenseitiger Ansprüche gesellschaftlich materialisiert, das es Subjekten erlaubt, im Bewußtsein von Freiheit und Verantwortung zugleich zu handeln. Denn das Recht stellt einen Schematismus bereit, an dem sich alle orientieren sollen, ohne die Befolgung des Rechts sogleich erzwingen zu können. Das Recht ist der Rahmen der Freiheit, könnte man prägnant formulieren. Die christliche Interpretation dieses Zusammenhangs sieht nun so aus, daß das Zutrauen

ersten Blick, sperrige Begriff lässt sich im Rekurs auf alttestamentliche Texte leichthändig konkretisieren. *Das literarische Organisationsideal der Texte erzählender Weisheit ist, so meine These, der concursus divinus.* Ich will einige Beispiele geben. Erstens skizziere ich die Geschichte von Kain und Abel, die häufig zu Unrecht nicht zur Weisheit gerechnet wird, denn diese Novelle enthält eindeutig weisheitliche Elemente und präsentiert einen literalisierten Gott, der sein Personal durch eine Weisheitsregel tugendethisch coacht. Danach orientiere ich mich an der fiktiven Biographie des alttestamentlichen Weisheitshelden Josef. Er ist ein Beispiel für die glückliche, versöhnte Rundung eines verzweigten Lebens, das sehr diskret durch Gott gelenkt wird und die Freiheit der Protagonisten schont. Ich lese schließlich die literarisch großartigen Gleichnisse Jesu und seine als Wunder getarnten Entschämungspraktiken als diskret/indiskret gemachten *concursus divinus*, als geschenkte Möglichkeiten, die dazu dienen, die eigene Lebensführung im Blick auf den und die Anderen neu auszurichten.

2. Weisheitliche Modell-Lektüren

Biblische Narrationen sind häufig nichts für Schnellleser, weil sie mit äußerster Verknappung arbeiten, als hätten die biblischen Schriftsteller bei Salinger oder Carver einen *Creativ-writing-Kurs* belegt. Verstörend ist die Lektüre für alle, die den pädagogischen Drive der Geschichten nicht verstehen. Inszeniert wird eine hochkomplexe Situation, die gleichermaßen auf die Potentiale und Gefährdung der Freiheit aufmerksam macht. Die Kain-und-Abel-Geschichte ist all in one: *Angebot für die Konstituierung der Person, Neidprophylaxe und Tugend-Coaching*, inszeniert durch eine dezidiert wohlwollende Beschämung.

Der biblische Erzähler (Gen 4,1-24) fingiert Kain als Veteran der Opferpraxis. Abel zieht nach, verhält sich *mimetisch zur Vorgabe seines Bruders.*

in die Möglichkeit geschichtlichen Handelns [...] sich aus dem Vertrauen auf Gott speist. Wir handeln in der Geschichte, weil wir, trotz des Wissens um die Begrenztheit und Fehlbarkeit menschlichen Wollens und Vollbringens, mit einem grundsätzlichen Gelingen rechnen. Wir vertrauen darin implizit darauf, daß Gott die Welt regiert.« (99) Dieses Vertrauen bezieht sich nicht nur auf die Beobachtung eigenen Handelns, sondern auch auf die »Beobachtung des Handelns anderer« (99). Zwar, so Korsch, könne sich die »Allmacht der Gewalt« immer wieder »im Einzelnen manifestieren, sie kann sich aber nicht im Prinzip etablieren. [...] Anders als auf bloßer Gewalt basierende Gesellschaften haben Rechtsstaaten die Aussicht auf Bestand, weil sie versprechen können, die Freiheitsoptionen der Gesellschaftsmitglieder und die gesellschaftliche Allgemeinheit zu verknüpfen.« (100) Die »UN-Charta der Menschenrechte von 1948« (100) gilt Korsch als Ausweis für seinen Optimismus. Zuversicht ist also »nicht nur eine Auswirkung des Glaubens, sie kann sich auf die geschichtliche Erfahrung gründen, daß die Geltung des Rechts, insbesondere der Menschenrechte, so stark artikuliert wird, daß diese nicht wieder vergessen werden können.« (100f.)

Thema der Erzählung ist die misslungene Eröffnung einer stabilen personalen Beziehung zwischen Mensch und Gott. Kain will, auf den ersten Blick durchaus sympathisch und nachvollziehbar, stellvertretend für den Vater die Krise der Autonomisierung zwischen Gott und Mensch (Adam) heilen, indem er Gott vom Erlös seiner Arbeit abgibt. Im Gegenzug erwartet er eine Anerkennung. *Do ut des*. Abel zieht nach – ein klassisches Zweitkindverhalten. Gott verweigert Kain die Anerkennung, Abel verweigert er die Anerkennung nicht. Das Verhalten der literarischen Gottesfigur ist scheinbar widersinnig; schaut man aber genauer hin, dann ist das Verhalten dieser literarischen Gottesfigur von schwindelerregender Konsequenz, auch wenn der Alltagsleser hier eine himmelschreiende Ungerechtigkeit wittert. Gott verweigert das Do-ut-des-Angebot Kains, er lässt sich (zumindest an dieser Stelle des Familienromans) nicht in ein Rechtsverhältnis zwingen.

Eine Neueröffnung der personalen Beziehung zwischen Mensch und Gott kann, so die Pointe des Textes, nur als *echtes, nicht auf eine Tauschlogik zu reduzierendes Geschenk*, als Geste einer Gabe[34] in Freiheit geschehen. Gott beschämt durch die zunächst willkürlich anmutende Ablehnung des Opfers Kain, um diese Erfahrung einzuschärfen.[35] Der literarische Gott demonstriert seine Freiheit[36] allerdings nicht ohne Ironie und Satire, indem er das Opfer von Abel akzeptiert. Gottes Verhalten ist also Ausdruck seiner Freiheit, die sich sogar die Freiheit nimmt, das eigene Verhalten nicht ausführlich zu begründen. Man kann, um die scheinbar despotischen und doch humoresk-satirischen Züge an diesem Freiheits- und Ehrbegriff abzuschwächen, versuchen, sich in die innere Befindlichkeit der Protagonisten einzufühlen. Offenbar neigt Kain, so zeigt der Fortgang der Geschichte, dazu, erfahrenes Misslingen mit aufflackernder Wut und Neid zu quittieren. Abel dagegen ist charakterlich anders disponiert, der Text zeichnet ihn als langweiligen Nachmacher, der die Do-ut-des-Systematik gar nicht intendiert, vielleicht auch gar nicht durchschaut hat. Ein Nachmacher, der Erfolg hat.

Man darf den Gedanken durchaus noch verschärfen, indem man den biblischen Text so liest, als sei Gott bereits in dieser anfänglichen Geschichte als *Kultkritiker* und *Kritiker von diktierten Rechtsverhältnissen* aktiv geworden. Zuwendung, so die inszenierte Erfahrung, ist nicht verhandel- und kaufbar. Gott ist in dieser Lesart der erste Kultkritiker. Und die do-ut-des-Logik stellt er sehr hintersinnig in Frage.

34 Zum Topos der Gabe siehe Dabrock (2015d: 48-55), der einen Bogen spannt von Derrida, Waldenfels über Ricoeur bis hin zu Hénaff.

35 Bekanntlich hat auch Schleiermacher in seiner Pädagogik (2008: 131-133) für die Methode der Beschämung während einer frühkindlichen Phase plädiert.

36 »Wem ich gnädig bin, dem bin ich gnädig« (Ex 33,19).

4,6 Da sprach der Herr zu Kain: Warum ergrimmst du? Und warum senkst du deinen Blick?

4,7 Ist´s nicht also? Wenn du fromm (fromm hier auch körpersprachlich verstanden im Sinne von ein rechter, aufrechter Mann, K.H.) *bist, so kannst du frei den Blick erheben. Bist du aber nicht fromm, so lauert die Sünde* (hier im hebräischen Text als Zielverfehlung durch die Nichtbändigung eines Affektes gemeint) *vor der Tür, und nach dir hat sie Verlangen; du aber herrsche über sie.*[37]

Diese Zeilen beschreiben sehr genau den Blickdiskurs, den der Schriftsteller eröffnet. Kains Gesicht entflammt und sein Blick senkt sich schamvoll.[38] Und gleichzeitig steigt Wut auf, die das Gefühl in eine andere Richtung drängen will. Kain schämt sich für das, was hier im Angesicht seines Bruders und seiner Eltern, die die Erzählung nicht ausdrücklich erwähnt, geschieht. Kain möchte in dieser unangenehmen Situation nicht gesehen werden. Erst recht nicht von seinen Eltern und ganz entschieden nicht von seinem ihn imitierenden Bruder. Und er sucht in der Scham-Wut über diese als ungerecht empfundene Beschämung bereits Auswege aus seinem Dilemma. Deshalb ist diese Wut keine blinde Wut[39] oder noch weniger ein blinder Zorn, denn es ist überaus konsequent, den Zeugen der Beschämung, der in himmelschreiender Un-

37 Exegetisch lässt sich trefflich darüber streiten, ob wir es hier mit einem weisheitlich grundierten Text zu tun haben. Gen 3 und Gen 4 sind streng parallel konzipiert, nur 4,7 passt nicht in das Muster und scheint Indiz für eine weisheitliche Überarbeitung zu sein. Siehe dazu Heyden (2003: 85-109). Ich will einige Exegeten nennen, die die Kain-und-Abel-Geschichte weisheitlich lesen. Friedemann W. Golka (1980: 58-73) sieht in Gen 4,1-16 »erstaunliche Ähnlichkeiten« zur »älteren Weisheit« (71); vgl. auch John Byron (2011). Andreas Schüle (2006: 180) deutet »(d)ie Kainerzählung als weisheitliche Reflexion auf das Werden des Gewaltmenschen.« Schüle verweist auf von Rad, der den »Jahwisten als salomonische(n) Aufklärer« propagiert (25).

38 Treffend schreibt Christina-Maria Bammel (2011: 13): »Es wird immer wieder bezweifelt, dass die im hebräischen Text angedeutete Rotfärbung des Gesichtes auf Schamesröte hinweist, da Vergleichstexte dafür fehlen. Das mag sein. Es leuchtet allerdings auch ganz und gar ein, dass die Erfahrung, abgewiesen zu werden, Scham hervorruft – mit oder ohne Erröten.« Ich stimme Bammel ganz und gar zu, wenn sie schreibt: »Gott ist der eigentliche Konfliktpartner. Das spricht für eine bestimmte Dominanz der Scham und weniger für die des Neides gegenüber dem Geschwisterkind.«

39 Steinkühler (2013: 278) übersieht eine Pointe des Textes, wenn sie sich zunächst mit guten Argumenten gegen Lesarten wendet, die Kain zum Bösewicht stempeln: »Sein Herz sei schon vor der Tat und vor dem Opfer schwarz gewesen – und Gott habe das gesehen und ihm deshalb keine Gnade erwiesen.« (278) Das wird im Text in der Tat nirgends gesagt, sondern Gott stellt Kain zur Rede, zeigt ihm seinen falschen Umgang mit Emotionen, man darf durchaus von charakterlicher Disposition sprechen, und fordert ihn zu einem anderen Umgang mit Emotionen auf. Die aufsteigende Wut in der Beschämung wird jetzt final falsch gedeutet. Zwingend ist das nicht, sondern der Freiheit geschuldet. Deshalb muss auch die religionspädagogische Reflektion nicht *primär* darauf abheben, es komme darauf an, gönnen zu lernen (278), sondern gelernt werden soll der rechte Umgang mit Emotionen, hier: mit der aufsteigenden Wut und dem Neid in der erlebten Bloßstellung oder Beschämung.

gerechtigkeit nicht beschämt wird, auszulöschen. Stilistisch geschickt verschränkt der biblische Urschriftsteller die Bewegungssuggestionen von Scham, Wut und Neid.

Kain gerät in einen Konflikt, aus dem er keinen Ausweg kennt. Gott verweigert das Do-ut-des-Angebot als alleinige Handlungsmaxime. In dem kurzen Gespräch Gottes mit Kain wird unmissverständlich gesagt: Aufblicken, sich entschämen, kann man nur, wenn die Beziehung zu anderen (auch zu Gott) künftig nicht narzisstisch und neidisch, sondern personal organisiert ist. Gott erteilt keine Absage an Selbstständigkeit, aber er verweigert sich einseitigen Beziehungsdiktaten.[40] Und: Gott ist nicht durch hintersinnige Geschenke erpressbar.[41] Diese Passivitätserfahrung ist für Kain offenbar unerträglich, er ergreift deshalb die Möglichkeit, Herr des Geschehens zu werden, indem er in die virile Täterrolle wechselt. *Wenn die Scham in Schuld umgewandelt wird, entkommt der Beschämte zwar der Passivität der Scham-Situation, aber nur zum Preis der Schuld: Er wird Täter.* Klug ist derjenige, der diese verlockende Selbstermächtigung nicht übernimmt, sondern künftig, so die tugendethische Pointe,

40 Etwas anders gewichtet Thomas Krüger (2015: 91, 92) die Geschichte: »Eher könnte man überlegen, ob die Erzählung ihrer Leserschaft nahelegen möchte, Opfern und ihrer Akzeptanz oder Nichtakzeptanz durch Gott keinen hohen Stellenwert für die Beurteilung eines Menschen und seiner Gottesbeziehung beizumessen. Dass Jahwe durchaus an Kain interessiert ist, zeigt sich ja darin, dass er ihn anspricht, um ihn vor unüberlegtem Handeln zu bewahren (Genesis 4,7) [...]. Als Mensch weiß Kain selbst, was gut und was schlecht ist. In diesem Urteil soll er sich weder durch Misserfolge noch durch mangelnde göttliche Anerkennung beirren lassen. Andernfalls droht er seine moralische Autonomie zu verlieren und in seinem Handeln von der Sünde bestimmt zu werden.« Ich deute die mangelnde Anerkennung durch Gott als Beschämung, verschärfe allerdings etwas die Dramatik, weil ich den Text so deute, dass die Anerkennung nicht nur auf das Tugendcoaching abzielt, sondern auch inhaltliche Gründe hat. Krüger kann in seinem sehr instruktiven Artikel zeigen, wie die »destruktive Beschämung« (93) Kains dazu dient, den alten Tun-Ergehenzusammenhang zu hinterfragen. Krüger stellt aber auch fest: »In der Hebräischen Bibel ist nicht immer so reflektiert und differenziert von Scham und Schuld die Rede wie in Genesis 2-4.« (94) Häufig wird Scham wegen Schuld inszeniert, etwa in Ez 16: »Aus der – destruktiven – Beschämung als Strafe wird damit eine – retrospektive – Scham aus Einsicht in die eigene Fehler- und Schuldhaftigkeit, die als Reue – prospektiv – zum Streben nach moralischer Besserung führen soll.« (97) Krüger wirft freilich auch ein: »Man kann allerdings fragen, ob das Modell einer moralischen Besserung durch Beschämung nicht zu optimistisch ist.« (98) Und: »Wenn man der Ansicht ist, dass die Beschämung von Schülerinnen und Schülern kein legitimes und taugliches Mittel der Pädagogik ist, wird man der Vorstellung, dass Gott Menschen – durch Strafen oder durch Wohltaten – beschämt, um sie auf den rechten Weg zu bringen, eher kritisch gegenüberstehen.« (100) Problematisch ist sie immer dann, wenn Beschämung destruktiv überwältigt, nicht wenn sie wohlwollend interveniert, mit Wohltaten arbeitet, oder, wie bei den Propheten, auf die Kunst setzt. Auch Krüger fordert einen reflexiven Umgang mit dem Gefühl der Scham ein: »Bemerkenswert ist immerhin, dass zumindest einige Texte der Hebräischen Bibel die Ambivalenz der Scham erkennen und dazu aufrufen, Schamgefühle durch vernünftige Überlegung kritisch zu reflektieren.« (107) Genau!

41 Alle Pointen dieser Geschichte verdirbt Claus Westermann (1999: 409), wenn er den (nachträglichen) Einschub als versuchte Entschuldigung Gottes zu deuten sucht.

besonnen und kooperativ, nicht neidisch agiert.[42] Damit ist auch gesagt: Wohlwollende Beschämung kann zu einer Charakterformung und Verhaltensänderung führen. Menschen sind, so der optimistische Subtext, *nicht zur Schuld (und Sünde) verdammt.*

Drastisch und doch halb versöhnlich – Gott stattet Kain mit einem Schutz-Tattoo aus – zeigt der Text die Konsequenzen. In narrativer Grandezza verdichtet die biblische Geschichte einen der Kerneinsichten der Phänomenologie der Scham: Scham hat eine ethische Relevanz und ist Instrument der Tugendschulung, weil sie – obgleich hier im Misslingen angedeutet – *die Möglichkeiten einer guten, weil besonnenen, sensiblen und kooperativen Lebensführung vorspielt.* Weil zugleich an dieser Geschichte plastisch wird, was gut und böse ist, vermittelt die Geschichte Kraft und Motivation, diese angebotene Lebensführung auszubilden. Auch wer die vertikale Dimension der Schamvermittlung abschattet, kann an dieser Geschichte die ethische Valenz der Scham verstehen lernen. *Die mimetische Rivalität, so meine Pointe, führt nicht notwendig zur Gewalt, sondern erst, wenn das hochpolemogene Gut der Ehre oder Anerkennung auf dem Spiel steht, wenn also das Drama von Scham und Ehre zur Aufführung kommt und der Verschiebemechanismus von Scham zur Schuld eine Lösung verspricht.*[43]

Ausgesprochen diskret tritt Gott in der weisheitlichen Josefsnovelle (Gen 37-50) auf, ein Entwicklungsroman avant la lettre, der – rezeptionsästhetisch gesprochen – mit Leerstellen von der Größe von Kratern arbeitet. Die literarische Komplexität der Josefsnovelle wird unterboten, wenn man ihre Aussage darauf reduziert, ein Weiser, wie er in Josef Gestalt gewinnt, dürfe, sofern er denn ein gottesfürchtiges Leben führt, auch wenn er Leid erfahren habe, im Kontext des Tun-Ergehen-Zusammenhangs final auf von Gott gewährtes Glück und Heil hoffen. Der Kern ist auch dann verfehlt, wenn man die Novelle als Beschwichtigungs- und Vertröstungsbuch liest: Im Blick zurück zeige sich, Leid verdunkle nur temporär das Leben. Auch Voten, die das Leid kleinreden im Blick auf ein übergeordnetes heilsgeschichtliches Ziel, etwa des Volkes Israel, verfehlen die Pointe. Die Exposition der Novelle (Gen 37) zeigt eine dramatische Verstrickung der führenden Protagonisten, die vorläufig nur deshalb gut endet, weil (neben dem Ältesten Ruben) ein Bruder, Juda, sich schämt und die Schandtat, die neidgesteuerte Tötung des Bruders, durch einen Verkauf an eine vorbeiziehende Karawane abschwächt (also die Scham abgeschwächt in

42 Eine ganz andere Lesart der Kain-und-Abel-Geschichte bietet in einem großartigen Roman Karl Ove Knausgård (2009). Knausgård malt einen extrem unsympathischen Abel vor Augen, der geradezu darum bettelt, erschlagen zu werden.

43 Nochmals: Der Entdecker des Sündenbockmechanismus, René Girard (2002), der im Nachahmerverhalten den Ursprung von Gewalt ausgemacht hat, übersieht die daran andockende Scham-Schuld-Spirale.

Schuld verschiebt). Im Erzählverlauf binden die gewieften weisheitlichen Erzähler die Handlungsfäden so zusammen, dass alle Beteiligten Chancen zur Versöhnung bekommen, bis eine glückliche Rundung sich final einstellt. Der Text erzieht in Freiheit zur Freiheit. Die zentrale theologische Aussage besteht darin, Gott als diskreten Lenker vorzustellen, der Möglichkeiten der Versöhnung erschließt. Gottes *concursus* und menschliches Handeln begegnen sich in Freiheit.

Von der Leserin und dem Leser verlangt diese für biblische Verhältnisse lange Geschichte Leseausdauer, denn Möglichkeiten zur Versöhnung verstreichen mehrfach. Mit der Brille des Tun-Ergehen-Zusammenhangs gelesen, bleibt die Geschichte unverständlich. Leserinnen und Leser dieser Sicht werden durch die Geschichte sehr grundsätzlich beschämt. Auf Verfehlung folgt nicht Strafe, vielmehr werden denjenigen, die wegen Ehrverletzungen Schuld auf sich geladen haben, Chancen zur Versöhnung eingeräumt. Das Unrecht wird durch Versöhnung geheilt.

Wie bereits vorher in der Bibel im Drama zwischen Jakob und Esau – bei der Wiedervereinigung der Brüder vergleicht Jakob sogar das Angesicht seines Bruders mit dem Angesicht Gottes (Gen 33,10) – ist die Josefsgeschichte eine Versöhnungsgeschichte. *Bedingung für die Versöhnung ist eine weisheitliche Entwicklung des ganzen Personals:* Josef ist am Ende der Geschichte nicht mehr unerträglich eingebildet und snobistisch, der Bruder Juda übernimmt für den neuen Lieblingssohn des Vaters, Benjamin, die Bürgschaft und gibt sich selbst zum Pfand. Über diese offenbar zwischenzeitlich eingetretene Charakterschulung ist Josef so gerührt, dass er, gegen das höfische Zeremonie verstoßend, laut und völlig schamfrei weint, nachdem er seine Brüder hinausgeschickt hat. Um weise zu werden, so die Pointe, bedarf es biographischer Entwicklung, die ein weises Verarbeiten von Lebenserfahrung einschließt. Und auch das ist im Vergleich zu den ganz frühen biblischen Geschichten neu: Menschen, die schuldig geworden sind, bekommen vom göttlichen Erzähler Möglichkeiten angeboten, Unrecht durch Versöhnung auszugleichen. Entscheidend allerdings ist, dass die Versöhnung von demjenigen ausgeht, der das Leid erlitten hat. Um diesen Punkt plausibel zu machen, muss der Erzähler des Entwicklungsromans zu einem Kniff greifen: Die Brüder erkennen den älter gewordenen Josef nicht wieder; damit ist ausgeschlossen, dass die Brüder interessegeleitet, weil sie wegen des Hungers um Getreide nachfragen, vor Josef auf die Knie fallen. Josef kommt also die Aufgabe zu, das Drama der Versöhnung einzuleiten. Es gibt eine innerweltliche Versöhnung. Auch das zeigt die Geschichte (im Verbund mit der Geschichte von Jakob und Esau): Wer eine erniedrigende Schamsituation wie Esau, der von seinem jüngeren Bruder Jakob betrogen wird, durchlaufen hat, wer sogar am Bruder schuldig geworden ist, kann auf ein gutes Ende hoffen. Die Erzähler plädieren lebensklug für räumliche Trennung und setzen auf eine nachhaltige Verarbeitung der Lebenserfahrung. Auch hier siegt der Optimismus – in dieser Geschichte freilich durch die vom *concursus divinus* geleitete Scriptführung. Von hier aus ist auch die neutestamentliche Erweiterung mit Händen zu greifen: Wo keine Chance auf Versöhnung etwa durch den Tod eines Protagonisten besteht (wie in der Geschichte von Kain und Abel), da kann diese Versöhnung nicht *innerweltlich* geschehen.

Der literalisierte Gott traut den Menschen zu, sich zu ändern, Lebenserfahrung zu verarbeiten, kooperativ und sensibel zu sein. Um ein modisches Wort zu gebrauchen: Pädagogik ist das älteste Enhancement-Modell der Kulturgeschichte. Ein mächtig großer Inszenierer ist dieser literalisierte Gott, der immer erneute Möglichkeiten der Tugendbildung anbietet. Natürlich gibt es Schuld, und auch der Begriff Sünde mag gelegentlich eine Bedeutung haben, aber der Mensch kann Möglichkeiten der Versöhnung ergreifen, sobald sich die andere Sicht der Welt auch leiblich in den Gesten verankert hat.

Die weisheitliche Weltsicht ist optimistisch grundiert, ohne schönfärbend zu verfahren, aber diese große Novelle endet im Wortsinn versöhnlich, ohne, das macht die bis heute faszinierende stilistische Grandezza biblischer Erzählkunst aus, ins Kitschfach abzugleiten. Die biblischen Erzähler präsentieren einen Gott, der sehr indiskret als Beschämer in der Geschichte von Kain und Abel auftritt, der sein prophetisches Personal umschult zu Performern von Zeichenhandlungen, die sein Volk durch satirische Aktionen (Jes 20,1-6; Hos 1,1-9) beschämen sollen; sie präsentieren einen Jesus, der durch die hochgradig provokativ satirisch aufgeladenen Gleichnisse seine Zuhörer beschämt, die prompt die Beschämungserfahrung in Schuld verschieben und den Reformator ans Kreuz nageln; sie präsentieren auch einen Gott, der sehr diskret im Hintergrund für die Menschen Möglichkeiten, also Freiheit erschließt, um Krisen zu heilen. Das weisheitliche Bildungsprogramm ist also vielfältig strukturiert und arbeitet mit Präsenz- oder Diskretheitsabstufungen.

Wenn aber die Besonnenheit nicht greift, wenn die Schmach als zu groß erfahren und erlebt wird, wenn die Scham in Schuld verschoben wird, gibt der biblische Gott die Sache mit dem Menschen nicht verloren, sondern mit unsichtbarer Hand zieht er die Fäden, so zeigen die Novellen, bietet immer wieder diskrete Möglichkeiten der Versöhnung, markiert Stadien auf dem weisheitlichen Lebensweg, die oft verschlungen verlaufen. Weisheit benötigt Zeit und langen Atem.[44]

44 Eine optimistische, auf Einsichtgewinnung der Leserinnen und Leser ausgerichtete narrative Struktur zeigen auch andere literarische Texte des AT – trotz aller feinen Unterschiede in der Theologie.

Der Weisheitslehrer Jesus von Nazaret markiert und ist in persona die dritte Stufe im weisheitlichen Prozess oder in der Paideia des Menschen. Jesu Gleichnisse sind *Wahrnehmungsschulen par excellence*, sensibilisieren für eine andere Sicht der Welt, die vor Augen malend erlebt werden kann. Wenn aber hohe Sensibilität für das Leben und die Freiheit der Anderen, Besonnenheit, der auch durchaus gelegentlich *reiner* Zorn, aber nicht blinde Wut beigemischt sein kann, und tatkräftige Kooperation Merkmale des Weisen sind, dann porträtieren die biblischen Urschriftsteller Jesus als Inkarnation der Weisheit.

Die beste mir bekannte Inszenierung bietet der neutestamentliche Weisheitslehrer Jesus von Nazaret in seinem *Gleichnis vom Barmherzigen Samariter* (Lk 10,25-37). Die alles entscheidende Frage lautet, warum zwei Kultvertreter, ein Priester und ein Levit, an einem überfallenen Menschen vorbeigehen, aber ein Samaritaner, mit dem die Juden keinen Umgang pflegten, endlich sensibel reagiert und hilft. Der Priester und Levit im Gleichnis gehen an dem Überfallenen vorbei, weil sie – durchaus ganz menschlich – Angst haben und, das scheint mir entscheidend, mit der Brille ihrer Reinheitsgesetze den Überfallenen als blutig und verdreckt und damit als unrein wahrnehmen. Kultvertretern ist, wie der Neutestamentler Ruben Zimmermann zu Recht anmerkt, »Kontakt mit (Halb-)Totem«[45] nicht gestattet. Diese wie selbstverständlich eingerasterte Wahrnehmung, die spontane Hilfe unterbindet, will Jesus umwidmen. Früher hätte man hier von Ideologiekritik gesprochen. Der Samaritaner, kultisch in den Augen der Juden eher verwahrlost, nimmt dagegen den Überfallenen nicht in der Perspektive der Reinheitsgesetze und unter der Verbotsberührung wahr, sondern als überfallenen Mitmenschen, dem man spontan, die Angst verdrängend, helfen muss. Er

Das gilt auch für das deuteronomistische Geschichtswerk in seinen verschiedenen Stufen, für die Konzeption der Prophetenbücher oder auch für die literalisierten Rechtskorpora. Zudem verschreiben sich die sehr verschiedenen bundestheologischen Textkorpora (P; dtn-dtr) der Konzeption eines *concursus divinus* und einer Pädagogik Gottes: »Denn das Gebot, das ich dir heute gebiete, ist dir nicht zu hoch und nicht zu fern. Es ist nicht im Himmel, dass du sagen müsstest: Wer will für uns in den Himmel fahren und es uns holen, dass wirs hören und tun? Es ist auch nicht jenseits des Meeres, dass du sagen müsstest: Wer will für uns über das Meer fahren und es uns holen, dass wirs hören und tun? Denn es ist das Wort ganz nahe bei dir, in deinem Munde und in deinem Herzen, dass du es tust.« (Dtn 30,11-14; vgl. Dtn 4,4-8; Dtn 29-32 vs Num 15,37-41). Darüber hinaus tritt die weisheitliche Ausrichtung auf *Paideia* in zahlreichen (im engeren Sinne nicht-weisheitlichen) Erzählungen auf: Bindung Isaaks (Gen 22,1-19), Jakob als Trickser (Gen 29, 1-30), Bileam-Fabel (Num 22), Jotam-Fabel (Ri 9,8-15), Nathanparabel (2 Sam 12); und selbstverständlich in weisheitlichen Miniaturen wie dem literalisierten Fürstenspiegel in 1 Kön 3 (Salomos Bitte um Weisheit mit anschließendem salomonischen Urteil) und einzelnen Weisheitspsalmen wie Ps 37, 49, 73. Leider bin ich kein Alttestamentler, muss deshalb auf weitere Literatur verweisen: Braulik (1996); Blenkinsopp (1995); Krüger (2003); Schmidt (1996); Friedländer (1973); Wälchli (1999); Hermisson (2003).

45 Zimmermann (2016a: 305).

lässt sich berühren. Im biblischen Griechisch verbirgt sich eine (entscheidende) sprachspielerische Pointe, die oft überlesen wird. Das griechische Verb für erbarmen wird von einem Substantiv (*to splachnon*) abgeleitet, das im übertragenen Sinne auch Mutterschoß und Blutsverwandter heißt.[46]

Eine humoreske, sogar satirisch scharfe Pointe bekommt die Geschichte, wenn man den Kontext mitbedenkt. Ein Schriftgelehrter fragt Jesus, wie man das ewige Leben erreichen könne. Jesus kontert mit einer Gegenfrage: »Was steht im Gesetz? Wie liest du?« (Lk 10,26) Der Schriftgelehrte antwortet wissend: »Du sollst den Herrn, deinen Gott, lieben vom ganzen Herzen und mit deiner ganzen Seele und mit deiner ganzen Kraft und deinen Nächsten wie dich selbst.« (Lk 10,27) Auf Jesu lapidare Antwort »Tu dies und du wirst leben« (Lk 10,28) hin verlangt der Gesprächspartner, genauer zu wissen, wer der Nächste sei. Das Gleichnis vom Barmherzigen Samariter gibt dann die Antwort. Eine entscheidende Pointe verbirgt sich aber bereits in der Frage: »Wie liest du?« Im biblischen Griechisch bedeutet lesen immer auch wiedererkennen! Lesen = wiedererkennen (*anagignoskein*). Man soll, so die Pointe, durch die frühen Texte des Alten oder Ersten Testaments die Welt wahrnehmen, wo davon erzählt wird, alle Menschen seien Geschöpfe Gottes und damit blutsverwandt. Auf diese Wahrnehmung zielt das Gleichnis. *Die Erkenntnis ist also schriftgeleitet.* Jesus lenkt die Menschen auf die alten Texte der Schöpfungserzählung zurück. Die Reinheitsgesetze haben damit ihre Funktion eingebüßt. Selbstredend kann man sich diesem Problem der zupackenden Hilfe mit dem Rekurs auf die Goldene Regel (bekanntlich auch in der Bibel traktiert: Mt 7,12a; Lk 6,31) nähern; die Frage ist allerdings, ob eingerasterte Wahrnehmungsmuster einen Zugang zur Sensibilität nicht häufig verbauen. Auch für religiös unmusikalische Leser nachvollziehbar aber ist die Erkenntnis, dass Wahrnehmungsweisen, die desensibilisieren, grundsätzlich zu verwerfen sind. Ideologiekritik verläuft über eine hochemotionalisierte Geschichte. »Entsprechend soll der Leser selbst emotional berührt werden, soll aus der Scham der eigenen Hilfsunfähigkeit und dem Antlitz des bedürftigen Menschen selbst zur Handlungsbeurteilung befähigt werden.«[47]

Nur schlüssig, wenn Vertreter einer anderen Weltsicht sich durch die Beschämung, die diese Geschichten auslösen, in ihrer Ehre gekränkt fühlen; sie reagieren freilich wie Kain, wenn sie die Situation der Scham in Schuld ver-

46 Diese Lexikonepiphanie zählt zu den glücklichsten Momenten meiner exegetischen Versuche.

47 So fasst sehr präzise Ruben Zimmermann (2016a: 305) die rezeptionsästhetische Pointe zusammen.

schieben und Jesus den Prozess machen. Der diskrete *concursus divinus* wird daraufhin nochmals indiskret durch die erzählte Auferstehung Jesu, erst jetzt wird das Versöhnungsgeschehen in seiner ganzen Tragweite möglich. Die Kunst des Paulus und der späteren Urschriftsteller besteht darin, diese Pointe so vor Augen zu malen, dass sie erlebt werden kann. Von hier aus wird verständlich, warum Paulus nicht eben kleinlaut metaphorisch von seiner Zeugungspotenz (1 Kor 4,15) und Gebärkunst (Gal 4,19) schwärmt, die es ihm möglich macht, durch Briefe, durch das Vor-Augen-Malen Christi (Gal 3,1), Christen zu zeugen – ein olympischer Metaphernsprung vom platonischen Pädagogen Sokrates, der nur als Geburtshelfer, als Maieutiker agierte, zum Zeugungsprotz und Gebärmeister Paulus.

Eine letzte biblische Modell-Lektüre soll nochmals die ›religionsfreie‹ Phänomenologie der Scham im letzten Essay am Beispiel des Falsch-Schämens untermauern. Häufig führt eine fehllaufende Verschränkung von Scham und Schuld zu einem freiheitsnegierenden Verhalten: Die Scham wird vorschnell als Äußerung einer Schuld interpretiert und damit ein verhängnisvoller Tun-Ergehen-Zusammenhang installiert. Diesen Mechanismus aufzubrechen, unternahm der Protagonist einer der bedeutendsten Revolutionen der Schamkultur: Jesus von Nazaret. Seine große moralische Revolution besteht darin, die vorkritische weisheitliche Schuldlogik des Tun-Ergehen-Zusammenhangs, die im Alltag mächtig nachwirkte, zu hinterfragen und damit die scheinbar selbstverständliche Verflechtung von Scham und Schuld. Sehr leise geschieht diese Revolution etwa in einigen Heilungsszenen. In Lk 13,10-17 heilt Jesus am Sabbat eine Frau, die, reimportiert die Leserin oder der Leser ein modernes Krankheitsbild in den Text, unter einem Morbus Bechterew leidet, einer schrittweisen Verkrümmung der Wirbelsäule, die dem kranken Menschen den aufrechten Gang kostet. Der Synagogenvorsteher bezichtigt Jesus, das Arbeits- und Heilungsverbot am Sabbat übertreten zu haben. Daraufhin antwortet Jesus: 13,15 *Du Heuchler!* (genauer: Schauspieler, K.H.) *Löst nicht ein jeglicher unter euch seinen Ochsen oder seinen Esel von der Krippe am Sabbat und führt ihn zur Tränke? 13,16 Sollte aber nicht gelöst werden am Sabbat diese, die doch Abrahams Tochter ist, von diesem Bande, welche Satanas gebunden hatte nun wohl achtzehn Jahre? 13,17 Und als er solches sagte, mussten sich schämen alle, die ihm zuwider gewesen waren; und alles Volk freute sich über alle herrlichen Taten, die von ihm geschahen.*

Der kurze lukanische Text inszeniert mit großer Raffinesse eine Beschämungsszene für die kultische Prominenz. Worin besteht die Beschämung? Jesus macht seine Gegner auf eine Diskrepanz zwischen ihrem Ist-Zustand und ihrem Idealbild aufmerksam. Die Beschämung offenbart, dass sie ihrem eigenen Anspruch nicht gerecht geworden sind. Eine genaue Textlektüre bringt an dieser Stelle eine zweite, in die Erzählung eingeschleuste Form von Scham zur Darstellung: Der griechische Text spielt in V. 12f. mit der Doppelbedeutung von *aufsehen* und *sozialem Ansehen: 13,11 Und siehe, ein Weib war da, das hatte einen Geist der Krankheit achtzehn Jahre; und sie war krumm und konnte nicht wohl aufsehen. 13,12 Da aber Jesus sie sah, rief er sie zu sich und sprach zu ihr: Weib, sei los von deiner Krankheit!* Wie eng Scham und Ehre zusammengehören, zeigt die Geschichte in wünschenswerter Deutlichkeit.

Hintersinnig verwebt der Text die Krankheits-Haltung mit der Haltung von Tieren, deren Kopf immer nahe am Erdboden bleibt. Bildlogisch entspricht diese Haltung der Körperreaktion der Scham. Und tatsächlich ist in dieser Kultur Krankheit in den vorkritischen weisheitlichen Tun-Ergehen-Zusammenhang eingezeichnet: Krankheit wird als Strafe für eine Tat gedeutet.[48] Zur Scham kommt ein (undefinierbares) Gefühl von Schuld hinzu. Der Schriftsteller Lukas verknüpft beide Formen der Scham miteinander. Die durch den Protagonisten hervorgerufene Beschämung intendiert eine Verhaltensänderung, die der vorausgegangenen Tat Jesu entspricht. Da ein zukünftiges Handeln der Beschämten nicht in Wunderheilungen bestehen kann, muss sich konsequenterweise die Verhaltensänderung auf einen anderen Sachverhalt beziehen. Und dieser Sachverhalt ist die Entschämung der Frau, indem der verhängnisvolle Konnex von Scham und Schuld im Denken des Tun-Ergehen-Zusammenhangs aufgebrochen wird.[49]

Mit der nötigen Vorsicht und ordentlich gepflegtem intellektuellem Skrupel spreche ich von *einer weisheitlichen Anthropologie*[50] der biblischen Schriften. Zunächst: Weil ich davon ausgehe, dass es weisheitliche Kreise waren, die den alttestamentlichen Kanon stark überarbeitet und andere Textsorten und anders gewichtete Anthropologien und Theologien integriert haben, lässt sich mit großer Reserve von *einer* Anthropologie sprechen.[51] Weisheitlich ist diese Anthropologie zu nennen, weil sie sich an der Erfahrung einer *glücklichen Geborgenheit und am Gelingen* orientiert.[52]

In einem spannenden Artikel, dem innerhalb der Systematischen Theologie viel zu wenig Aufmerksamkeit geschenkt worden ist, hat Konrad Schmid

48 Im Hiobbuch wird diese Verbindung bereits gültig hinterfragt, so Krüger (2015: 93f.).

49 Die Arbeiten von Hartmut Rosa (2016: 129) helfen dabei, den biblischen Begriff von Krankheit modernitätstauglich zu übersetzen, wenn er Beispiele aus der Medizingeschichte erinnert, die »*Krankheiten* als sicht- und fühlbare Reaktionen des Körpers auf Störungen in unserer Weltbeziehung« deuten.

50 van Oorschot (2010: 1-41); Janowski/Bester (2009b: 3-40); van Dülmen (2001); Süssmuth (2002); Winterling (2006); Wulf (2004).

51 Vgl. Huizing (2014b: 101-129).

52 Die Weisheitstradition habe ich hier nur sehr verkürzt an Jesus erläutert. Ich muss deshalb hier auf weitere Forschungsliteratur verweisen: Ebner (1998), Grundmann (1988), von Lipps (1990), Rondez (2006), Zeller (1983), Marttila (2010), Nunn (2014).

von der Unteilbarkeit der Weisheit gesprochen[53] und in wünschenswerter Klarheit an den Schöpfungserzählungen gezeigt: »Es gibt keine göttliche Spezialweisheit, die sich von der menschlichen qualitativ absetzen würde, vielmehr ist die Weisheit eine Weisheit.«[54] Auch wenn Schmid den biblischen Texten in dieser Frage eine zunehmende Skepsis abliest, gilt es, unverdrossen diesen Sachverhalt festzuhalten, um eine vorschnelle Kennzeichnung des Menschen als Sünder und Schuldner zu unterbinden. Und auch der Psalm 8, von der Sünderfraktion nicht sehr geschätzt, hält fest: »Du hast ihn wenig niedriger gemacht denn Gott, und mit Ehre und Schmuck hast du ihn gekrönt.« (8,6)[55]

Diese textlich inszenierten Erfahrungen werden zumeist übergangen, wenn es darum geht, die biblische Anthropologie mit einem schwarzen Ton zu grundieren. Hier muss man genauer hinschauen. Eine unglückliche semantische Karriere machte in diesem Kontext der Schuldbegriff durch.[56] Wolfgang Huber zitiert in seiner Ethik[57] – sie ist leserfreundlich den ethischen Grundfragen im Lebenszyklus entsprechend angeordnet – zustimmend Michael Theunissen: »Wirkliche Freiheit gibt es auf Erden nur zusammen mit Schuld.«[58] Dieser Satz ist, wenn man ihn unkommentiert verwendet, extrem missverständlich, weil er sofort an moralische Schuld denken lässt. Schuld beschreibt hier aber zu-

53 Schmid (2002: 21-39); siehe auch Otto (1996: 167-192).

54 Schmid (2002: 30). »Zusammengenommen zeigen diese Beobachtungen mit hinreichender Deutlichkeit: Die Paradieserzählung handelt nicht von einem kostbaren Paradies, das der Mensch aufgrund seiner Hybris in einem skandalösen Akt des Ungehorsams zugunsten einer gänzlich defizienten Lebenswelt verloren hat. Der sogenannte Fall, der selbst ambivalent gezeichnet ist, führt nicht vom Positiven zum Negativen, sondern von der einen Ambivalenz in die andere, wobei ich mehr Sympathien des Erzählers bei der zweiten Ambivalenz wiederzuentdecken glaube.« Schmid (2002: 34f.).

55 Diametral entgegengesetzt beurteilt die Sachlage Ulrich (1988). Vgl. dagegen Wagner (1975: 197-214).

56 Volker Gerhardt (2014: 51) verströmt einen imponierenden urbanen Optimismus: »Dass sich der Mensch unter der Annahme einer Strukturanalogie mit dem Ganzen der Welt auch als ›schuldig‹ oder ›sündig‹ begreifen kann, ist kein Einwand gegen die Vermutung einer Selbstbestätigung durch die göttliche Allmacht. Denn trotz der strukturellen Entsprechung zwischen Mensch und Gott wird in der Größenordnung der analogen Fähigkeiten ein unendlicher Abstand unterstellt. Er macht die Schwäche zu einer Art Konstituens des Menschen, der damit notwendig als kurzsichtig, wankelmütig und fehlerhaft erscheint. Aber solange die Fehler nur individuell zugerechnet werden, sind sie Ausdruck der Tatsache, dass sie auch vermieden werden können. Und damit rückt der Mensch (selbst unter den Bedingungen des denkbar größten Abstands) näher an das Göttliche heran.« Es gibt auch honorige andere Lesarten. So schreibt Ulrich H.J. Körtner (2015d: 137): »Der alte Mensch im biblischen Sinne ist nicht verbesserungs-, sondern vergebungsbedürftig. Das schöpferische Wort der Vergebung aber macht nicht besser, sondern radikal, von Grund auf neu. Die praktische Konsequenz dieser Sicht des Menschen ist ein Ethos des Sein-Lassens und der Verschonung.«

57 Huber (2013).

58 Huber (2013: 14).

nächst nur die ontologischen Implikationen der Handlungsvollzüge: Wenn ich mich für eine Handlung entscheide, schließe ich eine andere aus, die nicht nichtig ist, sondern als ausgeschlossene Handlung meinen Handlungsspielraum weiterhin bestimmt. Das nennt Heidegger, der hier offenbar zusammen mit Kierkegaard Pate gestanden hat, Schuld. Diese Schuld *kann* zu einer sittlichen Schuld werden, weil ich, selbst wenn ich versiert agiere, den Handlungsspielraum aufgrund der eigenen Endlichkeit (*malum metaphysicum* nach Leibniz) nie vollständig überschaue. Der Handelnde »weiß im Augenblick seines Handelns nie, ob das, woran er zunächst bloß in dem Sinne schuld ist, dass er es verursacht, irgendwelche Ansprüche verletzt. Je weiter eine Handlung in die Welt ausgreift, desto größer wird die Gefahr. [...] Auch in dem Fall, dass verursachendes Verschulden de facto keine sittliche Schuld nach sich zieht, beschwört es doch die *Möglichkeit sittlicher Verschuldung herauf.*«[59] Über die *faktische Schuld* kann der Philosoph, wie Theunissen erinnert, nicht aufklären, immer nur über die *Möglichkeit von Schuld*, um künftig einsichtsvoller zu agieren. Natürlich kann ich auch unmittelbar sittlich schuldig werden, wenn ich aus blankem Eigensinn absichtsvoll Möglichkeiten der Anderen zerstöre und an ihnen schuldig werde. Klug wäre es, auf den Begriff von Schuld im ontologischen Sinn ganz zu verzichten, um den Fallstricken dieses Begriffs in ethischen Kontexten leichter zu entgehen. Andernfalls setzt der übliche Chor der sündenverbiesterten Theologen ein: »Auch Sünder können menschlich leben. Aber sie leben mit einem Aufklärungsdefizit und damit unter den Möglichkeiten, die Menschen zur Gestaltung ihrer Menschlichkeit eigentlich offenstünden. Und da alle Menschen Sünder sind, leben alle mit dieser Beschränktheit.«[60]

3. Renovierung des Ehrbegriffs

Mit dem Namen des Neutestamentlers Bruce Malina[61] verbindet sich die These, dass der ganze Mittelmeerraum zu Lebzeiten Jesu Ehre und Scham oder Schande als Schlüsselwerte (*pivotal values*) ausgezeichnet habe, die sich genderspezifisch aufteilen. Malina entdeckt eine moralische Arbeitsteilung[62]: Der männliche Ehrencode richte sich nach außen, der weibliche konzentriere sich qua Scham auf den Binnenbereich der familiären Gruppe. Die Zuschreibung

59 Theunissen (2002: 343-356). Hervorhebung von mir. Vgl. Kreß (2015b: 182-188).

60 Dalferth (2013: 358).

61 Malina (1993); Chance (1994: 139-152); Moxnes (1993: 167-176); Pitt-Rivers (1965); Steger (1997: 57-73); vgl. auch Stegemann (2010: 240-242); sehr gut zusammengefasst hat die Debatte Chibici-Revneanu (2010). Zur Malina-Kritik vgl. auch das spannende Buch von Stiebert (2002: 82).

62 Malina (1993: 62).

der Ehre bezieht sich einmal auf den Status einer Person, dann auf die zu rühmenden Taten, die der Einzelne geleistet hat. Ehre als Tugend im engeren Sinne beschreibt die Grundhaltung, mit der man alle Handlungen im Gegenüber zur höchsten Instanz der Ehre, Gott, abgleicht.[63]

Kritische Anfragen[64] an dieses Modell wurden in der Forschung vielfältig gestellt: Sind Ehre und Scham wirklich die zentralen Werte im Mittelmeerraum zu Lebzeiten Jesu? Darf man überhaupt von einem einheitlichen Kulturraum sprechen?[65] Verwechselt Malina nicht Schamhaftigkeit mit Scham? Zumindest die Antwort auf die letzte Frage lautet entschieden: ja.

Das Buch von Malina lässt viele Fragen offen und die wirklich spannenden Fragen stellt Malina leider nicht. Wenn es denn richtig ist, das Ethos des Neuen Testaments und der Umwelt durch das Begriffspaar Scham und Ehre zu beschreiben, dann muss gezeigt werden, *wie* durch die Erzählungen, Reden und Performances des Jesus von Nazaret Ehrvorstellungen dekonstruiert werden, um das zu erreichen, was Tugendhat so griffig formuliert hat: Jesus ersetzt Falschschämen durch angemessenes Schämen. Jesus von Nazaret ist der große Entschämer, der die genderspezifischen Zuschreibungen umcodierte, nachdrücklich für einen *Statusverzicht* (Theißen) plädierte und damit auch die

63 Auf wenige Anmerkungen zum Thema Scham und Ehre im Alten Testament, vornehmlich in der Weisheitsliteratur, muss ich mich hier beschränken. Das Buch der Sprüche lebt vom Antagonismus zwischen »Weisem« und »Dummkopf«, an deren Stelle in späteren Textstrata der Antagonismus »Gerechter« und »Bösewicht« tritt. Das Verhalten des Ersten gereicht zur Ehre, das Verhalten des Letzteren zur Schande: Ehre eignet dem Dummkopf genauso wenig wie Schnee dem Sommer (Spr 26,1). Ein typisches Motiv ist der seine eigenen Eltern beschämende Sohn (בן מביש): Er wird mit dem einsichtigen (משכיל) Sohn (Spr 10,5) und sogar dem einsichtigen Sklaven, der seine Stelle in der Familie einnehmen wird (Spr 17,2) und auch vor dem König Gefallen findet (Spr 14,35), kontrastiert. Er verschläft den Sommer, statt die Ernte einzubringen (Spr 10,5), misshandelt seinen Vater und treibt seine Mutter in die Flucht (Spr 19,26). Eine ähnliche Antithese konstruiert Spr 28,7: Ein verständiger (מבין) Sohn ist, wer die Weisung (gemeint ist nicht die Tora, sondern die Weisungen des Vaters) befolgt, ein Sohn der dagegen mit »Leichtfertigen« Umgang hat, beschämt (יכלים) seinen Vater. Auch Ben Sirach unterscheidet in einer Auslegung des Elterngebots des Dekalogs ein Verhalten, das Eltern ehrt, und ein Verhalten, das ihnen zur Schande gereicht, sie bloßstellt (vgl. Sir 3,1-3,18, bes. V. 10-13). Ehrung bzw. Beschämung der Eltern fällt dabei jeweils auf die Kinder zurück. Theologisierend wird hier zudem eine Analogie zwischen der Ehrerbietung gegenüber dem Vater und der gegenüber Gott hergestellt. Siehe dazu Marböck (2010: 96ff.); Klopfenstein (1972), jetzt Krüger (2015). »Zur Logik der Ehre in der Gegenwartsgesellschaft« siehe Vogt (1997); Ders. u.a. (1994).

64 Dazu nochmals Chibici-Revneanu (2010).

65 Malinas (1993: 37) Lesart ist auch deshalb fraglich, weil er anthropologische Forschungen der Gegenwart rückprojiziert auf die biblischen Texte: »Im Folgenden habe ich vor, Modelle von verschiedenen Anthropologen anzuwenden, welche die mediterrane Gesellschaft oder die mediterranen Gesellschaften erforscht haben, die ähnlich den Gesellschaften sind, welche wir in unseren Texten finden.« Das ist methodisch extrem fragwürdig.

kompetitiven Elemente am Ehrbegriff abschliff.[66] Gal 3,28 bringt es auf den Punkt: »Da ist weder Jude noch Grieche, da ist weder Sklave noch Freier, da ist nicht Mann und Frau. Denn ihr seid alle eins in Christus Jesus.«[67]

Diese *Umcodierungsarbeit* muss man vor Augen haben, um die Frage zu beantworten, ob Ehre und Scham als Schlüsselbegriffe auch für die Gegenwart noch tauglich sind. Ute Frevert attestiert dem Begriffspaar Scham und Ehre eine kulturelle Flaute, bei der Ehre lasse sich heute keiner mehr packen. »Scham und Ehre befinden sich, was die Frequenz und Wucht ihrer Erscheinung betrifft, spätestens seit der Mitte des 20. Jahrhunderts auf dem absteigenden Ast. […] Ehre (ist) an den Rand des sozialen Gefühlsraums gerückt.«[68] Zwar ist Frevert unumwunden zuzustimmen, wenn sie behauptet, Gefühlslagen würden historisiert, aber nicht die Gefühle verabschiedet, denn eine Anthropologie bleibt ohne den Kontrastbegriff zur Scham, ohne Ehre, unvollständig. Vor dem Hintergrund von Geschichte und Gegenwart, vor dem Hintergrund der desaströsen Geschichte, die der Begriff vor allem im deutschen und italienischen Faschismus durchlaufen hat[69], trotz der Horrormeldungen vom Ehrenmord, scheint ein semantischer Neustart möglich.[70] Wenn man *innerhalb des Ehrbegriffs die kompetitiven Elemente entfernt*, steht einem neuen Hype des Gefühls nichts im Wege. Kwame Anthony Appiah hat für einen Ehrbegriff plädiert, in dem Beschränkungen von Rasse, Geschlecht, religiöser und sexueller Orientierung keinen Platz mehr haben.[71] Diese Umschichtung, die nach meiner Einschätzung bereits innerbiblisch vollzogen wurde, könnte dem Gefühl Ehre

66 Vgl. Huizing (2012a).

67 Gendertheologisch interpretiert hat diese Stelle Karle (2006). Zu Recht adelt auch Peter Dabrock (2012b) diese Stelle in einem hellsichtigen Aufsatz. Siehe auch Jewett (1999: 12): »In being honored by God through Christ who died for all, the formerly shamed are integrated into the community of the saints where this transformation process occurs under the lordship of Christ. [...] Paul has in mind a new social reality: within the community of the shamed made right by the death and the resurrection of Christ, there is no longer the possibility of any ›distinction‹ (Rom 3,22) in honor.«

68 Frevert (2013: 16,17).

69 »Die Gewalt, mit der im Namen (der, K.H.) Ehre zwischen 1933 und 1945 Politik gemacht wurde, hat zweifellos dazu beigetragen, dass es anschließend still um sie wurde. Auch der Bedeutungsverlust des Militärs zeichnete dafür mitverantwortlich. [...] Hierzu traten soziale und kulturelle Veränderungen des Geschlechterverhältnisses. [...] In dem Maße, wie Familien, Schulen, Berufssystem und Arbeitsmarkt auf eine stärkere Angleichung der Geschlechterrollen hinwirkten, stellten sie auch die polarkomplementären Ehrvorstellungen ins Abseits. [...] Insgesamt hat sich die Semantik der Ehre deutlich ausgedünnt; statt von Ehre spricht man lieber von Würde und meint damit etwas, das im Gegensatz zur Ehre allen Menschen gleichermaßen und unterschiedslos eigen ist.« Frevert (2013: 80,79).

70 Siehe auch dazu Schmitz (1990: 343): »Richtig muß Ehre meiner Meinung nach als Beschämbarkeit, verbunden mit Unbeschämtheit verstanden werden.«

71 Appiah (2011). Vgl. Schmitz (1973: 48f.); dazu der frühe Aufsatz von Honneth (1985); Ders. (2010).

neue Strahlkraft verleihen.[72] Besser auch als der Begriff der Würde deckt der Ehrbegriff die konstitutive Bezogenheit auf Scham aus.

Nochmals: Auffällig am *Honor-Shame-Modell,* das Bruce Malina präsentiert, ist seine streitbare, antagonistische Grundstruktur. Von hier aus wird allenfalls verständlich, warum der (alte) Monotheismus offenbar so gut zu diesem Modell passt, oder anders formuliert: Die kompetitive Grundstruktur dieser Basiswerte steuert zwangsläufig auf einen Monotheismus zu, auf den einen Gott, der sich gegen alle anderen durchsetzt und dem deshalb allein die Ehre gebührt. Entscheidend aber bleibt, welcher Gott dabei ins Denken einfällt, an welchem inszenierten Gottesbild wir uns halten sollen, um eine wirklich *erhebende, sprich: befreiende Erfahrung* zu machen. Hier droht sehr schnell Hysterie, wenn man bedenkt, welche auch schmerzlichen Entwicklungen der Gottesbegriff in den Reflexionen und Inszenierungen der biblischen Schriftsteller durchgemacht hat.[73] Welchem Gott gebührt die Ehre?[74] Nur wenn man dekonstruktiv die antagonistische Grundstruktur im Honor-Shame-Modell aufbricht, läuft der Vorwurf gegen das häufig lautstark beklagte Gewaltpotential des Monotheismus ins Leere.[75]

72 Ein Sonderfall ist die Frage, ob Kunst durch Schmähung die Ehre von Personen verletzt, was 2016 dem Satiriker Jan Böhmermann in einem Schmähgedicht über den türkischen Staatschef Recep Tayyip Erdogan vorgeworfen wurde. Freilich: Auch Kunst ist, unabhängig von der Qualität der Kunst, ein Machtdispositiv; aber es wird durch diese Satire nicht eine Privatperson angegriffen, sondern eine Person des öffentlichen Lebens. Problematisch ist der im deutschen Strafgesetz überwinterte Paragraph der Majestätsbeleidigung.

73 Janowski (2013).

74 In einem faszinierenden Text hat der Alttestamentler Bernd Janowski (2001: 3-46) gezeigt, warum die Idee des Lobes auch die Toten einschließen muss, denn die in der Scheol befindlichen Toten galten innerhalb der alttestamentlichen Schriftkultur als von Gott getrennt, damit aber bliebe Gottes Machtfülle letztlich eingeschränkt. Allein der Radius eines umfänglichen Gotteslobes impliziert die Vorstellung, auch die Toten müssten in das Lob einstimmen. Das Bedeutungsvolumen eines monotheistischen Gotteslobes drängt zur Idee der Auferstehung der Toten, vorsichtiger formuliert: einer bleibenden Beziehung zwischen totem Mensch und allmächtigem Gott.

75 Es gibt anständige Argumente, diesen Gottesbegriff gegen die von Jan Assmann (2011) in die Debatte eingespeisten Vorwürfe, dieser monotheistische Gott zeichne sich durch ein Gewaltpotential aus, zu verteidigen; Ders. (2006); Ders. (2010a); Ders. (2010b). Assmann (2005: 38) selbst plädiert für eine Historisierung der gewalttätigen Texte: »Die Sprache der Gewalt entstammt dem politischen Druck, aus dem der Monotheismus gerade befreien will. Sie gehört in die revolutionäre Rhetorik der Konversion, der radikalen Wende und Abkehr, des kulturellen Sprungs aus dem Alten ins Neue. [...] Das semantische Dynamit, das in den heiligen Texten der monotheistischen Religion steckt, zündet in den Händen nicht der Gläubigen, sondern der Eiferer, der Fundamentalisten, denen es um politische Macht geht und die sich der religiösen Gewaltmotive bedienen, um die Massen hinter sich zu bringen. Die Sprache der Gewalt wird als eine Ressource im politischen Machtkampf mißbraucht, um Feindbilder aufzubauen und Angst und Bedrohungsbewusstsein zu schüren. Daher kommt es darauf an, diese Motive zu historisieren, indem man sie auf ihre Ursprungsdimension zurückführt. Es gilt, ihre Genese aufzudecken, um sie in ihrer Geltung einzuschränken.« Assmann teilt nicht, wie gelegentlich behauptet wird, das alte Klischee, der antike

Meine Parteinahme für den Ehrbegriff speist sich aus der weisheitlichen Grundierung des Begriffs: Mir geht es um ein wohlwollendes, das menschliche und weltliche Leben begleitendes Handeln Gottes. Nicht zufällig macht der Dekalog die Ehrforderung an der Geste des Wohlwollens fest, für die sprachlich die Exoduslegende steht. Losgelöst von der historisch mehr als fragwürdigen Valenz des Geschehens, steht diese Erzählung pars pro toto für das wohlwollende Handeln Gottes. Die folgenden neun Gebote sind Geländer, die den erschlossenen Spielraum für das menschliche Handeln absichern. Auch hier zeigt sich: Weisheitliche Anthropologie kann sehr unterschiedliche Denktraditionen in den übergeordneten Zusammenhang einer göttlichen *Paideia* des Menschengeschlechts einfügen.

Der französische Soziologe Pierre Bourdieu bietet einen nachdenkenswerten Vorschlag für eine innerweltliche Übersetzung des Ehrbegriffs an und spricht von sozialem und symbolischem Kapital[76], ein leistungsfähiger Vorschlag, weil in der Situation der Scham das soziale und vor allem das symbolische Kapital vor der Abwertung steht. Und Avishai Margalit hat in seinen Essays über die *Politik der Würde* im Rekurs auf 1 Kor 6,19 Ehre und Körperlichkeit sehr klug verschränkt. »Das Heilige bezeichnet die Sphäre […], welche die Gottesverehrung betrifft. […] Die Ehre Gottes ist im Tempel angesiedelt und verlangt ein bestimmtes Verhalten, eben heiliges Verhalten, das sich vom profanen unterscheidet. Im Neuen Testament übersetzt Paulus die Vorstellung vom Tempel als Bereich des Heiligen in die Vorstellung, dass der menschliche Körper selbst ein Tempel sei […]. Dem Menschen gebührt insofern Ehre, als er der Tempel ist, in dem die göttliche Kraft wirkt. Der Mensch ist deshalb verpflichtet, diesen Tempel als heiligen Ort zu wahren, welcher der Ehre Gottes würdig ist. Die Verletzung des menschlichen Körpers ist gleichbedeutend mit einer Verletzung des Tempels; diese entweiht sowohl die Ehre Gottes als

Polytheismus sei gewaltfrei gewesen, das Marquard (1978: 96-116) im ›Lob des Polytheismus‹ bedient. Vgl. John (2002: 154-159); Roß (2012). Unterreflektiert bleibt in der Kritik des Monotheismus, dass es nicht nur unterschiedliche Erscheinungsformen des Monotheismus gibt, sondern auch innerbiblisch der Monotheismus eine lange Geschichte durchläuft. Keel (2004: 68) fasst prägnant zusammen: »Deuterojesaja hat den unreifen Monotheismus des Deuteronomiums hinter sich gelassen. […] Der reife Monotheismus verbindet Gemeinschaften und Völker.« An anderer Stelle taucht das Thema Gewalt natürlich wieder auf: Gewalt ist auch im Spiel, liest man die Bibel, wie von mir vorgeschlagen, als *Paideia*, als ästhetisch-ethische Erziehung des Menschengeschlechts. Dieser Gewalt gilt meine Aufmerksamkeit.

76 »Das Sozialkapital ist die Gesamtheit der aktuellen und potentiellen Ressourcen, die mit dem Besitz eines dauerhaften Netzes von mehr oder weniger institutionalisierten Beziehungen gegenseitigen Kennens oder Anerkennens verbunden sind; oder, anders ausgedrückt, es handelt sich dabei um Ressourcen, die auf der Zugehörigkeit von einer Gruppe beruht.« Bourdieu (1992: 63). Das symbolische Kapital bezieht sich auf die Ehre und Wertschätzung, die vor allem im sozialen, aber auch im kulturellen und sogar im ökonomischen Kapital erworben wird.

auch die Ehre des Menschen, da sich letztere aus der göttlichen Ehre ableitet.«[77] Wer also Schmerz, Demütigung, Grausamkeit und schlechte Beschämungen dem menschlichen Körper zufügt, verletzt auch die göttliche Ehre. Die Freude der Einsichtgewinnung dagegen, das faziale Aufhellen auf dem Gesicht eines Menschen ist die vielleicht beglückendste somatische Regung auf einem Antlitz. Es soll Menschen geben, die deshalb Lehrer oder Hochschullehrer geworden sind.[78]

Ehre, reformuliert im vorgeschlagenen Sinn[79], die auch einen Statusverzicht einschießt und eine durch affektive Betroffenheit vermittelte Anerkennung aufruft, und Scham – nicht Schamhaftigkeit – haben gute Chancen, als *pivotal values*[80] auch für die Gegenwart durchzugehen. Ich lenke damit zurück zur antiken Verjochung von Scham und Ehre. »Im Unterschied zur Antike, die Scham in Verbindung zur Missachtung der Ehre (des Bürgers) bringt, wird sie im Mittelalter in Bezug zur Sünde gebracht und Scham und Schuld sowohl bei Augustinus als auch bei Thomas von Aquin als in ihr wurzelnd betrachtet.«[81] Genau in dieser Überschreibung und Umcodierung liegt der epochale Irrtum.

Recht verstanden, meint Ehrbezeugung das ausgesprochene Gefühl der Dankbarkeit über das Wohlwollen Gottes, die sich, um eine Vokabel von Schmitz zu bemühen, als *vitaler Stolz oder Freimut* äußert. Spannend freilich ist die Frage, wie sich diese Atmosphäre der Dankbarkeit einstellt. Ich will diese Frage in drei Schritten beantworten, indem ich zunächst auf die von Hermann Schmitz angebotene Rede von göttlichen Atmosphären, die Menschen affektiv betreffen, eingehe. Über Schmitz hinausgehend, deute ich die Bibel als ästhetisches Kunstwerk der Inszenierung von Atmosphären. Schließlich stelle ich häufig schamhaft und scheinbar demütig verschwiegene produktionsästhetische Überlegungen an: Wie steht es um eine Poetik der Weisheit oder des Heiligen Geistes?

77 Margalit (2012: 63).

78 Um einem Missverständnis vorzubeugen: Margalit geht es nicht darum, asketischen Bewegungen das Wort zu reden (Alkohol, Kaffee, Drogen), sondern es geht explizit um affektiv erlebte Demütigungs- und Erniedrigungserfahrungen.

79 In einem Essay hat Thomas Assheuer (2016: 43) im Rekurs auf Arbeiten von Julika Rosenstock formuliert: »Gegen die liberale ›Gesellschaft der Würde‹ setzt die Rechte eine hierarchische ›Gesellschaft der Ehre‹.« Meine Reformulierung mit Bourdieu und Appiah schließt diese Gegenüberstellung aus. Scham und Ehre ist ein sehr alter Topos, man darf auch Begriffe nicht anderen einfach überlassen.

80 Malina (1993: 62).

81 Gräb-Schmidt (2015b: 175) hebt zu Recht hervor, die Scham sei »ein universales anthropologisches Phänomen« und das Schamgefühl markiere die »Schnittstelle zwischen Individuellem und Allgemeinem«, sie trennt aber nicht deutlich genug zwischen Scham, Schamhaftigkeit und Schuld und unterschätzt somit die Freiheitspotentiale der Schamerfahrung; vgl. Bauks, Meyer (2011).

4. Göttliche Atmosphären

Attraktiv für eine theologische Ethik ist die Philosophie von Hermann Schmitz auch deshalb, weil er – ganz unbefangen – göttliche Atmosphären beschreibt, die mit unbedingtem Ernst affektiv ergreifen und nicht in »eine heilige Sphäre abgesondert«[82] (8) weggeschlossen werden. Dem Göttlichen wird bei Hermann Schmitz kein »Altenteil« (8) zuerkannt, Religion verkommt nicht zur »Sonntagsreligion«, wird nicht kastriert durch die »Schienung im Rahmen einer Institution« (8). Religion bestimmt Schmitz als »Verhalten aus Betroffenheit von Göttlichem« (11), damit setzt er sich hinterrücks ab von allen Versuchen, *Religion aus der Perspektive des Heilsbedürfnisses* in den Blick zu bringen: »Meine Fragestellung hat keinen Zusammenhang mit dem Heilsbegriff der Religion.« (12) In den vielen tausend Seiten seines Systems, das dem Göttlichen gegenüber sehr offen ist, taucht der Begriff der Sünde an keiner, zumindest an keiner exponierten Stelle auf. Auch das macht Schmitz für eine neue Theologie und Ethik, die sich von der Sündenfixiertheit vieler Theologien unbetroffen machen möchte, hoch attraktiv.

»Die Zauberlampe apodiktischer Evidenz« (2) lässt sich in diesen theiologischen (sic!) Fragen allerdings nicht, wie Schmitz einschränkend sagt, unmittelbar anknipsen: »Erfahrungen des leiblichen und räumlichen Befindens oder des affektiven Betroffenseins drängen sich durchschnittlich jedem spontan und unverkennbar auf, und das gilt sogar noch für Erfahrungen von Recht und Unrecht, nicht ebenso aber für Erfahrungen von Göttern, die wenigstens nach Maßgabe der Tradition in erster Linie als etwas Göttliches in Betracht kommen. Shiva, Allah, Athene, Dionysos, Christus oder der heilige Geist kann nicht der Einzelne von sich aus ohne Weiteres im eigenen Leben so zu erfahren erwarten, wie Schmerz, Frische und Müdigkeit, Weite, Fläche und Gegenwart, Zufriedenheit, Freude und geschlechtliche Ekstase, sondern er empfängt von ihnen im Allgemeinen nur Zeugnisse aus dem Vorrat der Tradition, die er sich aufgeschlossen abwägend zurechtlegen muss, wenn er erraten will, was gemeint ist. Im günstigen Fall klingt etwas bei ihm an, das er aus dem Konzert der tradierten Zeugnisse heraushört, und ruft für ihn Verwandtes wach.« (3f.) Die Evidenz, die damit erreicht werden kann, ist nicht mehr die »rein phänomenologische Evidenz« (4), vielmehr ereignet sich ein »›Einschnappen‹ des geschichtlichen Befundes in die phänomenologisch vorbereiteten Charakterisierungsbegriffe und -schemata.« (4) Gegen eine »arrogant (wie Karl Barth)« (sic! 4) auftrumpfende Theologie plädiert Schmitz zunächst für eine »sinnlich lauschende Bereitschaft« (5), um dann dank der Hilfsmittel des »affektiven Betroffenseins« und der »Autorität der Gefühle« ein re-

82 Schmitz (1977). Die folgenden Zitate beziehen sich auf diesen Text.

chenschaftsfähiges »Sprechen von Göttlichen« (5) auf den Weg zu bringen. In minutiösen Analysen hat Schmitz jene Texte untersucht, die von der Betroffenheit vom heiligen Geist im Neuen Testament und den Erfahrungsberichten betroffener Menschen handeln, bevor die dogmatische Tradition den heiligen Geist zur 3. Person im trinitarischen Gottesgeschehen erhob. Schmitz spricht vom Hereingeraten »in eine enthusiastische Atmosphäre« (26).

Heiliger Geist vermittelt ein Hochgefühl, einen »vitalen Stolz«, den Schmitz durch den Gedanken der *Parrhesia* zu fassen sucht. »Der heilige Geist beflügelt auf diese Weise die frühesten Christen mit einem Hochgefühl stolzer Freiheit und gelassener Selbstsicherheit in dem Bewußtsein, Sohn des Höchsten und gleichsam Juniorpartner des Herrn Christus, aber niemals – auch nicht Gottes – Knecht oder Sklave zu sein; erst an der schroffen Gegenüberstellung der Freien und Sklaven in jener Zeit lässt sich der Schwung dieses Hochgefühls ermessen. Es stellt sich in der eigentümlichen urchristlichen Tugend« (30), der Parrhesia »rein dar.« (30) Diese Parrhesia »besteht darin, das Herz zu etwas zu haben oder es sich zu fassen« (31), um etwas freiheraus zu sagen mit hoch erhobenem Kopf: »Dazu paßt gut, daß« die Parrhesia *»mit Scham unverträglich ist* (Hervorhebung von mir, K.H.), gleichsam als die Tugend, den Kopf hochzutragen. [...] Zur urchristlichen Parrhesia« gehört der »Freimut, der sich wagend über die Konvention und über Gefahren mit charismatischer Sicherheit hinwegsetzt.« (32) Dazu gehört eben auch, wie Paulus freimütig sagt, sich des Evangeliums von Jesus Christus nicht zu schämen (Röm 1,16). »Stolzes Selbstvertrauen« (33) gehört mindestens ebenso sehr wie Demut zum urchristlichen Ideal. Dieser Freimut einer »feindlichen und gleichgültigen Umwelt« (31) gegenüber, dieses »Parrhesia-Hochgefühl« verdichtet sich dann auch in einer Ehrbezeugung Gottes, ohne dass Ehre hier (im Unterschied zu späteren, nachpaulinischen Texten) einen autoritätshörigen Nebengeschmack erhält, weil die Doxologie sich dem erlebten Hochgefühl der Freiheit verdankt.[83]

Die *Parrhesia*, die auch vom Leibgefühl her der Scham entgegengesetzt ist und mit vitalem Stolz, Freude und Friede einhergeht, scheint ein starker Kandidat zu sein, um dem Falschschämen zu begegnen. Der späte Michel Foucault hat vielleicht nicht zufällig in seiner letzten Vorlesung am Collège de France die Parrhesia für sich entdeckt und für eine Ethik der ungeschützten Rede plädiert, die auf Schmeichelei verzichtet, keine falschen Kompromisse eingeht und auch die Rangordnungen im Arbeitsalltag durchkreuzt.[84] Foucault, das

83 Und auch das fasziniert an Schmitz: Er kann dem Entmythologisierungsprogramm von Bultmann warmschnäuzig begegnen: »Ich halte so viel Entgegenkommen für übertrieben.« (36)

84 Foucault (2011) unterscheidet sehr präzise zwischen unterschiedlichen Ausprägungen der *parrhesia* in griechischen, jüdisch-hellenistischen, christlichen und nachchristlichen Kontexten. Im griechischen Kontext meint es »die Billigkeit, die allgemeine Nützlichkeit, die hier die Grundlage einer parrhesia

macht ihn so unnachahmlich, entziffert mit analytischem Scharfblick die Verwahrlosung dieser christlichen Tugend in späteren Jahrhunderten. »Ich würde sogar sagen, daß (der anti-parrhesiastische Zug im Christentum, K.H.) in historischer und institutioneller Hinsicht viel wichtiger war, weil sich schließlich um ihn herum alle pastoralen Institutionen des Christentums entwickelt haben.«[85]

Auch vor großen Kunstwerken kann, so Schmitz in einer späteren Überlegung, »das ästhetische Verhalten im Zeichen der ästhetischen Andacht selbst zur Religion, d.h. zum Verhalten aus Betroffenheit vom Göttlichen« werden und diese Andacht somit »zur göttlichen Atmosphäre«, die mit einem unbedingten Ernst ergreift.[86] Diese *Andacht*, dieses Verweilen, stört das auf schnellen Konsum ausgerichtete neoliberale Dispositiv, hier wird genau jenes Andere erfahrbar, das sich nicht verrechnen lässt.[87]

sind, und zwar seitens einer Reihe von Personen, bei denen die Reinheit des Herzens, der Mut, der Seelenadel diese parrhesia ermöglichen.« (418) Im jüdisch-hellenistischen Kontext gibt es erste Modifikationen: »Zu dieser Zeit bezeichnet parrhesia nicht mehr bloß den Mut des Einzelnen, der gewissermaßen allein gegenüber allen anderen die Wahrheit sagen muss, und wie es um das steht, was getan werden soll. Diese andere parrhesia, die sich hier abzeichnet, versteht sich als eine Art von Modalität des Verhältnisses zu Gott, eine volle und positive Modalität. Es geht um etwas wie die Öffnung des Herzens, die Transparenz der Seele, die sich dem Blick Gottes darbietet. [...] Die parrhesia wird sich also, wenn Sie so wollen, nicht mehr auf der (horizontalen) Achse der Verhältnisse des Einzelnen zu den anderen abspielen, auf der Achse dessen, der den Mut gegenüber denen aufbringt, die sich irren. Die parrhesia ist nun auf der vertikalen Achse eines Verhältnisses zu Gott angeordnet, wo einerseits die Seele transparent ist und sich Gott gegenüber öffnet, und wo sie sich andererseits zu ihm erhebt.« (419) Bei Philon von Alexandrien rückt die parrhesia an das Gebet heran. In anderen Texten »erscheint die parrhesia als eine Eigenschaft, eine Qualität, genauer noch als eine Gabe Gottes.« (420) Und in den Sprüchen (in der Septuaginta) wird der Ruf der Weisheit als parrhesia verstanden: »Es ist die parrhesia Gottes, die überströmende Gegenwart Gottes, gewissermaßen seine übervolle Gegenwart. [...] Es handelt sich nicht mehr um den Mut des einsamen Mannes gegenüber den anderen, die sich irren, sondern um die Seligkeit, die Glückseligkeit des Menschen, der sich Gott zugewandt hat.« (412) In den neutestamentlichen Texten wird die parrhesia als Zuversicht und Vertrauen auf Gott gedeutet, und als apostolische Tugend, als »mutige Haltung dessen, der das Evangelium predigt.« (424) In der Folgezeit wird der »Märtyrer der Parrhesiast schlechthin.« (426) In den Jahrhunderten danach kommt es zu einer auffallenden Verschiebung, denn jetzt wird parrhesia als Vertrauen durch »zitternden Gehorsam« (428) ersetzt. Parrhesia wird zu einem »tadelswerte(n) Verhalten der Anmaßung« (430), wird zu einem »Mangel an Ehrfurcht« (432). Foucault hat in seinen Vorlesungen von vier Modalitäten des Wahrsprechens gesprochen, der parrhesia, der Prophetie, der Weisheit, der Lehre – eine Aufsplitterung, die nicht ganz schlüssig erscheint. In einem einfühlsamen Essay hat Bernhard Waldenfels zurecht eingewandt, die parrhesia sei doch eher als Urmodus zu deuten: Waldenfels (2012: 63-81). Vgl. Fitzgerald (1996).

85 Fitzgerald (1996: 435).

86 Schmitz (1990: 497).

87 Selbstredend: Es gibt auch die Versuche, das Museum und die Ausstellungspolitik in eine Verwertungsspirale hineinzuziehen. Hier muss man sehr genau hinsehen, wie Ullrich (2014: 65ff.) zeigt.

In einer Hinsicht würde ich allerdings über Schmitz deutlich hinausgehen: Die biblischen Texte *inszenieren* eine religiöse Erfahrung, sie werden erfahrbar, wenn man sie als Kunst zugleich andächtig und enthusiasmierend erliest.

5. Kleine Hymne auf die Bibel: Bling Bling

Die Drift christlicher Theologie hin zur oft solitären Wahrnehmung des Neuen Testaments oder allenfalls einer eklektischen Adaption des Ersten Testaments führt zu Schieflagen und zweifelhaften Versuchen, die Kanonfrage durch Teilamputation zu entscheiden. Eine organische Verknüpfung der beiden Testamente, so mein Vorschlag, gelingt durch die zentrale Positionierung der Weisheitsthematik, die einen mal diskreten, mal indiskreten Gott als manchmal frustrierten, aber trotzig-optimistischen Pädagogen porträtiert. Dieser Zugang erlaubt auch eine Revitalisierung des in die Krise geratenen Schriftprinzips. Ganz entschieden plädiere ich für eine Nachjustierung der diskursleitenden Begrifflichkeit. Die biblischen Schriftsteller verschreiben sich dem Projekt einer religiösen Erfahrungs*inszenierung mit Blick auf die Leserin oder Hörerin.* Diese Inszenierung freilich kann auch produktionsästhetisch erschlossen werden, auf der Agenda steht dann eine Poetik der Weisheit. Sie hat sich sowohl an der Gattung der Weisheitsliteratur, als auch in der erzählenden Weisheit, als auch an den Gleichnissen und Stilformen des Neuen Testaments zu bewähren. Durch die Betonung der Literalisierung wird die alte Leit-Differenz von Erfahrungs- und Offenbarungsweisheit eingezogen; damit aber gewinnt das häufig als korrosiv bewertete Schriftprinzip als literalisierte Inszenierung von Erleben noch einmal eine andere, rostfreie Stabilität. Weisheitliche Literatur inszeniert Erfahrungen des Gelingens, die Freimut als Dankbarkeit einer Instanz gegenüber hervorrufen, die an das Sensibilisierungspotential des Menschen glaubt. Die sich als Freimut bezeugende Dankbarkeit korrespondiert der pädagogischen Instanz schlechthin – und lebensweltlich bekanntlich allen Instanzen, die daran mitgewirkt haben: Eltern, Erziehern, Lehrern, allen Lehrern der Menschheit.

Die ästhetische Qualität der Bibel wahrzunehmen hat sich erst langsam durchgesetzt, deren Potentiale sind aber nicht einmal annähernd ausgeschöpft. Wir haben es mit äußerst kompetenten Autoren zu tun, die ihr Handwerk verstehen. Worin besteht ihre ästhetische Qualität? Der systematische Theologe Jörg Lauster hat im Anschluss an Rudolf Otto die Arbeit der Schriftsteller als »sekundäre Rationalisierungen« bestimmt: »Religiösem Erleben wohnt, so die Grundannahme, die Tendenz inne, Ausdrucksformen auszubilden, in denen sich dieses Erleben selbst ansichtig zu werden versucht.«[88] Unterkomplex ist

88 Lauster (2010b: 207-220). Auch Ulrich Barth (2014: 293-320) springt überraschend kurz, wenn er

die These, weil die produktionsästhetische Dimension nicht gebührend in den Blick kommt.[89] Ich lege deshalb so großen Nachdruck auf die Erfahrungsinszenierung, der nahezu immer eine Appellstruktur[90] und eine *Kraftübertragung* eingeschrieben ist, weil durch das eigenleibliche Erleben Leser und Hörer auch jene *Motivation* erhalten, künftig die Welt mit sensibilisierten Sinnen wahrzunehmen, um notfalls anders als bisher zu handeln. Es geht um nichts weniger als um poetisch-narrativ ausgelöste Wahrnehmungs- und Einstellungsänderungen, die zum Handeln anleiten und notfalls Krisensituationen lösen. Wer von Erfahrungserhellung redet, legt zu einseitig den Nachdruck auf die kognitiven Schichten der inszenierten Leseerfahrung und unterschlägt deren affektives Betroffenheitspotential. Hier läuft unterschwellig doch wieder eine alte und liebgewonnene Trennung zwischen Kognition und Gefühl mit.[91] Wer immer einseitig den Nachdruck auf die kognitiven Aspekte biblischer Schriften legt, erreicht nur äußerst mühsam die Stufe der Motivation und allenfalls rudimentär die Stufe der Orientierung.[92] Lauster mag zudem auf das historische Erfahrungselement der schreibenden Autoren offenbar nicht verzichten; damit wird er, glaubt man der Mehrheit der Alttestamentler, zumindest vielen Texten des Alten Testaments nicht gerecht. Das ist definitiv old-school.

folgende These aufstellt: »Heilige Schriften repräsentieren das symbolische Gedächtnis einer Religion. Ihr Gebrauch bildet die Mitte religiöser Erinnerungskultur. Das besagt zugleich: Objektiv fixierte Bedeutungskomplexe werden nur als subjektiv erinnerte zum symbolischen Kapital einer Religion. Codifizierte Sinnressourcen leisten nur dort einen Beitrag zu konkreter Sinngebung, wo sie als Deutungsschemata eigenen Erlebens aufgerufen und angeeignet werden.« Barth verkennt, dass Heilige Schriften das symbolische Gedächtnis literarisch inszenieren, nur dann wird verständlich, wie die Aneignung überhaupt gelingen kann.

89 Huizing (2014b: 101-129).

90 Ruben Zimmermann (2009: 235-265) hat in einem Aufsatz vier Basiskriterien einer Parabel unterschieden: Narrativität, Metaphorizität, Realitätsbezug und Appellstruktur und gezeigt, wie »die literarische Konstitution der Parabel ethische Funktionen erfüllt.«

91 Dazu ausführlich Huizing (2011b: 251-264); vgl. Nussbaum (1999: 131-175).

92 Mit Johannes Fischer (2009: 100) ist daran zu erinnern, dass das »christliche Ethos durch Narrationen geformt (ist), und hierin hat es seine religiösen Wurzeln«. Die affektiv instrumentierte Wahrnehmung von Leiden lässt, wie Fischer treffend sagt, einen Protagonisten in der Regel nicht unberührt, sondern er empfindet Mitleid, ein Vertreter einer Ethik moralischer Überzeugungen steht in der Gefahr, unberührt zu bleiben, weil er an die narrativen Schichten der Situation nicht herangeführt wird. Menschen sind situierte Wesen. Allerdings muss man kritisch einwenden: Eine Handlung, die mich affektiv-emotiv bewegt, muss nicht per definitionem gut sein. Ob die Handlung wirklich gut ist, kann nur die Ethik entscheiden. Jede Beschreibung einer Handlung geschieht immer auch interessegeleitet. In seiner Schichtenanalyse der Narrativität will Fischer in einem zweiten Schritt zeigen, wie die moralische Perzeption narrativ gespeist wird. In einer dritten Schicht spricht Johannes Fischer von einer narrativen Orientierung der gesamten Lebensführung. Narrativ vermittelt wird schließlich auch der umfassende Deutungshorizont, der die Vokabel Gott und mit ihm bestimmte Deutungen einschließt. Für Christen heißt das: »(D)ie Lebenswirklichkeit im Lichte der Texte wahrnehmen, die seine Geschichte erzählen.« (92)

Zwar verharrt die Leserin in der Erschließungssituation der Lektüre zunächst in einer Passivität, empfindet sich aber dann durch die »spielerische Identifikation« (Schmitz) auch körperlich mitspielend in die Erfahrung verstrickt. Wenn aber die Erfahrung als eigenleibliches Spüren und Mitspielen gelingt, wird man sagen müssen, dass alle biblischen Texte, die handeln und dabei eine erhebende und befreiende Erfahrung erlauben, die also eine neue Justierung der Wahrnehmung und eine Einleibung der Gesten vollziehen, *Freimut und Dankbarkeit* einfordern.

Das *Handeln der Texte* ermöglicht eine tragende Erfahrung: Da soll der Leser die beglückende Erfahrung machen, dass die Welt in poetischer Verdichtung Sinn und Geborgenheit stiftet. Und zweitens werden (Lang-)Geschichten, sprich: Biographien erzählt, die das Gefühl vermitteln, Leben könne gegen allen Augenschein doch gelingen.[93] Als Gesinnung lässt sich aus diesen Erfahrungen die *Dankbarkeit als Ehrbezeugung* und zugleich der *vitale Stolz* ableiten.

Auch die beglückende Erfahrung einer neuen Weltsicht verarbeitet die Scham über die Borniertheit, sich dieser anderen Sicht der Welt verweigert zu haben. Sie geht als Transzendenzerfahrung über das griechische Staunen (*thaumazein*), dass etwas ist und nicht vielmehr nichts ist, immer schon hinaus. Der frühe Levinas hat, wie gesehen, sogar im nackten *dass*, in der Faktizität des eigenen Seins, die Scham und den Ekel verortet, eine Negativerfahrung, die zur Flucht vor dem Sein animiert, wenn das Sein – wie im Faschismus geschehen – als unpersönliche Macht und nackte Gewalt erfahren wird.[94] Dahinter kommt man nicht zurück: *Die Faktizität des Seins kann positiv oder negativ erfahren oder bewertet werden, inszenierte Transzendenzerfahrungen gehen über das nackte dass aber immer schon hinaus* und provozieren, dass die Leserin in das Urteil des literarisierten Gottes, die Welt sei schön und gut (Gen 1,25), einstimmt.

Gerd Theißen unterscheidet in einem Aufsatz, der sich an einen häufig zitierten Essay von Ludwig Wittgenstein anlehnt, vier religiöse Grunderfahrungen und erweitert damit die von Wittgenstein in seinem *Vortrag über Ethik* inventarisierten drei religiöse Grunderfahrungen: das Staunen über die Exis-

93 Ich nehme damit Bezug auf den Aufsatz von Theißen (2013: 29-49).

94 Levinas (1982). Für Levinas ist es die Erfahrung, an sich gekettet zu sein, wir können nicht vor uns selbst fliehen. Vgl. auch Agamben (2003b: 91). »In der Scham hat das Subjekt einzig seine Entsubjektivierung zum Inhalt, wird es Zeuge des eigenen Untergangs, erlebt mit, wie es als Subjekt verlorengeht. Diese zweifache Bewegung, Subjektivierung und Entsubjektivierung zugleich, ist die Scham.« Sowohl der frühe Levinas als auch Agamben übersehen, dass die Zeugenschaft des eigenen Untergangs, Herrschaft und Knechtschaft in einem Akt, nicht das Ende des Dramas ist, weil man die verlorene Souveränität nicht nur selbst, sondern gerade in den Augen der Anderen bearbeiten muss – und eine, die falsche Möglichkeit, ist die Verschiebung der Scham zur Schuld.

tenz der Welt[95], die Erfahrung absoluter Sicherheit, die Erfahrung von Schuld.[96] Theißen reformuliert Schuld als Verantwortung und fügt als vierte Grunderfahrung die Erfahrung von Sinn hinzu. Die Ergänzung der Sinndimension ist durchaus nicht zwingend, weil alle drei anderen Grunderfahrungen Sinnerfahrungen beschreiben. Aus den vier Grunderfahrungen leitet er die Werte *Dankbarkeit* für das geschenkte Leben, *Nächstenliebe* aus der Erfahrung religiöser Geborgenheit, *Regelbefolgung* aus der religiösen Erfahrung von Ordnungsstrukturen als Sinnstrukturen und *Freiheit* aus der Erfahrung der Verantwortung ab.

Ich zögere hier zuzustimmen. Die Grunderfahrung des Staunens über die Existenz der Welt dürfte unstrittig sein. Richtig ist zu erinnern, wie biblische Texte daran interessiert sind, zu einem positiven Staunen anzuleiten. Die Sinnerfahrung, die der Regelmäßigkeit der Natur[97] abgelesen wird und die bei Theißen zum Imperativ der Achtung vor Regeln und damit implizit zur Achtung vor Gott als Gesetzgeber führt, übersieht freilich, dass biblische Texte eine scheinbar festgefügte Ordnungsstruktur wie den Tun-Ergehen-Zusammenhang auch hinterfragen. Der freie Umgang mit Regeln ist offenbar komplexer und sehr viel kreativer, als Theißen behauptet. Und es ist sehr die Frage, ob grundsätzlich »(d)ie universale Regel der partikularen Regel vorzuziehen« ist.[98] Große Skepsis regt sich bei mir auch beim Topos »Erfahrung von Schuld – oder von Verantwortung«[99]. Wer Schuld wie Wittgenstein und Theißen als Grunderfahrung stilisiert[100], unterstellt, dass ein schuldfreies Leben gar nicht möglich ist. Auch wenn man von Verantwortung redet, wird der Sachverhalt nicht luzider, weil das lateinische Verb *spondeo*, von dem die Reponsabilität oder die Verantwortung abgeleitet wird, ein Haftungsverhältnis beschreibt.

»Die Übernahme von Verantwortung ist […] eine genuin juristische und nicht ethische Geste. Sie ist nicht Ausdruck von etwas Edlem oder Großartigem, sondern bedeutet – in einer Rechtsauffassung, in der die Rechtsverbindlichkeit noch mit dem Körper des Verantwortlichen verknüpft ist – schlicht das Sich-Verpfänden, die *ob-ligatio*, das Sich in Gefangenschaft begeben, um die Erfüllung einer Schuld sicherzustellen. […] Verantwortung und Schuld bezeichnen zunächst also einfach zwei Aspekte juristischer Zurechenbarkeit. Erst später wurden sie verinnerlicht und auf Bereiche außer-

95 Ausführlich hat sich Ernst Tugendhat (2003: 150-162) damit auseinandergesetzt.

96 Wittgenstein (1989: 9-19).

97 Theißen (2013: 35).

98 Theißen (2013: 36).

99 Theißen (2013: 33).

100 Siehe oben meine bereits artikulierte Reserve gegenüber einer (ontologischen) Rede von Schuld.

halb des Rechts übertragen. Deswegen bleibt jede Ethik, die diese beiden Begriffe als Grundlage in Anspruch nimmt, unzulänglich und opak.«[101] Giorgio Agamben ist hier ganz entschieden: »Die Ethik ist aber die Sphäre, die weder Schuld noch Verantwortung kennt: sie ist, Spinoza wußte es, die Lehre vom glücklichen Leben. Schuld und Verantwortung zu übernehmen – was manchmal notwendig sein kann – bedeutet, den Bereich der Ethik zu verlassen.«[102] Wenn ich in meinem Diskurs von Verantwortung rede, dann geht es mir entsprechend dieses Einspruchs stets um die »schuldfreien Aspekte moralischer Verantwortung«[103].

Nach meiner Einschätzung schrumpft das Angebot der Grunderfahrungen auf zwei Grunderfahrungen zusammen: Da ist einmal das inszenierte Staunen über die Welt. Da ist zweitens die inszenierte Erfahrung, dass das eigene Leben im Verbund mit Anderen auf ein gutes Ende hin angelegt ist.[104] Ich habe versucht, die Rede von Geborgenheit im Rekurs auf die kritische Weisheit und die inszenierten Biographien auszuweisen. Die Geborgenheit speist sich daraus, dass, oft auch gegen den Augenschein, eine unsichtbare Hand Führung übernimmt. Der *concursus divinus*, die wohlwollende Begleitung Gottes, wird literarisch nachvollziehbar inszeniert.[105] *Dankbarkeit* bezieht sich nicht nur auf die Welt und das eigene Dasein in ihr, sondern auch auf die Begleitung.[106]

101 Agamben (2003b: 19f.) Agamben erinnert auch daran, »dass die Übernahme einer moralischen Verantwortung nur dann irgendwelchen Wert hat, wenn sie mit der Bereitschaft einhergeht, die juristischen Konsequenzen zu tragen.« (20) Agamben merkt kritisch an, dass auch bei Levinas, der die Verantwortung zur Stellvertretung verschärft, eine bedenkliche Vermengung von juristischen und ethischen Begriffen vorliegt.

102 Agamben (2010b: 21). Es gibt also gute Argumente, den Verantwortungsbegriff sehr vorsichtig zu verwenden.

103 Lotter (2012: 318).

104 Hier wäre auch der Ort, um über die Angelologie nachzudenken, sind es biblisch doch die Engel, die für das Rühmen zuständig sind. Doxologie ist auch Angelologie. Engel sind zugleich die Außendienstmitarbeiter, die an der gubernatio mundi mitwirken. In einem faszinierenden Buch hat Giorgio Agamben (2007) die »Beamten des Himmels« vorgestellt. Weil, wie Agamben sagt, sich die Engelsmacht »als Exekutive jedes Details annimmt«, ergibt sich folgender überraschender Schluss: Die »Vorsehung (ist, K.H.) nicht das Paradigma der absoluten Macht, sondern das der demokratischen.« (24f.)

105 Gerd Theißen (1992: 4-23) hat neben den Grunderfahrungen auch noch Grundmotive unterschieden wie Schöpfung, Geborgenheit und Distanz, Weisheit, Geschichte, Hoffnung, Wunder, Umkehr, Exodus, Gerechtigkeit, Liebe, Positionswechsel, Offenbarung, Inkarnation, Glaube, Stellvertretung, Rechtfertigung; Ders. (2003); den Gedanken hat Theißen (2012: 263ff.) wieder aufgenommen. Dietrich Ritschl (1988) spricht lieber von impliziten Axiomen.

106 Nach Tugendhat (2003: 122) gehört die Dimension des »Lobpreises Gottes« ganz wesentlich zur Religion. Den Unterschied zwischen Mystik und Religion beschreibt er so: »Der Weg zur Mystik wird darin bestehen, dass man das Gewicht, das die eigenen Wünsche für einen haben, relativiert oder geradezu leugnet, also eine Transformation des Selbstverständnisses. Der Weg der Religion hingegen

Eine Poetik der Frau Weisheit und des Heiligen Geistes[107] soll jetzt in einem ersten Schritt zeigen, *wie* die Texte jene Erfahrungen inszenieren, in denen Gott in das Denken einfällt und der Mensch eine neue Brille für die Wahrnehmung verschrieben bekommt. Nur so gelingt es auch, die oft einseitige Konzentration auf das Neue Testament zu vermeiden. Johannes Fischer schreibt: »Geht es darum, sich christliche Tugenden in größtmöglicher Vollkommenheit anzueignen, oder darum, das eigene Leben und Handeln als Medium zu begreifen für das Wirken von Gottes Geist in den Verhältnissen der Welt?«[108] Die Antwort auf diese Frage schließt ein zu zeigen, wie Texte dieses leisten.[109] Ziel muss es sein, eine Poetik der Weisheit oder des Heiligen Geistes aus den Texten herauszufiltern, um dem Wirken der Weisheit auf die Spur zu kommen.[110]

6. Hoch und tief. Baupläne des Hymnischen

Wie schaffen es Texte, eine Vertikalspannung aufzubauen? Gibt es eine Stilfibel der Weisheit und des Heiligen Geistes? Wie werden (heilige) Erfahrungsräume für den Gefühlshaushalt der Leser eingerichtet, die einen formierenden Charakter besitzen und Gesten ausbilden? Gibt es einen Sprachlernkurs für heilige Gefühle? Wer mit Hermann Schmitz den Ausgang vom eigenleiblichen Spüren und der affektiven Betroffenheit nimmt, ist oft wie selbstverständlich auf eine rezeptionsästhetische Deutung hin festgelegt. Diese Einseitigkeit will ich auf-

besteht darin, dass man die Wünsche lässt, wie sie sind, und stattdessen eine Transformation der Welt mittels einer Wunschprojektion vornimmt: die Macht, die die Menschen umgibt, wird zu diskreten Wesen verdichtet, von deren Wirken man sich vorstellen kann, dass das eigene Glück oder Unglück abhängt, und die als von uns beeinflussbar angesehen werden.« (122) Dieses pragmatische Motiv überzeugt mich nicht, denn, wie zu zeigen, wird der basale Wunsch nach Anerkennung nur in einer speziellen Form erfüllt, insofern findet auch in der Religion eine Transformation des Selbstverständnisses statt.

107 Ich stimme Friedrich Wilhelm Horn (1992: 170) entschieden zu, wenn er schreibt: »Der Geist vergegenwärtigt die Liebe Gottes in den Herzen (Röm 5,5), belehrt in der Bruderliebe (1 Thess 4,8f.), lässt sie erste Frucht christlicher Existenz sein (Gal 5,22) und ist selber als ›Geist der Liebe‹ qualifiziert.« Mich interessiert, *wie* Texte handeln, um dieses Wandeln im Geiste zu erreichen.

108 Fischer (2009: 89). Letztlich unterschätzt Fischer die inszenatorischen Qualitäten der Texte, wenn er doch nicht weiter kommt als zu sagen, eine deskriptive Ethik habe als Aufgabe die »Erhellung unserer sittlichen Praxis, um zu einem bewussten und reflektierten Leben und Handeln anzuleiten«. (97)

109 Auch Martin Honecker (2013: 251), der dem Ansatz ebenfalls viel Sympathie zeugt, mahnt an: »Außerdem wird das Ethos des Geistes als spirituelle Erfahrung eingeführt, und nicht geprüft, ob jedes Ethos nicht auch einer entsprechenden Kultur (des Geistes) bedarf, um sich auszubilden und zu entwickeln.«

110 In seinem Resonanzbuch hat Hartmut Rosa (2016: 298) immer sehr entschieden davon gesprochen: Resonanz »impliziert ein Moment konstitutiver Unverfügbarkeit.« Das ist zwar richtig, aber es nicht ist nicht verboten, produktionsästhetische Fragen zu stellen.

geben, geht es doch nicht um ein Anhimmeln der Theorie von Schmitz, sondern um freimütige Auseinandersetzungen. »So stark der Schmitzsche Ansatz als Rezeptionsästhetik ist, insofern er nämlich von der Wahrnehmung im vollen Sinne als affektiver Betroffenheit durch Atmosphären Rechenschaft geben kann, so schwach ist er auf der Seite der Produktionsästhetik«, wie Gernot Böhme, der für eine Urbanisierung der Leibphänomenologie von Schmitz viel geleistet hat, ebenso freimütig bekennt.[111]

Vielleicht erwächst Hilfe zur Beantwortung dieser intrikaten Fragen aus einer der Nachbarwissenschaften zur Theologie, denn überraschend hat ein französischer Wissenschaftssoziologe nach der eigentümlichen Sprachmächtigkeit religiöser Rede gefragt. Im Diesseits des Glaubens und ohne Rekurs zu nehmen auf den Gottesbegriff will der französische Soziologe Bruno Latour die Wirkmacht und verändernde Kraft religiöser Rede feiern, entsubstantialisiert die religiöse Rede radikal, verzichtet auf jeden Referenten, spielt mit der etymologischen Bedeutung von *religio* als Band und Bedenken[112] und entdeckt eine Tiefenverwandtschaft zur Sprache der Liebe, die bekanntlich auch Geistesgegenwart will und nichts als Geistesgegenwart. In seiner durchaus nachvollziehbaren Angst vor einer epistemischen Verseuchung religiöser Rede, bleiben die Auskünfte allerdings seltsam zurückhaltend: »Halten Sie sich an die (spirituellen Menschen), die sie den Rhythmus jener Worte wiederfinden lassen, die zwar keinen Zugang eröffnen, die nirgendwohin versetzen, vor allem nicht weiter und höher, die Sie aber transformieren.«[113] Allerdings erfährt man in diesem oft hyperventilierenden Diskurs nichts darüber, wie konkret eine Erneuerung durch das Wort gelingt. Hier bleibt der ganze Diskurs äußerst vage, verständlich bleibt allenfalls das Ansinnen, im doxologischen Vollzug ›den Referenten‹ überhaupt erst zu (er-)schaffen. Aber Latour traut sich in seinem oft verknoteten Text nicht an eine sprachliche Darstellung des Heiligen Geistes heran und versagt sich leider der reflexiven Bearbeitung überkommener Formarchive.

Da Laoturs Bemühungen, der religiösen Sprache auf die Spur zu kommen, nicht befriedigen können, wende ich mich im Folgenden in einem ersten Zugriff dem operativen Kern biblischer Texte und den Gattungen und Stilelementen zu. Einige poetische Kniffe will ich zunächst im Rekurs auf die Psalmen, Buber hat die Psalmen *Das Buch der Preisungen*[114] genannt, und die

111 Böhme (1995: 31).

112 Latour (2011: 8).

113 Latour (2011: 53). Vgl. die bissige Rezension von Graf (2011).

114 Buber (1998). Einen großen Schritt nach vorne machen die Artikel in dem Sammelband *Theologie des Psalters* – es hätte vielleicht angemessener Ethico-Ästhetik des Psalters geheißen: Hauschildt, Schmidt (2015).

sogenannte kritische Weisheit vorstellen: Ins Ziel gelangt die Poietik der Texte, wenn sich *Dankbarkeit und vitaler Stolz* über die neue Sicht der Welt bei den Leserinnen und Lesern einstellt. Dankbarkeit, die sich hymnisch und im Überschwang der Parrhesia äußert, stehen quer zu Scham und Zorn. In dieser Perspektive tritt auch Jesus von Nazaret als Weisheitslehrer in den Blick. Stilmittel schaffen, so die These, Möglichkeitsräume für Transzendenzerfahrungen.

Die konkrete Gefühlswelt eines Protagonisten wird in den Psalmen[115] häufig zunächst metaphorisch[116] plastischer gemacht. So heißt es etwa im Psalm 102: »Ich gleiche einer Dohle in der Wüste«, um aus einer anderen Sphäre der Lebenswelt Bilder aufzurufen, die uns Lesern die Gefühlswelt des Beters noch eingängiger und bewohnbarer ausstaffiert. Diese Plastizität wird auch erreicht, indem der Autor in einem Psalm eine *metaphorische Abundanz oder Stereometrie* inszeniert, die verhindert, dass der *assoziative Flow* an ein Ende kommt. Diese Vielstimmigkeit der Verse kann »verschiedene Gedanken auf einmal ausdrücken, während die Paraphrase bestensfalls imstande ist, sie nacheinander auszubreiten.«[117]

Neben die *Stereometrie*[118] und *Metaphorik* tritt der Parallelismus der Vers- oder Satzglieder, bekannt geworden als *parallelismus membrorum*. Er ist nach Gerhard von Rads berühmter Sprachregelung die wichtigste »erkenntnisbindende Form« der Weisheitsliteratur[119] und bewirkt die Verschränkung von Aussageteilen, die sich entsprechen, widersprechen oder auch ergänzen können, so dass eine Sache unter mindestens zwei Aspekten zum Ausdruck ge-

115 Ein Klassiker zum Thema stammt von Seybold (2003).

116 Ich kann die reichhaltige Literatur zum Thema Theologie und Metapher, Sprache und Transzendenz nur mit einigen Titeln andeuten: Ricoeur/Jüngel (1974); Buntfuß (1997); Stoellger (2000); Huizing (2003). Blumenberg (1998: 25) schreibt über absolute Metaphern: »Sie geben einer Welt Struktur, repräsentieren das nie erfahrbare, nie übersetzbare Ganze der Realität. Dem historisch verstehenden Blick indizieren sie also die fundamentalen, tragenden Gewissheiten, Vermutungen, Wertungen, aus denen sich die Haltungen, Erwartungen, Tätigkeiten und Untätigkeiten, Sehnsüchte und Enttäuschungen, Interessen und Gleichgültigkeiten einer Epoche regulierten. [...] Ihre Wahrheit ist in einem sehr weiten Verstande pragmatisch. Ihr Gehalt bestimmt als Anhalt von Orientierungen ein Verhalten, sie geben einer Welt Struktur.« Im Anschluss an die Phänomenologie des Heiligen Geistes von Schmitz wird man jede Metapher, die ein neues Wirklichkeitsverständnis erschließt, zulassen müssen, sonst wird man doch wieder die Metapher auf ein vorausgesetztes Wirklichkeitsverständnis (wo bekommt man das her?) hin bewerten. Wilfried Härle (2000: 224f.) möchte dagegen die Frage klären, »auf welchen Wegen, aus welchen Quellen und anhand welcher Kriterien der christliche Glaube diejenigen Metaphern gewinnt, die dem Wirklichkeitsverständnis des christlichen Glaubens angemessen sind und tatsächlich Gottes- und Welterkenntnis ermöglichen.«

117 Krebs (2015: 236). Krebs bezieht sich in ihrer Analyse von Dichtung und Literatur auf Roger Scrutons (2012) faszinierendes Buch: *Schönheit. Eine Ästhetik.*

118 Janowski (2009a: 13).

119 von Rad (1970: 189-228).

bracht werden kann wie etwa in: »Ein weiser Sohn erfreut seinen Vater / aber ein törichter Sohn ist seiner Mutter Kummer.« (Spr 10,1)[120]

Solche poetischen Strukturen veranlassen den Leser dazu, »Gedanken hin und herspielen zu lassen.«[121] Poesie ist der Versuch, den alten Kontrakt zwischen Welt und Sprache neu zu ratifizieren, um die *Energie der Sprache* sinnlicher zu machen. Wörter werden in neue Zusammenhänge gebracht, es wird mit Dissonanzen und Konsonanzen, Differenzen und Redundanzen, Klängen und Rhythmen gespielt und gearbeitet. Nach Jan-Dirk Döhling inszenieren die Weisheitssprüche das »Paradox der Lyrik«, »wonach sich das Innovativ-Bemerkenswerte, das Ereignishaft-Sinnvolle mit der Strenge der Form, der Strukturiertheit der Sprache einstellt.«[122]

Die Weisheitserzählungen machen sich einen Reim auf die Ränder des poetisch Geordneten, die *Ordnungsstörungen*, das Absurde, nicht zuletzt: das Komische. Thomas Krüger spricht im Falle von Weisheitserzählungen von »kritischer Weisheit«[123], weil in diesen oft idealtypischen Erzählungen quasi en passant eine Relecture der Spruchweisheit und der erkenntnisleitenden Rede vom Tun-Ergehen-Zusammenhang unternommen wird. *Fiktional wird ein biographisches Chaos konstruiert und inszeniert, um dann dieses Chaos mit höherer Komplexität und lebenspraller Erfahrungsnähe in geordnete Bahnen lenken zu können.* Dies gilt für Gen 3-4, für das Hiobbuch, für die Jakobs-, oder besser: Esau- und vor allem die Josefsnovelle. In ihr wird der erzählerische Ehrgeiz darauf gelegt zu demonstrieren, wie die inszenierte Unordnung im Leben des zunächst verwöhnten Angebers doch noch eine Glättung erfährt. Josef selbst wird zur Inkarnation eines Weisen, obwohl die höfische Etikette (Josef weint öffentlich) verletzt wird. In einer berührenden Erzählung gerät die übliche Zuordnung von Schuld und Unheil durcheinander und aus Bösewichtern werden, wie im Fall der Brüder Josefs, Gerechte.[124] Auch in der Esaugeschichte wird in einem grandiosen Plot das Muttersöhnchen, das sich den Segen ergaunert, vor der Rache des beschämten Bruders Esau geschützt, der die Scham durch die mutterkluge räumliche Trennung nicht in Schuld ummünzt und deshalb bei der Wiederbegegnung von Jakob sogar mit dem An-

120 Krüger (2003: 53-66). Döhling (2011: 30-47); Luchsinger (2010); Wagner (2007: 1-24); Krüger (1997); Sæbø (2012: 9-17).

121 von Rad: (1970: 45).

122 Dirk Döhling (2011: 34) bezieht sich auf Culler (2002: 114).

123 Krüger (1997). Damit setzt sich Krüger von der Deutung Hans-Peter Müllers ab, der die Lehrerzählungen als Beglaubigung des Ordnungspostulats der Sprüche gedeutet hat: Müller (1978: 77-98). Modifiziert hat Müller seine Einschätzung in Müller (2002: 153-171). Vgl. auch: Freuling (2004).

124 Vgl. dazu: Lux (2001).

gesicht Gottes verglichen wird – Esau, ein Vorbild an Weisheit![125] So möchte die Geschichte gelesen werden.

Unterpfand für die kreativ neue Ordnung oder Spielraum schaffende Weisheit ist die Weisheit selbst, die sich in einem *Monolog* präsentiert. In einer selbstbewussten Selbstvorstellung nimmt die Weisheit die mosaische Selbstvorstellung Gottes, das Ich, in den Mund: »Ich, die Weisheit [...] Der Herr schuf mich, seines Waltens Erstling.« (Spr 8,12.22) Nach von Rad ist diese monologische Redeform »ganz von der gemeinten Sache her bestimmt. [...] (D)iese der Welt immanente Weisheit (wird) weniger unter dem rationalen Aspekt der ökonomischen Ordnung als unter einem *ästhetischen Aspekt* (Hervorhebung von mir, K.H.) gesehen[126]: Als ›Liebling‹ ist sie Gottes ›Ergötzen‹, sie ›spielt‹ und ›ergötzt‹ sich ihrerseits an den Menschen.«[127] Diese »ästhetisch-erotische Uraffektion, die aller Kreativität zugrunde liegt«[128], will das Irdische, das Diesseits des Himmels, in der Eigenwertigkeit der Schönheit ihrer Details erfahrbar machen. Im Stilprinzip der *Coincidentia oppositorum* wird dieses Wunder der Schöpfung mimetisch eingefangen, das Maximum im Minimum, hohe und niedrige Sprache verbünden sich[129], der *sermo humilis* und der *sermo remissus* finden zueinander, hier ist stilistisch angelegt, was nachher im predigenden und erzählenden Jesus in personam inkarniert wird, das ganz Große und das ganz Kleine. Die Frau Weisheit bürgt mit der Selbstvorstellung, bürgt mit ihrem Namen für den Zusammenhang zwischen Wort und Dingen oder Welt, verspricht und zeigt, wie Sprache und Dinge aufeinander zu beziehen sind, wie sich Spielräume erschließen, wie Neuanfänge möglich werden. Immer ist die Sprache von der Sinnentleerung bedroht, die Frau Weisheit zeigt, wie ihr zu entgehen ist. Hier wird eine Erfahrung der Sprache inszeniert, die man mit- und nachspielen muss.[130]

In den Antithesen der Bergpredigt, um ins Neue Testament hinüberzuwechseln, arbeitet der Schriftsteller Matthäus mit Kontrastvergleichen (der Autor

125 Dazu: Huizing (2012a).

126 Giorgio Agamben hat in seinem Diskurs über Herrschaft und Herrlichkeit diese Kontexte ausgeblendet.

127 Rad (1970: 205).

128 Timm (1995: 67). Hermann Timm verdanke ich viele der hier geäußerten Einsichten.

129 Ein Beispiel für die erstaunliche Verkennung der Binnenästhetik der Weisheitsliteratur dokumentiert der Aufsatz von Lang (1991: 177-192), wenn er in diesen Texten nur den Mief von Kleinstädtern und Bauern entdeckt.

130 Noch die speech acts in der Philosophie des 20. Jahrhunderts zehren unterschwellig von diesen Erfahrungen. Daran erinnert auch Giorgio Agamben (2010c: 69f.): »Ein Performativ ist eine sprachliche Aussage, die keinen Sachverhalt beschreibt, sondern unmittelbar eine Tatsache schafft, ihre Bedeutung selbst realisiert. [...] Innerhalb der Sprache verkörpern die performativen Äußerungen das Überbleibsel eines Stadiums [...], in dem die Verbindung zwischen den Worten und den Dingen nicht semantisch-detonativer, sondern performativer Art ist, in dem Sinn, dass sich der verbale Akt – wie beim Eid – im Sein verwirklicht.«

spielt souverän und hintersinnig mit dem weisheitlichen Stilmittel der *Coincidentia oppositorum*), um die Leser in die Sprachbewegung des Textes hineinzunehmen. So etwa wird die tradierte Auskunft, man solle den Nächsten lieben (Lev 19,18), aber den Feind hassen, mit der Naturerfahrung kontrastiert: Der himmlische Vater lässt die Sonne auch über Gute und Böse aufgehen (Mt 5,45b) – bekanntlich eine inverse Interpretation der spätweisheitlichen Skepsis von Hiob 9,22 und Koh 9,2; 2,14b[131], zudem ein pagan-weisheitlicher Grundgedanke, der auch bei Seneca zu lesen ist.[132] Folgt man der Performanz des Kontrastes (Grenze im Sozialen, Grenzenlosigkeit im Natürlichen), dann »ergibt sich die Überraschung des in seiner grenzenlosen Liebe vollkommenen ›himmlischen Vaters‹ und zugleich die Erkenntnis der Lieblosigkeit des Angeredeten.«[133] Durch die Sprachbewegung, durch die Performanz des Textes[134] verändert sich im Idealfall auch der Leser, um künftig den Fremden mit offenen Armen zu empfangen.[135]

Das Stilmittel der *Coincidentia oppositorum* findet den angemessenen Ausdruck im Hymnus der Maria und den neutestamentlichen Christushymnen, die die Schöpfungsmittlerschaft Christi feiern.[136] Und schließlich: Die neutestamentlichen Gleichnisse arbeiten mit Bewegungssuggestionen und Gestaltverläufen, um den Leser in die Textregie einer Wahrnehmungsänderung und Einleibung christlicher Gesten einzupassen. Ich deute sie als Miniaturdramen, die, wie am Beispiel des *Gleichnisses vom Barmherzigen Samariter* gezeigt, Sensibilitätsstopper wie Reinheitsregeln hinterfragen und bei den Leserinnen und Lesern durch affektive Strategien leibliche Betroffenheit auslösen.

Neutestamentlich hat vor allem Ruben Zimmermann diese Forschung beherzt vorangetrieben und im Anschluss an Foucault von einer »Etho-Poietik«[137] gesprochen. *Metaphorische Ethik* nennt Zimmermann seinen Ansatz, gibt im Vollzug das enge Verständnis von Metapher auf, um die Kreativitätskraft metaphorischer Prozesse sehr grundsätzlich zu feiern.[138] Eine »Etho-Poietik«

131 Hiob 9,2: »Es ist eins, darum sage ich: Er bringt den Frommen um wie den Gottlosen«; Koh 9,2: »Es begegnet dasselbe dem einen wie dem andern: dem Gerechten wie dem Gottlosen, dem Guten und Reinen wie dem Unreinen; dem, der opfert, wie dem, der nicht opfert. Wie es dem Guten geht, so geht's auch dem Sünder. Wie es dem geht, der schwört, so geht's auch dem, der den Eid scheut.« Koh 2,14b: »und ich merkte doch, daß es dem einen geht wie dem andern.«

132 Darauf macht aufmerksam Schweizer (1973: 92).

133 So Oswald Bayer in einem furiosen Aufsatz (1995).

134 Vgl. auch Mauz (2016).

135 Vgl. Lange (2009).

136 Dazu besonders eindringlich Brucker (1997).

137 Zimmermann (2016a: 297); vgl. Ders. (2007).

138 Zimmermann (2016a) untersucht die »Übertragung von Bedeutung und Handlungsmustern« (302), die »Handlungsorientierung im Rückgriff und Vorgriff« (303), die »Metaphorische ›Logik‹ und Sinnlichkeit« (304), untersucht »Spielräume des Verstehens und Verhaltens« (305), charakte-

kann, wie Zimmermann richtig sieht, nicht auf die Erzählung beschränkt bleiben.[139] Ob man allerdings daraus eine Pluralität von Ethiken ableiten muss – eine Erzählung führt zur narrativen Ethik, ein Hymnus zur doxologischen Ethik und ein Bekenntnistext zur konfessorischen Ethik (die Pluralität ließe sich noch ausbauen)[140] – ist doch sehr die Frage, weil die Intention der Teil-Poietiken darin übereinkommen, *Dankbarkeit* und *vitalen Stolz* bei den Leserinnen und Lesern aufzurufen. Meine Ethik macht das Angebot, eine *gesamtbiblische Produktionsästhetik* zu horizontalisieren: Weisheit als ästhetisch-ethische Erziehung des Menschengeschlechts, die im Idealfall Dankbarkeit hervorruft, eine *Dankbarkeit*, die sich wie selbstverständlich im liebenden Handeln ausdrückt. Der Mensch »ist nur da ganz Mensch, wo er spielt«[141], heißt es apodiktisch bei Schiller. Wer will ihm widersprechen? Zumal die Frau Weisheit selbst sich in die Metaphorik des Spielens hüllt. Die literarischen Formen dienen dazu, die Leserin zum Mitspielen zu animieren, aber auch um sich von den Rhythmen leiblich ansprechen zu lassen. Involviert ist der ganze Mensch, dessen alte Weltsicht verstört wird, um schließlich sich dankbar in dieser Atmosphäre des sozialen Friedens mitspielend zu bewegen. Das begleitende Handeln Gottes manifestiert sich in diesen metaphorischen Prozessen, die, um ein leicht angestaubtes Wort zu benutzen, Ideologiekritik betreiben, die Sensibilität und Besonnenheit schulen und kultivieren. Sie üben soziales Leben im vom Druck des Alltags entlasteten Spiel.

Soweit erste Schritte, um der *ästhetischen Erfahrungsinszenierung* des Geistes der Neuheit auf die Spur zu kommen. Nochmals: Wir haben es mit kompetenten Autoren zu tun, die die intendierte Erfahrung, um es sprachspielend zu formulieren, bewusst inszenieren. Die weisheitlichen Stilmittel erlauben gegenläufig zum Chaos einer endlosen Freiheit die Erfahrung von kontingenten Ordnungs- als Sinnstrukturen, also die Erfahrung geordneter Freiheit als Spielraumfreiheit. Die Sentenzen und die Narrationen spenden Vertrauen und erschließen im Gegenzug ein kluges Handeln und eine geborgene Lebensführung im Kontext der ganz neu erschlossenen Textwelten. Die inszenierte ästhetische Anmutung geht immer auch mit jenem ethischen Anspruch- oder Appellcharakter zusammen, den Handlungsspielraum nun auch verbindlich

risiert die »Appellstruktur: Aufforderung zur Sinnfindung und zum ethischen Urteil« (306). Zimmermann folgt Fischer, wenn er statt von Überzeugung von einer »ästhetischen Verstehensethik« (302) spricht.

139 Zimmermann (2016a: 302). Sehr inspirierend: Wischmeyer (2015).

140 Zimmermann (2016a: 302); vgl. Ders.: (2016b). »Figuren als Handlungsmodelle« entziffert Wagener (2015).

141 Schiller (2009: 64).

auszufüllen. Diese Verbindlichkeit lässt sich genauer umschreiben durch die prägenden Eindrücke der Protagonisten der Lebensgeschichten und die Performanz der weisheitlichen Ratschläge.

Aber auch das zeigen die Texte der kritischen Weisheit: Aufgespürte Ordnungen wie der Tun-Ergehen-Zusammenhang[142] werden in ihrer Reichweite genauer vermessen. *Die sogenannte kritische Weisheit steht für die Chance auf einen Perspektivenwechsel. Zeitlose Eindeutigkeit und leichte Antworten sind auch in ethischen Fragen nicht zu haben. Das heißt allerdings im Gegenzug: Auch das Kontingente, Absurde oder Komische werden sinnvoll eingehegt!* Dieser Erfahrung entspringt jene Dankbarkeit, die im Lob oder im vitalen Stolz artikuliert wird.

Kleine Rekapitulation: Wohlwollende Begleitung

Rückkehr der Gefühle: Merklich verspätet hat die Theologie sich innerhalb der Wissensgemeinschaft wieder auf die Gefühle besonnen, um der Leibvergessenheit zu begegnen, und – wie nicht anders zu erwarten – in markanten Publikationen reflexhaft auf die Liebe gesetzt, die prompt mehr sein soll als ein Gefühl und umfassender als eine christliche Tugend. Inzwischen hat sich die Debatte erweitert und andere Gefühle werden einer näheren Untersuchung unterzogen. Ich votiere für das Gefühl der Scham, das sich im Gespräch mit der Philosophie für eine Grundlegung einer Ethik anbietet, sofern die Schamerfahrung das ethische Subjekt allererst konstituiert und auf eine Charakterschulung zielt. Weil sich eine Schlüsselszene im Alten Testament, die Geschichte von Kain und Abel, als primordiale Beschämungsszene lesen lässt, ist ein Gespräch mit der Philosophie auf Augenhöhe möglich. An dieser Stelle ist ein überlappender Konsens mit der Philosophie naheliegend.

Scham und Weisheit: Wer ernsthaft eine gesamtbiblische Theologie und Ethik ins Auge fasst, ist nach dem Skandal um Slenczka sehr gut beraten, d*ie Weisheit als Klammer der beiden Testamente* auszuzeichnen. Weisheit umschreibt ein pädagogisches Konzept, das an die Bildungsfähigkeit des Menschen relativ unerschütterlich glaubt. Um dieses pädagogische Konzept umfassend in den Blick zu bringen, muss man alttestamentlich die Engführung auf die Gattung Weisheit aufgeben und, wie oben vorgeschlagen, die großen Novellen und Novellenkränze in ihrer erschließenden Kraft auszeichnen. Diese Novellen arbeiten mit Beschämungen des Personals oder der Leserinnen und Leser, darin tiefenverwandt mit den neutestamentlichen Gleichnissen. Wenn meine Intuition, die Weisheit sei die Kanonhermeneutin des Alten Testaments

142 Den Tun-Ergehen-Zusammenhang problematisiert auch Mk 4,26-29.

und von Jesus inkarniert worden, zutrifft, dann darf man auch die prophetischen Zeichenhandlungen, also die alttestamentliche Eventkultur, zu diesen weisheitlich-pädagogischen Techniken rechnen.

Weisheit und concursus divinus: Theologisches Organisationprinzip für das weisheitliche Pädagogikkonzept ist der concursus divinus. Er steht für die Überzeugung, dass menschliches Leben bildungsfähig ist. In dieser Welt-Sicht wird auch Versöhnung nach Schuldverstrickung und einer positiv verlaufenden Bildungsgeschichte innerweltlich denkbar, sofern Scham über die Schuld zu einer Charakterformung führt. Wer freilich umfassend die Idee der Versöhnung denken will, muss Rekurs nehmen auf die Kontingenz der Auferstehung Jesu – bekanntlich eine Beschämung ganz eigener Qualität für Menschen, die mit der radikalen Kreativität Gottes nicht rechnen.

Weisheit und Optimismus: Durchaus nicht als naiv, aber doch als milde optimistisch getönt gibt sich die weisheitliche Denkfigur als eine literarisch vermittelte Weltsicht zu erkennen. Darüber ist die exegetische Theologie seit Würthwein und sind alle sündenfixierten Theologen mit ihm immer wieder erschrocken: Wer die Weisheit als Partnerin wählt, muss in der Tat die Theologie sehr grundsätzlich umschreiben, denn dieser von den weisheitlichen Autoren literalisierter Gott ist ein mit allen – auch schmerzenden – Kniffen ausgezeichneter Gott, der an die kluge Selbstbestimmungskraft der Menschen glaubt, kein Richter, der ganz nach gusto wie ein römischer Caesar allenfalls Milde walten lässt.

Weisheit und Doxologie: Dankbarer Lobpreis oder lobpreisende Dankbarkeit verträgt sich nicht mit der Körperhaltung der Scham. Schmitz (und Foucault) sprechen von der *Parrhesia*, dem vitalen Stolz, der sich auf die Geborgenheitserfahrung, die wohlwollende Begleitung bezieht. Die Figur des *concursus divinus* ist eine ästhetisch-poetische Schlüsselfigur. Aus dem Geschichtserfahrungsansatz wird ein Geschichtenerfahrungsansatz, der eine Kraftübertragung spürbar macht. Drohende Gewalt wird durch Wohlwollen eingehegt.

Weisheit und Schriftprinzip: Das Lamentieren über die Krise des Schriftprinzips ist bekannt, scheint mir allerdings nahezu immer eine Folge mangelnder Musikalität zu sein. Offenbar *inszenieren* die weisheitlichen Autoren mit großem Geschick Schlüsselsituationen und Schlüsselgeschichten, die sich stilistisch auch entschlüsseln lassen. Produktionsästhetische Fragen, die darüber aufklären, wie numinose Erfahrungen (Staunen über die Welt; metaphorische Transformationsprozesse) vitalen Stolz und Dankbarkeit inszenieren, treten neben wirkungsästhetische und rezeptionsästhetische Fragen.

Nachspiel: Jubilieren

»Dröhnend hebt die Orgel an: Wir loben dich, wir preisen dich. Ich verfehle die meisten Töne, aber das gehört zu meinem Beruf, fast alle Pfarrer singen schlecht. Wir beten dich an. Die Orgel verstummt. Während wir gesungen haben, ist die Sonne gestiegen, in den Fenstern flimmert farbige Helligkeit, dünne Lichtspeere ziehen durch die Luft, in jedem ein Schneegestöber aus Staub. So früh ist es noch, und schon so heiß. Der Sommer steht in seiner gnadenlosen Phase.«[143]

143 Kehlmann (2013: 53f.).

Scham, Schuld und Schulden

Ethik in Zeiten der Wirtschafts- und Finanzkrise

Einleitung: Möbelhaus, später

»›Waren Sie nicht mal im Fernsehen?‹

Ertappt, denke ich. Wie ein Stromstoß pulst das Wort durch meine Hirnlappen.

›In irgend so einer Talkshow …‹

Ertappt. Ich halte eine Lasche mit Ledermustern in meiner linken Hand und wollte gerade zurück zu einem Kunden mit schwachsinnigen Extrawünschen, deren Komplexität mich völlig in Beschlag nimmt und deren Absurdität mein Resthirn mit komplizierten Herstellerverzeichnissen und Materialeigenschaften blockiert.

Währenddessen stellt sich mir das fragende Ehepaar einfach in den Weg. Ohne Begrüßung, ohne Höflichkeitsabstand. […]

Bis vor wenigen Monaten habe ich […] für die wichtigsten Magazine und Zeitungen geschrieben, habe dafür als sogenannte Edelfeder fast alle wichtigen deutschen Journalistenpreise gewonnen; notorisch unrasiert und geistreich. Jetzt allerdings trage ich eine seriöse Krawatte, eine Bundfaltenhose und bin selbstverständlich glatt rasiert. Dabei habe ich inzwischen nichts Schlimmes verbrochen. Ich bemühe mich lediglich darum, dass mein Sohn regelmäßig essen kann. Weil die ganze Edelfederei inzwischen kein Geld mehr bringt, genausowenig wie das Albern mit Hollywood-Größen oder Partybesuche mit Show-Sternchen. Und gleichzeitig ist mir das alles unsagbar peinlich. An Hollywood-Maßstäben gemessen bin ich nämlich grandios gescheitert. […]

›Jugendsünden …‹, sage ich lächelnd und hebe die Ledermuster vor mein Gesicht.«[1]

Dieses Langzitat entstammt, so der auf den realen Erfahrungsschatz pochende Untertitel, aus einem *Tatsachenroman*, geschrieben von einem seriösen, mit Preisen überhäuften Journalisten, der in der Finanz- und Zeitungskrise von den Chefredakteuren plötzlich vergessen wird – eine Amnesie mit Folgen, denn er landet, wohl auch weil er sich schämt, sich in den Redaktionen pausenlos in Erinnerung zu rufen, als Möbelverkäufer auf schäbiger Provisionsbasis in der Provinz. Der Autor wählt, um die *öffentliche* Scham zu vermeiden, in Anspielung auf den rasenden Reporter Egon Erwin Kisch dessen Nachna-

1 Kisch (2015: 5f.).

men als Pseudonym, als Vornamen entscheidet er sich für Robert, den fliegenden Robert, eine hübsche Volte für einen, der aus dem journalistischen Betrieb rausgeflogen und unsanft gelandet ist. Und dieser Autor rast und wütet, versteckt sein Gesicht nicht nur hinter Ledermustern, sondern hinter dem Berg von Schrecklichkeiten in hochauflösenden Bildern als Langstreckenläufer in der furnierten, mit Paneelen ausgekleideten Hölle. Vom kategorischen Imperativ Kants und der Personenwürde haben weder Kunden noch Kollegen jemals etwas gehört: »Für die meisten Kunden bist du als Verkäufer entweder *Personal*, also kein Mensch, sondern ein Neutrum [...] – oder ein abgezockter, mit allen Wassern gewaschener Betrüger. Also auch kein Mensch.«[2]

Die ökonomische Mobilmachung kennt nur Opfer. Selbst bekennende anthropologische Optimisten bekommen spätestens auf halber Lesestrecke dieses Romans merklich Zweifel an der eigenen Optik. Dem Protagonisten Robert Kisch ist sein unbequemes Leben in der Möbelhölle peinlich. Dafür explizit schämen wird er sich erst, wenn er plötzlich auf einen Freund oder Menschen trifft, der ihm extrem wichtig ist und der ihm durch seinen mutmaßlich sogar mitfühlenden Blick sein berufliches Versagen zurückspiegelt. Dann wären auch die Korridore des Versteckens verbarrikadiert. Tritt dieser *worst case* ein, dann ist die finale Ruinierung des Öffentlichkeitsbildes von Robert Kisch unausweichlich.

Sehr viel leiser, beinahe keusch, aber nicht weniger beklemmend, nähert sich Anna Weidenholzer in ihrem Roman *Der Winter tut den Fischen gut*[3] ihrer Protagonistin Maria, Textilfachverkäuferin, die ›freigestellt‹ wird, aus ihrem sozialen Kontext herausfällt und immer weniger Text zu sagen hat. »Vor der Kirche steht ein Mann, er steckt sein Mobiltelefon in die Manteltasche, dann öffnet er die schwere Holztür, deren Griff so hoch angebracht ist, dass Kinder ihn nicht erreichen. Maria erschrickt, sie schaut zur Seite, sie möchte ihr Gesicht verbergen, aber sie weiß nicht, wohin damit. Weil das Gesicht das Haupterkennungsmerkmal eines Menschen ist, würde sie sagen, würde sie jemand fragen, warum. Aber Maria kann ihr Gesicht nicht verbergen, sie muss den Mann ansehen. Worauf wartet er, denkt sie, und dann: Nein, er ist es nicht. Was ich gesagt hätte, wenn er es gewesen wäre. Wenn er gefragt hätte, Frau Beerenberger, warum kommen sie nicht mehr zu uns. Haben Sie Arbeit gefunden, Sie wissen, dass Sie sich melden müssen, Sie wissen, dass Ihre Bezüge eingestellt werden, wenn sie unentschuldigt Ihren Kontrolltermin versäumen.«[4] Maria hat den letzten Saum aus ihrem Leben bereits rausgelassen, verbringt

2 Kisch (2015: 178).

3 Weidenholzer (2012).

4 Weidenholzer (2012: 19).

die Tage wartend auf einer Bank vor einer Kirche. Das Glasglockengefühl dieses Lebens überträgt sich hautnah. Anna Weidenholzer erzählt die Geschichte rückwärts, dieser stilistische Kniff ist deshalb so geschickt gewählt, weil für den Leser alle Möglichkeiten ihres Lebens noch einmal vorbeiziehen. Aber diese möglichen Schnittmuster sind alle längst vom Markt genommen. Maria hat nicht zugegriffen. Der Roman liest sich wie ein *literarischer Abgesang auf den concursus divinus*. So ist es die Scham, die die Dramen, die sich hinter Arbeitslosigkeit und hoch prekären Arbeitsverhältnissen verbergen, nicht öffentlich werden lässt. Wir sind auf Sehhilfen durch die Literatur, Dokumentarfilme und Kinofilme angewiesen: Auch das reiche Deutschland ist ein Schamland.[5]

Inzwischen ist für die angegrauten Kinder des Wirtschaftswunders das Vertrauen in die Wirtschaftskapitäne, die mit Patentrezepten den Wirtschaftsdampfer sicher über die Daxwellen steuerten, nachhaltig gestört und die Metaphorik nahezu verschlissen.[6] Wirtschaftskapitäne outeten sich als Operettenkapitäne.[7] *Schiffbruch mit Zuschauer* (Blumenberg). Als Krisenpräventionsartisten haben die Wirtschaftswissenschaftler peinlich versagt. Und der Banker, in der Wahrnehmung der Vielen zum Zocker verkommen, war mal ein ehrenwerter Beruf.

Warum waren wir so lange geld- und wirtschaftsgläubig? Woher rührt die Tiefenverwandtschaft zwischen Ökonomie und Religion? Ich mache mich auf Spurensuche. Mich interessiert Goethes magische Wirtschaftslehre im Faust II, war es doch Goethe, der mutmaßlich als Erster die *quasireligiöse magische Aufladung der Ökonomie* entdeckte. In einem nächsten Abschnitt untersuche und teste ich vorgeschlagene Zuordnungsmodelle von Ökonomie und Ethik. Das biblische *Gleichnis vom klugen Haushalter*, auf den ersten und zweiten Blick ein schockierender Text, weil er offenbar die Korruption feiert, argumen-

5 Selke (2013).

6 Wer zu den Kindern des Wirtschaftswunders zählt, wuchs mit einem Leitbild auf, das man nie hinterfragte: der Wirtschaftskapitän. Nur konsequent, wenn diese Mentalität sich im deutschen Fernsehen in einer jahrzehntelangen Serie verdichtete, in der ein Kapitän, dessen engelweiße Uniform nie Schaden litt, wie ein weißer Riese jedem Unbill trotzte: der Kapitän des Traumschiffs, Jakob Paulsen, gespielt von Günter König (1981-1982), Heinz Weiss (1983-1999), Siegfried Rauch (1999-2012), jetzt abgelöst vom ewigen Schwiegersohndarsteller Sascha Hehn. Und dann passierte das Unfassbare. Ein Luxusliner kippte um, schien sich zunächst nur demütig vor der kleinen Insel Giglio zu verneigen, bis der Schrecken deutlich wurde: Es gab 32 Opfer. Ich habe die Bilder vom umgefallenen Schiff Costa Concordia als Menetekel wahrgenommen, es ruinierte sichtbar die Metapher vom guten Kapitän.

7 In seinem Roman *Karte und Gebiet* lässt Michel Houellebecq (Houellebecq 2012: 316) seine Protagonistin sagen: »Hélènes Interesse für Wirtschaftswissenschaften war im Lauf der Jahre ziemlich erlahmt. Sämtliche Theorien, die wirtschaftliche Phänomene zu erklären und ihre Entwicklung vorherzusagen versuchten, kamen ihr immer unbegründeter und gewagter vor, sie neigte inzwischen dazu, sie für reinen Schwindel zu halten.« Houellebecq ist ein Meister.

tiert mit vorweggenommener Scham und ist als zunächst verstörendes Handlungsmuster geeignet, um Probleme auf der Makroebene (Wirtschaftssystem und Wirtschaftspolitik), der Mesoebene (Konzerne und Verbände) und der Mikroebene (Beruf und Konsument) gleichermaßen zu beschreiben und Lösungsvorschläge zu erarbeiten. Das mag den Reflexkritiker überraschen, der immer etwas voreilig von einem garstig breiten Graben zwischen biblischer Vorstellungswelt und der ausdifferenzierten Gegenwartsgesellschaft warnt. Vorweggenommene Scham allerdings ist nicht immer ein Königsweg, kann auch, wie ich am Beispiel der *Führungsscham* verdeutlichen werde, zu dramatischen Folgen führen, denn die *Bankenkrise und die VW-Krise wurden unterschwellig befeuert durch Schamprozesse.*

1. Die magische Aufladung der Ökonomie

Kräftig stabilisiert ist inzwischen die semantische Brücke von (religiöser) Schuld und (monetären) Schulden. Credo und Kredit, Tilgung der Sünden und Tilgung der Schuld, Heilsgüter und Wirtschaftsgüter, oder die Dramen speichernde Rede vom Offenbarungseid lassen eine belastbare Verwandtschaft vermuten. Der Medienwissenschaftler Jochen Hörisch hat die Verwandtschaftsgrade genauer bestimmt – offenbar entstammen nahezu alle monetären Großbegriffe der religiösen Sphäre. Geld beerbt das Abendmahl, wird somit über einen langen Zeitraum zum ontosemiologischen (Sein und Sinn aufeinander beziehendes und Gemeinschaft herstellendes) Leitmedium.[8] Vielseitig beschreibt die Kulturwissenschaftlerin Christina von Braun in ihrem Buch *Der Preis des Geldes. Eine Kulturgeschichte*[9] die Herkunft des Geldes aus dem Opferkult[10] und bestätigt die von Hörisch vorgeschlagene Lesart: »Hier wie dort

8 Hörisch (1992; 1996; 1999; 2013). Nach Hörisch lösen runde Scheiben: Oblate, Geldmünze und CD-Rom einander als Leitmedien ab.

9 von Braun (2012). Graeber (2012) achtet im Unterschied zu einem soziologischen Klassiker wie Simmel (2016) die Versöhnlichkeitspotenz des Geldes gering. Erstaunlich einfältig ist Graebner, wenn er das Jubeljahr lobt oder das Neue Testament als Plädoyer für das Entschulden liest. Seine Genealogie der Gabe (84-91) bleibt weit hinter dem zurück, was französische Philosophen wie Levinas oder Derrida zum Thema sagen. Siehe dazu auch Vogl (2010); Paul (2012); Ferguson (2010); Schnaas (2010); Flotow (1995). Eine sehr gute Sammelrezension legt Felix Heidenreich (2013: 35-51) vor. Vgl. auch aus theologischer Perspektive den Band von Seele/Pfleiderer (2013); Wagner (1985; 1991b).

10 Präzise zeigt von Braun (2012) im Rekurs auf Forschungen des Altertumsforschers Bernhard Laum, dass das *Geld im Opferkult seinen Sitz im Leben hat*: Mit dem Geld bezahlt der Mensch seine Schuld(en), die er durch den Eingriff in die göttliche Schöpfung gemacht hat. In homerischer Zeit war das Rind die gängige Währung: Noch das lateinische Wort für Geld, *pecunia*, leitet sich vom Rind, *pecus*, ab. Das griechische Wort *obolus* meint einfach Opferspieß; Kapital, von *caput*, Kopf, beschreibt die Köpfe einer Herde. Die Doppelstriche in den modernen Geldzeichen beim britischen Pfund, beim Dollar, Yen oder Euro verweisen auf die Hörner der Stiere. Geld, so die Pointe, dient als Desubstantialisierung des Menschenopfers. Das Judentum nimmt eine Sonderstellung ein, hier findet keine Substitution des

ein Zeichen, das sich materialisiert: ein Wort, das ›Fleisch wird‹. Hier wie dort ein Signifikant, der sich in ein Signifikat verwandelt und bei der ›Messe‹ (in jedem Sinn des Wortes) als ›von oben‹ gegebenes und verbindliches Zeichen begriffen wird. Die Geschichte des westlichen Geldes ist ohne die christliche Religion nicht zu denken.«[11]

Dieser Glaube an die Sprachmagie hält sich bis in die Gegenwart, in der viele Ökonomen ungerührt davon ausgehen, Geld habe und benötige keine reale Deckung. Christina von Braun geht überzeugend gegen diese schlechte Sprachmagie vor, die so tut, als ließe sich Geld unbegrenzt vermehren: »Ich behaupte, dass das Geld eine Deckung hat, ihrer auch bedarf und dass das, was man – in Anlehnung an den ›lender of last resort‹ – als die ›letzte Deckung‹ bezeichnen könnte, der menschliche Körper ist. Was ich damit sage möchte, ist sehr einfach: Unser Glaube ans Geld beruht auf der Tatsache, dass viele Menschen dran glauben müssen, wenn das Geld in eine Krise gerät. Je fragiler das Geld, desto mehr Menschen trifft es.«[12]

Von Braun bietet dem männlichen Leser noch einen Extra-Loop: Vor allem der Mann setzt seine geistige Potenz einzig dazu ein, um dem Geld Fruchtbarkeit zu verschaffen, kastriert sich also um des Geldes wegen. Die noch zu besprechenden Romane und Filme bestätigen diese Einschätzung mit jeder Szene.[13] Die Unehrlichkeit in der gegenwärtigen Debatte besteht darin, zu verschweigen, dass Geld sich nicht vermehrt, sondern nur (oft stillschweigend) den Besitzer wechselt. Daraus erwächst die Forderung nach einer Entzauberung des Marktes durch Aufdeckung nicht haltbarer *magischer Vorstellungen*. Credo quia absurdum?

Weil Goethe es war, der im *Faust II* die magischen Strukturen des Wirtschaftens eingängig in Szene setzte, will ich explizit an ihn erinnern. Innerhalb der alten und jungen Unübersichtlichkeit zur Goetheforschung hat vor jetzt mehr als fünfundzwanzig Jahren eine ökonomische Deutung des Faust II nicht die Aufmerksamkeit bekommen, die sie verdient hätte. Hans Christoph Binswanger, langjähriger Ordinarius für Volkswirtschaft und Vordenker einer ökologisch, auf Nachhaltigkeit ausgerichteten Wirtschaftswissenschaft,[14] de-

Opfers durch Geld statt! (89ff.) In einem Zwischenkapitel erkennt Christina von Braun nur noch der Kunst eine Beglaubigung in materiellen Werten zu (277).

11 von Braun (2012: 11).

12 von Braun (2012: 16).

13 In Zolas Roman *Das Geld* (2012) verliert der Protagonist Astride Saccard in seiner Spielwut oft die Lust am Sex. Später dienen die Affären nur der Zurschaustellung seiner gesellschaftlichen Position. In Eggers Roman *Hologramm für den König* (2013) wird der Protagonist vollständig impotent.

14 Es gehört zur Ironie der Kulturgeschichte, dass der erfolgreichste Promovend Binswangers der ehemalige Vorstandsvorsitzende der Deutschen Bank, Josef Ackermann, war. Zu Josef Ackermann siehe das spannende Buch von Müller (2006).

chiffrierte die moderne Wirtschaft als alchemistischen Prozess und destillierte aus dem Metaphern- und Mythengebirge des Faust II eine klare Botschaft: Faustens Suche nach dem Baum des Lebens, seine Suche nach Unsterblichkeit, kommt (nahezu) ans Ziel, als er die Wirtschaft als Herrschaft über die Zeit entdeckt. »Goethes Faust ist von einer kaum faßbaren Aktualität. Von allen Dramen, die bisher geschrieben worden sind, ist es – so möchte ich behaupten – das modernste. Es stellt nämlich ein Thema in den Vordergrund, das die heutige Zeit vor allen anderen Themen beherrscht: die Faszination, die von der Wirtschaft ausgeht. Ihr Gedeihen, oder wie man auch sagt, ihr Wachstum, ist heute zum einzig verbindlichen Maßstab für die Entwicklung der Menschheit geworden. Goethe, der mit der industriellen Revolution die Anfänge dieser Entwicklung erlebt und bereits ihre Konsequenzen klar vorausgeschaut hat, gibt für diese fundamentale Tatsache im Faust eine ganz besondere Deutung. Er erklärt die Wirtschaft als einen alchemistischen Prozeß, als die Suche nach dem künstlichen Gold. Aus dieser Suche entwickelt sich eine Sucht, die denjenigen, der sich ihr einmal verschrieben hat, nicht mehr losläßt.«[15]

Anfängliches Ziel der Alchemie ist die Erfindung des flüssigen *aurum potabile*, ein Elixier, das ewige Jugend und Mannesstärke verspricht. Das ist Thema von Faust, Erster Teil. Als zweites Ziel wird die Schaffung beständigen Goldes angestrebt, indem das Gold, das in jedem Stoff, auch im Blei enthalten ist, durch die Beigabe des Steins der Weisen, Gestalt gewinnt. Gold verdirbt nicht und kann zeitlich unbegrenzt angehäuft werden. In Faust II ist entsprechend die »Herstellung des künstlichen Goldes im Sinne des Geldes«, das eigentliche Thema. Mit einem längeren Zitat von Binswanger gesagt: »(D) ie Versuche zur Herstellung des künstlichen Goldes wurden nicht deswegen aufgegeben, weil sie nichts taugten, sondern weil sich die Alchemie in anderer Form als so erfolgreich erwiesen hat, daß die mühsame Goldmacherei im Laboratorium gar nicht mehr nötig ist. Für das eigentliche Anliegen der Alchemie im Sinne der Reichtumsvermehrung ist es ja nicht entscheidend, daß tatsächlich Blei in Gold transmutiert wird, sondern lediglich, daß sich eine wertlose Substanz in eine wertvolle verwandelt, also z.B. Papier in Geld.« (21)

Implizit stellt sich Goethe mit seiner Offenlegung eines alchemistischen Kerngehalts der Wirtschaft gegen die Grundüberzeugung der klassischen Nationalökonomie, die davon ausging, dass eine Arbeitsleistung Ursache des Reichtums ist – entweder als direkte Arbeit oder als Arbeit des Kapitals, das sich vergangener Arbeit verdankt. Neben die Arbeitsleistung, so Binswanger,

15 Binswanger (1985: 12). Folgende Seitenzahlen beziehen sich auf diesen Text.

tritt die *Magie als Wertschöpfung*, die nicht unmittelbar durch Arbeitsleistung erklärbar ist. »Die Aneignung der Naturkräfte ist die entscheidende Voraussetzung für eine Wertschöpfung ohne Arbeit.« (35)

Eine buchstäbliche Lektüre von Faust II erlaubt es, alle Kräfte der Magie, die Goethe in der Wirtschaft am Werk sieht, zu benennen – dazu gehören prominent die menschlichen Leidenschaften: das Gefühl der Habgier, im Drama verkörpert durch Habebald und Eilebeute, daneben treten Geiz (Haltefest) und die nackte Gewalt (Raufebold) auf. Als weitere Kräfte inventarisiert Binswanger »die Imagination, mit der es möglich ist, die vergrabenen Bodenschätze in (Papier-)Geld zu verwandeln; es geht um die Vorstellung von der Deckung des Papiergeldes durch das vergrabene Gold; – die Impression durch die staatliche Macht, die das (Papier-)Geld legitimiert; [...] – die Erweiterung des menschlichen Bewegungsraums durch die Transportmittel, die Multiplikation der Geschwindigkeit; – die Erweiterung der Produktionskräfte durch die nicht-menschliche Energie, die Multiplikation der Arbeit; – die Erfindungsgabe und der technische Fortschritt.« (46f.)

Binswanger prägt in der Spur Goethes ein zitables Bonmot: »(D)ie moderne Wirtschaft (ist, K.H.) eine Fortsetzung der Alchemie mit anderen Mitteln.« (56) Die Faszination der Wirtschaft besteht in der Denkbarkeit und Realisierbarkeit des ewigen Fortschritts und des ewigen Wachstums. (61) Die Verlustrechnung fällt freilich nicht eben klein aus: ein (partieller) Verlust der (irdischen) Schönheit und die zunehmende Sorge, die den Genuss verdirbt.

Drei Wege zur Überwindung der Vergänglichkeit und der Zeit nennt der Geheimrat Goethe: die Wissenschaft, die Kunst und die Wirtschaft. Und die Wirtschaft ist der breiteste und damit bequemste Weg. Basis der Geld-Alchemie ist die menschliche Kunst, sich in der Distanz von und in der Ausbeutung der Natur eine eigene Welt zu schaffen (vgl. 82). Der Stein der Weisen der Wirtschaft ist »das Geldkapital, durch das alles verbrauchbare Material, das die Erde bereithält, in Geld verwandelt – mit Geldgewinn verkauft – werden kann.« (127)[16]

Der personifizierte Stein der Weisen ist schließlich Faust selbst, der alles in Geldwert umsetzt. Offenbar fühlt sich das gut an, denn die Habgier triumphiert gegenüber der (im Drama personifizierten) Sorge. Faust: »Es kann die Spur von meinen Erdentagen / Nicht in Äonen untergehen.«[17] Der belesene, leicht verwilderte Protestant Goethe hat diesen Satz durch die Piratisierung einer Korintherbrief-Stelle entworfen: »Ist nun unser Evangelium verdeckt, so ist's

16 In seinen späteren Werken hat Binswanger eine nichtmagische Wirtschaft zu skizzieren versucht: Binswanger (1998; 2006; 2009).

17 Goethe (1994: 446).

denen, die verloren werden, verdeckt; bei welchen der Gott dieses Äons der Ungläubigen Sinn verblendet hat, dass sie nicht sehen das helle Licht des Evangeliums von der Klarheit Christi, welcher ist das Ebenbild Gottes.« (2. Kor 4,3f.) Nicht ohne Ironie lässt Goethe seinen Faust durch die Sorge erblinden und die Geräusche, die auf fleißige Arbeiter deuten lassen, die Land gewinnen, rühren her von den Spatenstichen für das eigene Grab.[18]

Parallel zur magischen Aufladung der Ökonomie lässt sich auch eine Ökonomisierung der Religion ausmachen. Im Mittelalter entsteht bekanntlich das ausgeklügelte System der Tarifbuße: Welche Bußleistungen müssen erbracht werden, um Sünden zu tilgen? Die pekuniär gewieften Theologen erstellen detaillierte Bußleistungsregister für jedes denkbare Vergehen. Clever und smart ausgedacht und ausgeführt wird zusätzlich die Idee einer stellvertretenden Buße: Nicht der Sünder selbst muss die Buße leisten, sondern Freunde oder Verwandte können stellvertretend die Buße ausführen. Der florierende Ablasshandel[19] war nichts anderes als eine freundliche Übernahme des in Italien entdeckten bargeldlosen Zahlungsverkehrs in die Sünden-Kreditwirtschaft. Dagegen ist Luther[20] bekanntlich zu Felde gezogen.[21]

2. Der schamgeschulte Homo oeconomicus

In meiner Grundlegung habe ich ein Korrelationsmodell von philosophischer und theologischer Ethik vorgeschlagen, die über den Gehsteig verwandter anthropologischer Grundüberzeugungen in ein Gespräch finden. Dieses auf

18 Dass die Seele von Faust in Goethes Tragödie (1994: 453f.) doch noch gerettet wird, gelingt übrigens deshalb, weil Mephistopheles von den knackigen Hintern der Engel abgelenkt wird.
»Sie wenden sich. – Von hinten anzusehen! –
Die Racker sind doch gar zu appetitlich.
[...]
Die hohe Seele, die sich mir verpfändet,
Die haben sie mir pfiffig weggepascht.«

19 Dazu Graeber (2012: 338f.).

20 Vgl. auch Jüngel (1997: 532-552).

21 Bis in die Gegenwart hinein hat die ökonomische Metaphorik auch innerhalb der theologischen Wissenschaft Einzug gehalten; virulent wurde sie, als 1963 der Religionssoziologe Peter L. Berger (1963: 77-93) seinen inzwischen klassischen Aufsatz »A Market Model for the Analysis of Ecumenicity« publizierte, der nicht unwesentlich zur Institutionalisierung der akademischen Disziplin *Religious Economics* beitrug. »Wie jedes andere Unternehmen müssen auch Religionskonzerne ihre *corporate identity* pflegen, den eigenen Markennamen profilieren, die Qualität ihrer Güter und Dienstleistungen sichtbar machen. Genau dazu dient unter den Bedingungen des Pluralismus das neue Konfessionsbranding«. Graf (2014: 38) Brand 1 will seither jeder Religionskonzern sein. Gernot Böhme (2016: 114) erinnert in seinem Essayband *Ästhetischer Kapitalismus* an einen Auftritt des Architekten der Autostadt Wolfsburg, Gunter Henn, auf dem Kirchentag 2002 in Leipzig, der den Theologen empfahl, das Christentum als *ultimate brand* zu entwerfen.

Hierarchie verzichtende Modell muss sich auch in den Bereichsethiken bewähren. Prima facie allerdings scheint das jeder ökonomischen Rationalität eigentümliche Nutzen- und Effizienzkalkül mit selbstloser christlicher Nächstenliebe unvereinbar. Sofern man sich nicht als Anhänger des aus der Mode gekommenen *Ökonomismus* versteht, der, sich selbst immunisierend, auf der radikalen Eigengesetzlichkeit ökonomischen Handelns beharrt[22], lassen sich mindestens *vier Modelle der Zuordnung* unterscheiden.[23]

Einer der führenden deutschen Wirtschaftsethiker und zugleich energischer Verteidiger der Sozialen Marktwirtschaft, Karl Homann, hat im Anschluss an spieltheoretische Überlegungen folgende These aufgestellt: »Der systematische Ort der Moral in einer Marktwirtschaft ist die Rahmenordnung. [...] Die moderne Wirtschaft ist ein – zumindest – zweistufig ausdifferenziertes Handlungssystem mit Spielregeln und Spielzügen, indem Moral und Effizienz paradigmatisch auf unterschiedlichen Ebenen und dadurch simultan abgearbeitet werden können: die Effizienz in den Spielzügen, die Moral in den Spielregeln.«[24] Homann will nichts weniger, als die »Soziale Marktwirtschaft als Einlösung der abendländischen Solidaritätsmoral«[25] vorstellen. Die Spielregeln, so die Idee, garantieren, dass der wirtschaftliche Eigennutz solidarisch gebündelt wird. Am Primat der ökonomischen Vernunft wird freilich nicht gerüttelt, und damit droht immer die Gefahr, letztlich der pekuniären Rationalität doch unkritisch zu folgen.

In einem Positionspapier der EKD zur Finanzkrise gibt es deutliche Berührungen mit der Position Homanns, erweitert um die Vokabel *ökologisch*: »Eine sozial, ökologisch und global verpflichtete Marktwirtschaft ist moralisch weit anspruchsvoller, als im Allgemeinen bewusst ist. Der individuelle Eigennutz, der ein tragendes Strukturelement der Marktwirtschaft ist, kann isoliert zum zerstörerischen Egoismus verkommen. Über die politische und wirtschaftliche Rahmensetzung hinaus ist es eine kulturelle Aufgabe, dem Eigennutz eine gemeinwohl-verträgliche Gestalt zu geben. Die Balance zwischen persönlichem Wohlergehen und sozialer und ökologischer Verantwortung geht jeden an. Sie ist nicht zuletzt eine Frage des Lebensstils.«[26] Gut protestantisch wird als Ursache der Krise in der Finanzbranche der Freiheitsmissbrauch, der immer mit

22 Jähnichen (2015: 331-400).

23 Dazu bereits hellsichtig Dietzfelbinger (1998).

24 Homann/Blome-Drees (1992: 35). Siehe dazu auch Homann/Suchanek (2005); von Pierer/Homann/Lübbe-Wolf (2003); Mack (2008: 143-155); Hübner (2012b: 235-269); Bedford-Strohm (2010); Rodenstock/Huber/Uhl/Goldschmidt (2010); Emunds (2011: 21-35). Immer noch ein Klassiker zum Thema ist die zweibändige Wirtschaftsethik von Rich (1987).

25 Homann/Blome-Drees (1992: 111).

26 EKD (2009: 8).

Verantwortungslosigkeit einhergeht, ausgemacht: Politisch wurden falsche Freiheiten gewährt und die Regulierung der Finanzprodukte unterlassen[27]; wirtschaftlich erlag man dem Selbstbetrug, die Risiken einschätzen zu können; individuell diente die Freiheit nur dem Eigeninteresse; der grassierenden Mentalität des schnellen Geldes hat man sich nicht entschieden widersetzt.[28]

Homanns Verortung der Ethik unter dem Regime der Wirtschaft wird heftig bekämpft von Peter Ulrich und seinen Schülern, die einen Primat der Ethik vor der Ökonomie einfordern. Ethik ist in dieser Lesart also zunächst und zumeist Kritik der Ökonomie, sofern diese sich einseitig der als wertfrei apostrophierten ökonomischen Rationalität bedient. Ulrich fordert eine *Wirtschaftsethik als Wirtschaftswissenschaft*[29] und somit eine »Transformation der ökonomischen Vernunft«[30]. Diskursethische Elemente werden eingesetzt, um Mitspracherechte aller Betroffenen einzuklagen. Wirtschaftsethik soll Wirtschaftsbürgerethik in einer (globalen) Wirtschaftsbürgergemeinschaft werden.[31] Die Stärke dieses Ansatzes besteht darin, die systemische ökonomische Rationalität durch die kommunikative Vernunft aufbrechen zu wollen – ob diese Umwidmung freilich gelingt, muss offen bleiben, weil bisher nicht erkennbar ist, wie die ökonomische Sachlogik künftig aussieht.[32]

Eilert Herms steht innerhalb der (evangelischen) Wirtschaftsethik für eine Verzahnung von ethischer und ökonomischer Rationalität über eine normative Anthropologie. Sinn macht diese Zugangsweise freilich nur, sofern man deutlich machen kann, dass in wirtschaftsethischen Kontexten der Mensch noch Aktant ist und nicht etwa nur Systeme als Aktanten auftreten. »Für die wirtschaftliche Interaktion gilt wie für jede Interaktion, dass sie sich nicht über die Köpfe der interagierenden Einzelnen hinweg vollzieht, sondern durch die Entscheidungen aller Interaktanten hindurch. Damit ist auch nicht ausgeschlossen,

27 Dazu Hübner (2012a: 187-196); Ders. (2009).

28 Ein Lob auf die neoliberale Freiheit bringt aus Hank (2012).

29 In diesem Buchtitel (1988) kommt Ulrichs Ansatz sehr gut zur Darstellung. Vgl. auch: Ders. (2002). Zur Kurzcharakteristik von Ulrich siehe auch Jähnichen (2015).

30 Ulrich (1987).

31 Ulrich (2010). Den Sachstand der Diskussion inventarisiert sehr präzise Oermann (2014: 411-426); Ders. (2007).

32 Josef Wieland (1996) schlägt dagegen vor, Ethik und Ökonomik so aufeinander zu beziehen, dass Normenkonflikte durch wechselseitige Restriktionen ausbalanciert werden können, nur so glaubt er der ausdifferenzierten Gesellschaft gerecht werden zu können. »Die theologische Wirtschaftsethik muß dabei auf der Lebensdimension als der fundamentalsten Orientierungsebene insistieren. [...] Lebensorientierungen aber haben ihre Wurzeln in kulturellen und religiösen Überlieferungen und sind nur von dorther zu erhellen.« (Wieland 1998: 173) Das ist eine durchaus berechtigte Einschätzung, dürfte aber die Ökonomen nicht freudig zur Zustimmung verleiten. Das fällt leichter, wenn man ganz positiv auf den ökonomischen Eigennutz zu sprechen kommt, wie ich vorschlagen werde.

dass die Wirtschaftsethik über die ökonomischen Interaktionen einzelner Funktionsträger hinaus auch die Entwicklung ganzer wirtschaftlicher Systeme und Interaktionsordnungen thematisiert. Aber sie tut das im Wissen darum, dass und wie diese Entwicklung der Systeme selbst aus den Entscheidungen der in ihnen – mit unterschiedlichem Einfluss – interagierenden einzelnen Positionsinhaber resultiert. Sie widersteht aber der Versuchung, die Interaktionsordnung selbst zu Handlungsautoren zu erklären: Systeme handeln nicht.«[33] Herms überlässt es nicht einfach der Politik, die Rahmenbedingungen vorzugeben, sondern präsentiert mit breiter Brust die *Theologie als Orientierungswissenschaft* und verweist damit auch die Ökonomie an das »Religions- bzw. Weltanschauungssystem (System der Kommunikation von motivierenden Lebensüberzeugungen).«[34]

Systemisch ist das klug gedacht, aber offenbar funktioniert die Zuordnung der Sphären von Ökonomie, Politik, Religion und Wissenschaft, die Herms als »technisch orientierende Gewissheit« begreift[35], nicht mehr, zumindest die Ökonomie ist in eine – vielleicht auch politisch gewollte – dominante Position aufgestiegen. Erst jetzt, in der Krise, wird nach Orientierung gerufen, genauer: nach einer »moralbestimmte(n) Zielstrebigkeit ökonomischer Interaktion«.[36] Problematisch wird dieser Vorschlag, wenn Herms eine in sich geschlossene Weltanschauung und religiöse Position einfordert, die Gewissheit über die normative Bestimmung des Menschen garantiert. Zwar erkennt Herms durchaus eine »prinzipielle Strittigkeit jeder inhaltlich bestimmten Überzeugung von Natur und Bestimmung des Daseins«[37] an, eine Pluralisierung von Weltanschauungen[38] darf aber nach Herms nicht zu einer Neutralisierung der Ansprüche führen. Zumindest für das Christentum kann Herms diese Gewissheit über die Bestimmung des Daseins vollmundig unterstellen, auch wenn sie nicht andemonstriert werden könne: »Das ist eine der tiefsten Einsichten gerade der theologischen Kommunikationstheorie (verstanden als Teil der Pneumatologie).«[39]

33 Herms (2008a: 140); Ders. (2004).

34 Herms (2008a: 138).

35 Herms (2008a: 138; Schaubild).

36 Herms (2008a: 139).

37 Herms (2008a: 159).

38 Auch die exegetische Wissenschaft hat sich inzwischen intensiv mit der Pluralisierung der Menschenbilder in der Bibel beschäftigt. Exemplarisch möchte ich nennen: Janowski (2003); Ders. zusammen mit K. Liess (2009b); darin mit D. Bester (3-40). Vgl. dazu den scharfsinnigen Einwurf von van Oorschot (2010: 1-41). Siehe dazu auch van Dülmen (2001); Winterling (2006); Wulf (2004).

39 Herms (2008a: 145). »Die ethische Reflexion kann von sich aus keine innerlich verbindliche Überzeugung von Natur und Bestimmung des Daseins erzeugen, kein Ethos, keine handlungsleitende

Traugott Jähnichen ist sehr viel kulanter, wenn er gar nicht erst die *Theologie als Orientierungswissenschaft* andienen will, sondern klug für einen Dialog plädiert und »Wirtschaftsethik prozessorientiert als ein methodisch reflektierter, kontinuierlich voranzutreibender interdisziplinärer Dialog von Ökonomik und Ethik«[40] vorstellt. »Dieser Dialog kann sich für alle Beteiligten als produktiv erweisen, wenn sie auf den ›blinden Fleck‹ ihrer jeweiligen Beobachterperspektive hingewiesen werden, indem die Ökonomik auf die Relevanz normativer Gehalte und die Ethik auf die Bedeutung der Ökonomik zur Erklärung menschlicher Verhaltensmuster und als Anwendungsbedingung ethisch begründeter Überlegungen aufmerksam gemacht wird.«[41] Nachdrücklich argumentiert Jähnichen für eine »Dialogkonzeption«, die auf »Formen sinnparalleler Argumentation« setzt.[42]

Die von mir vorgeschlagene Anthropologie, die sich an der Psychodynamik von Schamsituationen orientiert, setzt auf eine Ausbalancierung und »Harmonie der Affekte«[43] aller Beteiligten oder einen gereinigten Gefühlsraum (Schmitz). Weil die Scham die Harmonie der Affekte stört und die Balance aus dem Gleichgewicht bringt, gehört es zur Kunst der Lebensführung, mit vorweggenommener Scham Krisen präventiv zu kurieren. Ein biblischer Text demonstriert diese Kunst am Beispiel kluger Haushaltsführung, wehrt hintersinnig eine vorschnelle *Dämonisierung des Geldes* ab und lässt der in theologischen Debatten immer vorschnell vor Gericht gezogenen Selbstliebe partiell Recht widerfahren.[44] Das *Gleichnis vom unehrlichen Verwalter oder klugen Haushalter* drängt sich hier förmlich als Sehhilfe auf.

Ist es aber nicht peinlich naiv, einen biblischen Text zur Krisentherapie anzubieten? Was leistet ein biblischer Text für spätmodern ausdifferenzierte Gesellschaften? Ein Rekurs auf biblische Texte ist überhaupt nur angemessen, wenn, so treffend Eilert Herms, »der biblischen Tradition überhaupt eine maßgebliche Rolle für das Selbstverständnis von Menschen und für die eigenverantwortliche Führung ihres Lebens zuerkannt wird.«[45] Eilert Herms ernüchtert die Leserin in einem Essay zunächst mit der Feststellung: »Einzelanweisungen (Befehle) für den gegenwärtigen Teilnehmer an ökonomischen Interaktionen bietet der christliche Kanon

Herzensüberzeugung schaffen. Sie kann lediglich im Horizont eines schon gegebenen Ethos aufklärend wirken.« (156).

40 Jähnichen (2015: 342).

41 Jähnichen (2015: 342).

42 Jähnichen (2015: 342).

43 Tugendhat (1993: 296).

44 Ich verwende dieses Gleichnis – wie die Romane – als ethische Wahrnehmungsschule.

45 Herms (2008a: 145).

überhaupt nicht«,[46] weil die biblischen Regeln ökonomischer Interaktion sich auf eine »stationäre Bedarfsdeckungswirtschaft«[47] beziehen[48]: »Ein solcher Wirtschaftstyp hat bis ins Mittelalter auch in Europa geherrscht. Er ist aber inzwischen einer anderen Wirtschaftsordnung gewichen, [...] nämlich der arbeitsteiligen dynamischen Marktwirtschaft. Die Grundregel für die stationäre Bedarfsdeckungswirtschaft lautet: Man hat kein Eigentum über die ›wirklichen Bedürfnisse‹ hinaus zu erwerben. Aber für die Interaktion einer dynamischen Marktwirtschaft gilt genau dieses Grundgebot der ökonomischen Interaktion nicht mehr.«[49]

46 Herms (2008a: 146).

47 Herms (2008a: 148).

48 Ganz ähnlich schärft Meckenstock (1997) ein: »Innerhalb der biblischen Zeugnisse gibt es keine ausformulierte Wirtschaftsethik, die im Sinne eines Biblizismus einfach auf die gegenwärtige Problemlage angewendet werden könnte. Es gibt auch keine wirtschaftsethischen Prinzipien, die eine kasuistische Rubrizierung der gegenwärtigen Probleme erlaubten und dann auch die entsprechenden Lösungen vorschrieben. Wohl aber gibt es einige das Wirtschaften betreffende Anweisungen und Perspektiven, die als moralische Motive in der christlich geprägten Kultur höchst wirksam gewesen sind.« Als kulturgeschichtlich wirksame biblische Motive nennt Meckenstock die Reichtumskritik, die Armensorge, die Aufforderung zur eigenen Arbeit, Eigentumsschutz und das Ideal der Gütertrennung in der Urgemeinde. Theologisch argumentiert Meckenstock in den bekannten Rastern: »Das christliche Gottesbewußtsein ist wesentlich Vertrauen in die versöhnende Liebe Gottes, die in Jesus als dem Christus wirklich geworden ist. Diese neue Wirklichkeit befreit die Glaubenden vom Zwang zur Selbsterlösung, gibt Freiheit von der Eigensucht und dem Selbstwiderspruch, schenkt ein neues Lebenszentrum.« (138) »Die theologische Ethik muß in besonderer Weise den Liebesgedanken ins Zentrum stellen. [...] Das von der Liebe gestiftete Mitsein wirkt selbst steuernd auf die Entwicklung und Gestaltung der Liebe ein. [...] Der Gedanke der göttlichen Liebe gibt die Motivation der göttlichen Tätigkeit und damit auch der menschlichen Tätigkeiten an, die auf diese göttliche Liebe antworten.« (139) Meckenstock bietet in seiner Wirtschaftsethik Konkretionen, zunächst eine hamartiologische Konkretion: Christlicher Glaube bearbeitet die Erfahrung des Bösen, deshalb fordert Meckenstock einen Einsatz für die »Minimierung von Mißbrauch und Gefahrenpotential«! (141) Aus dem Topos der Geschöpflichkeit und der Erfahrung, dass Gott die Welt in Liebe trägt, folgen Forderungen zur Bewahrung des »menschlichen Tätigseins vor Überforderung« und eine Begrenzung auf das »Lebensförderliche«. Die Unterscheidung von Welt (Zeitlichkeit) und Gott (Ewigkeit) »befreit das Wirtschaften aus der Atemlosigkeit der Aktualitätshascherei und verpflichtet auf die Berücksichtigung kommender Zeiten und Generationen.« (144) Gottesbeziehung heißt auch immer Gemeinschaftlichkeit: »Der Gedanke der Gemeinschaftlichkeit meint ethisch die soziale Horizontausdehnung auf die Schwachen, Alten und Fernen. Dieser Aspekt thematisiert die soziale Verpflichtung der Wirtschaftenden für diejenigen, die nicht am Wirtschaftsprozeß in gleicher Weise aktiv teilnehmen können.« »Liebende zielen in ihrem Tun auf das Gedeihen der Gemeinschaft, auf das Offenhalten der Zukunft für alle Mitglieder.« (145) Zentral positioniert wird der Liebesgedanke: »Der Liebesgedanke hat für die auf Tausch beruhende Wirtschaftsvollzüge eine kritische Funktion. Die symmetrische Wechselseitigkeit der Tauschbeziehung (do ut des) muß für das Gedeihen des sozialen und individuellen Lebens korrigiert werden durch die partielle Asymmetrie von Solidarbeziehungen. Diese Asymmetrie, die sich im Einstehen der Stärkeren für die Schwächeren zeigt und an die Stelle des Tausches auch das Geschenk setzen kann, befreit alle Beteiligten aber nicht von der Aufgabe, symmetrische Beziehungen anzustreben.« (146)

49 Herms (2008a: 148).

Um hier voranzukommen, hilft nur die Suche *nach biblisch tradierten wirtschaftlichen Interaktionsregeln, die eine universale Reichweite* haben. Herms entdeckt deren zwei. Da ist zunächst die ›Regel der Gerechtigkeit‹[50]: »Diese Grundregel des gerechten Wirtschaftens zielt nicht auf die Gleichheit des Besitzes, sondern auf etwas anderes: nämlich die Regeltreue in der Interaktion, den Verzicht auf die Übervorteilung und die Wahrung einer gleichberechtigten Reziprozität aller Beteiligten.«[51] Die goldene Regel der Gerechtigkeit aus Mt 22,39: »Du sollst deinen Nächsten lieben wie dich selbst«, findet damit auch in der Ökonomie Anwendung.

Als zweite Regel identifiziert Herms »die Regel der bewussten Relativierung des Wirtschaftens auf die Bedingungen und Ziele der Gesamtexistenz«[52], wie sie vor allem die reflexhaft zitierte Textstelle aus Mt 6,24 anmahnt: »Ihr könnt nicht Gott dienen und dem Mammon.« Von hier aus kommt Herms zu einer sehr weit gefassten Rede einer Bestimmung des Menschen, nämlich als »die bewusste, von Erkenntnis und Anerkenntnis getragene Ganzhingabe an den souveränen Herrn der Welt, dessen schöpferischer Liebe er sich ganz verdankt. Und sie relativiert die wirtschaftliche Interaktion und alle wirtschaftlichen Güter auf dieses Lebensziel.«[53] Diese Relativierung freilich, das übersieht Herms, wird biblisch eingespielt über die Schamerfahrung.

Ideal verdichtet wird das biblische Ethos in Wirtschaftsfragen im *Gleichnis vom klugen Haushalter* (Lk 16,1-8a), das, wie zu zeigen, auch für gegenwärtige Debatten erstaunlich aufschlussreich ist – obwohl etwa die magischen Tendenzen des Geldes in der Bedarfsdeckungswirtschaft zu Jesu Lebzeiten noch nicht entdeckt waren. Von hier aus lassen sich durchaus auch Klugheitsregeln für heutiges Wirtschaften erstellen. Zunächst einmal verstört und schockiert der Text, denn offenbar wird vom Autor Korruption gutgeheißen.

16,1 Es war ein reicher Mann, der hatte einen Verwalter, der wurde bei ihm
beschuldigt, er verschleudere ihm seinen Besitz. 2 Und er ließ ihn rufen und sprach
zu ihm: Was höre ich da von dir? Gib Rechenschaft über deine Verwaltung: denn
du kannst hinfort nicht Verwalter sein. 3 Der Verwalter sprach bei sich selbst: Was
soll ich tun? Mein Herr nimmt mir das Amt; graben kann ich nicht, auch schäme

50 Ez 45,9ff.; 46,18ff.

51 Herms (2008a: 149).

52 Herms (2008a: 150). Herms erinnert auch an eine Stelle aus dem Jakobusbrief, 4,13-16: »Wohlan nun, die ihr sagt: Heute oder morgen wollen wir gehen in die oder die Stadt und wollen ein Jahr da liegen und Handel treiben und Gewinn machen; die ihr nicht wisst, was morgen sein wird. Denn was ist euer Leben? Ein Dampf ist's, der eine kleine Zeit währt, danach aber verschwindet er. Stattdessen sollt ihr sagen: So der Herr will und wir leben, wollen wir dies oder das tun. Nun aber rühmt ihr euch in eurem Hochmut. Aber solcher Ruhm ist böse.«

53 Herms (2008a: 152).

ich mich zu betteln. [4]Ich weiß, was ich tun will, damit sie mich in ihre Häuser aufnehmen, wenn ich von dem Amt abgesetzt werde. [5]Und er rief zu sich die Schuldner seines Herrn, einen jeden für sich, und fragte den ersten: Wieviel bist du meinem Herrn schuldig? [6]Er sprach: Hundert Eimer Öl. Und er sprach zu ihm: Nimm deinen Schuldschein, setz dich hin und schreib flugs fünfzig. [7]Danach fragte er den zweiten: Du aber, wieviel bist du schuldig? Er sprach: Hundert Sack Weizen. Und er sprach zu ihm: Nimm deinen Schuldschein und schreib achtzig. [8a]Und der Herr lobte den ungetreuen Verwalter, weil er klug gehandelt hatte.

Die Kunst der Verknappung ist in diesem Gleichnis – die Lust an diesem Text nimmt nie ab, schwillt eher an – auf einen Blick zu genießen: Der Text arbeitet ohne Rüschen, überzeugt durch seine gleichermaßen satirische und pädagogische Theatralität, anders gewendet: Dieser Text bietet ein Miniaturdrama, das für den Hörer/Leser in der Pointe zu einer *affektiven Begegnung mit einer höchst unerwarteten Kehre* einlädt. Auf engstem Raum wird hier eine Verdichtung der weisheitlichen Lebensdeutung vorgespielt, die zum Mitspielen auffordert. Darin sehe ich die Grandezza dieses Textes, nicht im Stile der nüchternen *Disputatio,* ethische Fragen zu entscheiden, sondern *durch die szenische Präsentation das Okular* umzustellen. In der Geschichte hat der Unternehmer zwar formal das letzte Wort, aber es ist die Bestätigung der neuen, besser: der wiedereroberten Sicht auf die von Scham und Ehre, sozialem Kapital und Anerkennung organisierten Gemeinschaft. Roland Barthes hat in seinem Jahrhundert-Buch *Fragemente einer Sprache der Liebe* treffend formuliert: »(I)m Raum der Rede nimmt der zuletzt Sprechende einen obersten Rang ein, der, nach einem genau geregelten Privileg, von den Professoren, den Präsidenten, den Richtern, den Bekennern mit Beschlag belegt wird: jeder Sprachkampf (die μαχή der alten Sophisten, die *disputatio* der Scholastiker) zielt auf die Inbesitznahme dieses Ranges ab; mit dem letzten Wort zerstöre, ›erledige‹ ich den Gegner, füge ihm eine tödliche (narzisstische) Wunde zu, bringe ich ihn zum Verstummen, schneide ihm die Rede ab.«[54] In diesem Sinne ist das

54 Barthes (2015: 210). Der gelernte Calvinist Barthes schreibt im *Tagebuch der Trauer:* »Das Christentum: die Kirche: ja, wir (seine Mutter und er, K.H.) waren sehr dagegen, als sie mit dem Staat, der Macht, dem Kolonialismus, der Bourgeoisie etc. verbunden war. Doch neulich eine Art Evidenz, von der Art: *im Grunde* … Ist sie es noch? Und ist sie nicht im Zirkus der Ideologien, der Moralsysteme der einzige Ort, wo man noch ein wenig an *Gewaltlosigkeit* denkt? Was mich jedoch deutlich von ihr trennt, ist der Glaube (und natürlich die Sünde). Aber kommt es darauf an? Ein Glaube ohne Gewalt (ohne Militanz, ohne Proselytentum)?« (262). Barthes beschäftigt sich auch eingehend mit der Möglichkeit eines calvinistischen Romans. So heißt es in einer Notiz vom 13. Juli 1979: »Kann man das im Zusammenhang mit einer Art Infusion calvinistischer Moral sehen? Gibt es calvinistische Romanschriftsteller? (Rousseau, *Heloïse*?) Und habe ich wirklich einen Unterbau calvinistischer Moral? Wenn, dann nicht über den Katechismus, sondern durch Mam.s undefinierbare Moral (eine ›Art‹, ein ›Habitus‹).« Zitiert nach der eindringlichen Biographie von Tiphaine Samoyault (2015: 813). Den unter dem Titel *Vita Nova* geplante Roman sollte Zeugnis ablegen von der Liebe zu seiner Mutter: »(Ich) erhoffte mir

letzte Wort des Unternehmers eher eine Selbstentsocklung, die mit einer Entdämonisierung des Geldes (und eines Unternehmers oder Wirtschaftlers) einhergeht.[55] Die Moral dieses Textes steckt auch in der theatralischen Form. Selbstredend.

Der Verwalter, so die Pointe, kürzt die Schulden aus Eigeninteresse, weil er sich, vom reichen Mann mit Kündigung bedroht, für seine Arbeitslosigkeit und den Gesichtsverlust *schämen* wird. Sein soziales Kapital steht vor der Totalabwertung. Diese *vorweggenommene Scham* ist sein Handlungsmotiv. Der Leser erwartet natürlich, dass der Herr oder Unternehmer des Verwalters erbost auf diese Form des Schuldenerlasses reagiert. Das Gleichnis spielt lustvoll mit dieser Erwartung und enttäuscht sie prompt und nachhaltig. Denn der Unternehmer lobt plötzlich den Verwalter. Der verdutzte Leser fragt nach einer Erklärung, wieso der Unternehmer entgegen der Lesererwartung reagiert. Was der Leser/Hörer als korruptes Handeln deutet, definiert der Erzähler als »klug«.[56] Dies deshalb, so meine Interpretation, weil die Tat des Verwalters mit der Teil-Entschuldung eine allseitige Harmonie und Entdämonisierung des Geldes erzeugt und eine *neue Harmonisierung der Affekte* oder einen resonanten Gefühlsraum erzeugt:

1. Der Besitzer oder Unternehmer, vulgo: der reiche Mann, wird von seinen Schuldnern nun positiv gesehen, weil er nicht dämonisch am Geld hängt, sondern Schulden jenseits einer üblichen ökonomischen Gerechtigkeitslogik[57] erlassen kann, ohne dass es ihm deshalb persönlich künftig

vom ›Roman‹ eine Art Transzendierung des Egotismus, insofern das Benennen jener, die man liebt, nichts anderes heißt als bezeugen, dass sie nicht ›umsonst‹ gelebt (und sehr oft auch gelitten) haben.« (Samyoault 2015: 814). Roland Barthes hat die Frage nach dem höchsten Gut mit einer herrlichen Pointe belegt: Für ihn war das höchste Gut personal inkarniert in seiner Mutter: »Wieso Mam, in allem, was ich geschrieben habe, gegenwärtig ist: weil überall die *Idee eines Höchsten Gutes* darin erhalten ist.« (Barthes 2010b: 141; Hervorhebung von mir, K.H.). »Bei ihr gab es nie eine Metasprache, eine Pose, ein gewolltes Bild. Genau das ist ›Heiligkeit‹.« So Roland Barthes im *Tagebuch der Trauer* über seine Mutter (2010b: 219). In seinen letzten Texten, in denen er von seiner lebenslangen Scham berichtet, im Wissenschaftsbetrieb nur ein ›Kasper‹ (Samoyault 2015: 816) zu sein, setzt er schließlich auf Pathos, genauer auf das Mitleiden oder das Mitgefühl. (Samoyault 2015: 819). Barthes fordert eine Ethik des Schreibens (Samoyault 2015: 826), die Räume des Spiels für ein neues Leben erkundet. Als *Ethik des Schreibens* deute ich auch die Kunst der biblischen Schriftsteller.

55 Jesu Bergpredigten sind in diesem Sinne nicht von einem auktorialen Gestus geleitet, sondern theatral zu deuten.

56 Auch auf dieses Gleichnis trifft zu, was Lukas (Bormann 2012: 78) anhand anderer Gleichnisse herausstellt, denn auch hier werden auf den ersten Blick »nicht völlig plausible, teilweise sogar ethisch anstößige Überlegungen und Handlungen in den Mittelpunkt gestellt«.

57 David Graeber (2012: 90) hat die Sentenz aus dem Vaterunser: *Vergib uns unsere Schuld, wie auch wir vergeben unseren Schuldigern* sehr alltagspragmatisch gedeutet: Die meisten Christen sind sich «bewusst, wenn sie dieses Gebet sprechen, dass sie ihren Schuldigern in der Regel nicht vergeben. Warum sollte Gott ihnen dann ihre Sünden vergeben?« Für Graeber ist Jesus deshalb eine »so beunruhigende

schlecht geht. Er übt einen *freien Umgang* mit seinem Geld, weil er Nutzen für sich darin sieht und auf gesteigertes Ansehen, also einen *Zuwachs an symbolischem Kapital* rechnen darf. Er gewinnt beträchtlich an Achtung und Anerkennung und stabilisiert seine Position.

2. Die Schuldner sind vom Schuldendruck entlastet, im *Gegenzug motiviert diese Befreiung zu neuem, engagiertem Handeln.* Anders gewendet: Die Schuldner werden erneut zu wirtschaftlichem Handeln befähigt. Ihnen werden *Spielräume erschlossen* durch ein Verhalten, das die Schuldner zu einer erneuten *Teilhabe am Wirtschaftsleben* ermächtigt. Das aufgereizte Klima wird befriedet und Freiheit hält in diesem Milieu Einzug.

3. Der Verwalter, der die Situation richtig, sprich: klug eingeschätzt hat, verschafft sich *Ansehen sowie Freunde*, und man kann davon ausgehen, dass er seinen Arbeitsplatz behält. Aus kalkuliertem Eigeninteresse entsteht etwas Gutes – das darf man durchaus eine *List der Klugheit* nennen. *Eine win-win-win-Situation entsteht.*

Diese durch eine vorweggenommene Schamerfahrung vollzogene *Entdämonisierung des Geldes* wird durch die Entlastung der Schuldner erreicht. Allerdings: Diese Form von Entschuldung ist keine generelle Entschuldung, wie sie etwa im Sabbatjahr angemahnt wird[58], die Schulden werden vielmehr auf ein erträgliches Maß reduziert. *Die Erzählung horizontalisiert keinen radikalen Neuanfang, sondern der Neuanfang besteht im Aufbrechen von dämonisierten Strukturen.*

Die theologischen Argumentationsfiguren des Positionspapiers der EKD zur Krise der Ökonomie und der Finanzbranche sind dagegen eher erwartbar, ohne jede Raffinesse und ängstlich pointenlos: »Wer sein Vertrauen auf Gott setzt, der wird in allem, im Glück und im Unglück, Gott begegnen und seinen Geboten folgen. […] Gerade in der Krise können die biblischen Einsichten in die Verführbarkeit und Schuldverstrickung des Menschen, die Erzählungen

Figur«, weil Graeber nicht entscheiden kann, ob Jesus diese Sätze als Handlungsanweisungen versteht oder als asymmetrische Forderung, die er uns ins Gesicht schleudert, damit wir »höchstens auf eine Rettung in einer anderen Welt hoffen können«? In die theologische Urteilsfähigkeit von Graeber setze ich wenig Vertrauen.

58 Angemahnt wurden in den Debatten zum Thema immer wieder die im Alten Testament (oder in der Hebräischen Bibel) vorgeschlagenen Schuldenerlasse (kleine Schuldenerlasse alle sieben Jahre, den großen Schuldenerlass alle fünfzig Jahre) zur Anwendung zu bringen. Historisch hat sich diese Regelung nicht bewährt. Diese Regelung führte sogar (Klapheck 2012) zu Hungersnöten, weil die Geldverleiher sich oft nicht trauten, Geld zu verleihen, da sie damit rechnen mussten, im Sabbatjahr die Schulden nicht eintreiben zu können.

von Zerstörung und Umbruch, aber auch die Botschaft von Errettung und Heilung Orientierung geben. Die Heilige Schrift macht deutlich: Wer sein Vertrauen auf Gott setzt, hat gute Aussichten, in Krisen standzuhalten.«[59]

Gebotsgehorsam und Gottvertrauen scheinen mir zu ungenau, wirken rührend hilflos und weltfremd, um in den aktuellen Krisen Empfehlungen an die Hand zu nehmen. Anders als das Positionspapier der EKD, das sich der Metaphorik von Credo und Kredit bedient und auf das gottgeschenkte Vertrauen setzt, argumentiert das Gleichnis aus Lk 16 gewitzter und *hoch kreativ*: Der Verwalter handelt aus wohlverstandenem Eigeninteresse. Ihn leiten gleichermaßen Angst und Scham, sprich: *Schamangst*. Und dennoch entsteht Gutes. Dass Gutes entsteht, ist aber davon abhängig, ob der Unternehmer den guten Effekt erkennt. Die Einsicht entstammt wirtschaftlicher Vernunft. Nochmals: Das Stichwort hier ist: »klug« (V.8), nicht Gottvertrauen. Als »klug« wird das Handeln bezeichnet, weil es dem Herrn oder Unternehmer einen Nutzen bringt, der offenbar über dem Materialwert der Schulden steht: *Ehre, Ansehen oder Milde* etwa. Sein symbolisches Kapital steigt immens. Kurz: Die Kraft, die zu einem Schuldenschnitt befähigt, ist ein kluges[60] – nicht dem Zwang der Dämonie ausgeliefertes – Abwägen von Gütern und Werten. So entsteht Gerechtigkeit und das heitere Denkbild eines wohlgestimmten Gefühlsraums.

Dieses *Modell der Kooperationsbefähigung* dient mir auch dazu, meine Schamethik im Angebotsspielraum der avancierten Gerechtigkeitstheorien zu verorten, denn »Gerechtigkeit«, so schärft Elisabeth Gräb-Schmidt ein, »ist der Horizont jedweden Lebens und Handelns. Der Begriff Gerechtigkeit besitzt damit für die Ethik in der gesamten abendländischen Tradition fundamentale Bedeutung. Das gilt nicht nur für die Theologie, sondern auch für die Philosophie.«[61] Gräb-Schmidt will gegen einen verfahrenstheoretischen Gerechtigkeitsbegriff wie den der Fairnessgerechtigkeit von John Rawls[62] jenen Gerechtigkeitsbegriff schärfen, der im Begriff der Solidarität (oder Barmherzigkeit) eine »radikale Verschiedenheit«[63] einholt und sich nicht ausschließlich am Gedanken der Proportionalität ausrichtet. »Solidarität impliziert die Anerkennung radikaler Verschiedenheit und verweist auf eine inhaltliche Bestimmung von Gerechtigkeit.«[64] Eine weiterführende inhaltliche Bestimmung

59 Rat der EKD (2009: 22). »Wenn die Kirchen öffentlich reden, orientieren sie sich an der Heiligen Schrift. Wir orientieren uns in der gegenwärtigen Krise an einem Wort aus dem Buch des Propheten Jesaja 30,8-15.« (»Durch Stillesein und Hoffen würdet ihr stark sein.«) Rat der EKD (2009: 11)

60 Anselm (2009: 4-7).

61 Gräb-Schmidt (2012a: 125-156, 128).

62 Vgl. Heinen (2009: 133-143); vgl. auch den an Rawls orientierten Entwurf von Oermann (2007).

63 Gräb-Schmidt (2012a: 141).

64 Gräb-Schmidt (2012a: 143).

glaubt Gräb-Schmidt in der Befähigungsgerechtigkeit, wie sie von Martha Carven Nussbaum[65], Amartya Sen[66] und von Peter Dabrock[67] vorgeschlagen wird, gefunden zu haben. Um die Inklusion derjenigen, die sich aktiv gar nicht beteiligen können, zu erreichen, spricht sie mit Christopher Frey von einer *Basisgerechtigkeit*[68].

Der Streit um die angemessene Gerechtigkeitskonzeption: Befähigungsgerechtigkeit und Verteilungsgerechtigkeit, Teilhabegerechtigkeit und Beteiligungsgerechtigkeit hat auch innerhalb der theologischen Wissenschaftsgemeinde beeindruckende Ergebnisse geliefert. Treffend finde ich die Einschätzung von Hans-Richard Reuter: »(N)ur, wenn Bürgerinnen und Bürger *ohne Scham und sprachfähig* den öffentlichen Raum betreten können, ist ihnen die Teilnahme am gesellschaftlichen Diskurs über die verbindlichen Normen einer gerechten Ordnung und über die anerkennungswürdigen Ziele eines guten Zusammenlebens möglich.«[69]

Gräb-Schmidt mahnt Orientierung und Motivation an und stellt fest, »dass die Orientierungs- und Motivationsfrage des Handelns weder auf empirischer noch auf verfahrenstheoretischer Ebene zu klären ist.«[70] Deshalb rekurriert

65 Nussbaum (1999).

66 Sen (1993).

67 Dabrock (2012a). Mit dem grassierenden Essentialismus in der Ethikdebatte im Anschluss an Nussbaum habe ich immer meine Schwierigkeiten gehabt, weil hier der Eindruck erweckt wird, es gebe eine normative Bestimmung des Menschen. Bestätigt in meinen Bedenken bin ich auch durch die Reserve, die Hartmut Rosa (2016: 36) aus soziologischer Perspektive angemeldet hat: »(D)ie hier avisierte Soziologie der Weltbeziehung (versucht, K.H.) das Problem ungerechtfertigter Essentialisierungen zu vermeiden: Es bedarf keiner substanzialistischen Annahmen über das wahre Wesen der menschlichen Natur, um Aussagen über das Gelingen oder Misslingen des Lebens machen zu können: vielmehr kann dieses Wesen als historisch und kulturell ebenso wandelbar akzeptiert werden wie die soziale und kulturelle Ein- und Ausrichtung der Welt.« Weil Martha Nussbaums oft diskutierte Liste der Grundfähigkeiten als inhaltliche Ausfaltung des Menschenwürdebegriffs in den späten, den Essentialismus überwindenden Schriften, als overlapping consensus gedeutet wird und ein »decent minimum« anbietet, das offen ist für eine (religiöse) Relektüre, die sich nicht einseitig an Rationalitätsstandards bemisst und zugleich Solidarität inkludiert, wird ein Anschluss an den biblischen Leitbegriff der Gemeinschaftstreue möglich. Über Nussbaum geht Dabrock hinaus, weil er ihr nachvollziehbar unterstellt, ihr Konzept ziele zu engführend auf die Politik, diese Naivität unterschätze die funktionale Ausdifferenzierung der Gesellschaft, denn die Politik sei schon lange nicht mehr vorrangige Gestaltungskraft. Luhmann wird in einer abgespeckten Version aufgerufen, um eine Inklusion in gesellschaftliche Kommunikationsfelder zu erreichen. Ziel ist eine Sozialethik, die sich als reale und kommunikative Freiheit ausdifferenziert.

68 Gräb-Schmidt (2012a: 143). Vgl. Frey (2006: 7-19). Der Rat der EKD spricht von Teilhabe oder Beteiligungsgerechtigkeit, um eine Inklusion der Armen zu erreichen. EKD (2006).

69 Reuter (2009: 183-203, hier: 200). Reuter setzt sich konstruktiv mit der Denkschrift der EKD (2006) auseinander. Hervorhebungen im Zitat von mir, K.H.

70 Gräb-Schmidt (2012a: 138).

sie auf die »*Gerechtigkeitserfahrung* der gewissmachenden Gnade, die in der reformatorischen Rechtfertigungslehre festgehalten ist«[71]. Damit taucht am Horizont das alte medien-, institutionen- und bildungstheoretische Problem auf, wie man diesen hermeneutisch-erfahrungsorientierten Ansatz vermitteln kann. Und muss diese Vermittlung wirklich auf die sperrige und anthropologisch sehr voraussetzungsvolle Rechtfertigungslehre enggeführt werden?

Weniger voraussetzungsvoll ist ein Rekurs auf weisheitliche Texte der biblischen Denkkultur. Diese Erfahrung, die dort vermittelt wird, geht aber, wie an dem von mir gewählten Gleichnis verdeutlicht, im Gedanken der Rechtfertigungslehre nicht auf, sondern ist weisheitlich im Kontext der Scham (und Beschämung) strukturiert. Eine religiös-weisheitliche, am Gefühl der Scham orientierte Motivationsschulung, ein weisheitliches Menschenbild, besitzt öffnende Potentiale und ist besser als ein eingekapseltes Sinnsystem wie die Rechtfertigungslehre geeignet, mit den Agenten der Wirtschaft und säkularen Wirtschaftsethikern in ein Gespräch zu kommen.[72] Die Pointe des Gleichnisses besteht gerade darin, wie klug auch im Eigeninteresse der Wirtschaft es sein kann, Solidarität zu gewähren, die die Anderen zur erneuten *Befähigung zu wirtschaften* allererst in Stand setzt. *Gerechtigkeit ist Kooperationsbefähigung.*

Scham und Ehre dienen hier als normative Gefühle für wirtschaftliche Prozesse. Wie vorteilhaft solch ein Modell ist, muss sich auf der Makro-, Miso-, und Mikroebene der Wirtschaftsethik zeigen. Vorweggenommene Scham als Richtschnur für wirtschaftliches Handeln einzusetzen, kann aber auch, wie noch zu zeigen, in die Irre führen, denn als Klugheitsregel dient sie nur, wenn sie stets auf eine *Harmonie der Affekte* (Tugendhat) oder eine *Harmonie im Gefühlsraum* (Schmitz) aller Beteiligten zielt. Dient sie nur dazu, sich der Kommunikation zu verweigern, kann sie, wie geschehen, zu einer gigantischen Geldverbrennung führen. Ein Höllenszenario.

3. Scham als ökonomische Klugheitsregel

3.1 Makroebene: Scham und Kooperationsgerechtigkeit

Emile Zolas Roman *Das Geld*[73], der Faust II verschwiegen im Subtext führt, erwählt zum ersten Mal die Börse zum Protagonisten eines Romans, verdich-

71 Gräb-Schmidt (2012a: 147).

72 Mit vielen Beispielen unterfüttert gibt darüber Auskunft von Pierer (2003: 7-34). Leider hat die Firmenphilosophie Korruption nicht verhindert. Es gibt aber auch positive Beispiele: Dass eine transparente und menschenfreundliche Betriebspolitik auch marktentscheidend sein kann, zeigte der Wettkampf zwischen den DM-Märkten und Schlecker.

73 Zola (2012).

tet im Aufstieg und Fall des Astride Saccard. Dieser Saccard kennt das »Triebwerk des Finanzwesens« (40) sehr genau und setzt seine charismatischen Anlagen klug dafür ein, eine Bank zu gründen, eine »katholische Bank, welche die ganze Welt durch das Geld zu erobern droht, wie man sie ehemals durch den Glauben eroberte« (405). Mit religiösem Content wird der Coup für die in Nöte geratenen und abgewirtschafteten adeligen Gutsherren und Gutsherrinnen schmackhaft gemacht, denn halboffiziell, als Gerücht gestreut, dient die ganze Unternehmung dazu, den Papst in Jerusalem zu inthronisieren. Mit der Attitüde eines Mannes der neuen Welt führt Saccard hinterhältige *Beschämungsgespräche* mit potentiellen Kundinnen seiner Aktien, die immer zünden. »Aber, gnädige Frau, niemand lebt ja heutzutage vom Grundbesitz. [...] Das sogenannte Domanialvermögen der alten Zeit ist eine abgelebte Form des Reichtums, der jetzt jede Daseinsberechtigung eingebüßt hat. Sie verursachte geradezu eine Stockung und Stauung des Geldes, dessen Wert wir seitdem dadurch verzehntfacht haben, dass wir es teils in Gestalt von Papiergeld, teils in Gestalt von allerhand Handels- und Finanzeffekten in den Kreislauf des Verkehrs geworfen haben. So wird die Welt neu gestaltet werden. Denn nichts war möglich ohne das Geld, das flüssige, strömende, überall eindringende Geld, weder die praktische Anwendung der modernen Technik, noch der endgültige allgemeine Weltfriede [...] O, der Bodenbesitz! Er ist zu den alten Postkutschen gewandert. Mit einer Million Grundbesitz verhungert man.« (181) Und wenn das eingesetzte Geld, wie Saccard unter vorgehaltener Hand andeutet, eigentlich nur dazu diene, »die Wiege der Menschheit« (388) wiederzuerobern, wird auch der Adel mit gutem Gewissen spielwütig. Die Scham darüber, den Beschämungspraktiken auf den Leim gegangen zu sein, stellt sich erst nach der Tragödie ein. Und der Papst bleibt in Rom.

Zola, der mit seinem offenen Brief *J'accuse* bekanntlich in der Dreyfus-Affäre gegen Dreyfus' Verurteilung angegangen war, stellt klug den nicht nur latenten Antisemitismus seiner Zeit an den Pranger, wenn er den Katholiken Saccard antisemitisch wütend gegen den bisherigen Star der Pariser Börse, den Juden Gundermann, in Stellung bringt. Spieler sind allerdings beide. »Das Spiel ist das einzig Richtige, das Spiel, welches über Nacht mit einem Schlag Wohlstand, Luxus, Wohlleben, das volle und ganze Leben gibt«, lautet beider Konfession. (63f.) Saccard, der alle Tricks kennt, sich eine Zeitung kauft, um gut Wetter zu machen, mit Strohmännern arbeitet, halbseidene Finanzhaie ins Boot holt, stilisiert sich in einen Wahn, er sei zum Hervorbringen von neuem Leben geschaffen (113). Auf Seite 319 fällt dann der Schlüsselsatz: »Das Geld, das Geld war sein König, das Geld sein Gott!«

Es kommt zum großen Crash, Gutsherren und ganz einfache Bauern und Arbeiter zählen zu den Opfern. Saccard, gescheitert als *Magier des Geldes*, darf, begünstigt durch seinen Bruder, einen Minister, nach Monaten im Gefängnis das Land verlassen. Er reist nach Holland, um dort künftig – wie Goethes Faust – die Sümpfe trockenzulegen, wird zum Schöpfer aus dem Wasser. Die Geschäftspartnerin von Saccard, Frau Karoline, die zwischenzeitlich das Geld dämonisiert hat (»Alles Übel kommt von ihm«, 326), zieht eine zwiespältige Bilanz: »Warum soll also das Geld an allem Schmutz und allen Freveln, die es veranlasst, allein die Schuld tragen? Ist die Liebe etwa minder befleckt, sie, die das Leben hervorbringt?« (585) »Das Leben ist nicht reinlich.« (197)

Weil die pauperische Konstitution der Land-Adeligen, ehemals dem Regime der Ausbeutenden zugehörig, darin besteht, an einer chronischen Verstopfung zu leiden, wird die Böse als Arznei empfohlen, um den verstopften Geldkreislauf in Gang zu bringen. Die Börse ist eine flotte Verdauungsmaschine. Der Adelige als *homo pauper*, der neidisch und beschämt (und auch degoutant) auf die Riege der neuen Reichen schaut, verwechselt offenbar das Spiel der Börse mit der gewohnten Verlustierung, ist am Ende gleichermaßen Ansehen und festen Boden los. Die adeligen Fräuleins bezahlen die aufsteigende Scham mit ihren Körpern. Weil Ansehen sich am Geld bemisst, wird Geld zum Gott. Goldrandgepägt ist das Ansehen. In den einhunderfünfzig Jahren nach Zolas Roman (der Roman, 1890 erschienen, spielt in den Jahren von 1864-1869) bemisst sich das Ansehen nicht länger nur am Geld.

Dave Eggers, einer der Höhenkammliteraten Amerikas, gewährt in dem Roman *Ein Hologramm für den König* seinem Protagonisten Alan Clay, einem Vertreter der Old Economy, der aufs Abstellgleis geriet, weil er sich selbst im Spiel der Globalisierung verspekulierte, eine letzte Chance: »Ich muss das beruhigende Gefühl haben, dass Sie der richtige Mann für das Projekt sind. […] Sie sind schon eine ganze Weile auf der Reservebank, und ich muss wissen, ob sie noch Biss haben. Dass Sie ein Spieler sind.«[74] Also reist Clay nach Saudi-Arabien, wo mitten in der Wüste eine Wirtschaftsmetropole geplant wird, dort wartet ein junges Team aus *digital natives* auf ihn, das dem König die neueste IT-Hologramm-Technik präsentieren soll. Aber: Das Wifi ist wacklig, die Hitze unerträglich, und der König ist der Godot Arabiens. Man wartet und schwitzt, schwitzt und wartet. Und Alan Clay kann nicht schlafen, hat Krebs-Angst wegen eines Lipoms im Nacken. Er schreibt fiktive Briefe an seine Tochter, der er bisher *aus Scham verschwiegen* hat, wie es um ihn steht, die Tranche für ihre Studiengebühren an einer sündhaft teuren privaten Universität steht wie eine Drohung im Raum: »Kit, weißt Du, was der Schlüssel für deinen jetzigen Umgang mit deinen Eltern ist? Gnade. Wenn Kinder zu Teenagern und dann zu jungen Erwachsenen heranreifen, werden sie unversöhnlich. Alles außer Per-

74 Eggers (2013: 70). Vgl. auch den spätmodernen Klassiker zum Thema von Händler (2011).

fektion ist Pathos. Kinder verurteilen in alttestamentarischer Manier. Alle Fehler sind unverzeihlich, als ob ein Perfektionsvertrag gebrochen worden ist. Aber wie wäre es, wenn Eltern dieselbe Gnade gewährt wird, dasselbe Mitgefühl wie anderen Menschen? Kinder brauchen etwas mehr Jesus in sich.«[75]

Die globalisierte Wirtschaft hat aus den Männern und Frauen der internationalen Companies Monster geformt, die für menschliche Schicksale unempfindlich nur über ihre iPhones und iPads Kontakt nach draußen halten. Und Alan Clay findet im buchstäblichen Sinn des Wortes auch keinen Zugang zu den Frauen vor Ort. Clay ist in jeder Hinsicht ein Globalisierungsopfer. Irgendwann kommt der König dann doch und wird mit den um den Zuschlag konkurrierenden Chinesen offenbar handelseinig. Amerika, du hast es besser? Das gilt nicht mehr. Alan, dem wenigstens durch eine Operation die Krebsangst genommen wurde, bleibt vor Ort, er ist kein Hologramm, sondern wie sein Nachname Clay verrät, eine Kreatur, die aus Lehm geformt wurde: »Man schickte ihn immerhin nicht weg, und er konnte noch nicht nach Hause, nicht so, mit leeren Händen. Also würde er bleiben. Er musste. Wer wäre sonst da, wenn der König das nächste Mal kam?«[76] Clay ist der wahre Estragon. Durch Scham gebrannt.

In Eggers Roman tauchen zwar noch die bei Zola aufgelesenen Vokabeln *Spieler* und *Geld* auf, aber der Gefühlshaushalt von Clay spiegelt eine verschobene Gefühlslage. *Mobilität*, ein Kriterium für spätmodernes Ansehen[77], wird bei Clay zu einer Reise in die Dystopie. Und auch das zeigt der Roman: In der pädagogischen Pamper-Kultur der Gegenwart wird den Kindern gar nicht erlaubt, die Erfahrung zu machen, Eltern seien nicht vollkommen und somit fehlbar. Achtung oder Ehre bezieht sich offenbar auf die Garantieleistung einer commoden Ausstattung des eigenen Lebens. Clay ruft nach Gnade, aber er vernimmt nur sein eigenes Echo in den Schambriefen an seine Tochter, die er nicht absendet. Will er nicht vollständig sein Gesicht verlieren, dann muss er vor Ort bleiben. Auszuharren bedeutet aber nur, die Scham in Schuld zu verschieben.[78]

Zola und Eggers kartographieren Schicksale, die, trotz der verschobenen Perspektiven, vom *Primat der Ökonomie* umstellt sind. Offenbar erweisen sich die ordnungspolitischen Gestaltungskräfte der Wirtschaftspolitik als zu schwach, um den Kapitalismus und Neoliberalismus in die Schranken zu weisen. Traditionell wird der sozialen Marktwirtschaft zugetraut, Bedingungen

75 Eggers (2011: 114f.).

76 Eggers (2011: 345).

77 Böhme (2016: 12).

78 Versöhnlich und ohne Angst vor Kitsch endet die Verfilmung durch Tom Tykwer (2016) mit einem famosen Tom Hanks in der Hauptrolle.

zu schaffen, die verhindern, dass Personen zum Spielball des Kapitals verkommen. Eine eindeutige Präferenz für ein bestimmtes Wirtschaftssystem lässt sich zwar weder aus der Bibel noch aus dem christlichen Glauben unmittelbar erheben, gleichwohl ist die christliche Religion nicht indifferent gegenüber bestimmten Wirtschaftsformen. Wolfgang Huber versucht zu belegen, dass sich das Konzept der sozialen Marktwirtschaft »aus drei Quellen (speist, K.H.): der nationalökonomischen Schule des Ordoliberalismus, der katholischen Soziallehre und der evangelischen Sozialethik«[79]. Das ist selbstbewusst formuliert, fraglich ist, ob der spätmoderne Kapitalismus durch Modelle einer sozialen Marktwirtschaft regulierbar ist. Aktuell ist ein Streit darüber entbrannt, ob dieser Kapitalismus noch immer in der Lesart von Max Weber[80] seine Wurzeln im asketischen, luxusphoben Calvinismus hat oder den Menschen als Luxuswesen feiert.

Hartmut Rosa wählt die Max-Weber-Brille: »An der Wurzel des kulturprägenden Protestantismus liege (nach Weber, K.H.) ein Weltverständnis, nach welchem die Welt und das fleischliche Selbst als durch und durch sündig und hinfällig erscheinen, weshalb von den Subjekten harte und systematische Askese verlangt wird, aber nicht in Form eines *Rückzugs aus der Welt* und einer Flucht ins Kloster (wie sie der katholische Mönch oder der indische Yogi pflegen), sondern in Gestalt *gesteigerter Aktivität* im Sinne einer *Bewährung in der Welt.*«[81] Hintergrund ist die calvinistische Lehre von der *doppelten Prädestination*, also die Idee, Gott habe bereits vor der Erschaffung der Welt entschieden, welcher Mensch erwählt und welcher verworfen ist. Galt für Calvin noch der feste Glaube als Indiz für die Erwählung, so haben die Generationen nach Calvin auch erfolgreiche Arbeit als Segen Gottes gedeutet. Erfolg im Beruf nahm die Angst vor der Verwerfung, aber in dieser Denkhaltung durfte der Erfolg auch nicht innerweltlich genossen werden, sondern Kapital wurde akkumuliert und reinvestiert, um den Erfolg abzusichern.[82] Rosa stellt nun die spannende Frage, »inwieweit *Weltverneinung* und die daraus resultierende *innerweltliche Askese* wider den hedonistischen Anschein noch immer die westlich-moderne Kultur bestimmen. Die Tatsache, dass die Bürgerinnen und Bürger sich individuell wie kollektiv von Jahr zu Jahr mehr abverlangen müssen, um die Steigerungsimperative des Wachstums, der Beschleunigung und der Innovationsverdichtung zu erfüllen und dadurch den Status quo und die

79 Huber (2013: 154f.) »Die evangelische Sozialethik brachte in der Debatte um die richtige Wirtschaftsordnung neben der (lutherisch geprägten) Option für einen starken Staat insbesondere das Prinzip der verantworteten Freiheit ein.« (155) Vgl. Segbers (2011: 83-95).

80 Weber (1993).

81 Rosa (2016: 222).

82 Huizing (2010); vgl. Jähnichen (2010: 163-176); Voigt (2007: 111-123).

Wettbewerbsfähigkeit ihrer selbst und ihrer Gesellschaft zu erhalten, scheint mir für die Fortdauer jener Weltbeziehung zu sprechen.«[83]

Mit viel Charme legt Gernot Böhme eine etwas andere Sicht der Dinge nahe, wenn er die zentral platzierte Frage nach dem Motor des Wachstums in der Spätmoderne durch den Begriff des *Ästhetischen Kapitalismus*[84] belegt. Um die Wachstumsspirale weiterhin zu bedienen, habe, so lese ich Böhme, die Ökonomie die zentrale Unterscheidung der französischen Differenzphilosophie, die Unterscheidung von *besoin* (Bedürfnis) und *désir* (unstillbares Verlangen), die Levinas (Böhme erwähnt ihn nicht) für seine Phänomenologie des Anderen, Bataille für die Erotik oder Derrida für seine Theorie der Gabe verwenden, gekapert und dem *Ästhetischen Kapitalismus* als Modul eingebaut. Weil die Bedürfnisse in unseren Gesellschaften zunehmend befriedigt sind, muss sich die Bedürfnisstruktur sehr grundsätzlich ändern: Aus Bedürfnissen müssen »Begehrnisse« werden: »Begehrnisse sind solche Bedürfnisse, die dadurch, dass man ihnen entspricht, nicht gestillt, sondern gesteigert werden. Bedürfnisse im engeren Sinne, etwa zu trinken, zu schlafen oder sich vor der Kälte zu schützen, verschwinden in dem Moment, in dem sie *gestillt* werden. Das ist bei Begehrnissen anders: Wer Macht hat, will mehr Macht, wer berühmt ist, will noch berühmter werden usw. Wichtig ist, dass es Begehrnisse gibt, die direkt ökonomisch ausgebeutet werden können. Und gerade diese richten sich auf die Inszenierung und damit die Steigerung des Lebens. Für Ausstattung, Glanz und Sichtbarkeit gibt es keine natürlichen Grenzen. Vielmehr verlangt hier jede Stufe, die man erreicht, nach einer weiteren Steigerung. Da Wachstum wesentlich zum Kapitalismus gehört, muss die kapitalistische Produktion in einem bestimmten Entwicklungsstadium, das durch die grundsätzliche Befriedigung der Bedürfnisse einer Bevölkerung charakterisiert ist, für das Weitere explizit auf die Begehrnisse setzen. Die Wirtschaft wird damit zur ästhetischen Ökonomie.« (28f.)

Böhme entdeckt *einen neuen Typ von Konsum*, häufig offen ausgestellte Verschwendung, die früher klassenspezifisch gebunden, jetzt durch den *Trickle-down*-Effekt, »die Ausbreitung der Verschwendungswirtschaft auf die ganze Gesellschaft« (39), massenwirksam geworden ist. *Flanieren* ist nicht länger eine Haltung für die höheren Stände, sondern gehört zum guten Geschmack

83 Rosa (2016: 224f.). Stephan Schleissing (2005: 291) weist darauf hin, dass die »individuumzentrierte und leistungsorientierte Lebensführung entscheidende Wurzeln im protestantischen Ethos hat. Gegenwärtig erfährt dieses Ethos in ostasiatischen Ländern und in Lateinamerika eine Renaissance, wo charismatische Gemeinden das puritanische Lebens- und Arbeitsethos wiederaufleben lassen.« Schleissing fordert, die protestantische Ethik müsse »die argumentative Auseinandersetzung mit der neoliberalen Ökonomik als Teil ihrer eigenen Ethostradition aufnehmen.« (292)

84 Böhme (2016). Die folgenden Seitenzahlen beziehen sich auf diesen Text.

breiter Schichten. Kaufen als Life-act in Shoppingmalls, nicht die erstandenen Waren, die allenfalls als Statussymbole herhalten, ist das Ziel. Waren werden vornehmlich wegen ihres »Inszenierungswertes« (27; 74) gekauft. Für die Umstellung von Bedürfnissen auf Begehrnisse macht Böhme eine Kulturrevolution aus, die »eine Abkehr von der protestantischen Ethik« (39) bewirkt hat: die Kulturrevolution der Studentenbewegung, die dem »asketischen Marxismus« (39) abschwor und etwa mit Bataille und dann Marcuse, der sich am Asketismus von Freud abarbeitete, auf das Lustprinzip setzte. Offenbar versäumte die Ökonomie es nicht, was bereits Marcuse erahnte, die Revolution auf ihre Fahnen umzulenken. Nahvollziehbar wird in dieser Lesart, warum breite Schichten diesem Leistungsprinzip der Verschwendung zunächst so lustvoll folgten, bis auch die Kunst der Verschwendung und der glückliche Gefühlshaushalt doch als Stress erfahren wird und »eine neue Zivilisationskrankheit, das Burnout-Syndrom« (21), Raum greift.[85] »Die Entstehung dieser Begehrnisse nach Gesehen-Werden, nach Ausstattung, nach Selbstinszenierung ist die Basis einer neuen, praktisch unbegrenzten Ausbeutung. Auf ihrer Basis kann Konsum zur Leistung gemacht werden, wird das Leben im Überfluss zum Stress und die Verausgabung zur Pflicht. Unter diesen Bedingungen wird man wohl den souveränen Menschen anders als Bataille bestimmen müssen, und Ausdrücke wie ›Solidarität‹, ›Ernst‹ und ›Askese‹ könnten einen neuen Sinn erhalten.« (45) Wo aber gibt es noch Orte der Askese und der Muße, wenn die Inseln der Entspannung: Eros, Kunst und Spiel, zu Stadien oder besser: Lagern der Ertüchtigung umgebaut werden? Keine Verschonung vor der Leistung. Nirgends. Bis auch die Fittesten zu den Beschädigten zählen und nach Konsolidierung in Reha-Centern verlangen.[86] Gehört nach Böhme zum ästhetischen Kapitalismus auch das *Begehrnis der Mobilität*[87], dann muss eine künftige Soziale

85 Böhme (2016: 65) erinnert: »Leistung ist Arbeit pro Zeit. Wer einen Arbeitsvorgang mit dem Leistungsprinzip bewertet, der beurteilt weniger das Produkt oder dessen Güte, sondern den Prozess relativ zu der aufgewandten Zeit. Diese Perspektive enthält von vornherein eine Steigerungstendenz. Denn ein Arbeitsprodukt mag nach seinen Qualitätsmaßstäben gut sein, aber man kann immer noch fragen, ob es sich nicht schneller herstellen ließe. Die menschliche Tätigkeit wird dann also unter Effizienzgesichtspunkten betrachtet, es geht um die Arbeitsproduktivität, die Rationalität der Verrichtung, die Profitrate. Diese Sichtweise charakterisiert sehr gut, was uns an unserer gesellschaftlichen Wirklichkeit beunruhigt. Von der Arbeit bis zur Freizeit wird alles unter Effizienz- und Rationalitätsaspekten bewertet.«

86 Die Sicht auf die Welt differiert zwischen Rosa und Böhme nicht beträchtlich. Zumal das Lustprinzip nach Böhme erstaunlich schnell verdinglichende Strukturen annahm. Der Ruf nach Askese wirkt etwas ziellos, wenn auch Muße stressinfiziert ist. Zutreffend verabschiedet Böhme (2016: 75) die Rede von Herrschaftsinstanzen, sieht den staatlichen Akteur nur als »politischen Arm der kapitalistischen Wirtschaft«. Aber es sind, wie ich zeigen werde, Aktanten im Wirtschaftssystem, die diese Interessenpolitik vorleben und durchsetzen.

87 Böhme (2016: 12).

Marktwirtschaft nicht nur gegen die Durchökonomisierung aller Lebensbereiche Räume des Rückzugs garantieren, sondern noch stärker als bisher auf die Nachhaltigkeit achten.[88]

Die Positionen von Rosa und Böhme berühren sich deshalb, weil die sich freundlich gebende Übernahme des Lustprinzips durch die Wirtschaft den Verschwendungsgestus mit Stress unterfüttert. Ist Böhmes Sicht der Dinge richtig[89], dann werden, weil das *Begehrnis des Gesehen-werdens Motor des ästhetischen Kapitalismus* ist, drohende Schamprozesse als extreme Bedrohung gedeutet.

Häufig erwarten die halbwegs religiös Interessierten vom Christentum eine strikt antikapitalistische Haltung unter Berufung auf den bereits oben zitierten jesuanischen Spruch: »Kein Knecht kann zwei Herren dienen; entweder er wird den einen hassen und den andern lieben, oder er wird an dem einen hängen und den andern verachten. Ihr könnt nicht Gott dienen und dem Mammon.«[90] Man darf aus diesem totzitierten Text nicht vorschnell einen dezidierten Antikapitalismus herauslesen, denn der Fokus des Ausspruchs ruht auf dem Verb *dienen* und dem Verhältnis von Herr und Knecht. Was Luther etwas unpräzise mit *Knecht* übersetzt, ist eigentlich der Sklave: Dienen heißt, dem Mammon gehorsam sein. Nicht also auf einen strikten Antikapitalismus zielt der Ausspruch, sondern abgelehnt wird die Unterwerfung unter die Macht *Geld*[91], ihre Heroisierung und die vollkommene Auslieferung an sie. Damit ist nun aber ein vernünftiger Umgang mit Geld und Kapital nicht ausgeschlossen.[92] Ausgeschlossen ist nur die radikale Unterwerfung und damit der, protestantisch gesprochen, *unfreie Umgang mit Geld.*[93]

Ich habe versucht, zu zeigen, wie eine zentrale biblische Klugheitsregel als Umgang mit Scham und Ehre Eigennutz und Gesamtnutzen in wirtschaftlichen Kontexten in eine neue Balance bringt. Anwendbar ist diese Regel auch in den

88 Als Grundnormen wirtschaftlichen Handelns nennt Jähnichen (2015: 352ff.) überzeugend »Freiheit, Gerechtigkeit und Nachhaltigkeit.«

89 Bereits vor Böhme hat Sloterdijk im dritten Band seines Wissenschaftsromans *Sphären* (2004) diese Sicht vorbereitet.

90 Lk 16,13; vgl. Mt 6,24.

91 Hermann Schmitz (2012: 34) hebt in seiner Geldtheorie auf das Moment der Macht ab: »Ansehen ist das Urgeld, das im Gewand imponierender Trägerobjekte in die Richtung seiner Übertragung strömt und dabei quantifiziert werden kann. Als das grundlegende Motiv der Einführung von Geld kann demnach das Bestreben gelten, Ansehen in Macht (vom Geldtyp) zu verwandeln.«

92 Auch Zinsnahme ist im Judentum und Christentum nicht grundsätzlich verboten. Luther und Calvin wandten sich allerdings entschieden gegen den Wucherzins, wie Lapp (2012: 91-107) zeigt. Siehe dazu Luther (1540).

93 Erinnern sollte man, dass einige Theologen im 20. Jhr. zumindest zeitweise auf den Sozialismus gesetzt haben, dazu zählen Barth, Tillich und entschieden Gollwitzer.

internationalen Wirtschaftsbeziehungen: So hat in dem nicht immer glücklichen Verfahren der Rettung Griechenlands keine Totalentschuldung stattgefunden, sondern eine (bisher fraglos zu geringe) Teilentschuldung, verbunden mit der Forderung nach ordnungspolitischen Korrekturen. Wenn Schulden radikal erlassen werden, bleibt das Misstrauen, eine Person oder ein ganzes Land könne seine desolate Situation auch in Zukunft nicht selbstständig lösen. Dieses Misstrauen freilich wäre für die Länder beschämend! Der Vorschlag für eine radikale Entschuldung setzt auf eine Art *zweite Magie*, so als wäre ein Neuanfang möglich. Aber die Märkte erinnern sich. *Die Märkte, genauer: Die Positionsinhaber der Märkte vergessen nicht.* Ein teilweiser Schuldenschnitt ist keine Gnadengabe, sondern ein *Geschenk an Zeit!*[94] Die Entschuldung funktioniert nicht als Zauberwerk, sondern es werden reale Geldwerte dabei vernichtet und das heißt: Irgendjemand erleidet Verluste. Ordnungspolitisch wäre vielleicht in einem Land, das durch starke Reederdynastien gelenkt wird, eine progressive Vermögenssteuer, wie Thomas Piketty sie vorschlägt, zielführend.[95] Wichtig scheint mir: Griechenland wird in diesem Verfahren als Partner auf Augenhöhe wahrgenommen und nicht beschämt. Zumindest in dieser Hinsicht haben sich die EU-Verhandlungsführer, mögen sie auch häufig *gebasht* worden sein, als kluge Haushalter erwiesen. Wer nach der Klugheitsregel handelt, muss nicht Schuld(en) gegeneinander aufrechnen; schließlich hat die deutsche und europäische Exportwirtschaft vitales Interesse an Ausfuhren nach Griechenland, ist also nicht ›unschuldig‹ an der Misere. Wer nach dieser Klugheitsregel handelt, entgeht der Gefahr, Schuldner mit Stammtischgeste als faul zu deklarieren. Ordnungspolitik im multilateralen und nationalen Rahmen ist gut beraten, die Wirtschaftspolitik so zu gestalten, dass alle Staaten und Bürger (und künftigen Bürger) schamfreie Handlungsspielräume erhalten.

94 Mit dieser These reagiere ich auf die Analyse, die Derrida (1993) in seiner Studie vorgelegt hat. Auch eine Gabe (*don*) erweckt entweder Dankbarkeits- oder Schuldgefühle und macht einen radikalen Neuanfang unmöglich. Die Gabe ist, streng gedacht, »eine Zumutung für den gesunden Menschenverstand« (40), weil Geber und Nehmer die Gabe selbst vergessen müssen, um einen Neuanfang zu wagen. Transzendental gedacht, gibt es die Gabe nur als radikales Vergessen. In Wirtschaftsfragen kann es deshalb positiv nur darum gehen, Zeit zu schenken. Märkte vergessen nicht. In einem hoch gelobten Buch hat der Wirtschaftswissenschaftler Tomas Sedlácek (2012) *Die Ökonomie von Gut und Böse* durch die gesamte Kulturgeschichte hindurch vermessen. Die »ökonomischen Vorstellungen des Christentums« deutet Sedlácek als »Vorläufer des Konzepts der unsichtbaren Hand des Marktes« durch Adam Smith (170). Eigentümlich für das christliche Denken sei eine »positive Ungerechtigkeit« (sic!), die Sedlácek durch den Begriff der Gabe versucht einzufangen. (213)

95 Vgl. Piketty (2014). Piketty hat an empirischen Daten zeigen können, dass die Schere zwischen Armen und Reichen während der letzten hundert Jahre nicht kleiner geworden ist. Im Gegenteil. Allenfalls eine progressive Vermögenssteuer könne hier gegensteuern. Die Diskussion ist im vollen Gange; vgl. dazu Vogl (2010).

3.2 Mesoebene: High speed money und die Scham der alten Banker

Wer gegen den fröhlichen Positivismus Foucaults nicht alles auf Machttechnologien und systemische Herrschaftspraktiken abstellt, ist natürlich aufgefordert, den Nachweis zu bringen, dass sich Macht tatsächlich an Intentionen von Aktanten im System festmachen lässt. Ich begebe mich zunächst auf Spurensuche in den Archiven der Literatur und Cinematheken.

In dem 700 Seiten dicken Roman von John Lanchester, der schlicht und genial *Kapital* heißt[96], ist die *Pepys Road* in London die eigentliche Protagonistin. Plötzlich zählt diese Straße zu den In-Kiezen. Wer was auf sich hält, wohnt hier, bitte: »Das erste Mal seit Entstehen der Straße waren die Menschen, die in ihr lebten – nach globalen und womöglich auch lokalen Maßstäben – reich. Ihr Reichtum ergab sich einfach und allein aus der Tatsache, dass sie in der Pepys Road wohnten. Sie waren reich, weil wie durch ein Wunder alle Häuser in der Straße nun Millionen von Pfund wert waren. […] Ganz plötzlich gingen die Preise so steil nach oben, als hätten sie einen eigenen Willen. […] Die Häuser waren wie Menschen geworden, noch dazu sehr reiche Menschen: Sie gaben sich herrisch und gebieterisch, und hatten ihre ganz eigenen Bedürfnisse, deren Befriedigung sie schamlos einforderten.« (9) Einer der Hauptfiguren aus dieser Straße, deren Schicksal in diesem Roman über ein Jahr verfolgt wird, ist Roger Yount, 40 Jahre alt und Banker bei Pinker Lloyd, der sich folgender Ideologie des Unternehmens verschrieben hat: »Arbeite hart, zocke hart und mache keine Gefangenen.« (20) Der Leser lernt ihn kennen, wie er über den Vergütungsausschuss, Politbüro getauft, versucht dahinterzukommen, wie hoch sein Bonus an Weihnachten ausfallen wird. Roger hofft auf eine Million Pfund; seine Belastungen für Haus, Zweithaus, Kinder und Luxusweib haben sich schleichend in astronomische Höhen geschraubt, ohne diesen Bonus droht ihm die Gefahr bankrottzugehen.

Klug vermeidet Lanchester es, Roger zur Karikatur zu machen, er ist nicht hinterhältig oder intrigant, liebt nicht wie sein interner Gegner »eine salbungsvolle Körpersprache« (331), eher ist dieser Roger ein Banker mit einem menschlichen Antlitz und einem Hang zur »Selbstverzärtelung« (159). Seine Frau Arabella kämpft mit den Leiden einer wohlhabenden Frau, die die Betreuung für die zwei Söhne, den ewigen Umbau im Haus und im Zweithaus, Einladungen mit Eventcharakter und Urlaubstrips organisiert und, nicht zu vergessen, die monatliche Botox-Ladung einlagern muss. Multitasking eben. Und der Mann ist immer abgängig. Wie in einer klassischen Tragödie ahnt

96 Lanchester (2012) leiht sich die Idee, eine Straße oder einen winzigen Ort als Hauptfigur eines Romans zu wählen, von Anderson (2013). Die nächsten Seitenzahlenangaben beziehen sich auf diesen Roman.

man, was kommt: Wegen hoher Abschreibungen schrumpft der ausgelobte Bonus auf 30.000 Pfund. Zunächst stammelt Roger noch: »(W)enn ich bedenke, was ich alles getan habe … Grundgehalt … keine Frage von Gier, sondern von notwendigen ...«, dann geht er kotzen: »Ich habe schon hundert Mal gekotzt. Es gab ein ganzes Synonymwörterbuch, um das zu beschreiben. Die Fische füttern. Den Porzellanbus fahren. Reihern. Aber dieses Mal unterschied es sich von allen anderen Malen, bei denen er sich erbrochen hatte, denn bei allen anderen Gelegenheiten war es ihm, nachdem er sich einmal übergeben hatte, besser gegangen.« (165f.)

Aus Scham verschweigt Roger seiner Frau, wie prekär die Lage plötzlich ist. Die lässt ihn über Weihnachten prompt mit seinen Söhnen und ohne Kindermädchen allein: »Lieber Roger, ich bin für ein paar Tage verreist, du dummes verwöhntes egoistisches kleines Arschloch. Damit du mal sehen kannst, wie das ist, in meiner Haut zu stecken, du fauler arroganter herablassender verwöhnter typisch männlicher Wichser. Du hast ja keine Ahnung, wie es ist, sich um die Kinder zu kümmern, und du hast überhaupt keine Vorstellung davon, wie die letzten Jahre für mich waren.« (183f.) Und dann wird Roger durchaus zu Recht gefeuert, weil er das Zocken seines Stellvertreters nicht entdeckt und unterbunden hat: »›Es handelt sich um grobe Fahrlässigkeit. Sie sind fristlos und mit sofortiger Wirkung entlassen. Sie haben fünfzehn Minuten, um Ihren Schreibtisch zu räumen und das Gebäude zu verlassen.‹ In diesem Augenblick öffnete sich die Tür, und ein großer schwarzer Mann in der Uniform des Sicherheitsdienstes stellte sich in den Eingang und faltete die Hände vor dem Bauch. […] ›Soll ich Ihnen meinen Bankausweis geben?‹, fragte Roger. Clinton schüttelte den Kopf. ›Der funktioniert sowieso nicht mehr‹, sagte er. ›Leben Sie wohl.‹« (550) Genau zu dieser Stunde geht die Bank Lehman Brothers Pleite, ein kleiner Trost an diesem suboptimalen Tag. In der Krise erweist sich Arabella zunächst als überraschend zäh, obwohl sie dem Kindermädchen kündigen und das Haus verkaufen müssen. Zum Abschied von der Pepys Road schwört Roger mit dem letzten Satz des Romans, sein Leben künftig nicht als »Leibeigener der materiellen Ansprüche verbringen« zu wollen: »Ich kann mich ändern, ich kann mich ändern, ich verspreche es hoch und heilig, ich kann mich ändern.« (681, 883) Als Leser dieser Schamethik ist man sich sicher: Er kann sich ändern. Und Arabella? »Arabella ließ keine Anzeichen dafür erkennen, dass sie es begriffen hatte. Im Gegenteil, sie schien fest entschlossen zu sein, für immer und ewig genau so weiterzumachen. Es gab keinen Plan B. Alles drehte sich ausschließlich um Marken, Logos und deutlich zur Schau getragenen Konsum. […] Während ihr Bedürfnis nach Labels, Ferien und Verwöhnmomenten zuvor simple Habgier gewesen war, wirkte es nun schon fast wie verzweifelte Sehnsucht.« (680)

Herrlich präzise charakterisieren die letzten Zeilen den von Böhme versprachlichten *ästhetischen Kapitalismus:* zur Schau gestellter Konsum. »Die Ausstattung des Lebens«[97], als Begehrnis gelesen, kommt nie ins Ziel: »Wenn man Begehrnissen entspricht, so steigert man sie.«[98] Roger hat offenbar die Struktur der Begehrnisse verstanden, alles roger, ein künftiges Leben mit Arabella, die auf der Seite der ästhetischen Konsumer steht, scheint unmöglich.

Während Lanchester seinen Figuren mit sichtbarer Wärme begegnet, verzichtet der Film von Christoph Hochhäusler »Unter dir die Stadt«[99] auf Wärmegrade. Hochhäusler ist ein Meister der Kältelehre, seine Figuren scheinen sich der Glätte und Kälte der Häuserfassaden – seinem eigenen Nachnamen Hochhäusler angemessen ist das Hochhaus der Star des Films – angepasst zu haben, jede Szene ist kühl kalkuliert, dazu passt auch das coole Sound-Design. Schaut man genauer hin, dann bietet der Regisseur eine hintersinnige Coverversion der David-Bathseba-Geschichte im Kontext des Börsenkrieges. Uria heißt hier Oliver Steve (Mark Waschke), der mit seiner Bathseba, die hier auf den Namen Svenja hört (Nicolette Krebitz) nach Mainhatten zieht. Nach kurzer Zeit langweilt diese Svenja sich entsetzlich und beginnt auch deshalb mit dem Chef ihres Mannes, Roland Cordes (Robert Hunger-Bühler), eine Affäre. Dieser König David hat es mit allen Größen seiner Branche aufgenommen und gesiegt. In diesen Kreisen anorektischer High-Heels-Größen reicht es offenbar hin, wenn eine Frau genussvoll einen Keks isst, um als Mann angeturnt zu werden. Weil er für die Affäre freien Raum benötigt, schickt Cordes seinen Uria als Troubleshooter nach Indonesien an die Front, um einen Todesfall zu vertuschen.

Der alte König mag zunächst nicht mehr kämpfen und schießen: Er steigt nur gelegentlich aus seinem Hochsitz (eine Mischung aus unterkühlter Vorhölle und dem Läuterungsberg Dantes) hinab in die Stadt und schaut für Geld Junkies dabei zu, wenn diese *underdogs* sich einen Schuss setzen. Wie im Film *Der letzte Tango in Paris* folgt das auf Empathie verzichtende Kameraauge diesem Paar durch seelenlose Luxuswohnungen und Hotels und klirrend unterkühlte Dialoge: »Hast du Aids?« »Hast du Zigaretten?«

Cordes führt Svenja sogar einmal durch ein altes Haus in Mannheim, um sich die Biographie eines Aufsteigers zu geben, in Wahrheit aber schämt er sich für seinen Vater, einen Banker in Zürich, der extrem dubiose Geschäfte gemacht hat. Irgendwann im Film läuft Cordes Amok, aber wenn er einem Journalisten dessen Hemd zerreißt, wiederholt er damit nur eine Geste, die er beim

97 Böhme (2016: 12).

98 Böhme (2016: 15).

99 Hochhäusler (2010).

Sex mit Svenja eingeübt hat. Auch die drohende Apokalypse am Ende des Films wirkt nur wie ein Volkslauf: Die Gejagten, die Ausgebeuteten, die Armen scheinen sich nur warmzulaufen für den Triathlon.[100]

Der Film *High Speed Money*[101] hatte bereits zehn Jahre vorher das Milieu der Investment-Banker erkundet und in der realen Figur des Nick Leeson (Ewan McGregor) den Aufstieg und den Fall eines Sachbearbeiters nachgezeichnet, der, ohne eine Nobelschule besucht zu haben, zum Startrader für Wertpapiere an der SIMEX aufsteigt und die heimische englische Barings Bank ruiniert. Hier ist es die Scham der alten Banker (nicht so sehr die Gier), die mit dem Speed des frischen Geldes nicht mithalten können, alle Vorsichtsmaßnahmen über Bord werfen und die Haltesignale übersehen.[102] Old Economy und New Economy ist eine schambesetzte Generationenfrage.[103]

Ich lese die Romane und Filme zum Thema als Wahrnehmungsschule für ein *gegenwartstypisches Menschenbild, das zugleich für ethische Fragen sensibilisiert.*[104] Alle besprochenen Romane und Filme porträtieren zunächst systemkompatible Figuren, die in einer Art Limbus leben, sich gelegentlich unkonventionell geben, aber angepasst sind. Alle sind Missionare des Wirtschaftens, die ihren Alltag den unternehmerischen Zielvorgaben, die sich am *shareholder value* orientieren, unterstellen. Als sozial inkompetent präsentieren die Autoren ihre Figuren, *kommuniziert wird offenbar nie*. Alle älteren Protagonisten sind inzwischen intellektuell abgekoppelt von den neuen Finanz- und Wirtschafts-Methoden, die Frank Schirrmacher in seinem Buch EGO[105] eingängig beschrieben hat: Seit dem Ende des Kalten Kriegs Anfang der 1990er-Jahre heuerten Physiker und Mathematiker in den Banken an und führten Programme ein, die von den ›älteren Kadern‹ nicht mehr verstanden wurden. Bei den ›alten‹ Kadern, das ist meine These, die diese Programme nicht lesen konnten, geschweige denn programmieren, die also keine Algorithmenversteher

100 In Griechenland sind die Menschen wenigstens erbost auf die Straße gegangen. Sieht man genauer hin, dann verbarg sich dahinter ein präzises Schamdrama: Wahrscheinlich haben sich die Griechen für ihr korruptes System und auch ihre eigenen korrupten Verhaltensweisen geschämt und diese Scham in einen Rufmord kanalisiert, wenn die Demonstranten auf den Straßen die Bundeskanzlerin Merkel als Nazi verunglimpften.

101 Dearden (1999).

102 Ich habe anhand dieses Films mehrfach Führungskräfte der DZ-Bank gecoacht.

103 In dem eindrücklichen Dokumentarfilm von Marc Bauder (2013) kommt ein ehemaliger Investmentbanker neunzig Minuten zu Wort: schlechte Nachrichten über die Kältelehren des Wirtschaftens.

104 Nochmals: Ich traue also der Literatur zu, in einem intuitiven Gesamtblick ein Menschenbild zu beschreiben, an dem normalerweise viele Wissenschaften wie Psychologie, Ethnologie, Soziologie, Theologie, Ökonomie beteiligt sind. Siehe dazu Herms (2010).

105 Schirrmacher (2013).

waren, bewirkt(e) eine *vorweggenommene Scham*, dass jede offene Kommunikation unterblieb. Motor für den Untergang, so die Anschlussthese, war die *drohende Führungsscham*.

Die Führungsscham entfaltet eine Theatralität mit eigener Scriptfolge, immer verbunden mit der *Schamangst* vor Bloßstellung. Beides dient der vorsorglichen, der Nachvorneverteidigung der eigenen Ehre, denn die ist immer bedroht. Zu den typischen Epiphanien und Infrastrukturen der Kompetenzmacht zählt der wissende Blick, mit einer Spur Gelassenheit inszeniert, ein Blick, der kamerafest sein muss, atmosphärisch Kompetenz ausstrahlend. Kompetenz wird vital beatmet von den zustimmenden Gegenblicken, und doch geht die Angst um vor einer Implosion dieses fragilen Anerkennungsmanagements; denn der motivationale Schub durch die anerkennenden Blicke kann leicht zu einer Schubumkehr führen, weil Konkurrenz zwar durch die abgesegneten Protokolle der Macht unter Verschluss gehalten wird, die aber sofort hervorlugt, wenn Risse spürbar werden. Die Architektur der Kompetenz hält nicht für die Ewigkeit, stabilisiert nur die Grenzen der Kampfzone, deshalb ist der Habitus der sogenannten Entscheider unterschwellig behitzt durch die Schamangst, als inkompetent aufzufliegen. Prompt fließen aus dem Kompetenzspeicher Energien ab, wenn der wissende Blick Unsicherheiten verrät. Unsicherheit ist die Handlangerin der eigenen Abschaffung.

Der Geschäftszeitraum der Kompetenz ist überschaubar, wird bedrängt durch die Verschnellung technischer Erkenntnisse, die die soignierten Herren alter Schule in den Bankhäusern überfluteten. Weil die Schamangst, nicht mithalten zu können, durch die eingeübte Blickzeremonie unter Kontrolle war, weil die Vorstandsetage eine scheinbar immunologische Loge im Bankenhaus darstellte, blieb die Macht unangetastet. Das Bombardement der Blicke gegen den Vorstandsvorsitzenden kam viel zu spät (vielleicht sogar gar nicht, wenn die Unwissenheit bei allen Vorständlern gleich groß war), denn die Gefahr schwoll von unten an, drang – freilich zu spät – vom Parkett in die Loge. Der Film *High Speed Money* zeigt in atmosphärisch dichten Bildern die zuweilen schrullige Führungsangst der ergrauten Vorständler. Das Verströmen der Gelder geht mit einem Versanden der Kommunikation einher. Die vorweggenommene Führungsscham war der Krepierer im System. Wenn es überhaupt eines schlüssigen Beweises für die Forderung nach einer Ausbildung kommunikativer Vernunft bedurft hätte, dann in diesem Fall. Mit Habermas im Vorstand hätte es keine Finanzkrise gegeben. Vorstandsetagen in den Bankhäusern waren die Favelas der Kommunikation. Die Loge glich, bei Licht betrachtet, eher einem Zeltlager.

Nahezu spiegelbildlich hat die immer drohende Kompetenzangst in einem anderen Gewerbe zu einer ebenso desaströsen Konsequenz geführt. Wer in einem VW-Konzern an der Spitze steht, muss mit technologischer Kompetenz protzen, der darf keine Angst vor technischer Verschnellung besitzen, im Gegenteil, hier ist der Chef die Avantgarde technischer Erneuerung, er gibt den Rahmen vor, um die technischen Feinheiten können sich die Ingenieure im Betrieb kümmern. Das Scriptdrama der Führungsscham wurde jetzt in den unteren Etagen geschrieben. Technisch zu lösen war die Vorgabe bei dem offenbar begrenzten finanziellen Spielraum durch den großen Vorsitzenden nur durch Tricks. Das Bühnenbild ist leicht zu imaginieren: Hier hocken irgendwann verzweifelte Ingenieure vor den Bildschirmen und in den Labors, immer knapp am Burnout vorbeischrammende Techniker, die schließlich kapitulieren müssen: Mit ehrlichen Methoden ist die Vorgabe einfach nicht zu schaffen. Als Ausweg bleibt die Manipulation. Führungsscham machte aus braven Ingenieuren, der Zierde des deutschen Mittelstands, Schurken. Niemand plauderte etwas aus, das ist auch für einen innerbetrieblichen Schurkenstaat nicht außergewöhnlich. Das Kartell des Schweigens hielt. Es war Außendruck, der alles zum Einsturz brachte. Das stärkste Instrument für den Untergang war diesmal die Kompetenzscham auf der mittleren Ebene.

Man mag darüber streiten, ob der individualethische Ansatz[106] wirklich ideal ist, um heutige Wirtschaftskrisen zu evaluieren; richtig ist es, mit Wolfgang Huber zu unterstreichen, wie für alle Beteiligten naiv entlastend es ist, eine »abstrakte Entgegensetzung zwischen dem Einzelnen und dem System« aufzubauen: »Die strukturellen Bedingungen eines Wirtschaftssystems ändern nichts daran, dass Menschen in ihm handeln.«[107] Evgeny Morozow diagnostiziert bei solchen Vorschlägen eine »perverse Form sozialer Amnesie«, entdeckt eine »Tyrannei der Mikroperspektive«, die nicht akzeptieren will, immer schon in »Makrostrukturen« eingebettet zu leben, sei es »nun Kapitalismus, Neoliberalismus oder (der, K.H.) militärisch-industrielle Komplex.«[108] Das ist zwar kernig, aber leider nicht sehr schlau gesagt, weil hier die extrem faule Vernunft sich in Rhetoriken von digitalem Determinismus und Fatalismus flüchtigt. Makrostrukturen fallen nicht vom Himmel, sie werden durch Menschen wie etwa Eric Schmidt von Google effektiv geplant und umgesetzt.[109] Problematisch wird die Mikro- oder Mesoperspektive, wenn Wolfgang Huber

106 Systembedingte Fehler lassen sich so nicht ausmachen. Hier wird man genauer nachfragen müssen. Aus den in den 1950er-Jahren entstandenen Public-Choice-Theorie entwickelte sich die Verfassungsökonomik, die sich mit der Regelebene selbst befasst; sie analysiert, oft im freien Anschluss an Rawls, die Wahl von Regeln, die das Handeln der Einzelnen kanalisiert. Buchanan/Brennan (1993).

107 Huber (2013: 159).

108 Morozow (2015: 24).

109 Schmidt (2015: 130-134).

leider allzu optimistisch ergänzt: »Sie (die Menschen, K.H.) berücksichtigen die strukturellen Gegebenheiten, orientieren sich aber zugleich an Regeln, die sich nicht aus dem Wirtschaftssystem als solchem ergeben.«[110] Die Beispiele aus den modernen Archiven der oben besprochenen Romane und aus den Archiven der Cinematheken zeigen, wie häufig die Protagonisten zunächst *systemimmanent* agieren und *erst in der Krise* halb widerwillig die Frage nach Sinn und Unsinn aufgreifen. Wortgewaltig skizzieren die Romane milieubedingte Menschenbilder, die sich medial verstärken und wachsen. Mit diesen milieubedingten Menschenbildern gilt es sich auseinanderzusetzen. Offenbar fehlen Institutionen und vor allem: Repräsentanten von Institutionen, die in Zeiten des Finanzkapitalismus für neue Formen der Kooperation werben und »kulturelle Grundüberzeugungen« nicht aus den Augen verlieren.[111]

In einer sehr spannenden, hoch innovativen Studie, die dem coolen Snobismus eines Morozow widersteht, hat Nils Ole Oermann gezeigt, dass der erste Amerikaner im Vorstand der Deutschen Bank, Edson Mitchell, übrigens der Ziehvater von Anshu Jain, ab 2012 einige wenig erfolgreiche Jahre zusammen mit Jürgen Fitschen neuer Vorstandsvorsitzender der Deutschen Bank, die Etablierung des Investmentbankings mit seinem Team strategisch, »analog eines Konquistadors des 16. Jh.s im Alleingang etabliert hat. Damit war ein Edson Mitchell einerseits für die größten Gewinne der Bank in den 1990er-Jahren verantwortlich, etablierte aber gleichzeitig eine Struktur in der Bank, die heute zur too big to fail/too big to jail-Thematik des Instituts entscheidend beitrug.«[112] Der Untertitel seines Buches spricht von einer Sittengeschichte, denn Oermann will am Beispiel von Edson Mitchell, der am 22.12.2000 mit seinem Privatflugzeug auf dem Weg in die Weihnachtsferien abstürzte und starb, die »Entwicklung von Bräuchen und Gebräuchen [...] einer Gruppe«[113] nachzeichnen. In diesem Buch lernt man einen Menschen kennen, der »nicht im Sinne von Max Weber ›Politik als Beruf‹ oder ›Wissenschaft als Beruf‹ (wählte, K.H.), sondern ›Spielen als Beruf‹. Hier unterscheiden sich die meisten Hedgefonds und Investmentbanken von einem Casino allein darin, dass man in Bad Homburg, Bad Oeynhausen oder Monte Carlo mit eigenem Geld wettet. Zudem wird in dieser Branche mit Quoten spekuliert, die die 1:36-Quote der einfachen Zahlenwette am Roulettetisch zuweilen deutlich überschreitet.

110 Huber (2013: 159).

111 Huber (2013: 60ff.) hat in seiner Ethik vier »kulturelle Grundüberzeugungen« eingefordert: »Gleiche Würde, Nachhaltigkeit, Haben, als hätte man nicht, Vertrauen.«

112 Oermann (2014: 424); Ders. (2013); Soros (2014).

113 Oermann (2013: 13). Folgende Zitate im Text beziehen sich auf diese Ausgabe. Oermanns Erkundungen decken sich verblüffend häufig mit Szenen aus dem Roman *Kapital* von John Lanchester. Vgl. auch Hübner (2009).

Und bei Gewinnquoten von 1:60 mit fremdem Geld ist dann auch eine angestrebte Eigenkaptialrendite von 25 % bei einer sehr geringen Eigenkapitaldecke keine Hexerei mehr.« (220) Den »Treibstoff des Investmentbankers« beschreibt Oermann als ›Competition‹, Bonus und Elitebewusstsein. (69) »Was Investmentbanker wie Edson Mitchell antrieb? Der unbedingte Wille, sich im Wettbewerb Mann gegen Mann, Bank gegen Bank durchzusetzen, und die Durchsetzungskraft wird gemessen in Geld. Gelingt es dem Häuptling, seine Truppen nach Eldorado zu führen, oder nicht?« (78) Und in Interviews hätten, so Oermann, ehemaligen Kollegen berichtet, auf die Frage, wer er genau sei, habe er halb ironisch häufig geantwortet: »Ich bin Gott.« (16) Als eine »entscheidende Facette« (90) dieses Menschenbildes identifiziert Oermann eine leicht diffuse Freiheitsphilosophie, die allerdings so ausgeprägt ist, »dass diejenigen, die am stärksten von dieser Freiheit profitieren, nämlich Menschen vom Schlage eines Edson Mitchell, an der Wohlfahrt des Staates, in dem sie operieren, allzu oft nur ein instrumentelles, zuweilen gar kein Interesse haben.« (91)

Oermann, langjähriger Unternehmensberater und danach Persönlicher Referent des ehemaligen Bundespräsidenten Horst Köhler, votiert, gut protestantisch, für »moralfähige Akteure«[114], aber offenbar erwarten weder die Finanzbranche noch die politische Klasse von der Theologie, sich als Motor dieser Bildung zu betätigen. Für moralfähige Akteure wäre es zum Beispiel ganz entscheidend, einem ›Häuptling‹ oder Konquistador nicht in einem *schambesetzten Gruppenzwang* blind zu folgen. Aber Scham ist in einer Branche, die sich lässlich schamlos ergeht, ein nicht sehr geschätztes Gefühl. Gewünschte Haltungsänderungen in der Finanzindustrie beschreibt Oermann mit Gillian Tett durch die »3 S« (120): *stewardship*, der Investmentbanker versteht sich künftig als Treuhänder des Geldes einer Nation, *see-through*, fordert eine Transparenz der Firmenstrategie, Verbot von Silos, *specialised ghettos* (121), in denen ohne Kontrolle schäbige Finanzprodukte ausgeheckt werden. Edson Mitchell war offenbar die zeitgemäße Inkarnation von Astride Saccard aus Zolas Roman *Geld*.

Oermanns Buch liest sich wie ein präzise gearbeitetes Gegenstück zur mäßig fiktiven Biographie eines Unternehmerfürsten: Rainald Goetz hat unter

114 Oermann (2014: 426). Durchaus optimistisch schreibt Oermann (417): »Denn anders als Wirtschaftswissenschaften stellt theologische Reflexion die heuristisch-semantische wie inhaltlich anthropologische Kompetenz zur Verfügung, um sich sachgerecht mit ethischen wie anthropologischen Kernthemen zu Fragen von Gerechtigkeit, Gemeinwohl und Menschenwürde auseinanderzusetzen.« Aufschlussreich sind auch Dokumentarfilme, die Aussteiger aus der Szene zu Wort kommen lassen, exemplarisch gelingt das dem Film *Speed. Auf der Suche nach der verlorenen Zeit* von Opitz (2012).

dem Titel *Johann Holtrop* einen Roman über *Schamspiele in der Wirtschaftswelt* geschrieben. Seine Hauptfigur, die an den Großmanager Thomas Middelhoff erinnert, steht unter Druck, setzt in einem Telefonat mit einem Vorstandsmitglied gezielt eine Beschämungstaktik ein: »Endlich war Ahlers fertig und sagte zum Abschied: ›Und morgen geht's bei Ihnen nach New York?‹ ›Ja, Ja‹, antwortete Holtrop matt. ›Es hieß‹, sagte Ahlers, ›Sie hätten die Reise abgesagt?‹ ›Nein, alles wie geplant.‹ Stille. Ahlers erwartete die Verbindlichkeit einer erläuternden Erklärung, glaubte sie durch Warten erpressen zu können. Nach Ahlers' unglaublich randlosem Gequatsche war dieser Moment erpresserischer Stille von großer Gewalt. Noch größer war Holtrops Abscheu vor Ahlers. Holtrop war dran, sagte aber nichts. Er sagte noch nicht einmal etwas Einlenkendes wie ›sonst noch was?‹. Holtrop wartete, bis Ahlers sich seines Erpressungsversuchs schämen musste, und zwar doppelt, wegen Zudringlichkeit und wegen Erfolglosigkeit, bis Ahlers zuletzt schließlich sagen musste: ›Aha, wie geplant. Gut. Auf Wiedersehen.‹ ›Wiederhören!‹, rief Holtrop und drückte im selben Moment die das Gespräch beendende Taste seines Telefons. Um Ahlers zum Abschied wenigstens akustisch noch schnell ins Gesicht zu spucken.« Holtrop wird schließlich Opfer einer »völlig irren Weltapperzeption«, verliert seine »Ehre« und stirbt, weil sein Körper ihm, als er im letzten Augenblick seinen Selbstmordversuch abbrechen will, den Dienst versagt.[115]

Die Bankenkrise und die Unternehmenskrise, die Infarkte der Geldströme sind, so meine These, (auch) Folgen einer vorweggenommenen Scham, die therapiert wurde durch die Verschiebung der antizipierten Scham in Schuld: in *Duckverhalten*. Ein technokratisches Ehrverständnis, dass der Ranghöhere schlicht mehr weiß und er sich gefälligst zu schämen hat, wenn sich herausstellt, untere Kader wissen es besser, führte zum Crash. Die *Führungsscham* wirkte sich desaströs aus. Sehr klug, weil hoch sensibel und besonnen jenseits von Hysterie und Fatalismus schreibt Shoshana Zuboff: »An der Wallstreet arbeitete man mit ›Quants‹, jenen Mathematikern, die komplexe Finanzprodukte und Algorithmen für den automatisierten Handel entwickelten. Selbst Manager verstanden ihre eigenen Produkte nicht mehr, und das galt auch für die Aufsichtsbehörden. [...] Aufgrund dieses vielfachen Versagens stürzte die Welt in einen Albtraum, von dem wir uns noch nicht völlig erholt haben.«[116] Zuboff fordert deshalb nachdrücklich: »Ob es um computerisierte Finanzprodukte oder militärische Drohnen geht – hochkomplexe Systeme brauchen Menschen mit kritischer Intelligenz und strategischem Überblick.«[117] Kerniger

115 Goetz (2012: 87, 328, 341).

116 Zuboff (2015b: 271).

117 Zuboff (2015b: 270).

formuliert: Wir benötigen ein Ende der *CEO-Kratie* als *Nachfolgemodell der Theokratie* und eine neue Codierung des Feldes von Scham und Ehre: Schämen soll sich nicht derjenige, der etwas nicht versteht, sondern der sich der Algorithmusängstlichkeit ergibt. Eine ausgearbeitete Unternehmens-, Verbands- oder Organisationenethik als Open-brain-Ethik zählt zu den Desideraten ethischer Anstrengung.[118]

3.3 Mikroebene: Digitale Leibeigenschaft?

Traugott Jähnichen erinnert in seinem klugen Essay daran, wie durch die Reformation die weltliche Tätigkeit einen neuen Stellenwert bekommt und die antike und mittelalterliche Hochschätzung der *vita comtemplativa* durch die *vita activa* abgelöst wird. »Luthers Leistung ist darin zu sehen, dass er den Berufsbegriff von der ursprünglichen Beziehung auf das Ordensleben gelöst und für die Kennzeichnung aller weltlicher Tätigkeiten verwandt hat, die sich im Sinn der Nächstenliebe an den Bedürfnissen der anderen orientieren.« Luther interpretiert zwar etwas einseitig das Berufsleben als sechstägiges Kreuz, aber »(l)etztlich bekämpft somit die mit dem Beruf gegebene Verantwortung das selbstsüchtige Wesen des Menschen.«[119] Erst Calvin löst sich von der lutherischen Orientierung an ständischen Strukturen und verknüpft die Arbeit sehr grundsätzlich mit der Ehre Gottes. Generationen nach Calvin glaubten, wie oben erinnert, am Arbeitserfolg einen Hinweis darauf zu sehen, Gott lasse Segen auf der Arbeit ruhen, mithin dürfe man hoffen, erwählt und nicht pränatal verworfen zu sein (doppelte Prädestination).[120] In der Aufklärung löst sich die Arbeit von der religiös motivierten Basis[121] und wird jetzt dem Projekt der Perfektibilität des Menschen eingezeichnet. Das ›Berufsmenschentum‹ der Moderne »bedarf kaum noch der Stützung einer religiös begründeten Berufspflicht, da an deren Stelle der äußere Zwang ökonomischer und technischer Verhältnisse getreten ist.«[122] In der Spätmoderne gibt es durchaus Versuche, den Beruf, jetzt mit einer stärkeren Rückbindung an die *vita contemplativa*, zu reformulieren. Vor allem das Ehrenamt – eine wunderbare Vokabel – wird in

118 Traugott Jähnichen (2015: 386) skizziert ein »Konzept der ›Corporate Social Responsibility‹ als europäisches Leitbild für eine ethisch verantwortliche Unternehmensführung.« In diesem Konzept wollen Unternehmen Umweltbelange und soziale Belange auf freiwilliger Basis, aber im Konsens mit Stakeholdern, in ihre Tätigkeit mitaufnehmen. Traugott Jähnichen schreibt dazu: »Demgegenüber bleibt aus ethischer Sicht kritisch zu fragen, inwieweit auch die Interessen schwacher gesellschaftlicher Gruppen ohne explizite Machtbasis berücksichtigt werden.«

119 Jähnichen (2015: 387).

120 Huizing (2010).

121 Graf (2004: 241-264).

122 Jähnichen (2015: 389).

unserer Gesellschaft neu mit Leben gefüllt.[123] Aber weiterhin gibt es die hochprekären Arbeitsplätze, wo *Personen zum Personal* verkommen.

»›Sie sind allesamt schlechte Verkäufer!‹, bellt Rotkäppchen hinterher. Er ist ein Angstbeißer. Ein exaktes Abbild dessen, was der Alte morgens mit seinen Abteilungsleitern veranstaltet hat. ›Wollen Sie damit sagen, dass ich ein schlechter Verkäufer bin?‹ Einem halbwegs sensiblen Menschen hätte auffallen können, dass Krupps Augenlider außergewöhnlich heftig zittern. ›Ja‹, antwortet Rotkäppchen. ›Selbstverständlich. Schauen Sie nur Ihre Zahlen vom Sonntag an!‹ ›Das reicht jetzt!‹ Krupp steht auf, mitten im schönsten Schreivortrag. ›Ich höre mir diesen Scheiß nicht länger an! Ich habe kein Leben mehr, und dann soll ich mir morgens noch diesen Quatsch anhören! Dann kann ich auch Fritten verkaufen!‹ Rotkäppchen ist sprachlos. Es ist noch niemand aufgestanden, wenn er schreit. *Das tut man nicht.*«[124]

Nicht zu vergessen jene zunächst hippen, jetzt massentauglichen Milieus, die dem neoliberalen Lockruf der Selbstperfektionierung mit Lust bis zur Selbsterschöpfung folgen, nach außen heiter wirkende Milieus, deren Protagonisten die für das Aufbegehren nötige Wut fehlt, weil »Freiheit und Zwang zusammenfallen«[125]. Byung-Chul Han spricht von Psychopolitik, eine chice Vokabel, die die nächste Revolution der Märkte in den Blick nimmt, weil Firmen wie Google jetzt nicht mehr nur am Daten-Mining interessiert sind, sondern am »Reality-Mining«. Das hat eine neue Qualität: »Die Erfolge des Industriekapitalismus beruhten auf der Schaffung (von, K.H.) drei ›fiktiven Waren‹. Das Leben, die Natur und der Austausch mussten in Dinge verwandelt werden, die sich mit Gewinn kaufen und verkaufen ließen. Google führt uns an einen Wendepunkt in der Reichweite der Marktwirtschaft. Hier entsteht eine vierte fiktive Ware, die zum beherrschenden Merkmal der Marktdynamik des 21. Jahrhunderts wird. Die ›Realität‹ erfährt dabei dieselbe Umwandlung ins Fiktive und wird als ›Verhalten‹ wiedergeboren. Dazu gehören das Verhalten der Lebewesen, ihrer Körper und ihrer Dinge sowie Daten über das Verhalten.«[126] Hier wird nichts weniger versucht als eine *Angleichung der Affekte und des Verhaltens an gottgleiche, allwissende Maschinen*, die dank einer genauen Verarbeitung von Lebensmustern Verhalten vorhersagen können: »Beim Geschäft mit der Realität geht es darum, das Verhalten von Menschen und Dingen im realen Leben in millionenfacher Weise zu prägen und so zu kommunizieren, dass Google Einnahmen erzielt. Das Geschäftsmodell breitet

123 Vgl. Meireis (2008); Ders. (2011: 14-51); Ders. (2015).

124 Kisch (2015: 196).

125 Han (2013a: 24).

126 Zuboff (2015a: 180).

sich aus und umfasst schließlich nicht nur den digitalen, sondern auch den realen Menschen. Der Schauplatz ist nicht mehr die virtuelle Realität, sondern die eigentliche Realität.«[127]

Wir benötigen sehr aufgeklärte Konsumenten, um hier gegenzusteuern.[128] Eine *Konsumenten-Ethik*, die auf den ästhetischen Kapitalismus (Böhme) reagiert, steckt noch in den Kinderschuhen, allenfalls schamloses Verhalten lässt sich per Kurznarrativ vor Augen malen: »Der einzige Grund, warum es überhaupt noch Möbelhäuser gibt, besteht wohl darin, dass ein Großteil der Deutschen sich nicht mit dem Internet beschäftigt. Glücklicherweise sind es vor allem Frauen, unsere wichtigsten Neukunden. Und der zweite Grund ist: Man will das Zeug vorher mal sehen. Bevor man es schließlich im Internet bestellt. Das machen allerdings nur die Jüngeren. Völlig ohne Skrupel. Das Internet ist für mich der Beweis schlechthin, dass dieses ganze Verkaufspsychologiegelaber eben genau das ist: Quatsch mit Soße. Im Internet gibt es null Beratung – aber alles ist billiger. Wenn man weiß, was man will ... Und diese Leute holen sich alle notwendigen Informationen im Möbelhaus und bestellen ohne Drumherumgesülze online.«[129]

Man muss lange Bücher trinken, um eine halbwegs versöhnliche Sicht auf die prekäre Arbeitswelt zu erlesen. Die Protagonisten in Kristine Bilkaus' Roman *Die Glücklichen* rutschen langsam ab, nach der Geburt ihres Sohnes wird sie, die Cellistin, das Zittern ihrer Hände nicht los, verliert schließlich den Solopart in einem kleinen, randständigen Orchester. Und auch Georg, Journalist, erfährt, wie hoch prekär der Arbeitsplatz ist. Biobrötchen gibt das Einkommen nicht länger her. »Er gibt einen Laut von sich, der fast wie ein Lachen klingt. ›Eigentlich wollte ich in der Welt unterwegs sein und wichtige Reportagen schreiben‹, sagt er schließlich. ›Eigentlich sollte ich in Mailand oder Paris auftreten, oder eine CD als Starsolistin aufnehmen‹, antwortet sie. Jetzt lacht er. Es ist ein gutes Spiel, sie können solche Dinge leicht dahinsagen, weil

127 Zuboff (2015a: 177). Dabrock hat in einem Aufsatz (2014: 3) deutlich markiert, wie diese datengestützte Hochrechnung von Zukunft quersteht zur Vorstellung einer Providenzlehre, die Dabrock als »Algorithmen göttlichen Wohlwollens« deutet: »Kreativität, nicht zuletzt denkbar im Vertrauen auf die Providenz des begleitenden Gottes, sieht anders aus: Sie lebt gerade davon, dass sie aus der antwortenden Konfrontation mit Überraschendem, Unvorhergesehenem, Fremdem, Unverrechenbarem und Außerordentlichem Neuartiges und Sinnhaftes konstruiert.«

128 Traugott Jähnichen (2015: 390f.) zitiert eine Studie über Käuferverhalten von 1991; ich fürchte, in den 25 Jahren hat sich radikal viel verändert. Auch der Hinweis auf eine zukünftige Moralisierung der Märkte hat keine Aussagekraft, wenn Reality-Mining diese Moralisierung ins Kalkül einspeist.

129 Kisch (2015: 143). Diese schamlose Verhaltensstruktur betrifft selbstredend nicht nur die Möbelgeschäfte, sondern auch die Schuhgeschäfte oder die Buchhandlungen. Immerhin lässt sich hier eine solidarische Aktion zwischen Verlag und Buchhandlungen benennen, denn der Diogenes-Verlag druckte ein Plakat mit einem lebensdienlichen Spruch: »Sie müssen nicht zum Amazonas reisen, wenn es Bücher bei Ihnen um die Ecke gibt.«

sie nichts bedeuten, sie sind nicht wichtig. Es ist nicht so gelaufen, wie sie gedacht haben, na und. Georg hat Recht, so was wird erst bedeutungsschwer, wenn sie versuchen, es aus dem Weg zu schweigen. Dass sie hier zusammen sitzen, reden und dabei ihr Kind betrachten, das allein ist bedeutend.«[130]

Hannes Grassegger nennt, ähnlich wie Byung-Chul Han, den Menschen der Gegenwart einen *digitalen Leibeigenen*: »Mein digitales Ich, das sind meine Gedanken (E-Mails), meine Gefühle (emoticons), meine Affekte (Twitter), meine Beziehungen (Facebook), meine Geschäftsbeziehungen (Xing). [...] Wir befinden uns in einer Post-Internet-Realität [...], das Internet ist kein separater Raum mehr, sondern integral. Mein Ich ist unteilbar geblieben, aber teilweise digital geworden. Wir bestehen aus Atomen und aus Bits.«[131] Mit jeder AGB, die wir ungelesen anklicken, versklaven wir uns weiter, weil wir im Glücksrausch, kostenlose Dienste zu benutzen, nicht an die Folgen denken. Wir werden zu Zeichen, die sich künftig zu Geld machen lassen. »Daten sind das neue Erdöl.« (11) Die neue Leibeigenschaft bezieht sich nicht primär auf unseren Körper, sondern auf unsere Gedanken. Die ehrwürdige Metapher, wir seien ein Buch, in dem Gott lesen könne, ist umgewidmet worden: Google und andere lesen in unseren Zeichen. Der Computer wird »zu meinem Ebenbild« (17), teilweise sind wir bereits im Himmel, in der Cloud. Whats App? »Wer uns im Netz angreift, kann unser Leben zerstören, wie die Selbstmorde amerikanischer Teenager belegen. Fleisch und Daten sind verschmolzen. Zeichen sind Leben geworden.« (22) Und mit diesen Zeichen wird Geld verdient. Wir leben, so Grassegger, in einem »Semio-Kapitalismus« (27), wir prostituieren uns unablässig, machen uns selbst zur Ware, sind selbst Daten-Banken. »(E)ine Billion sollen allein die persönlichen Daten aller Europäer im Jahr 2020 wert sein.« (40) Als naiv denunziert Grassegger die Idee, wir könnten off-line gehen; er schlägt deshalb vor, die eigenen Daten zu vermarkten. Unwohl ist ihm bei dem Gedanken, eine zentrale Behörde oder Institution (wie etwa VG Wort) solle die Vermarktung übernehmen; er plädiert dafür, mit neuester Sicherheitstechnik in einer eigenen Cloud die persönlichen Daten zu sammeln, um sie jeweils zu verkaufen. »Die Verknappung der persönlichen Daten und die Privatisierung von Google & Co würden einen Markt kreieren, der diesen Namen verdient. [...] Die künstliche Verknappung unserer persönlichen Daten ist ein Instrument, mit dem wir die Entwicklung in die richtige Richtung lenken können.« (72f.) Vielleicht folgt auf die »digitale Leibeigenschaft ein digitaler Humanismus«. (73)[132] So viel Hoffnung muss sein.

130 Bilkau (2015: 296).

131 Grassegger (2014: 5f.). Die folgenden Zitate beziehen sich auf diesen Text.

132 Lanier (2105: 165) denkt über Datensteuer nach: »Ich befürchte jedoch, dass in diesem Fall der Staat allzu viel Macht bekäme und neue Zyklen von Korruption das Ergebnis wären. Einen Versuch wäre es immerhin wert.«

Kleine Rekapitulation: Plädoyer für eine schamgesteuerte ökonomische Klugheit

Verschiebung von Scham in Schuld

Führungsscham oder die Schamgangst vor Bloßstellung, so mein Vorschlag, führt zur Schuld des Gewährenlassens und des Wegduckens – mit desaströsen Folgen in der Bankenkrise und in der VW-Krise. Offenbar sickert die Schamangst von den Logen weiter nach unten durch, denn *Kompetenzscham* (Marks) macht in einem exemplarischen Fall in der Autostadt Wolfsburg aus Ingenieuren, dem Stolz der deutschen Wirtschaft, Manipulationsmeister und diplomierte ingeniöse Trickser. Und der thesenstarke Roman von Dave Eggers zeigt: Private Scham über den persönlichen beruflichen Absturz ruiniert familiäre Beziehungen. Nach dem finalen Scheitern harrt der Protagonist Clay vor Ort aus, meidet die Begegnung mit der Tochter und macht sich in der Wüste unsichtbar.[133] Selten nur ausgemacht wird in wirtschaftsethischen Kontexten eine grassierende *Wissenschaftsscham*: Aus Scham wird Wirtschaft als subjektlos verharmlost. Hier hat die Studie von Oermann über einen Investmentbanker eine Gegenlesung vorgelegt. An dieser Charakterstudie lässt sich eine künftige Unternehmungsethik kritisch ausrichten.

Präventiv-Ethik und der richtige Umgang mit Scham

Eine schamfreie, niederschwellige Kommunikationskultur kann mögliche Krisen in Unternehmen verhindern. Dann ist eine *open-brain-Ethik* der richtige Weg, wenn Programme zu *Kooperationsbefähigung* aufgelegt werden, die auch schwachen gesellschaftlichen Gruppen eine Stimme geben. Als Prophylaxe für drohende persönliche Krisen, die bis zur schambesetzten Krankheit (Depression, Burnout) führen, kann eine *Konsumentenethik* Wunder wirken. Hellsichtig hat Gernot Böhme gezeigt, wie der *ästhetische Kapitalismus* durch eine kluge Psychopolitik aus Bedürfnissen lustbesetzte Begehrnisse macht, die nie befriedigt werden und Wachstum garantieren. Weil Lust positiv besetzt ist, kann das Scheitern nur als persönliche Scham identifiziert werden. Wie auch Wolfgang Huber klug anmahnt, gilt es, geldfreie Räume zu schaffen oder Institutionen zu stärken, die von der Ökonomie nicht vollständig dominiert werden wie etwa Freundschaft, Liebe, Kinder, Justiz[134], Kunst (ob die Kunst bereits

133 Der Film von Tom Tykwer schönt das Ende, rettet Clay, indem er ihn zum Immobilienmakler umschult. Prompt kehrt auch die Potenz zurück. Alles wird gut.

134 Andreas Zielcke (2014: 11) hat gezeigt, wie die ökonomische Weltwirtschaftsordnung das Recht aushebelt: »Sieg über das Gesetz! Wenn Staaten etwa ein Abkommen über Investitionsschutz ab-

monetär verseucht ist, bleibt zu diskutieren), aber auch die Medizin.[135] Steuerpolitisch sollte das goldene Kalb des Shareholder-Value-Gedankens[136] eingeschmolzen oder umgeschmolzen werden, und die liberalistische Privatisierung von Geldschöpfungsprozessen gehört eingedämmt. Gegenlenken lässt sich durch eine Vermögenssteuer (die nicht den Mittelstand treffen darf), eine Reformierung der Erbschaftssteuer[137] und eine Abschaffung der Abgeltungssteuer. Vorschläge über ein Grundeinkommen wirken (zumindest auf den ersten Blick, sofern sie nicht dazu dienen, ein künftiges Prekariat der Modernitätsverlierer zu beruhigen) attraktiv.[138] Parallel dazu dient eine grundsichernde Rente der Entschämung; denn es darf nicht sein, dass Rentnerinnen und Rentner einen schamvollen Gang zu den Ämtern antreten müssen, um ihre Rente menschenwürdig aufzustocken. Die Idee einer »Gemeinwohlgesellschaft«[139], von Sahra Wagenknecht in den Diskurs eingespeist, weist in die richtige Richtung.

Weisheitliche Klugheit und concursus divinus

Ein biblisches, nur scheinbar angestaubtes Miniaturdrama gab den Titel des *Klugen Haushalters*, der aus vorweggenommener Scham, also schamhaft handelt und sich der Dressur durch das Geld verweigert, vor. *Vorweggenommene Scham* ist nur dann ein kluger Ratgeber, wenn eine *Harmonie der Affekte gelingt und Anerkennungsprozesse neu austariert* werden. Eigennutz und Gesamtnutzen gewinnen eine neue Balance. Ansehen oder Ehre wird für die Motivierung des Verhaltens eingesetzt, genauer: Über Ehrprozesse wird ein dreipoliger Energiekreis verschaltet, der das Geld entdämonisiert und gegenseitiges Vertrauen freisetzt. Darin besteht die aufreizende Kraft des Gleichnisses: Es verstört die Geldlogik durch die zunächst korrupt anmutende Tat des Haushalters, löst damit aber in der Lektüre einen metaphorischen, verwandelnden Prozess aus, der harmonisch alle Beteiligten ändert – freilich nur, weil auch der Unternehmer den Nutzen einer Verabschiedung der primo-loco-Platzierung des Geldes erkennt. Eine win-win-win-Situation, die die Währung des Ansehens oder der Ehre stabilisiert und neue Handlungsspielräume erschließt. In meiner

schließen, wird bei Verstößen nichtöffentlich von einer Schiedsstelle oder Schiedsgerichten, die mit Anwälten besetzt sind, verhandelt. Die Ergebnisse sind nicht anfechtbar. So verklagte der Konzern Philip Morris den Staat Uruguay, weil er eine Gesundheitskampagne gegen das Rauchen in Gang brachte, der Konzern seine Investitionen in eine Tabakfabrik gefährdet sah und von Uruguay zwei Milliarden Dollar Ausgleichszahlungen verlangte.«

135 Huber (2013: 153-168; 182-199).

136 Ich verweise auf die Vorschläge von Felber (2014).

137 Piketty (2014).

138 »Konturen einer Postwachstumsgesellschaft« entwirft Hartmut Rosa (2016: 722-737).

139 Wagenknecht (2016).

Lesart ist der *concursus divinus* ein ethico-poietisches Sensibilisierungs- und Verwandlungsdispositiv, der angebotene Güter (Geld, Medien, Sex, Technik, Gesundheit, Umwelt) auf das gemeinsame Ziel einer von gegenseitiger Resonanz getragenen kooperativen Synthesis hin relativiert. Ich setze auf die Kunst, will zwar nicht so radikal, wie Richard Rorty[140], die philosophische Ethik durch Literatur ersetzen, aber Romane, Filme, Theaterstücke, Computerspiele sind eine unersetzliche Wahrnehmungssschule zur Sensibilisierung und Aufdeckung von schamversteckten Dramen. Dort auch, entlastet vom Alltag und schamangstfrei, lassen sich Scham- und Demütigungsprozesse spielerisch durchleben und die Autorität von Gefühlen testen. Ethik ohne Ästhetik ist ein anästhesiertes Geschäft. Auch das zeigt die Kunst: Kunst eröffnet neue Muster der Lebensführung, ist, gerade in ihrer Verstörung, hoch kreativ und steht damit quer zur Verunendlichung des eigenen Geschmacks in der Spätmoderne. Echte Neuheit ist durch die Algorithmisierung des künftigen Geschmacks im Rekurs auf den vergangenen Geschmack schlechterdings nicht möglich. Nicht einmal denkbar.[141] Wir werden mit der Vokabel Innovationsfreudigkeit charmiert, sollten uns aber lieber schämen, dem Immergleichen zu huldigen. Der Topos vom begleitenden Handeln Gottes, der *concursus divinus*, ist deshalb so attraktiv, weil er die Idee von Kreativität feiert, die durch Big Data sediert wird.[142]

Rettungsangebot

Wo aber wächst die Rettung? Was lässt sich über die Neukonzeption der Rahmenbedingungen und über die Motivationsschulung hinaus noch anbieten? Christina von Braun sieht eine Lösung in Triple A-Frauen: »Die historische Eigendynamik des Geldes lässt sich nicht aufhalten, aber sie lässt sich kanalisieren. […] Meine Hoffnung beruht auch auf den Menschen. […] Ich gestehe, dass ich eine gewisse Hoffnung auf die Frauen setze. […] In der Geschichte des nominalistischen Geldes hatte der weibliche Körper nicht den gleichen Preis zu entrichten wie der männliche. Die Kompensation für den männlichen Körper bestand in der ›geistigen Potenz‹, die viele ›Agenten‹ in den Dienst der

140 Rortys Buch *Kontingenz, Ironie und Solidarität* (1989) ist seit Studententagen mein Lieblingsbuch geblieben.

141 Han (2014a: 100f.): »Big Data macht vor allem kollektive Verhaltensmuster sichtbar. Der Dataismus selbst verstärkt das Zunehmen im Gleichwerden. Das Data Mining unterscheidet sich nicht grundsätzlich von der Statistik. Die Korrelationen, die es freilegt, stellen das statistisch wahrscheinliche dar. Errechnet werden statitische Durchschnittswerte. So hat Big Data keinen Zugang zum Einmaligen.« Ein smarter Alarmist ist Welzer (2016), deutlich kreativer ist das Buch von Hofstetter (2014), vgl. Ullrich (2016b).

142 Auch Dabrock (2014) kontrastiert, wie gesehen, Big Data und die Vorsehungslehre.

Eigenmacht des Geldes gestellt haben. Da Frauen den Preis dieser symbolischen Kastration nicht zu zahlen hatten […], haben sie weniger Bedarf nach dieser Kompensation. Mag sein, dass es ihnen deshalb auch leichter fällt, ihre Begeisterung für das Geld im Zaum zu halten und weniger Diensteifer zu entwickeln.«[143] Und Hartmut Rosa sucht in seinem Welterklärungsbuch *Resonanz* Wege, um der steigerungsorientierten und am Modell der Konkurrenz organisierten kapitalistischen Lebensform durch eine Lebensform, die sich an Begegnungsqualitäten ausrichtet, Einhalt zu gebieten. Halbironisch fragt Rosa: »Ist Resonanz katholisch, weiblich, jung?«[144]

Nachspiel

It's Money That I Love

I don't love the mountains
And I don't love the sea
And I don't love Jesus
He never done a thing for me
I ain't pretty like my sister
Or smart like my dad
Or good like my mama
It's Money That I Love
It's Money That I Love
Randy Newman

143 von Braun (2012: 440).

144 Rosa (2016: 645). »Resonanzsensibilität, so lautet die wichtigste Erkenntnis, ist in der dominanten westlichen Kultur fast durchgängig *weiblich* konnotiert: Empathie, Sensibilität, Emotionalität usw. gelten fast durchgängig als *weibliche* Eigenschaften, während die auf rationale und instrumentelle Beherrschung gerichteten Verdinglichungsqualitäten den Männern zugeschrieben werden. An der Dominanz des Letzteren lässt sich daher auch ablesen, dass die Sozialformation der Moderne die Etablierung stummer Weltbeziehungen prämiert und privilegiert – es sind dann freilich gerade die weiblichen (oder vielleicht noch mehr die *queeren*) Qualitäten, welche den Ausweg aus dem Dilemma zu weisen vermögen.« (754) Der Protestantismus tritt als Resonanzstimulant leider zurück, weil Rosa die Max-Weber-Perspektive fortschreibt und den Protestantismus für die Entzauberung der Welt bei gleichzeitiger innerweltlicher Askese verantwortlich macht.

Werden wir »elektrooptisch gedopt«? Grundriss einer Medienethik

»Christologie ist ab ovo Mediologie«
Jochen Hörisch

Einleitung: Baisse

Wir leben in einer Baisse. Vielleicht ist das sogar unser kleines Glück. Die Blase des ersten digitalen Aktienbooms ist eher lautlos geplatzt, aber die Aktien haben sichtbar an Wert verloren. Auch die Theologie und die Kulturwissenschaften hatten zunächst kräftig Aktien gezeichnet und sogar kindlich euphorisch von einem *digitalen Pfingsten* geträumt. Die Warner, umformatierte Propheten, haben es schon immer gewusst: Das Netz ist ein übles Dispositiv der Macht, das uns ausbeutet und in die Scham zwingt. Ich will in einem ersten Schritt das Parkett ausfegen. Der Konjunkturzyklus geht jetzt in die nächste Runde.

Die Theologie ist, so meine These, schon immer diejenige Wissenschaft gewesen, die sich mit den Stärken und den Schwächen der Medien im Austausch von – um es burschikos zu formulieren – oben und unten beschäftigt hat. Ein zweiter Abschnitt präsentiert mit einem Blick auf den großen biblischen Roman Ezechiel und die prophetischen Performer Hosea und Jesaja einen Gott, der hochgradig übellaunig in einer Medienkrise steckt und den Ungläubigen mit Gleichschaltung droht. Das Szenario, das heute durch *big data* umgesetzt wird, ist also nicht ganz neu! Gott verlegt sich schließlich auf *street-art Aktionen* der *wohlwollenden Beschämung*. Als Applausmeister dieser Geschichte will ich daran selbstbewusst erinnern.

In einem dritten Schritt schlage ich eine Reise zu einer katholischen Peepshow vor, die inzwischen mit UNESCO-Ehren prahlt. Auf einer Stippvisite in Norditalien präsentiere ich ein urkatholisches Kunst-Projekt, in dem die Bilder beinahe laufen lernten und der Besucher durch das Schlüsselloch (un-)verschämte Einblicke in das Leben der Heiligen Familie erlangt. Dieses Proto-Kino gewährt einen Intimitäts- und Teilhabegewinn par excellence. Hier lassen sich schamfrei spielerische Identifikationen mit den heiligen Personen ausleben. Der Katholizismus ist Motor der Bild-Moderne, die bis zu den audiovisuellen und Smartphone-codierten Ausdrucksformen der Gegenwart reicht.

Ausgehend von den audiovisuellen Medien untersuche ich danach den kulturellen Raum des Netzes, der in den letzten zwei Jahrzehnten für viele

Nutzer, die jetzt *Consumer* heißen, zu einem Raum der Beheimatung wurde. Längst gehen die Arbeiten zur Medien- und Netzethik nicht mehr – wie noch vor zehn Jahren – in einer Professionsethik für Journalisten auf[1], sondern die *Ethik des Mediensystems und die Mediennutzungsethik* rücken verstärkt in den Fokus der Aufmerksamkeit. Im vierten Abschnitt will ich diesen Fragen nachgehen. Wie steht es um den *Homo medialis*? Verändert sich die anthropologische Matrix? Verschieben sich die Scham-Marker? Offenbar senkt, so mein Eindruck, *die Ausdruckssehnsucht, die nicht sofort als Narzissmus gebasht werden sollte, im Netz die Schwelle der Scham und der Peinlichkeit:* Weil wir nicht mehr den unmittelbaren Blick des Nächsten oder den Blick engster Freunde fürchten müssen, sondern den medial abgepufferten Blick und uns zudem verstärkt einer an den Rändern ausgefransten Öffentlichkeit aussetzen, *sinkt die Scham- und Peinlichkeitsschwelle.* Wer allerdings die neuen Medien und das Web vorschnell als »technokratische Ersatzreligion«[2] denunziert, verkennt freilich deren Stärken, bietet das Netz doch auch bisher unbekannte Chancen für ein hoch individuelles Identitätsmanagement.

In einem fünften Schritt untersuche ich künstlerische Medienerzeugnisse, die über die systemischen Probleme der neuen Medien (audiovisuelle Medien und Netz) filmisch aufklären. Von Friedrich Daniel Ernst Schleiermacher stammt der Vorschlag, vom *organisierenden Handeln* das *symbolische Handeln* oder die symbolische Kommunikation zu unterscheiden (ohne beides trennen zu können); in unserem Fall wäre das der Versuch, in den Medien über die Medien und ihre Logiken zu erzählen.[3] Um dem Elend übereilter Medien- und

1 Teichert schreibt in seinem Essay (2005: 803-833) noch nahezu ausschließlich über Konturen einer Professionsethik, erwähnt nur am Rande eine Publikumsethik.

2 Thiede (2013: Untertitel); Hurth (2012: 240-259); dagegen noch vor den Netzrevolutionen Eco (1994), jetzt Haberer (2015). Floridi (2015). Die Mediatisierung untersucht Krotz (2007). Hoch kompetent argumentiert Gülzow (2015).

3 Treffend bemerkt Leiner (2006: 188): Medienethik ist »die einzige Form der angewandten Ethik, die es mit einer besonderen Form des Handelns zu tun hat: dem symbolisierenden Handeln.« Dieser Umstand ist auch der Grund dafür, überhaupt Medienethik zu betreiben, denn viele Fragen zur Medienethik, wie etwa ethisches Handeln organisiert werden muss, ließen sich angemessen auch in der Wirtschaftsethik verhandeln. Kritisch merkt Leiner (2014: 255) an: »Aufmerksamkeit für Personen ist ein seltenes Gut, das immer seltener wird: Verweilen und Resonanzerfahrungen erlebt der Mensch in der beschleunigten Moderne immer seltener.« Einerseits spricht Leiner sehr nachdrücklich von Opfern der Mediennutzung (258), plädiert für eine »Relativierung des Mediengeschehens zugunsten leiblich inkarnierter Menschen«, fordert dann aber auch Freiraum für »Medienekstase«. (258) Nicht zustimmen kann ich Leiner in folgendem Punkt: »Soll das, was gelingendes Leben ist, durch Hollywoodfilme, Werbespots und Vorabendsoaps entworfen werden? [...] Für christlich glaubende Mediennutzer und auch für viele andere bewusste Zeitgenossen kann die Antwort nur ›nein‹ sein.« (256) Ebenso problematisch Käßmann (2001: 103f.): »Die Medien können keinen Sinn schaffen. [...] Die Kirche muss deutlich machen: Es ist für die Medien unmöglich, Sinn zu stiften. Sinnstiftung findet statt durch einen Gottesbezug.« Hellsichtig schreibt Preul (2001: 370): »Soweit die Medien ihrer spe-

Netzkritik zu begegnen, wähle ich Beispiele, die auf Probleme und Gefahren aus den Bereichen der Nutzungs- und Professionsethik reagieren.

Der Film *Shame* bearbeitet die durch die pornographische Bilderflut im Internet ausgelöste Sexsucht eines hippen Managers, der in den Bilderwelten ghettoisiert und kontaminiert[4] durch den Besuch seiner Schwester in eine *Schamkrise* gerät. Ende der Knautschzone. Eine Theaterproduktion des ZDF, *Verrücktes Blut*, feiert die Schillersche Intuition, der Mensch sei nur dann ganz Mensch, wenn er spiele. Allerdings müssen die Protagonisten mit einem drastischen Mittel vom Sinn des Spiels überzeugt werden. *Homevideo* heißt ein Spielfilm, der eine Negativkultur der Beschämung, Mobbing genannt, exemplarisch und in starken Bildern einfängt. Den *Schamparcours*, den ein Schüler zu durchlaufen hat, führt zu einer klassischen Verschiebung von Scham zu Schuld, die hier in einer finalen Selbstaggression, dem Selbstmord, endet. Und in einem eindringlichen Roman beschreibt Alessandro Piperno, wie ein hoch dekorierter Kinderonkologe durch eine falsche Beschuldigung medial, angetrieben von einem fiesen Journalismus, geschlachtet wird. Vier Beispiele für gelungene Sensibilisierung und einen besonnenen Umgang mit den neuen Medien.

1. Kehraus

Verflogen ist die anfängliche Euphorie, das Internet zünde die zweite Stufe der reformatorischen Kommunikationsrevolution, indem es basisdemokratisch die Gläubigen auch zur Feder greifen lasse, um das *mutuum colloquium fratrum et sororum* einzuläuten: Leider hat beinahe niemand der traditionell Gläubigen zum Laptop gegriffen. Über die schwer verkäuflichen Ladenhüter wie Erbsünde, Sünde, doppelte Prädestination, Versöhnungslehre gab es nicht einmal einen veritablen Shitstorm.[5] Die Cyberchurch von Pastor Fliege hat geschlossen und wurde umgewidmet, und Fragen, ob Superintendenten oder Bischöfe auch facebooken sollen, sind eher medientheoretische Petitessen.[6] Auf entschieden mehr Interesse stoßen zunehmend andere religiöse Anbieter, wir leben schließlich in spirituellen Angelegenheiten nicht in einer Mangelwirt-

zifischen Funktion, für öffentliche, teilsystemübergreifende Diskurse zu den alle betreffenden Fragen zu sorgen, gerecht werden, sind sie als solches ein Sinnangebot, und zwar ein kirchlicherseits uneingeschränkt positiv zu beurteilendes und zu nutzendes Angebot.« Mein Vorschlag geht allerdings deutlich darüber hinaus.

4 Haberer (2014b).

5 Siehe dazu Haese (2006, 2007). Vorsichtig optimistisch zeigen sich Kopjar (2012); Mayer-Edoloeyi (2012: 146-165, 166-187); Bahr (2015).

6 Zeilinger (2012a: 31-33).

schaft, sondern in einer Überflussgesellschaft[7], in der die Aufmerksamkeit der Mediennutzer umkämpft bleibt.[8] Hysterisch warnende Stimmen mehren sich.[9]

Warner gibt es auch in den Nachbardisziplinen im Übermaß. Die Bilder, die uns überschwemmen, sind für uns schlicht zu schnell; wir gehören zu den beklagenswerten Opfern der Bilder-Tsunamis – glaubt man zumindest Paul Virilio, der uns für beklagenswerte Opfer der Medienmaschine hält. Der Medienkritiker Virilio ist der stolze Erfinder der ›Dromologie‹[10], also einer Kulturtheorie, die die Menschheitsgeschichte als Geschichte der Beschleunigungsrevolutionen liest: von der Domestizierung des Pferdes, über die Erfindung der Lokomotive, des Autos, des Flugzeugs hin zu den Übertragungstechnologien. Paul Virilio hat die problematische Verschnellung mit sehr augenfälligen Beispielen untermauert. »Wenn gegen Ende des letzten Jahrhunderts der Start der Vernetzung der Märkte durch die City of London [...] schon 1987 zu einem öffentlichen Börsencrash führte, was die Computerisierung des Handels in Echtzeit in Frage stellte, so war es 2007, 20 Jahre später, als die Immobilienblase der *Subprimes* in den USA platzte, das *Flash trading*, der Hochfrequenzhandel« (19), der das Chaos heraufbeschwor. Im Flash trading führen Hochleistungsrechner in einer Nanochronologie An- und Verkäufe aus, die Maschine wird zum Entscheidungsträger, die eigenständig, automatisch Papiere ordert oder verkauft, um Gewinne zu maximieren und Verluste einzudämmen – damit aber wird eine Umschlaggeschwindigkeit erreicht, die, wie Virilio sagt, »zu schnell für die Ehrlichkeit« (21) geworden ist. Aus dem Börsencrash resultierte prompt der Vertrauens-Crash der Investoren. Weil die Börsianer sich an eine Maschinenzeit verkauft haben, die eine Auffächerung in die drei Zeitdimensionen nicht kennt, war das Fiasko schlechterdings nicht abzuwenden. Virilio spricht hübsch ironisch von einem Endpunkt der Säkularisierung durch einen »Monoatheismus des vereinheitlichten Markts« (21).

Diese »Beschleunigung der gemeinsamen Realität« (37) macht nach Virilio auch nicht vor dem Alltag halt, vielmehr pulverisiert die »kybernetische Informationsrevolution« (37) auch das Privatleben, ruiniert die alltägliche Rhythmik, ersetzt die »physische Nachbarschaft der Menschen« durch ein »soziales

7 Siehe dazu Danz (2008).

8 Treffend schreibt Thomas (2003: 99): »Angesichts der gegenwärtigen Ausbeutung menschlicher Aufmerksamkeit durch deren Absorption in artifiziellen Wahrnehmungsräumen und durch eine stets weiter schreitende Kopplung an die Geldwirtschaft gilt es, auf eine Ökologie der Aufmerksamkeit hinzuarbeiten.« Vgl. auch: Nethöfel (1999; 2001: 176ff., 215ff.); Wallich (2004); Herrmann (2000: 77-95). Sehr kritisch argumentiert Herleyn (2012: 23-26).

9 Thiede (2013); Hurth (2012: 240-259).

10 Virilio (2012). Die folgenden Seitenzahlen beziehen sich auf diesen Text. Vgl. auch Rosa (2005); Rosa (2012) klagt gegen medienbeschleunigte Prozesse der Entfremdung dialogische Begegnungen ein, die Resonanz wieder spürbar machen; vgl. Reuß (2012).

Netzwerk« (40) und synchronisiert die Emotionen zu einem »Kommunismus der Affekte«, weil das »audiovisuelle Publikum nicht chemisch, sondern elektrooptisch gedopt wird« (38). Im Massenindividualismus der Jetztzeit bekommt der altbackene Satz aller Großmütter: Jeder hat sein Päckchen zu tragen, einen hübsch ironischen Nebensinn: Unsere Päckchen heißen iPhone, Macbook und iPad, mit denen wir ins tägliche Exil oder zu Pitchings, Vorträgen, Seminaren abmarschieren, und unterwegs werfen wir mit einem Stop-Eject dank »Low-Cost-Scheidungen« (53) träge gewordene Partner ab. Das »Abdriften der gemeinschaftlichen Sesshaftigkeit« (53) nennt Virilio, selbst etwas überhitzt, ein »Verbrechen gegen die Menschlichkeit« (56). Jüngst hat der Neurologe und Hirnforscher Manfred Spitzer nachgelegt und medienwirksam von einer digitalen Demenz gesprochen. Untertitel: *Wie wir unsere Kinder um den Verstand bringen.*[11]

Des großen Medientheoretiker Vilém Flussers Vision eines Pfingsten 3.0 ist inzwischen deutlich verblasst. Euphorisch hatte Flusser zunächst den *Digital turn* begrüßt und eine neue Anthropologie gefordert: »Wir sind nicht mehr Subjekte einer gegebenen objektiven Welt, sondern Projekte von alternativen Welten. Aus der unterwürfigen subjektiven Stellung haben wir uns ins Projizieren aufgerichtet. Wir werden erwachsen.«[12] Im Überschwang entwirft Flusser eine Schwarmphilosophie und fragt rhetorisch: »Ist der telematische Mensch ein Anfang einer Anthropologie, die sagt, Mensch sein ist ein telematisches Verknüpft-Sein mit anderen, ein gegenseitiges Anerkennen zwecks Abenteuer der Kreativität?«[13] Die messianische Antwort folgt auf dem Fuße: »Das Netz schwingt, es ist ein Pathos, es ist eine Resonanz. Das ist die Grundlage der Telematik, diese Sympathie und Antipathie der Nähe. Ich glaube, die Telematik ist eine Technik der Nächstenliebe, eine Technik zum Ausführen des Judenchristentums. Die Telematik hat Empathie als Basis. Sie vernichtet den Humanismus zugunsten des Altruismus. Allein dass diese Möglichkeit besteht, ist schon etwas ganz Kolossales.«[14]

Heute, zwanzig Jahre später, ist man während der Lektüre etwas erschrocken, wenn man diese pfingstliche Utopie als telematische Ethik der Nächstenliebe präsentiert bekommt. Der späte Flusser liest die Netzwelt als glückliche Einlösung der Versprechen dialogischen Denkens in der Spur Martin Bubers. Byung-Chul Han diagnostiziert nach dem Platzen der utopischen Blase einer pfingstlichen Kommunikologie sehr nüchtern: »Nicht die ›Nächsten-

11 Spitzer (2012).

12 Flusser (1997: 213). Etwa zeitgleich veröffentlicht Jürgen Mittelstraß (1996: 574-583) eine ganz andere Einschätzung.

13 Flusser (2009: 251).

14 Flusser (2009: 251); vgl. Flusser (1997); vgl. auch Bohrer (2009).

liebe‹, sondern der Narzissmus beherrscht die digitale Kommunikation. Die digitale Technik ist keine ›Technik der Nächstenliebe‹. Sie erweist sich vielmehr als eine narzisstische Ego-Maschine. […] Das Projekt, zu dem sich das Subjekt befreit, erweist sich heute selbst als Zwangsfigur. Es entfaltet Zwänge in Form von Leistung, Selbstoptimierung und Selbstausbeutung. […] Die heutige Gesellschaft ist keine Gesellschaft der ›Nächstenliebe‹, in der wir uns gegenseitig realisieren. Sie ist eher ein Leistungsgesellschaft, die uns vereinzelt.«[15]

Byung-Chul Han deutet das, wie er es nennt, »neoliberale Regime«[16] der Gegenwart als ein in sich geschlossenes, medial gesteuertes Dispositiv, dem es gelingt, die Freiheit auszubeuten: »Ausgebeutet wird alles, was zu Praktiken und Ausdrucksformen der Freiheit gehört wie Emotion, Spiel und Kommunikation. Es ist nicht effizient, jemand gegen seinen Willen auszubeuten. Bei der Fremdausbeutung fällt die Ausbeute sehr gering aus. Erst die Ausbeutung der Freiheit erzeugt höchste Ausbeute. […] Wer in der neoliberalen Leistungsgesellschaft scheitert, macht sich selbst dafür verantwortlich und *schämt sich* (Hervorhebung von mir, K.H.), statt die Gesellschaft oder das System in Frage zu stellen.« (11, 16) Weil »Geheimnis, Fremdheit oder Andersheit […] Hindernisse für eine grenzenlose Kommunikation« (19) darstellen, wird Transparenz als Ziel ausgegeben, Personen müssen also, wie Han sagt, »entinnerlicht« (19) werden. Eine »digitale Psychopolitik« (22), die Foucaults »Biopolitik« ablöst, erweist sich als »smarte Macht«, der wir Medienjunkies als Followers kopflos folgen. »Like ist digitales Amen. Während wir Like klicken, unterwerfen wir uns dem Herrschaftszusammenhang. Das Smartphone ist nicht nur ein effektiver Überwachungsapparat, sondern auch ein mobiler Beichtstuhl. Facebook ist die Kirche, die globale Synagoge (wörtl. Versammlung) des Digitalen.« (23) Das Web 3.0 macht eine »Totalprotokollierung des Lebens« (85) denkbar, in der seit Einführung der ›Timeline‹ alle Daten auf Dauer festgehalten und letztlich monetarisiert werden (89). Einmaligkeit und damit auch Neuheit wird undenkbar. Und ein gnädiges Vergessen leider auch.

In einer klassischen Überbietungsgeste macht Han deshalb auch nicht die Beschleunigung als Problem aus: »Das Zeitalter der Beschleunigung ist bereits vorbei«, der Zeit fehlt vielmehr »ein ordnender Rhythmus«. Also: »Die Information stellt vielmehr ein neues Paradigma dar. Ihr wohnt eine ganz andere Zeitlichkeit inne. Sie ist eine Erscheinung der atomisierten Zeit.« Wir leben im Zeitalter des Schwirrens, alles drängt »in die Gegenwart. Das hat ein Gedränge von Bildern, Ereignissen und Informationen zur Folge, das jedes kon-

15 Han (2013b: 65f.). Han zitiert auch die von mir ausgewählten Stellen. Zur Rezeption des frühen Flusser siehe Huizing (2014). Einen Versuch der Rettung macht Zeilinger (2012b: 188-199).

16 Han (2014a: 38). Folgende Seitenangaben beziehen sich auf diesen Text.

templative Verweilen unmöglich macht. So zappt man sich durch die Welt.« Andere Zeitpraktiken wie etwa das Verweilen, die Geduld oder die Gelassenheit finden offenbar keinen Ort mehr.[17] Schamfreie Zonen sind eingemeindet worden.

Wie ein narrativer Kommentar zum Essay von Han liest sich der etwa gleichzeitig erschienene Roman von Dave Eggers: *Der Circle*, ein Roman der fröhlichen Selbstausbeutung.[18] »Nach dem Gespräch, an ihrem Schreibtisch, machte Mae sich Selbstvorwürfe. Was war sie bloß für ein Mensch? Aber vor allen Dingen schämte sie sich. Sie hatte bloß das absolute Minimum gemacht. Sie war wütend auf sich und fühlte mit Annie (ihrer Freundin, K.H.) mit. Die hatte sicher alles über ihre lethargische Freundin gehört, die dieses Geschenk, diesen begehrten Job beim Circle – einem Unternehmen, das ihre Eltern krankenversicherte!, ihre Familie vor einer Katastrophe bewahrt hatte! – dazu benutzte, sich einen faulen Lenz zu machen. *Herrgott noch mal, Mae, häng dich mehr rein!, dachte sie. Sei jemand, der der Welt was bringt!*«[19] Mae entwickelt sich zur fröhlichen Märtyrerin der Selbstausbeutung und wird eine Missionarin der Gläsernheit: »Nichtwissen war der Ausgangspunkt für Wahnsinn, Einsamkeit, Misstrauen, Furcht. Aber es gab Möglichkeiten, das alles zu beheben. Gläsernheit hatte sie für die Welt wissbar gemacht, hatte sie besser gemacht, hatte sie, das hoffte sie zumindest, der Vollkommenheit einen Schritt näher gebracht.«[20] Die Psychopolitik des Circle siegt auf der ganzen Linie. Han und Eggers, der Medientheoretiker und der Romancier, gehen warnend Hand in

17 Han (2014b: 7, 23, 45); vgl. Huizing (2014); Huizing (2012); Huizing (2013b); Theunissen (1991a); Theunissen (1991b: 321-377). Matthias Morgenroth hat in einem Essay (2016: 138f.) gegen die Euphoriker der Kunst (und des Lesens) gefragt, was passiert »(w)enn Kunst zur Unterhaltungsindustrie mutiert und – jetzt wird es Ernst – die Medien, in denen Kunst genossen werden könnte, die digitalen Medien nämlich, selbst Teil des Problems der Gefühllosigkeit und Entfremdung werden, da die virtuelle, digitalisierte Wirklichkeit eine der Hauptbeschleuniger des Lebens ist?« Rosa (2016: 157) notiert: »Wir sind auf dem Weg in eine Gesellschaft, in der der größte Teil unserer Weltbeziehung bildschirmvermittelt und in der unser Weltverhältnis als Ganzes bildschirm-symbolvermittelt geprägt ist. Dies hat – ungeachtet aller anderen, nicht klar erkennbaren Nebenfolgen, über die wir nur spekulieren können – offensichtlich zwei bedeutsame Konsequenzen. Zum Ersten wird der Bildschirm zu einer Art Nadelöhr, durch das sich unsere Welterfahrung und Weltaneignung vollzieht, was eine tendenzielle Uniformierung oder Mono-Modularisierung des Weltbezugs zur Folge hat. Die Welt *antwortet* uns, und wir *erreichen* sie, auf immer dieselbe Weise, über den immer gleichen Kanal, mittels der stets gleichen Augen- und Daumenbewegungen. Und zum Zweiten wird die physische Welterfahrung dadurch natürlich trotz aller technischen Neuerungen extrem reduziert: Die Welt, mit der wir interagieren, kommunizieren, an der wir arbeiten und in der wir spielen, riecht nicht, sie hinterlässt keine Gravitationswirkungen und taktilen Empfindungen und lässt keine Geschmackswirkungen zu.« Siehe dazu Huizing (1996).

18 Eggers (2014).

19 Eggers (2014: 219).

20 Eggers (2014: 528).

Hand. Ist also das Netz ein schlechter Begleiter, der *das Begehrnis des Gesehenwerdens* (Böhme) auslöst und nahezu unsichtbar mit Beschämung arbeitet?

Auch wenn man die männlichen Hitzewellen, von denen Virilio, Spitzer und gelegentlich auch Han überfallartig heimgesucht werden, abkühlt (man wird manchmal den Eindruck nicht los, die Beschleunigungsphobie sei zumindest bei Virilio ein psychologisches Altersproblem), ahnt man die Hürden, die es zu überwinden gilt, um sich von der drohenden medialen Vermarktung und Gleichschaltung zu schützen. Wie also steht es um einen aufgeklärten Umgang mit den Medien? Han fordert vor dieser Drohkulisse eine Kultur der Muße, des Erzählens, der *vita contemplativa*, des Idiotismus. Aber vielleicht ist auch Han zu wenig gelassen im Umgang mit den Medien. Die Utopie eines digitalen Pfingsten ist noch nicht endgültig entschieden. Zumindest die Selfie-Kultur lässt sich nicht unter dem Rubrum *digitaler Narzissmus* verrechnen. Der Exkurs versucht deshalb eine Ehrenrettung der Selfies.

2. Ezechiel und die Performer der Beschämung

Das hochliterarische biblische Buch Ezechiel ist deshalb für eine Gegenwartsanalyse so spannend, weil es Ergebnis einer Medienkrise ist, der poetische Gestaltungswille Resultat einer göttlichen Melancholie, die sich gerne zornig gibt: Die Wortverkündigung und die Wortverlesung zeigen nicht das gewünschte Ergebnis beim unwilligen Publikum![21] Gott selbst steckt in einer Medienkrise fest. Deshalb werden andere Medien der Beschämung zu Hilfe gerufen, damit der Hörer/Leser sich endlich bewegt.[22] Das Ergebnis ist ein literarisches Gesamtkunstwerk – *ein Text, der handelt.* Gott und sein hochbegabter Schriftsteller sind auf der einsamen Höhe des Mediendiskurses. Damals wie heute. Nicht zufällig werden aus den Propheten mit wehendem Mantel Performer und Schreibtischtäter. Gott setzt auf die Künstler und die Schriftsteller.[23] Und die legen sich mächtig ins Zeug: Das Buch Ezechiel prä-

21 Siehe Ez 2,9-3,7.

22 Jer 36 dokumentiert die erste Textverbrennung, denn der König ist von der Drohbotschaft not amused und lässt dessen Schriftrolle in Flammen aufgehen. »Dieser Text ist ein Dokument dafür, dass mit dem Beginn von Speichermedien die Zensur beginnt und auch ein Beispiel dafür, dass Propheten und Journalisten verwandte Berufe sind, indem sie Gesellschaftsanalyse, das Gottesgebot, die sozialen Verhältnisse, die Rechtsverhältnisse und die politischen Machtverhältnisse kommentieren und sich damit nicht selten in Lebensgefahr begeben.« So Haberer/Rosenstock (2010: 112). Vgl. auch Rosenstock (2007).

23 Vielleicht ist dieses Prophetenbuch der erste ›moderne‹ Roman, weil es in der Figur des Ezechiel eine Figur schafft, die eine enorme religiöse Einbildungskraft paart mit einem radikalen Ausgelierfertsein an eine religiöse Macht. Dagegen wirkt Goethes Faust nahezu betulich.

sentiert Visionen, Lehrreden, Klagelieder, Gerichtsworte, Allegorien und Zeichenhandlungen, um die Leser und Hörer zu beschämen. Und die härteste Drohung ist: Wenn alles nicht klappt, droht Gott mit einer, wie der Exeget Eberhard Gestenberger so plastisch sagt, »Gehirnwäsche«[24]: »Ich schenke euch ein neues Herz und lege einen neuen Geist in euch. Ich nehme das Herz von Stein aus eurer Brust und gebe euch ein Herz von Fleisch. Ich lege meinen Geist in euch und bewirke, dass ihr meinen Gesetzen folgt und auf meine Gebote achtet und sie erfüllt.« (Ez 36,26)

Gott droht, verlangt dann, endlich sich auf die Besonnenheit verlassend, von seinen Propheten eine Fortbildung und Umschulung. Zur avancierten Vollausstattung eines Propheten gehören auch symbolische Handlungen[25] oder Zeichenhandlungen. Jesaja läuft drei Jahre lang nackt und barfuß durch Jerusalem, um den künftigen Gang der Geschichte vorzuspielen; Jeremia trägt ein Joch und dieses Joch wird über seinem Kopf zerbrochen; Hoseas Ehe mit einer Hure, in die Gott ihn drängt, wird als Zeichenhandlung inszeniert; Ezechiel bietet ein ganzes Kompendium an Zeichenhandlungen; und Jesus wäscht seinen Jüngern bekanntlich die Füße und lässt sich ans Kreuz schlagen. Wir haben es mit religiöser Eventkultur zu tun – der Prophet als antiker Aktionskünstler und Performer. Symbolische Handlungen oder Zeichenhandlungen »können in einem gewissen Sinn als inszenatorische Vorformen heutiger Aktions-, Fluxus- und Performancekunst begriffen werden (wie diese selbst als legitime Nachfolger der biblischen Zeichenhandlungen interpretiert werden können)«, schreibt klug der Kulturwissenschaftler und Theologe Andreas Mertin.[26]

Wenn man vom *Handeln der Texte* spricht, dann scheint es sich nahezulegen, die müde gesiegte Sprechakttheorie zu revitalisieren, um die Pointe dieser Gattung zu verstehen. Die frühe Sprechakttheorie von John L. Austin untersucht performative Sprechakte, also gewisse Worte, die ihre inhaltliche Aussage am Angesprochenen realisieren: *How to do things with words*[27]. Im Unterschied zu konstativen Äußerungen unterliegen performative Äußerungen nicht dem Kriterium wahr/falsch, sondern dem Kriterium gelungen/misslungen. »Aussagen müssen wahr oder falsch sein; performative Äußerungen dagegen müssen glücken oder mißglücken.«[28] Beliebte Beispiele für performative Sprechakte sind der Segen oder die Heirat. Durch das Sprechen konstituiert sich

24 Gerstenberger (2005: 264, 265).

25 Fohrer (1953). In der alttestamentlichen Wissenschaft hat sich der Ausdruck Zeichenhandlungen durchgesetzt.

26 Mertin (2007).

27 Austin (1979).

28 Austin (1986: 322).

Wirklichkeit, sofern beschreibbare Konventionen und Umstände (hier: Pastor in einer Kirche oder Standesbeamtin in einem Standesamt) gegeben sind und die Beteiligten, so die entscheidende Forderung, die Kompetenz der Sprecher anerkennen.

Die Mitarbeit des Agenten, für den sich die Wirklichkeit verwandelt, bleibt in der alten Sprechakttheorie jedoch unterreflektiert. Der Sprechakt bearbeitet zumeist nur die Wirksamkeit einer expliziten Performanz: Segenswort erwirkt Segen. Neuere Theorien der Performanz verweisen sprachlich zwar noch auf die Herkunft aus dem Sprechaktmodell, entwickeln aber das Modell weiter: Performanz zielt auf die aktive, mitspielende Mitarbeit der Rezipienten; die Rezeption verläuft über die leibliche Ansprechbarkeit[29]; Performanz ist nicht notwendig an sprachliche Verlautbarung gekoppelt, kann etwa auch gestisch gestaltet werden. Die Neujustierung der Selbstwahrnehmung vollzieht sich als aktives, vielleicht sogar abwehrendes Mitspielen. Die Performanz der Lektüre ist eine Lektüre, die den Leib des Lesers affiziert. Leiblich prägt sich die spielerische Verwandlung aus. Anders gewendet: Die Zeichenhandlung erzeugt eine auf die Leiblichkeit zielende Erfahrungsgeschichte, die sich gestisch entlädt.[30] Weil der Körper ein Resonanzkörper (Schmitz) ist, kann die gestische Einleibung spielerisch gelingen.

Der Text des Ezechiel-Buches kommt übrigens ohne die angedrohte Gleichschaltung ins Ziel. Welche Medientechnik aus dem Strauß der Möglichkeiten letztlich funktioniert hat, bleibt aber offen.[31] Die göttliche (und theologische) Vernarrtheit in die Medien und ihre Wirkkraft führt auch nach der Abdankung der alttestamentlichen Propheten zu radikalen Lösungen: Das Wort selbst wird Fleisch, wird ein charismatischer Erzähler, der sich in den Erzählungen inkarniert, ein Medienereignis par excellence, dessen Leben von hochbegabten Erzählern im besten Sinne verdichtet als Evangelium und als Brief schließlich eine erstaunliche Karriere macht.[32] *The medium is the message*, dieser totzitierte Satz von Marshall McLuhan, der Portalfigur der neueren Medienwissenschaft, bekommt hier eine eigene Pointe, weil in Jesus Christus Medium und Botschaft nicht zu trennen sind.[33]

29 Auch in den biblischen Zeichenhandlungen des Ezechiel ist die leibliche Ansprechbarkeit deutlich nachvollziehbar, etwa das Scheren der Haare als Zeichen der Unreinheit (Ez 5), das Verbrennen, Zerhauen, in den Wind Streuen der Haare, das jeden Zuschauer leiblich berührt und schaudern lässt.

30 Fischer-Lichte (2004); Roselt (2008).

31 Siehe dazu Huizing (2012c: 233-242).

32 Dazu ausführlich: Huizing (2015a).

33 Medien, so das Credo von McLuhan, sind Körperextensionen, die die Wahrnehmungsmuster des Menschen verändern und in einer Wechselwirkung auch auf den Körper zurückwirken. Dazu: McLuhan (1992). Für McLuhan sind vor allem die Medien selbst, nicht der Inhalt entscheidend,

Bewusst oder nicht bewusst zehren die vielfältigen reformatorischen Performances vom satirischen Potential biblischer Zeichenhandlungen: Predigtstörungen, demonstratives Fastenbrechen, inszenierte Priester- und Mönchsheiraten, burleske Flugblattaktionen, öffentliche Entweihungen von Reliquien, karnevaleske Inszenierungen, Karikaturen jenseits des guten Geschmacks. 1520 etwa zogen Wittenberger Studenten, in Tierkostümen verkleidet, auf einem bäuerlichen Frachtwagen durch die Stadt, der symbolisch von einer vier Ellen langen Ablassbulle als Segel angetrieben wurde; dazu sangen die Studenten satirisch-frivole Lieder und warfen wertlose Holzstücke ins Publikum, um die Nichtigkeit der römischen Gaben zu symbolisieren. »Das ›handelnde Bild‹, das die Wittenberger Studenten, lautstark durch die Stadt ziehend, inszenierten, verhöhnte das ›Schiff‹ der vom Ablass ›angetriebenen‹ Papstkirche,« notiert der Kirchenhistoriker Thomas Kaufmann.[34] Aber: *Diesen satirischen Aktionen und den Karikaturen, die eindeutig jenseits des guten Geschmacks angesiedelt sind, fehlt das Element der Selbstdemütigung, das den biblischen Aktionen eigen ist.*

Aber noch vor den Alphabetisierungsschüben, Inszenierungen und Karikaturen durch die Reformation sorgt ein großartiges katholisches Reenactment an ganz entlegenem Ort für eine (nahezu) multimediale Teilnahme.

3. Das Disneyland des Christentums in den Alpen

Als der Franziskanerpater Bernardino Caimi – im intellektuellen Heiligenkalender wird er bisher, das ist ein himmelschreiender Skandal, immer noch nicht geführt, *santo subito*, bitte, – 1478 das Heilige Land wegen Unruhen verlassen musste und die Wallfahrten nach Jerusalem damit unmöglich wurden, suchte er in Norditalien eine topographische Kopie Jerusalems und fand sie etwas überraschend 100 km nördlich von Mailand. Dort baute er sein Jerusalem nach, samt Grabeskirche. Gläubige aus allen Gesellschaftsschichten errichteten, von der Idee Caimis fasziniert und angetrieben, auf zwölf heiligen Bergen bis 1712 Wallfahrtsstätten. Ein heiliger Berg etwa widmet sich dem Leben Jesu, das in idealtypischen Szenen verdichtet wird, auf einem anderen Berg wird in zwölf Kapellen der Bildungsgang Marias nacherzählt, und nur der Pilger, der diese zwölf Kapellen als Reinigungsprozess durchwandert, darf anschließend ins Zentralheiligtum der Marienverehrung eintreten.

bei Jesus Christus koinzidieren Medium und Message. Eine theologische Relektüre bietet Mats Wahlberg (2016).

34 Kaufmann (2009: 349); vgl. Hueck (2005).

Wie in einer *Peepshow* sind an einigen Gebäuden schmiedeeiserne Gucklöcher angebracht worden, durch die man biblische Szenen aus einem klug kalkuliertem Blickwinkel verfolgen kann, als hätten die Erbauer bereits auf einer Filmhochschule Lichtführung, Kameraposition und Szenensetting studiert.[35]

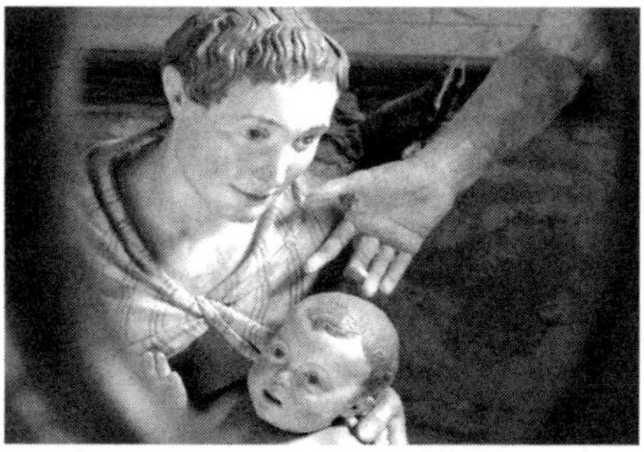

Monte di Orta, Cappella 1, Archivio Riserva speciale Sacro Monte di Orta, Photo: Franco Andreone

Sacro Monte di Oropa, Cappella 10, Archivio Riserva speciale Sacro Monte di Oropa, Photo: Elena De Filippis

Sacro Monte di Oropa, Cappella 4, Archivio Santuario di Oropa, Photo: Linda Angeli

Sacro Monte di Domodossola, Cappella 7, Archivio Riserva speciale Sacro Monte di Domodossola, Photo: Angela Langhi

Bereits hier, auf den *Sacri monti*, verschiebt sich wie in einer Prolepse die erst im Medienzeitalter gelockerte, für die bürgerliche Gesellschaft aber zentrale *Unterscheidung von öffentlich und privat*: Der Zuschauer ist hautnah dabei. Offenbar gibt es nichts, wofür man sich in der Heiligen Familie schämen muss. Die heilige Familie wird gläsern. Die dargestellten Szenen beeindrucken durch ihre Plastizität: Oft lebensgroß nach lebenden Personen der damaligen Zeit vom Bauer bis zum Fürsten gearbeitet, mit Echthaar und historischen Kostümen ausgestattet, präsentieren die Figuren die ganze emotionale Breite, die ein heutiger Vollblutschauspieler habitualisiert haben muss – ein Hyperrealismus, der auch einen Hund, der einen Haufen setzt, nicht vergisst. Die *biblia pauperum* bekommt Beine, wird lebensecht und lebensgroß. Bernardino Caimi, dieser Titel gebührt ihm, ist der geniale Erfinder des Protokinos im Spätmittelalter.

35 Stills aus dem Film Mörsdorf (2010). Siehe dazu Huizing (2016).

Prompt entwickelte sich im Spätmittelalter eine vitale Tourismusindustrie entlang dieser Sacri Monti. Erst im letzten Jahrhundert wurden die Wallfahrten auf einen Fünf-Jahresrhythmus reduziert, seit 2003 gehören die Sacri Monti zum Weltkulturerbe der UNESCO. Man muss eine ganze Zeit weg sein, wenn man alle Pilgerstätten durchwandern will, eine Kunst der Entschleunigung par excellence. Prächtig funktioniert die Illusion, der Besucher sei in Jerusalem und in der Heiligen Familie *Augengast* gewesen. Vereinfachend gesagt: Wenn der Protestantismus sich später auf die Erfindung des Romans gestürzt hat[36], dann der Katholizismus auf die sehr frühe Erfindung des Films durch Caimi – wer damit mehr der Moderne zuzurechnen ist, kann dabei offenbleiben.[37]

Bleibt im Akt der Lektüre die Verbildlichungsleistung noch dem lesenden Subjekt überlassen, Buchstaben sind nun einmal nicht mimetisch, Leser müssen imaginativ übersetzen, dann bietet die szenische Inszenierung in den Festspielen auf den Sacri Monti eine definitive Verbildlichung. Auch weil in den Bildstätten der Sacri Monti alle Figuren des Volkes einheimischen Personen nachempfunden werden, gelingt dieser neuen Medien-Inszenierung Erstaunliches: Das Ferne wird ganz nah gebracht. *Medien sind Ferne-Nahebringer.*[38] Jerusalem liegt jetzt in den Bergen Norditaliens. Man muss nur in die Berge aufsteigen, um eine Katabasis des Fernsten zu erleben.

Schließlich eine Trouvaille: Visionär hat ein Maler auch den Fernseher erfunden, wie das abgebildete Gemälde offenbart: Ein Engel zeigt dem Papst Pius V. via Bildschirm, wie es um die See-Schlacht von Lepanto – die christlichen Mittelmeermächte, angeführt von Spanien, kämpfen gegen die Flotte des osmanischen Reiches (1571) – steht.[39] Die Live-Übertragung im Fernsehen zeigt den Sieg. Die audiovisuellen Medien sind erfunden. Der Livestream geht auf Sendung.

F.B. Prada, Betender Papst, 17. Jhd., Öl auf Leinwand, Mailand, Banca di Milano, © der Vorlage: akg-images, Berlin

36 Schlaffer (2002).

37 Auch das ist auffällig: Die Bildstätten der Sacri Monti bearbeiten das Bild der Heiligen Familie, nicht den Jesus, der im revolutionären Pathos mit der Familie brach.

38 Das gilt im übertragenden Sinne auch für das Web; dazu Costanza (2012a: 127-145).

39 Auf dieses Bild hingewiesen wurde ich auf einer Tagung der Dominikaner, auf der ich in Berlin Anfang 2014 zu Gast war.

Der Medientheoretiker und gelernte Germanist Jochen Hörisch hat behauptet: Die audiovisuellen Medien »schalten von Transzendenz auf Transparenz um. Nicht himmlische, sondern einfach nur ferne Bereiche werden durch sie kontaktierbar. Nicht das Visionäre, sondern das Tele-Visionäre ist ihre Region. AV-Medien bewirken Körper- bzw. Sinnes- und nicht länger Geist- und Sinn-Extensionen.«[40] Man darf sich von dieser These nicht zu sehr beeindrucken lassen, denn ob nicht auch in den audiovisuellen Medien und im Netz eine Vertikalspannung aufgebaut werden kann, ob nicht auch hier das Vertikale eine Heimat findet, ist damit noch nicht ausgemacht.

Auch die mitgelieferte These, die audiovisuellen Medien seien antignostisch, weil sie als wirklichkeitsabbildende Medien die äußere Wirklichkeit retten, wird man im Rückblick – die Thesen wurde 1999 formuliert, das ist im Viriliozeitalter eine halbe Ewigkeit her – so nicht unterschreiben: Moderne Computeranimationen können Welten entwerfen, die als Variationen des Bekannten zwar noch dem Wirklichkeitsschema schwach verpflichtet bleiben, aber keine Abbildfunktionen mehr erfüllen. Allenfalls der klassische Dokumentarfilm kann im Sinne von Hörisch heute als antignostisches Medium für die Rettung der Wirklichkeit[41] herhalten. Und ob dem Medium der Schrift immer eine Tendenz zur Weltflucht anhaftet, wie von Hörisch behauptet, scheint mir auch höchst zweifelhaft.

Auch ein anderer Punkt bleibt bei Hörisch unterbelichtet: *Medien sind Eindrucksverstärker*. Das gilt bereits für das scheinbar antiquierte Medium des Textes und des Buches. An den Heiligen Schriften kann man studieren, wie der historische Jesus durch die dramaturgische Kunst der Urschriftsteller einen *Seinszuwachs* erhält, weil wichtigste Situationen idealtypisch komprimiert werden. Die lange unhinterfragte Rede vom garstig breiten Graben zwischen damals und heute ist medienästhetisch immer falsch gewesen: Fraglos hat der historische Jesus ein Charisma besessen, aber uns Spätgeborenen fällt es sogar leichter, vom *textlich verdichteten Charisma* angesprochen zu werden, es ist im besten Sinne konzentriert. Diese Konzentration gelingt auch dem Protokino auf den heiligen Bergen, denn jene szenischen Verdichtungen können sogar viel unmittelbarer auf die Betrachter überspringen.

40 Hörisch (1999: 239). Vgl. auch Hörisch (1992); Hörisch (1996); Hörisch (2001). Mit Hörisch habe ich mich auseinandergesetzt in Huizing (2014b).

41 Hörisch leiht sich diese These von Kracauer (1985).

4. Der Homo medialis und seine Handlungsfelder

»Eine Theologie des Social Media hat es mit [...] wirklichkeitserschließenden Deutungen in den Lebens- und Kommunikationsräumen zu tun, die durch Social Media eröffnet und strukturiert werden. [...] Ein Ort solcher Wechselwirkung und Integration verschiedener Handlungsfelder und Lebenswirklichkeiten ist der Mensch, der in ihnen agiert, kommuniziert, seine Identität ausbildet und lebt. Daher ist eine Theologie der Social Media wesentlich theologische Anthropologie und theologische Medienethik.« Diesem Votum von Christina Costanza und Christina Ernst[42] stimme ich ausdrücklich zu. Deshalb votiere ich für eine Anthropologie im Anschluss an Hermann Schmitz, weil Schmitz vom Resonanzkörper als dem Urmedium spricht, von woher Welt erschlossen wird. Zunächst und zumeist ist der Mensch ein *Homo medialis*.[43] In einem nächsten Schritt will ich die Handlungsfelder des *Homo medialis* abschreiten.

4.1 Das Netz: digitaler Spielplatz oder Normierungsmaschine?

Auf der Makroebene ist die Debatte längst entbrannt und das Mediensystem als Krake 3.0 ausgemacht worden. »Die großen Unternehmen sammeln nicht nur nach Art autoritärer Regime Daten über einzelne Personen, sie verwenden außerdem Algorithmen, um sie zu manipulieren. [...] Ich möchte darauf hinweisen, dass eine Klasse von Datenschutzexperten entstanden ist, die mit allem Nachdruck erklären, man könne die Privatsphäre und andere Werte durch Gesetze schützen, die die digitale Architektur der Zukunft vorweg-

42 (2012b: 12).

43 In einem spannenden Entwurf dockt Matthias Rath (2003: 24; ausführlich 2014) an *Die Philosophie der symbolischen Formen* von Cassirer an: »Der Mensch kann immer nur als mediales (das heißt im Medium der Symbole sich selbst und die Welt konstituierendes) Wesen bestimmt werden.« Für Matthias Rath ergeben sich daraus klare Konturen für künftige Medienkompetenz als »ethische und erzieherische Antwort auf die anthropologische These von der Medialität des Menschen. Homo medialis ist daher [...] die ethische und pädagogische Zielvorstellung eines Menschen, der seine Medialität in Zeiten der multimedialen und virtuellen Weltpräsentation kompetent vollzieht. Und was das heißt, entscheidet sich [...] an der Frage, ob medialer Vollzug die *freie Selbstentfaltung und Selbstauslegung des Individuums fördert*.« (2003: 28, Hervorhebung von mir, K.H.) Als zentrale Begriffe für eine Ethik gibt Rath (2014: 91-146) aus: Authentizität, Medienkompetenz, Medienqualität, Wahrhaftigkeit (91-146). Manfred L. Pirner (2003a: 111) hat als theologische Begründungsinstanz für eine Medienethik auf die Schöpfungsgedanken und die Gottebenbildlichkeit verwiesen, behauptet doch die Schöpfungstheologie, »dass der Mensch durch das Wort Gottes und als ›Kommunikationspartner‹ Gottes erschaffen wurde. [...] Die besondere Pointe der schöpfungstheologischen Sicht liegt darin, dass der Mensch gerade in und durch seine Medialität zur Freiheit berufen ist. [...] In theologischer Sicht gehört zu dieser Freiheit die Verantwortung des Menschen für alles, was er sich durch die Medien der Kommunikation [...] ›vertraut‹ macht.«

nehmen. Ich halte diese Behauptung für wenig überzeugend.«[44] Jaron Lanier, Preisträger des Deutschen Buchhandels, fordert im Gegenzug Einstellungsänderungen bei den Usern: »Was die Sache noch komplizierter macht: Ein Unternehmen wie Google staatlicher Kontrolle zu unterwerfen ist auch deshalb so schwer, weil viele Menschen sich an Gratisdienste gewöhnt haben, geradezu süchtig danach sind und das Unternehmen in Schutz nehmen. Das erinnert an Menschen, die autoritäre Regimes verteidigen, weil sie sich einen kurzfristigen Vorteil versprechen.«[45] Lanier plädiert für eine Datensteuer, auch Shoshana Zuboff warnt, wie im letzten Essay gesehen, davor, die Schürfrechte am Leben kostenlos abzugeben, den Formatierungssehnsüchten der großen Betreiber wird dadurch aber kein Riegel vorgeschoben. Unredlich und intellektuell ein matter Vorwurf ist es, dem Mediensystem an dieser Stelle Amoralität vorzuwerfen, denn als wirtschaftlich ausgerichtetes Medien-System zielt es auf Gewinnmaximierung und Effizienzkalkül. Versuche einer Geschmacksnormierung zählten bekanntlich immer schon zu den Techniken und Sehnsüchten der Ökonomie. Problematisch auf der Makroebene bleibt allerdings, dass staatlicher Regelungsbedarf, der sich in der öffentlichen Debatte zumeist auf die Schlagworte von Partizipation[46] und Datenschutzstandards, neuerdings auch auf das Recht zu vergessen konzentriert, hoffnungslos hinter der Kreativitätsexplosion der Programmierer zurückbleibt. Dieses Programmierer-Paradox ist nur mühsam zu knacken: Die Normierung der Geschmäcker und Emotionen wird ermöglicht durch eine ›Kreativitätsekstase‹ der Macher. Staatlicher und rechtlicher Regulierungsbedarf sitzt zwischen den Stühlen: hier die digitalen Architekten, die jeden Baustopp umgehen, hier die Mediennutzer, die den Zugang zu den *Social media* einklagen.

Netzkritiker wie Han und Lanier müssen, sollen ihre forschen Thesen stimmen, die Mediennutzer als Narzissten denunzieren, und man wird den Eindruck nicht los, dass auch empirische Studien genau diesen Eindruck bestätigt sehen möchten. »Sozial-Media-Plattformen haben den Ruf, ein wichtiges Betätigungsfeld für Narzissten zu sein – hier suchen sie nach Aufmerksamkeit, Anerkennung und Applaus. Eine amerikanische Studie aus dem Jahr 2013 kommt zu dem Ergebnis, dass Social Media den wachsenden Narzissmus in unserer Gesellschaft widerspiegeln. Dabei stellen die Forscher von der University of Michigan Folgendes fest: Junge Erwachsene leben ihren Narzissmus

44 Lanier (2015: 161f.).

45 Lanier (2015: 162).

46 »Fehlende Kommunikationsgerechtigkeit mit ihren verheerenden Folgen besonders für die Menschen der Dritten und Vierten Welt« beklagt Rolfes (2002: 243).

bevorzugt über Twitter aus, während Ältere Facebook favorisieren. Ihre These lautet: Twitter ist ein Megaphon, Facebook der Spiegel von Narzissten. [...] Allerdings konnten die Forscher nicht bestimmen, ob Narzissmus zu einer verstärkten Nutzung von Social Media führt und ob Social Media hingegen Narzissmus fördert.«[47]

Kerstin Schlögl-Flierl kommt, obwohl auch sie empirische Studien zur Kenntnis nimmt, zu anderen Ergebnissen: »Sowohl in Studien aus Deutschland als auch aus der Schweiz wird der Mythos ›Generation Netz‹ als aktiver Gestalter des Internets in Frage gestellt. Die meisten Jugendlichen, die mit dem Internet groß geworden sind und deshalb als Digital Natives bezeichnet werden, verhalten sich eher passiv konsumierend statt aktiv gestaltend im Netz. [...] Nur ›Rumhängen auf dem virtuellen Pausenplatz‹? Die Beschreibung greift zu kurz für das Nutzungsverhalten Jugendlicher im Internet. Man kann vor allem bei Jugendlichen von einer Selbst-, Sozial- und Sachauseinandersetzung sprechen, die im Internet erfolgt. Die Selbstauseinandersetzung ist hierbei besonders im Feld des Identitätsmanagements (neben Beziehungs- und Informationsmanagement) zu leisten. Sowohl die Frage nach der digitalen Identität als auch derjenigen nach dem Recht auf informationelle Selbstbestimmung, wie viel ich nun von mir preisgebe und an wen und zu welchem Zweck, spielen bei der Frage nach der Identität eine große Rolle. Die Filter Bubble kann das Identitätsmanagement durchaus [...] grundlegend beeinflussen. Dieses Identitätsmanagement bleibt eine der virulenten Fragen im Wandel von den analogen oder schriftbasierten Wissenskulturen hin zu digital-virtuellen Informationsgesellschaften basierend auf Codes – hin zu den zukünftigen Digital Humanities.« Oder nüchtern formuliert: »Das Internet stellt [...] eine multifunktionale Technik dar, die sowohl positiv als auch negativ benutzt werden kann.«[48]

Statt nur im Nutzer den Narzissten und im Netz den geheimen Verführer zu sehen, bietet das Netz Möglichkeiten der kreativen Partizipation: »In der nutzergenerierten Auseinandersetzung mit globalen Themen, Meinungen und

47 Brünnagel (2014) bezieht sich auf die Studie Panek/Nardis/Konrath (2013). Vgl. Gleich/ARD-Forschungsdienst (2014: 301): »Auch Greenwood beforschte diese Thematik und fand in ihrer Studie heraus, dass sich Personen mit stärker ausgeprägtem Wunsch nach Bekanntheit und Berühmtheit in spezifischer Weise aktiver bei Facebook und Twitter engagieren und damit eine offensivere Form der Selbstdarstellung realisieren als andere Personen.« Gleich bezieht sich auf die Studie von Greenwood (2013: 222-236).

48 Schlögl-Flierl (2014: 55, 58) konzentriert sich auf die ARD/ZDF-Onlinestudien (2012: 262-373); TA-Swiss (2011). Produktiv greift Schlögl-Flierl auf Einsichten von Jan Schmidt (2009) zurück, der Identitätsmanagement (personal), Beziehungsmanagement (sozial), Informationsmanagement (gesellschaftlich), Impressions-Management (durchaus nicht negativ konnotiert) unterscheidet.

Entwicklungen, hat sich das Web 2.0 weiterentwickelt und seine Nutzer haben gelernt zu partizipieren, sich zu artikulieren, statt nur zu konsumieren.«[49] Wo Partizipation stattfindet, kann auch Kooperation entstehen.

Byung-Chul Han deutet die neuen Machttechniken der Psychopolitik konsequent einseitig als Leistungsstimulans und neoliberales Enhancement. Scheitern Lebensentwürfe, dann droht Scham, weil man in den Augen der neoliberalen Gläubigen prompt alle Achtung verliert. Han übersieht dabei, dass multimediale Medien und das Netz durchaus Freiräume vom Leistungsdruck gewähren, wie der Theologe Wilhelm Gräb zu bedenken gibt: »Wo wir unterhalten werden, sehen wir uns gerade nicht in unseren gesellschaftlichen Rollen und Funktionen angesprochen, sondern in unserem Menschsein, von der Arbeit und vom Funktionieren-Müssen entlastet.«[50] Byung-Chul Hans Anstrengung muss, will er diese Deutung nicht gelten lassen, darauf zielen zu zeigen, dass auch die medial ermöglichte Muße hinterrücks noch im Dienste der Durchökonomisierung der Lebenswelt steht. Fraglos gibt es diese Tendenzen, aber Han unterschätzt die Attraktivität, sich mit angebotenen Wirklichkeitsbildern und Lebensstilen zu identifizieren und sie durchzuspielen. Wer vorschnell die audiovisuellen Medien und das Netz dämonisiert, übersieht arrogant die Kritikfähigkeit der Consumer. Gegen alle Fundamentalkritiker gesagt: Auch Medien können einen Beitrag zur hoch kreativen Identitätsbildung leisten.

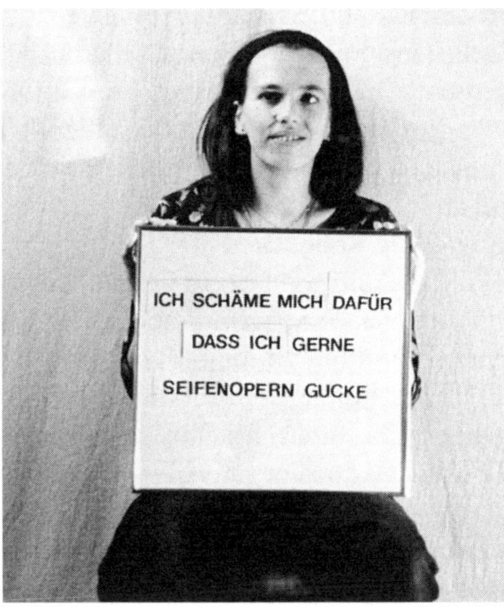

Christian Jankowski, Schamkasten, 1992, Video (1 x Digital Betacam, 1 x DVD), 120:00 min, PAL,4:3, color, sound, German, and 34 b/w photographs, each 30.4 x 23.9 cm, edition of 5, II. In collaboration with Frank Restle.

49 Kopjar (2013: 184). Inzwischen wird in der Literatur die nächste Generation ausgerufen: »Die Unterschiede zwischen diesen drei Entwicklungsstufen des Internets [...] anhand der Suche nach einem Kaiserschmarrn (durchgespielt, K.H.). Im Web 1.0 gibt man das Thema in eine Suchmaschine ein und landet auf einer Seite für Kochrezepte. [...] Im Web 2.0 tauscht man sich in einem Forum über das beste Rezept aus oder man postet bei Facebook einen Eintrag, wer welches Rezept für Kaiserschmarrn empfehlen kann. [...] Im Web 3.0 wird man einen Agenten losschicken, der um die Allergien und Vorlieben [...] des Nutzers weiß, der den Kühlschrank auf seinen Inhalt durchforstet, nach einem passenden Rezept [im Internet sucht] und beim Internethandel die fehlenden Zutaten bestellt, die wiederum nach Hause geliefert werden.« Schlögl-Flierl (2014: 57).

50 Gräb (2006: 192). Siehe dazu auch den klug argumentierenden Aufsatz von Pirner (2003b: 177-188).

4.2 Professionsethik – emanzipativer Umgang mit schambesetzten Themen

Auf der Mesoebene wird traditionell die *Professionsethik* verhandelt, bisher vornehmlich unter dem Rubrum *Achtung der Privatsphäre*. Diese Selbstverständlichkeit wird inzwischen hinterfragt. Die dank Jürgen Habermas lieb gewonnene Differenzlogik von privat und öffentlich, die auch im Pressecodex[51] des deutschen Presserates ausdrücklich bestätigt wird, ist nicht zufällig von der Geschlechterforschung angegriffen worden, denn ein diffuser Begriff des Privaten schafft trübgraue Zonen für private Gewaltverhältnisse.[52] Um gleichermaßen die positiven Räume des Privaten zu schützen und die alten Dichotomien (öffentlich: Mann; privat: Frau) zu schleifen, plädiert Friederike Herrmann dafür, die »emanzipativen Funktionen der Veröffentlichung des Privaten«[53] am *Modell der Scham* auszurichten. Herrmann schlägt vor, Fragen der Lebensstile journalistisch an Einzelschicksale anzuknüpfen, die emotionaler betreffen und besser orientieren als gutgemeinte Talk-Runden. So können nicht nur Gender-Themen als Face-to-Face-Erzählung aufbereitet werden, sondern auch Lebensstile, die auf Pathologien und Suchtverhalten zurückgeführt werden, finden durch eine sehr persönliche Reportage zu ganz persönlichen Entschämungen: »Die Präsentation von anscheinend schambesetzten Themen in den Medien kann benutzt werden, um einen Wandel von Schamgefühlen anzuzeigen. […] Gerade die öffentliche Thematisierung kann Scham entgegenwirken, da Scham […] immer ein Produkt des imaginierten oder tatsächlichen öffentlichen Blicks ist. […] Es gibt viele Beispiele für solch einen

51 Dazu Teichert (2005: 817f.).

52 Fraglos gibt es auch den schützenswerten Raum des Privaten. In einem Essay hat Bernhard Pörksen (2014: 41) in einer Volte ein Plädoyer für das Geheimnis gehalten: »Was es zu verteidigen gilt, ist also nicht irgendein besonderer Inhalt oder eine bestimmte Variante des Verborgenen, sondern – ganz elementar – das Geheimnis als ein Prinzip und Ideal menschlicher Existenz und Gemeinschaft. Denn ein Geheimnis erschafft, wie der Soziologe Georg Simmel formuliert, eine zweite Welt, ein Refugium des Unbeobachteten und Unsichtbaren. In diese Welt können wir uns zurückziehen. Hier können wir uns erholen und müssen nicht mehr funktionieren. Hier können wir einem anderen von Erschöpfung, Krankheit oder unseren Sehnsüchten erzählen – im Vertrauen auf seine Verlässlichkeit und sein Schweigen. Wir werden uns auf diese Weise klar, wer wir sein wollen, sondieren die Konturen unserer Identität und erkunden Bezirke des eigenen Selbst. Und in der Position dessen, der soeben eingeweiht wurde, schärft sich idealerweise unser ethisch-moralisches Bewusstsein. […] Das Geheimnis ist – so gesehen – Anlass einer Gewissensentscheidung, die einem niemand abnehmen kann; man muss sich klar darüber werden, warum man schweigt, oder eben doch redet.« Mainzer (2014) gelingt es in seinem Buch, die Vorhersagefähigkeit der Datenströme zu stabilisieren, weil er in einem verstehenden Zugriff die Algorithmen-Prozesse aufschlüsselt. Damit wird aber nur innersystemisch Big Data beherrschbarer, allenfalls sehr indirekt gelangt man so zu einer Mediennutzungsethik.

53 Herrmann (2003: 151).

Abbau von Scham, den man als befreiend, als emanzipativ erleben kann: So haben es Frauen als erleichternd erlebt, als sie über die als beschämend erfahrenen Vergewaltigungen im zweiten Weltkrieg reden konnten – und sie weniger als Defizit der eigenen Person wahrnehmen mussten.«[54] Diese Entschämungsstrategien wiederholen, so meine These, die Entschämungspraktiken des historischen Jesus im neuen Kontext, stehen damit natürlich auch quer zu Beschämungspraktiken, die journalistisch hoch zweifelhaft in (nachmittäglichen) Talkshows, Casting-Shows (und früher im Containerfernsehen) inszeniert worden sind und nur den Voyeurismus der Zuschauer bedienen. Bei Jesus wird die ›reale‹ Person entschämt, ausgesuchte Zuschauer werden beschämt. In den Talkshows werden die ›realen‹ Personen beschämt, nicht hingegen die Zuschauer.

Entschämungspraktiken dürfen nach Friederike Herrmann nur mit Zustimmung der Personen inszeniert werden, deshalb auch lehnt Herrmann das Zwangsouting entschieden ab. Der richtige Umgang mit Scham verdichtet sich, so der überzeugende Vorschlag, zu journalistischen Maximen, die darauf achten, auch individuelle Schamgrenzen nicht zu verletzen, auf die Autorisierung der Beiträge Wert zu legen, auch »wenn sie im Dienste der Aufklärung, Emanzipation und sozialen Orientierung stehen.«[55] Positiv können schambesetzte Themen »Mitgefühl, Verständnis und womöglich Identifikation gegenüber den Akteuren wecken.«[56] Diese Scham-Netiquette[57] gilt *mutatis mutandis* auch für

54 Herrmann (2003: 151, 153).

55 Herrmann (2003: 156).

56 Herrmann (2003: 156). Johanna Haberer (2013: 438) hat in einem Essay im Rekurs auf die Zehn Gebote «Regeln fürs globale Dorf« vorgeschlagen: »Das erste Gebot gemahnt daran, frei zu werden von den Mächten und Gewalten, die drohen, einen allumfassenden Anspruch auf mein Leben zu erheben.« Besonders einsichtig gelingt ihr eine Übersetzung beim Diebstahlsverbot, weil in der Tat die Frage nach den Urheberrechten auch den Journalismus vehement betrifft. Das Gebot »Kein falsch Zeugnis zu reden« deutet Haberer auf das Mobbingverbot hin um. Kurz: »Die Regeln, die sich in der ersten Welt bewährt haben, stimmen auch für das second life.« Vgl. auch Dies. (2014a: 262). »Eine Medien-Ethik, die sich weniger als Ressource für endgültige Antworten und das kurzfristige Festlegen von Regeln versteht, sondern als Wahrnehmungshilfe, Einordnung und Neuordnung alter Vorstellungen und der Anordnung neuer Begrifflichkeiten und ihren Unterscheidungen, tut not. Medienethik wäre so verstanden die kritische Denkbewegung über die Voraussetzungen der Wahrnehmungsanordnungen in der mediatisierten Lebenswelt, sowie der Weg zu einer Moralität der medialen Kommunikation und einem neuen, ergänzten beziehungsweise neu geordneten Ethos, das der kulturellen Inneneinrichtung von Einzelnen und Gesellschaft.« In einem RGG-Artikel fordert Haberer (2002: 959): »Medienethische Reflexion wird relevant, sobald die Prinzipien von Freiheit und Verantwortung in Konkurrenz geraten. [...] Mit der zunehmenden Ökonomisierung bes. der elektronischen Medien tritt das oberste Leitmotiv der Orientierung am Gemeinwohl zurück gegenüber der Orientierung an der Gewinnspanne.«

57 Siehe dazu Scharnigg (2016). Mit guten Argumenten vertritt Wilfried Härle (2011: 429, 442f.) eine »Ethik der Sprache« und erinnert an Luther, der im Kleinen Katechismus dafür plädiert, »den Schutz der Ehre und des guten Rufes der Menschen« nicht nur passiv zu schützen, sondern dazu auffordert,

Blogger und Twitterenthusiasten, weil im Netz bekanntlich Konsumer zum Prosumer umgeschult werden. Deshalb kann hier bereits auch der Aufgabenkatalog der Mediennutzung aufgelistet werden: Sachkompetenz, Ausbildung der Teilhabefähigkeit, journalistische Kompetenz jenseits konfektionierter Stile, Urteilsfähigkeit von Diskursen, medienkritische Folgeabwägungen (Mobbing, Shitstorms, Liken).

4.3 Der fehlende Schamblick im Netz

Auf der Mikroebene gehört zu den spannenden Fragen, ob sich an der anthropologischen Struktur durch die neuen Medien und das Netz etwas ändert. »Alle tiefgreifenden Analysen ergeben, dass durch die neuen Medien die bisherige menschliche Konstitution, Wirklichkeit zu erfassen, nicht verändert wird. Es wird sich im Zusammenhang mit der Virtualität zeigen, dass jede Vorstellung einer unvermittelten Weltwahrnehmung im Kern scheitern muss. Im alltagssprachlichen Sinne revolutionär sind die neuen Medien in ihrer Symbolisierung und alltäglichen Anwendung der Relativität und Pluralität der Postmoderne, nicht zuletzt durch ihre in der Digitalität begründete Fähigkeit zur Konvergenz und Formbarkeit vorliegender Medieninhalte. Auch die Durchdringung fast aller Lebensbereiche des Menschen in Rekordzeit kann man in diesem Sinne zu den ›revolutionären‹ Eigenschaften zählen. Trotzdem werden mit den neuen Medien keine anthropologischen Eckpfeiler eingerissen.«[58]

Ich bin in dieser Einschätzung weniger entschieden. Weil Menschen in ihrer Lust (manchmal auch Sucht), sich auszudrücken, jedem Scoop hinterherrennen und die Öffentlichkeit an bisher zumeist auf private Innenräume beschränkte Gefühlsregungen teilhaben lässt, wird jede private Person zu einer in Maßen öffentlichen Person, die immer mit Anfeindungen aus schlecht ausgeleuchteten Ecken rechnen muss. Auslöser für eine veritable Schamsituation ist ein persönlicher Blick (das kann auch ein internalisierter Blick sein), ich verliere in einem Augenblick mein symbolisches Kapital im Auge eines (oder mehrerer) Personen, die mir viel bedeuten. Das Leben im Netz zielt auf eine Gruppe, die nach den Rändern hin diffundiert. »Dadurch, dass immer mehr Menschen zu öffentlichen Menschen werden, verschiebt sich also die Funktion der Scham. Immer mehr Menschen müssen als öffentliche Menschen einen medialen Habitus entwickeln, der es erlaubt, öffentliche Entblößung nicht als Scham zu erleben. […] Die das Internet als dominantes Medium verwendenden

»die Person des Nächsten und sein öffentliches Ansehen in einem möglichst positiven Licht darzustellen und zur Geltung kommen zu lassen.«

58 Haese (2006: 108).

Menschen sind bereits öffentlich bloßgestellt und haben einen diesen Umstand angemessenen Habitus entwickelt – die öffentliche Existenz ist ihr Normalfall. Eine öffentliche Bloßstellung wird unter diesen Bedingungen nicht mehr als schamhaft erlebt.«[59] Nicht nur die Stars und Sternchen beteiligen sich an der *Ökonomie der Aufmerksamkeit*[60]. Vergleichbar öffentlichen Personen wie etwa Politikern legt sich jeder Mediennutzer, der nach Öffentlichkeit strebt, vorab eine Teflonhaut zu. Beinahe gar nichts ist diesen Personen mehr peinlich, weil sie in der Bildschirmpräsenz auf keinen direkten schamstrafenden Blick treffen können. Das korrelierende Fremdschämen oder die korrelierende Peinlichkeit ist prompt auch nur eine Schwundstufe der Scham, die zu schamlosen Kommentaren herausfordert.

Theologen wie etwa Wilfried Härle und Manfred Pirner sehen das Grundbedürfnis nach echter Nähe in Gefahr: »Die eigentliche sozialethische (und pädagogische) Herausforderung beginnt freilich [...] mit der Frage, wodurch Menschen die Lust an der direkten Kommunikation mit ihresgleichen geweckt werden kann.«[61] Und Manfred Pirner erinnert: »Von der theologischen Anthropologie her ist [...] der sozial-leibliche Aspekt des Menschen als notwendige Ergänzung und Korrektur des medial-imaginativen einzubringen: Entsprechend dem anthropologischen Grundbedürfnis nach körperlicher und psychischer Zuwendung ›realisiert‹ bzw. ›verifiziert‹ sich das medial vermittelte symbolische Universum christlichen Glaubens durch ›leibhaftige‹ Nächstenliebe.«[62] Selbstredend: Seelsorge und Diakonie verlangen auch leibliche Präsenz. Und trotzdem: Zuwendung und echte, sogar feinfühlende Kommunikation, das werde ich an der Selfie-Kultur zeigen, gibt es auch via Netz. Bekanntlich hat auch die Praktische Theologie durchaus positive Erfahrung mit der Telefonseelsorge gemacht.

59 Swertz/Wallnöfer (2006: 75f.). Treffend schreibt Uwe Gerber (2015: 62): »Scham wird in unserer Selbstermächtigungsgesellschaft radikal individualisiert und dadurch immer mehr zu einer Schwäche degradiert, überspielt, ausgelöscht, weil die sich darin ereignende Kontrasterfahrung mit dem Fremden des Anderen und meiner selbst als elementare Störung zum Verschwinden gebracht werden soll. Scham wird zur Mangel-Erfahrung herabgewürdigt, dessen Geschenkcharakter durch therapeutische Maßnahmen aller Art ausgetrieben werden sollen.«

60 So lautet ein viel diskutiertes Buch von Franck (1998). Im Anschluss an ein Buch von Bernhard Waldenfels klagt Johanna Haberer (2014a: 268) als Leitbegriff einer Medienethik ›Aufmerksamkeit‹ ein: »Aufmerksamkeit hat immer eine soziale Konnotation. Aufmerksamkeit führt zur Beachtung. Beachtung, die wir schenken, kann zu Achtsamkeit führen, zu Rücksicht und Respekt.« Haberer plädiert zudem für Multiperspektivität, Befähigung und Beteiligung, für ein Wächteramt, fordert Medien als Stimme der Stimmlosen und als Instrumente der Freiheit. (267-270)

61 Härle (2001: 434).

62 Pirner (2003a: 113).

5. Medien als Maschinen der Schamsensibilisierung

Vier Beispiele, drei Filme und einen Roman, will ich als Einlösung der These vorstellen, in audiovisuellen Medien, die häufig auch im Netz zugänglich sind, werde über Probleme der medialen Kultur ein Metadiskurs geführt. Ich beginne mit einem besonders eindrücklichen Beispiel.

Shame heißt der Film von Steve McQueen, in dem der Hauptdarsteller Brandon, gespielt von Michael Fassbender, der auf dem Venedig Filmfestival dafür als bester Hauptdarsteller ausgezeichnet wurde, von seiner Sexsucht herumgeworfen wird.

Schlaflos tigert er in New York herum, lädt sich Huren in seine cleane Wohnung ein, versifft seinen Bürocomputer mit Schmuddeldateien für Netzhautsex, joggt täglich zur Triebabfuhr (die Kamera folgt ihm dabei auf Augenhöhe über drei Minuten lang), verpatzt ein Date – ein Hauch von Verliebtheit deutet sich an – am anderen Morgen, weil sein zumeist dauererigiertes Glied den liebenden Aufstand verweigert. Nur kurz wird der Schamparcours beschritten, dann aber cool verdrängt. Prompt meistert Brandon diese Krise durch einen wenig flotten Dreier und den Besuch in einem Darkroom. Alles steht wieder zum Besten. Untenrum herrscht – nach der kurzen Verstörung – wieder das Leistungsprinzip.

Bis hierhin liest sich diese Inhaltsangabe wie ein Abgesang auf den Titel *Shame*: Bereits die ersten Szeneneinstellungen zeigen mehrfach völlig schamfrei das männliche Geschlecht, keine Einstellung, wofür der Hauptdarsteller sich schämen müsste. Diese nie an einen Pornofilm erinnernde *Schamfreiheit* wird im ganzen Film durchgehalten, als wolle der Regisseur die kulturgeschichtliche Verschränkung von Scham und Sexualität ein für alle Mal durchkreuzen.

Aufgeschreckt wird der Protagonist durch den Besuch einer jungen Dame, seiner Schwester, die den cleanen Alltag durcheinanderbringt und den Bruder, den sein Chef begleitet, während einer Gesangseinlage in einer Bar – sie tritt in einer Marilyn-Monroe-Reloaded-Nummer auf und strahlt eine unglaubliche Aura aus – in die Scham treibt. Brandon mag nicht hinschauen und ist gleichzeitig gerührt, wie eindringlich seine Schwester Sissy – gespielt von Carey Mulligan – den New York-Blues von Sinatra singt und verkörpert.

Diese Schwester, deren vernarbten Schnitte auf dem Oberarm von einer gewissen psychischen Instabilität zeugen, macht Brandon auf seine Sex-Obsession aufmerksam; prompt kommt es zum Streit, seine Schwester fordert von ihm, er solle auf sie aufpassen und Verantwortung übernehmen, er sei schließlich ihr Bruder. Wütend verlangt Brandon von seiner Schwester, die Wohnung zu räumen, geht auf Tour, hört erst gegen morgen sein Handy ab, auf dem seine Schwester um Hilfe ruft, findet sie in letztem Augenblick, umschließt, nachdem er den Ekel vor dem Blut überwindet, verzweifelt ihre Armgelenke, um die Blutung zu stoppen – eine spiegelverkehrte Pietà-Szene, unterlegt mit Bach.[63] Knapp überlebt Sissy. Brandon sitzt am Bett der Schwester und er, der bisher jede Nähe verweigert, fährt ganz vorsichtig ihre Narben auf den Armen nach – mit extrem langen Fingern, die die Erinnerung an den längsten Zeigefinger der Kunstgeschichte auf dem Isenheimer Altar wachrufen: Diese ist deine Nächste, durch eine kluge Kameraeinstellung so gefilmt, dass der Zuschauer gar nicht anders kann, als mitzufühlen.

Draußen, auf einem regennassen Platz vor der Skyline New Yorks, rauft er sich die Haare, stößt den Namen Gott aus, fällt hin, eine (Selbst-)Entsockelung par excellence. Eine letzte Einstellung zeigt Brandon in der U-Bahn, wo er mit einer Frau Blickkontakt aufnimmt. Ob er ihr folgt, und wenn ja mit welcher Intention, bleibt zwar offen, aber eine Umkehr und eine Erlösung von der durch die Sexsucht ausgelösten Gleichgültigkeit und Unsensibilität scheinen wahrscheinlich.[64]

63 Die Frage, warum die Pietà-Szene beim (auch jungen) Zuschauer funktioniert, obwohl er dieses ikonographische Muster vielleicht nicht kennt, ist nicht ganz einfach zu beantworten. Möglich wäre die Deutung, dieses Bild gehöre zu den archetypischen Bildwelten, die bei Bedarf aufgerufen werden – mit diesem Vorschlag kauft man sich allerdings extrem viel Theorieballast ein.
Nach meiner Einschätzung reicht es hin zu behaupten, dass jeder Zuschauer Gesten der Tröstung und der Nähe in seiner eigenen Biographie – mit Schmitz gesprochen – eingeleibt hat und aus den gestisch-emotionalen Archiven als körperliches, resonanzhaftes Wiedererkennen aktiviert. In dem symbolisierenden Handeln dieses Films wird ein christliches Ethos hintersinnig (re)inszeniert. Man kann sich, so die Botschaft, ändern, sofern man Schamprozesse durchläuft und bearbeitet. Johanna Haberer (2014b) fordert in ihrem Beitrag *Anti-Kontaminierung. Grundlinien einer Medienethik im Zeitalter der Netz-Bedingungen* neben der Freiheit, ein Geheimnis zu haben, eine Freiheit, unvollkommen zu sein, und auch die Freiheit, sich ändern zu können, ein. »Medienethik wäre«, so Haberer (2014a: 262) in einem anderen Aufsatz, »die kritische Denkbewegung über die Voraussetzungen der Wahrnehmungsanordnungen in der mediatisierten Lebenswelt, sowie der Weg zu einer Moralität der medialen Kommunikation und einem neuen, ergänzten beziehungsweise neu geordneten Ethos, als der kulturellen Inneneinrichtung von Einzelnen und Gesellschaften.«
Treffend fordert Haberer (254): »Eine theologische Medienethik begreift Medien als Wahrnehmungsanordnungen im Wettbewerb einer Aufmerksamkeitsökonomie. Sie muss sich folglich als Ethik der Aufmerksamkeit verstehen.«

64 McQueen (2012). (https://www.youtube.com/watch?v=_KmS51MQQJQ).
Rita Werden (2016) hat in ihrem Buch die alte These einer Ablösung der Schamkultur durch die Schuldkultur nachvollziehbar hinterfragt. Nicht überzeugt hat mich der Versuch, eine Scham vor sich selbst ohne konstitutive Bezogenheit auf den Anderen herauszuarbeiten.

In diesen Schlusstableaus spielt der Regisseur souverän mit den bekannten Versatzstücken biblischer und ikonographischer Szenen. In der Pietà-Szene sind Mann und Frau vertauscht, die Frau hat sich selbst lebensbedrohende Stigmata zugefügt, ein inszeniertes Selbstopfer, das in seinem Blutschwall die Berührungsunfähigkeit, den taktilen Autismus ihres Bruders, der nur im Schambereich Berührung zulässt, durchbricht. (Als Sissy einmal einen Fussel vom Anzug entfernen will, weist er sie scharf zurück: »Der Fussel gehört genau an diesen Ort.«) Gekonnt variiert McQueen die problematische Geschwistersituation von Kain und Abel: erschlägt Kain den Zeugen seiner Scham, Abel, so versucht auch Brandon die Schwester, die Zeugin seiner Sexsucht wird, für die er sich schämt, aus dem Weg zu räumen, nämlich aus seinem Leben zu verbannen. Erst im letzten, hochkritischen Augenblick, nach der Überwindung seiner Kontaktangst, nach dem Blut-Bad, übernimmt er die Verantwortung.

Mit dem Blick zurück entdeckt man das medienkritische Potential des Films. Brandon wählt als Amüsement und Lebensmotiv den Sex und amüsiert sich fast zu Tode, weil Lust als Prinzip, als Begierde oder Begehrnis (Böhme) stets zu einer eskalatorischen Verschnellung führt, die auch den beruflichen Alltag zunehmend mit Beschlag belegt. Weil dank der neuen Medien eine pausenlose (und nahezu kostenlose) Verfügbarkeit von Suchtstoff vorhanden ist – die Medien sind in diesem speziellen Fall die Inkarnation der Überflussgesellschaft –, weil diesem körperfixierten Amüsementprojekt[65] die spirituelle Kompensation fehlt, droht ein mentales Ausbrennen. Trotz des sichtbar ausgestellten Luxus, bebildert der Film das Elend und die Einsamkeit in der Wohlstandsszone. Selbstverwöhnung kippt in cleane Verwahrlosung um. Nichtverdinglichende Erfahrungen wie Verliebtheit misslingen. Kann Brandon diese Schamerfahrung noch cool überspielen, wird durch den Auftritt der Schwester die Schamerfahrung als *echtes Widerfahrnis* erlebt: Brandon schämt sich vor der Schwester seiner Sexsucht, schämt sich für die Schwester vor dem Chef, verschiebt die Scham in Schuld durch den rüden Rausschmiss, schämt sich auch nach der Rettung über sein Versagen.

Ob Brandon sein Leben wirklich ändert, ob er sich Liebe auch in partnerschaftlichen Beziehungen zutraut, erzählt der Film nicht, ob die pornographische Bilderflut, die ihn überspült hat, durch das Gegenbild der Passion eine Umwidmung erfährt, scheint aber zumindest als Möglichkeit auf. Das also geht: In einem Kinofilm, der schnelle Schnitte durch lange Gesichtseinstellungen (über vier Minuten konzentriert sich der Film auf die singende Sissy und covert damit den Legendenstatus der Monroe) konterkariert, werden wir nicht elektrooptisch gedopt, wie Virilio behauptet, sondern Bilder werden klug um-

65 Postman (1985).

gewidmet. Sei empfindsam.[66] Mich überzeugt der Film nicht nur wegen der klugen Inszenierung unterschiedlich temperierter Gefühlsräume (cleanes Appartment, Bar, Krankenhaus), die hautnah spürbar werden, sondern nachdrücklich durch die Wahl der Protagonistin als Beschämerin: Unter der Maske der Coolness verbirgt sich eine hochsensible, stigmatisierte Figur. Durch die Kriterien von Wohlwollen und Schwäche oder Stigmatisierung der Beschämerin hatte ich oben die Gewalt in der Beschämung als *reine Gewalt* qualifiziert. Dieser Film ist deshalb für mich ein nahezu ideales Beispiel für wohlwollende Beschämung. Oder, wer religiöse Optionen und Sprachformen nicht ausschlägt, kann von begleitendem Handeln reden. Der Film als *concursus divinus*.

Auch mein zweites Filmbeispiel, eine DVD aus der Theateredition des ZDF, kämpft mit der *Konzentrationsverwüstung durch aktuelle Bildwelten*. Wir nehmen teil an einer Theater-AG, aber die Regisseure Nurkan Erpulat und Jens Hillje zerstören in ihrem preisgekrönten Stück *Verrücktes Blut*[67], das sich vorsichtig an den Film *La journée de la jupe* von Jean-Paul Lilienfeld anlehnt, alle Erinnerungsseligkeiten, die wir mit einer Theater-AG verbinden. Wir steigen hinein in die Lehrerhölle einer Klasse mit Migrationshintergrund, schöne quietschbunte Einwanderungsrepublik, die jungen Männer machen auf kanakische Machos, spielen auf der Klaviatur der Motzkultur, spotzen, kraulen sich dauernd den Schritt, demonstrieren die Hackordnung (Türken gegen Kurden), eine junge Frau macht auf coole Schlampentusse, eine gibt die kopftuchverhüllte Vorzeigetürkin – auf den ersten Blick Stereotypen, die aber das Straßenbild im Kiez Kreuzberg sehr genau abbilden. Die Lehrerin (Sesede Terziyan) gibt zunächst nicht klein bei, versucht die Totalverweigerung aufzubrechen, kann selbst zickig sein und hat offenbar keinen Grundkurs in politischer Korrektheit durchlaufen. Zunehmend genervt fällt ihr aus dem Rucksack des Primo-loco-Machos eine Waffe in die Hand, kurz nur erschrickt sie, dann dreht sie das Spiel um und zwingt mit vorgehaltener Waffe das Ensemble der Theater-AG zum Mitspielen: *eine Beschämung der Machos par excellence*. Alle Mitspieler durchlaufen eine ästhetische Erziehung à la Schiller. Schlüsselsatz: »Der Mensch ist nur da ganz Mensch, wo er spielt«[68]. Aber zunächst kommt es zur Handyentwaffnung und bereits nach wenigen Minuten fällt das zentrale Stichwort: *Konzentration*. Macho 1 muss vorlesen. Kommentar: »Mehr Zungenspannung. Geht doch, du Muschi.«

66 Sloterdijk (2009).
67 Erpulat/Jens (2012).
68 Schiller (2009: 64).

Schillers *Kabale und Liebe* und *Die Räuber* bieten mit ihren motzigen Helden viele Identifikationsflächen im Stück, die die Lehrerin klug spiegelt. Ein Vorzeige-Macho muss im wahrsten Sinne des Wortes die Hose herunterlassen, jetzt sieht man, wie er sich aus Angst vor der Lehrerin, die die Knarre auf ihn richtet, vollgepisst hat. Noch eine Schamsituation schlechthin. Ein Anderer muss die Erfahrung der Umarmung hautnah erleben. Eine Dritte legt das Kopftuch ab, nachdem ihr in einem Crashkurs einige Verlogenheiten ihrer Kultur an den Kopf geworfen werden: Die Frauen müssen jungfräulich in die Ehe und sind jahrelang auf andere sexuelle Praktiken festgelegt, die stillschweigend von fast allen gesellschaftlichen Gruppen akzeptiert werden.

Ein ästhetischer Amoklauf, die Lehrerin als Bildungs-RAF. Mit Gewalt und Gesten der Beschämung wird beigebracht, dass Gewalt keine Lösung ist. Nur Döner macht schöner? Ja. Von mir aus. Aber Kunst verwandelt, durchbricht Parallelgesellschaften. Erst ganz am Ende gibt die Lehrerin sich als Integrations-Türkin zu erkennen, aber zu diesem Zeitpunkt ist das Bekenntnis schon nicht mehr nötig, schmeckt eher zuckrig.

Sturm und Drang in Kreuzberg also, eine *Lehrerlegende*[69], die kulturgläubig auf die Verwandlung durch das Spiel setzt. Der Mensch als *Homo ludens*, Spiel als Unterbrechung der Alltagsroutinen, als Unterbrechung des elektrooptischen Dopings. Damit partizipiert das Stück hintersinnig auch an der jesuanischen Lebenskunst, war es bekanntlich der Erzähler aus Nazaret, der anhand seiner Miniaturdramen die Zuhörer aufforderte mitzuspielen, um sich zu verwandeln. Ich lese Schillers Definition des Menschen als konzise Verdichtung weisheitlicher Denkkultur. Und den *concursus divinus* übersetze ich als ästhetische Inszenierungen für spielerische Identifikationen, die neue Spielräume eröffnen. Deshalb bin ich hellhörig für warnende Stimmen, die behaupten, auch das Spiel sei nicht länger ein atopischer Ort, sondern werde in einer großräumigen Operation dem Leistungsprinzip eingemeindet. Und eine gehörige Dosis Ernüchterung bleibt, wenn die Animation zum Spiel auf die Waffe angewiesen ist. *Reine Gewalt sieht anders aus.* Als Zuschauer, der Zeuge dieser zwiespältigen Beschämung wird, entdeckt man die Schwierigkeit, die alltagsnormierte Maskierung durch Coolness, die vor Beschämung schützt, aufzubrechen. Smarter formuliert: Die Knarre, das ist der Film, der auf uns alle zeigt. Als Zuschauer kann man diese Gewalt sublimieren. Noch eine Stärke der Kunst.

Selbstredend: Dieser Film und die adaptierte Theaterproduktion bilden die Ausnahmen in *Praktiken der Beschämung*, die zumeist eingesetzt werden, um das Öffentlichkeitsbild einer Person zu ruinieren. Kilian Riedhof heißt der

69 *Legende* lautete der Schlüsselbegriff im zweiten Band meiner Ästhetischen Theologie (2015).

Regisseur des vielfach preisgekrönten Films *Homevideo*, der das Thema Cyber-Mobbing exemplarisch verdichtet. Wir treffen auf den fünfzehnjährigen Jakob (Jonas Nay), der um eine Balancierung seines Lebens ringt. Vater und Mutter sind keine idealen Ballettstangen, an denen er seinen eigenen Stil ausprobieren kann, der Vater (Wotan Wilke Möhring) und seine Mutter (Nicole Marischka) stecken selbst im Schlamassel einer Eheermüdung fest – als es für Jakob zur entscheidenden Krise kommt, zieht die Mutter aus. Die Mutter hat ihr lesbisches Coming out, eine vielleicht unnötige Überfrachtung des klugen Drehbuchs von Jan Braren.

Geschenke, *gifts*, können auch zum Fluch werden. Auf seiner neuen Videokamera mit dem Selbstauslöserknopf nimmt sich Jakob beim Wichsen auf und stammelt dabei ein Liebesgeständnis für Hannah, der er sich auf seine schüchterne Art bisher nur sehr vorsichtig genähert hat. Jakobs Mutter kommt die tragische Rolle zu, in Jakobs Abwesenheit Schulfreunden die Kamera auszuleihen. Seine Freunde entpuppen sich als *customers from hell*, entdecken natürlich das Video, einer der Freunde, ein Schandproppen von Format, stellt das Onanie-Selfie im Intranet der Schule online, als Jakob am anderen Tag in der Schule erscheint, liest er in den Gesichtern aller Schüler ihr Wissen: Es wird getuschelt, gekichert, gelacht, mit dem Finger auf ihn gezeigt. Seine manuelle Selbststimulierung ist Thema des Tages. Jakob schämt sich zu Tode. Und alle Beteiligten sind unfähig, die Krise zu meistern. Der Vater von Hannah, ein Psychologe (nun gut), deutet das Video als sexuelle Belästigung; die Mutter quält sich mit Selbstvorwürfen und findet zu ihrem Sohn keinen Zugang; der Vater, ein Polizist, der einen Provinz-Willis mimt, greift die Schulleitung an, Hannah selbst versucht rührend überfordert, Jakob zu helfen, aber Jakobs Seelenprovinzen bleiben verwüstet. Ein scharfer Ton an den Bad-Boy vom Schulleiter: »Verstehst du nicht, dass man damit Menschen verletzt?«, kontert der aufreizend langsam mit der Bemerkung: »Für andere ist das Video offenbar anziehend.«

Der Wechsel auf ein musisches Gymnasium scheint eine Lösung anzubieten, aber die Scham, die Jakob wie eine negative Aura umfasst, ist offenbar zu gewaltig. »Er wirkt wie abgeschaltet«, sagt die Mutter. Aus dieser Scham glaubt Jakob sich nur noch befreien, das Heft des Handelns scheint er nur noch in die Hand bekommen zu können, wenn er die *Scham final in die Schuld* verschiebt und gegen sich selbst aggressiv wird. Die verzweifelte Hoffnung des Vaters: »In zehn Jahren lachen wir darüber«, geht nicht in Erfüllung. Mit der Dienstwaffe seines Vaters erschießt er sich am Ufer der Elbe, als ein Vergnügungsdampfer vorbeifährt. Er wirkt nicht nur abgeschaltet, er knipst sich selbst aus. Ein Drama vom Kleistschen Ausmaß. Jakob, diese Affektskulptur der Scham, bleibt auch in der Bilderflut der Gegenwart noch tagelang im Gedächtnis. Das Drama weckt alle Ängste, die man als Vater (oder Mutter) mit sich herumträgt.[70]

Das macht den Film (als Beispiel für eine inszenierte Medienumgangsethik) zu einem Klassiker: Die mentalen Seiten des Medienumbruchs und die soziopsychologischen Erschwernisse werden stringent für die schambesetzten Jahre der Pubertät in ein Narrativ übersetzt. Beides kommt zusammen: das Unwohlsein der Eltern in der eigenen Komfortzone, die nach Fluchten Ausschau halten und das Illusionsmanagement der heilen Familie aufgeben, ihre Suche nach Entschwerung überlagert die Orientierungskrise in der Pubertät. Die Vektoren der Entschwerung und der Erschwernis in der eintretenden Schamsituation zielen in die entgegengesetzten Richtungen. Die Familie fliegt auseinander. Jenes gutgemeinte Kreativitätsgeschenk: die Filmkamera, wird zum Motor der Beschämung. Effiziente Schritte zur Deeskalierung misslingen, weil der Medienumgang als Krisenprävention und Krisenheilung noch unausgeprobt ist. Jakob ist auch ein Opfer des Medienumbruchs. Medienumgangsethik ist Präventionsethik. Jakobs Verschiebung von Scham in Schuld bleibt das Testbild für eine künftige Medienumgangsethik. Ein großartiger Film, kein Telekolleg.

Leider hochgradig anfällig für falsche Rituale der Beschämung ist der Journalismus. Medienethik muss deshalb auch immer eine Professionsethik[71] einschließen. Unter dem Tarnmantel eines investigativen Journalismus werden oft schamlos Beschuldigungen in die Welt gesetzt, zwischen Information und Unterhaltung wird häufig nicht unterschieden, das Infotainment erobert schleichend immer mehr Sendezeiten. Einen zeitgemäßen Roman über private Beschämungen und den Rufmord durch Beschämung hat Alessandro Piperno verfasst: *Die Verfolgung. Im Feuer der Erinnerungen.*[72] Ein angesehener Professor für Kinderonkologie, Leo Pontecorvo, wird fälschlich beschuldigt mit der minderjährigen Freundin seines älteren Sohnes geschlafen zu haben. Er landet, herrlich kafkaesk, im Souterrain des eigenen Hauses, in der Hölle der eigenen Unterwelt, und findet keinen Kontakt mehr zur Familie, die ihn notdürftig mit Speisen, abgestellt an der Kellertreppe, versorgt.

Die Balance in der Ehe gerät durch den Skandal und den Rufmord auf Raten völlig aus dem Lot, weil die Ehefrau des Protagonisten, die aus eher ärmlichen Verhältnissen kommt, ihre eigene Beschämungsgeschichte nicht verarbeitet hat und das Drama abspaltet. »Zu schmerzhaft war die Erinnerung

70 Vgl. auch: Haberer/Rosenstock (2005: 3-8); Dies. (2010).

71 König (2006); Drägert/Schneider (2001); Derenthal (2006); Auer (1988: 63-84); Boventer (1988: 226-237). Leider extrem unkritisch Ulfkotte (2014).

72 Piperno (2013). Folgende Zitate entstammen diesem Text.

an den Vater, der nach einem Essen im Restaurant durch sein Krämerlorgon jeden einzelnen Posten der Rechnung genauestens überprüfte. Ganz zu schweigen von jenen Malen, wenn er einen Fehler gefunden hatte, den Wirt rief und ihn mit einer gewissen Grobheit darauf hinwies. Dann hatte Rachel sich geschworen: nie wieder. Nie wieder solche Szenen erleben. Nie wieder will ich eine solche Demütigung erleben. *Nie wieder will ich beschämt werden und nie wieder will ich jemanden beschämen.*« (37, Hervorhebung von mir, K.H.)

Sehr klug unterscheidet Rachel (und der Autor) zwischen Beschämung und fehlender Schamhaftigkeit. Mühsam nur gewöhnt Rachel sich in den neuen Kreisen an den vollständigen »Mangel an Diskretion. Die Leute kannten keine Grenze und keine Scham. Sie meinten, über alles Witze machen zu können. In den ersten Jahren ihrer Ehe hatte sie das Märchen geglaubt, es gehe darum, durch eine Absage an die Heuchelei die eigene Freiheit gegenüber kleinbürgerlichen Konventionen zu behaupten, in denen sie durch eine traditionelle Erziehung feststeckte. Sie hatte sich gefragt, ob dieses Alles-Sagen und dieses Nichts-Verbergen nicht eine Raffinesse sei, die sie wegen ihrer Herkunft nicht erfassen konnte. [...] Bis sie schließlich am Ende verstanden hatte, dass all dies nichts für sie war. [...] Für Rachel war es besser, viele Geheimnisse als gar keins zu haben.« (48f.)

Das Drama der Scham beginnt für Leo, weil finanzielle Unregelmäßigkeiten, die eher Petitessen und der mangelnden Aufsichtspflicht dieses römischen Woody Allen geschuldet sind, ruchbar werden. Als er einen Studenten angiftet, ob er sich nicht schäme, ohne Kugelschreiber und Papier in die Vorlesung zu kommen, kontert der: »Und Sie, Herr Professor, schämen Sie sich nicht, bei den Milliarden Lire, die Sie haben, das Geld der Steuerzahler zu vergeuden?« (75) Dieses plötzliche Ungleichgewicht verschärft sich, als er während der Sommerfrische mit seiner Familie in den Schweizer Alpen empfänglich wird für die Schwärmereien der Freundin seines älteren Sohnes, Camilla. Prompt findet er am vierten Tag in seinen frisch gebügelten Boxershorts einen ersten Brief. Wie ein Gockel geht er auf das spielerische Geplänkel ein. Camilla, von der Aufmerksamkeit, die sie von Leo erhält, enttäuscht, sucht die große Öffentlichkeit. Briefchen von Leo, mit der Schamlosigkeit spielend, lassen einen Skandal vermuten. Die Boulevard-Presse gibt Vollgas. Ein ehemaliger Freund von Leo, Herrera, den er früher immer beschämt hatte, schafft es zwar, ihn aus dem Gefängnis zu holen, aber sein Rufmord auf Raten geht weiter. Leo beschließt – »Die fortdauernde Beschämung hatte wie Bromid gewirkt« (349) –, ins Souterrain zu ziehen: »Seit zwei Monaten schlief er nicht mehr bei Rachel, und seine Jungs sah er nur manchmal zufällig durch die hohen schmalen Fenster im Souterrain. Seit Monaten verließ er am Morgen nicht mehr das Haus, um ins Santa Cristina zu gehen. Er erhielt keine Anrufe, außer von Herrera, von ein paar zurückgebliebenen Schnüfflern oder einem finsteren Typ, der ihn systematisch mit finsteren Drohungen belästigte. Er hatte seine Lieben von der Last einer störenden Anwesenheit befreit, wie der behutsame und schüchterne Gregor Samsa.« (255)

Er, der Professor für Onkologie, Dr. Leo Pontecorvo, wird durch eine eher beiläufige Notiz in den Fernsehnachrichten an den Pranger gestellt. Seitdem läuft die Medienmaschine der Beschämung. Und erst jetzt fällt ihm auf, wie er einen seiner eigenen Söhne beschämt hat, weil er sich für dessen Makel schämte: »Alles, was Psychologen, Pädagogen, Lehrer, Professoren, Logopäden ihm, seit Filippo auf der Welt war, untersagt hatten zu tun, das hatte er an diesem Abend getan. Er hatte ihn daran gehindert, sich auszudrücken. Er hatte ihn beschämt. Er hatte seine Seltsamkeit herausgestellt. Er hatte ihr einen Namen gegeben. Und er hatte ihn verstehen lassen, wie zuwider ihm sie war.« (411) Dieses heftig gebrüllte Wort »Schwachsinniger!« quält ihn jetzt unter Tage, in diesem »ungezieferhafte(n) Eingeschlossensein« (412). Und da ist keine Rettung. Nirgends.

Ressourcenmangel herrscht nicht in dieser Familie, die Ressourcenstärke wird inzwischen auch von der Ehefrau als selbstverständlich hingenommen, auch das *Begehrnis nach Ruhm* läuft auf hohen Touren, aber offenbar reicht Pontecorvo nicht der Ruhm auf Augenhöhe, sondern *Anhimmlungssehnsucht* kommt hinzu. Und die kann in Pubertätszeiten jäh kippen. Pontecorvo muss nach der öffentlichen Beschämung und der journalistischen Kampagne ins Totenreich absteigen und vollständig auf ein Herrschaftszeichen von Luxus, die Mobilität, verzichten. Pontecorvo verkommt zum Schatten. Tragisch für Pontecorvo: Sein Fall fällt in eine Zeit, in der das Verschwiegenheitskartell in Fragen sexueller Übergriffigkeit endlich aufgebrochen worden ist. In dieser Frage hat der Journalismus im besten Sinne aufklärerisch gewirkt. Das entbindet die Journalisten selbstredend nicht von der Pflicht, jeden Einzelfall akribisch zu prüfen. Das hohe Gut der Unschuldsvermutung verlangt eine distanzierte Begleitung. Auch der Medien-Journalismus, das zeigt der Roman, arbeitet häufig im Sparmodus, ringt immer noch mit der Kränkung, vielleicht sogar Demütigung, nicht mehr allein Öffentlichkeit herstellen zu können.

Werden wir also elektrooptisch gedopt? Sind wir die fröhlichen Opfer und juchzenden Sklaven der Medienmaschine? Unterwerfen wir uns auf der Couch dösend Praktiken der Entmenschlichung? Verkommen wir zu Flatrate-Monstern der Beschallungs- und Flimmerindustrie?

Kleine Rekapitulation: Über Teflonisierung und Identitätsmanagement

Verschiebung von Scham in Schuld

Die Verlockung ist groß, in Konkurrenz zu den Handyreportern und den schnellfüßigen Online-Diensten aus Kompetenzscham heraus journalistisch schludrig zu arbeiten, schamfrei boulevardeskes Niveau zu streifen, auf des Lesers Lust an Beschämung zu setzen. Positiv betrachtet, ermöglicht das Netz bisher unbekannte *Chancen für ein Identitätsmanagement*, andererseits bietet das Netz in den diffundierenden Rändern große Angriffsflächen für – häufig neidgesteuerte – Beschämungspraktiken. *Mobbing und Shitstorms* sind eine alltägliche Anfechtung. Weil das Netz basisdemokratisch für alle Benutzer eine Öffentlichkeitspräsenz wie früher für Schauspieler und Politiker gewährt, droht eine nahezu invisible Verschiebung der Scham in Schuld, indem der User die Betreffbarkeit durch Kritik oder Shitstorm verkleistert und sich eine teflonisierte Haut zulegt, um sich vor Ehrverletzung oder Mobbing zu schützen. *Coolness schlägt Empfindsamkeit.* Diese Teflonisierung kann in einer (im Extremfall: narzisstischen) Gefühlskälte münden, die diese Protagonisten – als Bad-Boy im Kampf um Anerkennung – zu schamlosen Kommentaren verführen. Wer freilich beides will, öffentlich im Netz leben und seine Intimität wahren, der erliegt dem *Privacy Paradox*[73]. Theologische Medienethik hat leider

73 Wir verlangen eine Intimsphäre, geben aber auf Facebook und Twitter Intimes preis und beteiligen uns hemmungslos am Klatsch, der kleinen Schwester des Skandals, bedienen alle Geräte, von denen wir längst wissen, was die Anbieter mit unseren Daten treiben. Die Soziologie spricht treffend von einem *Privacy-Paradox*, das nicht zu lösen ist, solange Selbstdarstellungen in den Social Media ein praktikabler Ort sind, um das symbolische Kapital, vulgo: die Ehre zu erhöhen. Bernhard Pörksen und Hanne Detel inventarisieren in ihrem Buch *Der entfesselte Skandal. Kontrolle im digitalen Zeitalter* (Köln 2012) die ersten großen Skandale der Cybermediengeschichte von Monica Lewinsky, die den amerikanischen Präsidenten Bill Clinton mundgerecht bediente, bis zu Daniel Cohn-Bendit, der sich für eine Jahrzehnte zurückliegende Äußerung zur Pädophilie rechtfertigen musste. An der Geschichte von Jessica Cutler zeigen die Autoren, wie die Klatschsucht einer eher unbedeutenden Mitarbeiterin im Büro des Senators De Wine, einem Republikaner, außer Kontrolle gerät und Cutler zur ungewollten Berühmtheit aufsteigt. Zunächst stellt Cutler für ihre Freundinnen offenherzig ihre Sexaffären online, verschweigt auch nicht, dass sie von einem ihrer Sugar Daddys für dessen sexuelle Vorlieben wie Analsex gerne 400 Dollar in der Mittagspause kassiert. Dann wird sie berühmt, weil eine Freundin ihren Blog mit einer amerikaweit gelesenen Website verlinkt. In einer ersten Schamsituation versucht Cutler, zunächst alle Dateien zu löschen – vergebens. Der Shitstorm, der über sie hereinbricht, ebbt schnell ab, weil alle User einen Gefallen daran finden herauszubekommen, wer sich hinter den Kürzeln ihrer Sexpartner verbirgt. Der Skandal droht außer Kontrolle zu geraten, am digitalen Pranger stehen jetzt aber die Männer. Dreizehn Fotos werden hochgeladen und suggestiv kommentiert. Reputationsverluste sind kaum zu beklagen, weil Cutler die Namen geheim hält und aus dem Skandal ihrerseits einen Reputationsgewinn erzielen will. Sie bekommt einen Fernsehauftritt zur besten Sendezeit und ergattert sich einen reichen Anwalt, verwandelt sich schließlich vor aller

im Kampf um die eigene Anerkennung in der Wissenschaftskommunität sich zu einem Systemmobbing entschieden und den Medien einen Erlösungsanspruch unterstellt. Religion gegen Netzkultur.[74] Eine Hysterisierung oder Dämonisierung ist der falsche Weg, weil Theologie ab ovo Medientheologie ist, will sie doch nichts weniger als das Fernste nahebringen.[75]

Präventiv-Ethik und der richtige Umgang mit Scham

Zukünftige Konflikte können verhindert werden durch eine *Professionsethik* des Journalismus als Verschiebungsstopper von Kompetenzscham in Schuld. Noch ist der deutsche Journalismus häufig Höhenkammjournalismus, aber vor allem der Zeitungsjournalismus steht unter einem enormen finanziellen Druck, Standards sind in Gefahr. Auch das ist möglich: Einfühlsame Reportagen oder Dokumentationsfilme können, weil sie sich an einer hochindividuellen Biographie orientieren, zu einer wirksamen Entschämung führen, wenn die Trennung von öffentlich und privat aus emanzipativen Motiven heraus verflüssigt wird. Im Gegenzug muss auch eine *Consumerethik oder Medienumgangspädagogik* den Verschiebemechanismus von Scham in Schuld genauer im Auge behalten und für Schamgrenzen sensibilisieren. Ein Grundkurs lautet: Scham-Netiquette. Eine Entdämonisierung der Medien garantiert eine unbefangene Wahrnehmung positiver Elemente wie besseres Identitätsmanagement und kreative Partizipation und Kooperation. Jedes Identitätsmanagement im Netz – dazu zählt auch das Alltagsritual der Selfie-Kultur – immer reflexhaft mit der Gier nach Sichtbarkeit und dem Vorwurf des Narzissmus zu bedenken, greift zu kurz. Allerdings: In den neuen Medien, etwa auf Facebook und Twitter, werden Beschämungsrituale gelegentlich inszeniert einzig zum Zweck, das symbolische Kapital der Anderen zu entwerten – dieser sozialausgrenzende Machtmechanismus der *User* in den *social media* ist unbestritten. Eine Mediennutzungsethik muss auch darüber aufklären.

Die *social media* sind ein großes Gewächshaus, um das eigene symbolische Kapital sprießen zu lassen, sofern wir den Horchposten Dritter ins Kalkül einbeziehen.[76] Wer froh im Netz mitspielt und von der Phantasie beseelt ist,

Öffentlichkeit – Amerika, du hast es besser – von einer Sexbloggerin zur braven Hausfrau.

74 So im Impulspapier der ELKB (2015).

75 Vgl. Nord (2004: 67-82).

76 Jochen Hörisch (2014: 116) hat die Beobachtung mitgeteilt, »dass Digital Natives« auf die NSA-Abhöraffäre »in der Regel gelassener reagieren als ältere: Sie haben sich, Facebook-gestählt, an Neujustierungen von ›privat‹ und ›öffentlich‹ gewöhnt. Hörisch schlägt auch eine hübsche Dekonstruktion von McLuhans berühmten Satz: *The medium is the message* vor: »Wer heute handschriftlich einen Brief verfasst, anstatt eine E-Mail zu senden, weiß, dass er damit ein anderes Signal setzt als sein Urgroßvater, der nicht einmal vor der Alternative Füller oder Schreibmaschine stand. Das

sein Kapital zu erhöhen, der muss damit rechnen, dass seine Daten monetarisiert werden. Zwar verfolgt uns der digitale Schatten ein Leben lang, aber wie im Umgang mit Geld sollten die User im Eigeninteresse zeitweise (relativ) medienfreie Räume bewohnen und sich vor medial gesteuerten Machtformationen schützen. Wir besitzen durchaus die Freiheit und die moralische Kompetenz, häufig *Nein!* zu sagen.[77] Bekanntlich fordert der späte Michel Foucault in seinen Schriften zur Lebenskunst Askeseübungen und plädiert für Praktiken der bilderlosen Kontemplation, Peter Sloterdijk ist ihm darin leicht verschämt gefolgt und hat die asketische Übung zur zentralen Kategorie seiner Anthropotechnik erkoren.[78] Die gute alte bundesrepublikanische Tugend des Maßhaltens wird wieder gesellschaftsfähig.[79] Wir müssen nicht in jedem Augenblick *Followers* sein, die vieles *liken*. Eine Medienethik kann auf den Ruf nach politischer Regulierung nicht verzichten, um den Hunger von Big Data (zumindest ansatzweise) zu kanalisieren. Eine kluge Medienpolitik sollte für Pluralität sorgen, das Darknet eindämmen, Beteiligungszugänge zu den Medien für alle Milieus schaffen und auch der Erodierung der Eigentumsrechte, wie sie besonders im Streit um das Urheberrecht virulent geworden ist, begegnen.[80]

Weisheitliche Klugheit und concursus divinus

Der literarische Gott nötigt sein Personal, die Propheten, zu spielen, um einen Ausgang aus der eigenen Medienkrise im Umgang mit seinem Volk zu finden. Jesaja und Hosea inszenieren Beschämungsevents, die immer mit einer Selbstdemütigung (Nacktheit, Heirat mit einer Hure) einhergehen. Das gilt auch für das göttliche Personal im Neuen Testament, denn Jesus von Nazaret ist in der Wahrnehmung der Vielen ein Bankert, der für seine Umwelt aufreizende, weil beschämende Miniaturdramen erzählt. Ich deute diese Beschämungspraktiken als *reine Gewalt*, weil sie wohlwollend auf Gemeinschaftstreue hin schulen. In der Theaterproduktion *Verrücktes Blut* muss sogar eine Knarre zum Einsatz kommen, um die Mitglieder an der Theater AG zum Mitspielen zu überreden.

Medium ist die Botschaft.« (116)

77 Böhme (2008a: 71f.).

78 Foucault (2007). Für eine Askese in Bilderfragen hat bereits sehr früh Martin Luther (1990: 22) votiert: »Sondern du musst abkehren deine Gedanken [...], denn in der Gnade Bild sehen, und dasselbe Bild mit aller Kraft in dich bilden und vor Augen haben. Der Gnade Bild ist nichts anderes, denn Christus am Kreuz und alle seine lieben Heiligen.« Der letzte Teil des letzten Satzes wird in protestantischen Texten zum Thema übrigens gerne vornehm verschwiegen und ausgelassen. Die *Sacri Monti* erlauben niederschwellig eine spielerische Identifizierung mit Personen der Heiligen Großfamilie, die sich schamfrei den Menschen jener Landschaft angepasst haben. Eine Begegnung auf Augenhöhe, die zum Verweilen einlädt.

79 Huber (2013: 136).

80 Huber (2013: 137-139); vgl. dazu Funiok (1996: 107-122); Funiok (2007).

Dann aber funktioniert das Spiel der Verwandlung, denn Stereotypen und Klischees werden aufgebrochen. Beschämt werden jeweils *nicht reale Personen,* sondern – durch den Distanzfilter der Kunst geschützt – das Publikum. Rein ist die Gewalt der Beschämung nur, wenn sie ästhetisch abgefedert, in der »Distanz in der Betroffenheit« (Schmitz) geschieht. *Auf reine Gewalt stoßen wir nur als inszenierte Gewalt mit beschädigtem Personal in spielerischer Distanz.*

Medien können kritisch über Medien Narrative der Sensibilisierung ersinnen. *Homevideo* erzählt die Geschichte über eine unreine Beschämung, die zu einer Verschiebung von Scham in Schuld, sprich: zum Selbstmord führt. *Shame* zeigt, wie der Protagonist aus Scham über seine medial verstärkte Sexsucht seine durch Schnittwunden an den Pulsadern stigmatisierte Schwester, die Zeugin seiner Scham wird, aus den Augen bekommen will, einen Beziehungsbruch riskiert und erst in letzter Minute die Schwester rettet.

Lob der Medienträger

In der alarmistischen Medienethik vermisse ich häufig das Lob auf die Medienträger. Die Heterotopien, von denen Michel Foucault immer schwärmte, sind portativ geworden. Per Knopfdruck können wir via CD, DVD, iPod, App oder als Computer-Spiel gelungene Verzauberungen oder Resensibilisierung aufrufen. Erst in jüngster Zeit werden auch von theologischer Seite die Pausenräume, die die Medien auskleiden, positiv bewertet. Das gilt zunehmend auch für die langen verfemten Räume der Computer-Spiele-Welten.[81]

Peter Handke empfiehlt in seinem *Versuch über den Stillen Ort*[82] einen Platz zur Meditation, an dem man allein und bilderlos sehr schnell die Haltung des von Rodin modulierten Denkers einnimmt. Das wäre auszuprobieren. An welchem Ort oder Örtchen auch immer.

81 Zur Entdämonisierung dieser Räume hat Roland Rosenstock (2014: 275f.) Entwicklungsarbeit geleistet: »Die virtuellen Spielewelten werden zu erweiterten sozialen Räumen, in denen die Spielenden in einem vorgegebenen Rahmen Abenteuer erleben und sich ausprobieren können. [...] Dabei wird er (der User, K.H.) im Rahmen einer Erzählung und der Erfüllung von Aufträgen oder Missionen vor virtuelle Herausforderungen gestellt, die moralische Entscheidungssituationen simulieren. [...] Der hohe Einsatz von Konzentration und Aufmerksamkeit seitens der Spieler, führt zu einem Flow-Erlebnis. [...] Digitale Spielwelten eröffnen demnach die Möglichkeit, sich entweder bewusst authentisch zu präsentieren und in eine Wechselwirkung zu treten oder alternative Ich-Entwürfe auszutesten.« Besonders wichtig ist die Einsicht, dass Spieler emotional stärker eingebunden sind als Rezipienten in einem Spielfilm. (282)

82 Handke (2012).

Nachspiel

In seinem Roman *Cosmopolis*[83] verschaltet Don DeLillo die Datenströme des Kapitals, die ins Stocken geraten, mit der Autofahrt des Eric Packer, eines Global Players, dessen Limousine auf der Fahrt durch Manhattan immer wieder im Stau steckenbleibt, weil die Beerdigung eines Rappers, eine Demonstration gegen die Globalisierung, ein Filmdreh und der Besuch des Präsidenten die Straßen verstopfen. Dieses Auto ist die Black Box von Eric Parker: »Der Boden der Limousine war aus Carrara-Marmor, aus den Steinbrüchen, wo Michelangelo vor einem halben Jahrtausend gestanden und seine Fingerspitzen auf den funkelnd weißen Stein gelegt hatte.« Und natürlich ist diese Strechlimo mit »Kork gegen Straßenlärm ausgekleidet«, also »proustifiziert« worden.[84] Alle möglichen Datenströme laufen in diesem Auto zusammen, es wird zum rollenden Cyber-Büro, in dem Packer auf dem Weg zu seinem Friseur auch seinen Urologen (»Ihre Prostata ist asymmetrisch«[85]), seine Finanzchefin, die alltäglich das Hüsteln oder Luftholen des Finanzministers untersuchen muss, und seinen Psychoberater empfängt. Unterbrochen wird der Strom von postaugustinischen Bekenntnissen des Benno Levin, eines ehemaligen Assistenzprofessors in Computeranwendung. Privat abgestürzt, bekommt er Anfälle von *hwa-byung* (Korea), »kulturelle Panik, die ich mir im Internet geholt habe«[86], oder »Anfälle von susto, das ist so etwas wie Verlust der Seele, aus dem Karibischen, und das habe ich mir ursprünglich im Internet eingefangen.«[87] Dieser Benno Levin erschießt Eric Parker genau in dem Augenblick, in dem die Börse zusammenkracht, reibt sich mit den Geldscheinen, die er in der Hosentasche findet, übers Gesicht: »Ich wollte die Intimität und Berührung, seine Berührung, die Flecken seines persönlichen Schmutzes.«[88]

Die Katharsis misslingt. Die Welt ist leider etwas komplexer.

83 DeLillo (2003).

84 DeLillo (2003: 31, 76).

85 DeLillo (2003: 61).

86 DeLillo (2003: 63).

87 DeLillo (2003: 151).

88 DeLillo (2003: 65).

Exkurs
Selfie, Belfie, Footsie und Nudie

1. Das Wörterbuch der Selbstentblößung

Einleitung: Klausur im Dunklen, online in der hellen Kammer

Maurice Blanchot, der Ideengeber der dekonstruktivistischen Literaturtheorie von Paul de Man und Jacques Derrida und der Mitbegründer des *Nouveau Roman* in Frankreich, bewundert von Michel Foucault und Freund von Emmanuel Levinas, liebte den diskreten Auftritt. Offiziell gibt es nur ein Photo von ihm, das ihn 1929 zusammen mit Emmanuel Levinas ablichtet. In Frankreich machte immer wieder das Gerücht die Runde, vielleicht sei auch das Zelluloid ein Fake und Blanchot gar nicht existent, auch das Photo nur eine Camouflage, ein Versteckspiel und das Gesichts-Double eines anderen Autors. Auch ein geisterhafter Kurzauftritt 1968 änderte daran nichts, Blanchot scheute das Tageslicht, liebte die Klausur im Schatten, sein berühmtester Roman heißt nicht zufällig *Thomas l'obscur, Thomas der Dunkle*[89], der ungläubige Thomas, der im Nachnamen selbst das Verdächtige und Irrationale mit sich führt. Durch das Desaster der Shoa ist für Blanchot die Sprache verhunzt und der Himmel wüst und leer. Nur die Literatur ist das Negativ zur gleißenden Sprache der Macht, sie verstört und entfremdet uns vom Gebrabbel des Heideggerschen Man, ertastet das Unsagbare im Sagbaren, erkundet einen Neuanfang, ein anderes Sprechen, will Sprachbilder erschaffen, die alle mimetischen Spuren löschen und Fremdheit heraufbeschwören.

Diese Kultur des Diskreten steht offenbar quer zur heutigen Kultur des Indiskreten, dem Bilder-Tsunami der Selfies, dieser dokumentierten, aber auch herrlich verspielten Chronik der Begegnung und sich versichernden Selbstbegegnung, dem kreativen Ruf nach Sichtbarkeit. Übereilt aber wäre es, den Charme des Diskreten gegen das Ordinäre und Obszöne des Indiskreten in Stellung zu bringen; dann ist man schnell mit einer Denunzierung der Neuen Medien und Medienmöglichkeiten bei der Hand und dämonisiert das Medium schlechthin. Auch Blanchot arbeitet mit der Sprache gegen eine verfaulte Sprache. Dieser Zugang steht jedem Medium offen, deshalb auch kann die Netzkultur gegen die problematische Macht der Bilder im Rekurs auf Bilder einen Streit führen. Die Kunst des Aufstands der Bilder gegen die Bilder reicht von

89 Blanchot (2007). Siehe dazu Frey (2007); Ebeling (2011: 73-83).

ungezogen bis ausgezogen. Der diskrete Charme des bourgeoisen Blanchot, der in Dauerklausur geht und als Höhlenforscher im Gehäus der Sprache überwintert, ist nur ein möglicher Zugang, um gegen die schlechte Unendlichkeit im Medium der verkommenen Sprache Neues zu gebären. Der indiskrete, plebejerhafte Exhibitionismus der Selfies kann durchaus auch im Gehäus des iPhones, quasi der Fötus der digitalen Welt, ein hintersinniger Aufstand der Massen gegen eine gelenkte Bildermacht sein. Ob Blanchot oder eine gewitzte Selfie-Kultur gegen die nivellierende Sprache oder gegen die nivellierende, vielleicht sogar monetär ausbeutende, weil von einer fiesen neoliberalen Krake gesteuerte Bildermacht gewinnen oder zumindest ein Patt erreichen, muss zunächst offenbleiben.

Mein Essay hat drei Teile. Zunächst inventarisiere ich den Streit um die Macht der Bilder, die entweder drohen zu Idolen zu verkommen oder durch kluge Bild-Strategien den Betrachter zur Teilnahme[90] – darin schwingt immer auch Empathie mit – auffordern. Vor allem in den Bildtheorien in Frankreich ist diese Debatte geführt worden. Ich nenne als Eckdaten der Debatte Emmanuel Levinas und Georges Didi-Huberman. Mit dem Namen Roland Barthes verbindet das lesende Gedächtnis den Versuch, die gleichermaßen traumatischen und affektiven Stärken des Mediums Photographie zu erkunden und zu durchleuchten. Wie lassen sich Barthes Einsichten mit der neuen Form der Spontanphotographie verbinden? Was ändert sich durch die klickende Spontaneität der Selfies und der Gemeinschaftsselfies? Ein zweiter Teil liest die Selfie-Kultur zunächst als Alltagsritual, das der Identitätssicherung und Gemeinschaftsstabilisierung dient. In dieses Geschäft zeichne ich auch die bildlogischen Neuerungen des Genres ein: Empathieschulung/Gesichtslektüre; Fragmentierung/Auratisierung; Spontaneität/Chimäre, Kreativität/Spiel, Taktilität/Verknautschung; Serialität/Manie; Trauer/Todessublimierung. Danach konzentriere ich mich auf die erotischen Selfies, die ich als Prozess der willentlichen Entschämung lese, um ein Fanal gegen die jahrhundertelange Denunzierung und Verdunkelung der erotischen und auch pornographischen Leiblichkeit zu setzen. Ich frage nach der kulturellen Bedeutung, die durch die Entschämung der Intimsphäre vor sich geht: Was passiert, wenn die Ausnahmesituation der Intimität zum digitalen Normalzustand, wenn der private Eros zum öffentlichen Eros wird und zum ganz öffentlichen Gesichtsverkehr einlädt? Auch in diesen Fällen, so meine These, bleibt die inszenierte Nähe letztlich ein Rätsel.

90 Nancy (2011: 349-370).

Idolatrie und Teilnahme

Gleichsam die Negativfolie der neuen Bildtheorien lieferte der frühe Emmanuel Levinas mit einer durch das jüdische Bilderverbot unterfütterten Kritik an jeder Kunst, die Dinge durch Bilder und damit durch ihren Schatten ersetzt, jede lebendige Beziehung sistiert und alles Lebende zu Idolen, zu goldenen Kälbern verkürzt.[91] »Zu sagen, dass das Bild ein Idol ist, heißt zu behaupten, dass am Ende jedes Bild eine Plastik ist und jedes Kunstwerk letztlich eine Statue, ein Standbild – ein Stillstand der Zeit oder besser noch ein Verzug der Zeit auf sich selbst.«[92] Traumatisiert durch die Erfahrungen des Naziterrors, traumatisiert auch durch den Sündenfall seines Lehrers Martin Heidegger, dessen Philosophie er als Paganismus demaskiert, ist Levinas vom Ekel gegenüber dem Sein erfüllt. Prompt will Levinas der Totalität des Seins entfliehen[93], sucht und findet deshalb eine Differenz und eine Diachronie im Antlitz des Anderen, der, wie er mit Platons Charakterisierung der Idee des Guten in der Politeia sagt, *epekeina tes ousias* (509b), außerhalb des Seins angesiedelt ist. »Während das Phänomen, in welcher Eigenschaft es auch sei, immer schon Bild ist, in seine plastische und stumme Form gebannte Manifestation, ist die Epiphanie des Antlitzes etwas Lebendes.«[94] Ethik, nicht Ästhetik, wird zur ersten Philosophie, denn das Antlitz (*visage*) lässt die idolisierende Macht des alles vereinnahmenden und verselbigenden Logos scheitern, es ist gleichermaßen zu nah und zu entfernt, zündet im Menschen ein Begehren (*désir*), das im Unterschied zum innerweltlichen Bedürfnis (*besoin*) niemals an ein Ende kommt. Die lexikalischen Großbegriffe, die künftig die französische Philosophie adeln: Begehren, Differenz und Diachronie – von Jacques Derrida werden die Begriffe Differenz und Diachronie bekanntlich zum Kunstwort differ*a*nce verschränkt –, werden hier entdeckt.[95]

Es ist nicht übertrieben zu behaupten: Gegen die Bildskepsis des frühen Levinas, die im Spätwerk deutlich abgeschwächt wird[96], versuchen viele Phi-

91 Levinas (2011). Siehe dazu Levinas (1975). Vgl. die Einführung von Delhom (2011: 204-215).

92 Levinas (2011: 76).

93 Levinas (2008).

94 Levinas (2005: 40). Siehe dazu Huizing (1988). Zur Frage der Bildtheorie vgl. Delhom (2011: 205-217).

95 Den Gedanken des Idols aufgenommen hat Marion (1977), dann aber im Gegenzug die Ikone feiert. Eine Kurzfassung ist in einer Übersetzung erschienen: Marion (1979: 107-132).

96 Während Levinas der antiken Kunst vorhält, durch die schöne Form einer Idolatrie des Schönen vorzuarbeiten, die den Schatten überblendet, kann er der modernen Kunst immerhin zugestehen, hier werde zwar im Augenblick kontingente Endlichkeit eingefroren, es werde aber auch Verletzlichkeit ausgestellt. Siehe auch Bernhardt (2001: 225-244); Esterbauer (1998: 13-23); de Vries (2001: 99-129).

losophen von Rang, die Bilder zu retten, ihre ihnen von Levinas zugeschanzte Statuisierung aufzubrechen. Den Bildern, so der Tenor, werden von den Malern und Photographen eigene Strategien beigegeben, damit sie lebendig bleiben; auch die Bilder, so die große Koalition der Bilderfreunde, sind lebendig, lösen ein Begehren aus, sind auf Diachronie und Differenz hin geeicht. Bilder leisten genau das, was Levinas für das Antlitz des Anderen, die *visage*, reserviert hat. *Bilder handeln!* So lautet der Schlachtruf der Bilderfreunde.[97] Ihr klügster Apologet ist Georges Didi-Huberman.

Mirabile dictu ist der horizontsprengende Grundbegriff, mit dem Didi-Huberman arbeitet, der der Inkarnation[98]: Die Idee der Fleischwerdung Gottes in Jesus Christus ist strukturell paradox, will sie doch nichts weniger erreichen als eine Darstellung, eine Figura des Undarstellbaren, des »l'infigurabel«, eine Sichtbarkeit des Unsichtbaren. Inkarnation ist gleichermaßen Repräsentation und Rücknahme der Repräsentation, also als lebendes Bild latent ikonoklastisch, anders gewendet: Die ganze Kunstgeschichte post natum Christi unterliegt der paradoxalen Inkarnationslogik. Didi-Huberman liefert in seinem Aufsatz »Von den Mächten der Figur. Exegese und Visualität in der christlichen Kunst«[99] nichts weniger als »eine Tafel der zehn Gebote oder auch: der zehn Bedingungen der christlichen Figur.«[100] Er nennt: *Translatio*, die Verschiebung; *Memoria*, das Gedächtnis; *Praefiguratio*, das Bevorstehende; *Veritas*, die Wahrheit; *Virtus*, das Visuelle; *Defiguratio*, die Unähnlichkeit; *Desiderium*, das Begehren; *Praesentatio*, die Darstellbarkeit; *Collocatio*, die Macht des Ortes; *Nominatio*, die Macht des Namens.

Stellvertretend für die zehn Gebote will ich das fünfte Gebot kurz präsentieren: »›Du sollst nichts darstellen oder sagen, das sich ganz erfassen lässt. Deute nur an, zeige, ohne zu bezeichnen; lass in dir die Potenz des Virtuellen wirksam werden.‹ Aus diesem Grund sind daher so viele religiöse Werke regelrecht unheimlich. Doch was mag in der Malerei wohl Potenz des Visuellen bedeuten? Meistens geht es um die Potenz der Farbe. […] In einem Bild vermag die Farbe von einem Ort zum anderen, von einem Gegenstand zum nächsten überzugehen: Sie vermag also, unbestimmt zu werden, aber auch überbestimmt, sodass sich gleichermaßen das gesamte Netzwerk, das sie durchtränkt, virtualisiert, unabhängig vom abgebildeten Inhalt oder vielmehr durch diesen

97 Mit deutlicher Parusieverzögerung wurde dieser Gedanke auch im deutschen Sprachraum heimisch bei Bredekamp (2010).

98 Auch Louis Marin (1977; vgl. 2006) verwendet in seiner Bildtheorie diesen Begriff an zentraler Stelle.

99 Levinas (2011: 272-302).

100 Levinas (2011: 288).

hindurch.«[101] Oder mit einem Buchtitel gesagt, der sich wie eine Umkehrung von Levinas liest: »Was wir sehen, blickt uns an. Zur Metapsychologie des Bildes.«[102] Diese Umkehrung trifft pointiert auf die Porträtmalerei zu, wie Gottfried Boehm in seinem Standardwerk: *Bildnis und Individuum. Über den Ursprung der Porträtmalerei in der italienischen Renaissance*[103] gezeigt hat. Ob allerdings die Photographie, die bekanntlich lange um die Adelung als Kunst werben musste, auch produktionsästhetische Raffinessen besitzt, um Levinas' Reserve zu beruhigen, ist auf den ersten Blick durchaus fraglich, denn die Lebendigkeit des Antlitzes (*visage*) scheint durch die Frontalphotographie doch ernsthaft in Gefahr.

In seinem epochalen Essay zur Photographie, der zugleich ein melancholisches *Memento Mori* über die eigene Sterblichkeit und ergreifendes (dieses verschlissene Prädikat ist hier endlich wieder angemessen) Tröstungskultbuch über den Tod der eigenen Mutter anhand eines verblichenen Kinderphotos vereint, hat Roland Barthes eine der schönsten Hymnen auf die Photographie gehalten: Die Photographie in der Breite ihrer Darstellungsformen ist »Geschehnis«[104] oder Ereignis. Die Feier des Photos wird allerdings immer unterschwellig von der Angst gesteuert, die Kontrolle über das eigene Photo zu verlieren und zum »Götzenbild« (13) zu verkommen. »(W)as die Gesellschaft mit meinem Bild anstellt, was sie darin liest, weiß ich nicht (schließlich lässt sich so vieles in ein und demselben Gesicht lesen); doch wenn ich mich aus dem aus dieser Operation hervorgegangenen Gebilde erblicke, so sehe ich, das ich GANZ UND GAR BILD geworden bin, das heißt der TOD in Person; die anderen – der ANDERE – entäußern sich meines Selbst, machen mich blindwütig zum Objekt, halten mich in ihrer Gewalt, verfügbar, eingereiht in eine Kartei, präpariert für jegliche Form von subtilem Schwindel.« (23)

Angetrieben vom »ontologischen Wunsch« (11), das Wesensmerkmal des Photos aufzudecken, feiert Barthes die »Einzigartigkeit« (16) des Photos und in einem zweiten Schritt das »einzigartige Wesen« (85) der Mutter, wie es sich in einem Kinderphoto verdichtet: »(W)as die Photographie endlos reproduziert, hat nur einmal stattgefunden: sie wiederholt mechanisch, was sich existentiell nie mehr wird wiederholen können. In ihr weist das Ereignis niemals über sich selbst hinaus auf anderes: sie führt immer wieder den Korpus, dessen

101 Levinas (2011: 291).

102 Didi-Huberman (1999). Eine kluge Einführung zu Georges Didi-Huberman bietet Alloa (2011b: 139-151). Vgl. auch Stock (2004).

103 Boehm (1985).

104 Barthes (1989: 26ff.). Folgende Zitate entstammen diesem Buch. Siehe dazu Barthes (1990: 28-46). Zu Roland Barthes vgl. den klugen Artikel von Därmann (2011: 25-37). Vgl. auch Benjamin (1980: 368-385). Ein weiterer Klassiker zum Thema stammt von Sontag (1978). Vgl. Geimer (2009).

ich bedarf, auf den Körper zurück, den ich sehe; sie ist das absolut Besondere, die unbeschränkte, blinde und gleichsam unbedarfte Kontingenz, sie ist das Bestimmte (eine bestimmte Photographie …), kurz die Tyche, der Zufall, das Zusammentreffen, das Wirkliche in seinem unerschöpflichen Ausdruck.« (12) Nicht unbescheiden, fordert Barthes eine neue Wissenschaft, eine »*mathesis singularis*«, die »jeweils vom einzelnen Gegenstand« (16), der nicht fingiert ist, ausgeht, um von dort aus das Universale zu erreichen. Als Gradmesser gilt ihm zunächst das eigene Gefühlsleben, das freilich nach einer Begründung verlangt: Warum ziehen Barthes bestimmte Photos an, andere nicht? Warum lösen einige Photos eine »Erregung« aus, »ein Fest, auch eine Arbeit, der Druck des Unsagbaren, das gesagt werden will« (26)? Warum sind sie Abenteuer und damit »Beseelung« (29)?

Als Betrachter, der sich am schlechthin Kontingenten erfreut, kann die Wahrheit des Bildes zunächst nur in der Intensität der Gefühle ausgemacht werden, um anschließend zu erkunden, was diese »affektive Intentionalität« (30) auslöst. Zwei Elemente unterscheidet Barthes in der Begegnung mit dem Photo: das *studium*, hier verstanden als »Hingabe an eine Sache, das Gefallen an jemandem, eine Art allgemeiner Beteiligung, beflissen zwar, doch ohne besondere Heftigkeit. Aus *studium* interessiere ich mich für viele Photographien, sei es, indem ich sie als Zeugnisse politischen Geschehens aufnehme, sei es, indem ich sie als anschauliche Historienbilder schätze.« (35) Von diesem allgemeinen Interesse unterscheidet Barthes das *punctum*, welches das studium gleichsam aufschreckt, »*punctum*, das meint auch: Stich, kleines Loch, kleiner Fleck, kleiner Schnitt – und: Wurf der Würfel. Das punctum einer Photographie, das ist jenes Zufällige an ihr, das mich besticht (mich aber auch verwundet, trifft).« (36) Aus »höflichem Interesse«, das man neudeutsch *liken* kann, entbrennt durch die traumatische Verletzung eine Lust, ein ganzes, kein halbes Verlangen, sprich: Liebe. Barthes rückt das Bild als kontingente Szene in eine enge Verwandtschaft mit dem Theater, nennt es »eine Art von ›Lebendem Bild‹« (41), das gleichwohl oft einförmig wirkt, solange nicht das Detail alles durchkreuzt und den Betrachter ›besticht‹. Oft ist es ein Detail, das nicht absichtsvoll platziert wurde wie etwa die schlechten Zähne eines kleinen Jungen auf einem Photo aus dem italienischen Viertel in New York, das bei Barthes »Rührung« hervorruft und dabei nichts mit gutem Geschmack oder Wohlwollen (53) zu tun hat. Barthes strapaziert dabei die Sprache, denn »was ich benennen kann, vermag mich nicht eigentlich zu bestechen«; Barthes fordert vielmehr, die Augen zu schließen, damit »das Detail von allein ins affektive Bewußtsein aufsteigen« (60) kann. Durch das *punctum*, das fetischistische, überraschende Detail, das emotional besetzt ist, treten die Bilder quasi aus dem Rahmen der Dunkelkammer ins helle Licht.

Das Begriffspaar *studium/punctum* kann allerdings nur ein Gesetz benennen, das für das eigene Verlangen entscheidend ist, das Universale kommt so noch nicht in den Blick. In einem mäandernden zweiten Durchgang entdeckt Roland Barthes ein zweites punctum, »nicht mehr eines der Form, sondern der Dichte«: Es »ist die Zeit, ist die erschütternde Emphase des Noemas (›*Es-ist-so-gewesen*‹), seine reine Abbildung« (105). Hier, in diesen Bildern, so die Pointe, ist der Tod zu finden; das macht ihre Melancholie aus, unterschieden vom Film, wo das Es-ist-so-gewesen sich fiktional verflüchtigt oder allenfalls auf den Schauspieler verweist, der inzwischen gestorben ist. Mit der Pose vor der Kamera beginnt die Mortifizierung bereits vor dem Tod, als Betrachter von vergilbten Bildern ist man jeweils traumatisiert durch die Begegnung mit dem inzwischen geschehenen Tod. Jedes Bild ist diese Katastrophe: »*Das wird sein* und *das ist gewesen.*« (106) Für Photos ist die Zeugenschaft entscheidend, eine Photographie ist durchaus nicht eine »›Kopie‹ des Wirklichen – sondern […] eine Emanation des vergangenen Wirklichen: als Magie und nicht als Kunst.« (99) Nicht scheut sich Barthes, hier von »Auferstehung« (92) zu sprechen, weil ihn die Porträts an das Schweißtuch der Veronica erinnern oder, wie man ergänzen darf: an die Ikonen, die ebenfalls als nicht von Menschenhand gemacht gelten.

Aber auch dieser zweite eidetische Durchgang misslingt an entscheidender Stelle, weil sich ein ›Grund‹ der Bilder nicht erschließen lässt, lebt doch das Photo von der unzerlegbaren Evidenz an der Oberfläche: »(W)ie lange ich das Bild auch betrachten mag, es teilt mir nichts mit. Genau in dieser Interpretationssperre liegt die Gewißheit des Photos: auch wenn ich mich noch so sehr mühe, alles, was ich feststellen kann, ist, daß *es so gewesen* ist; für jeden, der ein Photo in Händen hält, liegt darin ein ›fundamentaler Glaube‹, eine ›Urdoxa‹, die nichts zerstören kann.« (117) Nur wenn man diese reine Präsenz, die sich im Blick verdichtet, aushält, dann meldet sich die »unbeugsame Realität« (131), dann zeigt sich der verrückte »Schrei der Anarchismen, Marginalismen und Individualismen«, dann wird die ethische Seite der Photographie entdeckt, dann notiert Barthes den »seltsam altmodischen Namen Mitleid«. (130) Eine heutige Kultur der Bilder, so die Schlussvolte, tut alles, um die Bilder zu zähmen, erzeugt eine Kultur der Indifferenz und Kälte.

Jacques Derrida, der große Dekonstruktivist, hat die Intentionen von Barthes aufgenommen und weitergedacht, bei Derrida wird die affektive Kraft des *punctum* gerade spürbar als Entzug der Einzigartigkeit[105], das *punctum* ist nach Derrida nicht eigentlich *Zeugnis der Präsenz, sondern Trauer um den Verlust,* ist Trauerarbeit und Vorwegnahme des eigenen Todes.[106]

105 Derrida (2007). Siehe dazu Münzberg (2001: 159-176); Busch (2011: 124-137).

106 Bildtheoretische Annäherungen, die zum Teil Ansichten Barthes weitertreiben und dekonstruieren,

2. Identitätsstabilisierung, Verknautschung und der kleine Alltagsroman zum Selfie

Von einer soziologischen Zugangsweise zum Phänomen Photographie hat Roland Barthes ausdrücklich abgesehen, um dem Eidos des Photos auf die Spur zu kommen; ich halte die Frage durchaus für sinnvoll, weil die Selfie-Kultur keiner Kabinettenkultur einer kunstsinnigen Elite zuzuordnen ist, sie gewinnt vielmehr Gestalt als eine ritualisierte Alltagskultur, die auch der eigenen Identitätssicherung dient. Ich nenne sie mit einem Ausdruck von Hans-Martin Gutmann *Kleinrituale*[107], die gleichermaßen der individuellen Vergewisserung der eigenen Lebenszeit dienen als auch der Stabilisierung der sozialen Vernetzung, weil Selfies in Netzwerken gepostet werden, oft als Gemeinschaftsphoto mit einem Mitglied aus einer Clique, das entsprechend gelikt oder kommentiert werden kann. Die Kleinrituale der Selfies erfüllen also alle Kriterien sozialer Interaktion, genauer: sie stiften eine gemeinsame Wirklichkeit, die von Handy zu Handy reicht oder im Netz die ganze Netzgemeinde mit durchaus differierenden Bindekräften auszeichnet. Für das Selfie scheint mir entscheidend, dass in diesem Ritual nicht das zum Alltag (ganz) Andere anvisiert wird, vielmehr dient das Kleinritual der Stabilisierung und gleichzeitig auch Veredlung der gemeinsamen Lebenswelt.[108]

Wegen der Nomadisierung moderner Lebensläufe ist die Rückkoppelung an eine vertraute Gruppe oft extrem festigend: Freundinnen, die in ganz unterschiedlichen Städten, Barcelona und Bielefeld, Wien und Wolfsburg, arbeiten oder studieren, leben quasi an zwei oder mehreren Orten gleichzeitig, probieren in unterschiedlichen Weltgegenden die Tragfähigkeit des bisher erprobten alltagspraktischen Geländers aus. Wahrscheinlich trauen sich einige der Daheimgebliebenen erst durch diese medial vermittelten Erfahrungen Grenzüberschreitungen zu.

Eigentümlich für die Selfie-Kultur ist eine *Empathieschulung*, denn eine Selfie-Kultur, die nicht absichtsvoll ein *Duckface* ausstellt, trainiert alltagspraktisch Mimik oder *Pathognomik und Physiognomik: Du siehst scheiße aus, was ist dir denn zugestoßen?* Stress mit den Eltern, Stress in der Schule, Stress mit

bieten Laner (2013: 127-150); Schürmann (2013: 17-38); Sepp (2013: 151-164).

107 Gutmann (2013: 27ff.). Ich habe viele Anregungen und Lektürevorschläge diesem Buch entnommen.

108 Vor allem die Praktische Theologie hat sich intensiv mit der Ritualdebatte auseinandergesetzt. Forschungsgeschichtlich gibt es zwei große Strömungen: Victor Turner (1989) steht für die Untersuchung von Passageriten, Mary Douglas (1986) orientiert sich an der Stabilisierung der alltäglichen Lebenswirklichkeit durch Rituale. Zu beiden Ansätzen nenne ich jeweils einen Autor: Fechtner (2011); Hauschildt (1996).

Klamotten und Stress mit dem Freund (dieser Stress kann auch Indifferenz sein). Zwischen engen Freundinnen werden kleinste mentale Verwerfungen an minimalen mimischen Veränderungen ausgemacht, ohne dass die Person grimassierend einen Flunsch zieht oder die Augen verdreht. Auch die Kommentare zum neuen Outfit lassen auf eine erstaunliche Dechiffrierungskunst schließen und werden gewöhnlich so austariert, damit der Kreativitäts- oder Authentizitätswunsch innerhalb des Gruppengeschmacks bleibt – auch wenn vielleicht das Vorbild Lady Gaga ist. »In den alltäglichen Reziprozitätsritualen der lebensweltlichen Interaktion gilt – anders als in den systemischen Feldern von Ökonomie und Politik –, dass Erhalt, Schutz und Förderung des gemeinsam Geteilten wichtiger ist als individuelle Interessendurchsetzung.«[109] Alltägliche Lebensführung ist unter den Bedingungen der medialen Kommunikation selbst bei narzisstischen Inszenierungen tendenziell bewahrend. Auch die Kommentare, die die Präsentationen begleiten, borgen sich, sofern er gesucht wird, den Trost aus dem leicht angehübschten Fundus der Lebensweisheiten: *Jetzt erst recht. Du kriegst die Kurve. Genau, so geht das.* Selten wird die Hysterie und Dramatisierung verstärkt, es herrscht eine Tendenz zu Deeskalation und Entdramatisierung, die sogar so weit gehen kann, zu einer Schönheitskorrektur zu raten, wenn die Scham übergroß wird.

Die ausufernde kommentierende Verbindung von Bild und Text macht hinterrücks deutlich, wie die Sprache zwar versucht, die Bilder zu lesen, die sich in ihrer Eigentümlichkeit doch immer auch dagegen sperren, gelesen zu werden. Kommentare schwellen zu einem Hypertext an, der nur zwischenzeitlich gedeckelt werden kann, wenn alltagsweisheitliche Bemerkungen, die in ihrer Performanz selbst auf ein un-sagbares Vertrauen zielen, den Dialog, der manchmal droht, in leeres Geschwätz und einen lärmenden Diskurs zu verflachen, runden. Das Geheimnis der Bilder bleibt durch die figurative Ordnung des Photos, die sich gegen die diskursive Ordnung der Sprache behauptet, geschützt. In guten Momenten kann durch die nahezu unendliche Kommentierung ein kostbarer kleiner Alltagsroman entstehen.[110]

Dank der technischen Möglichkeiten, Photos am Schirm großzuziehen, werden auch Fragmente des Gesichts der potentiell unendlichen Dechiffrierungskunst zugänglich. Genau in diesem Augenblick erlangen die Photos eine seltsame Aura zurück, die sie durch die technische Reproduzierbarkeit nach Walter Benjamins berühmten Aufsatz[111] eigentlich verloren haben. Fragmente

109 Gutmann (2013: 107).

110 Vgl. Kofman (1986). Bei Kofman war nicht das Selfie im Blick, auch nicht primär das Photo, sondern ein Gemälde, bei ihr bereits aber mit besonderem Nachdruck auf die serielle Malerei ausgerichtet.

111 Benjamin (2010).

einer ganz privaten Sprache des Gesichts (und der Liebe) werden exzessiv lesbar – und sind doch nicht ganz zu entschlüsseln, weil das Inkarnat auch immer Pose ist, nicht vollständig durchsichtig, bereits partiell petrifiziert. Aber die Haut selbst, die zeigt und verbirgt, wird gefeiert in der Bandbreite von Verwundbarkeit und Strahlkraft – Derma-Doxologie und Derma-Vulnerabilität. Gerade das Streching der Haut am Schirm offenbart das Geheimnis der Haut, die berührt. *Das Streching ist eine hochintime Geste der Berührung.*[112] Ja, es ist eine Geste an der Oberfläche, die alles andere ist als oberflächlich, eine verkörperte Beziehung, die virtuell ist und doch seltsam real. Ich kann, *mirabile dictu*, der photographierten Kopie näher sein als dem Original. Platon wird auf den Kopf gestellt. Nimmt man jetzt noch den Gedanken hinzu, dass viele diese Erfahrung ›teilen‹, dann schwingt hier ein ethischer Sinn mit.

Gegenwendig zu der hier vertretenen These lässt sich die Selfie-Kultur auch durchaus kritisch als Kultur einer Ausdrucksnormierung lesen, sofern man allen Nachdruck auf die Beobachtung legt, dass die Selfies sich nahezu sklavisch an den Emoticons orientieren. Wolfgang Ullrich hat im bewährt kulturkritischen Gestus geschrieben: »Selfies (sind, K.H.) für diejenigen, die aktiv oder passiv damit zu tun haben, alles andere als folgenlos. Vielmehr ist aktuell zu beobachten, wie Selfies in ihrer funktionalen Ähnlichkeit zu Emoticons – und beeinflusst von diesen – die Körpersprache und Mimik der Menschen verändern. Je öfter man sich in eine Selfie-Pose begibt, um anderen mitzuteilen, was man gerade erlebt, und je alltäglicher man mit zahllosen Selfies seiner Freunde, aber auch vieler Unbekannter konfrontiert ist, desto deutlicher prägen sich bestimmte Gesten, Kopfhaltungen und Grimassen aus. Als hoch mimetische Wesen mit stets aktiven Spiegelneuronen übernehmen Menschen nämlich die stärksten und suggestivsten Ausdrucksformen anderer. […] Selfies (müssen, K.H.) vielleicht einmal als eine frühe Form von Kommunikationsmitteln gewürdigt werden, mit denen Menschen ihre Gesichter und Körper semantisch konditioniert haben.«[113] Es ist die physiognomische Eigentümlichkeit eines Gesichts, die verhindert, zu einem facialen Emoticon zu verkommen. Gegen die *Normierungsalarmisten* vertraue ich auf die gleichermaßen selbstbewusste und ironische pathognomische Inszenierung der Selfies.

Wolfgang Ullrich möchte die Selfie-Kultur von der Porträtkultur abrücken, weil im Selfie alles auf die direkte Übermittlung abgestellt wird. Auch Adam Levin betont: »War das Ethos der analogen Photographie von der Reproduzierbarkeit bestimmt, so ist das mobile, vernetzte Bild von der Übermittelbar-

112 Jedes Mal, wenn ich die Geste ausführe, drängt sich mir auch der Eindruck auf, ich sei ein Dermatologe, der die Haut auf krankhafte Veränderungen hin absucht.

113 Ullrich (2015, 35f., 41).

keit bestimmt.«[114] Die Präsenzdauer jeder Screen-Performance ist freilich gering, denn bereits nach wenigen Posts auf der Protokollliste kann das Selfie absinken und (auch) aus der (eigenen) Aufmerksamkeit verschwinden. Nur Big Data hortet eifersüchtig die Protokolle und liest sie bei Bedarf. Und trotzdem: Auch als *Einwegporträt* bleibt das Selfie ein Porträt, die Porträtierten setzen sich sehr wohl in Szene und wollen wahrgenommen werden, dabei bleibt selbstredend die genaue Lektüre des Selfies dem engen Freundeskreis vorbehalten.

Auch der *run* auf die Teleskopstange wäre nicht verstehbar, ginge es bei den Selfies nur um eine pathognomische Kurzübermittlung. Die prominente Selfie-Teleskopstange führt zu einer sichtbaren Ausweitung des Mediums Körper[115], ermöglicht ohne großen Aufwand spielfilmkameraähnliche Perspektiven von der Heldeneinstellung bis zur Astronautenperspektive und erzeugt Raumtiefen vor Landschaften und Straßenfluchten – der Preis ist die *chimärenhafte Verlängerung* des Arms durch die Stange. *So schön ist Bielefeld.* Mit mir. Mit dieser künstlichen Verlängerung geht auch die Primärassoziation mit dem berühmten »Selbstporträt im konvexen Spiegel« (1523/24) von Parmigianino in Rente, die eine Hand ins Bild hält, als würde Parmigiamino bereits ein Patent auf ein Smartphone besitzen.[116]

Von der Lust am Spiel, dem oft entspannt albernen Spaß, aus unmöglichen Perspektiven dem eigenen Ich sich anzunähern, lebt sichtbar die Selfie-Kultur. Sie besitzt einen nicht zu unterschätzenden Unterhaltungswert. Johan Huizinga, der niederländische Kulturgeschichtlicher, hat bekanntlich den Menschen als *Homo ludens*[117] charakterisiert und zwischen Spiel als Darstellung und Wettkampf unterschieden, beide Elemente finden in der heutigen Selfie-Kultur zusammen: Es geht um das Kleinritual der Selbst- oder Gemeinschaftsdarstellung, vereinigt aber auch Elemente des Wettkampfs unter sich, wenn nämlich die Frage gestellt wird, wer die meisten Selfies produziert. Ob freilich die von Huizinga behauptete Zweckfreiheit des Spiels jemals vollständig erreicht wird, darf jeder bezweifeln, aber ein karnevalesker Riss trennt die Selfie-Performance vom verzweckten Alltag.

Überraschend ist die momenthafte taktile Nähe, die in einer oft taktilfreien Gesellschaft in der Kultur der Selfies aufblitzt, denn nicht nur die engsten Freundinnen lächeln Schulter an Schulter lehnend in die Kamera, sondern auch öf-

114 Levin (2015: 96-133, 108); Donnachie (2015: 50-79).

115 Medien als Körperextensionen zu verstehen geht zurück auf McLuhan (1992). Dazu Huizing (2015a: 334f.); Haberer (2015: 108ff). Eine neue Gesamtdarstellung und Würdigung bietet Marchessault (2005).

116 Vgl. den Katalog zur Ausstellung: Bieber (2015). In einem Aufsatz verweist auch Jerry Saltz (2015: 30-49) auf dieses bekannte Bild der Kunstgeschichte.

117 Huizinga (1956); Caillois (1960).

fentliche Gesichter vom Papst über den Fußballprofi bis hin zu Rock- und Popgrößen und Angela Merkel schauen *schulterverbindend* ins Bild. Die telematische Vernetzung bewirkt eine augenblickhafte Nivellierung von oben und unten, die öffentlichen Gesichter zeigen sich volksnah, das Alltagsgesicht präsentiert sich mit den Promis auf Augenhöhe. Das *noli me tangere* der Alltagskultur wird für Augenblicke ausgesetzt. Ich nenne es die Verknautschung. Diese *verknautschte Zone*, die Falten im Schulterbereich der sich anlehnenden Menschen, sind für mich auf diesen Bildern das *punctum 1* von Roland Barthes, *der gekittete Riss* zwischen den Menschen – unabhängig von einer voreilig denunzierten Promigeilheit, die dem Machterhaltungstrieb der Promis entspricht. Zeugenschaft legt die glatte Oberfläche ab von der epiphanen Verknautschung.

Aber auch das *punctum 2* von Roland Barthes lässt sich im Genre der Selfies in bearbeiteter Form ausmachen. Durch die serielle Anordnung der Selfies wird der immanenten Melancholie des Photos (Es-ist-so-gewesen) begegnet, der Selfie-Produzent ist sein eigener Stalker, der sich unentwegt verausgabt und sich ein digitales Mausoleum anlegt, er wird sein eigener Avatar. Durch die Manie der eigenen Bildproduktion wird das Spiegelstadium auf Dauer gestellt und durch die Vermassung der Bilder vielleicht auch ihrer appellativen und hinterfragenden Struktur entkleidet. Erst mit der hypertrophen Plurifizierung und Verschnellung der Photos, die auch nicht mehr auf die unendliche Kommentierung durch Freundinnen setzt, die sich vielmehr mit einem einfach liken zufriedengibt, wird rituell versucht, die Melancholie und den Tod auszutreiben. Trauerarbeit als ewiger Aufschub.[118] Das Kleinritual des Freundschaftspostings, die Inszenierung von Intimität über die mediale Bande, die der ganz individuellen Identitätssicherung dient, wird überlagert von der gewollten Ritualisierung der versuchten Ausblendung der eigenen Endlichkeit durch den Bilderstrom des individuellen Konterfeis, der die eigene Fremdheit ausgetrieben wird. Verausgabung als Angsttherapie. Hier besteht die Gefahr, selbst zur Ware[119], genauer: zum Konsumenten der selbstproduzierten Ware zu verkommen.

118 Vgl. Baudrillard (2005: 113f.).

119 Durch die Massenproduktion der Bilder sieht Marie-José Mondzain die kritische Kraft der Bilder gefährdet. Mondzain hat nachdrücklich darauf hingewiesen, dass die Bildproduktion vom Wunsch geleitet wird, uns ganz zu sehen. Bilder, auch gespiegelte Bilder, die gleichzeitig vorne und hinten einfangen, versuchen, diese Trauer zu therapieren. Trauer ist, wie gesehen, ein großes Thema in der französischen Bildtheorie. Den Ursprung der Bildtheorie sieht Mondzain (2011; vgl. 2006; 2003) im byzantinischen Bilderstreit.

Erotischer Exzess

Ein Sonderfall in der Matrix des Genres Selfie, die die für die bürgerliche Kultur maßgebende Kartographie von öffentlich und privat neu vermisst, sind die erotischen Selfies, changierend zwischen der Fetischisierung von Körperteilen (Fuß, Hintern, Hände, Busen) und der Ausstellung der eigenen Nacktheit: Schaut mich an. *Ich will gesehen werden. Voll peinlich* oder *Voll süß*. Berühmt geworden ist die mäßig begabte Schauspielerin Kim Kardashian durch ihre Po-Photos, po-pulär im wahrsten Sinne des Wortes. Ihre A-Tergo-Ansicht auf dem Modemagazin PAPER brach alle Klick-Rekorde, seitdem wird im Internet diskutiert, ob die Kurven künstlich oder virtuell ausgebaut sind. Privat nachgestellt wurde das Bild vielfach, dann oft mit mäßig witzelnden Kommentaren versehen, denn es verlangt komisch anmutende Verrenkungen, um den eigenen Po abzulichten.

Außergewöhnliche Vorlieben, die nicht jedermanns Geschmack sind, müssen, sofern sie nicht gegen Jugendschutz und das Selbstbestimmungsrecht des Anderen verstoßen, nicht länger im Halbdunkel bleiben, sondern können offen ausgelebt werden. Fetischisten sind nicht länger einsam. Fragmente, wie Füße oder Hintern, entzerren den Schönheits-Wahn, der häufig auf Ganzheit zielt. Wer ist schon ganz perfekt. Entstressend wirkt die partielle Sicht der Dinge, die *Regionalisierung von Schönheit und Erotik*. Wahrscheinlich ist noch nie innerhalb der Kulturgeschichte so umfassend über die Ästhetik und Erotik von Füßen und Hinterteilen diskutiert worden. Das Wörterbuch der Selbstentblößung hat dafür zwei neue Wörter kreiert: Belfie und Footsie.

Spielt die Ausstellung von Fragmenten der Nacktheit noch mit der alten erotischen Dialektik von Entbergen und Verbergen, dann zeigt das exzessive Posen der unverhüllten Nacktheit einen deutlichen Mentalitätswandel an.[120] Die öffentliche Präsenz markiert eine Verschiebung der Grenze der Intimität, ist eine selbstwusste Ordnungsverstörung: ein verschämt/unverschämtes, oft milde protziges Statement. Dem Absenken der Schamschwelle dürfte von anderer Seite aus vorgearbeitet worden sein, war es doch Jeff Koons, der massenwirksam seine eigene Sexualität, gerne auch im erotischen Kontakt mit seiner Frau, dem ehemaligen Pornostar Cicciolina (Ilona Staller) überlebensgroß ausstellte, um, wie er in Interviews wiederholt bekundete, gegen die christliche Denunzierung der Sexualität und Körperlichkeit neue Bilder zu präsentieren – eine Sexualität und Erotik diesseits von Sünde und Schuld, diesseits des Sündenfalls.[121]

120 Vgl. Elias (1997a/b). Duerr (1988). Mit diesem Buch beginnt eine kleine Bibliothek zum Thema. Dazu erhellend Wounders (1994: 203-216). Vgl. auch Lotter (2012: 88).

121 Siehe dazu Huizing (2012d: 42-45). Byung-Chul Han (2015: 10) denunziert Koons als »einen Meister glatter Oberfläche«, denn bei Jeff Koons gebe es »kein Desaster, keine Verletzung, keine Risse«, es

Als Ordnungsverstörung, als willentliche Verstörung gegen eine als überholt gescholtene Verbindung von Sexualität und Intimität, als Verstoß gegen moralische und institutionelle Muster, sind die geposteten Nudies zunächst ein Empörungsangebot, ein bewusster Verstoß auch gegen die Tugendpolizei im Netz, sie provozieren einen möglichen Shitstorm, dem sie sich sehr selbstbewusst und selbstbestimmt aussetzen. Über Konsequenzen dieser Aktionen herrscht Klarheit, wir leben inzwischen jenseits der Pubertätsschwelle im Umgang mit den neuen Medien. Beinahe jeder, der im Netz postet oder im Inner-Circle seiner Peer-Group seine Nudies verschickt, ist sich der möglichen Folgen bewusst. Zwar bildet der Anarchismus im Netz auch eine Versuchung, aber der Sender im Netz sucht den Konflikt, sucht die indiskrete Lebensweise, verstößt gegen den Imperativ der Diskretion, spielt absichtsvoll mit der eigenen Attraktion und rechnet auf Entgegenkommen, auch wenn das Entgegenkommen sich möglicherweise in Abwehr verkehrt, die Resonanz negativ ausfällt und ein Invektivenschwall über ihn hereinbricht. Als Sender testet er das Begehren im öffentlichen Umtrieb, testet die eigene Genitalität, ist ein Entfesselungskünstler, der die Stricke einer für ihn einengenden Moral zerreißt. Folgeabschätzungen sind beim heutigen Stand des Medienumgangs eingepreist, ein, sagen wir: Metzger wird sich leichter dazu entschließen, sich nackt zu präsentieren als ein künftiger Französischlehrer, beiden dürfte der Stolz auf die eigene Körperlichkeit als Schutzschild gegen mögliche Anfeindungen dienen. Die Breite der Angebote reicht von Enhancement-Beweisen primärer Geschlechtsmerkmale bis zu im besten Sinne berührenden Bezeugungen von Kreatürlichkeit.

Ich deute das Exzessive der Nudies als Überfluss von Energien des Menschlichen, die sich verschwenden müssen und dürfen und dabei das Korsett der bürgerlichen Sphäre um die Selbsterhaltung aufschneiden. Es ist eine Grundentscheidung, ob wir den Menschen als Mängelwesen im Anschluss an Arnold Gehlen präsentieren, der in der Begriffskunst der Moderne allenfalls Entlas-

gebe »nichts zu deuten, zu entziffern oder zu denken. Sie (Koons Kunst) ist eine Kunst des *Like*.« Han unterschätzt mächtig die verborgene Dialektik unter der Oberfläche des Glatten. Inzwischen ist eine Debatte entbrannt, ob nicht auch die Kunst vom Neoliberalismus verseucht ist. Metz/Seeßlen (2014: 448). Richtig ist: Auch in Museumsausstellungen verkommt die Kunsterfahrung häufig zum Event, die ein andächtiges Verweilen nahezu unmöglich macht. »Wir haben die Kunst als eine soziale Maschine beschrieben, die die Transformation und Verteilung von Werten, Möglichkeiten (Freiheiten und Wahrnehmungsfähigkeiten) und Energien dient. Diese Maschine arbeitet ihrerseits nie wirklich frei, nie wirklich gerecht und nie wirklich ›solidarisch‹. Doch manchmal gibt sie bzw. geben ihre Maschinisten sich wenigstens Mühe.« Ebenfalls sehr kritisch beurteilt Wolfgang Ullrich die Situation (2016a). Etwas optimistischer ist Menke (2013). Die Kulturbedeutung des Christentums blättert nicht ohne Stolz in seiner Monographie Lauster (2014) auf.

tung erfährt[122] oder als Überflusswesen im Gefolge von Bataille und Didi-Huberman. Die *Tränen des Eros*[123] sind einerseits die Glückstränen über die Abundanz, die der Eros vermittelt[124] und die puritanischen Verhaltenscodices umwidmet, markiert aber zugleich in der Erfahrung der Wollust, im Delirium, in der Ekstase, in der Erfahrung des »kleinen Todes« ihre Bodenlosigkeit.[125] Eros steht für Überfluss, Übertritt, Transgression, ist der ontologische Schlüssel zur Kritik der von Levinas behaupteten Idolatrie aller Bildwerke; denn dank der Transgression des Eros sprengen alle Bilder und Porträtphotos die Repräsentation, sind Spuren eines sich verausgabenden Anderen, der nie ganz präsent ist, nie ganz habhaft zu bekommen ist, der immer auch absent ist und im darbietenden Genuss auch Trauer mit sich führt. Gerade darin besteht die Kraft der Bilder und Photos, Lebendigkeit zu inszenieren, insofern darf man sagen, dass auch der Andere in seinen Nudies, der in seiner entblößenden Nacktheit mich anschaut und ablichtet, in seiner Nähe immer auch ein Fremder bleibt.

Allerdings: Anders als in den quasi ordnungsgemäßen Selfies stehen die Nudies für die Macht der Bilder, Ordnungen zu verstören, sie partizipieren damit noch unmittelbarer am karnevalesken Spieltrieb der Selfiekultur, hier

122 Gehlen (1986). Der unterkühlten und weltanschaulich neutralen Begriffskunst, für die bei Gehlen Mondrian Pate steht, kann der Betrachter sich entlastend nähern: »Diese Kunst (...) ist durch und durch experimentell, tastet sich am Geglückten weiter, ihre Funktion heißt Einstrahlung in die innere Oberflächenspannung, nicht mehr ›vor Augen halten‹; zum Umkippen ihrer Axiome ist sie jederzeit bereit, und sie hat sich sogar der moralischen Neutralität der großen emanzipierten Mächte angenähert. Gerade damit aber gelingt ihr die Entlastung des Bewußtseins, denn der Staat liegt, wie E. Jünger sagt, wie ein Gebirge auf uns, der Sozialdruck ist wie der atmosphärische so gewaltig, daß er in den Eigenzustand eingeht. Für phantastische, hochgetriebene Appetite, für großherzige Dummheiten, künstliche Paradiese, für die Räusche genialer Vereinsamung und die Sorglosigkeit breiter Naturen ist in der Gesellschaft kein Platz mehr, in der die Demokratie sich mit Organisation und praktischem Dogmatismus verbündet – so entsteht gerade in den durchbürokratisierten Gesellschaften eine Sehnsucht nach Außenseitern und Nonkonformisten, das Publikum liebt es, wenn ihm das als erreichbar vorgeführt wird. Und nur in der Kunst (und der Literatur) kann man noch die Freiheitsgrade und Reflexionswachheiten und Libertinismen vorschweben lassen, die im öffentlichen Leben gar nicht unterzubringen wären; so wird sie Faszination und Sehnsuchtsraum, Freizügigkeit und Atemholen, gerade weil sie die ›existenziellen‹ Apelle nicht mehr enthält.« (222f.)

123 Bataille (1981).

124 Bataille ist inzwischen lehrbuchtauglich geworden, denn die Sexualanthropologie deutet Sexualität als »ungerichtete Energie und neues Leben spendende Quelle«. So Peter Dabrock u.a. (2015a: 41).

125 Bataille (1981: 78) feiert die Erotik, grenzt sie als Spiel und Fest sehr nachdrücklich von der Arbeit ab. »Indem der Mensch die Erotik aus der Religion ausklammerte, ließ er diese zu einer utilitaristischen Moral verkümmern. Und indem die Erotik den Charakter des Heiligen verlor, wurde sie unrein.« Bataille (1981: 78). Das Christentum ist nach Bataille nicht ganz unschuldig an dieser Krise. In der christlichen Ikonographie freilich taucht die Erotik erneut auf.

allerdings in der Maske der Maskenlosigkeit. Mit Rufen zur Ordnung werden die Nudies rechnen müssen. Nach Jahrhunderten einer durch die Leibfeindlichkeit augustinischer, calvinistischer, puritanischer, pietistischer Theologien unterdrückten Sexualität und Erotik empfinde ich diesen unverhüllten Umgang zunächst als Befreiung.

Ein Problem sehe ich an anderer Stelle, denn die Zurschaustellung der eigenen Intimität ist ein radikaler Prozess der Entschämung, der immer bereits mit einem verbalen Tiefschlag als Antwort rechnen muss. Anders gewendet: Wer Nudies postet, stellt sich vorab bereits auf einen Shitstorm ein und macht sich unempfindlich. Hinsichtlich der Körperscham halte ich diese Unempfindlichkeit für unproblematisch, schwieriger allerdings wird es, wenn dauernde Medienpräsenz und die eingeübte Erwartung eines Shitstorms zu einer körperlichen Teflonisierung[126] führt und Menschen sehr grundsätzlich unempfindlich oder schamlos werden und Scham allenfalls in der Schwundstufe der Peinlichkeit wahrnehmen. Da die Erfahrung von Scham für die eigene Charakterformung unabdingbar ist, wäre diese Abflachung bedenklich.[127] Eine medienpädagogisch kluge Schulung der eigenen Empfindsamkeit anhand der affektiven Potentiale der Bildlichkeit, auch der Nudies, wäre eine passende Medizin.

»›Privatleben‹ ist nichts anderes als jene Sphäre von Raum, von Zeit, wo ich kein Bild, kein Objekt bin. Verteidigen muß ich mein politisches Recht, Subjekt zu sein«[128], schreibt Roland Barthes. Es sei denn, man verzichtet (zumindest partiell) auf ein Privatleben, um mit der Nacktheit Zeugnis abzulegen von einer von Zwängen befreiten Körperlichkeit.

Sich der Macht der Bilder im Guten wie im Schlechten ganz zu entziehen, wie Maurice Blanchot es noch versucht hat, scheint mir dagegen heute unmöglich. Unser digitaler Schatten wächst mit dem ersten Ultraschall-Photo in der hellen Kammer der gynäkologischen Praxis. Der Kampf gegen den digitalen Schatten wäre eine Geistergeschichte.

Parmigianino, eigentlich Francesco Mazzola, Selbstbildnis im Konvexspiegel (1523/1524), Öl auf einer Holzkugelkalotte, Durchmesser 24,4 cm, Kunsthistorisches Museum Wien, © der Vorlage akg-images, Berlin

126 Swertz/Wallnöfer (2006: 69-75).

127 Siehe meinen Essay (2016).

128 Barthes (1989: 23).

Lee Myung-Bak and Ji So-Yun von Korea. Net/Korean Cultur and Information Service, https://commons.wikimedia.org/wiki/File: Lee_Myung-Bak_and_Ji_So-Yun.jpg

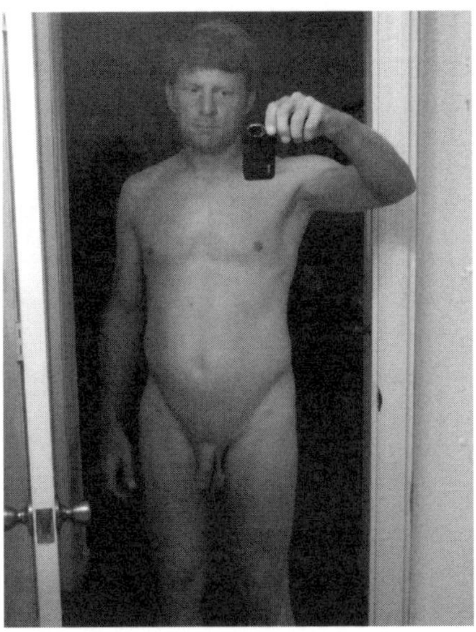

Naked in front of mirror: David Steckel A1, https://commons.wikimedia.org/wiki/File: David_Steckel.jpg

»Nelfie« von Peachplumpear 101. Eigenes Werk, https://commons.wikimedia.org/wiki/File: Nelfie.jpg

Nachspiel

»Bei ihr gab es nie eine Metasprache, eine Pose, ein gewolltes Bild.
Genau das ist ›Heiligkeit‹.«
Roman Barthes im ›Tagebuch der Trauer‹ über seine Mutter (2010: 219).

»Es ist wohl so, dass wir peinlich sind. Das Menschsein an sich ist peinlich.
Das, was wir Liebe nennen, ist nichts anderes als ein Peinlichkeitsüberwindungsapparat,
der es ermöglicht, für einen gewissen Zeitraum und bis zu einem gewissen Grad
über die Peinlichkeit des anderen hinwegzusehen. [...]
Was ist so peinlich am Mensch-Sein? Die Sterblichkeit.
Schreiben ist eine konzentrierte Form des Kampfs gegen die Vergänglichkeit.
Wir wissen, dass es umsonst ist. Und kämpfen trotzdem. Peinlicher geht's kaum.«
Juli Zeh: Treideln (2015: 99).

Prometheische Scham
Überlegungen zu einer theologischen Technikethik

Einleitung: Faust und Prometheus 3.0

Häufig resultieren die ethischen Probleme aus technischen Neuerungen, für das zwanzigste Jahrhundert waren es die Automatisierung, die Entdeckung der Verhütungsmittel oder der Bau von Kernkraftwerken. Die oft hitzig geführten Diskussionen zu den Themen sind wie in einem lauten Hintergrundrauschen noch deutlich im Gedächtnis. Aber erst die technischen Innovationen in der Biopolitik, die einen sehr direkten Einfluss auf den menschlichen Leib nehmen, führten zu institutionellen Gründungen wie dem Nationalen Ethikrat. Die Technik ist, wie Gernot Böhme hellsichtig notierte, »invasiv geworden: Sie dringt tief in den menschlichen Leib ein, wie sie zuvor auch schon in die äußere Natur und in die Gesellschaft eingedrungen ist.«[1] Christian Schwarke prognostizierte 2005 in einem Essay: »Aller Voraussicht nach werden die kommenden Themen durch die Nanotechnologie[2], die Computertechnologie und die ›künstliche Intelligenz‹ bestimmt sein.«[3] Ohne sich um das Amt des Propheten zu bewerben: Künftig wird nicht nur die Bio-Politik, sondern auch die Psycho-Politik[4] die Debatten bestimmen – gesteuert von smarten Geräten. Der Maschinenbau wird das dynamischste Fach an den europäischen Universitäten – auf der Skala der Träume des deutschen Mittelstands stand dieser Traum stets *primo loco*.

In Romanen ist dieses künftige Szenario bereits oft bebildert worden – das muss nicht überraschen, bekanntlich waren auch die alttestamentlichen Schriftsteller begabte Literaten mit Faible für Zukunftswelten. Ich begebe mich auf Spurensuche, um dem *Homo faber*, der häufig von einer prometheischen (Günther Anders) und post-prometheischen Scham heimgesucht wird, auf die Spur zu kommen – aktuell äußert sich diese Scham auch als digitale Scham derjenigen, die keine *digital natives* sind. Neben William Gibson, den Erfinder radikaler Homo-Faber-Literatur, ist im deutschen Sprachraum Ernst Wilhelm Händler ein Technikliterat von Format, ein leiser

1 Böhme (2008a: 9); Böhme (2008b).

2 Vgl. Grunwald (2008).

3 Schwarke (2005: 88-104, hier: 88). Jetzt ausführlich in Schwarke (2014). Vgl. Richter/Schwarke (2014). Zur Debatte um die Künstliche Intelligenz siehe Bostrom (2014).

4 Han (2014a).

Alarmist, der die Sehnsüchte der Technikenthusiasten mit gezügeltem Groll entziffert.

Ein nächster Abschnitt meines Essays erinnert an Günther Anders, den Entdecker der *prometheischen Scham*. Wenig gelassen hat der italienische Philosoph Giorgio Agamben den Pessimismus noch verschärft und seinem Zorn auf das Dispositiv des Handys freien Lauf gelassen. Zorn ist, das wissen wir dank Peter Sloterdijk[5] und Hermann Schmitz, ein sträflich unterschätztes Gefühl, ob der Zorn auf das Handy der richtige Weg ist oder nur eine mentale Selbstberuhigung, ist die Frage. Auch aufsteigender Zorn kann albern sein. Ich lese die durch Anders und Agamben gepflegten Dämonisierungstendenzen der Technik als versteckten Schamprozess: *Die prometheische Scham wird verschoben in das publikumswirksame Technik-Bashing.*

Danach bespreche ich eine der wirkmächtigsten Technikphilosophien der Gegenwart. Unter dem semantisch etwas überhitzten Stichwort *Gestell* hat der späte Martin Heidegger die Technik diskutiert. Im Unterschied zu Giorgio Agamben bleibt Heidegger im Umgang mit der Technik erstaunlich gelassen. Woraus aber speist sich diese Gelassenheit? Neuere philosophische Technikethiken gehen an dieser schwierigen Portalfigur der Philosophie des zwanzigsten Jahrhunderts eher unbekümmert vorbei.

Während Heidegger das technisch-wissenschaftliche Weltbild mit Sorge betrachtet und als Endpunkt der Metaphysik deutet, zeigt sich Günter Dux, verspäteter Meisterschüler von Max Weber und Entzauberungskünstler par excellence, als nüchterner Anhänger dieses Weltbildes. Dux' Hauptwerk *Die Logik der Weltbilder* ist auch deshalb Gegenstand der Untersuchung, weil dieser Text den Knoten von Gott, Naturwissenschaft und Technik durchtrennt und die Funktion der Religion darauf beschränkt, in der Sozialwelt für Verständigung zu sorgen. Der Theologe Falk Wagner hat Dux' radikal-genetische Religionskritik als Beschämung der eigenen spekulativen Theologie erfahren und – ohne die Scham in Schuld zu verschieben – seine Theologie radikal umgeformt: eine atemberaubende Kehre, die durch ein einziges Buch bewirkt wurde. So viel zum Kraftpotential von Büchern.

Theologische Beschäftigungen mit dem Thema inventarisiere ich im fünften Abschnitt. Auch bei den behandelten Autoren lassen sich unterschiedliche Erregungsgrade feststellen, Alarmisten und Weisheitslehrer, Dämonisierer und Entdämonisierer. Durch Beschimpfung als Sünde wird Technik entweder nicht ernst oder zu ernst genommen. Als Alarmist fühlt man sich in seiner Angst offenbar besser. Die innerhalb der theologischen Kommunität oft verwahrloste Rede vom *concursus divinus*, vom begleitenden Handeln Gottes, erweist sich

5 Sloterdijk (2008).

als ideales Deutungsangebot, um der Technikethik innerhalb der Theologie einen entspannten Platz anzuweisen. Ein Schlussabschnitt widmet sich dem Cyborg, dem Maschinenmenschen, der die prometheische Scham von Günther Anders final und sehr selbstbewusst bearbeitet.

1. Der Homo faber reloaded

William Gibson gilt mit seinem Roman *Neuromancer* als Begründer der Cyberpunk-Literatur in den 80er-Jahren des zwanzigsten Jahrhunderts. Case, der Held des Romans, ein Ex-Speed-Junkie, ist ein intellektueller Punk, ein prunkvoll verzierter, gleichermaßen zynischer wie selbstbewusster Nihilist. *Neuromancer* ist ein Wortspiel mit Necromancer (Geisterbeschwörer), Neuro-Surfer und Neuro-Romantiker. Diese freakigen Hacker, die mit Computersystemen und anderen Gehirnen interfacen können, werden von Multis als Spionsöldner angeheuert, um aus den großen Rechnern der Konkurrenten Daten zu stehlen. Wer einen Fehler macht, wenn er sich durch die Sicherheitsarmierungen der Firmen, d.h. also durchs Eis (Ice: Intrusion Counterattack Equipment) hackt, erzeugt einen Kurzschluss im eigenen Gehirn.

Case ist der sogenannte »Cowboy« einer Kollegin, die vor Ort arbeitet: »Dann bestätigte er die neue Schaltung. Abrupter Wechsel in anderes Fleisch. [...] Sie ging durch eine belebte Straße, vorbei an Ständen, wo Software verramscht wurde. Filzstiftzahlen auf Preisschildern aus Plastik. Musikfetzen aus unzähligen Lautsprechern. Geruch nach Urin, freien Monomeren, Parfüm, Grillpasteten. Einige bange Sekunden lang kämpfte er hilflos um die Kontrolle über ihren Körper. Dann fügte er sich und wurde zum blinden Passagier hinter ihren Augen. [...] Ihre Körpersprache war verwirrend, ihr Stil befremdend. Sie schien ständig gegen Leute zu knallen, die aber auseinanderrückten, zur Seite traten, ihr Platz machten. ›Wie geht's, Case?‹ Er hörte die Silben und spürte, wie sie sie formulierte. Sie schob die Hand in ihre Jacke und ließ die Fingerspitze um die Brustwarze unter dem warmen Seidenstoff gleiten. Er hielt die Luft an bei dieser Empfindung.«[6] Leider macht Case bei einem späteren Einsatz eine schmerzliche Erfahrung. Als sich nämlich seine Kollegin ein Bein bricht, spürt Case den identischen Schmerz in seinem Oberschenkel. Allgegenwart impliziert auch allgegenwärtiges Mitleiden. Verdatet, schlägt der Schmerz direkt durch. Cyberpunks sind im Software-Sinn des Wortes neuroromantisch – hierin besteht der soziotechnische Kern der Zukunft.[7] Der Neu-

6 Gibson (1999: 80).

7 In meiner Ästhetischen Theologie (2015a) habe ich Gibson schon einmal zu Wort kommen lassen. Er ist immer noch auf der Höhe der Zeit.

romancer lebt mit seinem Stecker in der Schläfe in einer invasiven, gottgleichen Komfort-Zone, die allerdings von Leidattacken nicht ganz frei ist.

Der Ich-Erzähler in Ernst-Wilhelm Händlers Roman *Der Überlebende*[8], eine wilde Mischung aus Thesenroman, Parabel, Science-Fiction und Wirtschaftskrimi, ist ein faustischer oder prometheischer Charakter, der freiwillig das Humankapital verzockt, um eine fehlerfreie Neuschöpfung ins Werk zu setzen. Als Leiter eines multinationalen Konzerns für Elektrotechnik betreibt er ein Geheimlabor zur Entwicklung eines hochintelligenten Roboters. Permanent überwacht und manipuliert der Protagonist seine engsten Mitarbeiter, weil die Angst vor Werksspionage und persönlichen Verrat ihn umtreibt, kalt opfert er auf dem Altar seiner faustischen Sehnsüchte seine schwer erkrankte Ehefrau, seine Tochter und engste Mitarbeiter, exekutiert an sich selbst die Kältelehre seiner künstlichen Geschöpfe, wird autistisch (führt Technikwahn zum Autismus?), bis er schließlich selbst so einsam ist wie Gott vor der Schöpfung. Er handelt immer auf »eigene Faust.« (93)

Nicht zufällig ist ein Mitglied des Vorstands ein Pfarrer, damit die faustische Inszenierung die entsprechende Fallhöhe erreicht: »Der Schöpfer ist der allein Existierende, alles andere Daseiende ist das Werk seines Willens und Wortes. Schöpfer bedeutet: Creator ex nihilo. […] Schöpfung bedeutet die Gegenüberstellung unserer und aller von Gott verschiedener Existenz mit dem Nichts, mit der Nicht-Existenz. Dass wir als seine Ebenbilder geschaffen sind, besagt, er hat uns dazu bestimmt, mit unserem Vorhandensein von seiner Wirklichkeit Zeugnis zu geben. […] Die Bindung an Gott ist ein Befehl, der seine Rechtfertigung daraus bezieht, dass Gott der ist, den wir über alles lieben dürfen.« (14f.) Auf diese Doxologie möchte der Ich-Erzähler nicht eingehen, er macht eine hochkomplexe Gegenrechnung auf und kommt zu dem Schluss: »Die Wahrscheinlichkeit für einen Gott, der das Universum geschaffen hat, ist kleiner oder bestenfalls gleich der Wahrscheinlichkeit für das Universum.« (18)

Einen menschlichen Makel bringt der Protagonist mit, der ihn zur Synopse von Faust und Prometheus 3.0 geradezu prädestiniert: »Keiner weiß, dass es mir die allergrößten Schwierigkeiten bereitet, einen Menschen an seinem Gesicht wiederzuerkennen.« (40) Im Inkarnat verdichtet sich bekanntlich das Menschsein, von (Pseudo)-Aristoteles wird der Satz überliefert, die Augen seien der Spiegel der Seele und Entwicklungspsychologen unterstreichen die Wichtigkeit einer frühkindlichen Face-to-Face-Beziehung zwischen Mutter und Kind: Wer also für diese Erfahrung unzugänglich bleibt, der muss sich

8 Händler (2013). Folgende Zitate beziehen sich auf diesen Text. Vgl. bereits Gheorghiu (1950). Dieser technikkritische Roman wurde mit Anthony Quinn in der Hauptrolle verfilmt.

der Maschine mehr als wahlverwandt fühlen, der ist »unüberbrückbar einsam, [...] an eine [...] großartige Idee von Erschaffung geschmiedet.« (65)

Bereits als Kind verweigert der Protagonist sich dem zweckfreien Gespräch: »Meine Mutter, sie war Volksschullehrerin, bremste mich nicht, wenn ich meine Vorträge über Rechenmaschinen hielt. Sie erläuterte den verblüfften Gästen, ich sei der Meinung, der Sinn von Gesprächen bestehe ausschließlich darin, nützliche Informationen auszutauschen.« (183) Dieser zweite Makel hat sich gehalten. »Small talk ist für mich der Overload – Ich hasse die nutzlos in sich selbst vergaffte Natur der menschlichen Beziehungen. Die Haare würden den Leuten zu Berge stehen, wenn sie wüssten, was ich anstellen muss, nur um mich mit ihnen über das Wetter oder über ihre Kinder zu unterhalten.« (11) Eine hübsche und leicht boshafte Karikatur der Theorie kommunikativen Handelns.

Zwar bestreitet der Ich-Erzähler, vom »Totenvolk meiner Gefühle« (136) übermannt zu werden, aber die absichtsvolle Vertauschung der Medikamente seiner todkranken Frau, Empathie vorspielend, die prompt zum Exitus führt, kommt ihm nicht ungelegen, weil er in seiner erotischen Wechselwirtschaft mit einer Managerin dann freie Hand hat.[9] »Die Kälte aus der zu scharf eingestellten Klimaanlage überkroch alle Gegenstände« (312) und gefriert jede Empfindung. Diese Kältewelle, eine polare Eiszeit für das Reale und Mentale gleichermaßen, hat den Protagonisten längst erkalten lassen. Letztlich schämt er sich dafür, nicht so perfekt wie seine ständig intelligenter werdenden Roboter zu sein – eine prometheische Scham par excellence.

2. Die Scham des Homo faber und der Hass auf das Handy

Günther Anders forciert mit seinem zweibändigen Hauptwerk *Die Antiquiertheit des Menschen* eine kritische Technik- und Medientheorie. Sein eigener Ansatz firmiert unter dem Stichwort einer »negativen Anthropologie«: Der Mensch ist nicht länger auf eine *Wesensbestimmung* festgelegt. Ernst Cassirer[10], einer seiner Helden, hatte die Frage, so der unterschwellige Vorwurf, wie technische Geräte die sinnliche Wahrnehmung beeinflussen und damit auch die

9 Händler (2013: 140) wird oft ein Opfer seines Projekts, wenn er die Sterbeszene seiner Frau hochliterarisch als Levitationsszene vom Protagonisten erzählen lässt. Das passt überhaupt nicht zur Kältelehre dieses Charakters: »Der Arzt hatte die beiden Defibrillatorschalen in der Hand, ich legte dich sanft auf die Bahre, erneut drückte er die Schalen auf deinen Brustkorb. Du schnelltest mit dem ganzen Körper hoch. Als habe dich jemand in die Luft geworfen. Über der Bahre drehtest du dich um hundertachtzig Grad, dein Kopf war jetzt weit weg von mir. Für einen Augenblick schwebtest du: Mit halboffenem Mund blicktest du nach oben. Es war, als ob dich jemand küsste.«

10 Cassirer (1990); Cassirer (1994).

Symbolisierungen steuern, nicht hinreichend erforscht. Weil Anders diesen Einfluss, also die Strukturierung der Wahrnehmung durch die vom Menschen selbst erfundenen technischen Geräte sehr hoch einschätzt, verkehrt sich der anthropologische Optimismus Cassirers in sein Gegenteil. Anders, der sich ironisch einen *Gelegenheitsphilosophen* nennt, pointiert: »Eine *Kritik der Grenzen des Menschen*, also nicht nur seiner Vernunft, sondern *der Grenzen aller seiner Vermögen* (der seiner Phantasie, seines Fühlens, seines Verantwortens usf.) scheint mir heute, da sein Produzieren alle Grenzen gesprengt zu haben scheint, und da diese spezielle Grenzsprengung die noch immer bestehenden Grenzen der anderen Vermögen umso deutlicher sichtbar gemacht hat, geradezu *das Desiderat der Philosophie* geworden zu sein.«[11] Auch Arnold Gehlens Deutung, die Technik diene dem Mängelwesen Mensch als Kompensation[12], ist für Anders nur die halbe Wahrheit. Der *Homo faber*[13] wird ein Opfer seiner Geschöpfe.

Sprachmächtig bietet Anders eine Relektüre des antiken Mythos von Prometheus, vulgo vom Zauberlehrling. Der Mensch ist technisch dazu in der Lage, Produkte herzustellen, deren Folgeprobleme sich seiner Vorstellungskraft entziehen. Befürchtet wird, die Diskrepanz zwischen Herstellen und Vorstellen – die atomare Bedrohung, Oppenheimers zwiespältige Wundertat, gehört zu den auslösenden Momenten dieses Denkens – läute das Ende der Spezies Mensch ein. »Die Tatsache der täglich wachsenden *A-Synchronisiertheit des Menschen mit seiner Produktewelt*, die Tatsache des von Tag zu Tag breiter werdenden Abstandes, nennen wir das ›*prometheische Gefälle*‹.« (16) Die Produkte haben sich nicht nur emanzipiert, sondern sind uns, so die Lesart von Anders, über den Kopf gewachsen. Wir können mit unseren eigenen Entwicklungen nicht mehr Schritt halten, humpeln hinterher, straucheln und kommen in die Unterlage. Im Verhältnis zu seinen Artefakten wirkt der herstellende Mensch seltsam altmodisch, antiquiert, überfordert. Will er mit seinen Produkten in Konkurrenz treten, dann muss er sich deren Struktur angleichen, vereinfachend gesagt: Prometheus wird entmachtet, weil aus dem Erzeuger, der der Produktwelt gegenübersteht, *ein Mensch wird, der sich schämt, kein*

11 Anders (1988a: 18). Die folgenden Seitenzahlen beziehen sich auf diesen Text. Vgl. auch: Anders (1988b). Haecker (1959: 51) behauptet, der Mensch unterjoche sich seinem Werkzeuge (51). Haecker ist allerdings auch hoffnungsfroh: »Es gibt Zeichen und Anzeichen, daß auch in einfachen Menschen (sic!) ein Ekel vor der Maschine, soweit sie den Menschen zerstört, im Wachsen begriffen ist.« (36); Gabert (1987: 85-91).

12 Gehlen (1950).

13 Der Ausdruck *Homo faber* als Gegenbegriff zum *Homo sapiens* geht auf Bergson zurück; vgl. Schmidt (2005: 108-110).

Ding zu sein.[14] Die materialermüdete Rede von der Verdinglichung des Menschen erhält von Anders ein neues Getriebe: Der Mensch schämt sich, weil er es nicht fertigbringt, wie ein Ding zu funktionieren. *Er schämt sich seines »natum esse«* (24). Seine Malaise ist die Einzigartigkeit, die es ihm unmöglich macht, an einer neuen Spielart von Unsterblichkeit zu partizipieren: der »industriellen Reinkarnation«, das heißt: »der Serienexistenz der Produkte« (51). Als Grundbefindlichkeit entspricht dieser Einsicht in das prometheische Gefälle die ›prometheische Scham‹ (21-97).[15] Diese Scham war offenbar nicht stark genug, um der »Apokalypse-Blindheit«[16] beim Bau der Atombombe zu entgehen.

Um seine von Anders ausgemachte »Malaise der Einzigkeit« zu therapieren, verfällt der Mensch – durchaus folgerichtig – der »Ikonomachie«. (56) Durch die »hypertrophische Bildproduktion« (57) gelingt es dem Menschen, ›spare-pieces‹, also Ersatzteile von sich selber zu schaffen. »Während er sonst von der Serienproduktion ausgeschlossen bleibt, verwandelt er sich eben, wenn photographiert, doch in ein *›reproduziertes Produkt‹. Mindestens in effigie gewinnt er dadurch multiples, zuweilen sogar tausendfaches Dasein.* [...] Daß diejenigen unter uns, denen multiples Dasein am eindrucksvollsten gelingt (die also in mehr Augen sind als wir gewöhnlichen Sterblichen): nämlich die *Film-Stars*, unsere beneidenswerten Vorbilder sind, ist ganz folgerichtig. *Der Kranz, den wir ihnen flechten, gilt ihrem siegreichen Einbruch in*

14 In einer spannenden Studie fragt Lukas Ohly (2015: 115ff.): »Kann man sich vor Maschinen schämen?« Die Antwort unterscheidet zwischen Hybriden und Robotern: »Wenn daher Hybride oder Roboter als ›permanente Subjekte‹ auftauchen, so heißt das, dass sie nicht nur aktuell bei mir Scham erzeugen können, sondern auch Scham wiedererzeugen können, selbst wenn sie abwesend sind. Permanente Subjekte zeichnen ihre Permanenz dadurch aus, dass ihre Anwesenheit ihre Abwesenheit umgreift. Wenn sie zudem vertragsfähige Subjekte sind, lassen sie sich in eine reziproke Allgemeinheit integrieren. Unter diesen Bedingungen folgt, dass wir sie ethisch anzuerkennen haben als vollwertige Mitglieder einer ethischen Allgemeinheit. Ich vermute, dass sich diese Voraussetzungen bei Hybriden leichter erfüllen lassen als bei Robotern, weil Hybride teilweise naturwüchsig sind.« (128f.) Das trifft auf Hybride deshalb eher zu, weil sie in ihrer Verwundbarkeit die existentielle Scham auslösen und kanalisieren können.

15 Aufgrund des prometheischen Gefälles sieht sich Anders (1988a: 18f.) methodologisch veranlasst zu übertreiben: »Unsere eigene Metamorphose hat sich aufgrund des ›prometheischen Gefälles‹ verschleppt; unsere Seelen sind weit hinter dem Metamorphose-Stand unserer Produkte, also unserer Welt zurückgeblieben. Das bedeutet aber, daß viele ihrer Züge physiognomisch noch uneingegleist sind, manche von ihnen sich nur erst auf unprägnant skizzierte Art ankündigen. [...] Wenn man dennoch versucht, wie wir es hier tun, diese Seelen zu portraitieren, dann läuft man offensichtlich Gefahr, den tatsächlich noch formlosen und unprofilierten Gesichtern eine zu profilierte Physiognomie zu verleihen; deren Relief in eine Höhe voranzutreiben, die ihnen, mindestens im Urteil des Momentphotos, noch nicht zukommt; Karikaturen als Abbildungen auszugeben. Also zu *übertreiben*.«

16 So das häufig aufgenommene Schlagwort aus der vierten Studie in Anders (1988a: 233) »Antiquiertheit des Menschen« mit dem Titel: »Über die Bombe und die Wurzeln unserer Apokalypse-Blindheit«.

die von uns als ›ontologisch höher‹ anerkannte Sphäre der Serienprodukte.« (57)[17]

In mikrologischen, inzwischen leicht antiquiert wirkenden Analysen zeigt Anders, dass die Medien Rundfunk und Fernsehen – in diesen Passagen kommuniziert Anders unterschwellig mit dem berühmten Kapitel aus Max Horkheimers und Theodor W. Adornos *Dialektik der Aufklärung* (1944): ›Kulturindustrie. Aufklärung als Massenbetrug‹ – unsere Erfahrungen schablonisieren: »Die Schablonen sind also apriorische Bedingungs-Formen; aber nicht nur solche der Anschauung; nicht nur solche des Verstandes; nicht nur solche des Gefühls; sondern auch solche des *Benehmens und Handelns* [...], sofern sie als Gußformen, also als Bedingungen, dem Erfahren, dem Fühlen und dem Benehmen vorausliegen und diese [...] ›konditionieren‹. Und da diese Bedingungen ja nicht nur darüber präjudizieren *wie*, sondern selbst darüber *was und was nicht* erfahren, gefühlt usw. wird, ist ihre Kraft von außergewöhnlicher Stärke und ihr Zuständigkeitsbereich von außergewöhnlicher Breite. Wer durch sie geprägt ist, der ist nun für nichts anderes mehr bereit als für dasjenige, worauf ihn die Sendungen zu Hause vorbereitet haben. Nur das sieht er, nur das denkt er, nur das fühlt er, nur das liebt er, nur das tut er.« (169).[18] Zeitlich deutlich früher als Foucault, Agamben und Han hat Anders in überspitzter Formulierungkunst die häufig problematische Wirkung eines Dispositivs beschrieben.

Für die Zeit nach Günther Anders ist ein gewaltiges Anwachsen der Dispositive auszumachen. Der italienische Philosoph Giorgio Agamben hat prompt das Internet und das Handy als höchst zwiespältige Dispositive benannt und das Mobiltelefon für eine gigantische Desubjektivierung der Menschen verantwortlich gemacht: »Als jemand, der in Italien lebt, das heißt in einem Land, in dem die Gesten und Verhaltensweisen der Individuen vom (liebevoll *telefonino* genannten) Mobiltelefon von Grund auf umgeformt wurden, habe ich einen unbändigen Hass auf dieses Dispositiv entwickelt, das die

17 Inzwischen ist jeder im Netz ein Star. Und die Selfies feiern den ontologischen Aufstieg. Nur: Selfies und das dialogische Ping-Pong-Spiel der Kommentierer verabschieden nicht, wie oben gezeigt, die Einmaligkeit. Ganz im Gegenteil.

18 In seiner stilisierten Erregungshysterie und Vereinfachungswut entgehen Anders allerdings die aufklärerischen Potentiale der (alten) Massenmedien. Jürgen Habermas (1995: 573) etwa hat quer zur einseitigen Rede vom Massenbetrug durch die Medien darauf hingewiesen, dass die sprachabhängigen Massenmedien – im Unterschied zu den Steuerungsmedien wie Geld – die »Wirksamkeit sozialer Kontrollen erheblich verstärken« und die »Verständigungsprozesse aufstufen, raffen und verdichten« können. Habermas wirft den Apokalyptikern trefflich vor, letztlich ahistorisch zu verfahren und den Strukturwandel der bürgerlichen Öffentlichkeit nicht hinreichend zu berücksichtigen. Auch die neue Medienwirkungsforschung entdeckt, wie oben gesehen, durchaus Möglichkeiten für einen kreativfreien Umgang des Menschen mit den Medien.

Beziehungen zwischen den Menschen noch abstrakter gemacht hat.«[19] Eine zweite Verschiebung kommt hinzu. Durch das unaufhörliche Begrapschen der Handys setzt sich der Mensch nicht mehr der Langeweile aus, in der sich für Heidegger, auf den sich Agamben zumeist zustimmend bezieht, überhaupt erst »die reine Möglichkeit«[20] erschließt. »Wer sich vom Dispositiv ›Mobiltelefon‹ gefangen nehmen lässt, wie intensiv auch immer das Verlangen, das ihn dazu getrieben hat, gewesen sein mag, erwirbt deshalb keine neue Subjektivität, sondern lediglich eine Nummer, mittels derer er gegebenenfalls kontrolliert werden kann; der Zuschauer, der seine Abende vor dem Fernseher verbringt, erhält im Tausch für seine Desubjektivierung nichts als die frustrierende Maske des *zappeur* oder die Einbeziehung in die Berechnung der Einschaltquote.«[21]

Agamben diagnostiziert in den zeitgenössischen Gesellschaften einen gigantischen Prozess der Desubjektivierung[22], der auch den Niedergang der Politik erklärt. Im Prozess der Desubjektivierung wird die Mündigkeit oder die Widerstandskraft hinterrücks entzogen. Als extrem unterreflektiert deutet Agamben deshalb auch alle Technikethiken, die sich am richtigen Gebrauch von Technik orientieren: »Vor diesem Hintergrund erscheinen die wohlmeinenden Reden über die Technik, die behaupten, daß sich das Problem der Dispositive auf die Frage ihres richtigen Gebrauchs reduzieren lasse, in ihrer ganzen Vergeblichkeit. Offensichtlich ignorieren sie, daß jedem Dispositiv ein

19 Agamben (2008: 29).

20 In der *tiefen Langeweile* kommt es nach Agamben (2003a: 75,77) zu einer »Deaktivierung der konkreten Möglichkeiten«, in der tiefen Langeweile offenbart sich »zum ersten Mal ganz allgemein das Ermöglichende, die reine Möglichkeit oder, wie sie Heidegger nennt, die ursprüngliche Ermöglichung. [...] Die tiefe Langeweile erscheint so als metaphysischer Operator, in welchem der Übergang von der Weltarmut zur Welt, von der animalischen Umwelt zur Welt des Menschen stattfindet.«

21 Agamben (2003a: 37). Vgl. dagegen Christians (2016: 29): »Kommerzielle Plattformen wie *YouTube* mit nahezu unerschöpflichen Ressourcen haben die Zerlegung aller erdenklichen Filmprodukte in Szenen unterschiedlichster Länge derart vorangetrieben, dass ein an Ganzheit orientierter Mediengebrauch *eine* Möglichkeit unter vielen ist. Alle pejorativen Mediengebrauchsdebatten, die dereinst (sic!) unter den Überschriften ›blättern‹, ›zappen‹ oder ›surfen‹ geführt worden sind und den Verlust ganzer, kontrollierbarer Lektüren beklagten, scheinen von der Realität fröhlicher Mashups, Samplings, Compilations oder Remixes eingeholt.« Hannes Grassegger (2014: 8f.) hält den Vorschlag, das Handy wegzuschmeißen, um frei zu werden, für peinlich naiv: »Schmeißen Sie ruhig Ihr Handy und Ihren Laptop weg, es gibt kein Opt-Out mehr. Denn inzwischen wird unsere Umgebung smart. Sensoren in Autos, TVs, Kühlschränken oder auch Smart Cities wie Rio de Janeiro oder Stockholm: Sie erfassen uns – wie sich kürzlich bei Samsung Fernsehern herausstellte. ›Watching us just as we watch them‹, rappte einst Wu-Tang Clan 1998. Damals war das noch Verschwörungstheorie. Seit Snowden ist auch klar: Jetzt gehören wir auch noch dem Staat. Mails, Telefonate, Bewegungsverläufe. Wir haben in den Apple gebissen. Sie wissen alles. Sowieso: Staat und Wirtschaft sind hier zum Verwechseln ähnlich: ›to collect and organize the world's information‹ – das war Googles ursprüngliches Mission-Statement. NSA und BND würden es liken.«

22 Vgl. Agamben (2003a: 39).

bestimmter Prozess der Subjektivierung (oder, wie in diesem Fall, der Desubjektivierung) entspricht, was es absolut unmöglich macht, daß das Subjekt eines Dispositivs es ›auf die richtige Weise‹ nutzen kann. Im Übrigen sind diejenigen, die solche Reden führen, ihrerseits ein Resultat des medialen Dispositivs, in dem sie gefangen sind.«[23] Offenbar ist der Verblendungszusammenhang jetzt komplett: Das Systemganze deutet Agamben sehr provokativ als geschlossenen Ort, vergleichbar der Form der ehemaligen Konzentrationslager, in dem das nackte Leben[24] überwintert. In dieser Sicht wird auch jene positive Wesensbestimmung des Menschen, die Gernot Böhme beschwört, fraglich oder zumindest heroisch anstrengend: »Der Mensch, das Wesen, das nein sagen kann.«[25] Oder: »Refuto ergo sum: Ich verweigere mich, also bin ich.«[26]

Wer den Abhörskandal der NSA und das Daten-Mining der Großkonzerne erinnert, versteht halbwegs den Zorn, der sich in dem Hass auf das Handy bei Agamben Gehör verschafft. Die Abhörwut machte bekanntlich auch vor dem Handy der Kanzlerin Merkel nicht halt. Agamben, diese schräge Mischung aus Heidegger und Foucault, grundiert seine Technikkritik deshalb so dunkel, weil er Heidegger an einer entscheidenden Stelle nicht folgt und es an der von Heidegger ausgegebenen Gelassenheit fehlen lässt. Wie jeder begabte Hysteriker kokettiert auch Agamben mit Verschwörungstheorien.

3. Technik, Kunst und die Gelassenheit

Um die Frage, warum sich Agamben nicht zur Tugend der Gelassenheit aufraffen kann, umstandlos zu beantworten: Agamben teilt Heideggers gestufte Seinsphilosophie und Kunstphilosophie nicht, die die ganze Gegenwart auf einen in sich ziellosen *Zwischenzustand* zwischen dem ersten, definitiv vergangenen Anfang und einem zweiten, nur gelassen zu erwartenden zweiten Anfang reduziert. (Und es gibt sehr gute Gründe, dieser philosophischen Seinsgeschichte gegenüber reserviert zu bleiben.) Der latente Optimismus des späten Heidegger resultiert aus einer Denkfigur, die im Durchgang durch große Gefahr einen Umschwung erwartet. Hölderlins Vers »Wo Gefahr ist, wächst / Das Rettende auch« ist für Heidegger Sinnspruch und Kalenderblatt schlechthin. Heideggers Denken ist ein Denken zwischen den Zeiten mit eschatologischem Hoffnungspotential.

23 Agamben (2003a: 37f.).

24 Agamben (2002).

25 Böhme (2088a: 95ff.). Böhme ist allerdings ganz vorsichtig, wenn er die Lebensformen des Widerstands darauf verpflichtet, sich »ihres Ursprungs aus dem Zerbrechen der großen repressiven Menschheitsideale« bewusst zu bleiben. (115)

26 Böhme (2008a: 104).

Wer die oft verrätselten Sätze Heideggers zur Technik ein Stück weit auflösen will, tut gut daran, die Fragen nach der Technik im Kontext seiner Metaphysik-Kritik zu verorten. Vereinfachend gesagt: Metaphysisch sind alle diejenigen Versuche, vor dem Hintergrund der Offenheit der Zukunft, die ängstigt, Beständigkeit zu garantieren. Dazu gehört die Theologie, die in der Vokabel Gott Beständigkeit anbietet, der Humanismus, der eine selbst zu erreichende Lebensbestimmung ausgibt, und dazu zählt auch die Technik, die das ganze Leben, den Menschen eingeschlossen, funktionalisiert und eine berechenbare Wirklichkeit ansteuert. Das *technisch Machbare*, das planbare Beständigkeit verspricht, ist für Heidegger das aktuelle Modell von Wirklichkeit.

Von einer platten Kulturkritik oder einem albernen Aufruf zu einer vortechnischen Lebensform ist nirgends die Rede, Heidegger versucht vielmehr, die gegenwärtige Verfasstheit der Welt zu begreifen, die sich »als vollendete Dynamik der Weltbeherrschung und Naturausbeutung«[27] darstellt. Mit dem Wort Ge-stell umschreibt Heidegger, was das Wesen der Technik ausmacht, nämlich »nichts Technisches, nichts Maschinenartiges. Es ist die Weise, nach der sich das Wirkliche als Bestand entbirgt. [...] Das Ge-stell ist das Versammelnde jenes Stellens, das den Menschen stellt, das Wirkliche in der Weise des Bestellens als Bestand zu entbergen. Als der so Herausgeforderte steht der Mensch im Wesensbereich des Ge-stells. Er kann gar nicht erst nachträglich eine Beziehung zu ihm aufnehmen. Darum kommt die Frage, wie wir in eine Beziehung zum Wesen der Technik gelangen sollen, in dieser Form jederzeit zu spät.«[28] Weil die Technik auf totale Präsenz zielt, verstellt die Technik also die Offenheit oder Möglichkeit oder in der Sprache Heideggers das Walten der Wahrheit. Andererseits ist mit der Technik als der totalen technischen Einrichtung der Welt auch das Ziel und Ende der Metaphysik als Präsenz- oder Beständigkeitsphilosophie eingeläutet. Dass das Rasende der Technik zum Stillstand kommt, ist nun aber nicht ein Projekt, das man sich vornehmen kann, um es willentlich auszuführen, dann müsste es für den Menschen ein Außerhalb zum Ge-stell geben, gleichwohl sucht Heidegger ein angemessenes Verhalten zur technischen Welt, das nicht durch die Technik bestimmt wird: Dieses Verhalten nennt Heidegger Gelassenheit. Eingeübt wird es im Umgang mit der Kunst. »Weil das Wesen der Technik nichts Technisches ist, darum muss die wesentliche Besinnung auf die Technik und die entscheidende Auseinandersetzung mit ihr in einem Bereich geschehen, der einerseits mit dem Wesen der Technik verwandt und andererseits von ihm doch grundverschieden ist. Ein solcher Bereich ist die Kunst.«[29]

27 Figal (1992: 173).

28 Heidegger (1954: 27f.); siehe dazu Heidegger (1962).

29 Heidegger (1962: 39).

Dieser Satz muss zunächst überraschen, er wird nur verständlich, wenn man mit Günter Figal erinnert: »Was die Technik angeht, so besteht ihre enge Verwandtschaft mit der Kunst darin, daß in ihr ebenso wie in der Kunst das Material eigens vorgestellt wird.«[30] Ist es in der Kunst der Stoff oder das Material, sofern es nicht an den Gebrauch gebunden ist (Heidegger nennt es deshalb mit einem Wort Hölderlins *Erde*), so ist es in der Technik das Material »als Rohstoffquelle und Energielieferant.« Kunst nun, die »das Material zur Erde befreit«, dient als Korrektiv zu einem vorstellenden Denken, das sich wie die Technik am »Maßstab des Machbaren und Berechenbaren« orientiert und das Material verzweckt und die Ressourcen vernutzt. »Kunst ist die Bedingung für die Erfahrung von Offenheit überhaupt im vorstellenden Denken«, Heidegger spricht bekanntlich von einem Ins-Werk-setzender Wahrheit im Kunstwerk, und damit lässt sich in der Kunst »die Offenheit selbst als Maßstab erfahren«. Der Betrachter eines Kunstwerks wird aus den alltäglichen Lebensvollzügen herausgerückt, muss das Schätzen und Bewerten aufgeben, um in dem Spielraum, der sich dort erschließt, zu verweilen. Dort macht er die Erfahrung, dass ein Kunstwerk dem Entdecken eine Grenze setzt, andernfalls wird das Kunstwerk, um eine andere Sprache zu gebrauchen, tot interpretiert. Diese »Grenze wird im Kunstwerk selbst zum Maß.« Das Kunstwerk ist »maßgebend für das Entdecken, indem es dem Entdecken eine Grenze zumißt und erfahrbar macht, wie jedes Entdecken in ein Seinlassen gehört.«[31] Aus dieser Erfahrung resultiert die Gelassenheit.

Dieses gelassene Verhalten nun nennt Heidegger die *ursprüngliche Ethik*, die jeder Ethik als Teildisziplin der Philosophie vorausliegt, genauer: es ist eine praktische Klugheit[32], die die Zwischenzeit der Gegenwart aushält, sich nicht an Beständigkeit klammert und so erst die Möglichkeit offenhält für einen zweiten Anfang. Nur so glaubt Heidegger der Gefährdung des Menschen entgehen zu können.[33] Wer Heideggers Lieblingssatz von Hölderlin ernst nimmt und in der Gefahr das Rettende sucht, darf sogar mit Søren Riis behaupten: »Die Rettung vor der Technik besteht mit anderen Worten darin, in der Technik das Werk der Kunst zu sehen.«[34]

30 Figal (1988: 401). Die folgenden Zitate beziehen sich auf diese Seite.

31 Figal (1988: 399).

32 Günter Figal (1992: 171f.) hat zeigen können, dass sowohl der frühe als auch der späte Heidegger sich an der aristotelischen *Phronesis* orientiert.

33 Dieser Zugang bietet die Chance, eine politische Erfahrung in der Kunst als widerständiger Kunst zu verorten, denn grundsätzlich ist jede ›Materie‹ oder jeder ›Stoff‹ für ein künstlerisches Sujet gleichwertig. Diese virtuelle Gleichwertigkeit bietet Erfahrungsräume für eine politische Gleichheit, ohne die Kunst sofort auf eine Politisierung festzulegen. Mit diesem Vorschlag bringe ich die Kunstphilosophie von Jacques Rancière mit der von Heidegger in ein Gespräch: Jacques Rancière (2008).

34 Riis (2011: 182).

Man muss der Seinsphilosophie Heideggers und seiner impliziten Eschatologie durchaus nicht folgen, um einige seiner Einsichten in Fragen der Technikethik zu beherzigen. Der »Maßstab des Machbaren und Berechenbaren«[35] greift zu kurz, vielmehr kann dieser Maßstab am Maßstab des Offenen, der in der Kunst erfahren wird, ein Korrektiv erhalten. Darin besteht gerade die fraglose Stärke von Heidegger, gegen das technische Denken, das in seiner Sprache nur Ausdruck von Metaphysik ist, die *Möglichkeit eines nicht-technisches Denkens* zu horizontalisieren. Damit wird auch die Macht, die in der modernen Technik verborgen liegt und die das Verhalten des Menschen prägt, ein Stück weit eingehegt.[36]

Es greift also nach Heidegger zu kurz, wenn man die Technik nur instrumental, also im Sinne einer Zweck-Mittel-Relation versteht.[37] Karl Jaspers äußerste sich noch in diese Richtung: »Man kann den Einbruch der modernen Technik und ihrer Folgen für schlechthin alle Lebensbereiche gar nicht überschätzen.«[38] Jaspers sieht drei Möglichkeiten, sich zur Technik zu verhalten: positiv, negativ, neutral. Technik wird hier verstanden als Mittel für einen Zweck, sie selbst ist indifferent, entscheidend ist, wie man sie einsetzt. Heidegger scheint Jaspers zunächst zuzustimmen, wenn er in seinem Technik-Aufsatz sagt: »Es bleibt richtig: auch die moderne Technik ist ein Mittel zu Zwecken. Darum bestimmt die instrumentale Vorstellung von der Technik jede Bemühung, den Menschen in den rechten Bezug zur Technik zu bringen. Alles liegt daran, die Technik als Mittel in der gemäßen Weise zu handhaben. Man will, wie es heißt, die Technik ›geistig in die Hand bekommen‹. Man will sie meistern. Das Meistern-wollen wird umso dringlicher, je mehr die Technik der Herrschaft des Menschen zu entgleiten droht.«[39]

35 Figal (1988: 401).

36 Nach der Veröffentlichung von Heideggers *Schwarzen Heften* ist auch die Technikkritik in ein diffuses Licht gerückt worden, weil Heidegger in seiner seinsgeschichtlichen Deutung das Judentum für die Rechenhaftigkeit des technischen Zeitalters verantwortlich macht. In einem Interview mit Stallknecht (2014: 131, 132) hat der Herausgeber der *Schwarzen Hefte*, Peter Trawny, behauptet, dass von Heideggers Philosophie der Technik die Fragestellung gültig bleibt, »inwiefern der Mensch in einer Welt, die universal von Technik, Kapital und Medien bestimmt wird, überhaupt noch frei sein kann.« Für Heidegger sei entscheidend, »dass es eine Wahrheit gibt, die sich nicht einfach in die bestehenden Verhältnisse integriert.«

37 Dazu vgl. Seubold (1985: 51-68). Becker (2008: 48) legt »stärkeres Gewicht auf die menschlichen Handlungsmöglichkeiten bei der Steuerung und Gestaltung von Technik«. Für Heidegger ist das ein abgeleiteter Freiheitsbegriff, den zu bestreiten man gute Argumente haben muss, denn nach Heidegger erschließen sich Handlungszusammenhänge erst im Umgang mit der Kunst. Wende (2001) übersieht diese Pointe bei Heidegger.

38 Jaspers (1955: 131).

39 Heidegger (1954: 10f.).

Wie gesehen, geht Heidegger über diesen Ansatz pointiert hinaus: Die Technik ist nicht indifferent, sondern eine *Macht*, die auch den Menschen extrem herausfordert. Als Lösung winkt nur der Umweg über die Kunst, die dem instrumentellen Denken widersteht. Wer sich der Frage nach der Technik nur immanent nähert, lenkt von der entscheidenden Frage ab, verausgabt sich in einem Ressentiment gegen die Technik und verkommt zum hilflosen Handy-Hasser. An die Adresse von Agamben gesagt: »Dass Menschen durch Technik ›versklavt‹ werden, ist oberflächlich gedacht. Denn warum lassen sie sich denn versklaven, es ist ja ein bestimmtes Denken. Denken heißt immer: dem Zuspruch des Seins, dem Geheiß des Seins entsprechen.«[40]

Nicht unproblematisch ist Heideggers Rede von einer in der Technik sich äußernden *Macht*, die bestimmt, wie der Mensch sich zu dem verhält, was ist, nämlich als Verfügbarmachen des Seienden. Angreifbar erscheint mir der Gedanke, dass die *unpersönliche Macht* des Seins, vulgo: das Schicksal oder das Geheiß des Seins über die Weisen der Welteröffnung entscheidet. Heidegger hat einen extrem positiv getönten Seinsbegriff. Dieser Optimismus ist nicht unwidersprochen geblieben. Der Philosoph Emmanuel Levinas, ein Schüler von Husserl und Heidegger gleichermaßen, hat, wie gesehen, sogar im nackten Dass, in der Faktizität des eigenen Seins die Scham und den Ekel verortet, eine Negativerfahrung, die zur Flucht vor dem Sein animiert, wenn das Sein – wie im Faschismus geschehen – als unpersönliche Macht und zugleich als nackte Gewalt erfahren wird.[41] Levinas hatte gegen die Unpersönlichkeit der Seinsentbergung als Grundsituation die Erschließung von Welt im Angesicht des Anderen ausgemacht – Technik kann dann im Dienst des Anderen stehen. Bei Heidegger tönt in der Tat eine unpersönliche Seinspropaganda, die das Rettende im Kunstwerk aufsucht. Von dort her speist sich Heideggers Immunsicherheit gegen die radikalen Apokalyptiker.

Die Rede von (intentional gesteuerten) Dispositiven, die Agamben favorisiert, versucht, gegen die Rede von einem unpersönlichen Seinsgeschick zumindest die Möglichkeit einer Korrekur anzudeuten. Agamben ist in dieser Frage eindeutig der Vorzug zu geben: Die Macht wird auch von Agenten verkörpert. Allerdings schwingt bei Agamben immer tiefe Melancholie mit, wenn er die Prozessse der Desubjektivierung für nahezu unrevozierbar hält.

Ein prekärer theologischer Übernahmeversuch der Technikphilosophie Heideggers divinisierte prompt die unpersönliche Macht, mit der Konsequenz,

40 Heidegger (1997: 31).

41 Für Levinas bietet das Sein durchaus keinen Anlass zum positiven Staunen, sondern ist Gefängnis, Knechtschaft, Ausgeliefertsein, Blut und Boden, schreckliche Faktizität. Nochmals: Für Levinas lautet die Lösung: Fruchtbarkeit. Im Kind und der Generationenfolge entkommt man der nackten Macht des Seins.

die Technik nicht als Schicksal, sondern als Zorn Gottes zu deuten. Die Vorstellung, Gott habe die Technik als Strafe geschickt, entbehrt allerdings nicht ganz der Komik[42] – vor allem dann, wenn technischen Neuerungen chinesische Betriebsanleitungen beigepackt sind. Zwar bearbeitet dieses Übernahmemodell eine Schwachstelle von Heideggers Philosophie, die unpersönliche Macht des Seins, theologisch wird aber vorschnell aus der Technik eine riesige Raffinerie von Gottes Zorn. So viel Ressentiment einem Gott zu unterstellen erzeugt allerdings heftige Fremdscham.

Neuere Ansätze sind im Umgang mit der Technik um Hysterieprophylaxe bemüht. Konrad Ott nimmt die Idee der Diskursethik von Habermas auf[43], Günter Ropohl entwirft eine Systemtheorie der Technik[44] und Nikolaus Knoepffler, auch hier spuken Jaspers und Habermas im Hintergrund, entwickelt eine »prozedurale Technikethik. In Aushandlungsprozessen werden vor dem Hintergrund geltender ethischer Prinzipien auf demokratisch legitimiertem Weg vernünftige Entscheidungen getroffen, die lebensdienlich sind.«[45] Diese neueren Ansätze bewegen sich in der Argumentationslinie von Jaspers, eine Vermittlung mit Heidegger scheint mir möglich, sofern man eine Idee aus seinem System herausbricht: *Die Erfahrung der Kunst sensibilisiert für das Seinlassen* und eignet sich damit als Maßstab für die Lebensdienlichkeit. Anders gewendet: Das Ins-Werk-setzen der Technik muss Spielräume offenhalten und das prometheische Gefälle Ernst nehmen.[46] Kehraus mit Heidegger?

Welche Konsequenzen aber hat das wissenschaftlich-technische Weltbild für die Religion? Antwort: Gott fällt aus der Natur heraus, und die damit entfesselte Religionskritik ist auch nicht länger durch eine spekulative Theorie des Absoluten ihrerseits neu zu binden. Mit dieser Beschämung muss die Theologie künftig leben: Über den objektiven Grund der Religion lässt sich nichts Definitives sagen. Das ist das ernüchterne Ergebnis des wissenschaftlich-technischen Weltbildes. Ist damit aber das letzte Wort gesagt?

42 Trowitzsch (1988: 83-195). Einerseits nimmt Trowitzsch das Seinsgeschehen Heideggers positiv auf, liest dann aber die Technokratie als Ausdruck des Zorns Gottes.

43 Ott (2005: 568-647).

44 Ropohl (2009); Ropohl (1991); Ropohl (1996); Ropohl (1979).

45 Knoepffler (2010: 172); Mathwig (2000); Ropohl (1982). Umfassend informiert das Handbuch von Grunwald (2013: 126): Heidegger wird unter dem Stichwort eines »nicht-biologistischen Technik-Determinismus« verhandelt.

46 Allerdings gilt weiterhin der Einspruch von Figal (1992: 177f.): Heideggers Erörterungen »lassen deutlich werden, daß von einer Philosophie des gegenwärtigen Zeitalters mehr erwartet werden muß als die Besetzung von Ethik- oder Technikfolgeabschätzungskommissionen, die letztlich auf die Technik nur reagieren und derart im technischen Denken befangen bleiben.« Vgl. Gräb-Schmidt (2001: 165-173).

4. Der Entzauberungskünstler und die Religion

Der Soziologe Günter Dux, ein Schüler von Thomas Luckmann, liest die Seinsgeschichte als eine Logik der Weltbilder[47], die auf die finale, von Dux beklatschte Entzauberung zusteuert. Dux erkennt in dieser Logik keine übermäßigen Risikoprofile für die Zukunft, weil die Dinge grundsätzlich als beherrschbar gelten, sofern sie der eigenen wissenschaftlich-technischen Meisterschaft entspringen. Weil Dux die Logik der Weltbilder zugleich als radikalgenetische Religionskritik präsentiert, ist dieser Diskurs ein großer Beschämungsdiskurs für die Theologie, die, zumindest in Teilen, im zwanzigsten Jahrhundert ihr Geschäft als Kritik der Religionskritik verstanden hat. Für die protestantische Theologie und Ethik stellt dieses Buch einen Korridor dar, den alle – zumindest die Begründungsartisten – durchschritten haben müssen.

Für jede Epoche gilt es nach Dux herauszufinden, welche Sinnstrukturen der Mensch glaubt aus der Welt seiner Zeit herauszuziehen. Hoch präzise folgt Dux der Entwicklung jener immanenten Erfahrungsverarbeitung, die der Mensch mit der Geschichte macht. Im Übergang zur Neuzeit entdeckt Dux einen radikalen Bruch mit der Vergangenheit, der für das menschliche Selbstverständnis epochale Konsequenzen besitzt und für die Theologie hartnäckige Probleme aufruft.

Sowohl der phylogenetischen Geschichte der Menschheit als auch der Ontogenese des Menschen glaubt Dux ablesen zu können, dass die menschliche Wirklichkeitsauffassung zunächst *subjektivisch* strukturiert ist.[48] Substantiell kommt für Dux der Religion die Aufgabe zu, diese subjektivische Grundstruktur zu thematisieren: »Religion muss dem Menschen die Welt als Ganzes verständlich machen. Daran hängt das Selbstverständnis des Menschen, die Sinnhaftigkeit seiner eigenen Lebensführung. […] Die Religion ist gebunden an die für den Menschen schlechterdings existentielle Aufgabe, die Grundstruktur der Wirklichkeit zu thematisieren und auf ihre Konsequenzen für das menschliche Dasein hin abzufragen. Deshalb auch gibt es keine Religion, die nicht zugleich eine Kosmologie ausgebildet hätte. In ihr hat der Mensch mit dem Verständnis der Wirklichkeit insgesamt zugleich sich selbst verständlich gemacht.« (149, 151)

Nochmals: Der Anspruch von Dux ist nicht gering, glaubt er doch, den Grund von Religion rekonstruieren und erklären zu können: »Nur Menschen

47 Dux (1990). Die folgenden Zitate entstammen dieser Ausgabe.

48 »Subjektivische Erklärungen sind genetische Erklärungen. Wenn man fragt, warum etwas ist, wie es ist, muss in letzter Instanz ein Ereignis namhaft gemacht werden, das im Schema der Handlung gedacht ist und also seinerseits Anfang und Ursprung in seiner Subjektivität findet.« Dux (1990: 122).

kennen eine Religion. Über diese Feststellung jedenfalls besteht Einigkeit, und zwar nicht nur unter den religiösen Praktikanten. [...] Wenn nur Menschen Religion kennen, dann muss Religion mit dem Menschen entstanden sein.« (147) Religion wird für Dux »aus der Ankoppelung an den anthropologischen Organisationsplan verständlich« (154). Im Konstitutionsprozess der Lebenswelt bildet sich eine »interpretative Grundstruktur« aus, die nach Dux als »Determinante jeder Religion« (155) auszumachen ist. Die Aufgabe der Religion besteht darin, aufbrechende Krisen in Handlungsroutinen zu verarbeiten, denn Religion ist immer »an die Situation von Unsicherheit gebunden. Leben unter Unsicherheit ist ein anthropologischer Grundsachverhalt, der aus drei Quellen gespeist wird: 1. dass der Mensch in einer Welt lebt, deren Kenntnis er sich selbst erarbeiten muss, die er folglich immer nur in den Grenzen seiner Konstrukte erfassen und die er nicht grenzenlos beherrschen kann; 2. dem Umstand, dass er in sozialen Beziehungen lebt, die den Zwangscharakter des Natürlichen hinter sich gelassen haben; 3. dem Umstand, dass er auf sich selbst zurückfragt. Unsicherheit muss verarbeitet werden.« (158) Anders gesagt: Religion schafft es, Menschen krisenfest zu machen. Allerdings: »Wenn es die Aufgabe der Religion ist, dem Menschen die Sinnkriterien seiner Lebensführung zuzusprechen, so doch nur unter dieser spezifischen Prämisse: Sie entnimmt sie einer selbst sinnhaft interpretierten Wirklichkeit [...]. Erst die Verbindung von subjektivischer Logik und Sinnverwaltung schafft Religion.« (176, 177) Das ist die Pointe der radikal-genetischen Religionskritik.[49]

Dux konstatiert in der Moderne eine Überwindung oder vielleicht besser: *Ablösung der subjektivischen Logik durch eine funktional-relationale Wirklichkeitskonstruktion*, in der die Dinge selbst nichts mehr bedeuten, sondern ihre Bedeutung, wie ein Interpret treffend schreibt, »aus den wissenschaftlich exakt bestimmbaren funktionalen Relationen zueinander und aus ihrer praktischen Beherrschbarkeit erhalten. Es ist leicht erkennbar, dass Dux damit Max Webers Auffassung vom Entzauberungsprozess der Welt und der Rolle der modernen Wissenschaft aufzugreifen und weiterzuführen versucht. Dux gibt damit im Anschluss an Weber der Säkularisationstheorie eine spezifische Ausformung: Wenn die Dinge in der modernen Wirklichkeitsauffassung nur noch ›sind‹ und nicht mehr bedeuten, verliert die Religion den Anhaltspunkt für ihre subjektivische Sinninterpretation der Welt als Ganzer und des Menschen in ihr.«[50]

49 Hellsichtig schreibt Murrmann-Kahl (2005: 55f.): »›Radikal-genetisch‹ ist (diese Theorie, K.H.) insofern, als sie die Religion aus selbst nicht religiösen Wurzeln und empirischen Faktoren zu erklären unternimmt und ihre Entstehung(sgeschichte) aufdeckt. Damit wird die Religion von einer sinnvollen und notwendig zum Menschen gehörenden ›eigenen Provinz im Gemüte‹ zum Index der Entfremdung des Menschen, und rückt unter Projektionsverdacht.«

50 Gabriel/Reuter (2010: 34).

Damit hat sich aber für die Situation in der Neuzeit die Rolle der Religion dramatisch verschoben: »Es ist unschwer zu erraten, was geschehen ist, seit das subjektivische Schema aus der Naturerkenntnis eliminiert und seine Genese aufgedeckt worden ist: Wenn weiter noch von Gott und Göttern geredet wird, so ist mindestens dies zu verzeichnen: Für diese Vorstellung ist der einst selbstverständliche Anhalt verloren gegangen. Mindestens dies muss jeder religiöse Praktikant akzeptieren, wenn er sich nicht überhaupt weigert zu denken.« (305) Oder kursiv gedruckt: »*Über die ganze Geschichte hin haben Götter und Gott ihren Anhalt an der Auffassung der Wirklichkeit gefunden. Heute ist jeder, aber auch jeder rationale Anhalt abhanden gekommen. Der Verdacht, dass jeder Gottesgedanke nur die Hypostase der Subjektivität des Menschen ist, ist nicht zu entkräften.*« (306) Dux ist allenfalls noch bereit, der Religion für die Sozialwelt Bedeutung zuzugestehen: »Die Sozialwelt ist auf Verständigung angewiesen, jenseits ihrer regiert Gewalt. Mir will es deshalb scheinen, sich in Wissbarem bescheiden zu wollen, sei in der Gegenwart zur Bedingung dafür geworden, Humanität Geltung zu verschaffen. Gleichviel, in einer historisch reflektierten Begrifflichkeit scheint es mir richtig, für diesen Überstieg den Begriff der Religion zu reservieren, schlicht deshalb, weil sich in ihm ein seit Urzeiten gültiges interpretatives Paradigma durchhält. Es gibt kein anderes. In der Entschlossenheit, diesen Überstieg zu wagen, hält Religion sich auch gegenwärtig durch.« (308) Im Sozialen »ist die subjektivische Deutung selbstredend noch in Kraft«. (305)

Innerhalb der soziologischen Wissenschaftspolis ist der Ansatz nicht unwidersprochen geblieben, weil man die ausgemachte »Rückkehr der Religion« glaubte gegen Dux ins Feld führen zu können, ich denke zu Unrecht, denn Dux verabschiedet nicht, wie gezeigt, die Religion.[51] Vor allem der Soziologe Martin Riesebrodt traut zudem dem magistralen Gestus der Entzauberung nicht. Einerseits stimmt er der Analyse von Dux zu, wenn er Säkularisierung deutet als »Konsequenz zunehmender menschlicher Kontrolle und ›Weltbeherrschung‹. Die massive Ausweitung naturwissenschaftlicher Erkenntnisse und ihrer praktischen Anwendung, vor allem in der Medizin, hat die menschliche Kontrolle über Sphären großer Bedrohung und hoher Risiken ausgeweitet. Die Ersetzung monarchischer und aristokratischer Herrschaftssysteme durch demokratische hat die Politik weitgehend profaniert im Sinne einer ›Demokratisierung des Charisma‹. Die Ausweitung bürokratischer Apparate und Verfahrensweisen hat gleichermaßen ›entcharismatisierende‹ und depersonalisierende Wirkung. Und die Expansion des Wohlfahrtsstaates hat größere Existenzrisiken neutralisiert. Solche und andere Prozesse haben objektiv die

51 Vgl. Casanova (1994: 21-41); Barker (1989).

Relevanz von Religion eingeschränkt und diese zu einem gewissen Grade auf den Privatbereich konzentriert.« Andererseits widerspricht Riesebrodt sehr nachdrücklich Dux: »Jedoch haben sich, teils gleichzeitig, teils mit einer gewissen zeitlichen Verzögerung, neue Dimensionen der Ungewissheit und Machtlosigkeit aufgetan. Wissenschaft und Technik haben nicht nur unsere Kontrolle über die Natur erweitert, haben durch Eingriffe in die Natur auch neue Risiken, wie Klimaveränderungen oder Verseuchung von Luft und Wasser, geschaffen. Viele neue Verfahren, wie Atomtechnik und Gentechnologien, haben zumindest ambivalenten Charakter und schüren bei vielen Existenz- und Zukunftsängste. [...] Solange der westliche Modernismus überzeugend den Glauben an seine unablässig wachsende Fähigkeit der Kontrolle der Natur, des menschlichen Körpers und sozialen Ordnungen verbreiten konnte, war die Religion auf dem Rückzug. Jedoch sind mit dem zumindest partiellen Zusammenbruch dieses Glaubens religiöse Formen der Prävention und Bewältigung von Krisen wieder verstärkt in Erscheinung getreten. Aus dieser Sicht stellen Säkularisierung und Revitalisierung von Religion keinen Widerspruch dar, sondern repräsentieren zwei Seiten desselben Transformationsprozesses.«[52] Wenn Riesebrodt ergänzt: »Als Ressource für die Prävention und Bewältigung von Krisen dient Religion somit gleichermaßen individuellen wie kollektiven existenziellen Bedürfnissen«[53], dann bestätigt er freilich nur die funktionale Bestimmung der Religion, die Dux für angemessen hält.

In seiner Gigantomachie mit Dux hat der Theologe Falk Wagner den lange von ihm favorisierten spekulativ ausgerichteten Begründungszusammenhang von Religion im Rahmen einer Theorie des Absoluten deshalb mit erstaunlicher Ehrlichkeit und Konsequenz aufgegeben: Ob der Grund der Religion triftig ist, bleibt letztlich unbeantwortbar.[54] Wagner gibt sich, beschämt durch die Stringenz der Argumentation von Dux, geschlagen, verschiebt aber nicht die Scham in Schuld, sondern korrigiert sehr grundsätzlich seinen Ansatz: Auch Wagner plädiert im Religionsverständnis für eine »Umstellung von der Sachdimension der Welt und des Sinnes auf die Sozialdimension. Es kommt somit nicht länger darauf an, Religion in Abhängigkeit der Lehrgehalte der professionellen Theologie zu beschreiben. Religion stellt vielmehr eine eigenständige

52 Riesebrodt (2010: 355-376, hier: 368-369).

53 Riesebrodt (2010: 367).

54 Seltsam gleichgültig hat die protestantische Theologie auf die radikale Kehre, die Falk Wagner vollzogen hat, reagiert. Wagner gibt die Möglichkeiten einer Theologie des Absoluten verloren, die doch angetreten war, der radikal-genetischen Religionskritik von Dux die Stirn zu bieten. Nach eigener Einschätzung ist dieser Versuch, wie er mit einer sehr tiefen Verbeugung vor Dux eingesteht, gescheitert. Dokumentiert wird die Auseinandersetzung in zwei Aufsätzen: Wagner (1991a: 199-203); Wagner (1996: 17-123, 285-293).

›Angelegenheit‹ der individuellen Lebensführung dar. [...] Daher gehe ich davon aus, dass Religion unter modernen Bedingungen auf die Thematisierung des individuellen Schnittpunktes von Personalität und Sozialität abhebe. [...] Es kommt darauf an, die individuellen Freiheitsmöglichkeiten der Individuen zu stärken. [...] Individuen (sind, K.H.) immer schon durch ihre Abhängigkeit von den sozialen Institutionen bestimmt. Hier kann die Religion ein Gegengewicht schaffen, damit die wirtschaftlich dominierten Sozialsysteme so reformiert werden können, dass sie von vornherein für die Freiheitsinteressen der Individuen aufgeschlossen sind. Freiheit ist eine soziale Kategorie.«[55]

Der späte Falk Wagner rehabilitiert – für seine geduldigen Leser überraschend – lange von ihm verfemte Autoren wie Schleiermacher und die Autoren des Neuprotestantismus (und es ist nicht mehr der Hegel der Logik, sondern der der Phänomenologie des Geistes, dem seine Zuneigung gilt): »Denn die Rede von Gott ist nur in der Form des Gottesglaubens, der Gottesvorstellung möglich. Es handelt sich dabei um eine sehr radikale Einsicht, der wir uns stellen müssen: Zunächst haben wir es bei ›Gott‹ ja nur mit einem Wort der Sprache zu tun, und die Theologie kann eigentlich gar nicht sagen, worauf sich dieser sprachliche Ausdruck ›Gott‹ nun beziehe. Was ist die Referenz dieses Ausdrucks? Da müssen wir sagen: Es sind die bewusstseinsimmanenten Vorstellungs- und Erlebniswelten der Individuen, die sich aber dem Außeneindruck entziehen. Das bleibt sozusagen in der Privatsphäre, in den ›black boxes‹ der Individuen uns verborgen und entzogen. Wir können darüber zwar in sprachlicher Kommunikation etwas mitteilen, müssen dann allerdings sagen, dass wir diesen sprachlichen Ausdruck ›Gott‹ mittels anderer sprachlicher Ausdrücke metaphorischer, bildhafter, symbolischer Art wiederum beschreiben, ohne aber auf einen real existierenden Referenten transzendenter oder immanenter Art verweisen zu können.« (296) Eine religiöse Kosmisierung, ein in sich geschlossenes religiöses Weltbild, ist künftig allenfalls nur noch im Status des ›als ob‹ zu haben.[56] Aber auch wenn die radikal-genetische Religionskritik von Dux begründungslogische Versuche als nicht evident erklärt, auch wenn die funktionale Erklärung von Religion die transzendentale Begründungsanstrengung als vergeblich denunziert, wirkt die Entzauberungssemantik doch beschwichtigend, weil Dux die Risikoprofile, die durch die technische Beherrschung der Natur auftreten, kleinredet.

55 Wagner (1998: 292).

56 Gerhardt (2014) unternimmt einen neuerlichen Versuch. Im Rekurs auf Platons Rede vom Demiurgen schärft Gerhardt (2014: 86) ein: »Seine Tätigkeit besteht in einer Art technischer Übersetzung von Ideen in Dinge. Diese theologische Auszeichnung der Technik ist singulär in der Geistesgeschichte Europas; sie allein zeigt an, dass Platon selbst noch der Moderne voraus ist. Denn die modernen Denker haben bis heute keinen Begriff davon, wie tief die Technik bereits in die Natur und nicht erst in die Kultur eingelassen ist.«

Begreift Heidegger das technische Weltbild als vom Willen nach Beständigkeit angetrieben, die die Offenheit von Zukunft verstellt, dann analysiert Dux diese Beständigkeit im Gegenzug sehr sachlich und hysteriefrei. Funktionalisierung wird beschreibbar als positive Stabilisierung und Entängstigung. Verzicht leistet Dux auf Ausgriffe in Diskurse, die die Funktionalität des wissenschaftlich-technischen Weltbildes hinterfragen, wie etwa die Kunst, in der Dinge eben nicht in der relationalen Logik aufgehen, sondern in ihrer Eigentümlichkeit – und das meint auch immer Verzauberung – erfahrbar werden. Ist aber diese Verzauberungserfahrung, diese Ordnungsverstörung, nicht immer auch Bedingung für Freiheit und Kreativität?

Gewiss: Ein funktionaler Diskurs ist in seiner relationalen Vernetzung selbstimmunisierend, weil er auch noch durch Kunst vermittelte Erfahrungen von Eigentümlichkeit funktional eingemeinden kann. Der funktionale Diskurs ist, was Roland Barthes der verallgemeinernden Sprache sehr grundsätzlich vorhält, letztlich »faschistisch«, deshalb könne es, so Barthes, »Freiheit nur außerhalb der Rede geben«.[57] Im Funktionalen droht auch Gott sehr unaufgeregt zu enden, wie Juli Zeh in ihrer Roman-Dystopie ›Corpus delicti‹ so herrlich nüchtern konstatiert: »Alles, was seinen Zweck hat, erfüllt ihn eines Tages und ist damit verbraucht. Selbst Gott besaß den Zweck, die Menschen zu trösten, und siehe da: Mit seiner Ewigkeit war es nicht allzu weit her.«[58]

Ist also das wissenschaftlich-technische Weltbild eine Beschämungsstrategie für religiöse Menschen? Ja, wenn sie noch glauben, Gott metaphysisch verankern zu können. Der Stachel der Religionskritik, so das bleibende Ergebnis, lässt sich auch künftig nicht ziehen. Bezahlt freilich wird die Stärke des wissenschaftlich-technischen Weltbildes mit der Anästhetisierung oder Entzauberung der Welt. Die rationale und instrumentelle Kraft der Vernunft, die Wut, sich alles anzuähnlichen, der Ehrgeiz, den Einflüsterungen von allem, was das Prädikat ›unverfügbar‹ besitzt, zu widerstehen, können ins Ziel kommen. Die stolze Rede von einer Logik der Weltbilder zeigt die Geschichte der Entzauberung. Gunter Dux ist ein Falke dieses Diskurses. Falk Wagner hat resigniert zugestimmt und sich ins Verstummen der Welt geschickt. Eine traurige Gestalt. Was Wagner fehlt, ist die somatische und ästhetische Sensibilität für das, was einen Anspruch auf Unverfügbarkeit hat. Glaube ist in der Spätmoderne allenfalls eine Option, wie Joas richtig sieht[59], eine Option, die zudem Sensibilität verlangt. Als Ausweg auf den Beschämungsdiskurs instrumenteller

57 Barthes (1980: 19, 21).

58 Zeh (2010: 26). Murrmann-Kahl (2005: 72) moniert: Die Feier »des formal-rationalen Vermögens [...] gibt keinen Aufschluss, wozu das Ganze dient oder dienen soll«.

59 Joas (2012).

Vernunft – deren Verdienste nicht kleingeredet werden sollen – bleibt der Rekurs auf *religiöse Erfahrung als Antworterfahrungen*. Theologie sollte sich nicht schämen, den Gegendiskurs der Verzauberung, den Gegendiskurs der Differenztheoretiker anzustimmen. Nochmals Hartmut Rosa: »Dass Philosophie und Sozialtheorie der Spätmoderne seit Lyotard und Derrida, seit Foucault und Deleuze, seit Rorty und Levinas so sehr, so anhaltend und stark auf *Differenz* setzen, und auf die irreduzible Andersheit des Fremden pochen, während sie aller Identitäts-, Authentizitäts- und Integrationstheorie skeptisch oder rundheraus ablehnend gegenüberstehen, lässt sich dabei als eine Reaktion auf die übermächtige Tendenz moderner Gesellschaften zur nostrifizierenden *Aneignung* verstehen, welche versucht, sich das jeweils Fremde oder Andere ›einzuverleiben‹, statt zu ihm in eine Antwortbeziehung zu treten, welche die eigene Stimme dieses Anderen und damit dessen Unverfügbarkeit konstitutiv anerkennt.«[60]

5. Theologische Technikethiken in der Kritik

Wer idealtypische theologische Positionen im Umgang mit der Technik (nicht nur mit dem wissenschaftlich-technischen Weltbild) inventarisiert, kann darauf wetten, dabei auf die üblichen Benchmarks der theologischen Kultur- und Technikkritik zu stoßen: die Technik als Abgott oder, eine theologische Lieblingsvokabel, als Sünde und Ausdruck für die Verkehrung der menschlichen Freiheit. Anders gewendet: Die Technikethik dient als ideales Zwischenlager für theologisches Gift. Erstaunlich vielgestaltig ist das theologische Besteck, Technik theologisch zu sezieren (und operativ zu retten): Schöpfungstheologie, Schöpfungsordnungen, Zwei-Reiche-Lehre, Zorn Gottes, *concursus divinus*, Weisheitstheologie. Einige Bestecke sind leider gefährlich zweischneidig, andere stumpf.

Die Tübinger Theologin Elisabeth Gräb-Schmidt geht nicht auf Zehenspitzen, wenn sie der Technik rechtfertigungstheologisch zu Leibe rückt. »Freiheit aus christlicher Sicht ist gerade dadurch Freiheit, dass sie um ihre mögliche Verkehrung weiß und als solche die Tendenz hat, sich als autonome Freiheit misszuverstehen. Diese Gefahr scheint sich besonders nahe zu legen, wenn die wissenschaftlich-technische Gestaltungsmacht des Menschen angesprochen ist. Hier scheint die Verkehrung menschlicher Freiheit, die nach christlichem Verständnis ihres Geschenkcharakters bewusst sein und bleiben muss, auf die Spitze getrieben. Der Mensch als technischer Konstrukteur einer Gegennatur scheint sich als solcher neben den Schöpfer zu stellen. Er versteht sich nicht

60 Rosa (2016: 326).

mehr als von diesem angesprochen, ins Leben gerufen, um alles aus seiner Hand zu empfangen, sondern er begreift die Welt als sein Material, das er nach Belieben seinen Entwürfen entsprechend formen und gestalten kann. Damit wäre die Technik der Kulminationspunkt missverstandener Freiheit in christlichem Sinne.«[61] Es gilt als ausgemacht: Technik ist eine zweite Schöpfung, der Mensch Schöpfer einer Gegennatur, die der Hybris des Menschen erwächst und also als Sünde zu denunzieren ist, weil sie das Schöpfungshandeln Gottes substituiert.

Gräb-Schmidt muss jetzt semantisch nachfeuern: »Es kennzeichnet nun den Zustand der Sünde, diese bornierte Eigendynamik des wissenschaftlich-technischen Fortschritts als ultima ratio zu begreifen. Dies ist auch dann der Fall, wo in rationaler Selbsthinterfragung vermeintlich Letztbegründungsansprüche formuliert werden. Die Sünde muss auch erkenntnis- und wissenschaftstheoretisch ernst genommen werden. Eine Technikethik, die sich nicht des Verdachts der Neglegierung des Gewichts der Sünde [...] aussetzen möchte, muss geltend machen können, dass allen Autonomiebestrebungen seitens der Technik und des Wissens und nota bene wissenschafts- und erkenntnistheoretischen Fragestellungen Einhalt geboten ist durch die Berücksichtigung des Geschenks der Freiheit. Nur auf der Grundlage der Theonomisierung der Freiheit kann technische Freiheit und ebenso ethische Freiheit ihrer eigentlichen Bestimmung, Macht und Verantwortung als Gottes Zuspruch und Anspruch zu begreifen, nachkommen.«[62]

Die thymotischen Hitzegrade sind beachtlich, denn von Dux herkommend, den Gräb-Schmidt nicht im Blick hat, ist das wissenschaftlich-technische Weltbild Endpunkt einer Entzauberungsgeschichte, keine Hybris, denn um Hybris zu sein, müsste explizit Gott geleugnet werden, was nicht der Fall ist: Als Wort der Sprache hat er weiterhin Bedeutung. Im Gegensatz zu Gräb-Schmidt konnte Heidegger, wie gesehen, gar nicht in die Sünden-Falle tappen, weil er das Sein selbst zum Entberger von Wirklichkeitsmodellen erkor und den Menschen deshalb von Schuld oder Sünde freisprach – das ist, trotz aller Schwächen, kein kleines Verdienst. Agamben vermutete hinter den Dispositiven der Technik ein ökonomisches Kalkül, das die Technik selbst instrumentalisiert; aber auch Agamben war überhitzt, wenn er zu Hasstiraden auf das Handy ausholte und den Prozess der Desubjektivierung als (scheinbar) irreversibel ausgab.

Um der Substitutionslogik: Mensch als zweiter Schöpfer zu entgehen, empfiehlt es sich, zunächst einen weiten Begriff von Technik einzuführen, wie

61 Gräb-Schmidt (2002: 327).

62 Gräb-Schmidt (2002: 328). Unter dem Begriff Sünde haben vor Gräb-Schmidt vor allem Hanns Lilje und Helmut Thielicke die Technik verrechnet: Lilje (1960); Thielicke (1964a). Eine knappe Zusammenfassung der Technikethik Walther Ch. Zimmerlis findet sich in Zimmerli (1998: 13-29).

Eilert Herms vorgeschlagen hat. In der konzisen Sprache eines Lexikonartikels formuliert er: Technik ist ein »Aspekt aller institutionalisierten menschlichen Interaktion: nämlich die in ihnen wirklich oder möglicherweise enthaltenen Mittel, die Gesamtleistung der jeweiligen Interaktion [...] zielsicher (effektiv) und kostengünstig (effizient) zu erreichen. [...] Die Omnipräsenz von T.[echnik] schließt aus, T.[echnik] aus dem menschlichen Zusammenleben wegzudenken; sie schließt aus, T.[echnik] als eigenes soziales Leistungssystem zu behandeln; sie schließt ein, dass alle menschliche Sozial- und Kulturgesch[ichte] zugleich auch Technikgesch[ichte] ist.«[63] Eilert Herms entdeckt scharfsinnig im Fortgang einen engen Zusammenhang zwischen Ökonomie und Technik – hier trifft er sich über der Bande mit Agamben. Die »Stimulierung der technologischen Entwicklung ist von wirtschaftlichen Verwertungsinteressen ausgegangen. Folglich wird auch die tatsächliche Verwertung ihrer Ergebnisse allein von wirtschaftlichen Interessen gesteuert. Maßgeblich ist die Aussicht, durch ihren Einsatz an Märkten Gewinne zu erzielen.« Diese »Dominanzverlagerung zum Bereich Wirtschaft« unter »programmatischer Zerstörung der Institution öffentl. Kommunikation von inhaltlich bestimmter und damit selektions- und steuerkräftiger zielwahlorientierter Gewissheiten« führe zur aktuellen Malaise.[64]

Wie bei Agamben ist auch bei Herms die Ökonomie der Antreiber für den »Aufschwung einer Grundeinstellung gegenüber dem Dasein einzig aus der Perspektive seiner Manipulierbarkeit und Verwertbarkeit.« Aus theologischer Sicht gilt: »Negativ zu bewerten ist nicht die T.[echnik]. Die bleibt ein Wesenszug menschlichen Lebens. Negativ zu bewerten ist eine sozialgesch. Entwicklung, die T.[echnik] zum Selbstzweck hat avancieren lassen, zum Gott, an dem das Herz hängt (Luther). Dabei gilt: Negative sozialgesch. Entwicklungen sind nicht zu dämonisieren, sondern zu analysieren.«[65]

Der Schluss der Argumentation ist leicht missverständlich: Klug ist der Vorschlag, die Technik als solche zu entdämonisieren[66], richtig eingesetzt wird

63 Herms (2005b: 110f.). Norbert Elias (1997a: 356) warnt: »(W)as wir ›Technik‹ nennen, ist nur eines der Symbole, eine der letzten Verfestigungsformen jener beständigen Langsicht, zu der die Bildung immer längerer Handlungsketten [...] hindrängt.«

64 Herms (2005b: 110); vgl. Ders. (2005c).

65 Herms (2005b: 110).

66 »Technikethik ist diejenige Bereichsethik, welche die Vorzugswürdigkeitsfragen der Technikentwicklung und Technikanwendung behandelt. Ihre wesentlichen Themen sind: Verträglichkeit der Anwendung bestimmter Techniken mit der Würde des Menschen, Vorzugswürdigkeit konkurrierender Möglichkeiten der Technikentwicklung, Gerechtigkeitsfragen bei der Verteilung von Nutzen und Lasten des Technikeinsatzes, Gemeinwohlverträglichkeit, gerade auch langfristig, und Vorzugswürdigkeit verschiedener Technikpfade, im Blick auf ihre abgeschätzten Folgen. [...] Das Ziel von T.[echnikethik], den gesamtgesellschaftlichen Umgang mit T.[echnik] wirksam zu beein-

sie nach Herms sogar zum idealen Mittel, um den göttlichen Herrschaftsauftrag auszuführen.[67] In Herms Schlussvolte wird die Technik dann doch wieder als Selbstzweck denunziert: Diese von den Autoren ausgemachte Gruppe blinder Technikenthusiasten scheint mir eher ein Mythos zu sein. Herms will dann doch auch lieber nicht die Technik, sondern die Technik in der Dienstfunktion einer entfesselten Ökonomie in die Schranken weisen. Hier lauert die Gefahr, im Gegenzug nun die Ökonomie zu dämonisieren. Herms zumindest sucht der Gefahr zu entgehen, weil er sachlich analysiert, wie die Ökonomie zum identitätsstiftenden und damit dominanten Teilbereich unserer Gesellschaft geworden ist.[68] Weil Herms also die Technik nachvollziehbar zu einem Konstituens des Menschen macht, entgeht er der vorschnellen Dämonisierung der Technik, verzichtet auf das vorschnelle Sündengezether und ist in dieser Frage dem Ansatz von Gräb-Schmidt deutlich überlegen.[69]

Elisabeth Gräb-Schmidt will ein zum technischen Denken anderes Denken auf den Weg bringen, ein von Heidegger her nachvollziehbarer Schritt. Denkhandeln und Sprachhandeln werden nachdrücklich unterschieden, sofern man im Auge behält: »So geht das Sprachhandeln dem Denkhandeln voraus. Dieses steht für die Eröffnung und Identifizierung der Welt, während das Denkhandeln sich auf deren technische Gestaltung bezieht. Denkhandeln hat es dann mit der Gestaltung des zuallererst im Sprachhandeln identifizierten Raum der Möglichkeiten zu tun.«[70] Gräb-Schmidt greift auf die von Fuchs und Jüngel favorisierte Rede vom Spielraum erschließenden religiösen Sprachereignis zurück. Als implizite Antwort auf Heidegger ist dieser Weg klug gewählt, weil

flussen, ist bisher kaum erreicht. Unter mehreren Gründen ragen hervor: Eigengesetzlichkeit der Technikentwicklung, Methoden- und Kriterienpluralismus auf seiten der T.[echnikethik].« Fraglich bleibt, »ob die T.[echnikethik] ihre sozialgesch. Lage, ihr dadurch definiertes Verhältnis zur zeitgenössischen Technik und deren Wesen als Geschichtsmacht in ihre Reflexion mit aufgenommen, geschweige denn ansatzweise verstanden hat.« (111f.) Ausgeführt wurden die Einsichten in Herms (1991: 56-94).

67 Herms (1991: 349-379, 362).

68 Herms (1991: 359f.).

69 Weil Herms (2006; 2010) an der Rede von einer Bestimmung des Menschen festhält, thematisiert er Sünde als Schuldigwerden gegen die Ursprungsmacht und gegen die Bestimmung des Menschen.

70 Gräb-Schmidt (2002: 329). »(A)lles Erkennen ist sprachlich verfasst und infolgedessen auch der technische Umgang des Menschen mit Welt gebunden an deren sprachliche Verfasstheit. Dies bedeutet: Der Mensch erschafft sich mittels Technik nicht seine eigenen Möglichkeiten, sondern er empfängt diese durch den im Sprachgeschehen eröffneten Möglichkeitsraum. Allein diese Eröffnungsmöglichkeiten gewähren ihm Freiheit, sprechen ihm Freiheit zu, die er jedoch dann mittels technischer Gestaltung ergreifen, verantworten und bewähren kann und soll. Technikgestaltung erhöht den Handlungsspielraum, sie schafft aber keine Möglichkeiten der Freiheit. [...] Diese erwachsen vielmehr allein durch die im Sprachhandeln ermöglichte, weil zugesprochene Freiheit zum Handeln.« (329)

sie damit die Rede von einem unpersönlichen Seinsgeschehen oder Geschick unterläuft.[71]

In ihrer Schlussvolte versteigt Gräb-Schmidt sich zu einem Akt der Beschämung der Philosophie: »Wie die Freiheit und die in ihr gründende Ethik in ihrer Selbstüberschätzung an die Sünde erinnert werden und sich von daher in ihrem Denkhandeln vom Sprachhandeln her verstehen muss, so muss der Mensch vor seinem Prometheustraum, die Überschätzung seiner Selbstvergegenständlichung und Entäußerung in Arbeit und gar die seiner Selbstkonstruktion durch Arbeit gewarnt und in Schutz genommen werden. [...] Menschliches Handeln erschöpft sich nicht im instrumentellen technischen Weltzugriff, es ist grundlegend kommunikativ verfasst und insofern in seinem Sein mit seinem Gegenüber im Akt der Kommunikation verbunden. Der Mensch wird seiner selbst und seiner Handlungsmöglichkeiten nicht technisch, sondern kommunikativ ansichtig. [...] Dass allerdings die universale Kommunikationsgemeinschaft nicht in einem rationalen Diskurs gründet, sondern im Gemeinschaft zusprechenden Wort, das als Verständigungsgrund allen Geschehens gesehen werden muss, das nicht argumentativ er- und begründet werden kann, sondern sich je und je ereignet, ist und bleibt das Admonitum der Theologie gegenüber [...] der Philosophie.«[72] Ich fürchte, dieser Satz ist – selbstredend ungewollt – Ausdruck von Hybris.

In einem denkstarken Aufsatz hat Christian Schwarke, Schüler des Ethikers Trutz Rendtorff, die drei Problemfelder theologischer Technikethik, die sich exemplarisch bei Gräb-Schmidt verdichten, kritisch umgepflügt: Technik als zweite Schöpfung, als Entsubjektivierung des Menschen, als religiöse Hybris.[73] »Alle bisher genannten Motive der Technikwahrnehmung leben von der Vorstellung, dass die Technik etwas vollständig ersetzt. Sie alle sind davon geprägt, dass die moderne Technik das jeweils Ältere zerstört und sich selbst an dessen Stelle setzt. [...] Genau diese Logik bestimmt auch den ›theologischen‹ Ort der Technik: die Schöpfungslehre. [...] Die Verortung der Technik als Thema der Schöpfungslehre folgt der Logik der Substitution, weil die Schöpfung eben ein alleiniges Prädikat Gottes ist. Wenn Technik ein Akt der Schöpfung ist, dann muss sie mit Gottes Werk kollidieren. Da das aber nicht sein darf, liegt der Schluss nahe, die Technik letztlich als ein widergöttliches Unterfangen zu verstehen. Eine solche Technik kann aber kaum noch ein sinnvoller Gegenstand technikethischer Bemühung sein, weil die Leitintuition ihr gegenüber

71 Dux würde vermutlich antworten, dass das Sprachhandeln (Eröffnung der Welt als Möglichkeitsspielraum) immer schon funktional gesteuert ist und mit dem Denkhandeln zusammenhängt.

72 Gräb-Schmidt (2002: 329).

73 Schwarke (2005: 88-104). Vgl. auch: Neumeister/Renger-Berka/Schwarke (2012), darin auch Gräb-Schmidt (2012b: 39-56).

die Sünde sein muss.«[74] Man kann Schwarke nur beipflichten, wenn er schreibt: »Gegenstand einer theologischen Technikethik kann daher nicht die Technik als ›Zweite Schöpfung‹ sein. […] Die Schöpfungslehre ist ungeeignet, weil sie gerade von dem Gegensatz göttlichen Schaffens zu jedem denkbaren menschlichen Tun handelt. Insofern kann sie im Gegensatz zur Rede von der Technik als Schöpfung eigentlich nur stets betonen, dass Technik mit der Schöpfung rein gar nichts zu tun habe. Von der Schöpfungsperspektive ist auch noch die Vorstellung des Menschen als eines ›created co-creator‹ bestimmt. Denn sie bleibt implizit der Gottesperspektive verhaftet. Aus dieser Perspektive ist aber bereits alles entschieden.«[75]

Mich überzeugt auch Schwarkes gelassener Umgang mit der üblichen Denunzierung der Technik als Moloch der Entsubjektivierung. Sympathisch ist der Versuch, den apokalyptischen Ton herunterzustimmen: »Sowohl der Computer als auch das Telefon zeigen […], dass die jeweils am Beginn der Entwicklung stehenden Befürchtungen, dass die neue Technik die Kommunikation zwischen Menschen zerstöre, weil sie die face-to-face Relationen ersetze, nicht eingetroffen sind. Beide Techniken haben die vorhandenen Möglichkeiten ergänzt, nicht ersetzt.« (95) Ob aber »die Vorstellung von der selbstverständlichen Entsubjektivierung der Menschen« nicht haltbar ist, weil »bedeutsame Unterschiede zwischen der Technik ›an sich‹ und ihrer Nutzung durch Menschen« bestehen, ist als Argument nur dann überzeugend, wenn der Widerstand, der sich in der richtigen Nutzung zeigt, möglich ist. Dann wird man mit Schwarke fordern müssen, »dass die Technik nur im Plural ihrer Erscheinungsformen und Aspekte angemessen betrachtet werden kann.« (94f.)

Wunderbar entspannt dekonstruiert Schwarke den Punkt, Technik sei religiöse Hybris des Menschen: »Zahlreiche technische Innovationen lassen sich als partielle Realisierungen ursprünglich christlicher Visionen verstehen«, wie etwa in der Transplantationsmedizin. »So fremd einerseits die Perspektiven erscheinen, innere und äußere Organe durch technische oder künftig vielleicht sogar organische Prothesen zu erneuern, so ist Hoffnung auf die Wiederherstellung des defekten Körpers doch Teil der bereits altkirchlichen Vorstellung

74 Schwarke (2005: 92) bezieht sich explizit auf Gräb-Schmidt: »Anthropologisch […] versuchte jüngst auch Elisabeth Gräb-Schmidt die Technik zu deuten. Der Versuch einer anthropologischen Grundierung, bzw. Zurichtung der Technik ist keine Lösung des Dilemmas. Dieses besteht darin, dass eine theologische Technikkritik ihren Gegenstand zwar einerseits so reformulieren muss, dass die Technik überhaupt von theologischen Begriffen adressiert werden kann. Andererseits entfernt die Theologie ihren Gegenstand dabei jedoch so weit von den realen Zusammenhängen und von der Wahrnehmung der an technischen Prozessen Beteiligten, dass ihre Ergebnisse kaum noch Aussagewert über die deutende Selbstverständigung der eigenen Klientel hinaus haben.« Vgl. Honecker (1985; 1990).

75 Schwarke (2005: 98f.). Die folgenden Angaben beziehen sich auf diesen Text.

vom neuen Menschen der Auferstehung. Es wäre ganz unsinnig zu unterstellen, dass Transplantationen diesseits des Todes völlig einzulösen vermöchten, was die Hoffnung auf den neuen Menschen beinhaltet, noch dass sie es auch intendieren würden. Dennoch wird ein Teil dessen, was als Kompensation irdischen Leids wie irdischen Versagens erscheint, bereits innerweltlich aufgefangen. Dadurch entsteht gleichzeitig die paradoxe Situation, dass das von Gott Erwartbare und Erwartete sich in die Transzendenz zurückzieht. Das geschieht aber nicht deshalb, weil die Technik Gott seine Arbeit abnehmen würde, sondern weil die Vorstellung einer göttlichen Restitution im Christentum die Unterscheidung von Weltlichem so elementar beinhaltet, dass religiös nicht gemeint sein kann, was technisch erreichbar ist. Unter dem Einfluss der Technik verändert sich der Glaube somit aus genuin christlichen, nicht aus technischen Gründen.« (96f.) Technik, so schärft Schwarke ein, ersetze weder Gott noch Mensch, wohl aber sei die Technik von christlichen Hoffnungen getragen; Technik ersetze nicht, sondern Aufgabe der Theologie sei es, »Technik eher als eine Ergänzung, denn als schlichte Ersetzung« (96) zu begreifen.

Vorzüglich ist das theologische Besteck, das Schwarke anbietet: Der *concursus divinus* erinnert daran, dass Gott bei allem menschlichen Tun qua Vorsehung mit im Spiel ist. Der *concursus divinus* steht in der Lesart Schwarkes für ein Weltverständnis, das weder der Säkularisierung noch der Divinisierung, und erst recht nicht einer Rede vom Schicksal das Wort redet. Positiv versucht diese Lehre, das »komplexe Zusammenspiel« von Gott und Mensch, von »menschlicher Autonomie« und »Gegenwart Gottes« im Kalkül zu haben. »Nun könnte man einwenden, dass die Unbestimmtheit der concursus-Vorstellung den Topos für die Ethik nutzlos mache, und hätte damit nicht ganz unrecht.« So viel Ehrlichkeit ist bei theologischen Autoren leider selten. Die concursus-Vorstellung stellt aber »eine Möglichkeit dar, sich zu vergegenwärtigen, dass der Mensch vor einer ethischen Aufgabe steht, die nicht als ›immer schon‹ dogmatisch geklärt werden kann, wie es die Anleihen an der Schöpfungssymbolik in ethischen Debatten stets glauben machen.« (99)[76] Dieser Vorschlag ist gleichermaßen entspannt und klug, weil er vor jeder billigen Komplexitätsreduzierung warnt und die Technik nicht zum Antigott erklärt.[77]

76 Vgl. auch Manzeschke (2014: 59): »Eine der großen Herausforderungen besteht meines Erachtens darin, den concursus Dei, das Welt erhaltende Handeln Gottes im technischen Prozess zu denken und *für die vom technischen Prozess betroffenen Menschen* (Hervorhebung von mir, K.H.) nachvollziehbar auszulegen.«

77 So titelt Schneider-Quindeau (2007: 268) nicht zufällig seinen Essay »Die zweite Schöpfung«. Der verheißene wissenschaftliche Fortschritt hat eine »Fülle neuer Probleme hervorgebracht, die für die Betroffenen zum Drama werden können. Diese Dramatik ist das ureigene Feld der filmischen Darstellung, auf dem sich das Versprechen von Wissenschaft und Technik angesichts ihrer unbeherrschbaren negativen Folgen als uneinlösbar erweisen. Der sündige Mensch, der meint, er könne selber Gott sein

Natürlich ist der Topos vom *concursus divinus* nur als symbolische Rede zu deuten, weil er im herrschenden wissenschaftlich-technischen Weltbild gar nicht ausgewiesen werden kann. Als Deutungsvorschlag, der Probleme theologischer Technikethik elegant löst, ist er unverzichtbar.

Zugänge zu dieser Idee bieten biblische Narrative, die zu einer *Gelassenheit*, vielleicht sogar zum Mut auch in gegenwärtigen Kontexten Anlass geben. Biblische Novellen (wie etwa der Novellenkranz der Jakoberzählungen) *inszenieren* Erfahrungen mit der Idee der Vorsehung, die damit auch *Anschlussmöglichkeiten für Erfahrungen in der Gegenwart* bieten und menschliche Handlungsperspektiven mit einer Grundtönung der Zuversicht versehen. Die biblischen Erzählungen verweigern sich der billigen, weil faulen Auskunft, es sei unmöglich, weise zu sein. Und weise zu sein heißt immer auch: widerständig zu sein. Das verlangt Mut im Umgang mit dem techno-ökonomischen Komplex. Es ist durchaus im Interesse dieses Komplexes seinerseits Beschämungen zu inszenieren, die auf Verzweckung und Desubjektivierung des Menschen abzielen. Naiv wäre es, die Macht des techno-ökonomischen Dispositivs zu unterschätzen[78], wie auch in der Wirtschaftsethik gilt es deshalb, Freiräume zu schaffen und zu erhalten, die nicht von den Dispositiven dominiert werden.

6. Der Cyborg und das Ende der prometheischen Scham

Diese sehr grundsätzliche Entdämonisierung von Technik, jede Ablehnung einer Rede von Technik als Hybris, muss sich auch bewähren, wenn man einen prophetischen Ausblick auf die Zukunft des Menschen als Cyborg[79] riskiert, also mögliche Upgrades der physischen Verfasstheit genauer unter die Lupe nimmt.[80] Will man nicht wieder vorschnell einseitig und alarmistisch eine neoliberal gesteuerte Denkschule der Selbstoptimierung für diese Wünsche verantwortlich machen, dann lässt sich vielleicht doch eine »opti-

und dem das Gottvertrauen fehlt, wird hier erkennbar.«

78 Auch Harrasser (2013: 82) sagt, »dass bestimmte Konzerne äußerst schwer durchschaubare Konglomerate aus Rechtsperson, Geschäftsstrategien des affektiven Kapitalismus und kybernetischem Dispositiv bilden«, aber trotzdem kann selbst die Google-Datenbrille anwenderspezifische Hilfen bieten, für Autisten, Menschen mit schlechtem Gedächtnis etc. Aber: »Ein Ja zur Technik heißt nicht, ein Ja zu den aktuellen Infrastrukturen und Logiken ihrer Herstellung.« (109).

79 Harrassers energischer Essay untersucht sowohl die technische Erweiterbarkeit des Menschen durch Prothesen (etwa im Sport) als auch durch Konsumgüter, wendet sich immer wieder gegen die »schlechte Unendlichkeit eines Technokapitalismus« (2013: 15) und wirbt für einen Technohumanismus.

80 Freilich: Diese Frage könnte auch im Rahmen der Biopolitik gestellt werden, daran sieht man, wie durchlässig die Grenzen der Bereichsethiken sind.

mistische Erzählung vom Homo technologicus liefern.«[81] Karin Harrasser, als Kulturwissenschaftlerin auf die Kulturgeschichte der Prothese spezialisiert, stellt sich gelassen der Frage nach der technischen Erweiterbarkeit des Menschen und will zwischen der Skylla des Technofetischismus und der Charybdis einer Technoskepsis hindurchgleiten, um die emanzipativen Potentiale teilsouveräner Körper in Augenschein zu nehmen. Konsequent plädiert sie für einen Parahumanismus, der die Abhängigkeit von der Technik nicht leugnet, aber auch Distanz hält zu den Apokalyptikern, die ›Cyborgs‹ als Slaven der implantierten Chips denunzieren. Dieser Parahumanismus wird mit Thomas Macho als ›inklusiver Humanismus‹ beworben, ein »Humanismus, der nicht von einer Definition ›des Menschen‹ ausgeht, nicht von ›Mensch-sein‹ als einer unveränderbaren Qualität, sondern von einem Humanismus als einem Horizont, in den potentiell vieles und viele eingeschlossen sein können, die gemeinhin nicht als Menschen gelten. [...] Damit ist eine Arena des Handelns anvisiert, die teilsouveränen Akteuren (die wir letztlich alle sind) Raum gibt.« Alles soll in den Blick genommen werden, »was mit Menschen koexistiert«.[82] Harrasser kann überzeugend zeigen, dass das »Ausloten des transformativen Potentials von Technologien und Fiktionen nicht zwingend zu Allmachtsphantasien à la Transhumanismus, Kyrotechnik und Weltraumeroberung führen muss.«[83]

Gegen naiv-pauschale Urteile wendet sich auch der Soziologe Dierk Spreen, der das Enhancementdispositiv herrlich nüchtern befragt: Eine Diskriminierung der technischen Hilfen und damit auch eine Diskriminierung des Cyborgs als einem Ensemble aus Organismus und Technik[84] führt einerseits dazu, die Chancen, die durch die technologischen Potentiale für eine »Erweiterung des menschlichen Weltzugangs«[85] erschlossen werden, zu verschenken. Spreen warnt aber im gleichen Atemzug davor, dass ein Lebenskonzept, das auf eine Körperoptimierung und damit auf eine Selbstoptimierung zielt, nicht zu einer Exklusion eines Lebenskonzeptes führen darf, das sich anders orientiert und deren nichtoptimierter Körper zum »Corpus

81 M. Huber (2013: 30).

82 Harrasser (2013: 60); vgl. Macho (2011); Haraway (2008); Sofoulis (2002: 273-297). Harrasser verweist auf ein Computerspiel, *Deus Ex* von Eidos, in dem technische Körpermodifikationen durchgespielt werden. Eher satirisch verfährt Barry (2012) in dem Roman *Maschinenmann*.

83 Harrasser (2013: 13).

84 »Spezifische Diskurs- und Sinnwelten wie Parasport, Krieg, Weltraumfahrt oder Science-Fiktion erscheinen dabei als exzeptionelle Laboratorien eines kulturellen Wandelns, der schließlich die ganze Gesellschaft erfasst. Hier wird vorgedacht oder vorgemacht, was inzwischen Normalität ist.« Spreen (2015: 119f.).

85 Spreen (2015: 134).

Delicti«[86] ernannt wird, dem prompt die Gesundheitspolizei einen Prozess macht. Held von Spreens Sozialtheorie ist Helmuth Plessner, der bekanntlich den Menschen durch die Charakteristika exzentrische Positionalität und Weltoffenheit auszeichnet, die Spreen als regulative Ideen dienen, um Technologienutzungen daraufhin zu befragen, ob hier eine neue Runde der Verzweckung und Verdinglichung des Menschen eröffnet wird oder ob diese zu prüfenden Technologien vielleicht sogar das mögliche Überleben der Spezies Mensch garantieren. »Daher ist vor dem Hintergrund der Erhaltung und Förderung eines offenen Weltverhältnisses des Menschen sowohl als Gattungswesen wie als Individuum sowie der kollektiven Regelung dieser Erhaltung und Förderung jeweils zu fragen, ob gravierende Einschränkungen bzw. eine dem Stand der gesellschaftlichen Möglichkeiten genügende Förderung der Weltoffenheit und der Selbstbestimmung vorliegt. Bezüglich der technologischen Dimension der Upgradekultur kann eine solche Prüfung nicht am grünen Tisch der Theorie erfolgen, sondern sie scheint am ehesten möglich, wenn man auf Erfahrungen rekurriert, die Menschen mit Enhancementtechnologien machen.«[87]

Wie Plessner an den Phänomenen Lachen und Weinen deutlich machen konnte, dass der Körper einen Eigensinn besitzt, der sich nicht vollständig kontrollieren lässt, so meldet sich der Eigensinn des Körpers häufig auch, wenn er mit Maschinen verdatet ist: Dieser Eigensinn bleibt die Richtschnur für die Bewertung neuer technologischer Entwicklungen in dem engen Korridor zwischen den »emanzipatorischen Chancen und den herrschaftstechnischen Risiken neuer soziotechnischer Entwicklungen.«[88]

Dieses Enhancementdispositiv stellt auch Fragen an eine christliche Anthropologie, sofern sie, wie von Rochus Leonhardt gefordert, im fragwürdigen Rekurs auf die lutherische Rechtfertigungslehre für die »Affirmation der menschlichen Nicht-Perfektibilität« streitet. »Anstelle des Perfektionsstrebens wird das Endlichkeitsmanagement zur Signatur christlicher Existenz.«[89] Obwohl Leonhardt hier nicht primär die technische Erweiterbarkeit des Menschen im Blick hat, sondern die Stammzellenforschung, ist die Argumentationslage identisch, denn Leonhardt wendet sich gegen das Argument der Verteidiger, die mit der Idee der Hilfe argumentieren: »Das moralisch zweifellos anerken-

86 Zeh (2010).

87 Spreen (2015: 135f.).

88 Spreen (2015: 13). Spreen fordert von der Sozialtheorie, »dass die Erfahrungen und Wünsche der empirischen Subjekte [...] einen zentralen Ort finden müssen und nicht ausschließlich als Anhängsel oder Konstrukte ›der Diskurse‹, ›der Medien‹, ›der Dinge‹, ›des Marktes‹ oder ›der Macht‹ konzipiert werden dürfen.« (140)

89 Leonhardt (2010: 188, 189).

nungswürdige Hilfsinteresse ist deshalb manchmal nur schwer von einem illusorischen Perfektionsverlangen zu unterscheiden, das die Nicht-Absolutheit der menschlichen Existenzbedingungen transzendieren möchte.«[90]

Leonhardt arbeitet mit der Karikatur von Emanzipationsversprechen, wenn er medizinische Technik zur Heilsreligion entstellt. Abgesehen von meiner sehr grundsätzlichen Skepsis gegenüber der Tauglichkeit einer »rechtfertigungstheologisch fundierten Nicht-Perfektibilität«[91] für die moralische Urteilsbildung, halte ich auch den Maßstab, den Leonhardt anbietet, ob nämlich der Nutzen medizinischer Technik »die wesenhafte Endlichkeit menschlichen Lebens«[92] berücksichtigt, für wenig überzeugend, weil sie hysterisch unterreflektiert medizinischer Technik unterschwellig einen Absolutheitswahn unterstellt. Dann wäre Technik mal wieder Hybris. Ich schlage als Prüfungsmaßstab vor, ob die medizinische Technik die Einzigartigkeit des Menschen (und der nichtmenschlichen Lebensformen) schont. Das aber scheint mir auch beim Cyborg gegeben. »Ob eine technische Modifikation ethisch vertretbar und sinnvoll ist, lässt sich nur mit Blick auf das je unterschiedliche Milieu der Herstellung und körperlichen Praxis beurteilen: Was für den einen gut ist – etwa eine Hightech-Prothese – ist für andere eine Belastung. Technische Modifikationen des Körpers (von Maschinen bis zu Medikamenten) haben niemals den Status einer abstrakten Notwendigkeit.«[93]

Anti-Hysteriker und Anti-Alarmist par excellence ist der Soziologe Bruno Latour, der Gesellschaft als Netzwerk aus menschlichen und nichtmenschlichen Aktanten versteht. Technische Objekte, so seine Pointe, übernehmen Ordnungsfunktionen und materialsieren sogar die Moral, wie Latour am Berliner Schlüssel, seinem Lieblingsbeispiel, deutlich machen kann: Dieser Berliner Schlüssel, mit zwei Bärten versehen, zwingt die Bewohner durch seine technische Raffinesse dazu, abends die Haustür abzusperren. »Technik ist stabilisierte Gesellschaft«, so der Titel eines Aufsatzes.[94] »Es ist uns gelungen, an nichtmenschliche Wesen nicht nur Kraft, sondern auch Werte, Pflichten und eine Ethik zu übertragen. [...] Die Summe einer Moral bleibt nicht einmal konstant, sondern sie wächst mit der Population der nichtmenschlichen Wesen gewaltig an.«[95] Kritikern hat Latour in die Hände gespielt, indem er provokant

90 Leonhardt (2010: 190). Wo liegt dieses Streben vor, wenn Stammzellenforschung für das künftige Wohl etwa von Parkinson-Patienten eingesetzt wird?

91 Leonhardt (2010: 191).

92 Leonhardt (2010: 191).

93 Harrasser (2013: 131). Vgl. http://blogs.solidworks.com/solidworksblog/2014/01/a-conversation-with-hugh-herr.html (19.04.2016)

94 Latour (2006).

95 Latour (1996: 68).

von einer »symmetrischen Anthropologie«[96] gesprochen hat, die Mensch und Maschine auf einer Ebene ansiedelt. Dierk Spreen moniert deshalb, in diesem Ansatz werde eine »kategoriale Differenz« eingeebnet: »Mit Habermas wie mit Foucault wäre an Latour also der Vorwurf zu richten, dass seine Theorie unter der Hand Freiheit negiert und die Menschen verdinglicht.«[97] Das ist als Vorwurf überzogen, weil Latour in seinem Essay zum Berliner Schlüssel zeigt, wie man durch Feilen des zweiten Bartes einen Hauptschlüssel herstellen und elegant dem Zwang entkommen kann.[98] Latours Pointe, Dinge als Aktanten zu deuten, ist fraglos überzeugend, die Rede von einer Symmetrie überpointiert, denn das Beispiel zeigt, dass der menschliche Akteur Wege zur Auflehnung findet, wenn er die *moralische Qualität eines Dings* als Zwang erfährt.

Kleine Rekapitulation: Reifizierungswahn und der Charme der Ergänzung

Verschiebung von Scham in Schuld

Bisher blieben auf dem Feld der Technikethik häufig die (oft verdeckten) Schamprozesse unerkannt, deshalb habe ich zunächst an die von Günther Anders übertrieben nachgezeichnete, modernitätskritische *prometheische Scham* erinnert. Warum entsteht diese Scham, warum fühlt sich ein Mensch angesichts (perfekter) technischer Artefakte beschämt? In der prometheischen Scham entdeckt der Beschämte offenbar sein bisher uneingestandenes oder durch Dispositive der Macht konturiertes Idealbild: so fehlerfrei wie Maschinen zu agieren. Prompt löst die prometheische Scham den Verschiebemechanismus von Scham in Schuld aus: Technik wird entweder dämonisiert und der Mensch schult sich im spätpubertären Gestus zum Maschinenstürmer um, oder aber er verfällt dem Ideal der Technik, glaubt, durch Technik die Instabilität seines Seins einrüsten zu können, und konfirmiert seine Technikgläubigkeit; in beiden Fällen wird die *Schuld* begangen, *Freiheitsspielräume* aufzugeben. Die Technik, weil sie, wie Eilert Herms zu Recht einschärft, zum Menschen dazugehört, pauschal zu denunzieren oder zu dämonisieren, ist aberwitzig, aber es besteht gegenwendig auch kein Grund, die Technik und ihr Weltbild, das sich als extrem lebensfähig erwiesen hat, kritiklos zu feiern.

96 Latour (2008).

97 Spreen (2015: 130, 131).

98 Latour (2015: 21); ders. (2010).

Präventiv-Ethik und der richtige Umgang mit Scham

Martin Heidegger deutete in seiner seinsgeschichtlichen Lesart die Technik als vorherrschende Entbergungsgeschichte einer Wahrheit, die als (letzte) Darstellung der Metaphysik auf Präsenz und Beständigkeit ausgelegt ist, und suchte entsprechend eine andere Form des Denkens, die er als *Gelassenheit* bestimmte. In der Kunsterfahrung (ein Begriff, den Heidegger nicht sehr schätzte) werden wir, wie Heidegger mit terranen Metaphern andeutet, den Ressourcen ansichtig, die wir in der Technik vernutzen. Diese Einsicht kann (nicht nur von Technikenthusiasten) als *Beschämung* erfahren werden und zu einer Korrektur des rein technischen Handelns führen. Der *Heterotopos der Kunst* ist unaufgebbar, um einer Freiheit ansichtig zu werden, die nicht sklavisch, sondern entspannt sich der Technik aussetzt. In der Kunst werden wir für die Einmaligkeit auch der unpersönlichen Dinge und Menschen erneut aufmerksam. Hier auch erschließt sich eine Differenz zur *Logik der Weltbilder,* die Dux glaubte entdecken zu können. In der Tat: Wir können Weltdinge und Menschen in relationalen Netzen einfangen, dann aber wird ihre Einzigartigkeit unsichtbar und unkenntlich. Es ist die gigantische Verunpersönlichung der Welt. Alles wird gleich-wertig und ersetzbar. Der Einspruch von Levinas und Roland Barthes (zu ihren Vorgängern zählt fraglos Johann Georg Hamann, der weltliche Knappe des Ritters Kant) bestand genau darin: Die semantischen Netze fangen alles Andere oder Fremde ein und machen es zum Selben, fortan gibt es keine Überraschung, keine Neuheit, keine Fremdheit, kein Geheimnis. Die Welt fällt ins Verstummen, verliert, wie Hartmut Rosa sagen würde, ihre Resonanz. Namentlich die durch Kunst inszenierte Erfahrung macht *Eigentümlichkeit* zugänglich. Ich verstehe die Melancholie von Falk Wagner: Das aktuelle wissenschaftlich-technische Weltbild bietet (vielleicht) keinen rationalen Anhalt für einen Gott. Schade nur, dass Falk Wagner der Rekurs auf die Kunst letztlich verstellt blieb. Hier wächst das Rettende, denn Kunsterfahrung macht sensibel für die Ehre von Mensch, Tier, Pflanze und Ding. Für die »Malaise der Einzigartigkeit« (Anders) muss man sich nicht schämen. Kunst ist der Ort des Widerstandes gegen die heißlaufende Technik und das wissenschaftlich-technische Weltbild. Widerstand ist möglich.

Weisheitliche Klugheit und concursus divinus

Strittig ist die Technik, das ja, aber sie ist kein notorischer Gegengott, kann – etwa in medizinischen Kontexten – ein Segen sein. Dämonisch wäre die Technik dann, wenn sie eine *radikal* neue Form menschlicher Existenz kreieren würde. Weil das nicht der Fall ist, bleibt Theologie gut beraten, *Technik als Ergänzung* zu deuten, wie Christian Schwarke hellsichtig sieht – auch wenn die technischen Ergänzungen jeweils kritisch zu evaluieren und die Ambivalenzen der Technik im Auge zu behalten sind. Theologisches Deutungsmodell ist der *concursus divinus*, der eine Haltung der Gelassenheit oder Besonnenheit erlaubt, die in spätmodernen Kontexten namentlich in technischen Fragen nötig ist. Hierin unterscheidet sich auch die Theologie klimatisch nachdrücklich von der Philosophie Martin Heideggers: Eine Denkhaltung ist ganz anders getönt, wenn man von einem unpersönlichen Schicksal spricht oder im *symbolischen Sinn* von einem wohlwollenden Gott. Seinsgeschichte (aber auch das wissenschaftlich-technische Weltbild) und weisheitliche Weltsicht, Entbergung und *concursus divinus*, sind von anderen Wärmegraden. Die theologische Deutung hat ihre eigene Kultur der Gelassenheit, weil sie schon immer mit einem *Unterschied von Letztem und Vorletztem* arbeitet.

Abschied von der prometheischen Scham

Die noch leicht ungebräuchliche Rede vom *Cyborg* berentet die prometheische Scham: Wr schämen uns nicht länger, nicht wie eine Maschine zu funktionieren, sondern die Ebenen von Mensch und Maschine, Mensch und Ding werden, folgt man Latour, symmetrischer ausgelegt: Maschinen können sogar einen moralischen Status bekommen, ohne den Menschen zu entmachten. Auch der Cyborg macht einen Menschen nicht zur Maschine, vielmehr ergänzt und optimiert er den Menschen und entspricht somit der Offenheit seines Wesens. Fällt das Stichwort der Optimierung, dann folgt häufig vorschnell ein kulturkritisches Wehgeschrei. Mir ist durchaus nicht einsichtig, warum Optimierungswünsche ethisch bedenklich sein sollen, sofern Protagonisten nicht blind einem Trend folgen, sondern nach Abwägung der Chancen und Risiken diesen Weg beschreiten. Notwendig sind diese Optimierungen nicht, können aber emanzipatorisch wirken. Letztlich bleiben wir, wie Dierk Spreen richtig anmerkt, auf Erfahrungen von Menschen angewiesen, die diese Technologien gewählt haben. Unbestreitbar hoch jedenfalls ist ihr Entschämungspotential für horrible Folgen von Unfällen oder Kriegen. Man darf dankbar für diese Technik sein.

Nachspiel

»Wenige Wochen zuvor hatte er (der Schriftsteller Leo Richter) vor der Mainzer Akademie einen Vortrag darüber gehalten, dass die Kultur zwar aussterbe, dass dies aber nicht bedauerlich sei und es der Menschheit bessergehen werde ohne den Ballast von Wissen und Tradition. Dies sei das Zeitalter der Bilder, des rhythmischen Lärms und des mystischen Dämmerns im ewigen Jetzt – ein religiöses Ideal, Wirklichkeit geworden durch die Macht der Technik. Niemand wusste so recht, ob er das ernst oder ironisch meinte, ob er Nihilist war oder konservativ, aber gerade deswegen wurde der Text abgedruckt, allerlei Repliken wurden verfasst, und deutsche Kulturinstitute in aller Welt luden ihn zu Vortragsreihen ein.«[99]

»Ich glaube, dass das Automobil heute die ziemlich genaue Entsprechung der großen gotischen Kathedralen ist. Soll heißen: eine große epochale Schöpfung, die mit Leidenschaft von unbekannten Künstlern entworfen wurde und vor deren Bild, wenn nicht von deren Gebrauch ein ganzes Volk zehrt, das sich ein vollkommen magisches Objekt aneignet. [...] Bisher ähnelte das superlativische Auto eher einem Bestiarium der Kraft; nun wird es zugleich spiritueller und objektiver, und trotz mancher Konzessionen an den Modernismus (wie das leere Lenkrad), ist es häuslicher, besser jener sublimen Steigerung der Funktionalität angepasst, die man bei unseren aktuellen Haushaltsgeräten findet: Die Instrumententafel ähnelt mehr der Schaltleiste eines modernen Küchenherdes als der Kontrollzentrale einer Fabrik.«[100]

99 Kehlmann (2010: 31).
100 Barthes (2012: 196ff.).

»Lust ist wahrscheinlich ein Beiname Gottes!«

Eine Ethik der Sexualität, Liebe und Lebensstile

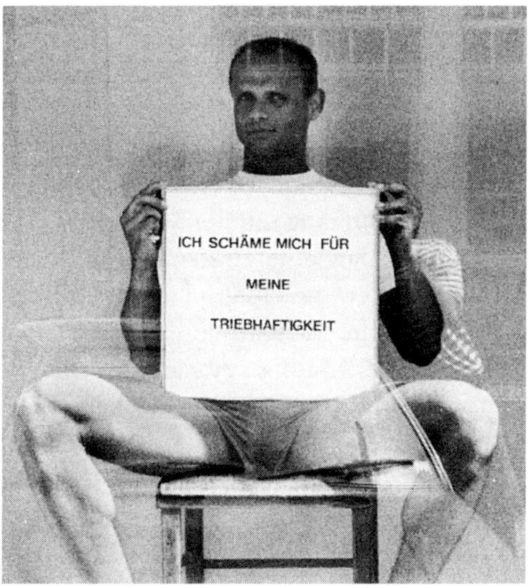

Christian Jankowski, Schamkasten, 1992, Video (1 x Digital Betacam, 1 x DVD), 120:00 min, PAL,4:3, color, sound, German, and 34 b/w photographs, each 30.4 x 23.9 cm, edition of 5, II. In collaboration with Frank Restle.

Einleitung: Sexualität – ein verwahrlostes Thema

Als ich Anfang der Nullerjahre meine älteste Tochter in Göttingen besuchte, sie studierte, wenn ich mich recht entsinne, im dritten Semester Germanistik und Italianistik, entdeckte ich im überquellenden Billy-Regal eine Reihe von fünf farbenfrohen Dildos. »Der eine oder andere brachte als Geschenk immer wieder einen Dildo mit. Das ging eine ganze Zeit lang als ein Party-Gag durch. Hat sich inzwischen erledigt. Die entzückenden Dinger taugen super als Buchstützen, oder? Genau.« Eine Antwort bin ich ihr bis heute schuldig geblieben, ich war aber damals sprachlos stolz auf die erwachsene Gelassenheit meiner Tochter, denn ich gehöre zur Mittelgeneration, den missionarischen Aufklärungseifer und Enthemmungsgestus der 68er in Sexualitätsfragen kenne ich nur vom Hörensagen, ich bin noch mit calvinistischen Narkosen zur Sexualität aufgewachsen, eine entspannte Sprachfähigkeit habe ich lange nicht erreicht. Dafür schäme ich mich bis heute. Theologisch war die Sexualethik lange ein verwahrlostes Thema[1] – Texte zum Fremdschämen, von Tabus umstellt. Nicht einmal bedeutungsschwanger. Auf die Agenda kommt das Thema meistens dann, wenn strittige Themen wie das generelle Adoptionsrecht für gleichgeschlechtliche Paare Aufmerksamkeit fordern. Oder wenn eine übergriffige, misslungene Sexualität aufgedeckt wird: Priester, die sich an Kinder vergangen haben, Lehrer, die in der hochgerühmten Odenwaldschule Jungen vergewaltigten, und die Grünen, heute Vorkämpfer für die biodynamische Neudressur des Menschen, mussten sich im Wahlkampf 2013 mit ihrer ungeklärten Haltung zur Pädophilie in den Jahren ihrer Gründungsphase, die offenbar in einer Gedächtnistrübung versank, auseinandersetzen – was sie auch nachdrücklich getan haben. (Scham wurde in diesem Fall nicht in Schuld verschoben. Immerhin.) Erst die Genderstream-Debatte des neueren Feminismus und die Entkriminalisierung und Entpathologisierung der Homo- und Transsexualität nötigten auch die Theologie endlich, reichlich verspätet, zu Relektüren. Meine These lautet: Sexualität ist der Königsweg im Umgang mit der Scham über die eigene Unvollkommenheit. Individualität und Sozialität finden hier im Idealfall zusammen. Bisher allerdings fehlt es an der Sprachfähigkeit, diesen Königsweg zu beschreiben. Wenigstens in der Sexualität wird der (namentlich in der funktional ausdifferenzierten Gesellschaft) häufig vergessene und verdrängte Körper im Verkehr mit einem anderen Körper in Gemeinschaft erlebt.

Im ersten Teil meines Essays leihe ich mir Stimmen aus den Archiven der Literatur, um den atmosphärischen Raum einzufangen, der heute bespielt wird. In den Romanen ist im wahrsten Sinne des Wortes einiges in Bewegung geraten. Feuchtgebiete allenthalben. Vor allem der Jahrhundertroman *Parallelgeschichten* von Péter Nádas präludiert alle relevanten Argumente – ein großartiger *Kanon der Entschämung*, der Spielräume von Scham emanzipierter Sexualität vermisst.

Auf die literarischen Szenen folgt eine phänomenologische Skizze der körperlichen Ekstase, die Hermann Schmitz mit wenigen Strichen und doch hochpotent sprachmächtig entworfen hat. Was fühlen wir, wenn wir sexuell ekstatisch fühlen? In der Ekstase, so die Antwort, wird das All-Eine erfahrbar. Mit einer *Phänomenologie des Eros und der Wollust*, wie sie Emmanuel Levinas entwickelte, wird der Eros einerseits auf das Geheimnis verpflichtet, andererseits wird auch Levinas durch eine *Metaphysik der Fruchtbarkeit* Opfer einer Verzweckung des Eros und der Liebe. Byung-Chul Han hält auch den Eros und die Liebe für ökonomisch und neoliberal verseucht, denn Eros und Liebe in Zeiten des affektiven Kapitalismus stehen offenbar in der

1 Inzwischen ist das Thema in den Fokus getreten. Siehe dazu Keil/Haspel (2000); Nord (2001); Lämmermann (2002); Karle (2014a); Dabrock u.a. (2015a).

Gefahr, in der aktuellen Währung der Aufmerksamkeit zum schnöden Kalkül zu verkommen.

Ein dritter Abschnitt inventarisiert den biblischen Befund, den *cold case* der christlichen Kriminalgeschichte. Die enge Verknüpfung von Nacktheit und Scham in der fälschlich im Gedächtnis als »Sündenfallgeschichte« gespeicherten Erzählung in Gen 3 hat zu vielen Missdeutungen Anlass gegeben. Relektüren stehen auf der Tagesordnung. Von der Idee her – hier meldet sich mein protestantischer Instinkt, bei Deutungskämpfen bei den Texten einzukehren – sind die biblischen Texte körperfreundlich.

Danach verabschiede ich den theologischen Begriff der Schöpfungsordnung, der immer dann herhalten muss, wenn die Ehe als Kathedrale glückender Sexualität ausgerufen wird. Selten genug ist durch ein Positionspapier der EKD, das erstmalig die Pluralität der Lebensstile positiv bewertet, eine kontrovers geführte Diskussion auch über die Schwulen-Ehe angestoßen worden. Inzwischen hat in einer Volksabstimmung das katholische Irland für die Ehe gleichgeschlechtlicher Partner votiert; im Kernland der Reformation muss die Ehe, die nach Luther, wie gerne zitiert wird, ein ›weltlich Ding‹ ist, weiterhin mit hoch fragwürdigen Argumenten als Fundament für geschlechter-metaphysische Hilfskonstruktionen herhalten. In Schweden, bis zum Jahre 2000 war die Lutherische Kirche die Staatskirche, gibt es Pastorinnen und Pastoren, die in ihrer Karriere niemals in den Genuss kommen (werden), einen Traugottesdienst zu leisten, weil auf die beworbenen Vorzüge einer Ehe inzwischen sehr konsequent Verzicht geleistet wird. Ein Blick nach oben auf der Landkarte könnte für Entspannung sorgen. In Deutschland ist dieser Zustand noch Futur, aber die Frage nach künftiger Konvivanz stellt sich: »Wie zusammen leben?«, fragte Roland Barthes in einer Vorlesung am Collège de France. Die Suche nach schamfreien Lebensformen auch außerhalb der Ehe ist eröffnet.

Im Nachspann bespreche ich eine Kunstaktion von Jeff Koons, der, ohne Angst vor Kitsch, durch die Performanz seiner Arbeiten einen Raum für Sexualität diesseits der Schuld erobern will. Diese Bilder und Plastiken muss man nicht mögen, sie kündigen allerdings die schambesetzten Wahrnehmungsmuster auf, die uns durch Augustinus verschrieben worden sind. Jede Plastik von Koons ist ein Antidot zum Erbsündenvirus. Somit unbezahlbar.

1. In Spermiengewittern. Eine Lendenlegende

Einen exquisiten Platz in der Literatur, die sich an der Sexualität abarbeitet (aber steht die Literatur nicht grundsätzlich unter dem Patronat der Sexualität, des Eros und der Scham?), gebührt dem XXL-Roman *Parallelgeschich-*

ten von Péter Nádas[2], 1724 Seiten lang, auf Dünndruckseiten gespeichert, nichts für eilige Leser. Und ein Pageturner ist dieses Buch, obwohl es wie ein Krimi startet, auch nicht; man merkt den Sätzen dieses Romans, die Länge des Herstellungsprozesses, immerhin achtzehn Jahre, an. Nádas ist kein hyperaktiver Schreiber, sondern er legt gekonnt Sprachgitter aus, in denen sich auch kleinste Fetzen von sedimentierten Gefühlslagen und der Staub der Erinnerungen festsetzen. Zur mikroskopischen Genauigkeit dieser Poetik, die auf Seiten der Leserin und des Lesers zur Entschleunigung zwingt, gesellt sich eine hochinteressierte, aber nüchterne Erzählhaltung, die an Zeugenschaft erinnert: Von einer albern-geschwätzigen Testosteron-Prosa wie bei Philip Roth oder einer wehleidigen Suada wie bei Thomas Bernhard ist Nádas auch deshalb weit entfernt, weil das überreiche Personeninventar dieses Romans nahezu unendlich viele Abspaltungsfiguren und Doppelgänger von Nádas bereithält.

Frage: Worin besteht aber der Reichtum dieses Buches, das am Beispiel exemplarischer Figuren über siebzig Jahre der ungarischen und europäischen Geschichte einfängt?

Antwort: Es ist ein nie protzender Jahrhundert-Roman über die Rituale der Scham, der Beschämung und der Entschämung. In ganz unterschiedlichen Kontexten taucht das Wort Scham über eintausend Mal auf. Genauer: Nádas bietet eine minutiöse romanhafte Erkundung über die Scham und das Begehren, die zusammen Motor privater und politischer Geschichte sind. Parallelgeschichten eben. Nichts läuft glatt, alle Figuren sind beschädigt, halbiert, vereinsamt, bloßgestellt, werden vom Begehren umhergeworfen, von Verlustangst regiert, sehnen sich nach anderen Leibern und/oder dem nationalen ungarischen Körper. Und immer schneidet Nádas Szenen dazwischen, die zeigen, wie gezielt eingesetzte Beschämungen etwa in der Körperpolitik der Nationalsozialisten Menschen stigmatisieren.

Viele Geschichten sind Nachbarn in diesem Buch, laufen eine Zeit lang parallel nebeneinander her, überschneiden sich, trennen sich dann wieder, bilden einen Reigen, mehrfach wechselt die Perspektive in einem Satz, präzise Beobachtungen und mäandernde Dialoge schieben die Augen über die Seiten. Aber dann ganz plötzlich, wie ein epiphanes Leseerlebnis, taucht der oben zitierte Satz, der nach einem Textmarker schreit, auf Seite 626 auf: »Lust ist wahrscheinlich ein Beiname Gottes.«

2 Nádas (2012). War das Buch von Pierre Guyotat (franz. 1970, deutsch 2015) noch ein kompromissloser Akt, der schnell ermüdet, dann ist der Roman von Nádas hoch konstruktiv.

Nádas recycelt nicht altväterlich-lüstern die griechischen Götter (wie in dem etwas betulichen Roman von John Banville: *Unendlichkeiten*[3]), sondern Nádas gibt endlich eine Antwort auf die seit Goethe letztlich unbeantwortet liegengebliebene zentrale Frage: »Er vermochte nur zu denken, dass er auf der Suche nach dem, was die Welt im Innersten zusammenhält, den einzigen greifbaren Wegweiser der Schöpfung in der Erektion finden würde.« (879) Das ist plastisch gesagt. 3D-Literatur.

Nicht wenige Seiten wendet Nádas auf, um das sexuelle Begehren, in welcher Kombination auch immer, von falscher Scham zu entkleiden. Nádas schreibt einen Roman der körperlichen Entschämung, ringt unterwegs unterschwellig vielzeilig mit zu lange gehätschelten und abgewetzten Traditionen (Gnosis, Origenes, Augustin, Calvin), die in ihrer Körperfeindlichkeit den Beischlaf diskriminieren. »Vielleicht tat das Begehren weh« (294), aber Sexualität, die den anderen nicht instrumentalisiert, erweist sich, wenn sie denn gelingt und beide reicher macht, als der Königsweg zum Anderen, der eingeschlagen werden kann, nachdem jeder in einer großen Entdeckungssituation der Scham auf die eigene Unvollkommenheit, Vereinzelung und Einsamkeit aufmerksam geworden ist und begehrt, den Bruch zwischen sich und dem Anderen zu schließen. Durch diese Schule der Scham und Entschämung muss jeder hindurch.

Wer als Autor so viele Seiten Platz beansprucht, der kann der Leserin und dem Leser auch die längste Beischlafszene der Literaturgeschichte gönnen, über einhundert Seiten lang – diesseits der Pornographie; denn obwohl es in diesem Buch um alle denkbaren Facetten des Begehrens geht, verweigert der Autor den schnellen Erguss, Leser werden vielmehr zu Zeugen einer einzigen großen Nummer. Mit leicht entzündeten Augen folgt man den Protagonisten vier Tage lang bei ihrem warmen Liebesringen. Tristesse droht noch vor dem Finale, denn der Autor bescheidet den Leser, »dass sie sich vergeblich bemühten. Sie würden zu keinem Abschluss kommen« (597), heißt es im Roman. Nahezu alle namhaften Rezensenten der Feuilletons zitieren in ihren Besprechungen milde melancholisch und augenzwinkernd wissend diesen Satz, überblättern aber offensichtlich die nächsten Seiten des Romans, die doch noch ein glückliches Finale schildern, denn schließlich fließt durch einen Einsatz von zusätzlicher Körperflüssigkeit, vulgo: Natursekt, doch noch alles, *panta rhei*, und beide erleben sich vereint »im Gefühl eines großen gemeinsamen Siegs« (601). Dieser Sieg ist ein Sieg, auch wenn sich die beiden Protagonisten Ágost und Gyönyvér später in den Wirren des Kalten Kriegs doch wieder aus den Augen verlieren. Die sinnlich-mystische Verschmelzung gelingt, obwohl die

3 Banville (2012).

Sprache an dieser Stelle im Roman kaum mithalten kann, weil sich der Erzähler als Zeuge einen Hymnus verbietet. Aber eine umwerfende Lendenlegende hat Nádas uns geschenkt, das ja.

Nádas kann mit subtilem Witz sogar verorten, wo präzise Mann und Frau vergleichbar fühlen: »Bestimmt ist es ein anderes Gefühl, jemanden auszufüllen, als von jemandem ausgefüllt zu werden, diese Gefühle sind nicht austauschbar; doch an dem Punkt auf halbem Weg zwischen Anus und Geschlechtsteil, wo sich der Muskel in der Form einer Acht um sich schließt, haben Frauen und Männer wahrscheinlich ein ähnliches Körpergefühl.« (392) Und dann diese ungeschönte Ehrlichkeit: »Das Gesicht in Ekstase ist erschreckend, und ohne Befremdung oder Ekel erträgt man es nur, wenn man in der Verzerrung des anderen Gesichts das Spiegelbild der eigenen Gier und Selbstsucht erblickt.« (402)

Mit sicherem Gefühl navigiert Nádas durch die unterirdischen Erinnerungs- und Erfahrungsräume. Als großer Entschämer der antiseptischen Religionsgeschichte gönnt er sich dabei viele Parodien. Eine der schönsten Parodien ist die der *Maria lactans*, jetzt lesbisch gebrochen: Die Protagonistin Erna erfährt intimes Glück, als sie sich mit großem Durst über die prall- und prachtvollen Brüste des holländischen Dienstmädchens Geertje van Groot hermachen darf. Oder: In einer schwulen Initiation auf der Margareteninsel, die Nádas als ironische Abenteuergeschichte inszeniert, ist das sehr irdische Personal doppelt besetzt. Und der Garten Eden ist ein ziemlich runtergekommener eingezäunter Hain. Diese Parodien sind weder laut noch leise aggressiv, wollen nicht verstören, machen vielmehr den Härtetest darauf, wie aufgeklärt und körperfreundlich die christliche Religion ist.

Zu den eindringlichsten Partien des Romans zählen die Szenen, in denen Kristóf und Klára in großen Erzählbögen durch ihr manchmal sehr lautes Sehnsuchtslabyrinth tappen, bis auch hier ein Protagonist, ohne je in Kitsch abzugleiten, leise ein ›vollbracht‹ hauchen kann: »Es war ein stilles, aber großes Glück, das sie miteinander und wegen einander erlebten.« (1584)

Überraschend schreibt Viktória Radics am Ende ihres oft klugen Essays in dem Band *Nádas lesen*: »Nicht die Sexualität ist bei Nadas mystisch, auch nicht die Erotik, sondern die Sinneswahrnehmung, die ans Unendliche andocken kann.«[4] Das ist zwar hinsichtlich der Sinneswahrnehmung richtig erkannt, aber doch prolongiert dieser Satz das ewig falsche Verständnis über Scham, Sexualität und Erotik, glaubt schrecklich verklemmt nur an den poetischen Weg zum sprachlichen Höhepunkt, glaubt nur in der unendlichen Vernetzung der Sinneseindrücke, die diese körperaffine Sprache bietet, die Umsetzung des mystischen Projekts angemessen dargestellt. Das ist nicht einmal die halbe Wahrheit.

4 Graf/Schmidt (2012).

»Lust ist wahrscheinlich ein Beiname Gottes.« Fraglos wäre es eine Bereicherung, nähme die Theologie in die lange Liste der Eigenschaften Gottes neben Ewigkeit, Allwissenheit, Allmächtigkeit auch das Prädikat *Lust* auf.

Nur hoch selektiv kann ich einige andere Autoren nennen und wenige Szenen aufrufen. Eine herrliche Deformation beschreibt einer meiner Lieblingsautoren: David Foster Wallace: »Der Arzt meinte, es ist ein unkontrollierbarer Schreiimpuls, meist beleidigenden oder skatologischen Inhalts, eine so genannte Koprolalie, so der offizielle Begriff. Nur dass, wenn ich komme und anfange zu schreien, dass es gar nicht beleidigend oder obszön ist. Es ist auch immer nur ein und derselbe Satz. Und trotzdem vollkommen daneben. Vollkommen daneben, obwohl sich davon eigentlich niemand angemacht fühlen kann, ich weiß auch nicht. Aber ich habe mich dann einfach nicht mehr in der Gewalt. Es kommt genauso wie das Abspritzen, es fühlt sich auch genauso an. Ich weiß nicht, warum und weshalb, aber ich kann einfach nichts dagegen machen. […] ›Sieg den Kräften der demokratischen Freiheit!‹ Nur viel lauter. Also richtig geschrien. Es passiert unwillkürlich. Bis es aus mir herauskommt, denke ich nicht einmal an so etwas, ich höre mich nur selber schreien. ›Sieg den Kräften der demokratischen Freiheit!‹ Aber eben viel lauter. Eher so: ›SIEG----‹ […] Na ja, die (Frauen, K.H.) sind dann erst mal völlig perplex. Und ich roll mich zur Seite und könnte sterben vor Scham. Meistens weiß ich dann gar nicht, was ich sagen soll. Ich meine, was sagt man, wenn man gerade noch losgebrüllt hat: ›Sieg den Kräften der demokratischen Freiheit!‹ mitten im schönsten Orgasmus.«[5]

Doris Knecht, offenbar semantisch durch den Protestantismus imprägniert, greift in ihrem Roman *Gruber geht* zum lutherischen Erkennen, um die *unio mystica* auf dem Höhepunkt sprachlich einzufangen: »Und er fließt in sie hinein, sie fühlt, wie ihr Körper in seinen Armen eine neue Form, einen neuen Sinn bekommt und zu vibrieren beginnt und lebendig wird, sie fühlt, wie ihr Körper sich auf seinen einschwingt und wie er in sie hineinschwingt, und sie in ihn, und er spürt, wie er sich mit ihr vermischt und ein anderer Mensch wird, ein vollständigerer Mensch, und sie spürt sein Fleisch und ihr Fleisch, ihr Herz, sein Herz, es lässt sich nicht mehr unterscheiden, seine Hände wachsen in ihren Körper hinein und ihre Leiber verschwimmen, schmelzen zusammen zu einem Raum, in dem es bebt und schwillt und vibriert. […] (U)nd sie fühlt ihn, wie er in sie hineindrängt und in sie hineinwächst und sie ausfüllt und sie versteht und erkennt, ja erkennt.«[6] Ich liebe diese Stelle deshalb, weil

5 Wallace (2012: 30f.).

6 Knecht (2012: 90f.). Ingeniös hat Bodo Kirchhoff (2014: 6) die Verbindung von Sexualität und Sprache untersucht und ein Lob auf die Anderheit ausgebracht: »Man begehrt das Andere im Anderen, das ist immer etwas Fremdes, etwas, das nicht greifbar ist.« Treue definiert Kirchhoff, Missbrauchsopfer in

hier endlich einmal der Körper als Ganzer, innen und außen gleichermaßen gefühlt wird. Das ist unserer funktional ausdifferenzierten Gesellschaft, wo der Körper funktional aufgespalten wird, so kaum noch erfahrbar. Nachdrücklich im positiven Sinne dient die Sexualität der körperlichen Identitätsstabilisierung, die, wenn sie mit dem liebenden Erkennen verschränkt wird, nicht nur der eigenen Lustgewinnung dient. Allerdings kann gegenwendig, wie Isolde Karle treffend schreibt, »die Rückversicherung der eigenen Körperlichkeit in der Sexualität«[7] auch zum narzisstisch gesteuerten Nutzenkalkül verkommen.

John Irving, als gelernter Ringer mit Taktilitätskniffen ausgestattet, erfindet in seinem Roman mit dem sprechenden Titel *In einer Person* einen Protagonisten mit Namen William Abbott, der eine sexuelle Identität als *all in one* lebt, bisexuell mit einer großen Vorliebe fürs Transsexuelle, geprägt durch seinen Großvater, der in der Laienspielgruppe einer Kleinstadt in Neuengland mit Vorliebe Frauenrollen spielte und nach dem Tod seiner Frau in deren Kostümen weiterlebte. »(E)s ist anstrengend, siebzehn zu sein und nicht zu wissen, wer man ist, und Elaines BH rief mich zu Bett.«[8] In diesem Roman lernt man alles über Machocodes und androgynen Sex, Transsexualität, Queer, Fummel und genitale Identitätssuche jenseits inszenierter Bespaßung.

Zum Schluss ein *sidekick*: In ihrem Roman *Die Sonnenposition* skizziert Marion Poschmann die sich wandelnde Schamkultur nach der Öffnung des eisernen Vorhangs an einem ostdeutschen Badestrand – ein markanter Schritt zurück: »Fromme Badende aus Polen schraken vor der ostdeutschen Körperkultur zurück. Sie vollführten turnerische Verrenkungen, um beim Umziehen am Strand stets ein Handtuch so in Position zu halten, dass es ihre Blöße bedeckte. Sie vermieden es überhaupt, sich unter freiem Himmel umzuziehen, lieber blieben sie in nasser Badebekleidung hinter ihrem Windschutz. Die polnischen Familien schienen zartere, langbeinigere Kinder zu bekommen, die Eltern hingegen nach der ersten oder zweiten Geburt schneller zu verfetten und die Form zu verlieren. In der Pubertät trafen die Extreme aufeinander, die halbwüchsigen, gazellenhaften Mädchen trugen enorme, wie kaum noch zum übrigen Körper gehörige Brüste vor sich her; vielleicht war es besser, dass sie alle bekleidet blieben. Stammgäste aus dem Osten Deutschlands, die regelmäßig diesen Strand besucht hatten, ärgerten sich über den plötzlichen Andrang von auswärts, darüber, dass es nicht mehr ihr Strand war. Sie ärgerten sich über die ausbrechende Schamhaftigkeit, die das, was bis dahin als natürlich gegolten

einem protestantischen Internat, so: »Solche Kontinuitäten im Leben, Aufwachsen mit den Kindern, mit dem Menschen, den man liebt, älter zu werden, das halte ich für elementarer als Treue in dem Sinne, dass man seinen Körper reserviert.« Vgl. auch Kirchhoff (2012).

7 So Karle (2014a: 98); vgl. Karle (2014b: 179-189).

8 Irving (2012: 179).

hatte, in etwas Anrüchiges, ja Obszönes verwandelte. Als alle nackt gewesen waren, hatte es keine Probleme gegeben, aber seit hochgeschlossene Katholiken anzügliche Blicke aus den Augenwinkeln warfen, seitdem sie Grad und Anlass ihrer Erschütterung regelmäßig überprüften, indem sie empört durch die Lücken im Windschutz spähten, seither fühlte man sich von Voyeuren umgeben und konnte ein leichtes Unwohlsein kaum leugnen. Die Urlauber aus dem Westen zeigten sich verunsichert, wie sie sich zwischen diesen Fronten einzuordnen hatten. Anziehen oder ausziehen?«[9]

2. Die Applausmeister der Wollust und der Fruchtbarkeit

Theologische Dispositive tragen eine Hauptlast an der Schaminfizierung der Sexualität, war es doch Augustin, der den Sexualakt instrumentalisierte, um seine Herrschaftsvokabel der Erbsünde biologisch zu verankern. Bei genauerem Zusehen liegt hier eine Verschiebung der Scham über die eigene Unvollkommenheit in die Schuld vor, die sich als Dämonisierung der Sexualität und Denunzierung der Körperlichkeit zu erkennen gibt. An dieser Körperfeindlichkeit leidet das Christentum bis heute. Die religiöse Engführung der Sexualität auf Fruchtbarkeit gehört zu den bevorzugten Praktiken der Dämonisierung. Dämonisiert seit dem Beginn wurde die gleichgeschlechtliche Sexualität. Die Folgelasten, die bis zum Selbstmord reichen können, wiegen schwer. Ökonomische Dispositive können, wie Byung-Chul Han argwöhnt, die Sexualität dagegen zum neoliberalen Leistungsersatz umwidmen. Durch die ökonomisch gesteuerte Dauersexualisierung im Alltag wird zudem – das ist kein kleiner Verlust – ein rein ästhetischer Blick auf die Nacktheit unmöglich.[10]

Ich untersuche in diesem Abschnitt philosophische Annäherungen an das Thema. Es gibt einen klaren Favoriten, der die Sexualität als Königsweg im Umgang mit der primitiven Scham sprachfähig macht: Hermann Schmitz. Mal offen, mal verdeckt wird in der Ideengeschichte der Sexualität unterstellt, in diesem Phänomenbereich handle es sich um animalische Atavismen, die es gelte in einer Kulturform zu zähmen. Hermann Schmitz dagegen beschreibt speziell den Orgasmus als Leibleben, ohne den individuelle wie auch soziale Ganzheit nicht spürbar werden. Erfahren lässt sich das All-Eine, so die Pointe, in der Ekstase, deshalb liest Hermann Schmitz in seiner Leibphänomenologie die Black-Box der Ekstase aus, in typischem Schmitz-Sound, in leicht erigierter Sprache, manchmal auch im Duktus einer Wäschebeschließerin. Schmitz startet mit einer Phänomenologie des Kusses, um von vornherein die Paarbil-

9 Poschmann (2013: 108); vgl. Bologne (2001); Gernot Böhme (1997: 218-246).

10 Die Selfies als Nudies, so mein Vorschlag, versuchen, einen rein ästhetischen und kreatürlichen Blick auf die Nacktheit zu werfen.

dung ins Spiel zu bringen.[11] »Am Anfang steht diffuse protopathische Weitung, eine stolze Schwellung des ganzen Leibes durch Erzeugung protopathischer Wollust auf Leibesinseln.«[12] Die ideale Anregung zu dieser Weitung und die Stimulation vieler Leibinseln geschieht durch den »Kuss, der die Wollust aus den bereits wollüstig schwellenden Leibesinseln der Lippen und der Zunge auf den Partnerleib überträgt. [...] Demgemäß setzt er an wenigen, als wollustempfänglich gut bekannten Zonen des Partnerleibes an.« (61) Das ist sehr zivilisiert formuliert.

In einer zweiten Phase der sexuellen Verlaufsgestalt kommt es – sichtbar beim Mann – zu einer epikritischen Tendenz auf Engung oder Spannung, Schmitz spricht von einer »epikritischen Wollust kitzelartiger Sensationen«, von einem »wollüstigen Schauder, der den ganzen Leib überrieselt.« Jetzt, so stellt Schmitz ernüchtert und beinahe entschuldigend fest, ist der Mensch »dem sich anbahnenden Geschehen ausgeliefert«. (61)

Auf dem Weg zum Gipfel der geschlechtlichen Ekstase steigt »das Gewicht der Schwellung gegenüber dem der Spannung« (62). In dieser Phase ist das wollüstige Stöhnen »Signal einer Weitung, die im Begriff ist, sich aus den Fesseln hemmender Engung loszuwinden, aber der Hemmung noch nicht (wie im Schrei) entkommt. Kraftanstrengung und sogar schmerzhafte Reize passen gleichfalls in diese Phase.« (62) Dieses antagonistische Kraftspiel treibt auf den Höhepunkt zu, bis »die Schwellung die Mauer hemmender Spannung durchbricht und, damit der Fessel ledig geworden, in privative Weitung umschlägt. Dieser Höhepunkt ist der Orgasmus, in dem sich die leibliche Dynamik auf eine rein epikritische Spitze zusammenzieht, die nicht mehr räumlich und zeitlich orientiert ist, *sondern absoluter Ort und absoluter Augenblick wie bei der Exponierung der Gegenwart durch den plötzlichen Einbruch des Neuen.*« (62, Hervorhebung, K.H.) Im Orgasmus, so die Pointe, wird der Einbruch des Neuen (im Idealfall) partnerschaftlich erlebbar.[13]

»Auf die Sammlung der leiblichen Dynamik in epikritischer Engung beim Orgasmus folgt die protopathische Ergießung im Rausch, das Verströmen und Versinken in maßloser Weite. Es ist, als sei der absolute Ort, der absolute Augenblick nur darum so betont worden, um nun vollständig preisgegeben zu werden. In diesem Untergang wurzelt die metaphysische Bedeutung der geschlechtlichen Ekstase, die oft von den Mystikern herangezogen worden ist, als Eintritt in das Unendliche. Der Mensch, der im Rausch der geschlechtlichen

11 Über die »Wollust des Mundbereichs« schreibt Schmitz (1993: 128f.) in seinem Liebesbuch.

12 Schmitz (2011: 61); vgl. Marion (2011); Fellmann (2005).

13 Ohly (2015: 197f.) betont den Widerfahrnischarakter des Verliebtseins, unterschätzt aber den Orgasmus als Initium.

Ekstase versinkt, vollbringt gleichsam die befreiende Tat, die Hölderlin seinem Empedokles als den die All-Einheit wiederherstellenden Sprung in den Ätna zumutete.« (62)[14] Unmissverständlich wird im Orgasmus die auch von den Romantikern mitbedachte Kippfigur, die höchste Konzentration der Individualität und das Zerfließen in der Weite, orgiastisch in der Zweisamkeit durchmessen.

Um den Rausch nach dem Orgasmus von anderen Räuschen deutlich abzugrenzen, versucht Hermann Schmitz, die »Bewegungssuggestion des Versinkens« (62) im Orgasmus als ausschwingenden Bogen, als behagliches, sprich: angstfreies Ausschwingen zu beschreiben. Der dabei einsetzende »Zerfall der Einheit des Leibes in locker verstreute Leibesinseln« (63) wird im verebbenden Rausch als Anstrengung erfahren, die Leibinseln »wieder zusammenzusuchen«. (63) Verschmitzt stellt er fest: »Daher wird die geschlechtliche Ekstase gerne ins Bett verlegt.« (63)

Schmitz beschreibt diese dynamische Leibökonomie als idealen Gestaltverlauf, der bei der Frau markant anders verlaufe. »Mit der Lockerung des straffen und glatten Zusammenhangs der Phasen« ist es für die »Frau trotz gleicher Bereitschaft in geschlechtlicher Erregung weniger leicht und sicher als für den Mann […], überhaupt dahin zu gelangen.« Aber: Dafür verfügt sie über »die größere Variationsmöglichkeit, die die Plateauphase, der multiple Orgasmus usw. der Frau bieten. Sie wird für die Minderung der straffen Führung des Ablaufs durch einen größeren Spielraum für Variation des Genusses entschädigt.« (63)[15]

Fraglos gelingt es Schmitz, diese lange schambesetzt verschwiegenen Phänomene sprachfähig zu machen. Bereits die Sexualität bietet, folgt man den Etüden von Schmitz, die Möglichkeit, selbstlose Liebe wahr werden zu lassen. Anders gewendet: Weil im egoistischen Sex die Erfahrung der Selbstüberschreitung bei *gleichzeitiger Du-Erfahrung* sich nicht einstellt, erfahre ich die Instrumentalisierung des Anderen![16] Wenn aber »Fremdheit und Zusammen-

14 Wenn Schmitz hier von *versinken* spricht, klingt das pejorativ, besser, weil den Transzendenzbezug betonend, müsste es heißen: sich selbst überschreitet; vgl. auch Schmitz (1993).

15 Wie kompliziert es ist, gute Sexszenen zu schreiben, zeigt Moritz (2015). Ein Genuss: Fuld (2014).

16 Nygren (1955) hat in seiner großen Arbeit über die Agape diese Pointe übersehen. Eine dialogische Philosophie der Liebe, die sich vom Verschmelzungsmodell (Platon; modern: Roger Scruton) und dem kurativen Modell (Aristoteles; modern: Harry Frankfurt) absetzt, legt Angelka Krebs (2015: 198f.) vor und deutet Liebe als geteiltes Gefühl. Leibphilosophisch gibt sie Max Scheler Hermann Schmitz gegenüber den Vorzug: »Scheler kennt zwei Mechanismen zur Entstehung von Gemeinschaft: unwillkürliche Einsfühlung und willkürliches integratives Interagieren. Hermann Schmitz kennt nur einen Mechanismus: Einleibung. Überall ist bei ihm Einleibung am Werk. Dadurch wird jedoch seine These, dass Liebe letztlich ein durch Einleibung gemeinsames Gefühl ist, trivial, und das Spezifische der Liebe wird verkannt. Denn die Liebenden sind in ihrem Miteinander auf den

wachsen« bei Liebenden »sich ergänzen«[17], dann tragen sie das Initium aus, das in der Sexualität den Anfang nahm.

Eine sehr umfängliche Phänomenologie des Eros hat Emmanuel Levinas publiziert und noch nachdrücklicher als Schmitz versucht, die Alterität in der Sexualität zu schonen. Die Liebkosung etwa deutet Levinas als »Suche: ein Gang zum Unsichtbaren«[18], eine Suche, die nie ans definitive Ziel kommt, ein Begehren, das nicht gestillt werden kann. In der Wollust, so Levinas, wird zwar das Geheimnis profaniert, bleibt aber Geheimnis: »Das Entdeckte verliert in der Entdeckung nicht sein Geheimnis, das Versteckte enthüllt sich nicht, die Nacht zerstreut sich nicht. Die Entdeckung qua Profanation hält sich in der Scham, sei es auch in der Gestalt der Schamlosigkeit« (379), wenn die »Geliebte [...] auf ein Niveau der Kindheit ohne Verantwortung zurückfällt [und] herumalbert.« (385) »Die Profanation – Erfahrung des Verborgenen als Verborgenen – stellt ein Seinsmodell dar, das auf die Intentionalität nicht zurückgeführt werden kann. [...] Die Liebe lässt sich nicht auf eine Erkenntnis reduzieren, der affektive Elemente beigemischt wären.« (380)

Ängstlich ist Levinas darauf bedacht, Liebe nicht als Verschmelzungsakt zu deuten: »(D)ie Liebe sucht, was nicht die Struktur des Seienden hat, sie sucht vielmehr das unendlich Zukünftige, das, was zu zeugen ist. Ich liebe nur dann wirklich, wenn der Andere mich liebt; dies aber nicht darum, weil ich die Anerkennung des Anderen brauche, sondern nur weil meine Wollust sich an seiner Wollust erfreut, und weil in dieser unvergleichlichen Konstellation der ›Identifikation‹, in dieser *Trans-Substantiation*, das Selbe und das Andere nicht miteinander verschmelzen, sondern gerade – jenseits eines jeden möglichen Entwurfs, jenseits eines jeden sinnvollen und intelligenten Könnens – das Kind zeugen.« (389f.) In dieser hochgetunten Sprache wird das Kind zwar als Geschenk deutbar, aber Levinas entkommt der Intentionalität (und der Funktionalisierung) leider nicht, weil die Transsubstantiation im Kind als Chance der Eltern ergriffen wird, dem Ekel vor dem Sein zu entkommen. Letztlich bleibt auch die Phänomenologie des Eros von diesem Seinsekel infiziert. Kann

anderen in seiner Individualität und Autonomie gerichtet. Sie schätzen das Miteinander mit ihm als einem Freien und Besonderen. Es geht in der Liebe nicht um Ansteckung oder Antagonismus, sondern um Dialog.« Um Gottes willen: Ich hoffe, dass Liebe nicht nur Dialog ist. Krebs unterlässt es, leibphänomenologisch Sexualität, namentlich den Orgasmus, in der Verknüpfung mit der Liebe ins Spiel zu bringen: Das ist extrem unbefriedigend und vergibt die Stärken von Schmitz. Schmitz kann selbstredend Individualität denken: durch Blicke oder Gebärden etwa, oder durch die Verdichtung von Atmosphären, er legt aber in der Tat den Nachdruck auf den Widerfahrnischarakter. Aber das ist doch seine Stärke, um dem Geheimnis der Liebe auf die Spur zu kommen. Vgl. auch Luhmann (1982).

17 Schmitz (1993: 112).

18 Levinas (2003: 376). Folgende Zitate entstammen diesem Text.

man dann aber ein Kind in die Welt schicken, das auch diesem Seinsekel unabdingbar verfallen muss? Und werden damit nicht das Kind und die Liebe hinterrücks verzweckt? Die an anderer Stelle bereits monierte Differenzspreizung des Anderen limitiert die Möglichkeit, eine Phänomenologie des Eros zu erarbeiten.

Der französische Schriftsteller und Philosoph Alain Badiou behauptet mit Jacques Lacan, es gebe keine sexuelle Beziehung im strengen Sinne: »Im Geschlechtlichen treten Sie letztlich in Beziehung zu sich selbst, vermittelt durch den anderen. Der andere dient Ihnen dazu, das Reale des Genießens zu entdecken. In der Liebe hingegen ist die Vermittlung durch den anderen an sich sinnvoll.«[19] Diese Abwertung der Sexualität, die den Akt als Egoisme à deux denunziert, scheint mir phänomenologisch nicht überzeugend. Was Badiou an der Sexualität vermisst, ist, durchaus ein Argument mit Schlagkraft, der häufig fehlende Ausgriff auf Dauer. An der Liebe interessiert Badiou prompt die temporale Streckung, die in der Sexualität allenfalls nur vier Tage als Permasex durchgehalten wird: »Was ist die Welt, wenn man sie zu zweit und nicht alleine erfährt? Was ist das für eine Welt, die ausgehend vom Unterschied und nicht von der Identität erforscht, praktiziert und gelebt wird?« (27)[20] In der Liebe, so die Pointe, wird ausgehend von der Singularität der zufälligen Begegnung ein »universelle(r) Wert« (23) erfahrbar: »Das Universelle daran ist, dass jede Liebe eine neue Wahrheitserfahrung darüber anbietet, was es bedeutet, zu zweit und nicht einer zu sein. Jede Liebe liefert uns eben einen Beweis dafür, dass man der Welt anders als durch ein einsames Bewusstsein begegnen und sie anders erfahren kann.« (40) Aus dem schnöden Zufall soll Dauer werden. Jetzt kommt Badiou auch leichtgängig das oft schamhaft verschluckte Stichwort der Treue über die Lippen, Treue »bezeichnet eben den Übergang einer zufälligen Begegnung zu einer Konstruktion, die so fest ist, als wäre sie notwendig gewesen. […] In der Liebe bezeichnet die Treue diesen langen Sieg: den Tag für Tag in der Erfindung einer Dauer, in der Geburt einer Welt besiegten Zufall der Begegnung.« (43f.)[21] Badiou, vom Eros offenbar ernüchtert,

19 Badiou (2011: 25). Die folgenden Zitate beziehen sich auf diese Ausgabe.

20 Emmanuel Levinas wirft er treffend (2011: 28f.) vor, die Liebe nur als »›oblative‹ Erfahrung« denken zu können, als eine »Erfahrung, in der ich mich zugunsten des anderen vergesse, der wiederum in dieser Welt das Vorbild dafür ist, was mich letztlich in Beziehung zum Ganz-Anderen versetzt.«

21 Von hier aus deutet Badiou (2011: 56f.) das Christentum: »Das Christentum hat perfekt verstanden, dass es in der scheinbaren Kontingenz der Liebe ein Element gibt, das nicht auf diese Kontingenz reduzierbar ist. Doch das Problem dabei ist, dass es die Liebe sogleich in die Transzendenz projiziert hat. Dieses universelle Element, das ich selbst auch in der Liebe anerkenne, sehe ich als immanent an. […] Das Ergebnis ist, dass das Christentum die kämpferische Liebe, die ich hier lobpreise, die irdische Schöpfung der differenzierten Geburt einer Welt, das Stück für Stück eroberte Glück, durch eine passive, devote, gebeugte Liebe ersetzt.«

verschenkt ein Argument, denn Treue kann auch in der Sexualität dazu führen, dass diese Erfahrung intensiviert wird und deshalb die Treue stützt.

Alle Applausmeister der Wollust und der Liebe feiern in unterschiedlicher Verdichtung das Geheimnis und die Anderheit und verharren nicht gefühlskalt in »stiller Selbstverehrung«[22]. Byung-Chul Han aber sieht im Herrschaftssystem des Neoliberalismus genau diese Elemente der Exterriorität bedroht und entziffert eine »Agonie des Eros«.[23] Weil der Eros erlahmt, nehmen, so seine Analyse, narzisstische Krankheitsbilder wie die Depression zu, die er als »physische Insolvenz« sprachlich versiert einfängt. (18) Weil wir, so Han, fröhlich dem neoliberalen Diktum der Freiheit huldigen, positiviert sich die Liebe »heute zur Sexualität, die ebenfalls dem Leistungsdiktat unterworfen ist. Sex ist Leistung. [...] Die Liebe wird zu einer Genussformel positiviert. Sie hat vor allem angenehme Gefühle zu erzeugen. Sie ist keine Handlung, keine Narration, kein Drama mehr, sondern eine folgenlose Emotion und Erregung. Sie ist frei von der Negativität der Verletzung, des Überfalls oder des Absturzes.« (19f.) Sogar nächtens sind wir noch Opfer der Optimierung, einer Strategie, an der der Protestantismus nicht ganz unschuldig ist: »Die neoliberale Ideologie der Selbstoptimierung entwickelt religiöse, ja fanatische Züge. Sie stellt eine neue Form der Subjektivierung dar. Die endlose Arbeit am Ich ähnelt der protestantischen Selbstbeobachtung und Selbstprüfung, die ihrerseits eine Subjektivierungs- und Herrschaftstechnik darstellt. Statt nach Sünden wird nun nach negativen Gedanken gefahndet. Das Ich ringt erneut mit sich selbst als einem Feind. Die evangelikalen Prediger agieren heute wie Manager und Motivationstrainer und predigen das neue Evangelium der grenzenlosen Leistung und Optimierung.«[24]

Mit einer tiefen Verbeugung vor Levinas, der zwar nicht wie etwa Bataille den Wahnsinn und den Exzess in der Liebe ausleuchtet, klagt Han im Eros das »asymmetrische Verhältnis zum Anderen« (25) ein. Nur so unterbricht der Eros »das Tauschverhältnis«. (25) Exzessiver Eros ist mit Levinas und mit Bataille[25] eine Veraus-Gabung, die der Logik der Ökonomie widersteht. Problematisch wird die These, wenn hinterrücks wie bei Levinas eine Metaphysik der Fruchtbarkeit bedient wird. Und Gernot Böhme hat gezeigt, wie der ästhetische Kapitalismus die Waren und damit den Konsum erotisiert.

Auch die Liebe droht zum ästhetischen Konsumartikel zu verkommen. »In letzter Zeit wurde oft das Ende der Liebe ausgerufen. Die Liebe gehe heute an endloser Wahlfreiheit, an Optimierungsvielfalt und Optimierungszwang

22 Rawls (2010: 239).

23 Han (2012b).

24 Han (2012b: 44f.).

25 Bataille (1994); Böhme (2016).

zugrunde.«[26] Han spielt hier auf die soziologischen Arbeiten von Eva Illouz[27] an, die gegen die Rationalisierung jeder Liebe und Technologien der Wahl in Date-Foren zu Felde zieht und für die Intuition plädiert. »Auf Intuition beruhende Entscheidungen fallen schneller, kommen ohne Gefühle nicht zustande und machen von dem im Laufe der Zeit angesammelten Wissen Gebrauch, auch beinhalten sie eine gewisse Risikobereitschaft.«[28] In seinem durchaus neoliberalen Strategien vergleichbaren Überbietungsgestus gemeindet Han auch Illouz ein: »Diese soziologischen Theorien der Liebe erkennen jedoch nicht, dass heute etwas im Gange ist, was der Liebe wesentlich mehr zusetzt als die endlose Freiheit oder unbegrenzte Möglichkeiten. Zur Krise der Liebe führt nicht allein zu viel Angebot am *anderen* Anderen, sondern die Erosion des *Anderen.*«[29]

Dass im affektiven Kapitalismus der Eros überreizt wird, dass die Werbung den Zuschauer mit Bildern von Hochleistungsliebhabern und Sexyness imprägniert, der Hypersexualisierung Vorschub leistet und damit zur Überforderung einlädt, dass in der Optionsgesellschaft die Bindekräfte schwinden, dass Sexualität auch zur einseitigen Identitätsstabilisierung verkommen kann, dass sich heute viele Liebende glauben schämen zu müssen, wenn sie nicht andauernd Lust empfinden, dass schließlich sogar eine Erosion des Anderen droht, ist in der Tat eine Gefahr; aber Han überdehnt seine Argumente, übertreibt wie der Kulturkritiker Günther Anders, um Fehlentwicklungen sichtbarer zu machen für eine teilblinde Öffentlichkeit. Aber zur Entspannung sollte man, bei aller Überlegenheitsattitüde der Philosophie der Soziologie gegenüber, doch wichtige empirische Daten, die etwa Karle in ihrem Liebes-Buch versammelt, wenigstens kennen, um nicht einer Chimäre hinterherzuhecheln. Dazu zählt die Verabschiedung der Rede von einer ›sexuellen Verwahrlosung der Jugendlichen‹: »Die Forscher über Jugendsexualität kommen unisono zu dem Schluss, dass das jugendliche Sexualverhalten gegenwärtig ›in hohem Maße in Liebe, Partnerschaft und sehr solide (bürgerliche) Moralstandards eingebunden‹ ist.«[30] In der Hochschätzung von Treue unterscheiden sich die

26 Han (2012b: 5).

27 Illouz (2016); Illouz (2013). Vgl. auch soziologisch entspannt argumentierende Bücher von Bette (1989); Gugutzer (2010); Lewandowski (2004).

28 Illouz (2016: 221)/Isolde Karle (2014a: 90 vgl. 524) notiert in ihrer sehr einfühlsamen Auseinandersetzung mit Illouz: »Im Internet ist es möglich, über Sexualität zu kommunizieren, ohne sich interaktiv ›face to face‹ stellen zu müssen. Das reduziert die Scham und entlastet von der eigenen Körperlichkeit, vor allem, wenn man sich selbst als nicht so attraktiv einschätzt.«

29 Han (2012b: 5). Eine Erosion des Mutterglücks beschwören Orna Donath (2016), Sarah Fischer (2016) und Esther Göbel (2016). Hier wird die Scham über die Überforderung buchmarktkonform präsentiert.

30 Karle (2014a: 88). Karle zitiert Schetsche/Schmidt (2010); ähnlich Dabrock u.a. (2015a: 83): »Eine

Jugendlichen zudem kaum von Erwachsenen: »Monogame Wertvorstellungen und seriell monogames Verhalten bestimmen weiterhin bis heute die Mehrheit der intimen Beziehungen.«[31] Treue sucht aber immer den nichterodierten Anderen. Der Eros ist offenbar noch nicht ganz in Agonie verfallen. Und Schmitz hilft dabei, eine positive Sexualität sprachfähig zu machen.

Lässt sich das von mir monierte Lob der Fruchtbarkeit[32] gegenwartsfähig, vom Biologismus befreit, umwidmen? Steile Karriere macht seit einigen Jahren der Begriff der Natalität[33] im Rekurs auf Hannah Arendts Ausführungen in *Vita activa*[34]. Arendt spricht mit Augustin vom Menschen als *Initium*, als Neuanfang. Die kritische Stoßrichtung zielt auf Martin Heideggers Dictum vom *Vorlaufen in den Tod* und seiner unpersönlichen Rede von Geworfenheit. Streng von der »Geburtlichkeit« des Menschen her konzipiert Arendt ihre Anthropologie: »Weil er [der Mensch] ein Anfang ist, kann der Mensch etwas Neues anfangen, also frei sein« – so lautet ihre Kernbestimmung.[35] Daher ist die Philosophie der Natalität von Hannah Arendt eine Philosophie der Freiheit. »Der Neubeginn, der mit jeder Geburt in die Welt kommt, kann sich in der Welt nur darum zur Geltung bringen, weil dem Neuankömmling die Fähigkeit zukommt, selbst einen Anfang zu machen, d.h. zu handeln. […] Weil jeder Mensch aufgrund des Geborenseins ein initium, ein Anfang und Neuankömmling in der Welt ist, können Menschen Initiative ergreifen, Anfänger werden und Neues in Bewegung setzen.«[36] In seiner großartigen Beschreibungsbrillanz

sexuelle Verwahrlosung der Jugend existiert faktisch mehr als mediales Bild und als Angst in den Köpfen von Erwachsenen als in der Realität von Jugendleben.«

31 Karle (2014a: 93), mit Bezug auf Schmidt u.a. (2006).

32 Siehe auch das nächste Essay.

33 Vgl. H. Theißen (2012: 285–311).

34 Arendt (2007); vgl. Arendt (2002).

35 Arendt (2000: 220).

36 Arendt (2007: 14, 215). Dazu schreibt Brunkhorst (1999: 28, 29): »Natalität ist die radikale Kontingenz des je neuen Lebens, und es ist immer auch die Hoffnung auf einen neuen Anfang, der das dunkle Vergangene hinter sich zurückläßt.« »Natalität ist die ständig präsente Möglichkeit des Handelns, initiativ zu werden und eine neue Welt zu schaffen, und dem quasi neu geborenen, ›von keiner Überlieferung getrübten Blick‹, wird schließlich offenbar, daß die menschliche Welt im Handeln immer wieder von vorn angefangen hat und deshalb auch jederzeit erneuert werden kann.« Siehe dazu Boelderl (2006); Hoffmann (2013); Lütkehaus (2006); Miggelbrink (2009); Saner (1995); Schües (2008); Sloterdijk (1988). Thomas Bernhard (2004: 81) denunziert prompt die Erziehung, die jede Freiheit eines Anfangs ruiniert: »Wir werden erzeugt, aber nicht erzogen, mit der ganzen Stumpfsinnigkeit gehen unsere Erzeuger, nachdem sie uns erzeugt haben, gegen uns vor, mit der ganzen menschenzerstörenden Hilflosigkeit, und ruinieren schon in den ersten drei Lebensjahren alles in einem neuen Menschen, von welchem sie nichts wissen, nur, wenn überhaupt, daß sie ihn kopflos und verantwortungslos gemacht, und sie wissen nicht, daß sie damit das größte Verbrechen begangen haben […]. Es gibt überhaupt keine Eltern, es gibt nur Verbrecher als Erzeuger von neuen Menschen«, und der neue Mensch wird »zu dem gemacht, was er sein ganzes Leben lang sein muß und was er nicht und

hatte Hermann Schmitz, wie oben gesehen, *das Initium bereits in jedem Orgasmus*, unabhängig von der Metaphysik der Fruchtbarkeit, angesiedelt!

Natalität in ihrer ethischen Bedeutung ist in der Theologie längst bekannt. Die Pointe in Trutz Rendtorffs Ethik[37] besteht darin, »Natalität« ins Zentrum zu stellen. Drei Grundelemente bestimmen diese Konzeption: das Gegebensein des Lebens; das Geben des Lebens; die Reflexivität des Lebens. Auch in dogmatischer Perspektive ist »Natalität« keine Unbekannte, nur wurde der Begriff zumeist nicht explizit verwandt. Natalität in der Dogmatik versteckt sich in dem Topos der Geschöpflichkeit. Dabei wird allerdings zuweilen nicht die Freiheit zur zentralen Kategorie erklärt, sondern die Bestimmung des Menschen. Freiheit wird zwar nicht negiert, aber sie wird Normen unterstellt, woran der Freiheitsgebrauch des Menschen gebunden ist. Hier droht eine theologische Überstrapazierung, die hinterrücks der Einführung des Schuld- und Sündenparadigmas dient. Eine klassische self-fulfilling prophecy.

Häufig allerdings entpuppt sich die Natalitätsphilosophie als versteckt biologistisch, weil Natalität nahezu immer im Zusammenhang mit biologischer Geburt thematisiert wird. Deshalb mein Vorschlag, die Idee des Initiums anders zu wenden. Natalität ist dann nicht als biologische Geburt, auch nicht nur als Orgasmus allein zu denken, vielmehr ist die Geburt oder Neugeburt mit Hermann Schmitz ein *unaufhörliches Sprechenlernen von Situationen affektiven Betroffenseins*, die spontan eintreten können und Neuanfänge ermöglichen. Emmanuel Levinas hat, diesseits der Metaphysik der Fruchtbarkeit, den Vorschlag gemacht, die *Geburt der Person* in der Situation der Begegnung mit einem Anderen zu verorten. Geburt geschieht immer wieder in einer Begegnung, die sich des Anderen nicht bemächtigt. Hochkreativ ersann Levinas immer neue Metaphern, um diese Geburtlichkeit zu beschreiben, um Sprache zu finden für diese Natalität, die das kurative Element im Liebesdiskurs auszeichnet. Schließlich können auch Texte nicht nur Sehbrillen verschreiben, sondern Personen zeugen. Wie bereits erinnert, schwärmt Paulus nicht eben kleinlaut von seiner Zeugungspotenz (1 Kor 4,15) und Gebärkunst (Gal 4,19), die es ihm möglich macht, durch Briefe, durch das Vor-Augen-Malen Christi (Gal 3,1), Christen zu zeugen – ein olympischer Metaphernsprung vom platonischen Sokrates, der nur als Geburtshelfer, als Maieutiker agierte, zum Zeugungsprotz Paulus.[38] Auch in-

durch nichts ändern kann: eine unglückliche Natur als total unglücklicher Mensch, ob diese unglückliche Natur als unglücklicher Mensch das zugibt oder nicht, die Kraft hat, das zuzugeben oder nicht, die Kraft hat, die Konsequenzen daraus zu ziehen oder nicht.«

37 Vgl. Rendtorff (2011).

38 Diesen olympischen Metaphernsprung vom platonischen Sokrates zu Paulus habe ich ausführlich untersucht in meiner Ästhetischen Theologie (2015a).

szenatorische Texte der Bibel haben eine Natalitätspotenz. Es geht um eine Erweckung zum Glauben.

3. Biblische Lektüren der Entschämung

Weil das Christentum an der Schambesetzung der Sexualität nicht unschuldig ist, bleibt eine Relekúre unverzichtbar. Wer über die Deutungen der biblischen Schöpfungserzählungen brütet, hat es oft mit schlechter Mitwisserschaft zu tun, denn wirkmächtige Deutungen brachten immer schon Vorstellungen über die Verdorbenheit und die Bestimmung des Menschen mit, um sich in die mythischen Ureltern hineinzuphantasieren, namentlich Augustin, in seiner Jugend, wie er in seiner Biographie freimütig eingesteht, ein begabter Libertinärer, wurde nach der Bekehrung ein Sündenfanatiker und Körperhasser, der stets den Geist als Dressurmeister des Körpers verstand. Im Garten Eden muss nach Augustin, so sein nicht blickscheuer Interpret Kurt Flasch, auch der Koitus »ohne jeden Makel, ohne jede Gefühlsregung ablaufen; die Paradiesbewohner hätten ihre Geschlechtsorgane mit derselben Kühle in Bewegung gesetzt wie ihre Hände. Er hätte ohne die unruhige Glut der Libido stattgefunden, ohne jede Anstrengung und ohne nachfolgende Geburtsschmerzen. Augustins Ideal war vollkommene Körperbeherrschung. Dabei dachte er nicht an Leichtathletik, sondern an den Koitus.«[39]

Leider konnte Augustin für seine Deutung Paulus in den Zeugenstand rufen, denn Paulus verlangt in 1 Thess 4,3-5 von den Männern, sie sollen mit ihren Frauen ordnungsgemäß, sprich: *leidenschaftslos* verkehren. Das Sexualverhalten wiederholt dabei die Asymmetrie der damaligen sozialen Ordnung, aktiv, aber leidenschaftslos darf nur der Mann sein, deshalb auch ist es ihm untersagt, sich penetrieren zu lassen oder die Fellatio zu praktizieren, die Frau dagegen darf allenfalls schamhaft begehren.[40] Diese kulturell bedingten Stereotypen steuern subkutan bis heute die Debatten.

Augustin hat die psychopolitisch folgenschwere Idee der Erbsünde, die man exegetisch nicht ernsthaft den biblischen Texten entnehmen kann, für die Institution der Kirche als ideales Werkzeug der Knechtung entdeckt. Mir gefällt dagegen eine Phantasie von Friedrich Christian Delius, Romanautor und Pastorensohn, der in seiner Erzählung *Die linke Hand des Papstes* berichtet, Augustinus habe mit achtzig numidischen Zuchthengsten den Kaiser bestochen, damit der die Erbsünde ratifiziere und Augustins Gegner Pelagius endlich in die Wüste schicke: »(E)in numidischer Zuchthengst war der Ferrari jener Zeit,

39 So Flasch (2004, 77); vgl. auch Agamben (2010a: 116).

40 Tiedemann (2005: 21-25).

überdies ein Ferrari, der neue Ferrraris zeugte. Also schickte, wir schreiben das Jahr 418, Augustinus einen Vertrauten, Bischof Alypius, mit achtzig numidischen Hengsten über das Meer bis vor Ravenna, in welchem Semester lernen das die jungen Theologen? Prompt erließ der Kaiser ein Edikt gegen Pelagius, verbannte ihn und seine Anhänger aus Rom. [...] Ein Schlüssel für das Abendland: Pferde, die dunkle gestriegelte Schönheit und die rhythmische Eleganz von achtzig mal vier rennenden, springenden, trabenden Pferdebeinen. Besterzogene Gäule als Preis für die Grausamkeit und Willkür der Gnadenlehre. [...] (I)ch war überrascht von dem finsteren Gottesbild und dem tiefpessimistischen Menschenbild eines Kirchenvaters.«[41]

Wie steht es aber um den *cold case* der jüdisch-christlichen Religionsgeschichte? Und warum ist an zentraler Stelle Scham im Spiel?[42] Die erste, wie neuere Exegese glaubhaft gemacht hat, ältere Schöpfungserzählung positioniert zentral den Ebenbildgedanken.

Gen 1,27: Gott schuf den Menschen zu seinem Bilde, zum Bilde Gottes schuf er ihn; und schuf sie als Mann und Frau.

Alttestamentliche Exegeten weisen darauf hin, dass im hebräischen Text vom Menschen als »Standbild« (zälam) Gottes die Rede ist, entliehen aus der mesopotamischen und ägyptischen Königsprädikation: Der König (der Pharao) ist eine Statue Gottes und damit sein Repräsentant auf Erden. In den entscheidenden Stellen in Gen 1,26.27 (vgl. 9,6) liegt also eine Demokratisierung der Königsrolle vor: Beschrieben wird die *funktionale Rolle* als Oberhaupt aller Lebewesen unter ihm.[43] Erst die Übersetzung des Alten Testaments ins Griechische verschiebt diese Einsicht, jetzt wird ontologisch ein Abbildcharakter[44] beschrieben. Wichtig ist der inkludierende Gedanke: Frau wie Mann sind verantwortlich für den schonenden und bewahrenden Umgang (dominium terrae) mit der Schöpfung, eine Polarität der Geschlechter ist nicht Thema. Für die damalige Kultur, die keine staatlich-institutionelle Sozialabsicherung kannte und die ihre Wehrhaftigkeit auch durch die schiere Anzahl von Menschen demonstrierte, musste die Fruchtbarkeit hofiert werden. Deshalb will das ätiologische Narrativ diese zweite Funktion explizit nennen. Legt man, was sinnvoll ist, den Schwerpunkt auf die Inklusionsidee, dann ist die Frage nach allen Menschen, auch Hermaphroditen, die durchaus bekannt

41 Delius (2013: 46f.).

42 Dazu ausführlich: Huizing (2012a).

43 Gunda Schneider-Flume (2010: 46) erinnert in ihrem Essay *Die Geschichte der Imago Dei als Schutzraum der Menschenwürde* daran: »Gottebenbildlichkeit beschreibt also nicht den Menschen als Vernunftwesen, vielmehr gibt der Begriff eine Positionsbestimmung der Menschen, die vor Gott für die Welt Verantwortung zu übernehmen haben.« Vgl. Herms (2005a); Huber (1990a).

44 Groß (2000: 11-38).

waren, entscheidend, nicht das Dual der Geschlechter.[45] Von Scham ist nirgends die Rede.[46]

Die zweite, spätere, offenbar weisheitlicher Denktradition entstammende Schöpfungserzählung (Gen 2-3) dimmt den hohen Ton der ersten Erzählung etwas herunter. Zunächst aber wird Gott als Tröster tätig, der Adam eine Horizontalspannung erlaubt, indem er Eva als ebenbürtige Partnerin schafft, der sie auch als solche erkennt (Gen 2,23). Isolde Karle schreibt treffend, »dass Gen 2 als utopischer Gegenentwurf zur patriarchalen Wirklichkeit«[47] gelesen werden kann: »Das Motiv der Nacktheit in Gen 2,25 weist darauf hin, dass sich Mann und Frau in jeder Hinsicht entsprechen und dieselbe Würde besitzen.«[48] Von Scham ist auch hier noch nicht die Rede. Sie ist erst die Folge der einsetzenden Emanzipation, die allerdings nicht als Schuld oder Sünde zu verrechnen ist.

Gen 3,1 Aber die Schlange war listiger als alle Tiere auf dem Felde, die Gott der Herr gemacht hatte, und sprach zu dem Weibe: Ja, sollte Gott gesagt haben: Ihr sollt nicht essen von allen Bäumen im Garten?

3,2 Da sprach das Weib zu der Schlange: Wir essen von den Früchten der Bäume im Garten;

3,3 aber von den Früchten des Baumes mitten im Garten hat Gott gesagt: Esset nicht davon, rührt sie auch nicht an, dass ihr nicht sterbet!

45 Karle (2006); Nord (2001).

46 Die einer kurzschlüssigen Interpretation der Schöpfungserzählungen abgelesene Suprematie des Mannes über die Frau wurde vor der exegetischen Neuorientierung auch von vermeintlich selbstbewussten Frauen mit einer Mischung aus Demut und Selbstverleugnung übernommen. Ein besonders frappantes und zutiefst verstörendes Beispiel ist der einzige längere und unter dem eigenen Namen publizierte Text *Die wirkliche Frau* von Charlotte von Kirschbaum (1949), der Geliebten und Mitarbeiterin von Karl Barth. Siehe dazu Huizing (2018). Heribert Prantl (2014: 4) versieht Marias Mutterschaft, die sexualängstliche Dogmatik zur ewigen Jungfrauenschaft stilisiert, mit einer wunderbaren Gegenlesung, wie sie passend am 24.12.2014 in der Süddeutschen Zeitung erschien: »›Jungfrauengeburt‹ soll besagen, dass etwas ganz Neues zur Welt kommt, das nicht männlicher Macht entspringt. Die Weihnachtsgeschichte beginnt mit dem Abschied vom Patriarchat. Das Neue kommt ohne Zutun männlicher Potenz zur Welt – durch die Kraft des Geistes. ›Geist‹ ist in der hebräischen Bibel feminin, eine Die, eine schöpferische, weibliche, pfingstliche Kraft: sie reformiert, sie revolutioniert, sie macht neu. [...] Die Legende von der Jungfrauengeburt legt also die Axt ans Stammbaum-Denken und die klassischen Machtstrukturen. Die Geschichte, dass alles vorbestimmt ist durch die Abstammung, und dass es nur einen Vater geben kann, ist zu Ende. Die Weihnachtsgeschichte ist also auch eine tröstliche Geschichte, für all die Menschen, die in komplexen Familienstrukturen leben.« Und Prantl schiebt noch gleich eine kleine Hagiographie des Josef hinterher: »Josef ist der Antityp zum patriarchalen Männerbild.« Genau!

47 Karle (2014a: 124).

48 Karle (2014a: 125).

3,4 Da sprach die Schlange zum Weibe: Ihr werdet keineswegs des Todes sterben,

3,5 sondern Gott weiß: An dem Tage, da ihr davon esset, werden eure Augen aufgetan, und ihr werdet sein wie Gott und wissen, was gut und böse ist.

3,6 Und das Weib sah, dass von dem Baum gut zu essen wäre und dass er eine Lust für die Augen wäre und verlockend, weil er klug machte. Und sie nahm von der Frucht und aß und gab ihrem Mann, der bei ihr war, auch davon, und er aß.

3,7 Da wurden ihnen beiden die Augen aufgetan, und sie wurden gewahr, dass sie nackt waren, und flochten Feigenblätter zusammen und machten sich Schurze.[49]

3,8 Und sie hörten Gott den Herrn, wie er im Garten ging, als der Tag kühl geworden war. Und Adam versteckte sich mit seinem Weibe vor dem Angesicht Gottes des Herrn unter den Bäumen im Garten.

3,9 Und Gott der Herr rief Adam und sprach zu ihm: Wo bist du?

3,10 Und er sprach: Ich hörte dich im Garten und fürchtete mich; denn ich bin nackt, darum verstecke ich mich.

3,11 Und er sprach: Wer hat dir gesagt, dass du nackt bist? Hast du gegessen von dem Baum, von dem ich dir gebot, du solltest nicht davon essen?

3,12 Da sprach Adam: Das Weib, das du mir zugesellt hast, gab mir von dem Baum, und ich aß.

Der Text verblüfft, auch wegen seiner Leerstellen, noch immer. Zunächst fällt eine Unachtsamkeit auf: Der Baum des Lebens, der offenbar wie der Baum der Erkenntnis in der Mitte des Paradieses stand, findet zunächst keine Erwähnung mehr. Pädagogisch waghalsig wird mit einem Verbot argumentiert und beim Verstoß gegen das Verbot der Tod angedroht. Da in diesem Stadium des ätiologischen Narrativs Adam und Eva den Unterschied von Gut und Böse nicht kennen und keine Erfahrung mit der Endlichkeit gemacht haben, kann das Verbot nicht funktionieren. Im Gegenteil: Das Verbot selbst nötigt zum Übertritt, um das Gebot zu verstehen.[50] Die Schlange wird als listig bezeichnet. Das hebräische Wort für List führt die Bedeutung »gewitzt« mit sich. Die Schlange ist offenbar so gewitzt, dass sie die *logische Unwucht im Verbot* erkennt und Eva darauf aufmerksam macht, die nach kurzem Gespräch den Verlockungen des prächtigen Apfels erliegt.[51]

49 Diese Textstelle spielt auf eine vorangehende Textstelle an: 2,25 *Und sie waren beide nackt, der Mensch und sein Weib, und schämten sich nicht.*

50 Unmissverständlich stellt der Alttestamentler Thomas Krüger (2015: 89) fest: »Allerdings ist von ›Sünde‹ oder ›Schuld‹ im Text nicht die Rede. Auch kann man fragen, ob Menschen schuldig werden bzw. sündigen können, die noch gar nicht wissen, was gut und was böse (bzw. schlecht) ist, ja die vielleicht noch nicht einmal wissen, dass es so etwas wie Gut und Böse/Schlecht überhaupt gibt.«

51 Erst im fünften nachchristlichen Jahrhundert hat man sich übrigens gegen die Weintraube und Feige und für den Apfel als Obst am Baum der Erkenntnis entschieden, wahrscheinlich als Folge eines Über-

Die Dramatik, die nach dem Verzehr des Apfels aufgerufen wird, verläuft im Sprachspiel von *Erkennen, Scham und Angst*. Warum verstecken Adam und Eva ihre Nacktheit hinter Feigenblättern? Wer schämt sich wofür? Warum wird Scham mit dem Erkennen von Gut und Böse verjocht?

Zunächst: Die Scham verweist auf das, was Adam und Eva sind: markante Individuen mit eigenen *Leibern, die einzigartig sind* und somit voneinander verschieden. Der Mensch, der das Verbot verstehen wollte, erkennt jetzt die Differenz, die auch im Unterschied der Geschlechter, die durchaus nicht auf eine Dualität festgelegt sein müssen, sichtbar wird. Der Unterschied von Gut und Böse ist, lange bevor es um kleinteilige moralische Verfehlungen geht, ein Wissen um die Einzigartigkeit, die eben damit auch Anderheit und Fremdheit meint. Hier bricht die Angst auf, die Differenz nicht überbrücken zu können, die Beziehung zum kleinen Anderen (Eva oder Adam) oder großen Anderen (Gott) nicht hinzubekommen. Bisher (er)kannten Adam und Eva diese Differenz nicht, beide lebten im Angesicht des Herrn als dem umfassenden Grund allen Seins in naiver Unschuld im Garten Eden.

Entwicklungspsychologisch hat Martha C. Nussbaum diese Geschichte interpretiert: »In dem Maße, in dem alle Kinder ein Gefühl der Allmacht genießen, spüren auch alle Kinder Scham über die Erkenntnis ihrer menschlichen Unvollkommenheit: Das ist eine universale Erfahrung, die der biblischen Geschichte von unserer Scham angesichts unserer Nacktheit zu Grunde liegt. [...] Wahrscheinlich ist ein primitives Schamgefühl beim Erleben der eigenen Nacktheit eine grundlegende und universale Eigenschaft des emotionalen Lebens.«[52] Die »primitive Scham« (Nussbaum) dokumentiert die erste Erfahrung der Unvollkommenheit als eine Erfahrung von Endlichkeit in einzigartiger und damit differenter Ausprägung.

In dieser »primitiven Scham« verbergen sich die Anfangsgründe der Moral. Man kann es auf eine sehr einfache Formel elementarisieren: Gut = in glücklichen personalen Beziehungen leben; böse = (bleibend) aus der Ganzheitlichkeit personaler Beziehung herausfallen, isoliert, vereinsamt, ohne echte Gemeinschaft leben. Mit dieser anfänglichen Scham verbunden ist die

setzungsfehlers oder einer wackligen Assoziationskette, weil in der lateinischen Übersetzung der Paradieserzählung das Wort für böse auch Apfelbaum, *malus*, bedeuten kann. Noch wackliger verstehen die Österreicher unter dem Paradeiserapfel die Tomate.

52 Nussbaum (2000a: 99, 100). Der Alttestamentler Thomas Krüger (2015: 89, 90) hat der Sündenfallgeschichte noch eine andere Pointe abgelesen: »Vielleicht sollen die Leser bei diesen Fellröcken (die Gott Adam und Eva nach dem ›Fall‹ übergibt, K.H.) auch an die Schambehaarung denken, die in der Entwicklung der einzelnen Menschen etwa gleichzeitig mit dem Schamgefühl und der moralischen Erkenntnisfähigkeit zu wachsen beginnt. [...] Dass sich Scham und Moral ontogenetisch wie phylogenetisch erst im Verlauf der Biographie bzw. der Geschichte entwickeln, dürfte Genesis 2f. zutreffend gesehen haben.«

kreatürliche Angst, das eigene Leben als Leben in glückender Gemeinschaft zu verfehlen.

Außerhalb des Garten Edens zielt das »Erkennen« ganz folgerichtig darauf, die Differenz aufzuheben, um in der sexuellen Gemeinschaft Ganzheit zu erleben (und das Absolute zu erfahren). Hier zeigt sich die positive Macht der Sexualität. Von seiner dramatischen Anlage her ist der biblische Text also vorbildlich körperfreundlich, weil der Mensch in seiner Scham erkennt, dass über den Körper ein Königsweg zur Gemeinschaftserfahrung führt.

Ein prominenter Vertreter der katholischen Tradition favorisiert eine andere, atemberaubend körperfeindliche Lesart. Erik Peterson hat den augustinischen Verblendungszusammenhang der Körperfeindlichkeit verdichtet und behauptet, im Garten Eden seien Adam und Eva mit einem Lichtkleid, mit einem übernatürlichen Gloriengewand bekleidet worden[53], erst nach dem Sündenfall sei die Gloriole verschwunden und die natürliche Nacktheit erkennbar gewesen. Die Gegenüberstellung von Natur und Gnade und Nacktheit und Kleid würde aber bedeuten, dass nach dem Sündenfall das Böse nur aufgedeckt, aber bereits vorher als bekleidetes Böses existiert habe![54] Mir scheint diese körperfeindliche Deutung des biblischen Textes höchst fragwürdig. Von einer Trennung zwischen Körperlichkeit qua Nacktheit und Gnade ist nirgends die Rede. Die Erkenntnis, die Adam und Eva durch ihre Tat gewinnen, ist die Aufdeckung, die Entbergung (um Heidegger zu bemühen) ihrer geschöpflichen Situation: Das Sich-selbst-Überschreiten setzt immer schon Anderheit voraus. Und gegenwendig gibt es nur Gemeinschaft, wo Individualität vorhanden ist. So interpretiert, ist die Individuation, die sogenannte Vertreibung aus dem Paradies, keine Strafe, sondern ein Geschenk, das in der Sexualität genossen wird.

Schwierig zu lösen ist die Schuldfrage. Das Verbot, vom berüchtigten Baum des Erkennens zu essen, blieb schlechterdings unverständlich, erst durch die Übertretung wurde das Verbot verstehbar. Die »nackte« Faktizität eines Verbotes schreit nahezu nach einer Verletzung. Die Rede von Schuld setzt immer voraus, dass Handlungsalternativen existieren und dass Täter die Konsequenzen ihres Tuns abwägen können – im aufgespannten narrativen Kontext bleiben die Konsequenzen unverständlich, weil Tod und Endlichkeit kein Wissen aufrufen. Viele Begriffe, die die theologische Tradition zur Erklärung für den Tatbestand der Sünde, die hier stattgefunden haben soll, vorschlug, passen nicht zur erzählten Geschichte: Hochmut (Augustin), Gaumenfreuden (Hugo von Sankt Viktor), Sucht (Bonhoeffer) laufen ins Leere. Allenfalls die Neugier

53 Peterson (1995: 10-19).

54 Dazu treffend kritisch Agamben (2010a: 113).

lasse ich gelten, aber Neugierde war, wie gesagt, notwendig für das Verstehen des Verbots und die Horizontalisierung eines selbstbestimmten Lebens.

Vor allem Augustin hat den »Sündenfall«[55] zur Erbsünde übersteigert und mit Paulus behauptet, alle Menschen hätten in Adam bereits mitgesündigt. Weitergereicht, so die Auskunft, werde die Sünde durch den Zeugungsakt. Nicht nur wegen der hanebüchenen Körper- und Sexualfeindlichkeit hat der Gedanke heute wenig Überzeugungskraft. Moderne Individualitätsschübe und medizinische Techniken (Zeugung im Labor) haben diese Argumentation längst unterspült. Schuld ist an die 1. Person Singular gebunden und lässt sich, so der philosophische *common sense* seit Kant, nicht vererben – und auch nicht stellvertretend tilgen.

Wenn überhaupt von Schuld geredet werden kann, dann auf Seite von Adam: »Das Weib, das du mir zugesellt hast« (3,12), habe ihn überredet! Genau an dieser Stelle kommt es zu einer Verschiebung. Adams Antwort ist eine doppelte Provokation, eine *doppelte* Abspaltung. Adam verschiebt seine kreatürliche Angst und seine Scham auf die Andere (Eva) und den Anderen (Gott). Adam nutzt seine zuteilgewordene Individuation, sich freizusprechen: Dadurch leugnet er seine Sozialität. Diese kleine Episode ist ein Meisterwerk literarischer Philosophie, weil es ihr gelingt, die gesamte Problematik des Verhältnisses von Individuation und Sozialität einzufangen.

Gott, so der hochversöhnliche Schluss, lässt die Menschen nicht nackt dastehen, sondern bekleidet sie, nachdem er sie aus dem Garten Eden exiliert hat, behütend mit Fellen.[56] Wenn ich es recht verstehe, dann ist das eine fürsorgliche Geste, einmal um den Blick auf das Ausdrucksmedium schlechthin: das Gesicht zu lenken, dann aber auch (sichtbar vor allem bezogen auf den Mann) ein Schutz, um das unwillkürliche Aufstellen des Penis zu verhindern, denn wie das Gesicht unwillentlich erröten kann, so kann auch das Geschlecht sich rühren und den Mann bloßstellen.[57]

4. Im Treibhaus der Ehe

Zwei große Problemfelder dominieren aktuell die theologischen Sexualethiken: die Homosexualität und die Frage, ob die Ehe im Pool der möglichen Lebensformen noch eine herausragende Rolle spielt und spielen soll.

55 Schmid (2012: 71-120). Schmid erinnert, dass erst Gen 4 von Sünde spricht.

56 Der Nobelpreisträger José Saramago (2011: 21) hat in seinem letzten Roman etwas buchhalterisch und ironiefrei vorgerechnet: »Nicht bekannt war, woher die Felle kamen, die der Herr wie ein Taschenspieler mit einem einfachen Fingerschnippen hervorgezaubert hatte. Von Tieren stammten sie, und zwar von großen, doch weiß der Himmel, wer sie getötet und gehäutet hat und wo.«

57 Dazu siehe Krebs (2015: 40).

Die empirischen Befunde über versuchte Selbstmorde bei den Schwulen sind immer noch alarmierend: Jeder fünfte Schwule unternimmt aus *Scham* einen Suizidversuch, in der Gruppe der 16-20-Jährigen liegt der Wert bis zu fünfmal so hoch wie bei Heterosexuellen.[58] Auch der empirisch erzeugte Druck nötigt die christliche Theologie zu einer Relektüre. Die exegetische Anstrengung ist deshalb so kompliziert, weil fünf der sieben Bibelstellen, die sich gegen die Homosexualität wehren, argumentativ zu Buche schlagen: Lev 18,22; Lev 20,13, Röm 1,26f., 1 Kor 6,9f., 1 Tim 1,10. Eine starke Argumentationslinie bringt gegen diese Textstellen eine andere Stelle zum Einsatz, die urchristliche Tauformel aus Galater 3,27f. (oft ergänzt durch 1 Kor 7,4; 11,11): »Denn ihr alle, die ihr auf Christus getauft seid, habt Christus angezogen. Hier ist nicht Jude noch Grieche, hier ist nicht Sklave noch Freier, hier ist nicht Mann noch Frau; denn ihr seid allesamt einer in Christus.« Diejenigen, die sich diesem Argumentationsmodell verpflichtet fühlen, arbeiten mit der hermeneutischen Zuordnung von Einzelaussagen und Spitzenaussagen nach dem Motto: »Der höhere Trumph sticht.«[59] Damit ist ein Streit darüber vorprogrammiert, warum dieser Spitzensatz aus Gal 3,27f. zeitlose Gültigkeit beanspruchen darf und nicht etwa die anderen Texte, die gegen spezifische Sexualpraktiken zu Felde ziehen. Unmittelbarer Sukkurs vom historischen Jesus ist nicht zu bekommen, weil von ihm zum Thema keine sogenannten Herrenworte überliefert sind und dieser Jesus in einer Naherwartung lebte: Religiöse Biopolitik stand nicht auf seiner Agenda.

Gendergestärkt lassen sich immerhin alle Versuche verabschieden, mit Paulus homosexuelle Praktiken als widernatürlich zu denunzieren, weil die ungeschützte Rede von Natur und Natürlichkeit zu Recht unter Biologismusverdacht steht. Eine konservativ lutherische Argumentationslinie fasst den Kern des Evangeliums mit der Unterscheidung von Gott liebe die Sünder, hasse aber die Sünde, zusammen und rubriziert die Homosexualität wie selbstverständlich unter dem Stichwort Sünde. Eine Ehe unter Homosexuellen wäre in dieser Lesart schlechterdings undenkbar. In dieser exegetisch verfahrenen Situation bietet sich als radikale Lösung die »konsequente Historisierung biblischer Vorstellungen«[60] an, die die normative Geltungskraft aller genannten Textstellen bestreitet. Sachgerecht lässt sich allenfalls hermeneutisch argumentierten, Gal 3,27f. sei jener Text, der sich aus neuzeitperspektivischer Sicht als jener Satz anbietet, Inklusion sehr grundsätzlich

58 Der Freitag, 23.02.2013.

59 Vgl. zum Folgenden Bauer (2015: 75). Bauer nennt alle markanten Stimmen zum Thema. Dabrock u.a. (2015a: 30) halten nüchtern fest: »Es ist nur redlich festzuhalten, dass homosexuelle Praktiken in der Bibel weitestgehend abgelehnt werden.«

60 Bauer (2015: 87).

zu befördern. Immerhin gibt es auch Fortschritte an Aufklärung im fundamentalistischen Lager zu vermelden: »Im Jahr 2013 kündigte die Gruppe Exodus International ihre Auflösung an, nachdem sie 37 Jahre lang versucht hatte, Homosexuelle durch Gebet und Psychotherapie zu Heterosexuellen zu bekehren.«[61]

Mindestens ebenso engagiert wird aktuell über mögliche Lebensformen gestritten. Die in der Öffentlichkeit sehr kontrovers diskutierte Orientierungshilfe des Rates der EKD *Zwischen Autonomie und Angewiesenheit. Familie als verlässliche Gemeinschaft stärken* spricht absichtsvoll häufig von Familie statt von Ehe: »Angesichts der Vielfalt biblischer Bilder und der historischen Bedingtheit des familialen Zusammenlebens bleibt entscheidend, wie Kirche und Theologie die Bibel auslegen und damit Orientierung geben. Ein normatives Verständnis der Ehe als ›göttliche Stiftung‹ und eine Herleitung der traditionellen Geschlechterrollen aus der Schöpfungsordnung entspricht nicht der Breite des biblischen Zeugnisses. Wohl aber kommt bereits in der Schöpfungsgeschichte zum Ausdruck, dass Menschen auf ein Gegenüber angewiesen sind, an dem sich die eigene Identität entwickelt. In diesem Sinne ist die Ehe eine gute Gabe Gottes, die aber, wie das Neue Testament zeigt, nicht als einzige Lebensform gelten kann.«[62] Oder noch klarer: »Angesichts der Vielfalt biblischer Bilder und der historischen Bedingtheit des familiären Zusammenlebens bleibt entscheidend, wie Kirche und Theologie die Bibel auslegen und welche Orientierung sie damit geben. Über lange Zeit hat die Kirche […] eine Vorstellung der Ehe als Schöpfungsordnung vermittelt. […] Ein Verständnis der bürgerlichen Ehe als ›göttliche Stiftung‹ und der vorfindlichen Geschlechter-Hierarchie als Schöpfungsordnung entspricht weder der Breite biblischer Tradition noch dem befreienden Handeln Jesu, wie es die Evangelien zeigen.«[63]

Argumentativ angemessen ist folgende Einschätzung der Orientierung: »Menschsein gestaltet sich von Anfang bis zum Ende in Beziehungen, wir werden am Du erst zum Ich und bleiben aufeinander angewiesen. […] (E)rst in der Erfahrung der eigenen Unvollkommenheit und Angewiesenheit reifen wir zu erwachsenen Menschen.«[64] Segenshandlungen homosexueller Paare werden in der Orientierungshilfe ausdrücklich befürwortet, wenn Segen »das Versprechen der Begleitung und Nähe Gottes«[65] ist.

61 Jacquet (2015: 96). Ich darf den großartigen Roman von Jim Grimsley (2012) empfehlen.

62 EKD (2013: 54).

63 EKD (2013: 58, 59).

64 EKD (2013: 61).

65 EKD (2013: 65).

Ulrich H.J. Körtner erkennt in einem süffisanten Kommentar[66] zur Orientierungshilfe »offenkundige theologische Defizite« (243), weil mit Argumenten wie dem, dass nämlich »die Bibel im Alten und Neuen Testament das familiale Zusammenleben in einer großen Vielfalt beschreibt«, auch die Polygamie und die Polyamorie verteidigt werden könnten. Körtner moniert die oberflächliche Rede von der Ehe als ›weltlich Ding‹[67], kritisiert, die Orientierungshilfe nehme »gegenüber einer institutionenethischen Auffassung von Ehe und Familie eine denkbar kritische Haltung« ein (245), und beklagt, dass mit dieser Schrift nicht mehr der Versuch gemacht werde, »ein eigenes Leitbild von Ehe und Familie zu prägen, sondern ledig ein anderweitig entstandenes Leitbild zu unterstützen« (246), damit aber würde nur der Normativität des Faktischen gehuldigt. Der Umgang mit biblischen Texten wird ironisch »originell« genannt, wenn aus Gen 2,18 (»Es ist nicht gut, dass der Mensch allein sei«) daraus geschlossen werde, jeder Mensch brauche Familie: »Tatsächlich handelt Gen 2,18ff. nicht von Familie oder Familialität, freilich auch nicht von der Ehe als Institution oder Schöpfungsordnung, sondern vom heterosexuellen Begehren zwischen Mann und Frau.« (247)[68] Körtner unterstellt eine Anbiederung der Theologie an ein »anderweitig entstandenes Leitbild« (246). Das ist allerdings solange unproblematisch, sofern das Leitbild gute Argumente besitzt.

Verstörend wirkt die Kritik[69] von Gunther Wenz: »Die Generationenfolge begründet nicht den Gehalt der ehelichen Beziehung; aber die Offenheit für sie und für den Familiengedanken gehört unveräußerlich zu ihrem Begriff. […] Kinder prinzipiell verhüten zu wollen ist mit einem christlichen Verständ-

66 Körtner (2013: 243-248).

67 Ulrich H.J. Körtner (2013: 247) hat dagegen klargestellt, Luther habe in der Tat die Ehe als ›weltlich Ding‹ deklariert, gleichzeitig aber betont, die Ehe stehe »unter Gottes besonderem Gebot«, sei also eine gute Gabe und, wie es im Großen Katechismus heißt, »ein besonderer, nämlich ›seliger Stand und Gott gefällig‹«. Siehe dazu Karle (2014c).

68 Körtner (2013: 247). Inzwischen ist es Handbuchwissen: »Hier handelt es sich um eine sogenannte Ätiologie, also um die Erklärung des Zustandekommens eines gegenwärtigen Sachverhalts – allerdings nicht um eine Ätiologie der Ehe, wie man lange selbstverständlich voraussetzte, sondern um eine Ätiologie der menschlichen Sexualität. […] Der Mensch im Urzustand ist kein asexuelles Wesen, und die Sexualität kommt nicht erst als Folge der Sünde hinzu.« Surall (2015: 459f.).

69 Wenz (2013: 317-321). Burkhardt (2008: 115) behauptet, dass »die Menschheit grundsätzlich in das Nebeneinander bzw. Gegenüber von Mann und Frau differenziert« sei und somit »diese Differenz grundsätzlich auf die geschlechtliche Vereinigung von Mann und Frau zielt, und zwar so, dass diese geschlechtliche Vereinigung ausschließlich heterosexuell ist. Die ganze Physiologie der Geschlechter bis in den Bau der Geschlechtsorgane hinein ist darauf angelegt.« Dieses biologistisch-reduktionistische Argument ist für Geisteswissenschaftler ein Argument zum Fremdschämen. Gegen diese unterkomplexen Argumente hat Isolde Karle (2012: 265-278) einsichtig machen können, dass in Gen 1 nicht die Geschlechterpolarität Thema ist, sondern ein demokratischer Herrschaftsauftrag von allen Menschen, dass sodann in Gen 2 wiederum nicht die Polarität der Geschlechter, sondern die Ähnlichkeit zwischen Mann und Frau Thema ist.

nis von Ehe nicht vereinbar«, wie Wenz milde katholisierend behauptet.[70] Wenz möchte deshalb auch gerne den Begriff der Ehe für jene Beziehung reservieren, die »potentiell auf Generationenfolge angelegt«[71] ist. Diese strikt biologistisch argumentierende Reservierung ist spürbar überzogen und dient offenbar nur der semantischen Abgrenzung gegen eine sogenannte Homo-Ehe.[72]

Jüngst hat Wolfgang Huber noch einmal den Gedanken einer auf der christlichen Ehe beruhenden Familie mit Argumenten verteidigt. Zunächst erinnert Huber an »den dreifachen Sinn der Sexualität [...]: Ausdruck und Vertiefung der Liebe zwischen zwei Menschen, Spüren der eigenen Lebenslust und Fortpflanzung«, beeilt sich aber sofort zu ergänzen: »Während die katholische Sexualmoral für jeden Sexualakt die Offenheit für die Weitergabe des Lebens postuliert, betont die evangelische Sexualethik, dass menschliche Sexualität auch ohne Bezug auf die Fortpflanzung sinnerfüllt ist.«[73] Nach Huber genießt die »auf der Ehe beruhende Familie [...] nicht nur einen rechtlichen, sondern auch ein ethischen Vorrang, weil sie in besonderer Weise dazu geeignet ist, Verlässlichkeit und auch Verantwortung zu stärken. Eine Gemeinschaft von Menschen, die füreinander einstehen, wird auch nach außen erkennbar.«[74]

Dieses Argument führt, weil es das ›Generativitätsdogma‹[75] zurückfährt und die Verlässlichkeit auszeichnet, weiter. Die behauptete Verlässlichkeit aber gilt auch für eine Homo-Ehe: Weil die Ehe nach Huber ein Zeichen für Verlässlichkeit, Treue und Verantwortung ist, kann keine evangelische Ethik mit ernsthaften Gründen sich einer sogenannten Homo-Ehe verweigern. Wenn Schwule auf die Ehe drängen, dann offenbar, weil sie den ehelichen Lebensstil trotz aller Deformationen für attraktiv halten: In der Institution Ehe sind Verhaltensniveaus von Zuverlässigkeit, Achtung, Alltagstoleranz, Sensibilität er-

70 Wenz (2013: 317, 318).

71 Wenz (2013: 321).

72 Neben Isolde Karle zieht Peter Dabrock (2012b: 275-286) gegen jede latente Homophobie zu Felde. An der erregten Debatte zur EKD-Schrift erkennt man die riesige Verunsicherung darüber, wie man angemessen mit biblischen Texten in gegenwärtigen sozialethischen Debatten umzugehen hat. Bei aller Kritik an der manchmal schnellfüßigen Bibelexegese der Orientierungshilfe gibt es einen sichtbaren Fortschritt zur Vorgängerschrift (EKD 1971), die in biblizistischer Manier den Willen Gottes als Nein zur Homosexualität deutet.

73 Huber (2013: 29). Huber (2013: 29) erinnert noch einmal an den revolutionären Bruch mit Vorstellungsgehalten in der Reformation: »Während die Kirche vorher eine Überordnung der ehelosen Lebensformen über Ehe und Familie vertrat, genießt der ›geistliche‹ Stand nun keinen Vorrang mehr vor dem ›weltlichen‹. Vgl. Herms (1999a: 94-135).

74 Huber (2013: 33).

75 »Hat man das Generativitätsdogma aufgegeben und ein erweitertes Verständnis von Sexualität akzeptiert, dann gibt es keine Gründe mehr, die gegen die Akzeptierung gleichgeschlechtlicher Partnerschaften auch in der Form von Ehen sprechen.« Lämmermann (2002: 231).

arbeitet worden, die man übernehmen will.[76] Offenbar wird auch das öffentliche Bekenntnis während einer Trauzeremonie für wichtig gehalten, um Verbindlichkeit füreinander nach außen hin zu demonstrieren. Die sprachhermeneutisch geschulte protestantische Theologie weiß um die Bedeutung von Sprechakten, in denen sich der Status von Personen ändert und andere, durchaus stolze Zuschreibungen möglich werden: *Mein Mann, mein Mann; Meine Frau, meine Frau.* Ein öffentlich geleistetes Versprechen dient der Stabilisierung und entlastet »von einer strapaziösen Dauerreflexion und der ständigen Suche nach Selbstdefinition in einer Beziehung«[77], weil auf eingespielte Muster zurückgegriffen werden kann. Jede Trauung ist, wie Isolde Karle sagt, »die Inszenierung eines guten Anfangs«[78], prägt Erinnerungsbilder, die durch den Alltag tragen und jährlich reinszeniert werden können. Das gilt für jede Ehe, aber nota bene auch für die Schwulen-Ehe.[79]

Schwulen ein volles Adoptionsrecht (nicht nur die Stiefkindadoption – also die Adoption eines leiblichen Kindes des Partners oder die Sukzessivadoption – entsprechend die Adoption eines Adoptivkindes des Partners) zuzuerkennen wird häufig mit dem Verweis auf das Kindswohl abgelehnt. Empirische Studien belegen bisher Vorurteile nicht, dass das Kindswohl durch gleichgeschlechtliche Partnerschaften beeinträchtigt werde. »Befürchtungen, dass die kindliche Entwicklung negativ beeinflusst wird, wenn Kinder mit lesbischen oder schwu-

76 Rosa (2016: 344, 347) betont die Attraktivität des ›Resonanzhafens‹ Ehe: »Auch der inzwischen in fast allen Regionen der Welt geführte Kampf um die Einführung der Homoehe und um das Adoptionsrecht für gleichgeschlechtliche Paare scheint die pervasive Dominanz der Konzeption von Familie als alternativlosem Resonanzhafen zu bestätigen: Das Recht und das Verlangen, einen solchen ›Hafen‹ im Sinne des familialen Resonanzdreiecks bilden zu dürfen, haben offenbar die früheren Lebensentwürfe der Homosexuellenbewegung, die von antibürgerlichen, promiskuitiven, alternativen Vergemeinschaftungsformen geprägt waren, nahezu vollständig verdrängt. Tatsächlich scheint die moderne, westlich geprägte Kultur im Blick auf die Vielfalt möglicher Lebensformen einförmiger und monomanischer zu sein als jede andere bekannte Kultur. [...] Die Institutionalisierung der Liebe in der Ehe lässt sich als Versuch verstehen, aus der ›reinen‹ Resonanzerfahrung der Liebe beziehungsweise des Verliebtseins eine stabile Resonanzachse im oben definierten Sinne werden zu lassen, die auch in den Niederungen des Alltags immer wieder die Resonanzvergewisserung erlaubt und ermöglicht.« Rosa betont die Wichtigkeit, eine Kultur des Verzeihens auszubilden, die in den horizontalen Resonanzachsen Verhärtungen aufbrechen und Neuanfänge möglich macht. »Soziale Institutionen und gesellschaftliche Interaktionsformen, welche systematisch auf Berechnung und Abrechnung hin angelegt sind, lassen per se keinen Raum für das Verzeihen.« (361)

77 Karle (2014a: 217).

78 Karle (2014a: 233).

79 Nicht schlüssig scheint mir ein von Ulrich H.J. Körtner (2012: 276) in die Debatte eingespeistes Argument zu sein, der in seiner Sozialethik ein *Abstandsgebot* zwischen homosexueller Lebenspartnerschaft und heterosexueller Ehe einfordert, weil dank der Fortpflanzungsfähigkeit der heterosexuellen Ehe nur hier eine klassische Familienbildung möglich sei. Es gibt, wie gesagt, Ehepaare, die willentlich auf Kinder verzichten.

len Eltern aufwachsen, bestätigen sich nicht. Entscheidend ist für Kinder, dass ihre Eltern sie lieben und sich um sie sorgen.«[80] Aber auch im Fall der Schwulenehe gilt gegen alle Verzweckungsstrategien von Liebe zugunsten der Fruchtbarkeit: Kinder sind kein Zweck der Ehe.[81]

Leicht verschoben ist die Diskussionslage, wenn man auf der makroethischen Ebene über Familienpolitik debattiert. Wolfgang Huber fordert eine transparente Familienpolitik, die nach seiner Einsicht unterschwellig schamgesteuert agiert: »Die Erhöhung der Geburtenrate wird in Deutschland als mögliches Ziel der Familienpolitik schamhaft verschwiegen; die Bevölkerungspolitik der Vergangenheit dient als abschreckendes Beispiel.«[82] Das ist in der Tat spannend. Wir haben in Deutschland die Situation eines, mit Foucault zu sprechen, gestörten Sexualitätsdispositivs[83], in dem die doppelte Aufgabe der Biopolitik: die Disziplinierung des Körpers und die Regulierung der Bevölkerung, durch Scham verunklart wird, weil Institutionen wie der Staat aus Scham die Regulierungsziele verschweigen. »Der Vergleich mit der höheren Geburtenrate in Frankreich zeigt, dass ein hoch entwickeltes Land seine Bevölkerungszahl nicht zwangsläufig im Generationenschritt um ein Drittel verringern muss.«[84]

Die Argumentation ist in zweifacher Hinsicht nicht ganz schlüssig. Erfolgreiche Bevölkerungspolitik bemisst sich nicht an der Fertilisierungsquote, denn der Staat kann auch durch geregelte Zuwanderung die anvisierte Bevölkerungszahl erreichen – für den Staat ist primär entscheidend, ob die neuen Bürger sich verfassungskonform verhalten, bitte. Und die Höhe der Geburtenrate ist mitnichten abhängig vom Leitbild einer Ehe, wie die Beispiele in Schweden und anderen skandinavischen Länder zeigen.

Die Attraktivität und unverschämte Schönheit des Buches von Peter Dabrock, Renate Augstein, Cornelia Helfferich, Stepfanie Schardien und Uwe Sielert zur

80 Karle (2014a: 135f.); Kreß (2013: 364-376).

81 »Bei der Argumentation, dass die Beschränkung der Geburt von Kindern auf die Ehe die Adoption von Kindern in gleichgeschlechtlichen Lebenspartnerschaften ausschließt, handelt es sich um einen naturalistischen Fehlschluss. Weil sie keine Kinder zeugen können, sollen sie auch keine Kinder adoptieren können. Man könnte geradezu umgekehrt in der gemeinschaftlichen Adoption eine Möglichkeit sehen, die vermeintlich defizitäre Partnerschaft zur Erfüllung zu führen, indem sie für Kinder geöffnet wird. Doch auch diese Argumentation ist nicht stichhaltig, gerade weil eine Partnerschaft ohne Kinder nicht defizitär ist und Kinder aufgrund ihrer Personenwürde nicht zur Sinngebung für eine Partnerschaft instrumentalisiert werden dürfen. Aus einer Anerkennung gleichgeschlechtlicher Partnerschaften folgt daher nicht automatisch das Recht auf ein Kind.« Surall (2015: 494).

82 Huber (2013: 37).

83 Foucault (1987: 29ff.).

84 Huber (2013: 37).

evangelischen Sexualethik, das mit Aplomb veröffentlicht wurde, weil die EKD eine angekündigte Schrift zum Thema auf Eis legte, beruht darin, die »*Entkoppelung von Lustempfinden und Fruchtbarkeit* (Hervorhebung von mir, K.H.)«[85] ernst zu nehmen. Das ist eine entscheidende Einsicht. Endlich wird jeder Lust- und Körperfeindlichkeit im Protestantismus ein Relecture-Rezept verschrieben, das gleichgewichtig Humanwissenschaften und biblische Tradition ins Gespräch bringt. Weil Asymmetrien immer mit Macht legiert sind, wird auch der Kriterienkatalog für eine gelingende Sexualität von der Forderung nach Symmetrien geleitet: Freiwilligkeit, die Forderung, Andersheit zu respektieren, auch das Ausleben der eigenen Sexualität dürfe nicht asymmetrische Machtverhältnisse zulassen, gefordert wird die Bereitschaft zu Treue und Neuanfang[86]. Dieser Kriterienkatalog erlaubt auch eine gelassene Bewertung von Pornographie, Cybersex, Sadomasochismus und Prostitution. Der Text nimmt durch sein Plädoyer für Befähigung und Inklusion zusätzlich für sich ein, bricht eine Lanze für Sexualassistenz bei Behinderung und im hohen Alter. Aber auch dieser Text will »die Entlastungs- und damit Freiheitsdimension von Institutionen und Lebensformen wie der Ehe […] bewerben.«[87] Ein Blick auf die skandinavischen Länder lehrt, dass Sexualität nicht zwangsläufig institutionell abgesichert werden muss, sofern das Ethos der Gesellschaft stark genug in den Individuen verankert ist. Bleibt als Argument für das Leitbild der Ehe der rituallogische Zugang, ein für mich gewichtiges Argument, das für viele Paare (nicht nur in Schweden) aber offenbar nicht attraktiv genug wirkt. Eine Anfrage an die neue Sexualethik von Dabrock, Augstein, Helfferich, Schardien und Sielert bleibt: So nachvollziehbar der Nachdruck auf Symmetrien gelegt wird, eine Sexualethik wird dem Phänomen der Sexualität nicht gerecht, wenn der Atopos, das Geheimnis, die Asymmetrie des Anderen aus dem Auge verloren wird. Die Profanation des oder der Anderen geschieht im Geschlechtsakt allenfalls transitorisch. Und zu wenig reflektiert bleibt die ungeheure Anstrengung, die aufgebracht werden muss, um in einer individualistischen Kultur mit den drohenden Verletzlichkeiten in der Körperkommunikation des Eros und der Liebe umzugehen. Diese Arbeit an der eigenen Beziehungsfähigkeit, das Ausloten von Nähe und Distanz, hat namentlich Roland Barthes unnachahmlich geleistet.

Barthes *Fragmente einer Sprache der Liebe*, seit einer Generation ein Kultbuch, fängt sehr präzise in semiologischen Begriffen ein, worin sich Sexualität und Zärtlichkeit unterscheiden (und verbinden): »Die sexuelle Lust ist nicht metonymisch: einmal entfacht, wird sie verausgabt: das war das verbotene Fest, das,

85 Dabrock u.a. (2015a: 11).

86 Dabrock u.a. (2015a: 61f.).

87 Dabrock u.a. (2015a: 22).

durch zeitweilige, überwachte Aufhebung des Verbots, immer hinter verschlossenen Türen zustande kommt. Die Zärtlichkeit dagegen ist lediglich unendliche, unersättliche Metonymie: die Episode der Zärtlichkeit (der köstliche Einklang eines Abends) kann nur unter erschütternden Schmerzen abgebrochen werden.«[88]

In die trügerische Ordnung eines Alphabets eingestellt, entziffert Barthes die Körpersprache im Liebesdiskurses, der »heute von extremer Einsamkeit«[89] ist. Der Andere, »den ich liebe und der mich fasziniert«, ist atopos: »Ich kann ihn nicht einordnen, eben weil er der Einzigartige ist, das besondere Bild, das sich wundersamerweise herbeigelassen hat, auf die Besonderheit meines Verlangens zu reagieren. Es ist die Figur meiner Wahrheit; sie lässt sich mit keinem Stereotyp erfassen«, vielleicht ist es »eine bestimmte Art, beim Reden, beim Rauchen die Finger zu spreizen?«[90] Scharfsinnig kann Barthes wegen der gesellschaftlichen Individualisierung der Liebe auch den Schamdiskurs umwidmen: »Man möchte meinen, dass die Entstellung des Bildes dann eintritt, wenn ich mich des Anderen schäme (die Angst vor dieser Scham hielt, wie Phaidros sagt, die griechischen Liebenden auf dem Pfade des Guten, weil jeder sein eigenes Bild unter dem kritischen Blick zu überwachen hatte). Die Scham erwächst jedoch aus der Unterwürfigkeit: Nach Maßgabe eines belanglosen Zwischenfalls, den nur mein Argwohn und mein Verlangen wahrnehmen, erscheint der Andere – enthüllt er sich, bekommt er Risse, entwickelt er sich, im photographischen Sinne des Wortes – gleichsam einer Instanz *unterworfen*, die selbst aus dem Bereich des Servilen stammt: Ich sehe ihn plötzlich (Frage der *Vision*) sich abmühen, sich abhaspeln oder sich einfach darauf versteifen, gesellschaftlichen Ritualen zu willfahren, Achtung zu erweisen, sich zu beugen, womit er sich Anerkennung zu verschaffen hofft. Denn das schlechte Bild ist kein boshaftes Bild; es ist ein *kleinliches* Bild: Es zeigt mir den Anderen im Banne der Seichtheit der sozialen Welt.«[91]

Anders als Dabrock und seine Mitstreiterinnen und Mitstreiter vermisst Barthes minutiös die Fallhöhen, die ein Liebender häufig durchleidet: »Als Eifersüchtiger leide ich vierfach: weil ich eifersüchtig bin, weil ich mir meine Eifersucht zum Vorwurf mache, weil ich fürchte, dass meine Eifersucht den Anderen verletzt, weil ich mich von einer Banalität knechten lassen; ich leide darunter, ausgeschlossen zu sein, aggressiv zu sein, verrückt zu sein und gewöhnlich zu sein.«[92] Als Seismograph der Sexualität und Liebe verzeichnet Barthes die »Angstaufwallung«, »die durch das Warten auf das geliebte Wesen

88 Barthes (2015: 253).
89 Barthes (2015: 17).
90 Barthes (2015: 48, 43).
91 Barthes (2015: 84).
92 Barthes (2015: 77).

ausgelöst wird, nach Maßgabe kleiner Verspätungen (Verabredungen, Telefonanrufe, Briefe, Heimkehrverzögerungen)«[93].

Ich lese die *Fragmente zu einer Sprache der Liebe*, die nahezu alle denkbaren Liebes-Qualen alphabetisieren, die aber ebenso nüchtern bekennen, Barthes habe die Krisen mehrerer großer Lieben mühsam überlebt, als Alphabetisierungsschule, um im Alltag liebeslesefähig zu werden, damit die Werther-Tragödie, die im Text per Zitat immer präsent ist, sich nicht wiederholt. Dieses Übungsbuch ist, so viel Pathos muss sein, als Relektüre von Goethes Werther ein Lebensbuch. Ich kenne kein besseres, um im »ganz normalen Chaos der Liebe«[94] genussvoll, durchaus nicht leidlos zu überleben.[95]

5. Wie zusammen leben?

Die auf die biopolitische Treibhausidee der Ehe[96] fokussierte Diskussion unterschlägt die mögliche Breite zeitgenössischer Lebensformen, die sich von der Glückshypnose einer Ehe freimachen. Roland Barthes etwa, der sich in den

93 Barthes (2015: 100).

94 Beck/Beck-Gernsheim (1990). Beck und Beck-Gernsheim inventarisieren den häufig prekären Individualitätsschub in Liebesdingen: »Während Glaube, der nicht mehr gelehrt wird, zerfällt, ist Liebe eine *kirchenlose und priesterlose* ›Religion‹, deren Bestand so sicher ist *wie die Schwerkraft enttraditionalisierter Sexualität*. Ihre Nichtinstitutionalisierbarkeit heißt auch: Institutionen*un*abhängigkeit. Diese aber wiederum legt die Liebe noch einmal in die Hände der Individuen, macht sie – bei aller kulturellen Fassung und Formung – zu einer internen Angelegenheit der Individuen selbst, prädestiniert sie zu einer *traditionslosen*, traditions*un*abhängigen, *nicht*traditionalen ›Religion‹, die deswegen als solche gar nicht bewußt wird, weil sie aus dem innersten Wunschzentrum der Individuen aufsteigt, deren ureigenstes, unwiderstehliches Bestreben ist.« (233)

95 In seinen letzten Vorlesungen sucht Barthes (2008: 48) nach der Form eines Romans »als Werk der Liebe«, genauer: einer »Agape-Liebe«: »›Diejenigen benennen, die man liebt.‹ Lieben + Schreiben = denen Gerechtigkeit widerfahren lassen, die man gekannt und geliebt hat, das heißt, für sie Zeugnis ablegen (im religiösen Sinne), das heißt sie unsterblich machen.« Barthes (2008: 48). Barthes ist vielleicht neben Levinas derjenige, der den Traum Kierkegaards, den Einzelnen gegen das System zu retten, am konsequentesten umsetzte.

96 Diese Ethik will gar nicht den Eindruck erwecken, alle Themen angemessen zu behandeln, deshalb an dieser Stelle nur eine kurze Bemerkung zur Ehescheidung. Matthias Heesch (2005: 71) hat auf Schleiermacher verwiesen, der in der *Weihnachtsfeier* betont, »dass immer ein Makel an einer Person haftet, die ihre Ehe aufgelöst« hat. »Die Problematik der Eheführung und gegebenenfalls der Ehescheidung wird also ganz ins Persönliche verlegt. [...] Auch die Möglichkeit der Scheidung, von Luther als Notlösung offen gelassen und auch von den meisten späteren protestantischen Ethikern in diesem Sinne ausnahmsweise, einschließlich einer möglichen Wiederheirat, akzeptiert – wird im Horizont dieser personalisierten Eheauffassung zur Katastrophe eines tiefgehenden persönlichen Versagens.« Heesch selbst hält die Tendenz »zugunsten unverbindlicherer Formen des Zusammenlebens« für »verfehlt«. (72) Rosa hat auf die Attraktivität eines Resonanzhafens Ehe hingewiesen, das ist durchaus nachvollziehbar, man sollte aber zur Kenntnis nehmen, wie gut und kinderfreundlich Modelle des ehelosen Zusammenlebens in den skandinavischen Ländern funktionieren.

inneren Milieus und Atollen der Schwulenszene bestens auskannte, hat gleich seine erste Vorlesung am konservativ klimatisierten Collège de France dazu benutzt, die anspruchsvolle Frage zu formulieren: Wie zusammen leben? Nahezu hymnisch, unter dem positiv codierten Begriff des Phantasmas, wird das Zusammenleben gefeiert: »Was gäbe es Faszinierendes, was wäre beneidenswerter?: Paare, Gruppen, sogar (gelungene) Familien. [...] (Es gäbe keine Familien, wenn es nicht auch ein paar gelungene gäbe!)«[97] Roland Barthes sucht einen anderen *modus vivendi*, auch um seinem mobilisierten sexuellen Hunger ausleben zu können und adaptiert eine in Vergessenheit geratene religiöse Lebensform, die namentlich von der Kirche als Ordnungsmacht nie goutiert wurde: »Was mich hier beschäftigt, ist vielmehr eine bestimme Lebensvorstellung, eine Lebensweise, Lebensführung, *diaita*, Diät. Weder zu zweit, noch zu vielen (kollektiv). Etwas wie eine auf geregelte Weise unterbrochene Einsamkeit: die Paradoxie, der Widerspruch, die Aporie einer Vergemeinschaftung der Distanzen – ein utopischer Sozialismus der Distanz. [...] Bei einer Zufallslektüre [...] ist nun dieses Phantasma dem Wort begegnet, das seinen Kristallisationsprozess in Gang gesetzt hat. Auf dem Berg Athos: koinobitische Klöster + Mönche, die einsiedlerisch leben und zugleich über eine gewisse Struktur innerlich miteinander verbunden sind [...] = idiorrhythmische Siedlungen. Jedes Subjekt folgt seinem eigenen Rhythmus.«[98] Zu ungeregelt empfand die Kirche diese Lebensform und drängte sie zugunsten der koinobitischen Lebensform, in der alles in der Gemeinschaft vollzogen wird, zurück. Selbstredend: Es geht Barthes nicht um mönchische Spiritualität, aber die idorrhythmische Lebensform beschreibt präzise den Bereich zwischen den Extremen Einsamkeit und Gemeinschaft, die Balance von Nähe (Proximität) und Distanz. Allenfalls bei dem Reformer und Utopisten Charles Fourier (1772-1836), über den Barthes wiederholt gearbeitet hat[99], findet er im Phalanstère, einer Wohn- und Produktionsgemeinschaft mit im Ideal 1620 Bewohnern, diese Form säkular übersetzt.[100]

Auffallend selten ist die Frage: »Wie zusammen leben?« Gegenstand von Romanen, allerdings dient der *Zauberberg* von Thomas Mann Barthes als Ideengeber und die eigene Erfahrung während seiner Zeit in den Lungenheilstätten, eine durch den Copy-Shop der Erinnerung leicht verklärte Zeit.[101] Und,

97 Barthes (2007a: 40).

98 Barthes (2007a: 42f.).

99 Barthes (1986).

100 Die Liebeskommune Phalanstère Villino Graziella auf dem Monte Verità hat diese Idee von 1920-1964 umgesetzt.

101 Frank Surall (2015: 498f.) erinnert in seinem Handbuchbeitrag zu einer Ethik der Lebensformen nachdrücklich auch an den Lebensstil des Singles, denn 20 % aller Deutschen leben in einem Einperso-

eher typisch französisch, der Raum des Seminars ist ein Muster für (zeitweise) gelungene Konvivenz. Die Bedeutung der individuellen Rhythmie und die Gefahr ihrer Überformung kann Barthes an einem schlagenden Biographem verdeutlichen: »Von meinem Fenster aus sehe ich (am 1. Dezember 1976) eine Mutter, die ihr Kind an der Hand hält und den leeren Kinderwagen vor sich her schiebt. Sie war in ihrem Schritt unbeirrbar, das Kind wurde gezogen, geschubst, gezwungen, die ganze Zeit zu rennen, wie ein Tier oder Sadesches Opfer, das man auspeitscht. Sie geht in ihrem Rhythmus, ohne zu wissen, dass der Rhythmus des Kindes ein anderer ist. Und dennoch ist sie seine Mutter. Die Macht – die Subtilität der Macht – verläuft über die Dysrhythmie, die Heterorhytmie.«[102] Gewiss: Die Suche nach neuen Lebensformen, die stabile ›Resonanzachsen‹ (Rosa) erlauben, steht erst am Anfang. Nötig ist ein öffentlicher Raum, in dem die Debatte ausgetragen werden kann. Die evangelische und die katholische Kirchen haben mit ihren Akademien eine taugliche Institution, um ein Parlament für diese Frage einzuberufen.

Noch immer vordringlich ist die Aufgabe, körperfeindliche Bilder von Sexualität umzuwidmen. Ethik ist eine Optik, hat Emmanuel Levinas gesagt, prompt seine Phänomenologie der Theatermetaphorik angeglichen und vom *mise-en-scène* gesprochen. Um Wahrnehmungsmuster umzuprägen, hilft oft eine alte Wahrnehmungsmuster aufschreckende Inszenierung. Jeff Koons bietet Sehschulen gegen den augustinischen Verblendungszusammenhang von Sex und Sünde. Das ist in Zeiten, in denen beim Staatsbesuch eines iranischen Präsidenten in Italien eine Venus schamhaft verhüllt wird, ein immer wieder notwendiger Akt. (Wenigstens haben sich die Italiener hinterher für ihre Schamhaftigkeit geschämt.)

6. »To be baptized in banality«. Jeff Koons Entschämungsparcours der Sexualität

Für die ästhetischen Diskursführer war der Kitsch jahrzehntelang Vehikel für die mentale Triebabfuhr. Kitsch-Bashing war an der Tagesordnung. Als Gegner ausgemacht, eingekesselt und von hoher Warte unter Feuer genommen, wurden: der mit Goldkante veredelte Muff, die billige Effekthascherei, die verluderte, aber sich einschmeichelnde Formgebung, die ausgeleierten, aus der Mode gefallenen Themen, die mit Strass geschmückten Tagträume und die

nenhaushalt, viele in festen Beziehung als Modell *living apart together*. Es macht Sinn, unter dem Rubrum Single auch die Alleinerziehenden zu rechnen, 90 % davon sind Frauen.

102 Barthes (2007a: 47). Wichtig in diesem Kontext ist, auch Kindern explizite Kinderrechte zuzusprechen, wie Surall (2009) fordert.

Kitschträume der Surrealisten. Die Texte von Adorno und Bloch, die sich in diesem Kampf sehr viel Lametta verdienten, wirken heute wie sublimierter Altmännersex. Kitsch pur.[103] Sogar der große Hermann Broch hat, ein Urteil mit Langzeitwirkung, Kitsch als »das Böse im Wertsystem der Kunst«[104] definiert. Kitsch als Inkarnation des Antichristen also.

Erst ab den 1970er-Jahren wird die lange unhinterfragt gültige Unterscheidung von *höherer* und *niedriger Kunst* langsam durchlässig. Susan Sontags epochemachender Artikel »Anmerkungen zu ›Camp‹«[105] macht den Kitsch salonfähig. Mit dem Kitsch werden jetzt Begriffe wie Theatralität, Liebe zum Übergeschnappten oder Stilisierung verbunden. Unter dem grünen Label Recycling[106], oder germanistisch strenger unter dem Begriff Zitat heißt man jetzt den Kitsch mit souverän ironischer Geste oder affirmativ – zumindest relativ ironiefrei – im Feuilleton willkommen. Als Gottvater oder – je nach Sichtweise – als Beelzebub des Kitsches gilt unangefochten der amerikanische Künstler Jeff Koons. Meine These lautet: Eine langjährige Kunstaktion von Jeff Koons liest sich wie die kitschige Coverversion einer biblischen Performance des Propheten Hosea. Koons will mit seiner Kunstaktion einen Prozess der Entschämung der Sexualität einleiten, der den religiösen Diskurs von sexueller Scham, Schuld und Sünde sukzessive umkodiert.

Ende der 1980-Jahre lernt der amerikanische Künstler Jeff Koons die in Ungarn geborene Ilona Staller kennen, ein in Italien unter dem Namen Cicciolina gefeierter Pornostar, die, *felix Italia*, zur Abgeordneten gewählt wird und medienwirksam die Partei der Liebe gründet. Jeff Koons heiratet die Sexfilm-Diva, zeugt mit ihr ein Kind, Ludwig Maximilian, das er als seine ›biologische Skulptur‹ feiert. Während der Beziehung entsteht eine vielteilige überdimensionierte Skulpturen- und Fotoserie, *Made in Heaven* (1990), die die beiden beim Geschlechtsakt in wechselnden Stellungen abbildet. Die mehrjährige Performance verdichtet sich in Skulpturen wie »Blow Job«, »Glass Dildo«, »Ilona's House Ejaculation«, »Ilona's Asshole«. Weil Ilona Staller irgendwann sich weigert, weiterhin als lebendiges Kunstwerk zu funktionieren, zerbricht die Ehe.

In einem fulminanten Gespräch, das Jeff Koons mit Jonathan Jones vom *The Guardian* geführt hat und das im *Freitag* erneut abgedruckt wurde[107], nennt Koons als Thema der Serie *Made in Heaven* »›die Beseitigung von Schuld und Scham. Ich hatte in Florenz ein Gemälde von Massacio gesehen‹ – eine in der Brancacci-Kapelle ausgestellte, aus dem 15. Jahrhundert stammende Darstel-

103 Bloch (2007: 193-203).

104 Broch (2007: 223).

105 Sontag (2007: 285-288).

106 »Der moderne Kitschliebhaber ist ein wahrer ›Grüner‹, ein kultureller Wiederverwerter«, schreibt hübsch ironisch Peter Ward (1992: 19). Siehe dazu Liessmann (2002).

107 Hofman (2009).

lung der Vertreibung Adams und Evas aus dem Paradies. ›Es hat mich sehr berührt. Man sieht die Schuld und die Schande, die Adam und Eva spüren.‹ Eine Antwort auf dieses Gemälde wollte Koons schaffen, ›ein Werk, in dem es um das Nach-dem-Sündenfall geht, aber ohne die ganze Schuld und Schande.‹« Sexualität wird als Königsweg gefeiert, um der falschen Scham und dem falschen Gerede von Schuld zu entkommen. Hier mag ein unterschwelliges Wissen um die augustinische These mitgearbeitet haben, durch den Sexualakt werde die Ursünde des Menschen weitergereicht. Bei Koons bekommt der Name Pop-Kultur einen hübschen Nebensinn.

Wie man allerdings seine Kunst des Banalen einordnen soll, bleibt bei den Kunstrichtern höchst umstritten. Norbert Bolz qualifiziert die Arbeiten als »Emotional Design« und den Künstler als »Manager des Glücks«, der sich durch »Unterbietung« vom Avantgardezwang löst: »Banalität ist [...] der strikte Gegensatz zu Tiefsinn.«[108] Für Konrad Paul Liessmann dagegen zählt Koons zur Avantgarde oder verkörpert geradezu die Avantgarde: »Im Kitsch befriedigt sich nicht hilflos eine Sehnsucht, der eine angemessene ästhetisch avancierte Sprache versagt geblieben war, sondern im Kitsch generiert das moderne Bewusstsein eine eigenständige Ausdrucksform gerade für jene Gefühlswelten, die durch keine Moderne wegzurationalisieren gewesen waren: Glaube, Liebe, Hoffnung und Schönheit.«[109] Jetzt endlich markiert der Kitsch den »fortschrittlichen und anspruchsvollen ästhetischen Geschmack unserer Tage«.[110]

Fraglos ist Norbert Bolz Koons etwas einfältig auf den Leim gegangen, weil er den nicht kleinen Anspruch, der sich hinter der auf dem ersten Blick ironischen Selbstauskunft übersieht, die Koons an anderer Stelle gegeben hat: »To be baptized in banality«[111]. Koons nimmt das Theologumenon ganz ernst. Auch Konrad Paul Liessmann unterschätzt, wie energisch sich Koons an prekären Kapiteln der Religionsgeschichte abarbeitet.

Jeff Koons geht es um nichts weniger als eine Umwertung zentraler Begriffe nicht nur der Kunstgeschichte, sondern gleichermaßen der Religionsgeschichte – nämlich Scham und Schuld. Und welch herrliche Intrige der Kulturgeschichte: Das Urteil von Hermann Broch, Kitsch sei das Böse im Wertsystem der Kunst, wird fröhlich umcodiert!

Es gibt eine überraschend breit und stabil ausgebaute Motivbrücke zwischen der wenige Jahre zurückliegenden Kunstaktion von Koons und den im Hoseabuch geschilderten Zeichenhandlungen.

108 Bolz (2007: 301).

109 Liessmann (2007: 307).

110 Liessmann (2007: 305).

111 Koons (1989: 86).

Gott zwingt Hosea in eine Ehe mit einer Frau, die der Text als »hurisch« (Hos 1,2) bezeichnet. Und Kinder, über deren Vaterschaft ein tiefer Schatten fällt, werden durch Namen stigmatisiert (Hosea 1,4.6). Eine öffentliche Ehe ohne Privatsphäre! Ein Familiendrama, das ganz öffentlich, in vollständiger Transparenz aufgeführt wird. So etwas hat es bisher noch nicht gegeben. Mehr als zweieinhalbtausend Jahre vor der Erfindung des Privatfernsehens. Big brother. Allererste Staffel. Aber die Mitspieler werden in der biblischen Geschichte zwangsverpflichtet. Die Personen verglühen in ihrer Aufgabe, mögen ihre Bedürfnisse auch ganz andere gewesen sein. Hosea wird dazu verdammt, öffentlich die berufsbedingte Untreue seiner Frau zu ertragen und dient damit als Gleichnis für Gott, der die Untreue seines Volkes, das anderen Göttern nachsteigt, aushält.

Für seine Aktion wählt Koons die flache Hierarchie. Da ist kein Gott, der ihn dazu verpflichtet, eine Hure zu heiraten und mit ihr Kinder zu zeugen. Ironisch codiert nennt er sein Kind seine biologische Skulptur. Und durchaus konsequent steigt irgendwann die Frau aus, weil sie keine Lust mehr verspürt, als Tempelhure der Kunst zu agieren.

Koons vollzieht seine Aktion im Wortsinn schamlos. Als Zuschauer muss man sich der Herausforderung aussetzen. Genau dann, wenn man sich nicht schamvoll abwendet, sondern lustvoll zuschaut, kommt die Performance der Entschämung von Koons ins Ziel.

Ließen die Autoren des Hoseabuches ihre Protagonisten im Namen seines Auftraggebers seine Performance inszenieren, um die Zuschauer zu beschämen, dann kippt Koons diese Aktion, um die Zuschauer zu entschämen, genauer: vom Falschschämen zu erlösen.

Falsch schämt sich, wer mit Sexualität in einem Atemzug die Begriffe Schuld und Sünde aufruft. In dieser Lesart steht der Kitsch nicht länger für das Böse im Wertesystem der Kunst, sondern dient als eine Art Ausputzer für sexualfeindliche und körperfeindliche Schamdiskurse, die die ursprüngliche Leib- und Sexualfreundlichkeit der jüdisch-christlichen Kultur überlagert.

Und ist das Museum nicht der ideale Ort, um Schamgrenzen zu verschieben? Ist nicht auch das spätmoderne Museum, um mit Susan Sontag zu sprechen, längst ›campy‹?[112]

112 Han (2012b: 40) geißelt die Pornographie als Profanisierung der Erotik. Im Museum wird diese etwas plakative Deutung ausgehebelt, weil jetzt Menschen vor dieser ›pornographischen Kunst‹ verweilen und durchaus Alterität erfahren können. (http://www.theguardian.com/artanddesign/gal lery/2009/sep/29/pop-life-tate-modern#/?picture=353587119&index=2 [19.04.2016])

Kleine Rekapitulation: Über die Feier des Orgasmus und die Metaphysik der Fruchtbarkeit

Verschiebung von Scham in Schuld

Das sexuelle Begehren wird postaugustinisch noch immer latent reflexhaft mit Sünde und Erbsünde in einen Zusammenhang gebracht. Domestizierungstechniken gehörten schon immer zum Ingenieurwissen der Theologie. Die Scham über die eigene Unvollkommenheit mündete in einer Dämonisierung der Sexualität und in einer Engführung der Sexualität auf die Fortpflanzung. Ein Diskurs zum Fremdschämen. Die von Augustin vererbte semantische Kette von Sexualität und Sünde (Erbsünde) gehört durchtrennt. Jüngste Exegese hat Lektüren der Schöpfungserzählungen vorgelegt, die die dualen Geschlechtermetaphysiken in die Archive verweisen. Sehr langsam, dann aber gewaltig wird endlich der Theologie die Leibfeindlichkeit ausgetrieben und vielstimmig für Partizipation, Selbstbestimmung und Inklusion votiert. Gegenwendig freilich droht eine Dauersexualisierung, denn der Komfortspender und Lustgarant Sex (wie im Kinofilm *Shame* bebildert) macht aus dem Intimbedürfnis eine ferngesteuerte Begehrnisware, die die insulare Egosphäre unendlich stimuliert.

Präventiv-Ethik und der richtige Umgang mit Scham

Noch immer sind die Selbstmordzahlen von jungen Schwulen, die den Freitod dem coming-out vorziehen, erschreckend hoch. Nur eine Entgiftung und Entdämonisierung der Sexualität kann hier Abhilfe schaffen. Dazu zähle ich auch Bilder gelungener gleichgeschlechtlicher Partnerschaft. In das Fruchtbarkeitsdispositiv dürfen sich künftig gleichgeschlechtliche oder transgeschlechtliche Paare durch ein uneingeschränktes Adoptionsrecht schamfrei einzeichnen, sofern sie es wollen. Es gibt keine belastbaren empirischen Studien, die das Kindswohl in diesen Partnerschaften beeinträchtigt sehen.

Dank der Beschreibungsvirtuosität von Hermann Schmitz können wir das eigenleibliche Spüren, das in der Sexualität immer auch das eigenleibliche Spüren eines Fremdleibes einschließt, sprachlich einhegen. *Diese Sprachfähigkeit wirkt auf die Intensität der Erfahrung zurück.* Jetzt wird auch der oft bespottete mystische und romantische Jargon, der allenfalls doxologisch dieses Spüren der Lebenslust ahnbar und zugänglich machte und in der Horizontalen eine Vertikalspannung entdeckte, phänomennah nachvollziehbar. Schmitz souffliert die Körperkommunikation, die eine individuelle und soziale Ganzheit spürbar werden lässt. Dass damit eine »Vertiefung der Liebe zwischen zwei Menschen«[113] einhergeht, kann niemand künftig ernsthaft leugnen. Sexualität ist der Königsweg im Umgang mit der Scham über die eigene Unvollkommenheit. Menschen sind einander nicht nur gegenseitig Geiseln, wie Levinas wollte, sondern auch Geschlechtspartner, die im Idealfall gemeinsam transzendieren. Das ist auch ohne den Hintergedanken der Fruchtbarkeit, an dem Levinas letztlich festhält, um dem Sein zu entkommen, bereits ein Neuanfang. An der Verzweckung von Sexualität kommt auch kein Diskurs vorbei, der Sexualität mit dem Leitbild der Ehe verjocht und dabei, oft verschämt verschwiegen, die Idee der Fruchtbarkeit (nur) hier angemessen beheimatet glaubt. Ob die Ehe überhaupt noch als Leitbild herhalten muss, ist, beim Blick über die Landesgrenzen hinaus, fraglich geworden, auch wenn die rituallogische, Stabilität versprechende Erfahrung einer Eheschließung nicht durch andere Formen verlustfrei ersetzt werden kann. Lebensstile und Familienkonstellationen sind endlich bunter geworden. Auch Alterszärtlichkeit, lange im häuslichen Container weggeschlossen, erobert das Straßenbild. Diese gefeierte Offenheit, die Sichtbarkeit von Glück, widerspricht nicht zwingend der Tugend der Schamhaftigkeit. Neoliberale Mediendispositive, die Byung-Chul Han überall aufspürt, können immer wieder einen Anlauf nehmen, schlichtweg alles transparent zu machen, auch die hochprivate Intimität. Die möglichen Schäden sind dabei nicht gering.[114] Es gehört zur individuellen Freiheit, die Grenzen der Intimität selbst bestimmen zu können. Im Gegenzug muss eine Rechtsprechung diese Grenzen garantieren.

Weil durch die Individualisierung, Mobilisierung und Enttraditionalisierung unserer Gesellschaft die Sexualität und die Liebe mit riesigen Erwartun-

113 Huber (2013: 29).

114 Eine der wenigen berührenden Szenen in Dave Eggers (2014: 419) Roman *Der Circle* handelt prompt davon, wie der schwer erkrankte Vater der Protagonistin Mae, der seine bessere Krankenversicherung nur durch die Zustimmung erhielt, sein Leben durch installierte Kameras in der Wohnung transparent zu machen, bei einer intimen Situation gefilmt wird. Als Mae auf der Suche nach ihren Eltern im Haus mit ihrer Kamera um den Hals ins Elternschlafzimmer stürmt, wird auch die letzte Bastion der Intimität geschleift: »Sie rannte die Treppe hoch, immer drei Stufen auf einmal, und als sie oben ankam und blitzschnell nach links ins Elternschlafzimmer stürmte, sah Mae sie, und die beiden starrten sie mit großen, entsetzten Augen an. Ihr Vater saß auf dem Bett, und ihre Mutter kniete auf dem Boden, seinen Penis in der Hand. Eine kleine Dose mit Gleitgel stand neben seinem Bein.« Auf Befehl der Weisen des Circle darf dieser Clip nicht gelöscht werden, weil, so das kommunikationslogische Evangelium des Circle, Geheimnisse als Lügen qualifiziert werden. Wenn es sich um harmlose Dinge im Schlafzimmer handele, die mehr oder minder jeder mache, dann müsse es nicht geheim bleiben, so das Credo. »Wenn wir es entmystifizieren, wenn wir zugeben, dass jeder das macht, dann verliert es seine Macht zu schockieren. Wir bewegen uns Richtung Ehrlichkeit, wir bewegen uns weg von der Scham. [...] Ich denke seit Jahren darüber nach, und mir ist noch kein Szenario eingefallen, wo ein Geheimnis mehr nützt als schadet. Geheimnisse führen zu antisozialem, unmoralischem und destruktivem Verhalten. Verstehen Sie, wieso?« (29)

gen aufpumpt werden, weil jedes zunächst unscheinbare sexuelle Abenteuer die Amplitude der Gefühle ausschöpfen kann, weil auch kleine und große Lieben immer vom katastrophalen Scheitern bedroht sind, helfen Bücher, die dieses Glück und diese stets drohenden Krisen sprachfähig machen. Das Ende von Werther bleibt als ein (vielleicht sogar sehnsüchtiges) Warnbild im Hintergrund. *Fragmente einer Sprache der Liebe* von Roland Barthes ist die Bibel für die Sexualität und Liebe in Zeiten drohender Überforderung – eine Institution, die (zumindest unter den Gebildeten) die modernitätsbedingte Schwäche der klassischen Institutionen im Akt der Lektüre auffängt. Barthes auch ist es, der die spätmoderne Umwidmung der Scham in der hochindividualisierten Liebeskultur deutlich machen kann: Schämt sich der antike Liebende noch dafür, wenn sein begehrtes Gegenüber gegen die allgemeine Sitte verstößt, dann schämt sich der spätmoderne Liebende dafür, wenn sein begehrtes Gegenüber allzu sehr der Stereotype sich verdächtig macht und seinen Eigensinn verrät.

Weisheitliche Klugheit und concursus divinus

Vielleicht kann nur die Kunst eine Entdämonisierung auf den Weg bringen und Blickregime umwidmen, sofern – diese Einschränkung ist leider nötig – die Kunst nicht vollständig der Gamifizierung[115] und der neoliberalen Spaßverzweckung geopfert wird. Dass Han in seinem Essay zur Ästhetik[116] allerdings die Plastiken von Koons mit heiserer Stimme als oberflächlich abkanzelt, ist erstaunlich unterkomplex. Man muss Koons und die etwas vorlauten Gesten der Provokation nicht mögen, aber diese Plastiken bieten eine zeitgemäße, weil überspitzte Gegenlesung zur jahrhundertealten Dumpfheit in Fragen der Sexualität. Dass sie auch der Dauersexualisierung Vorschub leisten können, will ich nicht bestreiten. Deshalb nochmals Hermann Schmitz: »Das Sprechenlernen mit Bezug auf die unwillkürlichen Erfahrungen, wozu die Phänomenologie die Menschen befähigen soll, hat die noch wichtigere Aufgabe, *ungeschützte Möglichkeiten des Lebens* (Hervorhebung von mir, K.H.) ans Licht zu bringen.«[117] Schmitz zeigt den geteilten *Orgasmus als Königsweg im Umgang*

115 Han (2014a: 69ff.). Byung-Chul Han (2014a: 74f.) kämpft dafür, das Spiel neu zu entdecken: »Erst der späte Heidegger entdeckt das Spiel, das auf der ›Gelassenheit‹ beruht. So interpretiert er die Welt selbst als Spiel. [...] Heideggers ›Zeit-Spiel-Raum‹ verweist auf einen Zeit-Raum, der frei ist von jeder Form der Arbeit. Er ist ein Ereignis-Raum, in dem die Psychologie als Mittel der Subjektivierung völlig ausfällt.«

116 Han (2015).

117 Schmitz (1990: 460ff.). Dazu Kerstin Andermann (2012: 146): »Schmitz bemüht sich um eine Definition des Leiblichen und des leiblichen Erlebens, die es erlaubt, über subjektive leibliche Tatsachen zu sprechen, ohne diese im Dualismus von Innen und Außen aus den Augen zu verlieren. Aus diesen

mit der Scham über die Vereinzelung, als ein Initium, abgekoppelt von der Metaphysik der Fruchtbarkeit. Er macht diese Erfahrung, die bisher Dichter und Schriftsteller zu benamen versuchten, in einer kraftvollen Sprache nachvollziehbar und künftig intensiver erlebbar. Darüber kann man als Leser nur dankbar staunen.

Die Doxologie der Sexualität

Weil die Sexualität ein Königsweg zum wahren Leben ist, wird sie im Hohelied Salomos gebührend gefeiert. Ich deute diese hocherotischen Stellen, die in der Tradition oft schamhaft allegorisch weginterpretiert wurden, als parrhesia, als Geschenk, als Lob des nichtverzweckten Anderen.

*4,1 Siehe, meine Freundin, du bist schön! Siehe, schön bist du! Deine Augen
sind wie Taubenaugen zwischen deinen Zöpfen. Dein Haar ist wie eine Herde
Ziegen, die gelagert sind am Berge Gilead herab. 2 Deine Zähne sind wie eine
Herde Schafe mit beschnittener Wolle, die aus der Schwemme kommen, die all-
zumal Zwillinge haben, und es fehlt keiner unter ihnen. 3 Deine Lippen sind wie
eine scharlachfarbene Schnur, und deine Rede lieblich. Deine Wangen sind wie
der Ritz am Granatapfel zwischen deinen Zöpfen. 4 Dein Hals ist wie der Turm
Davids, mit Brustwehr gebaut, daran tausend Schilde hangen und allerlei Waf-
fen der Starken. 5 Deine zwei Brüste sind wie zwei junge Rehzwillinge, die unter
den Rosen weiden. 6 Bis der Tag kühl wird, und die Schatten weichen, will ich
zum Myrrhenberge gehen und zum Weihrauchhügel. 7 Du bist allerdinge schön,
meine Freundin, und ist kein Flecken an dir. 8 Komm mit mir, meine Braut, vom
Libanon, komm mit mir vom Libanon, tritt her von der Höhe Amana, von der
Höhe Senir und Hermon, von den Wohnungen der Löwen, von den Bergen der
Leoparden! 9 Du hast mir das Herz genommen, meine Schwester, liebe Braut,
mit deiner Augen einem und mit deiner Halsketten einer. 10 Wie schön ist deine
Liebe, meine Schwester, liebe Braut! Deine Liebe ist lieblicher denn Wein, und
der Geruch deiner Salben übertrifft alle Würze. 11 Deine Lippen, meine Braut,
sind wie triefender Honigseim; Honig und Milch ist unter deiner Zunge, und
deiner Kleider Geruch ist wie der Geruch des Libanon. 12 Meine Schwester, liebe
Braut, du bist ein verschlossener Garten, eine verschlossene Quelle, ein versiegel-
ter Born. 13 Deine Gewächse sind wie ein Lustgarten von Granatäpfeln mit edlen*

Gründen ist die Frage nach der Möglichkeit des Sprechens in der Perspektive der Ersten Person so zentral für die Phänomenologie der Leiblichkeit.« Leiblichkeit ist, wie Andermann einschärft, »keine eigentliche Natur des Menschen, die seiner historisch und kulturell geprägten Seite entgegenzustellen wäre, sondern muss […] frei von wesensphilosophischen Begründungen gesehen werden. […] Die Tatsache, dass dieser offene Umgebungsbezug der Leiblichkeit von seiner kulturellen Durchdringung nicht zu trennen ist und der Mensch daher nicht einfach natur- und wesensphilosophisch zu reduzieren ist, ist in der Konzeption der Leiblichkeit von vornherein angelegt.« (2012: 142f.).

Früchten, Zyperblumen mit Narden, [14] Narde und Safran, Kalmus und Zimt, mit allerlei Bäumen des Weihrauchs, Myrrhen und Aloe mit allen besten Würzen. [15] Ein Gartenbrunnen bist du, ein Born lebendiger Wasser, die vom Libanon fließen. […][5.10] Mein Freund ist weiß und rot, auserkoren unter vielen Tausenden. [11] Sein Haupt ist das feinste Gold. Seine Locken sind kraus, schwarz wie ein Rabe. [12] Seine Augen sind wie Augen der Tauben an den Wasserbächen, mit Milch gewaschen und stehen in Fülle. [13] Seine Backen sind wie Würzgärtlein, da Balsamkräuter wachsen. Seine Lippen sind wie Rosen, die von fließender Myrrhe triefen. [14] Seine Hände sind wie goldene Ringe, voll Türkise. Sein Leib ist wie reines Elfenbein, mit Saphiren geschmückt. [15] Seine Beine sind wie Marmelsäulen, gegründet auf goldenen Füßen. Seine Gestalt ist wie Libanon, auserwählt wie Zedern. [16] Seine Kehle ist süß, und er ist ganz lieblich. Ein solcher ist mein Freund; mein Freund ist ein solcher, ihr Töchter Jerusalems! […][2.3] Wie ein Apfelbaum unter den wilden Bäumen, so ist mein Freund unter den Söhnen. Ich sitze unter dem Schatten, des ich begehre, und seine Frucht ist meiner Kehle süß.«

Nachspiel

»Rument schäumte gerade die Milch für Joanas Kaffee, da fiel ihm auf,
dass er lange nicht mehr an Sex gedacht hatte.
Umso heftiger überkam ihn die Lust, so sehr,
dass es notwendig wurde, zuerst kalt zu duschen.
Er hoffte, dass der Kaffee nicht ebenfalls auskühlen würde.«[118]

Und abschließend ein Zitat aus der Rubrik Fremdschämen:

»Die Erschaffung des Weibes ist deßhalb eine so furchtbare Katastrophe,
daß sie nur überboten wird von dem Tod selbst, dessen Vorstufe sie eben ist.«[119]

118 Menasse (2009: 63).

119 Culmann (1864: 42f.).

Die Enhancement-Gesellschaft
Über Körper- und Psychopolitiken

Christian Jankowski, Schamkasten (Ausschnitt), 1992, Video (1 x Digital Betacam, 1 x DVD), 120:00 min, PAL,4:3, color, sound, German, and 34 b/w photographs, each 30.4 x 23.9 cm, edition of 5, II. In collaboration with Frank Restle.

Einleitung: BMI-Gläubigkeit

Als die Protagonistin Anne Strelau in Karen Duves Roman *Dies ist kein Liebeslied* beim Völkerball in der Turnstunde abgeschossen wird und gelangweilt in das Gefangenenlager hinter den feindlichen Truppen trabt, lässt ein anderer Schüler angewidert seinen Blick an ihr herunterwandern: »›Warum schwabbeln bei euch Mädchen beim Laufen eigentlich so die Oberschenkel?‹ Wie ein Medizinball voll in die Fresse. Natürlich verliert man nicht schlagartig sein Selbstwertgefühl, bloß weil ein Junge die Beschaffenheit des weiblichen Bindegewebes in Frage stellt. Man verliert das Vertrauen in sein Aussehen und in seinen Wert nicht von einem Tag auf den anderen. Man verliert es über eine lange Zeitspanne hinweg, Stück für Stück.« Die Lehrerin ersinnt eine perfide Beschämungsstrategie für die übergewichtigen Schülerinnen, bringt eine Waage mit in den Unterricht und bastelt aus den Ergebnissen Matheaufgaben dieser fiesen Sorte: »Wie hoch ist das Durchschnittsgewicht der fünf schwersten Mädchen?«[1]

1 Duve (2004: 43f.).

Diese Demütigung, die explizitmachende Gewalt der Beschämung, brennt sich ins Gedächtnis von Anne Strelau ein, Kotzattacken und Diätwahn lösen einander ständig ab. Anne wächst in alle Richtungen, verhungert aber im sozialen Ranking, weil sie falsche Klamotten trägt und falsche Platten hört. Wenn sie dafür in den Augen der Jungs an Wert gewänne, die sie weiterhin schmähen, würde Anne sogar mit dem von der Clique vergötterten Popguru Diedrich Diederichsen schlafen. Auch Therapiestunden zeigen keine Wirkung. Anne Strelaus erdnaher Körper lässt sich nicht domestizieren. Die Scham wird ihre Jugend überleben. Sie endet als Taxifahrerin mit zyklischen Jo-Jo-Problemen.

Schämt sich im Roman Anne Strelau noch dafür, *ästhetischen Standards* nicht zu genügen, dann verschiebt sich im aktuellen Gesundheitsdiskurs Fettleibigkeit zunehmend *zum moralischen Makel*, der einen tadelnden Blick auf sich zieht. Weil der Fettleibige sich am hohen Gut der Gesundheit vergreift, muss er auch mit einer äußeren Sanktion rechnen. Der BMI, der schwellende Kissen am Körper gnadenlos vermisst, wurde zu Beginn dieses Jahrhunderts zum moralischen Zentimetermaß; denn wenn eine Zahl im Jenseits der 29 aufleuchtete (zunächst 30, später 35), verweigerte der Staat die Verbeamtung – der Bodymaßindex mutierte zum Beamtenmaßindex. Weil Fettleibigkeit empirisch belegbare Gesundheitsrisiken birgt, droht(e) eine Zugangsbeschränkung, ein Numerus clausus für den Körperumfang. Unausgesprochenes Ziel war und ist der scheckheftgepflegte Körper. Droht also eine Gesundheitsdiktatur? *Haben wir ein Recht auf Krankheit? Ein Recht auf Fett?*

In diesem Essay will ich zunächst die Gefahr untersuchen, die droht, wenn ästhetische Standards oder Ideale zu einer moralischen Bewertung umcodiert werden, also *nicht-moralische Scham* zu einer *moralischen Scham* aufsteigt. Möglicherweise haben wir es hier mit (neoliberalen) Dispositiven der Macht zu tun, die diesen Prozess, hinter dem Rücken der Akteure, antreiben und steuern.

Scham über Leibesfülle, Scham aufgrund von Krankheit, Scham über das Alter wird ausgelöst, weil Protagonisten, die von der Scham befallen werden, sich durch Blicke (und vielleicht sogar *empörte Blicke*) als nicht liebenswert, nicht gleichberechtigt, nicht vollwertig anerkannt erfahren. In dieser Lesart tritt die *Gesundheitsreligion* mit dem Versprechen an, *prospektiv Scham zu vermeiden*. Oder liegen hier jeweils eklatante Formen der *Falschscham* vor?

Wenig Mühe bereitet es, mit Alarmismus und Hysterie auf die Höchstschätzung der Gesundheit zu reagieren. Theologische Ethik sollte auch deshalb nicht vorschnell in dieses schrille Konzert einstimmen, weil *der Stifter der christlichen Religion bekanntlich ein Heiler war* und – gemessen an seiner Umwelt – dem körperlichen Wohlbefinden einen hohen, aber fraglos nicht den höchsten Wert beimaß. Seine epochale Leistung (aber damit bediene ich schon wieder Leistungssemantiken) besteht bis heute darin, Krankheit zu entschämen, also nicht im Kontext von Schuld und Strafe zu thematisieren. Genau diese Entkoppelung droht in der Gesundheitsreligion durch die Verschiebung der Schamfelder rückgängig gemacht zu werden.

Zu den prekären, aber zugleich existentiellen Situationen gehört jene Situation, wenn wir im Angesicht eines Kranken, dem wir uns sehr nahe fühlen, *Scham über unsere Gesundheit* erfahren. Ich deute diese Situation als exemplarische Konkretion der von Levinas inszenierten Ursituation des Personwerdens, weil der Gesundheitsapostel des Gesundheitsdispositivs in dieser Situation aus seinem Egoismus herausfällt. Diese Scham stärkt oder besser: weckt nicht nur die Verbundenheit mit dem Kranken, sondern ruft auch Gefühle der Dankbarkeit über die eigene Gesundheit hervor.

Mein Essay hat vier Teile. Nach der anfänglichen Hinterfragung einer Gesundheitsreligion aus schamethischer Perspektive, geht es mir um eine alltagstaugliche Beschreibung von Gesundheit, die Krankheit zu integrieren erlaubt. Ich gehe der Frage nach, ob man sich dem Phänomen der Krankheit mit der allmächtigen hermeneutischen Deutungsvokabel Sinn nähern kann. *Macht Krankheit Sinn?* Thema sind die jesuanischen Entschämungspraktiken von Krankheit, war er es doch, der *Krankheit aus der Umklammerung von Schuld, Sünde und Strafe befreite.*

Im dritten Teil bespreche ich den frühen Rand des Lebens: Wie gehen wir mit der durch die Präimplantationsdiagnostik (PID) und die Pränataldiagnose (PND) schal gewordenen religiösen Rede von der Gabe des Lebens angemessen um? Ich kritisiere einen exemplarischen theologischen Versuch, im Rekurs auf ein fragwürdiges *Lob der Fruchtbarkeit* und auf die hochproblematische theologische Begründungsinstanz der göttlichen Erwählung ethische Maximen abzuleiten, die dem Enhancement am Lebensanfang jede Berechtigung absprechen. Das theologische Deutungsangebot des *concursus divinus*, das sich auch bereits in der Technikethik bewährte, kommt *mutatis mutandis* auch in der Frage nach dem Einsatz von Medizintechnik zum Zug.

Weil nach meiner Lesart *Krankheit und Leiden selbst keinen Sinn machen*, drängt sich die Frage auf, ob man die Gabe des Lebens vertrauensvoll in extremen Leidenssituationen zurückgeben darf. Wie also ist die Enhancementdebatte am Lebensende zu bewerten?

Schönheit und sportive Gesundheit[2] sind in Enhancementdebatten nicht zu trennen, deshalb schließe ich im Nachwort mit einem vorsichtigen Lob der Falten und Pfunde.

2 Vgl. Herms (1993).

1. Beschämungspraktiken im Gesundheitsdispositiv

Arnold J. Jacobs hat in einem konsequenten Selbstversuch sein Dasein als Gesundheitsstreber organisiert und detailgenau über den Gesundungsprozess Buch geführt. Viele der Tipps für Nachahmer wirken ungefährlich: Blattgemüse essen, täglich 40 Minuten Ausdauertraining durchhalten, Speed-napping (gut für Herz und Gehirn), summen (beugt Nasennebenhöhlen-Entzündungen vor), die Zimmertemperatur konstant bei 16,6 Grad halten, weil diese Temperatur den Kalorienverbrauch des Körpers erhöht, Baseballspiele anschauen (hat einer Studie zufolge blutdrucksenkende Wirkung), kleine Fische essen, um die Quecksilberbelastung zu minimieren. (Der Ausdruck Babycalamares ist natürlich schecklich!) Der Selbstversuch ist ein einjährig gedehntes Scheitern. »Fazit: Gesundheitsbesessenheit kann aus einem normalen Menschen ein egoistisches Arschloch machen.«[3] Offenbar verkommt der Gesundheitspraktikant Jacobs in atemberaubend kurzer Zeit zum körperfixierten Heilsegoisten. Zumindest in dieser speziellen Hinsicht muss man die müde gesiegte Gesundheits-Definition der Weltgesundheitsorganisation (WHO) aus dem Jahre 1946 vorbehaltlos loben: *Gesundheit ist der Zustand vollständigen physischen, geistigen und sozialen Wohlbefindens (sic!) und nicht nur die Abwesenheit von Krankheit und Schwäche.* Jeder Versuch der radikalen Selbstoptimierung scheitert in diesem exemplarischen Beispiel an der Kernbestimmung des sozialen Wohlbefindens, deshalb kann es nicht richtig sein, die persönliche Gesundheit zum höchsten Gut zu erheben. »Gesundheit ist die Heilserwartung der Moderne, sie ist zu einem zentralen Leitwert der säkularisierten und individualisierten Gesellschaft geworden.«[4] Für viele Gesundheitspraktikanten offenbar sogar zum Höchstwert oder höchsten Gut.

3 Jacobs (2013: 423). Roland Barthes deutet die Diät als »ein religiöses Phänomen, eine ›religiöse Neurose‹. Der Beginn einer Diät trägt alle Anzeichen einer Bekehrung. Mit denselben Problemen von Rückfall und neu einsetzender Bekehrung. Mit entsprechenden Büchern, die wie Evangelien sind, usw. Die Diät aktiviert ein starkes, ständig drohendes Schuldgefühl, das den ganzen Tag und in jedem Moment da ist.« Zitiert nach Samoyault (2015, 216); vgl. Müller (2011).

4 Beck-Gernsheim (2008: 115); Dabrock (2006: 129-139). Und wie bei jeder Heilserwartung gibt es entsprechendes Personal, heilige Räume und Riten. Wir reisen wie früher bei Wallfahrten zu den Koryphäen der Zunft, betreten mit gesenktem Haupt die heiligen Hallen, die wie ein postmodern gestyltes Bethsaida wirken und befolgen sklavisch und doch mit verklärtem Gesicht die Vorschläge, die man uns im eigenen Interesse unterbreitet hat, um nicht den sündigen Verlockungen von bösen ›weißen Kalorien‹ zu verfallen.

In einer großen Koalition von Pharmaindustrie und Medizintechnologie wird diese Heilserwartung befeuert. Manfred Lütz, diese leibhaftige Doppelbegabung aus Theologe und Mediziner, hat von einer Gesundheitsreligion gesprochen: »Radikal egoistisch ist diese neue Religion und unsolidarisch. Jeder kämpft verbissen für sich, denn es geht um nicht mehr und nicht weniger als um Leben und Tod. [...] Doch das alles ändert nichts am Ergebnis: Das ewige Leben auf Krankenschein gibt es nicht. Und die Gesundheitsreligion ist definitiv nicht mehr finanzierbar.«[5] Prompt entsteht im Umfeld der Gesundheitsreligion ein zweiter Gesundheitsmarkt für die Besserverdienenden, der spezielle Nahrungsangebote und semiseriöse Gesundheitsreisen bewirbt. Von den Ärzten werden inzwischen auch individuelle Gesundheitsleistungen (IGeL) angeboten, die von den Patienten privat bezahlt werden müssen, bitte. Kenner der Szene schätzen das Umsatzvolumen auf 1,5 Milliarden Euro – Haushalte mit sehr niedrigem Einkommen können diese Hilfen allenfalls rudimentär in Anspruch nehmen.[6]

Trotz der buchmarktgemäßen Hysteriesemantik bleibt die Beobachtung von Manfred Lütz richtig, dass alle Assoziationen, die man traditionell mit dem religiösen Begriff des ganzheitlichen Heils verbindet, stillschweigend in den säkularen Bereich der Gesundheit eingesickert sind. Weil der Gesundheitsanspruch nur mäßig kaschiert im Dienste einer Leistungsgesellschaft auftritt, eingelagert in den Konkurrenzkampf um Anerkennung, droht eine Selbst-Instrumentalisierung und Selbst-Verzweckung. Die beinahe zwangsläufige Konsequenz ist das *Falschschämen*, weil sich jetzt sichtbar Kranke dafür schämen, den Erwartungen nicht mehr zu entsprechen. »Es ist in unserer Gesellschaft nicht selten, *dass man sich seiner Krankheit schämt* und sich nicht als vollwertiges Mitglied fühlt.«[7]

Wir haben es hier mit dem Phänomen des *Falschschämens* in Gesundheitsfragen zu tun, weil wir die auch medial vermittelten Muster von Fitness unkritisch in die Selbstwahrnehmung übersetzen. »Der Gesundheitswahn entsteht dort, wo das Leben nackt geworden ist wie ein Geldstück und *jedes narrativen Gehaltes entleert ist.* (Hervorhebung von mir, K.H.) Angesichts der Atomisierung der Gesellschaft und der Erosion des Sozialen bleibt nur der Körper des Ich übrig, der um jeden Preis gesund zu erhalten ist. Der Verlust der idealen Werte lässt neben dem Ausstellungswert des um Aufmerksamkeit heischenden Ich nur noch den Gesundheitswert übrig. [...] Die Gesundheit

5 Lütz (2008: 145); vgl. Ders. (2007); vgl. Ders. (2011). Dazu kritisch Baltes (2008: 151-176).

6 Vgl. EKD (2011); Bartens (2012).

7 Böhme/Akashe-Böhme (2005: 113). Hervorhebung von mir, K. H..

wird selbstbezüglich und entleert sich zu einer Zweckmäßigkeit ohne Zweck.«[8] Nach Byung-Chul Han sind in unserer Leistungsgesellschaft die neuen Leitkrankheiten »keine viralen oder bakteriellen Infektionen, sondern psychische Erkrankungen wie Burnout, Hyperaktivität oder Depression, die nicht auf die virale Negativität, sondern auf das Übermaß an Positivität, auf die Gewalt der Positivität zurückzuführen sind.«[9] Han entdeckt hier eine provozierende Verkehrung der Freiheit: »Das Leistungssubjekt, das sich frei wähnt, ist in Wirklichkeit ein Knecht. [...] Das neoliberale Subjekt als Unternehmer seiner selbst ist nicht fähig zu Beziehungen zu anderen, die *frei vom Zweck* wären. [...] Das Ich als Projekt, das sich von äußeren Zwängen und Fremdzwängen befreit zu haben glaubt, unterwirft sich nun inneren Zwängen in Form von Leistungs- und Optimierungszwang. [...] Die Gesundheit stellt das Ideal des bloßen Lebens dar.«[10] Als »Ferment für die Motivationssteigerung« dienen »positive Emotionen«, die den Stress euphorisch überdecken.[11] Der Befund ist also überraschend: Gerade weil, folgt man Han, die soziale Sphäre erodiert, wird die Scham in der Leistungsgesellschaft aus der Perspektive desjenigen, der sich fröhlich in die neoliberale Leistungsgesellschaft eingepasst hat, als beschämendes Komplettversagen erfahren.[12]

Verschlissen wirken vor diesem Hintergrund die Metaphern von der *Gabe oder dem Geschenk des Lebens*. Semantisch spielte bei dem Wort Geschenk auch immer die religiöse Dimension mit hinein: Gott als Geber des Lebens, ein Geschenk, das man fromm anzunehmen und zu schonen hatte. Häufig machtlos ergab man sich in früheren Generationen den gesundheitlichen Schicksalsschlägen, die sich plötzlich einstellten. Auch der Begriff Schicksalsschlag bekommt eine andere Tönung, weil Ärzte *jetzt als datengestützte Propheten* auftreten: Wenn in der Familie einer Frau eine auffällige Dichte an Brustkrebserkrankungen aktenkundig wird, dann lebt diese junge Frau künftig mit der nicht unberechtigten Angst, selbst daran zu erkranken. Die Nachricht ist noch nicht ganz erkaltet: Angelina Jolie, eine der Welt Schönsten, hat aus diesem Grund ihre Bürste amputieren und wieder neu aufbauen lassen. Geschenk des Lebens? Diese fromme Rede ist mächtig unter Druck geraten.

8 Han (2011: 30). Kritisch zu Selbstoptimierungsversuchen äußert sich Roth (2015).

9 Han (2011: 120).

10 Han (2014a: 10, 11, 9, 10).

11 Han (2014a: 66).

12 Für Rosa (2016: 78) resultiert der kräftige Anstieg von Burnout- oder Depressionserkrankungen »nicht in erster Linie aus Arbeits-, Tempo- oder Anforderungsüberlastung, sondern aus dem Zusammenbruch der für die Subjekte konstitutiven Resonanzachsen.« Eine schwungvolle Gegenlesung unternimmt Dornes (2016).

Inzwischen schickt die Pharmaindustrie sich auch an, ein Enhancement der Moral anzubieten, schamhaft versteckt unter der chicen Vokabel *Neuroenhancement*. Verschrieben wird die Pille (als Substanzen dienen häufig Oxytocin und Serotonin) vorab, um endlich einfach nur gut zu werden. »Ziel ist zum einen die Steigerung zentralnervöser Leistungsfähigkeit im Hinblick auf Aufmerksamkeit, Vigilanz, Konzentration, Lernen und Gedächtnis sowie Emotionalität und Motivation, oder, generell, so etwas wie die Steigerung kognitiv relevanter Fähigkeiten und Zustände.«[13] Diese neuen Möglichkeiten werfen Fragen auf, die sich nicht mehr nur auf gerechtigkeitsethische Fragen (Verbesserung von Lernergebnissen), sondern sehr grundsätzlich auf Fragen vom Begriff des Menschen, seiner Freiheit, Verantwortung und Würde beziehen. Problematisch ist allerdings: Belastbare Studien mit dem Kuschelhormon Oxytocin weisen zwar einen deutlich faireren Umgang mit Mitgliedern der eigenen Gruppe aus, aber offenbar verursacht Oxytocin zugleich markante Aggressionen Außenstehenden gegenüber.[14]

Das Enhancement der Moral steckt noch in den Anfängen, dunkle Szenarien einer staatlichen Vorsorgediktatur zeichnen sich bereits am Horizont ab. Die Schriftstellerin (und gelernte Juristin) Juli Zeh hat sie sprachfähig gemacht. In ihrem Romantitel ›Corpus delicti‹[15] klingt eine sprachliche Umformung an, nämlich die Verschiebung von Tatwerkzeugen aus den Asservatenkammern der Polizeipräsidien hin zum Körperding, das als mutmaßliches Werkzeug gegen einen Staat, genauer: gegen eine Präventions-Diktatur eingesetzt werden kann und deshalb vom Regime auf Funktionalität und Unauffälligkeit hin beobachtet wird. Jetzt ist die Asservatenkammer das ganze Terrain des Alltags, das vom Staat wie eine fürsorgliche Mutter gegen Invasoren von Söldnern, die wie Barbaren ihren Körper verwildern lassen oder, für das Körperregime ein terrostischer Akt schlechthin, einen Suizid vollziehen, verteidigt werden muss. Zigaretten und Alkohol werden als toxische Substanzen eingestuft und das Trinken von heißem Wasser empfohlen. »Krankheit ist das Ergebnis von fehlender Überzeugung und fehlender Kontrolle.« (200)

Etwas indezent weist der Untertitel des Romans *Ein Prozess* auf Kafka hin, freilich in einer eleganten Umkehrung, denn der Roman präsentiert einen Staat, der ganz offen seine Macht ausstellt und sie gegen diejenigen einsetzt, die sich der Korruption gegen den eigenen Körper schuldig gemacht haben. Als R.A.K., als Recht auf Krankheit, wird eine terroristische Zelle, von der man nie weiß, ob

13 Riel u.a. (2015: 11). Die folgenden Aufsätze im Aufsatzband beschäftigen sich mit den genannten Themen.

14 Riel u.a. (2015).

15 Zeh (2010). Die folgendenSeitenzahlen beziehen sich auf diesen Text.

sie wirklich existiert, als Drohkulisse aufgebaut. Unterschwellig kommuniziert Juli Zeh mit Giorgio Agamben, denn das erzählte Systemganze wirkt wie ein postmodernes Konzentrations-Lager, in dem die Bewohner wie in einem immerwährenden Ausnahmezustand auf das nackte Leben reduziert werden. Jeder Mensch in diesem Lager-Staat steht außerhalb des Individualrechts. Die Hauptfigur Mia, eine Kurzform von Maria, die sich auflehnt, wird im Prozess prompt kaltgestellt und zum Einfrieren auf unbestimmte Zeit verurteilt.[16]

Aufgehängt wird die Dystopie an einen Kriminalfall, denn der Bruder der Protagonistin, ein Libertin, soll eine Vergewaltigung begangen und sich während des Prozesses im Gefängnis umgebracht haben. Der charismatische Dunkelmann des Systems, Kramer, der individuelle Krankheitsgeschichten für Luxus hält (81), versucht, die trauernde M(ar)ia auf Linie zu bringen, warnt vor Romantizismen wie (Bruder-)Liebe und bestreitet das Recht auf den persönlichen Schmerz. »Ich schäme mich. Ich habe an seine Unschuld geglaubt, aber vielleicht nicht genug« (170), bekennt Mia ihre Bruderliebe. Und obwohl der mit einem Unfehlbarkeitsdogma ausgestattete DNA-Test, der den Bruder überführt hat, sich als fehlerhaft erweist, wird Mia verurteilt. Diese Dystopie einer Gesundheitsdiktatur, die feinsinnig mit christlichen Motiven[17] spielt, gegen die Vorherrschaft der Naturwissenschaft streitet und für »Geist, Seele, Herz« (108) votiert, bricht eine Lanze für die Individualrechte.

Dystopien schulen die Wahrnehmung, wenn sie wie eine glaubwürdige Reportage und Gerichtsreportage vorgetragen werden, wenn sie einen tiefen Einschnitt in die Freiheitsgeschichte vermessen, einen Pakt gegen den marginalisierten Einzelnen offenlegen, den Staat als mit mütterlichen Prädikaten verkleidetes Immunologieregime anklagen, der das Recht auf Krankheit als kulturzersetzend denunziert. Literarisch überzeugt mich diese Dystopie, weil das Gesundheitssystem nicht als kafkaesk unpersönliches System vorstellig wird, sondern *verkörpert durch charismatisches Personal*. Auflehnung erscheint zumindest als Möglichkeit am Horizont.[18]

16 In einer Szene blättert Mia in einem Buch ihres Bruders: »Agamben – auch mit Widmung. Habe ich übrigens nie gelesen.« (128). Der Roman hat deutlich mehr Humor und Ironie, als die Feuilleton-Wächter haben erkennen können. Wer denkt nicht bei der wiederholten Pointe, dass die Gesundheitsstreber nur heißes Wasser trinken, an das Ritual in *Asterix bei den Briten*!

17 »Ist es nicht interessant, dass der Mensch stets dazu neigt, Schwäche mit Unschuld gleichzusetzen? Darin zeigen sich die hartnäckigen Überreste christlichen Denkens.« (204) »Die Philosophie war ein nicht enden wollendes Gelächter. ›Es gibt‹ oder ›Es gibt nicht‹ – was soll das überhaupt heißen? So konntest du fragen. Dass uns die Welt gegeben wird? Von wem? Von ›es‹? Ist ›es‹ dasselbe Es, das auch regnet? Oder friert? Oder geht?‹ Oder Spaß macht? Oder Zeit ist?‹ Wenn ja, dann hat Gott wohl etwas mit dem ›Ich‹ gemeinsam. Beide sind nichts weiter als Pronomen. Ein grammatikalisches Problem.« (239)

18 Noch nicht im Blickfeld des Romans stehen die Gesundheitsapps, die aktuell sintflutartig zunehmen.

Kulturkritiker und Romanautorinnen beschreiben den neoliberal gesteuerten Umschwung, der unter dem Anstrich von Körperfreundlichkeit doch wieder den Körper einer Dressur unterzieht und – folgt man Byung-Chul Han – Körperpolitik und Psychopolitik gleichschaltet. Wird Gesundheit zum Höchst-, nicht nur zum Leitwert, dann, so das Ergebnis des Selbstversuchs von Jacobs, schreitet die Erosion des Sozialen voran. Hatten wir im vorigen Kapitel noch beobachtet, wie in der Sexualethik moralische Normen »zu sozialen Konventionen ›herabsinken‹«[19], dann liegt im Gesundheitskontext ein bisher kaum wahrgenommener Aufstieg vor, weil jetzt eine *ästhetische Norm* (schlanker Körper) zu einer moralischen Norm wird, der *beschämende Blick wandelt sich von Abneigung oder sogar Ekel zu Tadel und Empörung*. In seinen *Vorlesungen über Ethik* hat Ernst Tugendhat behauptet, moralische Scham unterscheide sich von anderen Formen der Scham dadurch, dass auf den moralischen Normverstoß die *Schamzeugen* (Elias) mit Empörung reagieren, bei nichtmoralischen Normverstößen dagegen nicht.[20] Der Tadel im Blick der

Viele Nutzer dieses Apps beurteilen die ›moralischen Implikationen der Geräte‹ (Latour) als lebensdienlich; problematisch wird es nur, wenn diese Apps gesundheitspolitisch und damit ökonomisch ausgewertet werden, wenn also Daten etwa zu Boni oder Malus in den Krankenkassenbeiträgen führen. Hier wäre in der Tat ein individuelles Recht auf Krankheit (R.A.K.) einzuklagen. Diese *Quantified-Self-Bewegung*, die über Apps jede Lebensfunktion kontrolliert und optimiert, beschreibt Rosa (2016: 47) als Bewegung, die das »Ressourcenpotential der Individuen« modernetauglich ausbeutet: »Damit aber vollzieht sich unter der Hand ein radikaler kultureller Wandel, in dem das, was gute Chancen auf ein gelingendes Leben gewähren sollte (nämlich die dafür nötigen Ressourcen), nicht nur für das gute Leben selbst gehalten wird, sondern aufgrund der strukturellen Steigerungs- und Dynamisierungsimperative der Moderne auch die Lebensführungsenergien und -strategien der Individuen binden *muss*.«

19 Demmerling (2009a: 86).

20 Tugendhat (1993: 59): »(I)n der Scham des Betreffenden und der korrelativen Empörung der anderen (und durch diese Korrelation ist die moralische Scham von der sonstigen Scham begrifflich unterschieden).« Tugendhat (1992: 318): »Man empfindet charakteristischerweise Scham angesichts jeder Form von Selbstwertverlust in den Augen der anderen. Ich kann die moralische Scham zunächst etwas ungenau als zentralen Selbstwertverlust bezeichnen, womit ich impliziere, daß derjenige Wert, um den es bei moralischem Lob und Tadel geht, für unser Personsein zentral ist.« In einem Aufsatz hat Demmerling (2009a: 81, 82ff.) darauf hingewiesen, dass das Gefühl der Empörung nicht zur Begründung einer moralischen Norm herhalten kann: »Was macht eine Norm zu einer moralischen Norm? Diese Frage kann der Rückgriff auf moralische Gefühle nicht beantworten. Wer sagt, dass eine Norm dann eine moralische Norm ist, wenn man mit moralischen Gefühlen auf ihre Übertretung reagiert, handelt sich den Verdacht ein, eine *petitio principii* zu begehen. [...] (I)ch betrachte moralische Gefühle wie Scham als Detektoren für in moralischer Hinsicht relevante Sachverhalte, nicht als Kriterien. Richtig ist: Wesen ohne moralische Gefühle wie Scham, Schuld oder Empörung hätten gar keinen Sinn für die Institution der Moral. Die Einhaltung und Beachtung moralischer Gebote und Verbote würde sie im Grunde nicht interessieren. Moral gewinnt erst dadurch Interesse, dass bestimmte Wesen moralische Gefühle haben und deshalb setzt die Institution der Moral Gefühle voraus.« Wenn ich Tugendhat richtig verstehe, geht es ihm um Folgendes: Wenn Moral das ist, was wir gegenseitig voneinander fordern können, zeigt Scham die Internalisierung dieser Standards. Im Idealfall ist Scham ein Kriterium, weil Scham in Moralitäts-

Schamzeugen, will »die Person in ihrem Kern«[21] treffen. Ich würde in unserem Fall noch einen Schritt weitergehen, weil hier nicht nur eine innere, sondern auch eine äußere Sanktion, abgesichert durch das Beamtenrecht, droht: Die Verbeamtungsregel, die sich am BMI orientiert[22], ist in diesem Sinne Ausdruck einer staatlichen Empörung, weil unterstellt wird, die Kandidatinnen und Kandidaten hätten durch ihren Lebensstil dem Gut Gesundheit massiv geschadet und es drohe über kurz oder lang eine Dienstunfähigkeit. Obwohl Fettleibigkeit nicht die Folge einer Krankheit sein muss, sondern allenfalls – das ist inzwischen umstritten – künftige Krankheitsbilder wahrscheinlich macht, droht durch Einzelfallentscheidung noch immer ein Ausschluss. Staatsdiener dürfen nicht fett sein.[23] Diese inzwischen aufgeweichte Praxis hat gleichwohl dazu beigetragen, den Blick, den wir auf Fettleibige werfen, mit Empörung aufzuladen, weil, so der im empörten Blick mitschwingende Vorwurf, diese Personen die Solidargemeinschaft der Krankenversicherten schädigen. Im empörten Blick wird moralische Scham ausgelöst. Künftige Krankheiten werden schon jetzt als Strafe für den falschen Lebensstil gedeutet. Krankheit und Strafe treten, so das Ergebnis, in eine unheilvolle Koalition. Hier liegt der Fall vor, dass das Gesundheitsdispositiv Scham zur Schuld umdeutet, weil der Lebensstil der Fettleibigen gegen die »maßgebende Autorität der Gemeinschaft« verstößt.[24]

Klebrig kann der Umgang mit Scham auch bei Verstößen gegen eine ästhetische Norm werden, die nicht oder nicht sichtbar in eine moralische Norm umgesteuert wird. Wenn ich mich für meine abstehenden Ohren (vulgo: Se-

fragen ein *geteiltes Gefühl* ist. Vgl. auch Demmerling (2009b); ein Klassiker zum Thema stammt von Strawson (1978).

21 Tugendhat (1992: 322).

22 Inzwischen ist das Verfahren insofern gelockert, weil eine Einzelfallentscheidung auch bei Adipositas 2. Grades getroffen wird. Rosa (2016: 106) deutet Adipositas als einen Fall, in dem »der Prozess der Weltaneignung offensichtlich gestört« ist, »leibhaft spür- und sichtbar« werden »Entfremdung, Blockade und Resonanzverlust einerseits im Verhältnis des Subjekts zum eigenen Leib, andererseits aber auch zwischen Leib und Welt. [...] Dass die moderne Welt in immer stärkerem Maße an Adipositas leidet, scheint die Diagnose einer auf Steigerung, Landnahme und Beherrschung gerichteten, verdinglichenden Weltbeziehung sinnfällig zu machen.« Mag sein, problematisch ist der Umstand, dass *Adipositas moralisch bewertet* wird.

23 Lotter (2012: 108) spricht nachvollziehbar in ihrem exzellenten Buch Schamgefühlen über ästhetische Mängel ab, genuin moralische Gefühle zu sein, übersieht dabei aber, wie diese Gefühle durch Dispositive zu moralischen Gefühlen werden können. Mich überzeugt Lotter immer dann, wenn sie mit Bernard Williams »schuldfreie Aspekte moralischer Verantwortung« (318) herausarbeitet.

24 Tugendhat (1992: 321) betont, Scham als Ausdruck für »das eigene Unwertbewußtsein« könne sich mit dem »Schuldbewußtsein« verbinden, wenn »ich andere verletzt habe, und (wenn, K.H.) ich gegen die Gebote der für mich maßgebenden Autorität verstoßen habe; die für mich maßgebende Autorität ist eben die Gemeinschaft.«

gelohren) schäme, kann ich sie anlegen lassen, um etwa Hänseleien zu begegnen; wenn aber minimale Abweichungen an Nasen oder Ohren durch die Reklamen des Perfekten zu Korrekturen animieren, *um meinen Körper im Konkurrenzkampf um Arbeitsplätze zum Ideal umzuformen, dann verzwecke ich mich willentlich selbst.* Defizile Beschämung wird durch Falschscham beantwortet und mit dem Wissen um bessere Chancen beschwichtigend angegangen. Die Körperdressur wird mit guten Gefühlen begleitet. Byung-Chul Hans Rede von der großen Koalition zwischen Körperpolitik und Psychopolitik verfängt auch in dieser Frage.

In einem nächsten Schritt will ich einen Gesundheitsbergiff vorschlagen, der Krankheit zu integrieren erlaubt. Ich erinnere anschließend die Entschämungspraktiken durch den Stifter der christlichen Religion, war Jesus von Nazaret es doch, der Krankheit und Strafe entkoppelte. Diese lebensdienliche Einsicht droht in der Gesundheitsreligion der Spätmoderne verloren zu gehen.

2. Macht Krankheit Sinn?

Die Stoiker der Antike zählten die Gesundheit neben Schönheit und Reichtum noch zu den *Adiaphora*, zu den sittlich unwichtigen Dingen, die von der Konzentration auf das Gute ablenken. Das ist himmelweit von heutigen Tendenzen entfernt, die Gesundheit und einen *perfect body* zum höchsten Gut auszurufen. Platon, der den Körper als Kerker oder Grab der Seele (Phaidros 250c; Kratylos 400c, Gorgias 493a) denunzierte, war nur deshalb ein glühender Anhänger der Gymnastik, weil der Körper als gesunder Körper unauffällig ist und die philosophische Gedankenanstrengung nicht stört. Erst die christliche Religion, die sich traute, von der Fleischwerdung Gottes (Inkarnation) zu reden, prägte ein neues Leibverständnis, Gesundheit wurde prompt nicht länger zu den *Adiaphora* gezählt, der Stifter dieser Religion ist nicht zufällig auch ein Heiler. Die sich daraus entwickelnde diakonische Praxis der christlichen Gemeinden war für die Menschen in der damaligen Umwelt so attraktiv, dass die antiken philosophischen Lebenskunstschulen gegenüber dem Christentum ins Hintertreffen gerieten.

Altersweise hat der Mentor der Heidelberger Hermeneutik, Hans-Georg Gadamer, der mit über 100 Jahren mit großer Vitalität Vorträge hielt und deshalb eine gewisse Kompetenz in dieser Frage beanspruchen konnte, behauptet: »Die Sorge um die eigene Gesundheit ist ein Urphänomen des Menschseins. […] Krankheit wird […] vom Erkrankten in der Regel als nicht mehr übersehbare Störung erfahren. […] Es liegt ganz unzweifelhaft in der Lebendigkeit unserer Natur, daß die Bewußtheit sich von sich selbst zurückhält, so daß Gesundheit sich verbirgt. Trotz aller Verborgenheit kommt sie aber in einer Art Wohlgefühl zutage, und mehr noch darin, daß wir vor lauter Wohlgefühl unternehmensfreudig, erkenntnisoffen und selbstvergessen sind und selbst Strapazen und Anstrengungen kaum spüren – das ist Gesundheit. Sie besteht nicht darin, daß man sich in den eigenen schwankenden Befindlichkeiten immer mehr um sich sorgt oder gar Unlustpillen schluckt.«[25]

Gut hermeneutisch werden wir auf die Gesundheit erst aufmerksam, wenn eine Störung eintritt, ganz ähnlich alltagspraktischen Vollzügen, denn auch ein Hammer kommt ins ausdrückliche Bewusstsein erst, wenn er seinen Dienst versagt und nicht mehr zuhanden ist. Damit ist aber nicht gesagt, Gesundheit sei eine *vollständige* Abwesenheit von Krankheit: Das Wohlgefühl kann so ausgeprägt sein, dass zumindest kleine Störungen zwar wahrgenommen, aber nicht eigens thematisiert werden. Als Nachmieter im Denken Heideggers kann Gadamer auch die soziale Verdrahtung mitdenken: »Gesundheit ist überhaupt nicht ein Sich-Fühlen, sondern ist Da-sein, In-der-Welt-Sein, Mit-den-Menschen-Sein, von den eigenen Aufgaben des Lebens tätig oder freudig erfüllt sein.«[26]

Gadamers zentrale These von der *Verborgenheit der Gesundheit*, die fraglos eine versteckte Erbschaft platonischen Denkens ist, scheint mir für die Gegenwart nicht mehr angemessen. Zwei Faktoren kommen zusammen: die Fülle an neuen medizinischen Einsichten und die zum Trend ausgerufene Selbstoptimierung in Gesundheitsfragen. Die Lebenswissenschaften stellen ganz neue Anfragen an das alltagssprachliche Verständnis von Gesundheit. Wir horchen immer stärker darauf, welche Signale der Körper sendet, anders gewendet: Der medial forciert öffentlich gemachte Fortschritt in der Medizin prägt und steuert unser körperliches Erfahrungswissen. Auch der Schmerz ist nicht länger der alles entscheidende Indikator, weil, wie wir inzwischen verinnerlicht haben, bei bestimmten Erkrankungen wie etwa einigen Formen von Darmkrebs der Schmerz erst auftritt, wenn die Krankheit nicht mehr einzudämmen ist – deshalb wird das Sensorium geschult für Taubheitsgefühle in bestimmten Leibinseln, für leibliche Regungen, die plötzlich ins Bewusstsein treten oder die überall gemutmaßte Abnahme der Leistungsfähigkeit. Auch hier hat Hermann Schmitz Erfahrungs- und Formulierungshilfen gegeben, wenn er zwei Schmerzformen unterscheidet: Es gibt einen »protopathischen Schmerz«, der dumpf, diffus, ausstrahlend ist und den »epikritischen Schmerz«, der scharf und stechend gespürt wird.[27]

25 Gadamer (1994: 9, 77, 143f.); vgl. Körtner (2010a).

26 Gadamer (1994: 144).

27 Schmitz (1990: 126). Beide Schmerzformen kommen im Kratzen einer juckenden Stelle zum Einsatz: »Das wollüstige Kratzen an einer stark juckenden Hautstelle ist der Versuch, einer unangenehm protopathischen Regung auf einer Leibinsel einen mäßigen, eindeutig epikritischen Schmerz entgegen-

Gesundheit wird eine medizinisch-medial konstruierte Größe, die sich uns ununterbrochen aufdrängt, sie ist *nicht mehr unauffällig oder verborgen*, vielmehr nahezu immer präsent, wird zur (alles entscheidenden) existentiellen Frage des Lebens. Hinterrücks hat die gesundheitspolitisch fraglos richtige Forderung nach Prävention die Türen weit geöffnet für zum Teil auch überzogene Wohlfühlerwartungen und Enhancement-Visionen.

In seiner Selbsterfahrungsstudie zeigt Jacobs nachvollziehbar, wie wir versuchen, die Lebensspielräume, die wir nur begrenzt erweitern können, auszupuffern. Das entspricht auch dem aktuellen Stand in der Medizinforschung, die nicht mehr von dichotomischen Zuständen (entweder krank oder gesund), noch von einer bipolaren Bezogenheit von Gesundheit oder Krankheit spricht (man ist mehr oder weniger gesund), sondern mit einem aus der Mathematik entlehnten Begriff auf »orthogonale Konzepte«[28] setzt, die sehr genau die Umwelt, Lebensbedingungen, körperliche Handicaps einer Person untersuchen, gesundmachende und krankmachende Faktoren in ihrer Wechselwirkung bestimmen und – worauf die psychosomatische Medizin besonders genau achtet – die mentale Rückkoppelung zwischen Krankheitsbefund und Wohlgefühl messen.[29] In diesen orthogonalen Konzepten wird auch die alte und für Kranke zwar naive, aber entstressende Sicht, es sei die Aufgabe eines Therapeuten, vollständig zu heilen, verabschiedet; vielmehr besteht die Kunst darin, Schmerz und Leiden, chronische Schädigungen und Handicaps in das Leben und die eigene Biographie zu integrieren.[30] Lauter werden zudem Forderungen, Spiritualität und Medizin einander noch pointierter anzunähern, wie es seit langem von Ulrich H.J. Körtner eingeklagt wird; so wird es möglich, Medizinethik nicht auf das Thema der Risikominimierung engzuführen, sondern anthropologische Grundfragen und religiöse Hintergrundannahmen explizit zu stellen und öffentlich zu diskutieren.[31]

zusetzen, wobei dieser zugleich die Spannung liefert, an der sich übermächtige Schwellung wollüstig hochzieht, bis mit scharfem Schmerz (etwa nach Aufkratzen eines Insektenstichs) die Spannung das Übergewicht gewinnt, worauf das Kratzen ruckartig eingestellt wird.«

28 Vgl. Franke (2006).

29 Vgl. Schardien (2013b: 43).

30 Vgl. Rössler (2011: 231f.).

31 Körtner (2011: 30); Ders. (2009: 1-17). In der SZ wurde am 27.10.2014 ein Forum Gesundheit zum Thema ›Spiritualität und Medizin‹ abgehalten. Eine avancierte Gesundheitsvorstellung wird auch die Gender-Gesundheit eigens thematisieren, also die geschlechtspezifischen Ausprägungen durch die Erziehung und die gesellschaftlich gültigen Männer- und Frauenbilder (unterschieden vom biologischen Sexus) mit ins Kalkül ziehen. »Hier ist die Medizin immer in Gefahr, sich in Bezug auf Erscheinungsbild und Verlauf an dem Geschlecht zu orientieren, bei dem die Krankheit vornehmlich auftritt – also beim Herzinfarkt am männlichen.« Böhme/Akashe-Böhme (2005: 96). Wahrscheinlich sind auch die Bewältigungsstrategien im Umgang mit Hiobsbotschaften genderspezifisch. In Louis Begleys (1998) Roman *Mistlers Abschied* verschweigt Mistler seiner Frau Clara und seinem Sohn Sam

»Was sagt die Krankheit dem Kranken?«, fragt Hans-Georg Gadamer.[32] Von einem Hermeneutiker, der der Frage nach Sinn mit einer glücklichen Wut des Verstehens in allen Kontexten nachgeht, darf und muss man die Frage erwarten. Sie ist allerdings, wie zu zeigen, durchaus nicht selbstverständlich, kann sogar zynisch klingen, wenn ein Patient vom Arzt die Hiobsbotschaft erhält, an einem inoperablen Pankreaskarzinom mit Gehirnmetastasen erkrankt zu sein. Lebenserwartung: drei bis neun Monate. Die Krankheit spricht dann ein Urteil, das nicht mehr in das eigene Leben integriert werden kann. Anders verhält es sich, wenn eine im Bayerischen verniedlichend »Herzkasperl« genannte Herzrhythmusstörung im Zivilisationsbetrieb als »Warnschuss« verstanden wird, der dazu führt, die krankmachenden Faktoren im eigenen Leben genauer zu untersuchen, um den eigenen Lebensrhythmus auch willentlich umzustimmen: *Du musst dein Leben ändern*. Ursachenforschung führt unterschwellig aber immer die Tendenz auf Hysterisierung mit sich.

Traditionell wird die Frage nach dem Sinn der Krankheit im Rahmen der Theodizee verhandelt. Der Aufklärer Gottfried Wilhelm Leibniz (1646-1716) fragte, woher die Übel in der Welt kommen, wenn Gott doch ein gütiger und allwissender Schöpfer-Gott ist. Relativ einfach waren die moralischen Übel (z.B. Straftaten) zu erklären, weil Leibniz sie als Tribut an die menschliche Freiheit deutete; sehr viel schwieriger stand die Frage nach den physischen Übeln (z.B. Schmerzen) im Raum. Leibniz interpretierte sie, vereinfachend gesagt, als Kontrasterfahrungen und damit als pädagogische Hilfe, um Leiden künftig zu vermeiden. Diese im kühlen Ton vorgebrachte Pädagogik droht bei einer Verschärfung des Krankheitsbildes in Zynismus abzugleiten, vom mitgeschleiften Gottesbild ganz zu schweigen. Jeder Held der Sinnsuche wird hier schnell jedem metaphysischen Genius abschwören.

Macht Krankheit Sinn?

Das Alte Testament ist in dieser Frage äußerst zurückhaltend. Krankheit wird als Schwäche, als Vorbote des Todes und als Zeichen für eine Krise im Gottesverhältnis gedeutet. »Der Kranke sieht sich verloren auf dem Weg in die Unterwelt, in die Scheol. Die Totenwelt ist der Raum der Gottesferne, der aus menschlicher Kraft nicht verlassen werden kann und in dem das Lob Gottes verstummt, da es der Ort der Beziehungslosigkeit zu Gott ist (vgl. Ps 30,10).«[33] Durchaus konsequent dürfen in diesem Denkmuster Kranke nicht am Kult

den finalen Krebsbefund und inszeniert in der Stadt des Todes, in Venedig, seinen ganz persönlichen und egoistischen, sprich: männlichen *Exit*.

32 Vgl. Gadamer (1994: 102).

33 Kostka (2000: 54); vgl. Dies. (2006); vgl. Schockenhoff (2001); vgl. Ders. (2008).

teilnehmen (Dtn 23,2) und können nur Unversehrte Priester werden (Lev 21,17-20). Auch deshalb waren die medizinischen Kenntnisse im alten Israel extrem beschränkt, weil Obduktionen verboten waren. Gott selbst hatte das Monopol auf Heilung, und erst nach einer Heilung wurde die kranke Person in den sozialen Körper, der auch die Teilnahme an kultischen Prozessen einschloss, reintegriert.

Im Neuen Testament verschiebt sich die Einstellung zur Krankheit kräftig, weil Jesus als Heiler auftritt. Jesu Heilungen sind bekanntlich Vorabbildungen des künftigen Heils. Die »Heilungen, die Jesus vorgenommen hat, waren nicht der Beginn eines neuen Gesundheitssystems«, wie Dietrich Ritschl, Arzt und Theologieprofessor, hübsch ironisch feststellt.[34] Neu ist, dass Jesus die kultischen Reinheitsgebote aussetzt und die Kranken entschämt. Radikal neu ist die Verabschiedung der Vokabeln Sünde und Schuld, wenn von Krankheit die Rede ist. »Die Krankheit wird in den alttestamentlichen Texten teilweise als eine Folge der Sünde verstanden. Jesus wehrt sich grundsätzlich gegen die selbstverständliche religiöse Aussage, dass Menschen, die Opfer eines Unglücks sind, als Sünder zu verurteilen sind (Lk 13,4; Joh 9,1-10) [...] Die Krankheit ist der Ausdruck der umfassenden Erlösungsbedürftigkeit des Menschen.«[35] Leider hat sich in der Volksfrömmigkeit die Rede von Krankheit als *Strafe* für Sünde und Schuld bis heute erhalten[36], neutestamentlich, das muss man mit allem Nachdruck herausstreichen, ist sie nicht. Als eine der prächtigsten Heilungsgeschichten darf die Story über die ständig menstruierende Frau (Lk 8, 43-48, Mk 5, 25-34, Mt 9,18-22) gelten.

43 Und eine Frau hatte den Blutfluss seit zwölf Jahren; die hatte alles, was sie zum Leben hatte, für die Ärzte aufgewandt und konnte von keinem geheilt werden.
44 Die trat von hinten an ihn heran und berührte den Saum seines Gewandes; und sogleich hörte ihr Blutfluss auf.
45 Und Jesus fragte: Wer hat mich berührt?

34 Ritschl (1986: 270).

35 Kostka (2000: 60); vgl. Thomas (2009: 503-525). Knoepffler und Roser (2005: 137) erinnern: »Die katholische Kirche geht in ihrem ›Weltkatechismus‹ von einem vorgeklärten Krankheits- und Gesundheitsverständnis aus. Sie stellt sich in diejenige alttestamentliche Tradition, die insbesondere den Sühnecharakter von Krankheit betont (Jesaja), und *in die neutestamentliche Tradition, die damit bricht, Krankheit als Folge von Sünde zu verstehen.* (Hervorhebung von mir, K.H.)Vielmehr werden die ärztliche und krankenpflegerische Tätigkeit einerseits als Nachfolge Christi, des Arztes (Christus medicus), verstanden, andererseits in Anlehnung an Mt 25,36b (›ich war krank und ihr habt mich besucht‹) das Sich-Kümmern um Kranke als Dienst an Christus selbst ausgelegt. Die Tiefendimension von Jesu Mitleid und seinem heilenden Handeln an Kranken besteht jedoch darin, Zeichen der grundlegenden Hoffnung auf endgültige Erlösung von allen Leiden zu sein. Dadurch wird aber auch Gesundheit, die es zu bewahren gilt, und Krankheit relativiert. Das eigentliche Heilmittel ist die Eucharistie. Sie ist Heilmittel zur Unsterblichkeit (›pharmakon athanas‹).« Siehe dazu auch Janowski (2009b).

36 Vgl. Schaede (2009).

Als es aber alle abstritten, sprach Petrus: Meister, das Volk drängt und drückt dich. 46Jesus aber sprach: Es hat mich jemand berührt; denn ich habe gespürt, dass eine Kraft von mir ausgegangen ist. 47Als aber die Frau sah, dass es nicht verborgen blieb, kam sie mit Zittern und fiel vor ihm nieder und verkündete vor allem Volk, warum sie ihn angerührt hatte und wie sie sogleich gesund geworden war. 48Er aber sprach zu ihr: Meine Tochter, dein Glaube hat dir geholfen. Geh hin in Frieden!

Diese gleichermaßen mutige und verzweifelte Frau setzt sich – offenbar wegen der liebenden Atmosphäre, die von Jesus ausstrahlt – über das Reinheitsgebot ihrer Umwelt, das ihr ob ihres Krankheitszustandes Kontakte mit anderen strengstens untersagt, ebenso hinweg wie über ihre Scham und berührt Jesus. Mutmaßlich entgegen ihrer Befürchtung tadelt Jesus sie nicht, sondern begrüßt sie freundlich, hebt die *taktile Kontaktsperre* auf, vermeidet jede Rede von Strafe, Schuld und Sünde und führt sie wieder in die Gesellschaft ein. Wenn Jesus sagt, ihr Glaube habe ihr geholfen, dann ist damit leibphänomenologisch jene Zuversicht gemeint, die von der Atmosphäre der Zuneigung, die Jesus verkörpert, ausgeht.

Macht Krankheit Sinn?

In der nachbiblischen Geschichte des Christentums hat sich im Rekurs auf die Leidensmystik eines Paulus eine Sicht etabliert, die sich – nach meiner Einschätzung hoch bedenklich – an einer *imitatio christi* ausrichtet: Wer krank ist, wiederholt das Leiden Christi, die *passio christi,* am eigenen Leib. Auch innerhalb der protestantischen Theologie und protestantisch geprägten Geistesgeschichte hat diese Sicht in den gebildeten Kreisen Anhänger gefunden. Johann Caspar Lavater, Züricher Pastor und Verfasser der berüchtigten *Physiognomischen Fragmente*, gibt eine *Handbibel für Leidende* mit dem Tenor heraus: »Leiden gebiert Freude«[37]. Novalis nannte die Jahre seiner Krankheit »Lehrjahre der Lebenskunst und Gemütsbildung«[38]. Im *Lenz* lässt Georg Büchner einen Gottesdienst enden mit einem Lied:

»Laß in mir die heil'gen Schmerzen,
Tiefe Bronnen ganz aufbrechen;
Leiden sei all' mein Gewinst,
Leiden sei mein Gottesdienst.«[39]

37 Lavater (1788: 255).

38 Novalis (1981: 562).

39 Büchner (2012: 161).

Büchner covert zwei Zeilen aus einem pietistischen Kirchenlied und verschärft die Rede vom Leid. Bei Büchner muss man allerdings im Blick behalten, dass sein Protagonist Lenz mehr als überspannt ist und bei einer *imitatio christi* – er wollte ein totes Kind auferwecken – selbstredend scheitert. Ist nach Sinn im Leid und in der Krankheit zu suchen vielleicht schlicht pathologisch?[40] Treffend und unmissverständlich schreibt der Theologe Michael Klessmann: »Eine masochistische Leidensverherrlichung, der ein sadistisch geprägtes Gottesbild entspricht, hat es vielfach in der Geschichte der christlichen Kirche gegeben.«[41]

Innerhalb der jüngeren protestantischen Theologie sind verstärkt Proteste gegen eine Sinndeutung der Krankheit erwachsen. Johannes Fischer[42] wehrt sich gegen das Gottesbild eines schwarzen Pädagogen, das sich hinter diesen Deutungen abzeichnet. Fischer lehnt sich an eine Interpretation Karl Barths[43] an, für den die Krankheit Widergöttliches ist und daher als Zeichen für eine die Schöpfung bedrohende dämonische Chaosmacht gedeutet werden muss, gegen die man entschlossen auftreten und deshalb gefälligst den Kampf gegen die Krankheit aufnehmen müsse. Diese Theorie kappt zwar das verhängnisvolle Verständnis der Krankheit als Strafe Gottes, dennoch überzeugt mich die Lesart nicht vollständig, weil sie latent dualistisch verfährt (dämonische Macht contra Gottesmacht) und weil diese Lesart Jesus weniger als Heiler, sondern verkürzend als Exorzisten in den Blick nimmt: Jesu sozial-therapeutische Wirkkraft kommt so nur rudimentär in den Blick.[44]

Die Frage nach dem Sinn der Krankheit wird sich nur schwer stillen lassen. Krankheit kann zwar in der Selbstinterpretation von Betroffenen mit Sinn ausgestattet werden, niemals aber gilt diese Sinnzuschreibung allgemein. Ein Zweites kommt hinzu. Das Bild von Jesus als einem Heiler macht darauf aufmerksam, dass Krankheit keinen religiösen Sinn besitzt. Jesus heilt mit großem Selbstverständnis. Daraus lässt sich die Ansicht gewinnen, dass man aus religiösen Gründen nicht die Krankheit demütig erleiden muss, sondern Heilung suchen darf – in unserem heutigen Kontext übersetzt heißt das, kompetentes

40 Vgl. Kurzke (2013: 321).

41 Klessmann (1995: 158-169 hier: 164).

42 Fischer (2011a: 79-92); aufgenommen in Fischer (2012: 318-327).

43 Vgl. auch Rieger (2008b: 183-199).

44 Mit den Augen von Hermann Schmitz gelesen: Es gibt negative Atmosphären, die sich in der Krankheit verdichten. Diese negativen Atmosphären können sich als positive Atmosphären tarnen, denen wir schuldfrei aufsitzen. Kompliziert ist die mitgeschleifte Frage, wie die von Jesus durchgeführten Exzorzismen zu beurteilen sind. Ich bitte allerdings zu bedenken, dass die berühmte Stelle aus Mk 5,9, die Austreibung der Dämonen in die Umleitung auf Schweine, als eine mutige politische Satire gelesen werden muss: Die 10. römische Legion, die Besatzermacht, hatte einen Eber im Feldzeichen.

Personal zur Heilung und Linderung von Krankheiten zu kontaktieren. Damit verschiebt sich die Perspektive. Die Frage nach dem Sinn von Krankheit fragt stets nach Ursachen. Jesus weist einen anderen Weg. Er fragt nicht nach den Krankheitsursachen, er gibt keine Antworten auf die Frage nach dem Sinn der jeweiligen Krankheit, sondern heilt schlichtweg. *Die Perspektive ist damit nicht mehr kausallogisch ursprungsorientiert, sondern prospektiv-pragmatisch.* Im Hinblick auf Scham bedeutet dieser Ansatz: Während kausale Erklärungsmuster wie Strafe, Prüfung, Sünde Gefahr laufen, die Betroffenen zu beschämen oder bei den Betroffenen Scham eben aufgrund dieser kausalen Erklärungen hervorzurufen, befreit die prospektiv-pragmatische Umgangsweise Jesu mit der Krankheit von möglichen Schamszenarien. Eine prospektive Entschämungspraxis par excellence.

3. Enter. Sind Leben und Gesundheit Gaben?

Risiken und Nebenwirkungen künftigen Lebens können durch die Präimplantationsdiganostik (PID) und die Pränataldiagnostik (PND) minimiert werden, und Gen-Screenings, zur Prävention eingesetzt, vermeiden wahrscheinlich künftiges Leid. Auch weil es der Forschung erst jüngst gelang, den biologischen Wecker leiser zu stellen, entspannt sich für viele Frauen in dieser Frage der Entscheidungsdruck. Hellsichtig schreibt die Ethikerin Regina Ammicht Quinn, der Körper sei inzwischen grundsätzlich kein Geschenk mehr, sondern »vielmehr Ergebnis von Handlungen«[45]. Damit dehnt sich die individuelle Verantwortlichkeit, das ist der Preis für das Enhancement, mächtig aus.[46] Im Gegenzug sind plötzlich Eltern die Instanz, die sich künftig vor ihren Kindern glauben rechtfertigen zu müssen, sei es, dass diese mit der eigenen Selektion unzufrieden sind oder bei einer unterlassenen PND ihr leidvolles Dasein beklagen. »(O)der Zeitgenossen stellen ihnen gegenüber mitleidig fest, dass so ein Leben wie das ihre in Zeiten möglicher Optimierung und Perfektionierung

45 Ammicht Quinn (2004: 328); vgl. Kuhlmann (2004); Wetz (2009).

46 Reiner Anselm (2014b: 70) schärft ein, dass es »ein normatives Konzept des Normalen« geben muss, »wenn es um die Unterscheidung von Gesundheit und Krankheit geht.« Anselm sucht einen Mittelweg zwischen dem Versuch, ein normatives Konzept restaurativ durch die Figur der Schöpfungsordnung und des Naturrechts zu benennen, und der radikalen Verflüssigung der Normen als kulturelle Konstruktionen und plädiert für den Begriff der Geschöpflichkeit als einem Freiheitsspielraum: »Dieser Mittelweg operiert mit einer schwach normativen Naturalität: Abweichungen, nicht zuletzt auch technisch assistierte Überwindungen dieser Naturalität sind nicht schon unter Verweis auf die Ordnung der Natur zurückzuweisen, sie sind aber begründungspflichtig. Dabei wächst die Begründungspflicht mit dem Maß der Abweichung, weil mit der bewussten Abweichung, erst recht mit deren technischen Gestaltung auch eine höhere Verantwortlichkeit einhergeht: Verantwortung kann nur im Blick auf disponible, nicht durch die biologischen Grundlagen festgelegte Handlungen übernommen werden.« (72). Siehe dazu Manzeschke (2014).

nicht mehr nötig sei.«[47] Vorstellbar ist sogar das Szenario, dass in ferner Zukunft Krankenkassen bestimmte Leistungen nicht übernehmen, weil Eltern ›sträflich‹ eine PND-Untersuchung unterließen.

Ich warne aber davor, vorschnell in die apokalyptische Posaune zu blasen. Wenn man einer schlechten Leidensmystik abschwört, wenn in der Krankheit kein Sinn erkennbar scheint, wenn man erinnert, dass Jesus ein Heiler war, der die alte Schuld- und Strafrede von Krankheit verabschiedete, dann halte ich Voten, die die »Nichtperfektibilität des Menschen als *Prinzip*«[48] auszurufen, für kräftig überzogen. Wie auch Peter Dabrock erinnert, werden in der theologischen Dogmatik Deutungen angeboten, die eine Rede von der Nichtperfektibilität aus Prinzip an dieser Stelle unnötig erscheinen lassen: »Dennoch lassen sich mit Blick auf die christlichen Denominationen, in denen der menschliche Beitrag zum Heil nicht nur als reines Vertrauen (sola fide), sondern als cooperatio salutis oder als theosis[49] gelesen wird, sehr wohl Entsprechungen zwischen Enhancement-Ideen und der jeweiligen Soteriologie identifizieren.«[50] Oder noch deutlicher: »Vulnerabilität, Fragilität, Kontingenz sind […] kein Selbstzweck.«[51] In der Technikethik hatte ich bereits für die Figur des *concursus devinus* plädiert, die einen entspannten Umgang auch mit Medizinethik erlaubt. Erschwert wird die ethische Urteilsbildung über neue Techniken am Lebensanfang allerdings deshalb, weil in der Debatte sehr strittig bleibt, wie der Status von Embryonen zu bewerten ist.[52] Ich will diese De-

47 Schneider-Flume (2009: 145).

48 Leonhardt (2010: 189).

49 Daly (2011: 136). »Although Athanasius speaks of Christ's death as a ransom or satification of debt, his primary emphasis is on theosis, Christ's restoration of the divine image in us.«

50 Dabrock (2015c: 517-583, hier: 571). In einem wunderbar entspannten Essay unterscheidet Schardien (2013a: 249-259) zwischen »physical enhancement, like doping in sports or aesthetic surgery, neuroenhancement, like mood lifters or the so-called happy pills', enhancement at the beginning (via PID), and, lastly, enhancement at the end of life, i.e. increasing the life span.« (252). Nachdrücklich warnt Schardien vor Argumentationen wie diesen: »Over against God's creational activity, human are supposed to accept their limitations since both are perceived to be God's gift. Hence, enhancement techniques appear as the outcome of human hubris, as a shortcoming of fallen nature, as thin.« (252) Anhand von vier bioethischen Prinzipien prüft Schardien das Enhancement: »beneficence, non-malificence, autonomy and justice.« (254) Kritisch wird die Frage erörtert, ob nicht manche Möglichkeiten des Enhancement die Lücke zwischen Reichen und Armen künftig vergrößern werden. »Remembering again the low probability that futuristic enhancement techniques will be realised, there is a fair chance of, for example, promoting alternative, more social ways to enhance life.« (257) Vgl. auch Dabrock (2013: 156-170); siehe auch Wetz (2009).

51 Dabrock (2015c: 571).

52 In einem Essay zeigt Rochus Leonhardt (2010: 181-193), dass drei führende protestantische Ethiker drei unterschiedliche Wege im Umgang mit der Bibel einschlagen: Reiner Anselm verzichtet auf eine biblische Urteilsbegründung, Johannes Fischer versucht, sich am biblischen Menschenbild zu orientieren, Eilert Herms will im Rekurs auf die Schöpfungstheologie zeigen, dass Gott, der den Menschen

batte anhand der In-vitro-Fertilisation[53] deshalb etwas ausführlicher skizzieren, weil einige theologische Ethiker, die unter dem Stichwort *doxologische Ethik* antreten, Begründungsinstanzen bemühen, die, ein ehrenwertes Motiv, einer Instrumentalisierung und Verzweckung des Menschen für egoistische oder ökonomische Zwecke vorbeugen sollen, sich aber durch eine problematische Begründungsleistung als erstaunlich ungnädig und unsensibel für Einzelschicksale erweisen.

Marco Hofheinz prüft in einer umfangstarken Dissertation die In-vitro-Fertilisation[54], diagnostiziert eine »Ausblendung der christologischen Dimension einer Ethik der Geschöpflichkeit« (60), die er in Weiterführung von Karin Ulrich-Eschemanns Ansatz zu beheben trachtet, indem Schöpfungs- und Versöhnungsmittlerschaft, Gottebenbildlichkeit und Leiblichkeit Jesu Christi unter der nicaenischen Formel »gezeugt, nicht gemacht« ethisch reflektiert werden. Daran lässt Hofheinz keinen Zweifel: Schöpfung ist immer schon Erwählung! Embryonen sind »in Analogie zur zweiten ›Person‹ der Trinität, [...] von Anfang an Personen. [...] Die Person hat einen nicht-empirischen Ursprung, der im Erwählungshandeln Gottes liegt.« (516) Hofheinz kommt deshalb zu folgendem ethischen Urteil: »Mit der IVF ist die Grenze des ethisch Erlaubten überschritten. Die IVF sprengt das Ethos des ›neuen Menschen‹. [...] Jesu Zuwendung zu den ›geringsten Schwestern und Brüdern‹ lässt sich als Ausdrucksform seiner antiselektionistischen Ethik interpretieren.« (543) Unabhängig von ihrem realen Entwicklungspotential wird den Embryonen von Hofheinz im Rekurs auf die Trinitätslehre und die Erwählungslehre ein Personenstatus zuerkannt.[55]

gewollt hat, ihm in allen Stadien Menschenwürde intrinsisch zuerkennt. Siehe dazu Huizing (2013a: 62-97).

53 Der in Aberdeen lehrende Dogmatiker und Ethiker Brian Brock (2009: 222-243) folgert in seinem Aufsatz zur Amniozentese, dass es »keine genuin menschliche Freiheit sein kann, diejenigen existierenden Menschen zu zerstören, deren Gene von dem, was wir gegenwärtig als Norm betrachten, zu differieren scheinen, weil Gewalt die politische Natur des menschlichen Lebens unterminiert. Pränataldiagnostik und Abtreibung von Behinderten sind daher ein klassischer Fall von Nichtigkeit oder verkörperter Antidoxologie.« (224) Antidoxologie ist »eine fundamentale Verwerfung der Doxologie des Lobes der Fruchtbarkeit und des neuen Lebens.« (227) Und weiter: »Wenn ›Philosophien des Limits‹ dazu führen, dass Menschen eliminiert werden, sind sie per definitionem Anti-Doxologien. [...] Ihr Lobgesang lautet: ›Wir müssen handeln, um uns selbst zu retten.‹« (241) Siehe dazu Herrmann (2010).

54 Hofheinz (2008). Folgende Seitenzahlen beziehen sich auf diese Ausgabe.

55 In einer sehr energischen Rezension hat Körtner (2010c: 105) zu Recht eingewandt: »One can hardly justify the claim that embryos are persons irrespective of their actual potential for development by referring to the doctrine of the Trinity. Here, dogmatic or anthropological presuppositions are at stake. [...] By means of analogy one could as well argue for the legitimacy of IVF, since God conceives his Son in a non-contingent way, the Logos arising from his eternal plan of salvation. Barring the fact that crucial details of human reproduction were unknown to the ancients – the human egg-cell was only

Ich hege nicht geringe Bedenken gegenüber solchen beengenden Ausprägungen einer doxologischen Ethik. Hofheinz fordert lautstark, dogmatische Voraussetzungen sollten gefälligst in theologisch-ethischen Diskursen einen Beitrag für konkrete und eindeutige ethische Urteilsbildung bieten. Die glaubt er bei vielen protestantischen Ethikern nicht gegeben. Ulrich H.J. Körtner etwa wird mit mäßig unterdrückter Empörung vorgehalten, das Rechtfertigungsgeschehen als Schlüssel zur Verantwortungsethik führe nicht zu deutlichen und klaren Aussagen in biomedizinischen Fragen, sondern werde in einem offenen Prozess der Antwortsuche unsichtbar. In der Frage der In-vitro-Fertilisation, die Hofheinz als Mutter der biomedizinischen Probleme adelt, kommt er in der Tat zu einem deutlichen, aber hochfragwürdigen und unterkomplexen Schluss. Hier wird nicht die Frage beantwortet, wie kommt die Bibel in die Ethik[56], sondern wie entdeckt man eine schlicht gegenwartsuntaugliche Dogmatik und Ethik in der Bibel.

Dogmatisch ist der Versuch extrem bedenklich. Bei Hofheinz und seinen theologischen Freunden werden die biomedizinischen Techniken zu Substituten göttlicher Schöpfung und damit per se zur Sünde. Wer jede biomedizinische Technik zur zweiten und damit sündigen Schöpfung macht, dämonisiert biomedizinische Forschung, um sich, so der Gestus, nicht zum stillen Komplizen der sündigen Wissenschaft zu machen.[57] Vereinsamungssymptome im Gespräch mit anderen Wissenschaflerinnen sind die Folge. Theologische Ethik wird zum Agenten penetranter Verneinung. Und säkularen Ethikern ist, so steht zu befürchten, die forcierte Stilisierung der kirchlichen Gemeinschaft zum alleinigen Wahrheitsort kaum verständlich zu machen.[58]

discouvered in 1827 – one might equally use the concept of the logos spermatikos to justify the technique of intracytoplasmic sperm injection.«

56 Hofheinz (2011: 9-22).

57 Nochmals zur Erinnerung Schwarke (2005: 92): »Die Verortung der Technik als Thema der Schöpfungslehre folgt der Logik der Substitution, weil die Schöpfung eben ein alleiniges Prädikat Gottes ist. Wenn Technik ein Akt der Schöpfung ist, dann muss sie mit Gottes Werk kollidieren. Da das aber nicht sein darf, liegt der Schluss nahe, die Technik letztlich als widergöttliches Unterfangen zu verstehen. Eine solche Technik kann aber kaum noch ein sinnvoller Gegenstand technikethischer Bemühungen sein, weil die Leitintuition ihr gegenüber die Sünde sein muss.«

58 Treffend warnt Christoph Schwöbel (2009: 27f.): »Der Prozess dialogischer Verständigung kann [...] nur gelingen, wenn unterstellt wird, dass die Verständigung an Wahrheit orientiert ist, die weder mit der eigenen Position vollständig identisch ist, obwohl sie nur aus der Perspektive der eigenen Wahrheitsgewissheit erfasst werden kann, noch sich als zwischen den Perspektiven vollständig divergent erweist. Die Absolutsetzung der eigenen Perspektive macht den Dialog ebenso unsinnig wie die relativistische Nivellierung aller Perspektiven. Nur wenn es zwischen den Perspektiven um (sic!) einen Streit um die Wahrheit kommen kann, ist auch eine Verständigung im Horizont einer aus den jeweiligen Perspektiven als gemeinsam anerkannten Wahrheit möglich. Der Dialog lebt von der Äußerung auf Wahrheitsansprüchen sowie vom Verzicht auf vollständigen Wahrheitsbesitz.«

Zwar ist die Sehnsucht nach einer dogmatisch unterfütterten Eindeutigkeit ethischer Urteile verständlich, diese aber wird bei Hofheinz erkauft zu Lasten unbarmherziger Härten gegenüber einzelnen Schicksalen. Der Geltungsbereich der universalisierten Norm Fruchtbarkeit überlagert den ganzen Diskurs und demütigt implizit auch alle Paare, die auf Kinder verzichten müssen. Und wenn ein Paar sich aus Angst vor der Vererbung etwa von Chorea Huntington für eine Selektion von Embryonen bei einer PID entscheidet, ist diese Entscheidung ethisch nachvollziehbar und nicht zu denunzieren.[59]

Wer im Rekurs auf das Erwählungshandeln die Frage nach den Konkretionen der medizinischen Ethik abwürgt, kann das Aufplatzen des medizinischen Feldes mit Gelassenheit zur Kenntnis nehmen und jede neue Technik als sündig abstrafen. Sünde oder Hybris ist ein grobschlächtiges Beschämungsdispositiv gegen die medizinische Forschung. Für Erwählungstheoretiker kann es deshalb auch auf anderen Gebieten wie etwa der Forschung an embryonalen Stammzellen und der fremdnützigen Forschung an einwilligungsunfähigen Personen nur Verbote geben. Damit bleiben Chancen der Medizintechnik zugunsten von Einzelschicksalen unnötig ungenutzt.

Die Forschung an embryonalen Stammzellen erhofft sich etwa einen Ersatz von Herzmuskelzellen oder Gehirnzellen bei Herzinfarkt-, Alzheimer- und Parkinsonpatienten. Stammzellen werden dabei den Embryonen entnommen, die bei der In-Vitro-Praxis nicht zum Einsatz kamen, oder Embryonen, die durch therapeutisches Klonen eigens dafür produziert werden. Während nahezu Konsens unter den theologischen Ethikern darüber besteht, das therapeutische Klonen zu untersagen, ist die Argumentationslage weniger eindeutig im Umgang mit den verwaisten Embryonen der In-Vitro-Praxis, weil deren moralischer Status in den medizinethischen Debatten hochumstritten ist. Kommt Embryonen Personenwürde zu oder, vorsichtiger formuliert, partizipieren sie an der Personenwürde?

Der Personenwürdebegriff hat sich deshalb in ethischen Debatten gut bewährt, weil er die Würde primär nicht an bestimmten Eigenschaften, etwa genetischen Eigenschaften, festmacht, sondern an der relationalen Konstitution von Personalität. »Zwar ist die menschliche Natur – also die Zugehörigkeit zur Klasse der Menschen – Voraussetzung dafür, dass wir jemanden als Person wahrnehmen. Aber seine Würde als Person leitet sich nicht aus dieser Natur ab, sondern aus der Teilhabe an seiner Personengemeinschaft.«[60]

59 Vgl. bereits Jonas (1985: 173).

60 Fischer (2002: 174).

Diese Deutung macht eine Forschung an embryonalen Stammzellen unproblematisch.

Damit hat man zugleich ein Argument zur Hand, die Frage nach dem Lebensanfang näher einzugrenzen. Erst mit der Nidation ist überhaupt die Möglichkeit für ein relationales Verhältnis von Embryo und Mutter gegeben, vorher haben wir es mit einem genetischen Programm zu tun – hier bereits von Personenwürde zu sprechen, macht keinen Sinn.[61] Ich stimme Peter Dabrock entschieden zu, dass die »Nidation die Stabilisierung des als Prozess begriffenen Lebensbeginns« darstellt. »In diesem empirischen Indikator findet sich zudem biologisch zum Ausdruck gebracht, was Menschsein in, aber jeweils auch jenseits der Biologie ausmacht: das Werden eines Selben, das dieses Selbe nur im Austausch mit Anderen und von ihnen her ist.«[62]

Mit Jürgen Habermas sollte man, unabhängig von dem nach meiner Einschätzung zu engen Rahmen einer Gattungsethik, auf folgende Unterscheidung aufmerksam machen: »Es ist nicht erst die Visualisierung der unverkennbar menschlichen Züge des Fötus auf dem Bildschirm, die das Kind, das sich im Mutterleib bewegt, im Sinne einer *anticipatory socialization* zum Adressaten macht. Natürlich haben wir ihm gegenüber moralische Pflichten um seiner selbst willen. Darüber hinaus behält auch das vorpersonale Leben diesseits eines Stadiums, in dem es in der zugeschriebenen Rolle einer zweiten Person angeredet werden kann, einen integralen Wert für das Ganze einer ethisch verfassten Lebensform. In dieser Hinsicht bietet sich die Unterscheidung zwischen der *Würde des menschlichen Lebens* und der jeder Person rechtlich garantierten *Menschenwürde* an.«[63]

61 Die »kritischen Rückfragen an die biologische und normative Eindeutigkeit der Fertilisationsthese verweisen darauf, dass das Ins-Leben-Kommen, erst recht das eines leiblichen Selbst, ein komplexer Vorgang ist, bei dem biologische, aber eben auch soziale und kommunikative Aspekte zusammenspielen. Demgegenüber muss derjenige, der an der in Theologie und Kirche so lange für unumstößlich gehaltenen Fertilisationsthese festhält, die genetische Ausstattung für die eine oder zumindest für eine sehr entscheidende Dimension menschlicher Identität und Personalität erachten.« Dabrock (2015c: 542).

62 Dabrock: (2015c: 543). Genau an diesem Punkt greifen auch die sogenannten SKIP-Argumente nicht (Spezies, Kontinuität, Identität, Potentialität.) Das Kontinuitätsargument etwa, das behauptet, es gäbe keine Zäsuren nach der Verschmelzung von Ei- und Samenzelle, greift nicht, weil erst durch die Nidation die Bedingung der Möglichkeit geschaffen wird, in einem *nichtbiologistischen* Sinne von einer Person zu sprechen.

63 Habermas (2002: 66f.), Hervorhebung von mir. Die deutsche Politik hat die Forschung von embryonalen Stammzellen im Rückgriff auf verwaiste Embryonen juristisch sehr restriktiv beschnitten, um alternative Wege zu erkunden. Offenbar reicht der Wissenschaft die forciert betriebene Forschung an adulten, also körpereigenen Stammzellen aus, um vergleichbare therapeutische Effekte zu erzielen wie bei der Forschung an embryonalen Stammzellen. »Nicht die naturalistischen Weltbilder, sondern die unaufhaltsam vorangetriebenen Biotechnologien untergraben naturale (und in deren Folge mentale) Voraussetzungen einer Moral«, so Habermas (2002: 155f.).

Weil die immer präziser arbeitenden bildgebenden Verfahren sehr viel früher ein relationales Verhältnis zwischen werdendem Mensch und Mutter aufbauen, verschieben sich die emotionalen Koordinaten in Fragen des Schwangerschaftsabbruchs. In den bisherigen Debatten ist diese mediale Verschiebung nie vermerkt worden. Die Hürde, sich gegen den werdenden Menschen zu entscheiden, wird spürbar höher. Positiv gewendet schaffen die bildgesteuerten Wahrnehmungen ein positives Klima für eine fortgesetzte Schwangerschaft, wahrscheinlich emotional verbindlicher als es jede Beratung für ein Leben leisten kann.[64] Aber auch in diesen Fragen gibt es Dilemmasituationen, die letztlich nur von der Mutter (und dem Partner) entschieden werden können.

Der Personenwürdebegriff erlaubt auch eine abwägende Beurteilung der fremdnützigen Forschung an einwilligungsunfähigen Personen, die in Deutschland durch die Barbarei des Naziregimes nachvollziehbar lange tabuisiert war. Weil der Personenbegriff durch die »Teilhabe an einer Persongemeinschaft«[65] definiert ist, liegt in den angesprochenen Fällen keine Verzweckung der beteiligten Personen vor. »Ein Eingriff zum Zweck fremdnütziger Forschung, der den Leib einer Person betrifft, ist nicht per se eine Instrumentalisierung dieser Person als Person. Damit, dass dem Körper Blut oder Gewebe entnommen wird als Mittel für die Forschung, wird nicht die Person zum Mittel gemacht. Eine Instrumentalisierung der Person als bloßes Mittel zum Nutzen anderer wäre nur dann gegeben, wenn der Eingriff auf Kosten ihrer personalen Integrität geht, d.h. auf Kosten ihrer gesundheitlichen Verfassung und auf Kosten der Achtung vor ihr als Person, als die sie in ihrem Lebenskontext individualisiert ist. Wo immer die Zustimmung von Eltern durch die Erfahrungen veranlasst ist, die sie mit ihrem eigenen kranken Kind durchgestanden haben, da ist solche Achtung gegeben und geradezu das Motiv ihrer Zustimmung.«[66] Freilich: Nur wenn »wichtige Verfahrensschritte rechtsverbindlich festgehalten«[67] sind, wird die Gefahr einer Verzweckung eingehegt.

64 Über die Beratungspraxis im Rahmen der Fristenlösung schreibt trefflich Peter Dabrock (2015c: 546): »Die Auffassung mancher Rechtsdogmatiker, bei denen diese Praxis einer vom Staat finanzierten Pflichtberatung für eine zwar straffrei gestellte, aber dennoch rechtswidrige Tat auf Kopfschütteln stößt, muss von einer evangelischen Rechts- und Sozialethik nicht geteilt werden. Sie kann würdigen, dass das staatliche Gemeinwesen einerseits als Rechtsstaat daran festhält, dass der Schwangerschaftsabbruch eine Tötung darstellt, aber andererseits als Sozialstaat ein Interesse daran hat, für das Leben zu werben.«

65 Fischer (2002: 174).

66 Fischer (2002: 174).

67 Dabrock (2015c: 576).

4. Exit. Die Frage nach der Rück-Gabe des Lebens

Das Wüten der ganzen Theologenwelt gegen das Enhancementdispositiv gerät vor einem simplen Sachverhalt ins Stottern, den die Professorin für Geriatrie und Bevölkerungswissenschaften an der Columbia University, Linda Fried, als ›sputnik moment‹[68] feiert. Wie die Bündelung der gesellschaftlichen Kräfte in den 60er-Jahren des zwanzigsten Jahrhunderts eingesetzt wurde für die Eroberung des Mondes, so gelte es jetzt den noch unbekannten Kontinent gewonnener Jahre – während der letzten 100 Jahre wurden durch die (medizinische) Forschung 30 bis 40 Jahre dem Tod abgetrotzt – als Verlängerung der mittleren Jahre zu erforschen und zu bewohnen. Semantisch hat dieses Lebensalter, das zwischen 50 und 80 anzusiedeln ist, noch keinen definitiven Namen gefunden. Und es fehlen Narrative, Bilder von älteren Menschen, die sich nicht nur, wie die Werbung vorgaugelt, fit halten, um in Urlaub zu fahren oder Rosen zu schneiden, die keinen Jugendwahn betreiben, vielmehr das Berufsleben nicht abrupt, sondern fließend beenden[69], nochmals studieren, Ehrenämter bekleiden, auf jeden Fall eine Aufgabe finden, einen Grund, morgens aufzustehen. Gerne verschwiegen wird der große Anteil von Altersdepression, der als schleichender Prozess zwei Jahre nach der Berentung einsetzt, wenn das Urlaubsgefühl einem Gefühl der Leere weicht und die sozialen Kontakte, die häufig durch die Arbeit aufgebaut wurden, wegbrechen. Hier hat das Stichwort der *Müdigkeitsgesellschaft*, das Byung-Chul Han für eine andere Altersstufe reserviert[70], seinen Platz. Wenn das soziale und symbolische Kapital sehr plötzlich abgewertet wird, kann diese Entehrung zu Schamprozessen führen, die in einer Depression münden. Offenbar müssen wir das Phänomen der Arbeit, das häufig mit einem pejorativen Klang unterlegt wird, neu bewerten. Dieses fünfte Alter, der fünfte Kontinent, reich an Erfahrungsschätzen, wartet darauf, entdeckt zu werden. Dieses für viele – nicht für alle – Menschen erreichte Upgrade der Gesundheit wird auch die Salonkritiker des Enhancement nicht ernsthaft negativ bewerten können. Beides gehört zusammen: die Entschämung der Krankheit und die Dankbarkeit für die gewonnenen Jahre.

68 Wackernagel-Jacobs (2015: 60). Siehe dazu Rieger (2008a).

69 Die starre Rentenregelung erweist sich in Deutschland oft als Hindernis für einen langsamen Übertritt ins Rentenalter. Die Psychologieprofessorin Ursula Staudinger hat nachgewiesen, dass mit dem Ende des Arbeitsprozesses auch die Konzentrationsfähigkeit bei allen Berufsgruppen markant sinkt. Offenbar wurde beim Arbeiten das Hirn deutlich mehr beansprucht, als häufig vermutet, wie Staudinger in einem Interview süffisant sagt. Wackernagel-Jacobs (2015: 14-26). Sicher: Durch das Abschmelzen der Rentenhöhe wird die Arbeit künftig auch dazu eingesetzt werden müssen, Rentenlücken zu schließen. Auch aus diesem Grund wird eine Flexibilität in diesen Fragen notwendig.

70 Han (2010).

In prekären Situationen kann man sich auch für die robuste eigene Gesundheit schämen. In seinem Roman *In einer Person* hat John Irving diesen Sachverhalt sehr empathisch während eines Besuches seines Protagonisten im Hospiz am Bett eines ihm bekannten HIV-Kranken beschrieben, der qualvoll stirbt, während der Protagonist trotz aller sexuellen Exzesse sich nicht angesteckt hat: »›Bist du das, Bill?‹, fragte Tom Atkins; als ich sah, dass er versuchte, den Kopf zu bewegen, trat ich näher ans ›Bett. ›Bill Abbott – bist du's?‹, fragte Atkins; seine Stimme klang schwach und schrecklich gequält. Aus seiner Lunge drang ein lautes Gurgeln. Offenbar diente die Sauerstoffflasche nur der gelegentlichen (und oberflächlichen) Linderung; wahrscheinlich gab es irgendeine Maske, ich sah sie nur nicht – der Sauerstoff ersetzte das Beatmungsgerät. Als nächstes würde Tom Morphium bekommen – im Endstadium. ›Ja, ich bin's, Bill - und Elaine ist auch da, Tom‹, sagte ich zu Atkins. Ich berührte seine Hand. Sie war eiskalt und klamm. Jetzt sah ich das Gesicht des armen Tom. Das fettig aussehende Seborrhoische Ekzem konzentrierte sich auf seine Kopfhaut und die Augenbrauen, und es schälte sich von den Nasenflügeln. ›Elaine auch!‹, stieß Atkins hervor. ›Elaine und Bill! Geht's dir gut, Bill?‹, fragte er mich. ›Ja, mir geht's gut‹, antwortete ich ihm; nie hatte ich mich so dafür geschämt, dass es mir gutging.«[71]

Die Begegnung mit einem Kranken, der mir wichtig ist, scheint mir für eine Gesellschaft, die durch Dispositive der Macht zur Selbstoptimierung ermuntert werden sollen, eine notwendige Erfahrung zu sein. Zwar macht nach meiner Einschätzung die Krankheit kein Sinn, durchaus aber die *Erfahrung einer Begegnung mit Krankheit*. Weil die Begegnung mit einem kranken Menschen für einen gesunden und ichzentrierten Menschen oft unangenehm ist, unangenehm, weil der (Schwer-)Kranke in seiner Bedürftigkeit und Wehrlosigkeit *nicht in eine Konkurrenz zu mir tritt* – dazu könnte man sich sportlich verhalten –, sondern meine Lifestyle-Philosophie hinterfragt. In seiner Verwundbarkeit (und Verwundung), in seiner *Kreatürlichkeit* und Verwundetheit entlässt er einen Appell an mich, der um Solidarität anhält. Emmanuel Levinas hat diese Erfahrung als Ursprung ethischen Verhaltens ausgegeben, weil erst in dieser Erfahrung ein Mensch zu einer Person wird, seine Natalität erfährt, zu der es unabdingbar gehört, in Beziehung zu anderen Menschen zu stehen. Nochmals: Wir Menschen sind Antwortwesen.[72] In diesem Augenblick steigt

71 Irving (2012: 576f.).

72 In dieser Frage gibt es einen – bei aller Differenz – engen Schulterschluss zwischen den Ansätzen von Reuter, Dabrock und mir. Reuter und Dabrock beziehen sich sehr stark auf den Calvinisten Ricoeur, ich ziehe Levinas vor. Levinas und Ricoeur haben sich gut gekannt und sehr geschätzt. Peter Dabrock (2015b, 125f.) bezieht sich auf Ricoeur so: »Nach Ricoeur erfolgt die Bestimmung des Selbst nicht ausreichend, wenn sie nur das Selbstreflexionsvermögen, Handlungsziele zu beurteilen (ipse), the-

dem borniert um die eigene Achse rotierenden Mensch die Scham über seinen Egoismus ins Gesicht, die man gerne verdecken würde, indem man die Scham über sein eigenes Verhalten in Schuld ummünzt und den anderen, den Kranken etwa, überrumpelt, ignoriert, verbal unflätig wird oder um First-Class-Internierung anhält. Aber, und das ist Levinas Entdeckung, aus der Wehrlosigkeit, der Nacktheit des Antlitzes, spricht der Imperativ: *Du sollst nicht töten*. Dieser Imperativ ist es, der es nicht erlaubt, die Scham in Schuld umzumünzen. Das Antlitz des Kranken verkörpert das *schuldfreie Prinzip* Verantwortung. Menschsein heißt: einem anderen zu helfen, ihn in seiner Krankheit nicht allein zu lassen.

Meine These ist also: Die Begegnung mit einem Kranken, der mir nahesteht, macht aus einem egoistischen Selbstoptimierer einen Menschen, der künftig auch eher in der Lage ist, die eigene Krankheit in seine eigene Biographie zu integrieren, ohne die Hoffnung auf umfassendes Heil aufzugeben. Diese Dimension erreichen Lebenskunstkonzepte, die mit dem späten Foucault für eine Ästhetik der Existenz plädieren, allenfalls rudimentär.[73] Solidarität heißt dann in meinem Konzept auch, die Leiden des Anderen zu mindern, oft schlicht dadurch, dass man ihm zuhört und ihm somit erlaubt, eine objektivierende Distanz zu seinem Leiden zu erobern. In diesem ganz elementaren Sinn sind alle Menschen Seelsorger.

In der Passivität der oft zufälligen Begegnung mit einem Kranken, die uns widerfährt, steckt auch jenes Element von Gabe, das an anderer Stelle so stark unter Druck geraten ist. Nennen wir es die positive Kontingenz, die Gabe der Begegnung, die zu einem Neuanfang werden kann. Religiöse Menschen werden diese Begegnung immer auch als Begegnung deuten, in der, um mit Levinas zu reden, Gott ins Denken einfällt. Gesundheit im umfassenden Sinne schließt ein, dem Kranken (in der Familie, im Freundeskreis, in einer Institution) bei

matisiert. Vielmehr gehört zum Verständnis des Selbst auch die körperliche Selbigkeit (idem). Beide sind wechselseitig in Eigen- und Fremdzuschreibungen in eine erzählte Identität, die zugleich ihrer Fragmentarität gewahr bleibt, integriert. Zu einer so konzeptionalisierten Identität gehören immer auch biologische und biographische Transformationen. Entsprechend sind Werden, Vergehen, Fragmentarität, Kontingenz, Vulnerabilität, Leiden, Krankheit und Altern, Passivität und Passion konstitutiv in das auf dieser Identität aufruhende evaluative Selbstbestimmungskonzept einzubeziehen. Das so von seiner Leiblichkeit, seinen Begegnung mit Fremden her und im Gewissen sich immer auch als ein Anderes erfahrendes Selbst kann dann nur als ein im Prinzip beziehungsorientiertes und sich in sich nicht nur nicht genügendes, sondern sich auch nie endgültig erfassendes gedacht werden. Diese konstitutive Relationalität zeigt sich nach Ricoeur sozialtheoretisch und ethisch u.a. darin, dass sich das so sich verstehende Selbst noch in aktiv oder passiv erlebten Fürsorgeverhältnissen und Gerechtigkeitsforderungen eingebunden weiß. Selbstbestimmung wird nach diesem Ansatz dann rechtens ausbuchstabiert, wenn bei aller (Selbst-)Reflexivität die responsiv-kommunikative Konstitution dieses Selbst beachtet wird.«

73 Vgl. Lauster (2009: 55-63).

der Verwirklichung seiner realistischen Lebensziele zu helfen. Leidensminderung ist das Ziel ethischen Verhaltens.[74] Es gibt keinen religiösen Grund, sich für menschliche Makel und für Krankheiten zu schämen.

Ein fraglos wünschenswertes Lebensziel ist es auch, *ohne Scham* zu sterben. Diese Debatte ist in vollem Gange, wird politisch und kulturell befeuert. *Hin und weg* heißt ein im Oktober 2014 an den Start gegangener Kinofilm, in dem die Hauptfigur Hannes (Florian David Fitz; Regie: Christian Zübert) mit seinen Freunden zu einer Radtour nach Belgien aufbricht. Erst unterwegs wird allen Freunden langsam klar, dass Hannes, der an der unheilbaren Nervenkrankheit ALS leidet, die Reise als Abschiedstour versteht, um in Belgien aktive Sterbehilfe in Anspruch zu nehmen. Weil Hannes das kaum auszuhaltende Leiden, das ihn erwartet, aus nächster Nähe am Beispiel seines Vaters in seiner Jugend erlebt hat, können seine Freunde ihn nicht von seinem Entschluss abbringen. Er stirbt im Kreise seiner Freunde, seines Bruders, seiner Frau und seiner angereisten Mutter. Ein Arzt setzt die tödliche Spritze. Dieses erstaunlich klischeefreie Roadmovie lässt jeden Zuschauer aufgewühlt zurück: Hier stirbt ein junger Mann in den Dreißigern, nur erste Symptome der Krankheit sind sichtbar, einen selbstbestimmten Tod in den Armen der Mutter und Ehefrau. Eine Pietà-Szene mit einer verstörenden Wirkung.

Aktive Sterbehilfe, also: die Tötung auf Verlangen, ist etwa im Unterschied zu den Benelux-Ländern, in Deutschland rechtlich verboten. Rechtlich zulässig sind frei verantwortliche, *aktive Suizidversuche* und *passive Suizidversuche*, wenn der Patient selbstbestimmt die Aufnahme von Nahrung verweigert: Das Recht auf Leben impliziert keine Pflicht zu leben. Rechtlich erlaubt sind zudem *die passive Sterbehilfe*, also der Abbruch lebensverlängernder Maßnahmen, sofern weitere Maßnahmen das Leiden unzumutbar verlängern und der Patientenwille und die ärztliche Einschätzung übereinstimmen. Patientenverfügungen[75] regeln vorab die Fälle, in denen der Patient sich nicht mehr äußern kann. Rechtlich erlaubt ist auch die *indirekte Sterbehilfe*, wenn in der Palliativmedizin durch eine verabreichte Medizin Leidens- und Schmerzlinderung zu einem nichtintendierten Nebeneffekt (duplex effectus) führt, der eine Lebensverkürzung bewirken kann.

In einer alternden Gesellschaft rücken die Fragen der Sterbehilfe verstärkt ins Zentrum des Interesses, nur folgerichtig wurde 2014 im Bundestag – auf hohem Niveau und ohne Fraktionszwang – über den *assistierten Suizid* (Bereitstellung von Mitteln für den Suizid, die der Patient selbst einnimmt)[76],

74 Körtner (2006: 259-269); Ders. (2007); Auchter (1998: 144-160); Bauer/Gröning (1996: 39-48).

75 Wie wichtig die ›Vorsorgeinstrumentarien‹ sind, erinnert Dabrock (2015c: 556-559).

76 Sehr weit nach vorne gewagt hat sich Frieß (2010).

diskutiert, damit künftig für alle Parteien Rechtssicherheit herrscht. Die Diskussion war nötig geworden, weil die praktizierenden Ärzte zwischen allen Stühlen saßen, einerseits immer stärker unter Druck der Patienten gerieten und andererseits die Landesärztekammern kein einhelliges Votum abgaben – so drohten einige Landesärztekammern mit dem Entzug der Approbation für den Fall, dass die Ärzte tödliche Medikamente besorgen oder verschreiben. Verbietet das ärztliche Ethos die Hilfe zur Selbsttötung grundsätzlich oder bleibt es dem persönlichen Gewissen der Ärzte überlassen? Ist diese Assistenz in einigen Fällen sogar ein Akt der Barmherzigkeit?

In der hochemotionalisierten Diskussion trafen sehr unterschiedliche Menschenbilder aufeinander, die subkutan die Argumente steuerten; deshalb geriet die Diskussion, die die Frage nach einer Tötung auf Verlangen explizit ausklammerte, gelegentlich in eine Schieflage. So erinnerte in einem Artikel in der FAZ vom 6. November 2014 die Medizinethikerin Bettina Schöne-Seifert, langjähriges Mitglied im Deutschen Ethikrat, zwar zu Recht daran, religiöse Argumente dürften nicht zum Fundament der Gesetzgebung gemacht werden, aber der Verfassungsrechtler Ernst-Wolfgang Böckenförde[77] hat bereits in den 90er-Jahren des letzten Jahrhunderts wiederholt daran erinnert, dass Bürger auch aus Moralität und nicht nur aus Legalität handeln, der Staat somit auf Voraussetzungen angewiesen ist, die er selbst nicht hervorbringen kann – und dazu zählen auch die religiösen Weltbilder. Oben habe ich bereits den revolutionären Umbruch in der Kulturgeschichte erinnert, der die aktuellen Problemlagen etwas verständlicher macht. Nochmals: Die Erfolgsgeschichte des Christentums beruht auf der Idee des barmherzigen, pflegenden und heilenden Helfens, weil der Leib nicht als Kerker der Seele denunziert wird, sondern durch die Idee einer Inkarnation des göttlichen Logos in den Körper jeder Körper eine eigene Würde erhält. Sprechen wir heute von *curing* und *caring*, dann haben diese beiden Begriffe ihre Wurzeln in der jüdisch-christlichen Denkkultur.[78]

Vor diesem Hintergrund sind die Forderungen nach einem stetigen, flächendeckenden Ausbau der Palliativmedizin und der Hospize selbstverständlich, aber auch eine entsprechende, sehr kostenintensive Umsetzung reicht als Antwort auf Forderungen nach einem selbstbestimmten Tod, die immer lauter

77 Böckenförde (1991: 110).

78 Für die Kirchen, das zeigen die Denkschriften, ist die Gesundheit ein sehr hohes Gut. EKD (2011: 18): »Der christliche Glaube bezeugt die Menschenfreundlichkeit Gottes und erinnert an das heilende und versöhnende Handeln Jesu. Diakonie und Caritas haben die Sozialstruktur unseres Landes wesentlich geprägt. Auch heute dient es einer guten und menschengerechten Gesundheitspolitik, wenn Perspektiven und Impulse aus dem christlichen Glauben mit dem Grundkonsens einer zukunftsfähigen Gesellschaft verbunden werden.«

aus der Gesellschaft an die Politik herangetragen werden, nicht aus.[79] Bisher konnten Patienten allenfalls hoffen, dass in extremen Sonderfällen die indirekte Sterbehilfe (duplex effectus) zum Einsatz kam. Man sollte allerdings so ehrlich sein und nicht weiterhin schamhaft von ›unabsichtlichen Nebenwirkungen‹ reden, denn Mediziner sind durchaus in der Lage, zumindest annähernd die Nebenwirkungen einzuschätzen. Indirekte Sterbehilfe ist also kein transparenter und auch kein ganz ehrlicher Weg, weil doch wieder dem Arzt die alleinige Verantwortung aufgebürdet wird. Der Ethiker Hartmut Kreß bringt es auf den Punkt: »Der Sache nach unterscheidet sich die palliative, terminale oder finale Sedierung kaum vom ärztlich assistierten Suizid.«[80]

»Theologische Deutungskämpfe«[81] sind entbrannt, die sich an minimalen semantischen Korrekturen aufhängen, wenn der Theologe Friedrich Wilhelm Graf die Rede vom »Geschenk des Lebens« in ein »Geschenk freien Lebens« umwidmet.[82] Graf ist explizit zuzustimmen, wenn er sich gegen Lesarten wehrt, die die Rede von Autonomie unter hamartiologischen Generalverdikt stellen. Für die protestantische Ethik steht in dieser Frage eine sehr grundsätzliche Debatte über das Verständnis von Autonomie oder Selbstbestimmung an.[83] Autonomie wird innerhalb der Evangelischen Ethik gerne mit dem Label der Selbstermächtigung versehen, dann wird aus Autonomie schnell ein Autonomiewahn und somit Sünde. Das scheint mir nicht zwingend. Autonomie muss auch nicht zwingend ein Kontrastbegriff zur Passivität sein, denn man kann durchaus hermeneutisch aufgeklärt von Autonomie vor dem Hintergrund der

79 Körtner (2015b: 92) bemerkt zu Recht: »Der unbedingt begrüßenswerte Einsatz der Kirchen für den weiteren Ausbau der Palliativmedizin im stationären und ambulanten Bereich ist keine ausreichende Antwort auf die Forderung nach Legalisierung der Tötung auf Verlangen und des ärztlich assistierten Suizids sowie auf die steigende Zahl von Alterssuiziden.«

80 Kreß (2015a: 116).

81 Graf (2015: 8).

82 Graf (2015: 10). Von »Freiheit als Orientierungsbegriff christlicher Lebensführung« spricht Anselm (2015a: 104-113). Ulrich H.J. Körtner (2015b: 94) notiert: »Der Glaube an die Auferstehung von den Toten führt im Christentum allerdings auch zu einer eigentümlichen Relativierung des Lebens. So gewiss es von Gott kommt, ist es doch nicht das höchste Gut. Nach christlicher Auffassung wird das natürliche Leben überboten durch das Mit-Christus-Sein, das Leben und Tod umschließt.« Körtner erinnert auch, dass die biblischen Erzählungen kein eindeutiges Bild zur Selbsttötung hinterlassen, denn neben negativen Beispielen wie das von Saul, Ahitophel und Judas, wird »die Selbsttötung Simsons, der seine Feinde gleich mit in den Tod reißt, verherrlicht.« (96) Ganz entschieden argumentiert Breit-Keßler (2015: 139-141).

83 Vgl. Huber (2013: 278-281); Bedford-Strohm (2015). In seinem Kommentar macht Huber (2015b: 87) auf einen Punkt aufmerksam, der häufig in der Debatte ausgeblendet wird: »Nicht nur die Verbesserung der palliativmedizinischen Versorgung, sondern ebenso die Absage an die therapeutische Verbissenheit und an die mit ihr verbundenen wirtschaftlichen Kalkulationen ist ein Gebot der Stunde. Dass das Sterbenlassen verweigert wird, obwohl es an der Zeit ist, spielt für die Sterbenden eine weit größere Rolle als die Verweigerung der ärztlichen Assistenz beim Suizid.«

Passivitätserfahrungen reden. Autonomie entfaltet sich, so die Einsicht, auf dem Hintergrund der eigenen Vulnerabilität.

Nochmals: Aus theologischer Position muss deutlich gesagt werden: *In der Krankheit selbst liegt kein Sinn*, der Stifter des Christentums war ein Heiler. Jesus von Nazaret hat Krankheit aus dem Zusammenhang von Scham, Strafe, Schuld und Sünde befreit und damit auch deutlich gemacht, warum man sich für Krankheit nicht schämen muss. Aktuell darf man diese Einsicht neu anwenden: Erlittene Krankheiten zum Tode sollten von den Betroffenen nicht mit sozialer Scham besetzt werden, weil man glaubt, man falle anderen Familienmitgliedern oder der Gesellschaft unmäßig zur Last. Habitualisiert sich diese Scham, dann besteht die Gefahr, dass sich die Zahlen für Alterssuizid und assistierten Suizid erhöhen. Die *Habitualisierung einer falschen Scham* lässt sich leider nicht ausschließen, zumindest sind die Zahlen in den Ländern, in denen Tötung auf Verlangen erlaubt ist, auffallend gestiegen, in den Niederlanden etwa hat sich die Zahl von 2002-2014 mehr als verdoppelt.

Ich teile den Einspruch von Peter Dabrock, »dass Suizid und Suizidassistenz nicht als Normaloption des Sterbens angesehen oder gar gefördert werden.« Andernfalls würde nicht nur »ein signifikanter Bruch in der Selbst- und Fremdwahrnehmung des Arztbildes einsetzen«, sondern dieser Weg »verkenne auch den Sinn von Normen (… und, K.H.) den von Gewissensentscheidungen.«[84] Und aus sozialethischer Perspektive ergänzt Ulrich H.J. Körtner: »Mit Sterbehilfeorganisationen verlagert sich das ethische Problem des Suizids von der individual- und personalethischen Ebene auf die sozialethische Ebene. […] Organisierte Sterbehilfe macht aus möglichen Grenzfällen ein regelhaftes, institutionalisiertes Handeln.«[85] Für eine christliche Ethik, die besonders auf die individuelle ethische Situation abhebt, ist diese Verschiebung hochproblematisch.[86] Ein Dammbruchargument scheint mir allerdings, blickt man auf belastbare empirische Daten, nur in den Ländern, die Tötung auf Verlangen erlauben, vorzuliegen. In Oregon dagegen, wo assistierter Suizid in streng regulierten Fällen möglich ist, liegt die Anzahl der Todesfälle im Promillebereich.

Wichtig in diesen Fragen ist: Weil die Person eine soziale Kategorie ist, sollten die Familie oder engste Vertraute und immer auch der Arzt in die

84 Dabrock (2015b: 123-132, hier 125f.).

85 Körtner (2015b).

86 Hartmut Kreß (2015a: 120) urteilte in dieser Frage so: »Ebenso wenig trifft der immer wieder geäußerte Einwand zu, durch staatliche Regulierung würden Suizid und Suizidbegleitung zur ›Normalität‹. Der Einwand ist weder quantitativ noch normativ stichhaltig. In der Hierarchie der Güter und Werte wird das menschliche Leben stets ein fundamentales, vordringlich zu sicherndes Gut bleiben.«

Entscheidungen eingebunden werden. Ich kann mir aber durchaus Szenarien vorstellen, in denen der Wunsch nach einem assistierten Suizid zu befürworten ist. Es gibt zum Beispiel extreme Formen von Krebserkrankungen, in deren Verlauf das Gesicht oder das Geschlecht weggefressen wird, ein Prozess, den Kranke häufig als unwürdig und demütigend erfahren. Hier kommen manchmal Versuche der Entschämung der Krankheit an ihre Grenzen. In diesen extremen Fällen, die am Endstadium eines langen Prozesses[87] eintreten, haben wir als Theologen nicht das Recht, die Freiheit der Selbstbestimmung im oben geklärten Sinne zu verweigern. Und in diesen Fällen ist es auch nicht fair, diese Entscheidung auf die Gewissensentscheidung des Arztes abzustellen.

Und das gibt es doch: einen Roman, der die Geschichte einer glücklichen Ehe erzählt, die mit dem langwierigen Krebstod der Ehefrau endet: Rafael Yglesias: *Glückliche Ehe*. Die Hälfte des Romans, jedes zweite Kapitel, beschreibt ohne falsche Scham, wie der Magenkrebs sich durch den Körper frisst, wie der Ehemann, ein literarisches Wunderkind, an ihrer Seite bleibt, sie immer wieder zum Kämpfen ermuntert, ihr auch in den nachtdunklen Stunden beisteht. Nur einmal meldet sich sein Inkarnat: »Die letzten zwei Jahre und acht Monate hatte es kaum einen Bereich an Margarets Körper gegeben, über den sie nicht mit Ärzten diskutiert hatten, selbst die chirurgische Rekonstruktion ihrer Vagina war Thema gewesen. Der Tumor war bis ins Scheidengewebe herangewuchert, und um einer eventuellen Metastasierung vorzubeugen, war die Hälfte der Vagina entfernt worden. Durch die Resektion wäre der Geschlechtsverkehr unmöglich oder zumindest sehr schmerzhaft gewesen, und zu Enriques Erstaunen hatte Margaret darauf bestanden, nach einer Abhilfemöglichkeit zu suchen. Bei keiner dieser Diskussionen war er zusammengezuckt oder auch nur rot geworden, aber dass er seine Frau jetzt überreden wollte, länger zu leben, trieb ihm Schamröte ins Gesicht, so dass er die Augen niederschlug.«[88] Als ihre Mutter und ihr Vater anreisen, um sie umzustimmen, schlägt sie die Decke auf und zeigt im wörtlichen Sinne schamlos ihren verwüsteten Körper. Mutter und Vater senken beschämt den Kopf und stimmen dem Vorschlag zu, eine künftige Infektion nicht mehr zu behandeln. Im Todeskampf presst der Mann seine Lippen auf ihren Mund. »Als er sich von ihr löste, machte sie zufrieden ›Mmm‹ und spitzte wieder die Lippen. Er küsste sie wieder, legte die Arme um ihre mageren Schultern, und sie schnurrte und schnurrte vor Vergnügen. Als er sie losließ, seufzte sie erleichtert und lehnte sich aufs Bett zurück. Er half ihr, ließ sie auf ihre Matratze hinab und arrangierte den Tropfschlauch so, dass er nicht unter sie geriet. […] Sie hatte es –

87 Auf die Zeitdimension in diesen Fragen verweist ausdrücklich Anselm (2015a).

88 Yglesias (2010: 98).

trotz aller Hindernisse, die ihr die Natur und die Menschenwelt in den Weg stellten – geschafft, ihm zu sagen, dass ihre Liebe und seine überlebt hatten.«[89]

In dieser erzählten Krankengeschichte, die man nicht ohne Rührung lesen kann, kommt es dennoch zu einer guten Rundung[90]. Und jede Leserin und jeder Leser weiß: Das gelingt nicht immer in einer Krankengeschichte – auch dann nicht, wenn beide Protagonisten es mit aller Kraft wollen.

Kleine Rekapitulation: Über Heil und Heilung

Verschiebung von Scham in Schuld

Eine gesundheitspolizeiliche Allianz kümmert sich vorwärtsstürzend um den verwahrlosten Körper, verschaltet ihn mit Apps und macht aus dem Körper eine Fitness-Oase. Jeder Gesundheitsstreber wird sein eigenes Hygienemuseum, äußerlich eine Photokopie der Fitten, die in der Gesundheitsreligion immer auch die Guten sind. Unser Körper wird in Zeiten des ästhetischen Kapitalismus zur ästhetischen Superware. *Der Krankenschein wird zum Schamschein.*

Am Beispiel der Fettleibigkeit zeigt das Essay, wie neoliberale Dispositive im Verbund mit staatlichen Dispositiven ein moralisch infektiöses Klima schaffen und Adipositas als moralischen und nicht nur ästhetischen Schamgrund verschärfen, der staatlicherseits zu Ausschlussgründen für eine Verbeamtung führen kann. Innere Sanktion und äußere Sanktion finden fatal zusammen. Die Blicke, die den Fettleibigen treffen, werden mit *Empörung* aufgeladen, weil der geargwöhnte Lebensstil als Schmarotzertum an der Solidargemeinschaft der Versicherten gedeutet wird. Die im Blick auszumachende atmosphärische Klimakatastrophe ist Indiz für die Verschärfung, weil nicht mehr etwa mit Ekel, sondern (zusätzlich) mit empörtem Blick beschämt wird. Juli Zehs Roman *Corpus delicti* entwirft das Szenario einer künftigen Gesundheitsdiktatur, die die Gesundheit zum höchsten Gut ausruft – eine Gesellschaft, in der Sensibilität zu den abgestorbenen Sehgewohnheiten zählt.

Die Höchstgeltung der Gesundheit zieht aber nicht nur gestaltpolitische und formfordernde Ausgriffe auf den Körper nach sich, sondern, so die Pointe der Han'schen Kulturkritik, die Freigelassenen der alten Fabriken und Büros werden in scheinbarer Selbstbestimmtheit hinterrücks Opfer einer neoliberal betriebenen Selbstoptimierung aus Freiheit[91], die psychopolitisch ein ewiges

89 Yglesias (2010: 425f.)

90 Vgl. Ritschl (1986: 209).

91 Jessen (2014: 43): »Nehmen wir alle Optimierungsanstrengungen zusammen und fragen, wozu sie nütze sind – dann wird die Antwort lauten: um eine vorbildliche Karriere als vorbildlicher Angestellter

Flow-Erlebnis einfordert. Wer ausbrennt, erlebt diese Krankheit als Scham und Komplettversagen. Ist Flow der Gefühlshimmel des Neoliberalismus, so ist die Scham der Himmelssturz. Wegen der gewollten Normierung der Gefühle im Sinne der Hochstimmung wird die Erfahrung der Scham zur katastrophischen Erfahrung der Hölle: Der ausgebrannte Kranke deutet die Scham als Schuld.

Präventiv-Ethik und der richtige Umgang mit Scham

Ist die Theologie das Dispositiv, das sich von den neoliberalen Dispositiven abkoppeln kann? Zunächst: Die Rede von der Inkarnation hat kulturgeschichtlich die Körperfeindlichkeit der philosophischen Antike überwunden und sichtbar durch die Praktiken der Diakonie das Christentum auch für die Menschen der Spätantike attraktiv gemacht. Jesus war ein Heiler, der Krankheit aus der Umklammerung von Schuld und Strafe befreite. Meine Thesse lautet: Kausale Erklärungsmuster wie Strafe, Prüfung, Schuld laufen immer Gefahr, den Betroffenen zu beschämen, Jesu prospektiv-pragmatische Umgangsweise mit Krankheit befreit dagegen von möglichen Schamszenarien. Eine prospektive Entschämungspraxis par excellence. Eingepasst werden die Heilungsszenen in das übergeordnete Projekt einer Reich-Gottes-Erfahrung, einer gelungenen sozialen Synthesis, in der alle auf Augenhöhe leben. Heilungen sind Reparaturpraktiken für Anerkennungsdefizite im Namen der Gemeinschaftstreue. Krankheiten ziehen künftig keine Beziehungskrankheiten, keine soziale Scham nach sich. Theologisch ist es unabdingbar, die hartnäckig sich in der Volksfrömmigkeit haltenden Vorstellungen, Krankheit sei Strafe für eine Schuld, zu verabschieden und eine Mentalitätsänderung einzuleiten. Die biblischen Stories über die Heilung der blutflüssigen Frau und der Frau, die an einem *Morbus Bechterew* leidet, können hier Sehhilfe leisten. Nur sehr langsam setzt sich ein gesellschaftlicher Prozess der Entschämung bei sogenannten psychischen Erkrankungen durch. Depression und Burn-out[92], aber auch Altersparanoia und Schizophrenie stehen im Fokus theologischer Entschämungspraktiken.[93]

zu führen. Maximal gesund und tüchtig, durch keine unzeitige Familiengründung an seiner Arbeit gehindert, weder durch Geschlecht noch durch soziale Herkunft störend oder diskriminiert. Ein weißes, vom Arbeitgeber beliebig beschriftbares Blatt Papier, geruchslos, gesichtslos – das Ideal von einem Menschen als Roboter.«

92 Dazu Han (2014a).

93 Für diese Krankheitsbilder scheint die Leibphänomenologie von Hermann Schmitz besonders gut geeignet, therapeutisch zu wirken. Denkstarke Erweiterungen der Philosophie von Hermann Schmitz finden sich in den Büchern von Fuchs (2000a); Ders. (2000b).

Weisheitliche Klugheit und concursus divinus

Wer die Pointe der prospektiv-pragmatischen Entschämung der Krankheit durch den Heiler Jesus von Nazaret übersieht, wer Krankheit und Leid mit einem Sinnfirnis überzieht, der kann leicht zu einer überzogenen Kritik an den technischen Möglichkeiten im Gesundheitsdiskurs ansetzen. Aus nachvollziehbarer Angst vor einer Verzweckung und Marktorientierung menschlichen Lebens werden dann fragwürdige theologische Begründungsinstanzen wie die Erwählungslehre aufgerufen, um die technischen Möglichkeiten wie Amniozentese, PID oder PND sehr grundsätzlich zu dämonisieren. Gesundheitstechnik wird (siehe auch das Kapitel zur Technikethik) kurzsichtig in einer Aktualneurose zum Aufstand gegen Gott hochgereizt. Eine weisheitliche Gegenlesung kann hier zur Entstressung beitragen. In Einzelfällen gibt es sehr gute Gründe für PID und PND.[94] Auch Versuche, die Nichtperfektibilität des Menschen gegen medizinischen Fortschritt und Technik in Front zu bringen, denunziert Jesus als Heiler.

Zur Entdämonisierung der Medizintechnik tritt die *Entdämonisierung von Krankheit und Leiden*. Wenn Krankheit keinen Sinn macht (ohne sogleich das Leid als Schickung einer dämonischen Macht zu hypostasieren), ist jede Begegnung mit einem Kranken, der mir nahesteht, ein Weckruf, um ihm beizustehen, ihm zu helfen, die (hartnäckige) Krankheit in sein Leben zu integrieren. Der Blick des leidenden Anderen macht mich auf die eigene Vulnerabilität aufmerksam, macht dankbar für die eigene Gesundheit, ohne die Gesundheit zum höchsten Gut zu erheben. Weil Krankheit keinen Sinn macht, darf man auch in Mortalitätsfragen Mittel zur Leidminderung nach Absprache mit allen Personen, die zur Story der Kranken dazugehören, einsetzen. Im Ernstfall ist dem Votum der Kranken, die auf lebensverlängernde Medikamente verzichten möchten, zu entsprechen. Die vom Bundestag 2015 beschlossenen Regelungen haben zwar einer Kommerzialisierung der Sterbehilfe einen Riegel vorgeschoben und für *Rechtssicherheit* gesorgt, nach meiner Einschätzung aber den Spielraum der Ärzte, den *duplex effectus*, zum Nachteil der Patienten zu sehr eingeschränkt. *Krankheiten zum Tode* können auch die Liebenden überfordern,

94 Es gibt auch horrible Missbrauchsgeschichten, wenn etwa im Hinduismus die Amniozentese dafür eingesetzt wird, Mädchen im brutalen Sinn des Wortes auszusortieren, weil alles auf den Sohn abgestellt ist. »Durch die moderne vorgeburtliche Geschlechterbestimmung (Amniozentese und Ultraschall), die eigentlich gesetzlich verboten ist, wird ein Abbruch möglich, ohne religiöse Wertvorstellungen zu verletzen. 20-30 % der Abbrüche werden von Paaren vorgenommen, deren erstes Kind eine Tochter ist und deren zweites Kind voraussichtlich ebenfalls weiblichen Geschlechts sein wird. 55-60 % der Paare, die einen Schwangerschaftsabbruch vornehmen lassen, besitzen bereits zwei Töchter.« Eichner (2005: 23). Die ablehnende Haltung der katholischen Kirche zur PID inventarisieren Knoepffler/Roser (2005: 138).

fraglos, aber der Roman *Glückliche Ehe* von Rafael Yglesias ist ein mächtiger *Kraftspender*, um die Verlustkatastrophe doch noch in einen Hall-Raum des Glücks einzulassen.

Nachspiel

Verhaltenes Lob der Zellulitis und des Doppelknies

Jedes Hochglanzmagazin würde sofort zustimmen: Auch die Erhaltung von Schönheit gehört heute zur Gesundheit. Wir wollen verhungert aussehen, aber nicht gerne hungern! Andernfalls droht ein medizinisches Krankheitsbild.[95] Wo sind die vielen Männer und Frauen geblieben, die früher vor den Bildern von Rubens ins laute Entzücken gerieten? Hat die Medizin- und Gesundheitsindustrie unsere Augen verblendet? Ich habe lange gesucht, um auch hier Entlastungsstrategien zu finden. Ich sage nur: Milan Kundera und Wilhelm Genazino!

Der Altmeister des Leichten und niemals Seichten, Milan Kundera, feiert in seinem Roman *Die Unwissenheit* die Göttin der Fülle, die Abundantia, mit so großer Verve, dass einem nicht nur warm ums Herz wird. Nach dem Beischlaf mit der Mutter seiner Freundin (das tut man natürlich nicht!) macht der Protagonist Gustaf eine entlastende Entdeckung: »Er sieht den Körper seiner neuen Geliebten, die sich vom Sofa erhebt; sie steht, zeigt ihm ihren Körper von hinten, die von Zellulitis ummantelten mächtigen Schenkel; diese Zellulitis entzückt ihn, als drücke sie die Vitalität einer sich wellenden, bebenden Haut aus, die spricht, die singt, die zappelt, die sich zur Schau stellt; als sie sich bückt, um ihren auf den Boden geworfenen Morgenrock aufzuheben, kann er sich nicht mehr beherrschen und streichelt, nackt auf dem Sofa liegend, diese herrlich gewölbten Hinterbacken, er befühlt dieses monumentale, überfüllige Fleisch, dessen verschwenderische Großzügigkeit ihn tröstet und beruhigt. Ein Gefühl des Friedens hüllt ihn ein: Zum ersten Mal in seinem Leben findet die Sexualität jenseits jeder Gefahr, jenseits von Konflikten und Dramen, jenseits jeder Verfolgung, jenseits von Schuldgefühlen, jenseits von Sorgen statt; er braucht sich um nichts zu kümmern, die Liebe kümmert sich um ihn, die Liebe, so wie er sie sich gewünscht hat und nie hatte: Liebe als Ruhe; Liebe als Vergessen.«[96]

Unterschwellig mit Kundera kommunizierend, feiert Genazino – allerdings entschieden leiser – nicht die Zellulitis, sondern das Doppelknie. »Siehst du

95 Vgl. Zitt (2008); Pernlochner-Kügler (2004).

96 Kundera (2001: 173f.).

nicht, sagt Susanne, daß mir unterhalb der Knie noch ein paar weitere Knie nachgewachsen sind? – Ich schweige und betrachte Susannes Knie. – Am Anfang waren es nur undeutliche, knollenartige Erhebungen, sagt Susanne, ich habe geglaubt, die gehen nach einiger Zeit wieder weg. Von wegen! Sie wurden größer und runden sich immer mehr, und jetzt sieht es aus, als hätte ich an jedem Bein zwei Knie. Ich habe Beine wie eine alte Frau! Susanne drückt an ihren Beinen herum wie an kranken Körperteilen. Ich lege Hemd und Hose ab und sage: Es gibt nur zwei wirkliche Veränderungen beim Älterwerden; bei Männern werden die Ohren länger, bei Frauen die Nasen. – Susanne lacht und vergißt ihr Doppelknie, jedenfalls für den Augenblick.«[97]

Kein Grund, sich zu schämen.

Oder doch? »Wenn wir das fünfzigste Jahr überschritten haben, kommen wir uns gemein vor und charakterlos. Die Ursache ist sehr oft die Scham über die Grenzüberschreitung, die der Fünfzigjährige empfindet, wenn er das fünfzigste Lebensjahr hinter sich hat. Denn fünfzig sind absolut genug, dachte ich.«[98]

Oder doch? »Mein Vater hat meiner Mutter verboten zu fragen. Aber jedes Mal, wenn eine Frau im Bikini an uns vorbeigeht, sehe ich, wie die Wörter sich in den Mund meiner Mutter drängen, mit aller Macht herauswollen und wie sie versucht, sie herunterzuschlucken, die Zähne zusammenbeißt und die Lippen aufeinanderpreßt. Ich brauche dann nur noch bis zehn zählen, und schon höre ich meine Mutter sagen: Sagt mir die Wahrheit: ist mein Hintern so fett wie bei der da? Sind meine Beine auch so voller Dellen? Sehe ich aus wie die da? Bin ich hübscher? Oder häßlicher? Genauso? Ich will es nur wissen. Sagt es mir. Ich bin nicht beleidigt. Ich will nur wissen, woran ich bin. […] Ich bin alt, sagt meine Mutter. Mein Vater seufzt. Versprecht mir, daß ihr mir sagt, wenn ich anfange, im Bikini unmöglich auszusehen. […] Ich hasse meinen Bauch, sagt meine Mutter. Ich kann machen, was ich will, er geht nicht weg, das hat man nun vom Kinderkriegen.«[99]

Lieber so: »Leo rafft sein Hemd zusammen und geht zurück ins Haus. Er schließt die Haustür ab und vergewissert sich, daß sie verschlossen ist. Dann geht er ins Schlafzimmer und schließt die Tür und schlägt die Bettdecke zurück. Er sieht sie an, ehe er das Licht ausknipst. Er zieht sich aus, faltet seine Sachen ordentlich auf dem Fußboden und legt sich neben sie. Er liegt eine Zeitlang auf dem Rücken und zieht an den Haaren auf seinem Bauch und denkt nach. Er blickt auf die Schlafzimmertür, deren Umrisse jetzt im schwachen Morgen-

97 Genazino (2001: 141).

98 Bernhard (2006: 34).

99 Dörrie (1995: 311f.).

licht deutlich werden. Dann streckt er die Hand aus und berührt ihre Hüfte. Sie rührt sich nicht. Er dreht sich auf die Seite und legt die Hand auf ihre Hüfte. Er läßt die Finger über ihre Hüfte gleiten und fühlt die Schwangerschaftstreifen dort. Sie sind wie Wege, und er spürt ihnen auf ihrem Körper nach. Er läßt seine Finger darauf hin und hergleiten, erst auf einem, dann auf einem anderen. Sie verlaufen überall auf ihrem Körper, zu Dutzenden, vielleicht zu Hunderten. Er erinnert sich, wie sie an dem Morgen, nachdem sie den Wagen gekauft hatten, aufwachten und ihn dort sahen, draußen vorm Haus, in der Sonne, funkelnd.«[100]

100 Carver (2012: 252f.).

Nach dem Schlachten
Über Tier-, Pflanzen- und Umweltethik

»Wo bleibt [...] der Levinas der Tiere?«
Bruno Latour

Einleitung: Beschämungspraktiken und eine Heuristik der Scham

Bis zu seinem sechsundzwanzigsten Lebensjahr stopfte Dave LaJoy mit Heißhunger lustvoll, wie sein Name verrät, Hotdogs und Burger in sich hinein, Steaks und Geflügel-Wings, verdrückte Sandwiches und »verschwendete keinen Gedanken daran, dass der getrocknete, geräucherte, in Scheiben geschnittene Schinken einmal das Fleisch eines lebenden, empfindungsfähigen Wesens gewesen war«. (165) In der cleanen Kunststoffverpackung sah das Fleisch »so harmlos aus, als wäre es von einem Baum gefallen.«[1] Und dann überreicht ihm eine Studentin, die er in seinem hippen Laden für Audiofreaks anstellt, eine dünne Broschüre mit der süffisanten Bemerkung, er könne es vielleicht »bedeutsam« (167) finden. Halb gelangweilt wirft er einen Blick auf den Titel: *Die Rechte der Tiere,* liest ein Zitat von Schopenhauer: »Die vermeinte Rechtlosigkeit der Tiere, der Wahn, dass unser Handeln gegen sie ohne moralische Bedeutung sei, oder, wie es in der Sprache jener Moral heißt, dass es gegen Tiere keine Pflichten gebe, ist geradezu eine betörende Rohheit und Barbarei des Okzidents. Umfassendes Mitleid ist die wahre Grundlage der Moral.« (168)

Erst eine Collage von Photos zeigt bei Dave eine nachhaltige Wirkung: »Er brauchte einen Augenblick, um zu erkennen, was sie zeigten. Und als er es erkannte und begriff, durchfuhr ihn ein Gefühl des Ekels und der morbiden Faszination, wie damals, als er in der Junior High School gewesen war und in einer klaustrophobisch engen Lesekabine der Bibliothek Photos von Überlebenden deutscher Konzentrationslager gesehen hatte. Doch diese Photos hier zeigten keine Menschen, sondern die stummen, ausdruckslosen Gesichter von Rindern, Schweinen und Kälbern, von Hühnern, die vergeblich mit den Flügeln schlugen, während sie an einem Förderband hingen und dem Messer entgegenfuhren, das sie köpfen würde. Er betrachtete die Photos genauer. Eines der Tiere, ein Schwein,

1 Boyle (2012: 166). Die nächsten Seitenangaben beziehen sich auf diesen Text.

das im Schlachthof an den Hinterbeinen aufgehängt war wie unzählige andere, sah ihn an, bei vollem Bewusstsein, und wurde auf den Schlachter zugeschoben, dessen dunkle Gestalt im Vordergrund zu sehen war.« (168) Dieses Erweckungserlebnis macht aus Dave einen militanten Kämpfer für die Rechte von Tieren in T.C. Boyles metapherntrunkenem Roman *Wenn das Schlachten vorbei ist*. Um nicht (vollständig) in die Falle eines Thesenromans zu tappen, lässt Boyle diesen militanten Romantiker Dave LaJoy in einen Kampf mit Umweltschützern ziehen, die auf einer Insel ein ökologisches Gleichgewicht wiederherstellen wollen, indem sie eine Rattenplage letal bekämpfen. Auf welcher Seite der Autor, ein bekennender Vegetarier, letztlich steht, bleibt Gott sei Dank offen. Missionare schreiben meistens schlechte Bücher.

Photo: © PETA Deutschland e.V., Stuttgart

Boyles Anti-Held wird mit einem Schopenhauer-Crashkurs missioniert, ich plädiere in dieser Ethik nicht wie Schopenhauer für Mitleid, sondern für *Scham als Basisgefühl ethischer Besinnung*. Die literarischen Spuren sind spärlicher. Einer Auskunft Max Brods zufolge soll Kafka im Angesicht von Fischen in einem Berliner Aquarium ohne jedes Pathos gesagt haben: »Jetzt kann ich euch schon ruhig anschauen, ich esse euch nicht mehr.« Jonathan Safran Foer zitiert in seinem Bestseller *Tiere essen* diese Stelle[2] und verweist auf Walter Benjamins literaturkritische Studien zu Kafka, der Scham und nicht Mitleid als Reaktion einer Verantwortung vor anderen, einer »unbekannten Familie«, wie Kafka es in seinem Tagebuch formuliert, zur Grundlage des Ethischen erhebt. Zu dieser unbekannten Familie gehören nach Kafka die Tiere. Auch ein konzentrierter Blick auf friedlich kreisende Fische, eine U-Boot-Fahrt des entschämten Gewissens, kann uns daran erinnern.[3]

Wer sich als Fleischesser nicht abschottet, der findet keinen Ort mehr, das Thema zu verdrängen. Carnivoren sind aus dem Paradies der Gemütlichkeit

2 Foer (2012: 48). Sehr sprachmächtig formuliert Wallace seine Vorbehalte (2010).

3 Benjamin (1989: 409-438).

verjagt worden. Nahezu täglich stehen die Themen Tier-, aber auch Pflanzen- und Umweltethik auf der politischen Agenda und auf den wissenschaftlichen Spielplänen. Tierschutz ist Staatsziel im deutschen Grundgesetz, und in die schweizerische Bundesverfassung wurde, nach einer zum Teil hysterisch geführten Debatte, der Ausdruck »Würde der Kreatur« aufgenommen. Im März 2013 trat europaweit ein Gesetz in Kraft, das den Vertrieb von Kosmetika verbietet, deren Verträglichkeit wurde an Tieren getestet, auch deshalb, weil es inzwischen alternative Methoden gibt, die Verträglichkeit an künstlich gezüchteter Haut zu überprüfen. Und seit 2012 gibt es im katholischen Münster das weltweit erste *Institut für theologische Zoologie*[4] – sichtbares Zeichen für spät gereifte Einsicht.

Befördert wurde der theologische Erkenntniszuwachs durch diskursiven Außendruck, denn jahrzehntelang wurde in den Debatten zur Tier- und Umweltethik die jüdisch-christliche Religion auf die Anklagebank gesetzt.[5] Kritiker machten den biblischen Schöpfungsauftrag des ›Machet Euch die Erde untertan‹ (*dominium terrae,* Gen 1,26f., Ps 8,7) für das Leiden der Tiere und der Umwelt mitverantwortlich. Und wer, noch religiös sozialisiert, dann noch schamvoll erinnert, dass die Bibel mit der Verfluchung der Schlange startet und die Bibel mit der Vision eines neuen Himmels und einer neuen Erde im letzten Buch der Bibel, der Apokalypse des Johannes, endet, in der für Tiere leider kein Platz ist (vgl. aber Jes. 11,6-9), der akzeptiert die Anklagen gegen das Christentum. Dient die rührselige Rettung der Tiere in der Arche Noah neben der Rettung der Arten nur dem Fleischhunger der Menschen? Ist die jüdisch-christliche Religion also überhaupt geeignet, hier Posto zu fassen? Steht nicht die christliche Religion für das Meinungsverbrechen, der Mensch sei durch ein Proprium vor den Tieren und allem Lebendigen ausgezeichnet?

Kommen zu Weihnachten und Festtagen meine erwachsenen Töchter aus Berlin zu Besuch, verbanne ich alle Lebensmittel, die noch Spuren tierischen Fetts aufweisen, aus dem Kühlschrank – auch meinen geliebten Serano-Schinken und die Mailänder-Salami. Meine jüngste Tochter ist eine gnadenlose Inquisitorin, die zur verbalen Häretikerverbrennung gerne auch am Heilig-Abend ansetzt und mein Gewissen zur Schlachtbank führt, begleitet von einem maliziösen Lächeln der Rechtgläubigen: »Wie ich Dich kenne, hast Du doch sicher noch irgendwo Reste aus einem Schweineknast eingeschmuggelt.« Um meiner Scham über die eigene Schwäche zu entgehen, bricht mein *Morbus Apple* wieder aus, ich durchforste tagelang im Internet Angebote aus Bioläden, die mit gutem Gewissen belohnen. Gutes Gewissen hat seinen Preis. Und um

4 Hagencord (2008).

5 Der Pflichtbeleg für Menschen mit qualifizierter Bildung ist Amery (1972).

ganz sicher zu gehen, kaufe ich die »Veganer-Bibel« und fülle den Kühlschrank mit lactose- und glutenfreier Kost, obwohl beide Töchter keine Lactose- und Glutenunverträglichkeit aufweisen. Sicher ist sicher. Allergien können auch nach dem Abitur und den ersten Kindergeburten auftreten.

»Bei der Durchsetzung neuer Normen ist Scham ein wirkungsvolleres Instrument als Schuld. Während die Schuld auf einer bereits verinnerlichten Norm basiert, lässt sich Scham strategisch einsetzen, ehe die Norm verinnerlicht worden ist, vor allem in der Phase, in der sich eine neue Regel noch nicht durchgesetzt hat und es noch keine Sanktionen gibt.«[6] Meine Töchter sind Meisterinnen der Beschämungspraktiken; vor Jahresfrist etwa wurde ich zu Weihnachten mit einem Bildband beschenkt, der tierischen Qualen ein Gesicht gab. Jennifer Jacquet spricht von »Normenführern«[7], im Falle der Tier- und Umweltethik sind Normenführer häufig unsere eigenen Kinder, die für eine *Heuristik der Scham* sorgen. Bei mir hat die Norm bereits erste mentale Wurzeln geschlagen, meinen Fleischkonsum habe ich mehr als halbiert und fast immer kaufe ich Fleisch von biologischen Höfen. Zusätzlich drosselt der Preis dieser Produkte meine Fleischeslust. Der Publikumseffekt, die Beobachtung durch meine Töchter, hat sich nicht nur zu Weihnachten bewährt. Bei jedem Einkauf und in jedem Restaurant stehen meine Töchter, die avantgarde Gruppe für eine neue Norm, als neue Normenführer neben mir. Zu einer moralischen Revolution kommt es, weil mein Bedürfnis nach Anerkennung und Respekt – verschärft, wenn es sich um meine Töchter handelt – dazu anhält, mein Verhalten endlich zu ändern – endlich, obwohl ich die Argumente, die gegen (den herkömmlichen) Fleischkonsum sprechen, sehr gut kenne. Eine Frage der Ehre.[8]

Die Ausdifferenzierung der tier- und umweltethischen Modelle in anthropozentrische, pathozentrische, biozentrische und ökozentrische Ansätze spiegelt das Ringen um eine Neuzuordnung. In einem kritischen Durchgang wird auch zu klären sein, wie sich Mitleid und Scham zueinander verhalten. Können Tiere sich schämen oder reicht es hin, wenn Carnivoren durch Fleischabstinenzler beschämt werden? Können uns Tiere durch ihren Blick beschämen? Wie erklärt sich die Unempfindlichkeit vieler Fleischverschlinger gegenüber dem Leid der Tiere?

Danach bespreche ich knapp die steile Karriere der Umweltethik anhand ausgewählter theologischer Umweltethiken, die auf das Bashing der Kritiker, die die Theologie für die Gewalt gegen Tiere verantwortlich machen, eine

6 Jacquet (2015: 97).

7 Jacquet (2015: 98f.).

8 Appiah (2011).

Antwort suchen. Muss sich die ethische Theologie im Anschluss an biblische Texte prioritär auf den Artenschutz und die Artenvielfalt konzentrieren?[9]

Kann letztlich doch nur die Technik ein herrschaftsfreies Verhältnis zu den Tieren aufbauen, wie neuerdings Verfechter eines »Internets der Tiere« vollmundig behaupten? Wiederum scheinen mir die Schriftsteller, ohne sie heroisieren zu wollen, als Seismographen für die Gegenwart unverzichtbar: Vielleicht vermag eine neue Form der Naturlyrik Zugänge zu einer nichtfunktionalen Weltwahrnehmung zu erschließen, die nicht in den bestehenden Verhältnissen aufgeht und eine Sensibilität für die Einzigartigkeit von Tieren und Pflanzen ausbildet. Und Theaterinszenierungen, die drohende Probleme der Klimaerwärmung körperlich spürbar inszenieren, schärfen die Sinne für Fragen der Nachhaltigkeit. Auch in dieser Bereichsethik kann sich die Kunst als Meisterin der Sensibilisierung bewähren. Das Dispositiv der Kunst kann das Eis in uns brechen.

1. Die Sonderstellung des Menschen

Oft reicht allein die Nennung der Vokabel *anthropozentrisch* aus, um Ankläger aus der Tierschützerszene auf den Plan zu rufen, die vor Augen malen, wie Tiere in Qualgehäusen verkümmern und zu den Verdammten dieser Erde zählen – Spätfolgen des biblischen Herrschaftsauftrags. Dabei wird häufig übersehen, dass ideengeschichtlich nach der Aufklärung gar nicht primär die Religion, sondern Kant für die anthropozentrische Deutung steht, war es doch Kant, der in seiner sogenannten kopernikanischen Wende den Menschen von der Natur trennte: Der *Mensch ist ein sittliches Wesen, kein Naturwesen wie die Tiere.* Anders gewendet: Nur weil der Mensch nicht zur Natur gehört, ist er die Krone der Schöpfung. Offenbar besitzt nur der Mensch den freien Willen und die Vernunft, etwas unabhängig von der Neigung als gut auszuwählen. Die exklusive Würde des Menschen *resultiert* bei Kant aus der Zentralstellung der Vernunft. Kant gelingt es, den Menschen vom Tier definitiv zu unterscheiden nur indem er den Vernunftbegriff, wie Ursula Wolf behauptet, metaphysisch auflädt. »Der absolute Wertcharakter der Vernunft ist eine letztlich metaphysische Annahme; ebenso ist die Vernünftigkeit von Personen nicht im Sinne ihrer empirischen Fähigkeiten gemeint, sondern als eine Eigenschaft, die alle Personen gleichermaßen durch ihre Zugehörigkeit zur Welt der Vernunft haben, die über der empirischen Welt steht.«[10]

9 Vgl. Wustmans (2015).

10 Vgl. dazu Wolf (2012: 40). Dieses Buch von Wolf argumentiert begrifflich scharfsinnig und hat mir viele Einsichten vermittelt. Vgl. auch Wolf (2008). Die Kantexegese übernimmt Wolf von ihrem Lehrer Tugendhat (2001: 204), der Kant »theologische Voraussetzungen« vorhält, weil Kant behaupte, »Moral gehöre uns wesentlich zu, lasse sich aber nicht naturalistisch verstehen.« »(D)as

Nicht zwangsläufig müssen nach Kant Personen, die Vernünftigkeit nur in einem sehr übersichtlichen Grad besitzen, aus der Moral herausfallen, weil sie die Vernunftfähigkeit im Prinzip besitzen, das gilt aber offenbar nicht für die Tiere.[11] Warum darf man nach Kant die Tiere trotzdem nicht grausam behandeln? Die Antwort lautet: Grausames Handeln gegenüber Tieren schadet der eigenen Sittlichkeit. Nach Kant ist Sittlichkeit als Pflicht gegen andere letztlich immer eine Pflicht gegen sich selbst. Im Umgang mit Tieren entdeckt Kant eine indirekte Pflicht: »Selbst Dankbarkeit für lang geleistete Dienste eines alten Pferdes oder Hundes (gleich als ob sie Hausgenossen wären) gehört *indirekt* zur Pflicht des Menschen, nämlich *in Ansehung* dieser Tiere, *direkt* aber betrachtet ist sie immer nur Pflicht des Menschen *gegen* sich selbst.«[12] Wer also Tiere grausam behandelt, schwächt die eigene sittliche Anlage.

Angreifbar ist Kants Argumentation deshalb, weil er letztlich doch von Analogien zwischen Menschen und Tieren ausgeht, die er durchaus als empfindungsfähige Wesen, nicht etwa als Automaten beschreibt. Eine grausame Behandlung der Tiere stumpft »das Mitgefühl an ihrem Leiden im Menschen« ab und schwächt zugleich »eine der Moralität im Verhältnis zu anderen Menschen sehr diensame natürliche Anlage.«[13] Treffend schreibt Wolf, Argumente von Nozick aufnehmend: »Dass die Behandlung von Tieren Auswirkungen auf die Moralität gegenüber Menschen hat, lässt sich nur verständlich machen, wenn es nicht die von Kant ursprünglich angenommene scharfe Trennung zwischen Menschen und anderen Tieren gibt.«[14] Den »metaphysischen Vernunftbegriff« von Kant will Wolf deshalb durch einen »graduierten empirischen Vernunftbegriff«[15] ersetzen.[16]

moralisch Gesollte« wurzelt für Tugendhat dagegen »in etwas Faktischem«. (202)

11 Wolf (2012: 40).

12 Kant (1907/1914: §17, 443).

13 Kant (1907/1914; §17, 443).

14 Wolf (2012: 43).

15 Wolf (2012: 44). Zu Kant vgl. auch Baranzke (2002: 220f.).

16 Unter dem Stichwort *Theorien moralischer Rechte* (dazu Wolf 2012: 47ff.) haben Autoren Kants Theorie aufgenommen und modifiziert, indem sie etwa den Selbstzweck auf Tiere ausweiten (Rollin: 1981) oder die für den Menschen reservierte autonome Vernunft abstufen auf Tiere als *Träger von Interessen*, die deshalb moralische Rechte besitzen (Nelson: 1964). Die Idee, Tieren Rechte zuzusprechen, ist übrigens nicht ganz neu. Im Mittelalter galten Tiere als Rechtssubjekte, die vor einem geistlichen Gericht verklagt werden konnten. Vgl. Evans (1906); M. Fischer (2005); Dinzelbacher (2006). Julian Barnes (2009: 108f.) fingiert in seinem kurzen großen Roman *Die Geschichte der Welt in 10 ½ Kapiteln* einen dieser Prozesse.

Jürgen Habermas, in diesen Fragen ein schlecht zahlender Nachmieter im Denken Kants, behauptet zunächst gegen Kant, es gebe gegenüber Tieren nicht nur indirekte, sondern auch direkte Pflichten. Weil Habermas den Pflichtbegriff nicht aus dem überempirischen Vernunftgesetz ableitet, sondern aus der kommunikativen Handlungssituation, die soziale Anerkennungsverhältnisse impliziert, kann er wenigstens die Beziehung zu Haustieren, in der tatsächlich ein Gegenüberverhältnis vorliegt, in die Wahrnehmung integrieren und von direkten Pflichten sprechen. Da aber auch hier Asymmetrien zwischen Mensch und Tier vorliegen – die Sprache des Tieres ist allenfalls rudimentär und dessen Erfahrung bleibt unverarbeitet –, spricht Habermas, ähnlich wie Kant, letztlich von »moralanalogen Verpflichtungen«.[17]

Auch in jüngeren Texten hält Habermas konsequent an einer Sonderstellung des Menschen fest und glaubt sie im *Ritual* bewahrt: »Die Mitglieder religiöser Gemeinschaften können sogar das Privileg für sich beanspruchen, im Vollzug ihrer kultischen Praktiken den Zugang zu einer archaischen Erfahrung – und zu einer Quelle der Solidarität – behalten zu haben, die sich den ungläubigen Söhnen und Töchtern der Moderne verschlossen hat.«[18] Mit der archaischen Erfahrung sind Erfahrungen des Umgangs mit dem Heiligen oder allgemeiner einer höheren Macht gemeint, die gleichermaßen ängstigt und fasziniert, die über Heil und Unheil entscheidet und im gemeinsam vollzogenen Ritus, der den Zusammenhalt einer sozialen Gruppe sichert, gebannt wird. Nach Habermas ist der »Bedeutungskern« dieser Erfahrung des Umgangs mit dem ›Heiligen‹ so zu deuten, »dass in rituellen Praktiken die verschüttete phylogenetische Erfahrung einer Umstellung des sozialen Zusammenlebens von artspezifisch angeborenen Verhaltensmustern auf symbolisch vermittelte Kooperationsmuster verarbeitet worden«[19] ist. Für Habermas stellt sich der Ritus als »eine mimetische Form der Kommunikation« dar, »die eine gemeinsame Welt symbolischer Bedeutungen erzeugt.«[20] Bis auf weiteres hält Habermas also an einer Sonderstellung des Menschen fest, weil den Primaten, wie er feststellt, die »kooperative Orientierung«[21] fehlt.

Habermas greift hier auf die Erkenntnisse des Evolutionsanthropologen Michael Tomasello zurück, dessen Studien zu den Primaten den aktuellen Stand der Forschung vermelden. »(D)ie heutigen Menschenaffen« verfügen »über viele der notwendigen Komponenten für menschliche kooperative Kom-

17 Wolf (2012: 45). Habermas (1991: 219-225).

18 Habermas (2012: 95).

19 Habermas (2012: 78).

20 Habermas (2012: 91).

21 Habermas (2012: 90).

munikation: Sie gestikulieren miteinander flexibel auf der Grundlage von Aufforderungsmotiven, sie verstehen intentionales Handeln und vollziehen diesbezüglich praktische Schlussfolgerungen; sie lenken die Aufmerksamkeit im Dienste sozialer Intentionen, sie haben bestimmte Motive, um anderen in manchen Kontexten zu helfen, und sie beteiligen sich an komplexen Gruppentätigkeiten. Sie scheinen jedoch weder Fertigkeiten noch Motivationen geteilter Intentionalität zu besitzen, und deshalb ist ihre Kommunikation nicht vollständig kooperativ und inferentiell: Der Empfänger versucht nicht, die Bedeutsamkeit der referentiellen Handlung des Kommunizierenden für dessen soziale Intention zu erschließen. [...] Zudem gibt es weder einen gemeinsamen begrifflichen Hintergrund noch gegenseitige Erwartungen oder Normen, die den Kommunikationsprozess steuern.«[22]

In seinem Essay *Das Offene*[23] entziffert der italienische Philosoph Giorgio Agamben die Grenze zwischen Mensch und Tier im Menschen selbst. Eine Welt, so die These, eröffnet sich für den Menschen nur, wenn er seine Tierheit suspendiert. Neben funkelnden Lektüren zu Philosophen wie George Bataille oder Jakob von Uexküll ist es vor allem seine Auseinandersetzung mit den Texten Heideggers, die Agamben zu seiner These führen. Mit Heidegger gibt es nach Agamben zwischen Mensch und Tier eine Verwandtschaft: beim Tier die Benommenheit, beim Menschen die tiefe Langeweile, die darin übereinkommen, dass in diesen Zuständen Mensch und Tier auf ihre je eigenen Möglichkeiten zurückgeworfen werden. Während die Umwelt des Tieres aber so beschaffen ist, »dass sich in ihr niemals so etwas wie eine reine Möglichkeit eröffnen kann«[24], wird in der tiefen Langeweile genau diese erschlossen: »Aber diese Deaktivierung der konkreten Möglichkeiten offenbart zum ersten Mal ganz allgemein das Ermöglichende, die reine Möglichkeit oder, wie sie Heidegger nennt, die ursprüngliche Ermöglichung. [...] Die tiefe Langeweile erscheint so als metaphysischer Operator, in welchem der Übergang von der Weltarmut zur Welt, von der animalischen Umwelt zur Welt des Menschen stattfindet.«[25]

Moral in evolutionstheoretischer Sicht[26] titelt Ernst Tugendhat seinen Versuch, Mensch und Tier in ein Verhältnis zu setzen, und entdeckt das Surplus des Menschen im »Freiheitsbewusstsein«, genauer: im »Spielraum von Opti-

22 Tomasello (2011: 255). Auch Tiere werden zwar aus Erfahrung klug, fraglich bleibt, ob sie Erfahrung gestalten können und wie Menschen als Symbolverwender zu charakterisieren sind; vgl. Jung (2014); vgl. de Waal (2008); Ders. (2011).

23 Agamben (2003a).

24 Agamben (2003a: 77).

25 Agamben (2003a: 75, 77).

26 Tugendhat (2001: 199-224). Die folgenden Seitenzahlen beziehen sich auf diesen Text.

onen«. Menschen sind »nicht fest verdrahtet« oder »hard wired«: »Damit ist gemeint, dass auf der Ebene des Verhaltens keine kausale Determiniertheit besteht, d.h. das menschliche Verhalten lässt sich nicht nach dem Schema Stimulus-Reaktion verstehen, weder angeboren noch gelernt.« (208) Den evolutionären Sprung entdeckt Tugendhat in »der durch die propositionale Sprache ermöglichten Fähigkeit, nach Gründen zu fragen und mit Gründen umzugehen.« (209) Die propositionale Sprache ist aber auch Voraussetzung für eine Moral als »wechselseitiges normatives System« (211). Nach Tugendhat gehört zu »einer moralischen Gemeinschaft« immer »ein Begriff des moralisch Guten«, der bei Verstößen Tadel und Empörung hervorruft und auf Seiten der Getadelten Scham. Darin besteht die Stärke von Tugendhat, gegen Kants latent theologische Deutung wurzelt für Tugendhat die Moral im Faktischen (262). Und die Diskursethik überbietend wird auch das Motiv klar, warum man moralisch handeln soll: »Das Individuum hat ein Motiv, moralisch zu handeln, weil es nicht getadelt und verachtet sein möchte, und dann auch (im Schritt zur autonomen moralischen Haltung): weil es sich nicht als tadelns- und verachtens*wert* sehen möchte.« (212)

Zwar können Soziobiologen auch bei Wirbeltieren und sozialen Insekten einen »Altruismus« (204f.) ausmachen, aber der ist von einem moralischen Altruismus zu unterscheiden, der auf eine »Vermittlung durchs Normative« (213) angewiesen ist. Weil, folgt man Tugendhat, »der Kitt menschlicher Gemeinschaften im Gegensatz zu Gruppen oder ›Staaten‹ bei Tieren, die ›fest verdrahtet‹ sind« (216), in Normen besteht, die bei Verstößen Scham hervorrufen, können Tiere sich auch nicht schämen. Wenn Moral sich dadurch konstituiert, dass Individuen sich wechseltseitig Respekt schulden, fehlt dieses Element im Tierreich.

Sichtet man die Versuche, dann kommen alle Autoren darin überein, dass Tiere zu einer normativ gesteuerten Kooperation (Kant, Tomasello, Habermas) nicht fähig sind; Tieren erschließt sich kein optionaler Spielraum (Agamben, Tugendhat), weil sie keine propositionale Sprache (Tugendhat) besitzen oder unfähig zu Ritual- (Habermas) und Kunstpraxis (Schmitz)[27] und Kunsterfah-

27 Hermann Schmitz (1990: 315) stimmt zögernd einer These Rothackers zu, der Mensch könne im Unterschied zum Tier nicht zeichnen, und versucht, die Differenz leibphänomenologisch genauer zu beschreiben: »Der Mensch kann zeichnen, weil er sich auf die Fläche, in der gezeichnet wird, mit Verständnis für die von dieser gebotenen Chance einzulassen vermag, statt sie nur als Gelegenheit zu motorischer Abreaktion zu benützen und sie damit im ununterbrochenen Zusammenhang seiner leiblichen Kommunikation mit seiner Umgebung aufgehen zu lassen. In der Gabe, etwas zeichnend in der Fläche darzustellen, meldet sich die außerordentliche Fähigkeit des Menschen, sich von der leiblichen Kommunikation, die zur Wahrnehmung gehört, mitten in dieser partiell zu entbinden und, statt durch Einleibung Sklave der Dinge und Halbdinge, überhaupt der Reize zu bleiben, in der Fläche sozusagen ein leibfremdes Sondervermögen anzulegen.« An anderer Stelle sagt Schmitz (2003: 94)

rung sind. Sich schämen können Tiere, folgt man Tugendhat und Tomasello, nicht. Aber in ihrem soziobiologischen (nicht moralischen) Altruismus vermögen Tiere uns sehr wohl im Alltag zu beschämen. Eine Überwindung zumindest der epistemischen Anthropozentrik scheint trotz genetischer Verwandtschaft mit den Tieren undenkbar.

Wenn »Normenführer« ein neues Verhältnis zum Tier einfordern, verwenden sie, wie in dem Roman von Boyle, Beschämungspraktiken, die Mitleid hervorrufen sollen. Schopenhauer ist der *spiritus rector* der Bewegung. Und trotzdem verfangen die Beschämungspraktiken nicht bei allen Menschen. Warum nicht? Tugendhat hat, wie zu zeigen, gegen das Evidenzerlebnis der Bekehrten, die sich auf die Mitleidsethik von Schopenhauer stützen, nachdenkenswerte Vorbehalte benannt. Aber zunächst zum Großmeister des Mitleids: Schopenhauer.

2. Sphärenerweiterung I

Die Mitleidsethik von Schopenhauer gilt im tierethischen Diskurs als starker Kandidat für die Begründung einer seriösen Tier- und Umweltethik. Gegen Kant legt Schopenhauer in seiner *Preisschrift über die Grundlage der Moral*[28] allen Nachdruck auf die *moralische Motivation*; denn bei Kant, so die Interpretation Schopenhauers, verkommt die Motivation zur Angst vor Strafe, die durch das Sittengesetz, das nach Schopenhauer letztlich religiös, also heteronom verfasst ist, angedroht wird. Schopenhauer deutet moralisches Handeln als grundsätzlich altruistisches Handeln und entdeckt als empirische Triebfeder das Mitleid. Mit einer Verbeugung vor Goethe deutet er Mitleid »als ethisches Urphänomen«[29]. Gerechtigkeit und Menschenliebe, als Kardinaltugenden geadelt, »wurzeln in dem natürlichen Mitleid. Dieses Mitleid selbst ist aber eine unleugbare Thatsache des menschlichen Bewußtseyns, ist diesem ewig eigen, beruht nicht auf Voraussetzungen, Begriffen, Religionen, Dogmen, Mythen, Erziehung und Bildung, sondern ist ursprünglich und unmittelbar, liegt in der menschlichen Natur selbst, hält deshalb unter allen Verhältnissen Stich, und zeigt sich in allen Ländern und Zeiten.«[30]

ganz entschieden: »Das Plötzliche, das unter dem Druck des eintretenden Neuen Dauer zerreißt und ins Gewesene, das vorbei ist, zurücksinken lässt, der Alarm, der Schreck, das Auffahren aus trägem Dahinleben, ja schon das Stutzen sind fundamentale Erfahrungen quer oder längs durch das Tierreich über den Säugling bis ins Leben der besonnenen Personen.«

28 Schopenhauer (2007); vgl. die knappe Zusammenfassung bei Wolf (2012: 58ff.).

29 Schopenhauer (2007: 111).

30 Schopenhauer (2007: 111f.).

Die Stärke dieses pathozentrischen Ansatzes: Hier wird einerseits die Konzentration auf die Individuen und nicht, wie etwa im Utilitarismus, auf ein abstraktes Gemeinwohl gelegt; zweitens nimmt dieses Moralkonzept »auch die Thiere in ihren Schutz, für welche in den andern Europäischen Moralsystemen so unverantwortlich schlecht gesorgt ist«.[31] Obwohl den Tieren »die abstrakte oder Vernunft-Erkenntniß gänzlich fehlt« und sie »mithin keiner Selbstbeherrschung fähig«[32] sind, gibt es für Schopenhauer Pflichten[33] gegenüber Tieren. Schopenhauer auch ist es, der »den Blick«[34] eines sterbenden Tieres als Weckerlebnis des Mitleids ausmacht. Auf der Anklagebank sitzt die Moral des Christentums, die »die Thiere nicht berücksichtigt«, »ein Mangel derselben, den es besser ist einzugestehen, als zu perpetuieren.«[35]

Nicht leicht zu kontern ist der Vorbehalt, den Ernst Tugendhat vorgebracht hat, das Mitleid bleibe, weil es wie alle Affekte launisch sei, für die Begründung einer universalistischen Moral ungeeignet.[36] Schopenhauer geht es zwar darum, verständlich zu machen, wie Moralität motivational funktioniert; nicht von der Hand zu weisen ist aber der Einwand, dass die Mitleiderregung soziokulturell sehr stark schwankt. Vor siebzig Jahren, nach kriegsbedingten Hungerwintern, lange nach Schopenhauer, hätten Bilder über das Leiden der Tiere, das Umweltorganisationen zur Beschämung einsetzen, wahrscheinlich bei vielen Menschen kein Mitleid und keine Scham ausgelöst. Oder Personen entwickeln durch sozialisationsbedingte Umstände – jemand ist auf einem Bauernhof aufgewachsen – kein Sensorium für das Leiden der Tiere und damit in diesem speziellen Fall auch »kein Sensorium für Scham, Schuld und Empörung. Man spricht in diesem Fall in der Psychologie von einem ›lack of moral sense‹.«[37] Vielleicht ist das Mitleid, wie Schopenhauer will, »die alleinige Quelle *nicht-egoistischer Handlungen*«[38], aber das Mitleid mit Tieren beruht auf Voraussetzungen. Wenn ich recht verstehe, dann zeichnet Tugendhat Scham und Empörung dadurch aus, dass diese moralischen Gefühle, »was im ganzen Be-

31 Schopenhauer (2007: 137f.). »Die vermeintliche Rechtlosigkeit der Thiere, der Wahn, daß unser Handeln gegen sie ohne moralische Bedeutung sei, oder, wie es in der Sprache jener Moral heißt, daß es gegen Thiere keine Pflichten gebe, ist geradezu eine empörende Rohheit und Barbarei des Occidents.« Diese Stelle zitiert Boyle (2012).

32 Schopenhauer (2007: 114).

33 Schopenhauer (2007: vgl. 138).

34 Schopenhauer (2007: 141).

35 Schopenhauer (2007: 140). Nur Johannes der Täufer tritt für Schopenhauer »ganz in der Weise eines Indischen Saniassi's« auf.

36 Tugendhat (2001: 211); Ders. (2006, 27f.).

37 Tugendhat (1992: 322).

38 Schopenhauer (2007: 163).

reich der Affekte einzigartig ist«, »*geteilte Gefühle*«[39] sind, weil sie die Zugehörigkeit zu einer homogenen Gemeinschaft ausdrücken, zu der Tiere aber nicht zwangsläufig gehören. Darin unterscheiden sich offenbar Mitleid und Scham: *Mitleid muss nicht ein geteiltes Gefühl sein, Scham, weil es um das Ethos, die Identität einer moralfähigen Gemeinschaft geht, immer.*[40]

Mühe bereitet Tugendhat zu erklären, warum es überhaupt dazu kommt, Mitleid nicht nur für Menschen zu empfinden, sondern auch für nichtmenschliche Wesen. Richtig ist: Die Betroffenheit durch das Leiden nichtmenschlicher Lebewesen kann nicht erzwungen werden. Auch Beschämungspraktiken können ins Leere laufen. In dieser Frage sind Theorien im Vorteil, die durch eine *Metaphysik des Willens* wie die von Schophenhauer, *Ontologien des (fühlenden) Lebens* oder *Schöpfungstheologien*, die mit Wertungen arbeiten, eine starke Verbundenheit zwischen Mensch und Tier (Pflanze, anorganischer Materie) schon immer unterstellen und Raum für eine Ansprechbarkeit bieten. Hier kommt eine autonome Begründung der Moral an ihre natürliche Grenze. Tugendhat müsste letztlich das kantische Argument zu Hilfe nehmen, Mitleidlosigkeit gegen Tiere unterminiere die Motivation, Mitleid und Gerechtigkeit im interpersonalen Verkehr, die wir voneinander fordern können, auszuführen. *Der mitleidsvolle Umgang mit Tieren besitzt dann einen pädagogischen Wert, auch wenn Tiere keine im strikten Sinne moralischen Wesen sind.*

Wolf, die in Fragen der autonomen Begründung von Moral nicht ganz so strikt wie ihr Lehrer Tugendhat argumentiert, wendet gegen ihn ein, der ›launische Affekt‹ Mitleid könne sich zu einer Haltung oder Einstellung verstetigen. Diese Einstellung oder Haltung lasse dann durchaus auch Abstufungen zu: »Wer eine Einstellung ausgedehnten Mitleids hat, könnte gleichzeitig die Einstellung haben, dass Menschen ungleich viel wichtiger sind als Tiere, mit der Folge, dass die Moral gegenüber Tieren ein geringeres Gewicht hätte.«[41] Aber: Es ist nicht zwingend, Mitleid mit Tieren zu haben. Und Wolf erwägt keine Strategien, für Mitleid zu sensibilisieren, um dann in einem zweiten Schritt eine Haltung einzuleiben.

Martha C. Nussbaum[42], in der Tierschützerszene eine neue Heilige, zieht zunächst – hier könnte Tugendhat ihr Gegner sein – gegen Autoren zu Felde, die aufgrund von Rationalitätsstandards und autonomen Begründungsavancen von Moral keinen Raum lassen für Affekte wie Mitleid und Fürsorge. Rekurrierend auf Mitleid und Fürsorge plädiert sie für eine Gerechtigkeitstheo-

39 Tugendhat (2001: 211).

40 Für Tugendhat kann es in Fragen der moralischen Scham, die sich auf das bezieht, was man voneinander fordern darf, keine falsche Scham geben.

41 Wolf (2012: 63).

42 Nussbaum (2010).

rie[43], die den Begriff der Gerechtigkeit auf substantielle Aspekte hin befragt und Rechte auf die Fähigkeiten (capability approach) bezieht, die Individuen, auch tierischen Individuen und Pflanzen zukommen. In jeder neuen Veröffentlichung verändert Nussbaum allerdings die Liste der als normativ ausgegebenen (menschlichen) Fähigkeiten, und das nicht zufällig, weil die (aristotelische) Frage nach dem guten Leben kulturell variiert. Angewandt auf die Tierwelt plädiert Nussbaum dafür, Tieren grundsätzlich ein Gedeihen zur Realisierung ihrer Würde[44] zu ermöglichen. Tierethik gehört also in die Gerechtigkeitsdebatte. Nach Nussbaum ist es Aufgabe der Politik, jenen Rahmen zu schaffen, in dem eine Kooperation zwischen Tieren und Menschen gelingt, indem beiden Seiten die Grundbedingungen ihres je eigenen Wohls garantiert werden. Engagiert will Nussbaum *Die Grenzen der Gerechtigkeit, Behinderung, Nationalität, Spezieszugehörigkeit*[45] einreißen. Sie nimmt dabei billigend in Kauf, gegen Rationalitätsstandards zu verstoßen.

Unter dem Stichwort der *pathozentrischen Ethik* wird üblicherweise der Utilitarismus, der seit Jeremy Bentham schon immer sehr sensibel auf die tierethischen Fragen reagiert hat, verrechnet. Der aktuell bekannteste und umstrittenste Utilitarist Peter Singer argumentiert gegen eine herausgehobene Stellung des Menschen und taufte diese Form als Erster als *Speziesismus*. Diese Wortschöpfung, die auch phonetisch an Rassismus und Sexismus erinnert, ist eine philosophische Kampfvokabel, die erfolgreiche Schlachten geschlagen hat. In knapper Form stellt Singer sein Projekt in seinem Bestseller *Animal Liberation* vor.[46] Die utilitaristische Moral ist bekanntlich durch ein Ziel definiert, das sich vereinfachend gesagt, darstellt als Vermeidung von Schmerz und Leid und Stärkung von Glück (in späteren Texten spricht Singer von Interessenbefriedigung) und Lust. Diese Zielbestimmung wird allerdings ein

43 In einem neuen Text spricht sie auch von einem »Jenseits von ›Mitleid und Menschlichkeit‹«, Nussbaum (2014).

44 Nussbaum (2010).

45 Nussbaum (2010). Bei Nussbaum - und auch bei Singer - wird daraus zum Teil ein Erlösungsfuror, wenn sie von einem Paradies träumt, in dem die Raubtiere mit Fleischersatz gefüttert werden und ihr Jagdtrieb durch geeignetes Spielzeug umgewidmet wird. Ihre Argumente hat sie jetzt nochmals geordnet in Nussbaum (2014b: 210-245). Zu vergleichbaren Ansichten kommen Autorinnen und Autoren, die an Rawls *Kontraktualismus* andocken. Nach Regan (1984) muss das von Rawls in die Debatte eingebrachte Gerechtigkeitsprinzip auf alle Individuen ausgedehnt werden, die einen *inhärenten Wert* besitzen. Wenn ich recht sehe, ist bei Regan damit mehr gemeint als ein blinder Lebensdrang, vielmehr die Möglichkeit, sich zu seiner eigenen Lebendigkeit sorgend zu verhalten. Wenn dem aber so ist, dann müsste sich das menschliche Verhalten nicht nur auf die *negativen* Pflichten als Abwendung von Schmerz oder Leiden bei Tieren richten, sondern auch auf die Gewährung von Wohlbefinden, das mehr beinhaltet als die Abwehr von Leiden. Vgl. Jean-Claude Wolf (2005).

46 Singer (1980).

Stück weit entkoppelt vom individuellen Glück, Ziel ist vielmehr eine *Verringerung des Gesamtleidens* und entsprechend eine *Vergrößerung des Gesamtglücks oder eine Vergrößerung der Gesamtlust.*

»Individuen werden nur als Träger von Lust und Interessen angesehen; sie stellen nicht eine Grenze für das Handeln dar, sondern können dem Gesamtnutzen geopfert werden«, so die (übliche) Kritik von Ursula Wolf.[47] Schwierig zu bewerten ist die Frage, wie man die Rede vom Gesamtglück, wenn es denn mehr sein soll als Leidensminimierung, deuten muss.[48] Positiv spricht für den Utilitarismus: Der Rekurs auf die empirische Eigenschaft der Schmerzempfindlichkeit spannt eine Brücke zwischen Mensch und Tier, die allerdings, zumindest auf den ersten Blick, keine Zugangsmöglichkeit zu den Pflanzen erlaubt.

Zu Recht oft kritisiert wird Singers Entkoppelung des Personbegriffs von der Spezies Mensch[49], mit der Folge, dass etwa Säuglingen und Dementen nicht, Menschenaffen sehr wohl Personenstatus zuerkannt wird. Abgesehen von der Provokation erfüllt der Personbegriff, wie Singer ihn füllt, nicht die notwendigen Bedingungen, um ernsthaft von einer moralischen Person bei Menschenaffen sprechen zu können. Durch die Forschungen, die etwa Michael Tomasello vorangetrieben hat, darf dieser Versuch als überholt gelten. Clemens Wustmans zeigt scharfsinnig, wie gegen den ersten Anschein die Ethik von Singer anthroporelational konzipiert ist. »Auch Singer stellt in seinem Konzept keine tatsächliche Überwindung eines anthropozentrischen Blicks auf die Welt her; Referenzpunkt seiner Überlegungen bleibt zu jedem Zeitpunkt ein nicht immer ausdrücklich erwähntes, jedoch stets im Hintergrund vorhandenes Konstrukt des ›Normalmenschen‹. Der gesunde, erwachsene, denk- und sprachfähige Mensch ist in jedem Fall Person. Bei allen weiteren Lebewesen – ob Gorilla, Säugling oder geistig behinderten Menschen – entscheidet die Nähe zu diesem ›Normalmenschen‹ bzw. das Maß der Übereinstimmung an Fähigkeiten darüber, ob sie als Person gelten können. Tierethisch betrachtet bedeutet dies ja gerade kein Ernstnehmen des Tieres *sui generis*; Personenstatus wird nur den Tieren zugesprochen, die dem Menschen und der bei ihm ausgeprägten Form von Intelligenz möglichst ähneln.«[50]

Für einen *multikriteriellen Ansatz*, der vor allem Schopenhauer und Tugendhat zusammendenkt, plädiert Ursula Wolf, um auch die Bandbreite der

47 Wolf (2012: 36f.).

48 In einer neueren Studie von Peter Singer lautet der Titel: *Effektiver Altruismus* (2016). Mitleid und Rationalität sollen jetzt neu aufeinander bezogen werden. Peter Singer gelingt es in diesem Text deutlich besser, die Probleme des Mitleidsbegriffs zu benennen. Gerechtigkeit wird eingebettet in eine Theorie privater Umverteilung.

49 Singer (2013).

50 Wustmans (2015: 43; vgl 172f.); vgl. Baranzke (2012a).

Kontexte (Haustiere, Nutztiere, Tiere in freier Wildbahn, Stufen der Leidensfähigkeit von Tieren etc.) auszuleuchten. Inhaltlich geht es Wolf positiv um das »Wohlbefinden eines jeden fühlenden Wesens«[51]. Unter dem Begriff des fühlenden Wesens werden Personen und Tiere versammelt: »Dass wir Personen ein bewusstes Streben nach einem über die Zeit hinweg insgesamt guten (glücklichen) Leben und Tieren ein faktisches Streben nach einem zeitübergreifenden Wohlbefinden zuschreiben, ist eine notwendige Bedingung des Verstehens unserer selbst und der anderen fühlenden Wesen. Hingegen sind Annahmen [...], wonach wir als Wesen mit Vernunft oder moralischer Autonomie einen besonderen Wert haben, nicht auf ähnliche Weise zwingend. Zwar ist auch das Wohlbefinden ein Wert, aber nur subjektiv für jedes Wesen, das nach ihm strebt. Behauptet wird also, dass wir das Leben fühlender Wesen nur als eines auffassen können, das auf sein Gut oder Telos, auf sein überzeitliches Wohlbefinden ausgerichtet ist, und weiter, dass wir und die anderen fühlenden Wesen folglich als das, was sie sind, nur angemessen behandelt werden, wenn man diese ihre Verfasstheit in allen Dimensionen beachtet.«[52] Pflanzen fallen, hier geht Wolf eine wahrscheinlich ungeliebte Koalition mit dem Utilitarismus ein, aus dieser Sicht ganz heraus, weil sie, so das *dictum*, ohne Nerven und Muskeln nicht leiden können.[53]

Die nicht kleine Stärke des Ansatzes von Ursula Wolf besteht darin, in Anwendungsfragen durch eine genaue Güterabwägung zu nachvollziehbaren moralischen Urteilen zu kommen: Massentierhaltung, die offenbar individuelles Leiden verursacht, kann nicht geduldet werden; einen Zoo darf es nur geben, wenn die Tiere in Großgehegen genügend Auslauf haben; der Stierkampf ist bitteschön abzuschaffen; Tiere im Zirkus, die durch Kunststückchen zu Leid verführt werden, haben dort keinen Platz; Hetzjagden, die Angst verursachen, sind zu verbieten; Fleischkonsum ist nur moralisch akzeptabel, wenn die Tiere angstfrei sterben; Tierversuche sind nur im äußersten Notfall tolerabel, etwa dann, wenn die Tiere unter Narkose keine Schmerzen verspüren.

Bei Wolf eher vorsichtig, bei Nussbaum sehr forciert, wird das Korsett einer strikt autonomen Begründung der Moral aufgebrochen, um für Affekte wie Mitleid und Fürsorge für nicht-menschliche Lebewesen Raum zu schaffen. Die Stärke dieser Ethiken besteht darin, das Individualleiden von Tieren ins Zentrum zu setzen. Hier taucht eine Verwandtschaft von Mitleid und Scham auf: Mitleid und Scham empfinden viele Menschen vor dem Blick einer individuellen malträtierten Kreatur. Viele, aber eben nicht alle. Wie verläuft die Grenze?

51 Wolf (2012: 112).

52 Wolf (2012: 11f.).

53 Vgl. dagegen Kummer (2013).

3. Sphärenerweiterung II

Mit der Konzentration auf das »Wohlbefinden fühlender Wesen« wird ethisch eine Beschränkung vorgenommen, die, zumindest auf den ersten Blick, nicht schlüssig ist. Biozentrische und ökozentrische Ansätze erweitern den Radius. Albert Schweitzer hat diese Beschränkung aufgegeben und eine Melange aus Schopenhauer, Nietzsche und Paulus vorgelegt. Von Schopenhauer leiht er sich den Willensbegriff und das Mitleidsmotiv, und Nietzsches Rede von der Lebensbejahung wird umgewidmet zu einer liebenden Lebensbejahung im Kontext anderen Lebens[54]: »Ich bin Leben, das leben will, inmitten von Leben, das leben will.«[55] Bei Schweitzer wird aus dieser Melange eine kosmische Ethik der Verbundenheit: »Das denknotwendige, einen Inhalt habende, sich mit der Wirklichkeit stetig, lebendig und sachlich auseinandersetzende Grundprinzip des Ethischen lautet: Hingebung an Leben aus Ehrfurcht vor dem Leben. [...] Ethik entsteht dadurch, daß ich die Weltbejahung, die mit der Lebensbejahung in meinem Willen zum Leben natürlich gegeben ist, zu Ende denke und zu verwirklichen versuche.«[56]

Über den Begriff des Lebenswillens soll eine Analogie zur Umwelt hergestellt werden: »Das Wesen der Erscheinungen erkenne ich nicht, sondern ich erfasse es in Analogie zu dem Willen zum Leben, der in mir ist. So wird mir das Wissen von der Welt zum Erleben der Welt. Das zum Erleben werdende Erkennen läßt mich der Welt gegenüber nicht als rein erkennendes Subjekt verharren, sondern drängt mir ein innerliches Verhalten zu ihr auf. Es erfüllt mich mit Ehrfurcht vor dem geheimnisvollen Willen zum Leben. Indem es mich denkend und staunend macht, führt es mich immer höher hinan auf die Höhen der Ehrfurcht vor dem Leben. [...] Ethik ist ins Grenzenlose erweiterte Verantwortung gegen alles, was lebt.«[57] Äußerst vage und inhaltsleer bleibt freilich der Lebensbegriff, und burschikos wird die Dichotomie von Gut und Böse beschreibbar: »Gut ist, Leben erhalten und Leben fördern; böse ist, Leben vernichten und Leben hemmen.«[58]

Im Hintergrund dieser Ethik steht, wie Schweitzer an anderer Stelle deutlich macht[59], eine paulinische Christusmystik, gemeint ist damit, der Mensch müsse sich ganz in die Obhut des Geistes Christi geben, der sich in jeder Liebeshand-

54 Konzise fasst Rohls (1999: 578-580) die Intuition Schweitzers zusammen.

55 Schweitzer (2007: 308).

56 Schweitzer (2007: 305, 306).

57 Schweitzer (2007: 307, 309).

58 Schweitzer (2007: 308).

59 Schweitzer (1981).

lung manifestiere.[60] Problematisch ist diese Ethik deshalb, weil sie kaum handlungsfähig ist und nahezu zwangsläufig in Dilemmatasituationen gerät; denn wenn »das Leben als solches [...] heilig«[61] ist, wird auch der Arzt, der Bakterien zu Leibe rückt, zu jemandem, der Böses tut.[62] Eine tiefe Melancholie oder Resignation haust auf dem Boden der Ethik Albert Schweitzers. Jede Ameise wird zum Stolperstein.[63] Aber für die Neujustierung der Wirklichkeitswahrnehmung in tierethischen und umweltethischen Fragen ist der Ansatz von Schweitzer unverzichtbar.[64]

In einer bemerkenswerten Studie hat Heike Baranzke die Ethik Schweitzers im Kontext von Kant, Goethe, Nietzsche und Magnus Schwantje – einem radikalen Tierschützer, Pazifisten und Gründer eines »Bundes für radikale Ethik«, der mutmaßlich noch vor Schweitzer die Formel *Ehrfurcht vor dem Leben* prägte – profiliert und vom »Begriff der ›Ehrfurcht‹ her Ansatzpunkte für eine Erschließung von Schweitzers Ehrfurchtsethik« gewonnen.[65] Damit wendet Baranzke den Blick vom Objekt der Verantwortung und damit dem Gegenstandsbereich der Ethik Schweitzers, die sogar noch den Biozentrismus transzendieren will, indem auch die Materie, sogar Schneeflocken in den Blick treten, hin zum Subjekt der Verantwortung. Baranzke präsentiert Schweitzer als Sensibilisierungskönner. »Ehrfurcht ist ein haltungsethischer Begriff, der das Verantwortungssubjekt gegenüber der leidenden Welt in die richtige Haltung bringt, nämlich für die Übernahme tätiger Verantwortung motiviert zu sein. [...] Als affektive, motivationale Ausrichtung des Handlungssubjekts auf die Welt, das – gemäß dem Schweitzerischen Credo, dass der Individualethik der Primat vor der Sozialethik zukommt – zur individuellen Wahrnehmung von Verantwortung und Verantwortungssituationen fördern soll, ist Ehrfurcht kein Begründungsprinzip für die Ethik, sondern ein moralpsychologisches Sensibilisierungsprinzip zur Bildung von Verantwortungsbereitschaft.«[66]

60 Vom Gestus her berührt sich Nussbaum (2014b) mit diesem Ansatz.

61 Schweitzer (2007: 309).

62 Auch Schweitzers Text (2006) bleibt seltsam vage.

63 Dazu kritisch: Luy/Hildebrandt (2003: 1026).

64 Siehe dazu Körtner (1988: 329-348). Körtner (2015a: 600) wendet ein, die absolute Ethik Schweitzers biete »keine Maßstäbe zur Lösung des ethischen Konflikts im Einzelfall. Schweitzers Ethik der Ehrfurcht vor dem Leben stößt nicht auf den ethischen Konflikt als Grenzsituation, sondern institutionalisiert ihn als Dauerkonflikt, der es mir gegen Schweitzers erklärte Absicht ermöglicht, mich von ethischen Maßstäben grundsätzlich zu dispensieren. [...] Als ethisches Prinzip kann die Ehrfurcht vor dem Leben offenbar nur dann dienen, wenn sie nicht als Prinzip einer absoluten Ethik, sondern entgegen Schweitzers Überzeugung als Prinzip einer relativen Ethik interpretiert wird.« Vgl. Hauskeller (2006); Gorke (2006: 259-278); Kreß (2006: 112-146), der Schweitzer im Kontext von Wahrheitstheorien platziert.

65 Baranzke (2012b: 8).

66 Baranzke (2012b: 25).

Die viel gelesene Ethik von Hans Jonas erweist sich im Unterschied zur Ethik Schweitzers als anwendungstauglich. Mit seinem Opus magnum *Das Prinzip Verantwortung*[67] setzt sich Hans Jonas bereits im Titel ganz bewusst ab von Blochs *Prinzip Hoffnung*, weil neue technologische Möglichkeiten das Überleben der Menschheit in Frage stellen. Wie, so die Jonas zentral beschäftigende Frage, lässt sich die Macht des Menschen, die zum ersten Mal in der Geschichte der Menschheit dazu in der Lage ist, die Gattung des Menschen zu zerstören, binden? »Der endgültig entfesselte Prometheus, dem die Wissenschaft nie gekannte Kräfte und die Wirtschaft den rastlosen Antrieb gibt, ruft nach einer Ethik, die durch freiwillige Zügel seine Macht davor zurückhält, dem Menschen zum Unheil zu werden. Dass die Verheißung der modernen Technik in Drohung umgeschlagen ist, oder diese sich mit jener unlösbar verbunden hat, bildet die Ausgangsthese des Buches.«[68]

Jonas prägt für die neue Situation die wirkmächtige Formel: »Heuristik der Furcht«. Sein häufig zitierter kategorischer Imperativ lautet: »*Handle so, dass die Handlungen verträglich sind mit der Permanenz des Lebens auf der Erde.*«[69] Verschärft wird der Imperativ, wenn Jonas fordert, immer von der schlechtesten Prognose auszugehen, »in dubio pro malo«, freilich bezogen immer nur auf Fragen dramatischer Entscheidungsdimensionen, die den Gattungserhalt betreffen. »Ein Moralprinzip des Kantischen Typs soll in *allen* Situationen Orientierung bieten. Der Anwendungsbereich des Jonasschen Imperativs ist hingegen auf bestimmte Handlungssituationen beschränkt. Nicht jede Handlung beeinflusst ja die Überlebenschancen der Menschheit.«[70]

Dass der Mensch aufgefordert ist, die Natur und die Menschheit zu bewahren, begründet Jonas durch einen gestuften Argumentationsweg: Zunächst versucht er, neo-aristotelisch die intrinsische, also nicht von Menschen zugeschriebene objektive Zweckhaftigkeit der Natur auszuweisen. Diese Zweckhaftigkeit wird als »Gut an sich« bestimmt und schließlich daraus eine Pflicht zur Erhaltung dieses Gutes abgeleitet.[71] Diese naturalistische Variante eines moralischen Realismus wird ergänzt durch den Rekurs auf eine moralische Intuition: Schlüsselsituation für Jonas ist der Blick des Kindes, der Verantwortung einfordert. An dieser Stelle nimmt es Jonas mit allen Theoretikern auf, die auf Metaphysik verzichten und die Warnung vor einem naturalistischen Fehlschluss (vom Sein auf das Sollen zu schließen) wie eine Monstranz vor sich

67 Jonas (1979).

68 Jonas (1979: 7).

69 Jonas (1979: 36).

70 Werner (2003: 43).

71 Jonas (1979: 130ff.); dazu Werner (2003: 47).

hertragen: »Das elementare ›Soll‹ im ›Ist‹ des Neugeborenen« – lautet die zentrale These.[72] Jeder, dem diese Situation sofort intuitiv einleuchtet, verabschiedet das Dogma der Trennung von Sein und Sollen.

In eine Bredouille gerät ein neoaristotelischer Ansatz freilich immer, weil die »moderne Evolutionstheorie den Gedanken einer universalen Teleologie klar« ausschließt.[73] Von dieser Kritik am Naturalismus ist der Intuitionismus ausgenommen. Wenn ich recht sehe, ist es die Vulnerabilität der Natur und der Natur des Menschen, die dazu aufruft, die eigene Selbsterhaltung in den Dienst einer Fürsorge für den anderen zu stellen. Asymmetrisch geht die Verpflichtung vom Anderen aus: »Verantwortung ist die als Pflicht anerkannte Sorge um ein anderes Sein, die bei der Bedrohung seiner Verletzlichkeit zur ›Besorgnis‹ wird.«[74]

Einen gegenwartsaffinen Physiozentrismus schlägt Ludwig Siep vor, indem er die antike Kosmosvorstellung konsequent umformt. Sein Naturbegriff »ist ein abgeschwächter Begriff der Natur als Kosmos, wie er sich als Erbe metaphysischer Tradition unserem Bewußtsein bei aller Entwicklung von Technik und Wissenschaft erhalten hat: Die Natur wird vorgestellt als gemeinsamer Lebensbereich einer großen Vielfalt von Arten und Individuen, die sich ihrer Art gemäß entwickeln und trotz aller Konflikte in einer Art von wechselseitiger Toleranz zusammen existieren können. [...] Ein solcher Zustand des Gedeihens einer miteinander verträglichen Mannigfaltigkeit von Arten und Individuen wird als positiver Wert und als Ziel menschlichen Handelns betrachtet. Diese ›Ordnungsvorstellung‹ ist eine transformierende Adaption der griechischen Kosmos- und der christlichen Schöpfungsvorstellung.«[75] Sieps umgewidmete Kosmosvorstellung kennt vier Hauptstufen, die Verhaltensnormen zum Umgang mit den Individuen, Arten und Gegenständen aufruft: 1. Auf der Stufe des Unbelebten »bedeutet Berücksichtigung vorhandener Eigenstrukturen« (29), Zerstörung zu vermeiden und produktiv mit den vorfindlichen Strukturen umzugehen. 2. Auf der zweiten Stufe geht es um das Verhalten gegenüber »der lebendigen Natur, deren Individuen aber noch nicht selbstkontrolliert nach dem eigenen Wohl streben«, hier »verlangt der angemessene Umgang Rücksicht auf die Grundzüge der Natürlichkeit überhaupt und gedeihliche Entwicklung beim Individuum.« (29) Mit dem diskursleiten-

72 Jonas (1979: 234).

73 Körtner (2015a: 595).

74 Jonas (1979: 391); vgl. auch Meyer-Abich (1990). Eugen Drewermann (1981) plädiert für eine Ehrfurcht vor dem Lebenskreislauf. Drewermann zeigt sich vom Naturumgang indianischer und indigener Völker begeistert und kann sich sakrale Demuts- und Gebetspraktiken vor der Jagd vorstellen.

75 Siep (1998: 16-36, hier: 27f.). Alle folgenden Zitate beziehen sich auf diesen Text.

den Begriff des Gedeihens will Siep zusätzlich eine »biologisch-funktionale Komponente« (30) mit abdecken. 3. Auf der dritten Stufe verortet Siep das Lebendige, das nach Wohl strebt und Leid vermeiden will. »Selbsterhaltung, artgemäßes Leben, Gedeihen und Leidensfreiheit sind Stufen des ›guten Zustandes‹ eines Tieres, den zu erhalten und zu fördern prima facie – d.h. vor der Abwägung gegen andere Güter – intrinsisch ›gut‹ ist.« (30) 4. Auf der höchsten Stufe siedelt Siep die Menschen an, die sich, den Errungenschaften neuzeitlicher Ethik gemäß, kooperativ und sich gegenseitig achtend begegnen. »Die angemessene, gute Behandlung des Menschen als eines Wesens, das zu seinem Gedeihen ein Leben nach eigenen Überzeugungen und Vorstellungen vom Glück braucht, erfordert die Beachtung der gleichen Ansprüche eines jeden auf Erfüllung harmonisierbarer Präferenzen.« (30)[76] Diese Stufung muss nicht immer, wie Siep ergänzt, strikt befolgt werden, vielmehr kommen »Kriterien der ästhetischen Passung« (32) hinzu: Einen hundert Jahre alten Baum opfert man allenfalls ungern seinen Schädlingen.

Wie alle Theorien, die sich am *Wohlergehen der Tiere* orientieren, wird die Engführung der Tierethik auf die Leidensminimierung aufgehoben: »Das Wohlergehen (›good welfare‹) von Tieren kann gestaffelt werden nach Selbsterhaltung, artgemäßem Leben, Gedeihen und Leidensfreiheit.«[77] Zweitens kann Siep eine Verknüpfung von Individualschutz und Artenvielfalt deutlich machen: »Wenn mit Wohlergehen nicht nur ein individuell guter Zustand, sondern auch die Verwirklichung von Arteigenschaften bezeichnet wird, ist die Begründung der Berücksichtigung des Wohlergehens in der Ethik argumentativ verknüpft mit Fragen des Artenschutzes und der Artenvielfalt.«[78] Schließlich ist die renovierte Kosmosvorstellung, das ist die große Stärke dieses Entwurfs, mit neueren naturwissenschaftlichen Erkenntnissen kompatibel: »Ein Rückgriff der Bioethik auf evaluative Gesamtvorstellungen der Natur bedeutet keine Rückkehr zur vorneuzeitlichen Teleologie oder zur Physikotheologie, dem Gottesbeweis aus der Zweckmäßigkeit der Natur. Daß die Natur insgesamt eine perfekte Zweckordnung darstelle, wird durch die moderne Naturwissenschaft nicht mehr gestützt. Und für die Annahme eines in der Natur realisierten göttlichen Planes gibt es außerhalb der Offenbarungstheologie auch keine Anhaltspunkte mehr. Natur […] kann als der Raum einer zumindest temporär möglichen Wohlordnung für den Menschen und seine nicht von ihm konstruierten ›Mitspieler‹ verstanden werden.« (33)

76 Siep (1998: 30) ergänzt: Weil der Mensch auch ein Stück Natur ist, müssen die Kriterien der Stufen 2 und 3 auch auf ihn Anwendung finden, »(v)or allem dann, wenn wir es mit unbewußtem oder nicht bewußtseinsfähigem menschlichen Leben zu tun haben.« (30)

77 Kallhoff/Siep (2003: 419).

78 Kallhoff/Siep (2003: 419).

In einer denkstarken Dissertation, die in der Denk-Atmosphäre ihres Doktorvaters Ludwig Siep angesiedelt ist, entwirft Angela Kallhoff »Prinzipien der Pflanzenethik«[79]. Damit tritt zum ersten Mal in der Wissensgesellschaft eine ausgereifte Pflanzenethik in den Fokus der Aufmerksamkeit. Hatte Siep noch geargwöhnt: »Von Selbstgefühl und Selbstsorge der Pflanzen kann dagegen vermutlich keine Rede sein« (31), setzt Kallhoff genau an dieser Stelle an und korrigiert die Intuition in zwei Schritten. In einem ersten Schritt beschreibt Kallhoff im Rekurs auf botanische Forschung, die pflanzliches Leben »als Wechselwirkung zwischen lebendem Organismus und Umwelteinwirkungen analysiert« (15), kausale Komponenten des pflanzlichen Gedeihens. Das Gedeihen kann also durch Menschen, Tiere und Umweltkrisen abträglich oder förderlich beeinflusst werden. Kallhoff hilft dabei ein tiefer Blick in die Pflanzenstressforschung: »Am Beispiel des Pilzbefalls einer Pflanze wird deutlich, dass Pflanzen über ein Erkennungssystem verfügen. Mittels chemischer Signale werden Störungen registriert und eine Schutzreaktion induziert. Pflanzen haben zwar keine Sinnesorgane, gleichwohl ist die Erkennung von Reizen auf chemischem Wege und eine mittels chemischer Reize induzierte systemische Reaktion möglich.« (43) Das System handelt zwar nicht reflektiert, aber »(e)s ist dem Leben der Pflanze inhärent, das Gedeihen aktiv zu realisieren« (68). Und gegen die übliche Beschwichtigung, wegen fehlender Nervenbahnen könnten Pflanzen nicht leiden, kann Kallhoff auf Stressfaktoren aufmerksam machen, die das Gedeihen und damit die Fähigkeit zu einem guten Leben behindern. Dem Begriff des Gedeihens ist also immer auch eine evaluative Bedeutung beigegeben, er ist ein »wertender Naturbegriff«[80]. Daraus resultiert die Forderung, »das gute Leben eines jeden Lebewesens zu respektieren«. (108)

Kallhoff weist dem Gedeihen und damit dem Wohl der Pflanzen nachdrücklich eine intrinsische Bedeutung zu: »Wenn das Gedeihen von Pflanzen ein Wert ist und eine ethische Beurteilung der Handlungsfolgen als notwendig anerkannt wird, so hat das Gedeihen eine nicht von anderen Sachverhalten ableitbare, intrinsische Bedeutung für moralische Abwägeprozesse.« (125) Mit dem Stichwort Abwägeprozess deutet Kallhoff auch an, dass sie nicht einem moralischen Egalitarismus das Wort redet (ein Problem der Ethik Schweitzers), sondern Abstufungen zulässt, die sich allerdings nicht, wie sie einschränkt, an einem Vergleich der Komplexität der Organismen festmachen lässt, weil die Komplexität pflanzlicher Organismen mit denen anderer Lebewesen nicht vergleichbar ist. Kallhoff fordert zunächst nur »Regeln für eine Respektierung

79 Kallhoff (2002). Die folgenden Zitate entstammen diesem Text. Ein großartiges Leseerlebnis bietet Wohlleben (2015).

80 Siep (1998: 26).

des pflanzlichen Gedeihens.« (129) Dem üblichen Einwand gegenüber, Pflanzen würden moralanaloge Eigenschaften fehlen, weil sie nicht mit uns interagieren können, argumentiert Kallhoff zurückhaltend, plädiert nicht, wie vielleicht zu erwarten, mit berechtigten *Interessen* von Pflanzen, weil anhand dieser allgemeinen Maxime »eine Identifizierung der spezifischen Lebensansprüche von Pflanzen« (132) nicht gelingt. Deshalb schlägt sie vor, im Rekurs auf die kausalen Komponenten des Gedeihens spezifische Lebensprozesse zu berücksichtigen. Kallhoff nennt als Prinzipien der Pflanzenethik die »Schonung und Pflege der kultivierten Natur« (141), die »Erhaltung der Artenvielfalt« (143) und den »Schutz der wilden Natur«. (145) Kallhoff begründet mit der Fähigkeit zum Gedeihen den (quasi-)moralischen Status von Pflanzen. Ihr integrativer Ansatz erlaubt es, Pflanzen als Ressource, als gedeihende Lebewesen und als schöne Natur zu achten. (108)

Überblickt man die inventarisierten Modelle, dann scheint die Rede vom *Biozentrismus* oder vom *Phylozentrismus* letztlich eine semantische Fehlzündung zu sein; denn gezeigt wird jeweils nur, wie der Mensch sphärisch immer umfassender, nämlich global in ethische Prozesse eingespannt wird. Allen Autoren spürt man die Mühe an, Tiere und Pflanzen durch den Begriff des Gedeihens einen Wert zuzusprechen, der intrinisch gut, also nicht abhängig von Zuschreibungsleistungen ist, nur dann können auch Beschämungsprozesse als Widerfahrnisprozesse zünden. Das gelingt dann am elegantesten, wenn Hintergrundtheorien bemüht werden, bei Schweitzer die Christusmystik, bei Siep etwa eine Melange aus temporalisierter Kosmos- und Schöpfungsvorstellung, bei anderen Autoren der Vitalismus der Lebensphilosophie. Oft unausgesprochen arbeiten diese Konzepte mit Sakralisierungsmodellen, die die Verbundenheit zwischen Mensch und Umwelt garantieren. Und nahezu alle Autoren – Jonas hat sich offen dazu bekannt – verabschieden den naturalistischen Fehlschluss; denn nur so wird klar, wie man von der Rede vom Leiden oder Gedeihen der Kreaturen zu einem Verantwortungsimperativ hinüberwechseln kann.

Auch Ernst Tugendhat hat den naturalistischen Fehlschluss vom Faktischen aufs Normative hinterfragt und zu bedenken gegeben, dass dieser Fehlschluss »eine bestimmte Vorstellung von Moral« voraussetzt, eben die Ethik Kants: »das moralische Sollen – nicht das Evaluative generell – hat bei ihm einen transzendenten Sinn, dem zufolge es mit einem natürlichen, auf Sanktionen beruhenden Sinn von Sollsätzen nicht in Verbindung gebracht werden kann.« Die Frage, »woher die Moral kommt«,[81] ist in diesem Kontext eine unberechtigte Frage, nicht für Tugendhat, für den die Moral im Faktischen wurzelt. Aus

81 Tugendhat (2001: 201).

evolutionstheoretischer Sicht sind Tiere (Pflanzen auch) für Tugendhat aber nicht wirklich vollständig kooperationsfähig, für das »Universum der moralischen Achtung«[82] folgt deshalb nicht zwingend, diese Achtung auf die Tiere auszudehnen. Man kann die Ausdehnung des Mitleids und der Verantwortlichkeit auf nicht-moralische Lebewesen nicht autonom begründen. Um diese Sicht plausibel zu machen, bedarf es metaphysischer oder religiöser oder quasireligiöser Hintergrundtheorien. Tugendhat ist fraglos der ehrlichste und konsequenteste Vertreter einer autonomen Moral. Wer anderes will, muss das auch kommunizieren. In einem späten Text zum Thema hat Tugendhat präziser bestimmt, wie eine Erweiterung der nicht-heteronomen Ethik aussehen kann: »Es scheint also zwei Quellen für die Bedeutung der Gleichheit im intersubjektiv Praktischen zu geben, auf der einen Seite diejenige Gleichheit, die sich aus dem Erfordernis wechselseitiger Begründung ergibt, und auf der anderen Seite diejenige Gleichheit, in der einem alle erscheinen, wenn man aus mystischen Motiven von der eigenen Egozentrizität zurücktritt. Man wird diese zweite Möglichkeit einer gleichen und universalen Erweiterung des Mitgefühls als eine ethische und nicht mehr als eine moralische bezeichnen wollen, wenn man Moral als ein System wechselseitiger Forderungen versteht. Es handelt sich um das, was man in der Tradition innerhalb des Moralischen als das Supererogatorische bezeichnet hat und das ja tatsächlich auf eine religiös-mystische Wurzel zurückgeht, nämlich auf die Unterscheidung, die Jesus zwischen der Moral der Gebote machte und dem, was er als Reich Gottes bezeichnete (Matth. 19,6).«[83] »Herzensgüte«, so der überzeugende Schlussatz, ist nicht »ein Gegenstand von Forderungen«, aber doch »ein Gegenstand der Bewunderung«[84]. Taugt die Bibel als Sensibilisierungsmaschine?

4. Biblische Befunde und theologische Tier- und Umweltethiken

Durchmustert man die zum Teil auch heterogenen Ansätze, die das Alte Testament zur Beschreibung der Mensch-Umwelt-Beziehung bereithält[85], dann ist es immer der Mensch, der dem Tier (und der Natur) gegenüber eine Schutz- oder Mandatsfunktion ausübt. Favorisiert die erste Schöpfungserzählung ein

82 Tugendhat (1993: 189).

83 Tugendhat (2006: 30); dazu ausführlich Tugendhat (2003).

84 Tugendhat (2006: 30); vgl. Wolf (2006: 77-90); vgl. Pfannkuche (2006: 182), der den Ansatz von Tugendhat so zusammenfasst: »Ein System wechselseitiger Forderungen ist nur dann autonom begründet, wenn in der Begründung der Forderungen oder Regeln die Interessen aller gleich wichtig genommen werden. [...] Das Prinzip der autonomen Moral ist: Berücksichtige die Interessen aller als gleich wichtig!«

85 Janowski (1993); Liedke (1993); Keel (1993); Bartelmus (1993); Ders. (2005).

Verantwortungsmodell, so tendiert die zweite zum Fürsorgemodell. Ps 8, der den Menschen als »wenig niedriger gemacht denn Gott, und mit Ehre und Schmuck hast du ihn gekrönt« (8,6) vorstellt, scheint doch eher dem Herrschaftsmodell in Verantwortung zugeneigt, während Ps 104 ein Harmoniemodell einfordert. Vor allem aber der Noahbund, der alle Lebewesen einschließt, installiert ein Respektmodell, das willkürliches Blutvergießen untersagt und vom Menschen verlangt, nur ausgeblutetes Fleisch zu essen, weil die Aufnahme von Blut bedeuten würde, Leben in sich aufzunehmen. In dieser Lesart fordert der Noahbund (Gen 9,8-17) bereits eine gewisse Ehrfurcht vor dem Leben, erlaubt aber ausdrücklich den Verzehr von Tieren.[86] In Prov 3,19ff. werden Tier und Mensch der gleiche Lebensodem zuerkannt, in Prov 12,10 schließlich heißt es: »Der gemeinschaftstreue Mensch kümmert sich um sein Vieh, das Innere von gemeinschaftsuntreuen Menschen ist mitleidlos«. Echte Menschlichkeit zeigt sich, so die Pointe, im Verhalten auch gegenüber Tieren. Als Weg zur Weisheit wird ein Blick auf die Ameise angemahnt: »Geh hin zur Ameise, du Fauler, sieh ihre Wege an und werde weise.« (Prov 6,6) Der Alttestamentler Jürgen Ebach, der den Vegetarismus sprachspielend als »vorsintflutlich«[87] verabschiedet, kommt zu einem eindeutigen Schluss: »Tierethik – so mein alttestamentliches Fazit – ist anthropologische Ethik, ist ein Gebot der Menschlichkeit.«[88] Auch die vorsintflutliche Idee einer ursprünglichen vege-

86 Klaus-Peter Jörns (2004: 247), der in diesen Fragen hellsichtig argumentiert, fasst die Schöpfungstheologie unter dem Stichwort einer »Pastoralanthropologie« zusammen: »(D)ie ›Sonderstellung‹ des Menschen ist allein mit der ungeheuren Aufgabe verbunden, die Lebensbeziehungen in der Schöpfung Gottes, in die die Menschen selbst hineingehören, zu fördern und zu bewahren – und zwar zugunsten aller: der Tiere, Pflanzen und Menschen und schließlich auch Gottes.« Von Jörns stammen auch Vorschläge für eine Liturgie zur Beerdigung von Haustieren. Siehe dazu auch Halter (2005: 229-242, 239); Moltmann (2014: 216-226).

87 Ebach (2012: 15).

88 Ebach (2012: 17). Neutestamentlich lässt sich auch keine Korrektur anbringen, weil der heilende Jesus während eines Exorzismus die Dämonen in die Schweine jagen lässt, Lk 8,31. Auch wenn man erinnert, dass der gewitzte Autor des Lukasevangeliums sprachspielend Dämon und Legion verschränkt und wahrscheinlich auf das Wappentier einer Legion der römischen Armee, die in der Nähe unter Waffen stand, einen Eber, anspielt, lässt sich Jesus nicht zum Retter der Tiere stilisieren. Auch folgender apokrypher Text demonstriert nur die Empfindsamkeit Jesu und illustriert Prov 12,10.: »Und es begab sich, daß der Herr auszog aus der Stadt und ging über das Gebirge mit seinen Jüngern. Und sie kamen an einen Berg, dessen Straße war steil. Allda fanden sie einen Mann mit einem Esel. Das Tier aber war niedergestürzt, denn er hatte es überladen, und er schlug es, dass es blutete. Und Jesus trat zu ihm und sprach: Mensch! Was schlägst du dein Tier? Siehst du nicht, daß es Schmerzen leidet? Der Mann aber antwortete: Was geht es Euch an? Ich darf es schlagen, soviel es mir gefällt. Denn es ist mein Eigentum, und ich habe es gekauft um ein gutes Stück Geld. Frage die Leute, die bei dir sind! Denn sie kennen mich und wissen davon. Und einige von den Jüngern sprachen: Ja, Herr; es ist so, wie er sagt. Wir haben gesehen, wie er es gekauft hat. Aber der Herr sprach weiter: Sehet denn nicht auch ihr, wie es blutet, und höret denn nicht auch ihr, wie es jammert und schreit? Sie aber antworteten und sprachen: Nein, Herr, daß es

tarischen Kultur (Gen 1,29f.), auf die sich diejenigen Menschen, die mit biblischen Texten noch vertraut sind, gerne berufen, begegnet Körtner: »(D)ie Vorstellung eines vegetarischen Urzustandes der Tier- wie Menschenwelt ist evolutionsgeschichtlich unhaltbar.«[89]

Pflanzen bekommen zwar einen eigenen Schöpfungstag zugesprochen (Gen 1,11), erhalten aber keinen expliziten Segen wie die Tiere. Dafür rahmt das Gartenmotiv die Erschaffung und die Neuerschaffung (Apk 21,1f.; 22,1f.), denn auf der neuen Erde wachsen an den Ufern des Flusses Bäume des Lebens, die zwölfmal im Jahr Früchte tragen. Auch in den Lobpreis Gottes werden die Pflanzen ausdrücklich einbezogen (Ps 148), Bäume dienen als Metaphernspender für den Frommen (Ps 1), und Mt 6,28ff. erinnert daran, wie prächtig Gott die Lilien kleide, ein Hoffnungsbild für die Fürsorge Gottes.

Dem Außendruck geschuldet, nehmen avancierte Entwürfe zu einer Tier- und Umweltethik innerhalb der protestantischen Theologie merklich zu. Vier Ansätze will ich kurz inventarisieren. Reiner Anselm ist ein Meister der radikalen Umformungsprozesse im Protestantismus, der auf eine insulare theologische Wissenschaftssprache nahezu vollständig verzichtet und den metaphysischen Hitzegrad angenehm herunterkühlt. Nachdrücklich erinnert Reiner Anselm in einem konzisen Essay daran, dass die zum geflügelten Wort aufgestiegene Rede von der Bewahrung der Schöpfung eine »spezifisch moderne Umbildung christlicher Lehrgehalte«[90] darstellt, denn die biblischen Texte beziehen die Rede vom ›Bebauen und Bewahren‹ auf die »Pflege des Gartens Eden, oder, so die dem hebräischen Text wohl angemessene Interpretation, des Erdbodens.« (228) Die Rede von der *Bewahrung der Schöpfung* ist nach Anselm in der Moderne angemessen nicht mehr in der Gotteslehre zu verhandeln: »Was zuvor als Metaphysik in der Dogmatik thematisch wurde, wird nun im Medium der Ethik verhandelt« und ist »Ausdruck eines modernen Lebensgefühls.« (228) Für Anselm rückt »die Egalität aller Menschen als Geschöpfe« in den Fokus: »Eine als Schöpfung beschriebene Welt enthält dabei immer schon eine normative Aussage, nämlich Andere als gleichberechtigte Geschöpfe gleich zu behandeln.« (228) Nachdrücklich votiert Anselm dafür, die in der Formel

jammert und schreit, hören wir nicht. Jesus aber ward traurig und rief: Wehe euch, daß ihr nicht hört, wie es schreit und klagt zum himmlischen Schöpfer um Erbarmen, dreimal wehe aber dem, über welchen es jammert und schreit! Und er trat herzu und rührte es an. Und das Tier stand auf und seine Wunden waren heil. Zu dem Manne aber sprach Jesus: Nun treibe weiter; und schlage es hinfort nicht mehr, auf daß du auch Erbarmen findest.« Zitiert nach Kunzmann (2005: 100). Kunzmann spricht ganz apodiktisch vom »heilstheologischen Nerv des Christentums«: »Das Christentum dreht sich um den Menschen: Schöpfung, Erlösung, Vollendung sind für ihn bestimmt.« (95)

89 Körtner (2015a: 611).

90 Anselm (2014a: 229). Folgende Angaben beziehen sich auf diesen Text.

von der Bewahrung der Schöpfung eingesickerten kosmologischen oder naturrechtlichen Elemente zu entfernen: »Denn in den Vorstellungen von der Natur als wohlgeordnetem Kosmos, die so sehr das abendländische Denken geprägt haben, ist eigentlich kein Raum für Ethik, weil es keinen Raum für Freiheit gibt.« (233) Nicht nur neuere exegetische Forschung zur Schöpfungstheologie stellt, so Anselm, kritische Rückfragen an ein Denkmodell[91], das die Schöpfung als statische Ordnung denkt. Für Anselm verdichtet sich der Auftrag zur Bewahrung der Schöpfung nicht darin, eine natürlich vorgegebene Ordnung zu schützen, sondern das letztlich entscheidende Kriterium ist, ob »mehr Menschen ihre eigene Zukunft frei gestalten können. Geschöpflichkeit also ist Ausdruck von Freiheit.«[92] (235) Anselm konzentriert sich durchaus nachvollziehbar darauf, die antiken kosmologischen Engführungen im Schöpfungsbegriff zu hinterfragen: »Schöpfung soll gerade den Kontingenzcharakter der Welt betonen, ihre Unableitbarkeit und auch ihre Entwicklungsbedürftigkeit«. (233) Anselms vorgeschlagene Reformulierung wirft auch diskursoffene Schlaglichter auf den Vorschlag von Ludwig Siep, die antike Kosmosvorstellung zu temporalisieren.

Sehr präzise fasst Reiner Anselm noch einmal sein Verständnis von Ethischer Theologie zusammen: »Ethische Theologie beschreibt und anerkennt die Umbildungsprozesse evangelischer Frömmigkeit. Sie hat aber auch kritisch zu prüfen, ob und wieweit sich in diesen Umbildungsprozessen die Eckpunkte evangelischen Glaubens ausdrücken, nämlich die durch Institutionen vermittelte Freiheit des Menschen und die Unterscheidung von Gott und Mensch, die diese Freiheit erst ermöglicht. In dieser Zielsetzung und Methodik ähnelt ethische Theologie somit einer Vorgehensweise, die […] Hans Joas als ›affirmative Genealogie‹ und Axel Honneth als ›normative Rekonstruktion‹ vorgeschlagen haben.« (232) Von Ansätzen, die von einer »Sakralität der Natur« (231) sprechen, hält Anselm sich sichtbar entfernt. Fraglich ist nur, ob die genealogische Rekonstruktion dazu befähigt, in Anwendungsfragen sensibel zu reagieren. Pflanzen und Tiere kommen bei Anselm nur randständig in den Blick. Ludwig Siep hatte gezeigt, dass eine temporalisierte Kosmosvorstellung diese Problemlagen sehr wohl zu beschreiben erlaubt. Was Anselm in seiner

91 Anselm (2014a: 324) weist darauf hin, dass die sogenannte Paradiesgeographie in Gen 2,10-15 erst in der Perserzeit eingefügt wurde und das Paradies im Zuge der Jerusalembegeisterung jener Jahre an einer der Stadtquellen, dem Gichon, verortet wird.

92 Dieses Kriterium kann dann auch dazu dienen, die grüne Gentechnik zu kritisieren, sofern nämlich teures Saatgut dazu führen kann, neue Abhängigkeiten zu schaffen. (236) Verteidiger einer strikten Missionierung von fleischlosem Essen vergessen häufig zu erwähnen, dass für eine fleischlose Ernährung die verfügbaren Landflächen schlicht nicht ausreichen. Das Problem wäre momentan nicht einmal durch den Einsatz sogenannter grüner Genetik zu lösen.

genealogischen Rekonstruktions- und Umbildungskunst aufgibt, ist nicht wenig; denn er unterlässt es, biblische Texte als Inszenierungsspielräume zum Erleben einer biblischen Wahrnehmungskultur einzusetzen, die Sensibilität für ethische Schlüsselsituationen allererst ausbildet. Die Scheu scheint mir verständlich, weil dieses Erleben in theologischen Entwürfen häufig nur als leere Beteuerung daherkommt. Und: Es ist kein theologisches Verbrechen zuzugestehen, dass bibliche Texte in tierethischen Diskursen kein idealer Gesprächspartner sind. Moderne Dichterinnen und Dichter bieten hier bessere Lektionen.

»(D)ie Position einer theologisch reflektieren Verantwortungsethik« vertritt Ulrich H.J. Körtner: »Sie besagt allgemein, dass Pflanzen und Tiere wie die irdische Biosphäre in ihrer Gesamtheit insoweit Gegenstand der ethischen Reflexion sind, als sie von den Handlungen des Menschen und ihren Folgen betroffen sind.«[93] Weil es sich nach Körtner um ein »asymmetrisches Verantwortungsverhältnis« handelt, liegt hier ein paternalistisches oder advokatorisches (589) Verantwortungsverhältnis vor. Ganz entschieden und äußerst erhellend problematisiert Körtner den in den Biowissenschaften leitenden Begriff des Lebens, weil der Lebensbegriff in seiner antiken Ausprägung als bíos und zoë bei aller Differenz durch ein télos charakterisiert war. Jedoch schließt, nochmals erinnert, »die moderne Evolutionstheorie den Gedanken einer universellen Teleologie klar aus.« (595) Körtner entdeckt hier ein »erkenntnistheoretisches Dilemma«: »Eine Ethik des Lebens, welche unter Verweis auf dessen Gegebensein moralische Normen begründen will, gerät daher notwendig in Aporien« (594)[94]. Anders gewendet: »Die spannungsvollen Perspektiven von Schöpfungsglauben und Evolutionstheorie lassen sich nicht in eine Supertheorie integrieren, sondern können nur als komplementäre Sichtweisen aufeinander bezogen werden.« (595) In seiner ›integrativen Verantwortungsethik‹ (605), die zunächst den epistemischen Anthropozentrismus herausstellt, weil der Mensch »sich erkenntnistheoretisch wie ethisch die Welt nur in menschlichen Begriffen erschließen kann und in der Beobachter- wie Teilnehmerposition perspektivisch begrenzt ist« (597), verwirft er den axiologischen Anthropozentrismus, wenn er mit einem Seitenblick auf Karl Barth auch Pflanzen und Tieren Würde zuerkennt: »Im Rahmen einer Verantwortungsethik ist es [...] möglich und theologisch auch berechtigt, nichtmenschlichen Lebewesen eine eigene Würde zuzusprechen, die aber von der Menschenwürde zu unterscheiden ist. Praktisch folgt daraus, dass außermenschliches Leben zwar keine unantastbare Größe darstellt. Eingriffe in solches Leben sind aber legitimati-

93 Körtner (2015a: 589). Folgende Angaben beziehen sich auf diesen Text.

94 Gemeint sind damit offenbar die Ethiken von Hans Jonas und Trutz Rendtorff.

onsbedürftig und unterliegen einer ethischen Güterabwägung zwischen den Interessen des Menschen und dem Eigenwert des nichtmenschlichen Lebens.« (608) *Personen*würde will Körtner, in Übereinstimmung mit evolutionsethnologischer Forschung, auch den Tieren nicht zusprechen, »weil die Fähigkeit und dann auch die Verpflichtung zur Moral ein wesentlicher Bestandteil des Personseins ist.« (617)[95] Körnters harmonikale, aber abgestufte Verantwortungsethik trifft sich mit avancierten Einsichten aus der philosophischen Ethikdiskussion.

Auch Elisabeth Gräb-Schmidt hält eine »Überwindung des Anthropozentrismus« für nicht möglich: »Denn physio- oder ökozentrische Ansätze kommen nicht ohne Wertungen aus, die das Urteilsvermögen des Menschen voraussetzen und Ethik insofern weiterhin als ein Reflexionsunternehmen des Menschen erweisen. [...] Unter Berücksichtigung der Unterscheidung von Verantwortungsträger und Verantwortungsgegenstand behält [...] ein weiter Anthropozentrismus seine Berechtigung, allerdings nicht aufgrund einer hierarchischen Stellung des Menschen und somit axiologisch, etwa weil der Mensch als die Krone der Schöpfung gilt, oder aufgrund egoistischer Interessenbekundungen, sondern aufgrund der Verantwortungsaufgabe des Menschen«,[96] die nicht »an Systeme und Institutionen« (660) delegiert werden darf. Engagiert fordert Gräb-Schmidt eine neue Ethik, die ihre »freiheitlichen Bedingungen« festhält, »ohne jedoch deren naturale, physische und biologische Bezüge zu leugnen.« (654)[97] Gräb-Schmidts Ansatz ist deshalb so interessant, weil sie wie Hans Jonas und Georg Picht[98] den Gedanken einer Verantwortung für die *ferne* Zukunft stark macht, der nicht durch den Gedanken der Reziprozität gefüllt werden kann: »(W)as soll den Menschen dazu bewegen, über diese reziproken Tausch- und Interessenmotive hinauszugehen? [...] Die Zukunft kommt nicht als ferne Zukunft in den

95 Vgl. Brenner (2014: 18-185). Fortschritte in der Kommunikation zwischen Mensch und Tier lassen immer wieder aufhorchen. Brenner verweist auf die Forschungen von Francine Patterson »über das Gorillaweibchen Koko (*1971), das über einen Sprachschatz von bis zu 600 Worten englischer Sprache verfügen soll und zu einer rudimentären Konversation mit Menschen in der Lage zu sein« scheint. (185) Ein Schimpansenweibchen lernte durch ein amerikanisches Forscherehepaar die Taubstummensprache. Ungeklärt beibt weiterhin, ob Tiere mit Menschen Mitleid haben können. Martha C. Nussbaum (2014a: 215f.) erinnert daran, dass der Hund Rollo in Fontanes Effi Briest sehr viel mehr unerschütterliche Liebe zu seinem Frauchen zeigt als die eigenen Eltern. In der Literatur lassen sich auch leicht Gegenbeispiele benennen. In Gustafssons Roman *Nachmittag eines Fliesenlegers* (1987) sucht der Hund bei einer anderen Familie Anschluss, als er die tödliche Krankheit seines Herrchens riecht.

96 Gräb-Schmidt (2015a: 658, 659). Folgende Zitate beziehen sich auf diesen Text.

97 Gräb-Schmidt (2015a: 666) erinnert zutreffend nochmals daran, dass die »Vernachlässigung des Themas der Natur [...] verstärkt (wurde, K.H.) durch die Abwertung der Natur als gefallene Schöpfung«. Vgl. den von Bedford-Strohm (2009) herausgegebenen Aufsatzband.

98 Picht (1980).

Blick. Als Verantwortung, die an keine Gegenleistung gebunden werden kann, ist sie im Rahmen reziproker Gerechtigkeitsmodelle nicht vorstellbar.« (680)[99] Gräb-Schmidt fordert die Begegnung mit einem konkreten Anderen, der uns lokalisiert in einer Perspektive auch auf die Zukunft hin. »In Anlehnung an Emmanuel Levinas könnte man sagen, das Gute liegt in den Augen derer, die uns entgegenblicken, die nicht wir sind, sondern die in jeder Hinsicht das Andere sind, und die doch und gerade so mit uns zusammengehören, sodass ihr Fehlen, ihr zukünftiges Nicht-sein-Können, ihre Missachtung das Gute zerstören.« (680) Ob man hier allerdings von »Verantwortung in versöhnungstheologischer Perspektive« (679) reden muss, scheint mir fraglich, weil damit unterschwellig der ermattete Sündendiskurs weitertradiert wird: »Schöpfungsethik ist nicht nur Umweltethik, Schöpfungsethik ist Umweltethik, die um das Gefallensein des Menschen weiß.« (679) Diese Deutung ist, sofern man nicht biblizistisch argumentieren will, anthropologisch unausgewiesen und nicht zwingend erforderlich.

Bereits der Titel *Tierethik als Ethik des Artenschutzes*[100] von Clemens Wustmans verrät die Pointe des Zugangs. Überzeugend zeigt er zunächst, warum alle biozentrischen und pathozentrischen Ethikentwürfe von Rang der Anthropozentrik verhaftet bleiben, weil sie sich dem anthroporelationalen Argumentationsmuster nicht enziehen können. Seine biblischen Lektüren sind nicht ohne Witz, weil er den Texten glaubt entnehmen zu können, der Herrschaftsauftrag zur Bewahrung der Schöpfung fordere die Erhaltung der Artenvielfalt, der Individualschutz beziehe sich auf »Minimalforderungen« wie Leidensvermeidung in der Nutztierhaltung (Dtn 5,14; Dtn 25,4), sei aber dem Artenschutz nachzuordnen. Seinen eigenen Ansatz nennt er eine ›kriteriale Verantwortungsethik‹, die er aus einer etwas gewagten Synopse des Verantwortungsbegriffs von Hans Jonas, Karl Barths Schöpfungslehre und Bonhoeffers Verantwortungsethik gewinnt. Bewähren muss sich dieses Modell unter dem Kriterium der biblisch erhobenen Zielvorgabe der biologischen Diversivität. Situationsethisch werden exemplarisch Konfliktsituationen zwischen Individualschutz und Artenschutz thematisiert (Zoologische Gärten, Populationsmanagement, Ökotourismus).

Der exegetisch interpretierte Herrschaftsauftrag als Bewahrung der Artenvielfalt ist freilich mehr als gewaltsam und kontraintuitiv.[101] Noch schlimmer:

99 »Die gegenwärtige Diskussion der Gerechtigkeitsfrage sieht jedoch in der Auffassung, dass zukünftigen Generationen Menschenrechte zuzuerkennen sind, ein Grundproblem. Einwände beziehen sich etwa auf ein nicht identifizierbares Interesse oder Bewusstsein der eigenen Rechte der zukünftigen Lebenden oder darauf, dass im Blick auf die zukünftig Lebenden das Verhältnis von Rechten und Pflichten nicht gegeben ist.« (697)

100 Wustmans (2015).

101 Auch theologisch lassen sich Bedenken ausmachen: »Auch besitzen Tiere ihre eigene Individualität,

Die Artenschutz-Verantwortung entscheidet sehr einseitig gegenwärtig kontrovers diskutierte Fragen: Darf man Fleisch essen? Ja. Sind Tierversuche erlaubt? Ja. Darf man jagen? Ja. Selbst wenn man ergänzt: Geboten ist Leidensminimierung in der Tierzuchthaltung, im Tierversuch und in der Jagd, kommen *positive Pflichten* kaum in den Blick. Mir fehlt vor allem die Schlüsselsituation, die zur Verantwortung für nichtmenschliches Leben inspiriert. Der Blick eines individuellen Tieres scheint mir dafür unverzichtbar. Es macht phänomenologisch schlicht keinen Sinn: Ich kann mich nicht vor der Artenvielfalt schämen.

Unsere Sensibilität zu schärfen für die Verwundbarkeit und Unverfügbarkeit des Mitmenschen und der nichtmenschlichen Lebewesen traue ich der Technik und den großen Ophtalmologen des Mitgefühls, den Dichterinnen und Dichtern zu. Diesen Versuchen der Sensibilisierungsschulung widme ich mich im Schlussabschnitt.

5. Das Internet der Tiere und die leise Beschämung durch die Kunst

Immer wieder habe ich für eine Entdämonisierung der Technik, auch des Internets plädiert, um nicht umstandslos diese Technik als Schaltkreis der Hölle zu imaginieren. Jüngst wurde ein Vorschlag unterbreitet, das Internet zur Rettung der Natur und der bedrohten Tierwelt in Stellung zu bringen – ein auf den ersten Blick abstruser Vorschlag: »In dieser Situation erscheint die Technik, die die Entfremdung von der Natur ursächlich hervorgebracht und immer weiter verschärft hat, als Teil der Lösung.«[102] Alexander Pschera setzt auf eine sehr grundsätzliche Entzauberung der Natur, die durch eine gigantische Verdrahtung der Tiere mit Sendern vorangetrieben wird. »Wenn die Natur in der Postmoderne das Heiligtum einer sich als Ersatzreligion gebärdenden Ökologie war, so wird die Natur nach dieser Ära als eine entheiligte und transparent gemachte zurückbleiben. […] Eine transparente Natur ist nicht mehr autonom. […] Das gläserne Tier tritt neben den gläsernen Menschen. […] Damit wird der Mensch tief in das Leben der Tiere eindringen, er wird ihre ›Privatsphäre‹ aufbrechen. Vor dem Hintergrund der Datendebatte über die Allmacht der Internetkonzerne und die schwindende Freiheit des Menschen erscheint diese Aussicht auf eine Transparenz-

und selbst bei Pflanzen gleicht nicht eine der anderen, sofern sie nicht auf entsprechende Weise vom Menschen gezüchtet werden. So lässt sich der Gedanke der Eigenwertigkeit von Tieren und Pflanzen in einer Weise vertreten, die sich nicht auf den Artenschutz beschränkt, sondern die Achtung vor jedem einzelnen Lebewesen einschließt.« Körtner (2015a: 607).

102 Pschera (2014: 21). Folgende Zitate beziehen sich auf dieses Buch.

natur wie eine Ausweitung der digitalen Kampfzone. Benötigen wir also auch einen Datenschutz für Tiere?« (22f.)

Pschera will die Technik nicht länger als »ewige Gegenspielerin der Natur« (25) verstanden wissen, es geht nicht um ein albernes ›Zurück zur Natur‹, sondern um eine »neue Art der Naturbegegnung« (50), die auch über klassische Kompensationsformen hinausgeht. »Birdwatching, zoologische Gärten, das Halten von Haustieren – alle drei Kompensationsformen täuschen die Nähe der Tiere nur vor, indem sie kulturelle Kompensationen schaffen, in die Bilder von Tieren und von Naturausschnitten hineinprojiziert werden.« (45)

Tief in die Kiste der Dialogik greift Pschera, wenn er Buber bemüht, um das Tier auf dem Smartphone zum Du zu stilisieren (146). »Wie nah ist die digitale Nähe wirklich?« (114) Sehr klar benennt Pschera die mögliche Kritik: »*Erstens*: Das Internet ist naturfremd. Als Technik gehört es nicht zur Natur. Wenn wir uns mit dem Internet beschäftigen, dann beschäftigen wir uns mit dem Gegenteil von Natur: mit einer Maschine. *Zweitens*: Mit dem Internet der Tiere droht nach dem Internet der Dinge die Gefahr der totalen Digitalisierung. Der Mensch wird zum Gefangenen seiner eigenen Erfindungen, zum Sklaven seiner Apparatewelt. *Drittens*: Die neue Transparenz der Natur setzt die Tiere erheblichen Gefahren aus. Gläserne Tiere können sich nicht mehr verstecken. Die Daten der Tiere sind frei verfügbar. Anstatt solche Tendenzen zu fördern, müsste vielmehr ein Datenschutz für Tiere durchgesetzt werden.« (97) Entsprechend lauten die Forderungen: »*Erstens*: Jedes Tierindividuum hat ein Recht darauf, eine Identität zu erhalten. *Zweitens*: Jedes Tier hat ein Recht darauf, dass der Mensch es kennt und schützt. *Drittens*: Jedes Tierindividuum hat ein Recht darauf, in seiner jeweiligen Lebensumgebung optimale Bedingungen vorzufinden.« (103) Pschera schlägt vor, die Natur als »embedded system« (156) zu deuten, Inklusion (125) lautet ein entsprechendes Stichwort. Spannend ist dieser Vorschlag deshalb, weil dieses System hoch verwundbar ist, deshalb muss alles getan werden, um die Resilienz des Systems zu erhalten. (162f.) Pschera will beides, das Erfahrungswissen der Tiere transparent machen[103] und nutzen und zugleich mit den Tieren auf Augenhöhe kommunizieren.[104] Das allerdings hätte er bei Buber lernen können: Das Du ist stets auch bleibendes Geheimnis. Wenn man allerdings liest, wie Pschera die Tiere

103 Bergziegen etwa können vor Vulkanausbrüchen und Wasserschlangen vor Tsunamis warnen.

104 Technisch unmöglich scheint dieser Traum nicht zu sein. »Die Psychologin Diane Reiss [...] versucht, in Spiegelexperimenten herauszufinden, ob Delfine oder Elefanten ein Selbstbewusstsein haben, was die Voraussetzung dafür wäre, ihnen Sprachfähigkeit im Sinne des Menschen zuzusprechen. Der nächste Schritt wäre dann, mittels einer Software-Schnittstelle die Sprache der Delfine in eine vom Menschen verstehbare Sprache zu übersetzen – und umgekehrt.« (151) Das freilich ist noch Zukunftsmusik. Moralische Wesen sind allerdings Tiere damit immer noch nicht.

auf seiner App feiert, dann schwingt immer jene Anerkennung mit, die auch ein *Geheimnis* zu schonen weiß.

Wer die Umweltethik als avancierte Form aufsässigen und positiv beschämenden Denkens präsentiert, wer Einzigartigkeit, jenseits jeder Verzweckung, die mehr ist als Biodiversität, feiert, der muss zeigen, wie sich eine Wahrnehmung neu justieren lässt, durch die auch Pflanzen und Landschaften ein Antlitz bekommen und als schön wahrgenommen werden. Michael Hauskeller fasst diese Wahrnehmung so zusammen: »We can, when engaged in a personal (we might as well say: an aesthetic) mode of perception, feel that something is wrong with a situation, a structure, or a form that we have imposed on an animal or plant, even though there is no pain involved. This feeling that something is wrong, that it ought not to be as it is, is an authentic, aesthetically grounded moral experience. It indicates some sort of objective good. Just like a person living a comparatively empty life without realising it, plants and animals genetically manipulated in order to serve our purposes, can be aesthetically repulsive and can be said to have lost (of been robbed of) their specific integrity.«[105] Hauskeller greift hierbei auf Studien seines Lehrers Gernot Böhme zurück, der bereits Ende der 1990er-Jahre dafür plädiert hat, einen ästhetischen Zugang zur Welt offenzuhalten, der zugleich die Lebensqualität des Menschen markant steigert.[106] Über Böhme (und Martin Seel[107]) geht Hauskeller hinaus, weil er nicht auf das Naturschöne an sich und die heile freie Natur rekurriert, sondern auf die konkrete Pflanze und das konkrete Tier zu sprechen kommt. Zumindest die neue, kitschfreie Naturlyrik[108] weiß davon zu singen.

105 Hauskeller (2002).

106 Gernot Böhme (1995: 179ff.); Ders. (1997).

107 Seel (1991).

108 Scheuermann (2014). Vgl. auch den spannenden Roman von Suleiman (2014). Schmitz (1990: 488) hat gezeigt, dass die Schönheit der Natur erst dank der »modernen Virtuosität rahmenden Sehens« wahrgenommen werden kann. Das wird besonders deutlich an der Wahrnehmung des Hochgebirges, das lange als hässlich galt. »Sommerfrischen in romantischen Gegenden wie dem Hochgebirge sind offenbar erst dann reizvoll, wenn der Mensch fähig ist, den optischen Andrang der Umgebung unbefangen und mit willkürlich spielerischer Sicherheit so zu vergegenständlichen, dass Szenen, die ihm Eindruck machen, vor seinem Blick ohne Weiteres zum abgehobenen, umrissenen Bild werden, dem er mit so viel Spielraum und Distanz gegenübertreten kann, wie zum Genuss gehört.« Der Ausdruck *schön* entspricht deshalb in der Definition von Schmitz (1990: 490) einem Grundtyp leiblicher Regung, »nämlich privativer Weitung, wobei Weite von der Engung freigelassen wird und der Enge des Leibes so entkommt, daß der Mensch sich frei und leicht fühlt.« »Die Geschichte der Vorstellung vom Erhabenen bringt der Wortbedeutung mehr vom Pathos des Ausgesetztseins an ergreifende Mächte im affektiven Betroffensein ein, als sich an die Rede vom Schönen geheftet hat. [...] Vor großen ästhetischen Objekten, z.B. großen Kunstwerken, wird das ästhetische Verhalten im Zeichen der ästhetischen Andacht selbst zur Religion, d.h. zum Verhalten aus Betroffenheit von Göttlichem, diese Andacht zur göttlichen Atmosphäre.« (497) Vgl. auch Draesner (2014); Yang (2012).

In der *Skizze vom Gras* in einem Gedichtband von Silke Scheuermann heißt es:

»*Es war das Jahr, in dem sie das Ministerium für Pflanzen auflösten,*
da die Erde nicht mehr genug Arten beherbergte, für die
der Aufwand sich gelohnt hätte. Der Minister und seine Mitarbeiter
wurden Verkehr und Technologie zugeschlagen, der Abteilung,
die schneller wuchs als Organisches.
[…]
Erstaunlicherweise ist Gras nicht nachtragend.« (97)

In ihrem Eröffnungsbericht ist sogar von Schuld die Rede:

»*Die Ausgestorbenen*
Es sind die Pflanzen in den Schlagzeilen, nicht die auf der Wiese,
in Wäldern und Sümpfen, Gärten und Parks.
Es sind die Pflanzen, die in den Konjunktiv gezogen sind,
weil wir sie umtopften in imaginäre Parks,
[…]
Wir befinden uns tief im Gestrüpp von Schuld.« (7)

Kokett flirtet Silke Scheuermann mit der Gentechnik als zweiter Schöpfung:

»*Dies ist die Freiheit*
Unserer Art, neue, andere Arten zu machen.
Gott hat uns mit einem Bausatz beschenkt.« (11)

So kann auch die Wandertaube, deren letztes Exemplar vor über hundert Jahren in einem Zoo gestorben ist, wieder auferstehen:

»*Doch wie beschämend kann die zweite Schöpfung sein.*« (12)
»*Martha, letzte Wandertaube der Welt, gestorben 1914*
Im Zoo von Cincinnati, stell dir die leuchtenden
Augen der Forscher vor, ihr jahrelanges
Puzzlespiel mit deinem Erbgut.
Wie du, diesmal, im Labor schlüpfst,
ohne Waldduft und Rauschen.
[…]
Ist es das wert?« (12)

Im poetischen Gedicht stehen die ausgerotteten Pflanzen auf, schicken Sendschreiben an die Menschen, so erinnert das Efeu daran:

»*Was tätet ihr mit den Toten, wenn sie nicht*
Auf unseren ewigen Blättern endlich zur Ruhe gebettet,
endlich aus eurem Kopf in das Himmelreich
einziehen dürften?« (49)[109]

109 Pschera stichelt gegen die Naturlyrik von Albus (2005), wenn er behauptet, Ziel sei die »künstlerische

Fragen *intergenerationeller Verantwortung treten unter dem Stichwort Zukunftsprinzip* in den Blick. Hartmut Rosa gibt zu bedenken: »An der ökologischen Krise und an unserer konstitutiven Unfähigkeit, *nachhaltig* zu leben, zeigt sich *Entfremdung* nicht nur hinsichtlich der Natur, sondern auch hinsichtlich der Resonanzfähigkeit der Geschichte. Die Frage der sogenannten Generationengerechtigkeit, die verlangt, dass wir auch den zukünftigen Generationen noch Ressourcen übrig lassen, die ihnen ein gelingendes Leben ermöglichen, wird im aktuellen Diskurs fast immer als eine moralische Forderung formuliert. Wir sollen, wir müssen oder wir müssten zu Gunsten der Nachfahren verzichten, uns einschränken, bescheiden! Aber *warum* sollten wir das tun? Wer sich in seiner Existenz als abgetrennt von den vorangehenden und den zukünftigen Generationen erfährt, hat wenig Grund, sich von entsprechenden abstrakten Gerechtigkeitsprinzipien beeinflussen zu lassen. Wer aber den *Strom der Geschichte* durch sich hindurchziehen fühlt, wer sich mit den Vor- und Nachfahren responsiv so verbunden fühlt, dass sie ihn *etwas angehen*, der bedarf solcher Prinzipien zur Begründung nachhaltigen Handelns gar nicht; er erfährt materielle Einschränkungen auch gar nicht als Einschränkung, sondern als Moment der Resonanzstiftung und damit als Element gelingenden Lebens.«[110]

Der neoliberalen Schamimmunität in Umweltfragen können wir entfliehen, wenn wir uns Erfahrungen aussetzen, die auch leiblich spürbar sind. Für die interaktive Fortschreibung alter Modelle von Performancekunst steht das Regiekollektiv *Rimini Protokoll*. Das Projekt, das im November 2014 im Schauspielhaus in Hamburg Premiere hatte und ein Spiel als Mit-Spiel inszenierte, ohne vorschnell auf ein schnelles Erlebnis zu zielen, vielmehr eine Erfahrung in den Leib einschrieb, hieß: ›Welt-Klimakonferenz‹. Wie von

Perfektionierung, mit der die Natur ›als Natur‹ in einer Geste ästhetischer Überhöhung ausgelöscht und als Symbol bewahrt« (30) werde. Zumindest auf die Gedichte von Silke Scheuermann trifft diese etwas grobschlächtige Kritik nicht zu. Die bei Hauskeller aufgelesene und an avancierter Lyrik konkretisierte ästhetisch-empathische Optik ist, wie die Ehrfurchtvokabel von Schweitzer, eine Sensibilisierungskunst zur Vorbereitung für eine verantwortliche Güterabwägung in konkreten Fragen der Tier- und Umweltethik. Ganz entschieden etwa gilt: »Ein Eigentums- oder Patentrecht am Leben als solchem kann und darf es nicht geben.« Körtner (2015a: 634, 637) In Fragen der Gentechnik und der synthetischen Biologie lassen sich Forschungen vorstellen, die etwa zum Zweck der Hungerbekämpfung sinnvoll sind, sofern der Nutzen für die Menschen nicht mit dem Prinzip des Gedeihens und dem des Wolhbefindens der Tiere und Pflanzen kollidiert. Zur synthetischen Biologie, deren Aufgabengebiet erst langsam kartographiert wird, siehe: Rehmann-Sutter (2013: 113-125); vgl. auch Ders. (1993: 38-141). Eindeutig ist die Auskunft Körtners (2015a: 641): »Grundsätzlich lässt sich die technische Bearbeitung von Natur – auch durch Gentechnik und synthetische Biologie – als Wahrnehmung des an den Menschen ergangenen Schöpfungsauftrags begreifen, die Erde zu bebauen und zu bewahren.« Siehe dazu auch Schwarke (2000).

110 Rosa (2016: 712f.); vgl. Lienkamp (2009: 382ff.).

Greenpeace ausgerüstete Aktivisten erkletterten Schauspieler medienwirksam die Fassade des Schauspielhauses und ließen ein Banner frei: *There is only one planet*. Nach dem Einlass bekam jeder Besucher eine kleine Broschüre in die Hand gedrückt, die Basics über das jeweilige Land vermittelten, dessen Delegierter man plötzlich war: Einwohnerzahl, Bruttoinlandsprodukt, Arbeitslosenquote, Wohlstandranking, Treibhausgasemissionen, Energieverbrauch, Niederschlagsmenge. Etwa 650 Zuschauer, genauer: Delegierte, suchten dann ihre Plätze im Plenum. Die gestellte Aufgabe war nicht gering, denn erarbeitet werden musste ein für alle Länder verbindliches Energieabkommen. Alltag, Leben, Politik, Ökonomie durchdrangen sich im Rollenspiel, couchpotatoe war gestern.

Eröffnet wurde die Konferenz durch den Auftritt von 18 Experten, die später auch einzelne Länder in kleiner Runde beraten durften. Zumindest einige Namen waren bekannt: der ehemalige Direktor des Hamburger Max-Planck-Instituts für Meteorologie, Hartmut Graßl, der Klimaforscher Mojib Latif, die anderen Experten konnten, diese Unsicherheit war offensichtlich intendiert, durchaus Schauspieler sein. Und obwohl man das zugeloste Land, etwa Island, allenfalls von Reisen her kannte, fühlte sich der ›Delegierte‹ – so die Kommentare in den Blogs im Internet – schon sehr bald für dieses Land verantwortlich. Offenbar bildeten sich atemberaubend schnell Identifikationsketten auch unter den Delegierten des jeweiligen Landes. Eine *sanctorum communio* im besten Sinne. Verhandelt werden musste über die Höhe der Treibhausgasemissionen in zwei Schritten bis 2020 und 2050. In bilateralen Treffen wurde, nach dem Besuch von zusätzlichen Hearings (so lernten die Besucher sukzessive die sonst nicht-öffentlichen Bereiche des Schauspielhauses kennen), offenbar zunehmend lautstark diskutiert, denn die Balance von künftigem Wohlstand und Umweltschutz drohte immer wieder zu misslingen. Und um den Entscheidungswillen im wahrsten Sinne des Wortes zu befeuern, wurden einige Delegierte auf Liegestühlen sehr nahe an eine aus Scheinwerfern gebildete Sonnenscheibe herangeführt. Grillen für den Umweltfrieden. Gegen Ende erschien wie ein Menetekel nochmals die gelbe Gefahr am Bühnenhorizont. Wo Gefahr ist, wächst das Rettende auch? Während der Premiere in Hamburg konnte nicht mehr berichtet werden, wie die Delegierten abgestimmt haben, die Computer versagten den Dienst – ich deute diese scheinbare Panne als absichtsvollen Hinweis auf den oft auch prekären Status von Technik. Diese auf drei Stunden begrenzte Aufführung ließ zwar keine Andacht und kein Verweilen aufkommen, weil die Delegierten von einem Termin zum anderen hetzen mussten, aber »die Uhr tickt ja wirklich. Am 1. Dezember beginnt in Lima die 20. UN-Klimakonferenz: ganz großes Theater. Echt!«, wie die Theaterkritikerin Christine Dössel bewundernd resümierte.[111] *Rimini Protokoll* sind die wahren Propheten des 21. Jahrhunderts, stehen in der Reihe großer Performancekünstler wie Jesaja und Hosea.

Traut man den Blogs, dann gab es ›hinter den Kulissen‹ immer wieder Streit darüber, ob politisch ein schwacher oder starker Begriff von Nachhaltigkeit verfolgt werden sollte – schwach gilt die Konzeption, die von einer »weitgehenden Substituierbarkeit von Naturkapital durch Human- und Sachkapital« ausgeht, ein starkes Nachhaltigkeitskonzept »geht von der Unersetzbarkeit von Naturkapitalien durch andere Kapitalarten aus.«[112] Sowohl Körtner als auch Gräb-Schmidt schließen sich einer modifizierten Form starker Nachhaltigkeit, wie sie von Andreas Lienkamp vorgeschlagen wurde, an: »Während Konzepte der ›starken‹ Nachhaltigkeit dazu neigen, einen statischen Naturbegriff unmittelbar für ethisch normativ zu erklären, geht das Konzept ›mittlerer‹ Nachhaltigkeit von einem dynamisch-evolutiven Naturbegriff aus, der die kulturelle Evolution des Menschen einschließt.« Damit ist »die Frage, wie sich dieses Prinzip operationalisieren lässt«, freilich noch nicht beantwortet.[113]

Kleine Rekapitulation: Und die armen Tiere und Pflanzen auch?

Verschiebung von Scham in Schuld

Darin unterscheidet sich die Tierethik grundsätzlich von den bisher besprochenen bereichsethischen Problemfeldern: Im Fall der Tierethik soll ein schamgesteuerter Konflikt aufbrechen, um Sensibilität zu trainieren und Normen zu internalisieren, sprich: um ein Ethos umzucodieren, bitteschön. Unser rücksichtsloser Umgang mit den Tieren resultiert aus einem falschen Umgang mit der Scham. Erzeugt wird ein steriles Klima, in dem das Täterkollektiv der Carnivoren von den Blicken des Tieres systematisch geschützt bleibt. Nur die Abschottung der Tiere in Schlacht- und Haltungsfabriken garantiert die Schamimmunität. Der Prozess der Zivilisation ist ein Prozess der sukzessiven Verschärfung der Verschiebung. Erst die Erregungskommunen der nächsten Generation im Verbund mit der Kunst inszenieren schamgesteuerte tierethische Konflikte.

111 Dössel (2014: 13).

112 Gräb-Schmidt (2015a: 687).

113 Körtner (2015a: 628).

Präventiv-Ethik und der richtige Umgang mit Scham

Ist Mitleid ein guter Kandidat zur Begründung einer Tierethik (und Pflanzenethik)?[114] Die Frage ist nicht im Handstreich zu bearbeiten, verweist nämlich auf die grundsätzlichere Frage: Lässt sich Moral autonom begründen? Folgt man dem Meister der Retraktationen und der Hartnäckigkeit, Ernst Tugendhat, dann darf man die Frage mit einem vorsichtigen *Ja* antworten und damit die erste mit Nein. Dieses Ja gilt allerdings nur für moralitätsfähige Teilnehmer einer Gemeinschaft, die wechselseitig ihre Interessen als gleichgewichtig annehmen und gegenseitig einander Respekt zollen. Wer aus dieser Gemeinschaft gegen die internalisierten Forderungen des Ethos verstößt, reagiert mit *Scham* und die Schamzeugen mit *Empörung*. Die autonome Begründung der Moral kommt dort an ihre Grenzen, wo etwa Mitleid universale Gültigkeit auch gegenüber nichtmenschlichen Lebewesen beansprucht. *Scham ist als moralisches Gefühl (nicht bezogen auf Konventionen, ästhetische Standards und relative Güter) ein grundsätzlich geteiltes Gefühl, Mitleid nicht zwingend.* Wenn ich recht sehe, dann kommt eine autonome Begründung der Moral präzise dort an ihre Grenzen und ist auf Weltanschauungen oder religiöse Hintergrundtheorien angewiesen, um Mitleid für Kreaturen über die Mitglieder einer Gesellschaft moralischer Subjekte hinaus zu integrieren. Das Ergebnis ist einigermaßen verblüffend: Tierschützer, die die Ergebnisse evulotionsbiologischer und -ethnologischer Forschung ernst nehmen, sind dazu verpflichtet, auf diese Hintergrundtheorien zu rekurrieren, um plausibel ihre Forderungen zu lancieren. Tugendhat selbst verweist auf die Mystik und die jesuanische Rede vom Reich Gottes. Auch darin kommen Scham und Mitleid überein: *Scham und Mitleid sind im Reich der moralischen Subjekte nicht (oder nicht zwingend) religiöse Gefühle. Scham und Mitleid sind zwingend ›religiöse‹ oder ›metaphysische‹ Gefühle, wenn sie sich auf nicht-moralische Lebewesen beziehen.* Bei nichtmenschlichen Bezugsgrößen ist eine *›Metaphysik‹ der Scham* unvermeidlich.

Die Versuche, einen Pathozentrismus oder Phylozentrismus als Überbietung und Korrektur der Anthropozentrik anzubieten, müssen als gescheitert gelten, weil auch diese Versuche mit (versteckten) anthroporelationalen Figuren arbeiten. Der *epistemische Anthropozentrismus* lässt sich schlechterdings nicht überwinden, zieht aber nicht zwangsläufig einen *axiologischen Anthro-*

114 »Wer eine überzeugende Begründung gegen die Massentierhaltung und für den Vegetarismus sucht, kann sie möglicherweise hier finden: Lebewesen, die Augen haben, sind resonanzfähig, und in ihrem gehetzten, panischen oder brechenden Blick spüren wir unsere Verletzlichkeit.« Rosa (2016: 121). Wir spüren diese Verletzichkeit freilich nur, wenn wir durch Hintergrundtheorien oder Inszenierungen dafür sensibilisiert werden.

pozentrismus nach sich. Eine *entdämonisierte* und *enthysterisierte* Anthropozentrik kann die Debatte versachlichen, wenn auch epistemische Anthropologen etwa Ehrfurcht als »moralpsychologisches Sensibilisierungsprinzip« (Baranzke) achten. *In dieser Hinsicht ist die Umweltethik selbst eine adäquate Beschämungspraxis.*

Konflikte mit den Erregungskommunen werden dann abgeschwächt, wenn den Tieren ein Recht auf Wohlfühlen zugestanden und deren Tod leidensfrei verursacht wird. Anders gewendet: Wenn das Tier auf meinem Teller sich im Leben wohlgefühlt hat und bei der Tötung nicht litt, kann auch der Carnivore (relativ) schamfrei Fleisch essen, sofern er auf Leckereien wie Foie gras, Babycalamares, Lammkeule oder Kalbfleisch verzichtet.

Weisheitliche Klugheit und concursus divinus

Für Hans Jonas war es der Blick des Kindes, für Emmanuel Levinas der Blick des Anderen, der mich beschämt. Wurzelt die Moral im Faktischen, dann, so das Ergebnis von Ernst Tugendhat, wird die Schlusskraft des naturalistischen Fehlschlusses hinfällig. Erweitere ich aber das Szenario und spreche vom *Blick eines Tieres*, der mich in seiner Vulnerabilität beschämt (ohne sich selbst schämen zu können), dann verlasse ich den Raum der autonomen Moral und ziehe Hintergrundtheorien heran, die garantieren sollen, dass in diesem Fall Mitleid bei allen ›Gläubigen‹ ein geteiltes Gefühl ist. In diesem Fall regen sich auch Scham und Empörung. Vom Anblick einer Blume zu sprechen, überreizt zwar die Metaphorik, weil Blumen keine blickhafte Fokussierung aufweisen, wohl aber eine ästhetische Anmutung, die einzigartig ist. Wer das Antlitz als Steuerungselement Gottes deutet, wer den dialogischen Personalismus Bubers (mit Buber) verlängert, wer Entgrenzungs- und Ausweitungserfahrungen, die die Kunst und die Naturlyrik inszenieren, einfordert, muss (quasi) religiöse Hintergrundtheorien billigend in Kauf nehmen.

Es ist ein Klimawandel in der Roman- und Lyrik-Produktion auszumachen – spätestens seit Jonathan Franzens Roman-Protagonisten und er selbst sich als Vogelkundler und Vogelliebhaber outeten.[115] Und endlich kommt die Naturlyrik zurück, die ein Recht auf eine partielle Unverfügbarkeit der Natur einklagt. Das Projekt der Entzauberung und Entmythologisierung der Natur droht in ihrer hard-boiled-Fassung andernfalls die Natur einem regulierten Neoliberalismus zu überlassen. Kunsterfahrung konkretisiert und bildet jene

115 Franzen (2013), Friedrich (2014).

moralpsychologische Haltung der Ehrfurcht aus, die sich in der Verantwortungsübernahme konkretisiert und sensible Güterabwägungen veranlasst. Und das Regiekollektiv *Rimini Protokoll* inszeniert mit großer Geste eine Zeichenhandlung zur Klimaerwärmung und gibt sich als Nachfolger der großen Propheten aus dem Alten Testament wie Jesaja oder Hosea zu erkennen – Beschämungspraktiken, die nicht nur das individuelle Verhalten ändern, sondern auch auf der politischen Ebene ein Umdenken anmahnen.

Die Erregungskommune

Beschämung ist ein notwendiger Schritt, um Sensibilität zu trainieren und neue Normen zu internalisieren. Normenführer sind die aufgeklärten Kinder der nächsten Generation, ohne hier einem Fortschrittsmodell zu huldigen, denn nicht jede kommende Generation muss zwangsläufig sensibler als die vorige Generation reagieren. Aber auch hier droht eine Schamfalle: Wenn Kinder sich für die Unsensibilität der Eltern schämen, dann liegt eine Fremdscham vor, die sich häufig in einem Überlegenheitsgestus ausagiert. Eine Enthysterisierung des Anthropozentrismus dient der Versachlichung des Diskurses und kann eine künftige affektive neue Balance (auch innerhalb der Generationen) vorbereiten.

Nachspiel

In einer postmodern-romantischen Melange, die an die Lyrik von Silke Scheuermann erinnert, erzählt Franz Friedrich in seinem Debüt *Die Meisen von Uusimaa singen nicht mehr*[116] von einer Dystopie und Utopie auf einer fiktiven finnischen (Vogel-)Insel. Ich zitiere den Zeitpunkt der ersten Begegnung mit der Lapplandmeise. Ein Augenblick der Verzauberung.

»In diesem Augenblick, der mich vergessen ließ, warum ich hier war, erblickte ich auf einem Espenzweig eine kleine zerzauste Gestalt. Wind fuhr ihr durch das flaumige Gefieder, sie trotzte einer Böe, ich erkannte die Anstrengung in ihrem Vogelblick. Etwas Widerständiges, Partisanenhaftes lag darin. Die Lapplandmeise sperrte den Schnabel auf, dabei erinnerte sie mich an einen heiseren Menschen, der nach Worten ringt, dann schloss sie den Schnabel wieder und öffnete ihn erneut. Dieses Verhalten wiederholte sie einige Male, und es erschien mir, als ob diese Geste an mich gerichtet sei und der Vogel versuchte, mir etwas mitzuteilen. Und kaum dass sich der Gedanke festigte, dass das Schweigen der Meisen möglicherweise auch gewollt sein konnte und

116 Friederich (2014).

ein Ausdruck des Protests war, flog die Meise davon, sprunghaft, so als wäre die Luft ein elastischer Widerstand aus Gummi, an dem sie abfederte.«[117] Der Roman endet versöhnlich mit dem letzten Satz: »Die Meise sang.«[118]

Eine herrlich ironische Auskunft über die Sonderstellung des Menschen gibt der Schriftsteller Julian Barnes: »Der Mensch ist das einzige Wesen, das über seine Existenz reflektieren, sich seinen Tod vorstellen und Orgasmen vortäuschen kann. Wir sind nicht umsonst Gottes ausgewählte Geschöpfe.«[119]

»Es ist wegen des Geruchs.«
»Des Geruchs?«
»Ja, des Fleischgeruchs. Du riechst nach Fleisch.«
Ich lachte auf. »Du hast doch gerade mit eigenen Augen gesehen, dass ich geduscht habe. Wo bitte schön soll denn der Fleischgeruch herkommen?«
Mit Nachdruck entgegnete sie mir: »Er dringt dir aus jeder Pore.«
Han Kang

117 Friedrich (2014: 95). Ein Forscherteam vor Ort präsentiert viele halbernste Arbeitshypothesen, die erklären sollen, warum die Lapplandmeise schweigt: Ein Chormitglied glaubt an die Scham der Vögel im Vergleich zum menschlichen Chor; andere halten die Giftwolken russischer Industrie für die Schuldigen; Mikrobiologen tippen auf einen durch eine Seuche ausgelösten Defekt im Vogelgehirn, andere an eine Depression; Tierversteher vermuten eine Umstellung auf eine neue Frequenz, die für menschliche Ohren unerreicht bleibt; ein These geht davon aus, die Meisen hätten einfach aktuell keine Lust, gönnten sich einige Sabbatjahre. (113f.)

118 Friedrich: (2014: 317).

119 Barnes (2012: 113).

Der Liberalismus der Scham
Ein Versuch zur Rechtsethik

Einleitung: Zeugen der Scham

»Was ist der Sinn von Strafe? Weshalb strafen wir? Im Plädoyer versuchte ich, den Grund zu finden. Es gibt eine Fülle von Theorien. Strafe soll uns abschrecken, Strafe soll uns nützen, Strafe soll den Täter davon abhalten, nochmals eine Tat zu begehen, Strafe soll Unrecht aufwiegen. Unser Gesetz vereinigt diese Theorien, aber keine passt hier richtig. Fähner würde nicht erneut töten. Das Unrecht der Tat war offensichtlich, aber es war schwer zu wiegen. Und wer wollte Vergeltung üben?«[1]

Es gehört zu den hermeneutischen Allerweltsweisheiten, man könne an der Ausnahme viel über die Regel lernen. In seiner knappen Erzählung *Fähner*, congenial von Hannu Salonen mit Edgar Selge und Josef Bierbichler in den Hauptrollen für das ZDF verfilmt, verdichtet der Jurist und Schriftsteller Ferdinand von Schirach ein für die Moderne nicht mehr typisches Lebensschicksal: Ein Medizinstudent verliebt sich in eine junge Frau, heiratet sie etwas übereifrig und gibt ihr auf der Hochzeitsreise an den Nil hoch und heilig das Versprechen, sie niemals zu verlassen. Der in die Heimat mitgereiste Feinstaub Ägyptens legt sich schnell über die Ehe, Fähner wird Arzt in seiner Heimatstadt und seine Frau gerät mental und figürlich aus den Fugen. Sie, zunächst eine Praktikantin, dann eine Ministerin der Macht, mobbt, demütigt und beschämt ihren Ehemann. Dem bleibt nur die Endorphin-Flucht in das tägliche Joggen, danach vergräbt er sich stundenlang im Garten, bis er nach über fünfzigjähriger Ehe das Martyrium nicht länger erträgt und mit der Axt final zuschlägt.

»Die letzte Reform der Strafprozessordnung hat den Eid als obligatorische Beteuerung einer Aussage im Strafprozess abgeschafft. Wir glauben schon lange nicht mehr daran. Wenn ein Zeuge lügt, lügt er eben – kein Richter denkt ernsthaft, das würde sich durch einen Eid ändern lassen. Dem modernen Menschen scheint der Schwur gleichgültig zu sein. Aber, und in diesem ›aber‹ liegt eine Welt, Fähner war kein moderner Mensch. Sein Versprechen war ernsthaft. Es hatte ihn sein ganzes Leben gebunden, mehr noch: Er wurde zum Gefangenen. Fähner konnte sich nicht befreien, das wäre Verrat gewesen. Die Gewalteruption war das Bersten des Druckbehälters, in den er lebenslang durch

1 Schirach (2013: 17); vgl. Schmitz (1973: 391ff.); Körtner (2010b: 105-120).

seinen Eid eingesperrt war.«[2] Während die Strafprozessordnung auf die Wirkung des Eids zur Wahrheitsfindung verzichtet – Lügner lassen sich durch den Eid offenbar nicht zur Ordnung rufen – fühlt sich Fähner durch seinen Eid gebunden, wird vom Autor und von den Richtern resignierend – und auch etwas sehnsüchtig – als vormodern eingestuft. Diese Nichtanschlussfähigkeit macht seinen Fall zum Ausnahmezustand.[3] Offenbar war Kommunikation mit der eigenen Frau auf Augenhöhe nicht möglich, weil sie das Versprechen, den Schwur, geschäftsmäßig instrumentalisierte. Und offenbar hat der Täter die aufgestaute Scham vor den Nachbarn, seine Versuche, sich unsichtbar zu machen und die Scham wegzulächeln, nicht bis zum Lebensende ausgehalten. Aus diesem Dilemma fand Fähner nur durch einen Gewaltakt hinaus, er verschob also die Scham zur Schuld. Nur der Tod konnte beide scheiden.[4] Das Urteil über die Verschiebung von Scham in Schuld fällt in diesem kurzen Prozess extrem milde aus, weil die Scham von Fähner sich von der Gefühlsbasis des Rechts in der Gesellschaft zu weit entfernt hat. Strafe macht in diesem ganz speziellen Fall keinen Sinn mehr.

Ferdinand von Schirach gehört zur nicht kleinen Gruppe von Schriftstellern, die im Haupt- oder Nebenberuf Juristen sind. Menschen, so lautete einer der klügsten phänomenologischen Auskünfte, sind in Geschichten verstrickt.[5] Dieser Buchtitel, der es in der *sanctorum communio* der Wissenschaftsgemeinde zum geflügelten Wort gebracht hat, stammt nicht zufällig von einem Juristen. Offenbar gelingt es Erzählungen oder Romanen besonders gut, die sozialen Vergangenheiten und jenen Parcours der Gefühle zu beschreiben, der in diesem Fall zu einer tödlichen Verstrickung führte. Den Parcours der Gefühle bestimmt nicht selten die Scham. Die Gefühlsgrade der Kälte, die einem nüchternen Richter nachgesagt werden, bedürfen offenbar einer Ergänzung durch die Gefühlslehren der Wärme, die im Wärmespeicher der Literatur angelegt sind. Im angelsächsischen Raum hat sich deshalb eine Denkschule gegründet, *Law and Literature*, die der wechselseitigen Bezogenheit von Recht und Literatur nachgeht: Beeinflussen Erzählungen die Formulierung von Gesetzen oder sogar von Rechtsentscheidungen, oder ruhen Erzählungen auf

2 Schirach (2013: 17).

3 So gelesen, ist auch der Helmut Kohl der Spendenaffäre (2000), der sich an sein Wort gegenüber edlen Spendern gehalten und ihre Namen nicht preisgegeben hat, ein Typ Fähner.

4 In einem Interview in The Guardian vom 29.10.2010 bekennt Jonathan Franzen: »Shame made it impossible for me to write for a decade.« Hintergrund für dieses Schweigen war die Scham über die gescheiterte Ehe. Franzen gibt sich also als Verwandter von Fähner zu erkennen, Gott sei Dank mit anderen Konsequenzen. Es wäre ein lohnendes Forschungsprojekt, die Romane von Franzen auf Schamgrundierungen hin zu untersuchen.

5 Schapp (2012).

bestehenden Gesetzen auf und illustrieren sie nur?[6] Vermögen die Erzählungen, Leser und Juristen für rechtliche Problemlagen zu sensibilisieren?[7] Blickt man auf die Erzählung über diesen Fähner, dann fällt die Antwort eindeutig aus: Fähner dient als Beispiel dafür, wie ein Protagonist aus vorweggenommener Scham darüber das Eheversprechen zu brechen, die Schuld final vorzieht. Er bildet mit dieser heute verschroben wirkenden Ehrvorstellung fraglos nicht mehr das heutige gültige Rechtsgefühl ab und fällt aus der Zeit heraus.

Weil auch der Roman *Der Vorleser* von Bernhard Schlink dem Zusammenhang von Scham, Schuld und Recht hoch empfindsam nachspürt, starte ich den Essay mit einer knappen Lektüre. Ein nächster Abschnitt geht der Spur von Hermann Schmitz nach, die Gefühlsbasis des Rechts zu messen. Unabhängig von Schmitz hat der Juraprofessor Dieter Krimphove die enge Verknüpfung von Scham und Recht unter aktuellen Rechtsbedingungen transparent gemacht.

Re-Shaming lautet ein zunächst in Amerika beworbenes und laufendes Projekt, Straftätern durch Beschämung oder die Re-Inszenierung der Tatsituation eine Schamerfahrung zu ermöglichen, die auf eine Charakterschulung abzielt, um künftiger Straffälligkeit vorzubeugen. Die Idee zumindest verrät sehr viel Einsicht in den Zusammenhang von Scham und Schuld. *Re-Shaming verschiebt Schuld in Scham,* macht eine Rolle rückwärts, um Straftäter in Tugend – vor allem in der Tugend der Besonnenheit – zu coachen.

Ein letzter Teil mustert ausgewählte theologische Rechtsethiken. Wie selbstverständlich steuert die leidige Sündenanthropologie bei vielen Autoren die Argumentation, wenn Recht als Bollwerk gegen die Macht und Gewalt, die einzig durch die Sünde in der Welt kam, gedeutet wird. Staatlich sanktioniertes Recht wird verstanden als »eine kraft göttlicher Stiftung gegebene Ordnung, die unter der Bedingung der gefallenen, weil sündhaft verkehrten Menschheit die negativen Folgen der menschlichen Bosheit eindämmen soll.«[8] Falk Wagner moniert, Recht werde auf den »negativ-abwehrenden Charakter beschränkt« und nicht »als Realisierungsgestalt der christlichen Freiheit« begrif-

6 Blomsted (1998).

7 Weisberg (2013); Weitin (2009); Ders. (2010); Augsberg (2009). Inzwischen ist die Frage auch in den biblischen Wissenschaften angekommen. Vgl. die pointierte und engagierte Sammelrezeption von Otto (2012: 355-364). Euphorisch zustimmend rezensiert Otto eine Arbeit von Bator (2010). Bator kann zeigen, dass die kasuistischen Gesetze der Hebräischen Bibel echte Miniaturerzählungen sind, die den Adressaten, also den Leser zur Partizipation einladen. Im Unterschied zum altorientalischen Recht agiere der »Lawgiver als Psychologist«, als Spezialist für die menschlichen Handlungsmotivation. Diese soll sich dann mimetisch auf den Leser übertragen! Vgl. auch Otto (1999: 207-231).

8 Wagner (1995a: 114).

fen.[9] Der Gegenvorschlag ist vollmundig und darf in der säkularen Gesellschaft nicht auf ungeteilte Zustimmung rechnen. Eine positive Aufgabenbeschreibung des Rechts ringt häufig damit, Bestimmungen des Menschen zu formulieren, die weltanschaulich eng formatiert sind und in der ausdifferenzierten Gesellschaft Begründungsprobleme aufwerfen. Zulässig ist ein Weg nur, wenn in diesem Konzept kreative Erweiterungen und Umwidmungen möglich sind.

1. Alphabetisierte Scham

Wenn es einen Roman gibt, der die Gefühlslehre der Scham idealtypisch bebildert, dann ist es der Roman *Der Vorleser*[10]. Der fünfzehnjährige Icherzähler, Michael Berg, erkrankt, ohne es zunächst zu wissen, an Gelbsucht, wacht morgens mit »dem Gefühl auf, meine Organe lägen schwer und falsch in meinem Leib. Ich schämte mich, so schwach zu sein. Ich schämte mich besonders, als ich mich übergab.« (5f.) Zeuge der Scham wird eine Frau, die sich seiner zunächst »fast grob« (6) zuwendet, als sie aber seine Tränen entdeckt, nimmt sie ihn (»Jungchen«) in die Arme, tröstet ihn und begleitet ihn nach Hause. Von der Mutter aufgefordert, bringt Michael als Dank dieser Frau, Hanna Schmitz, einen Blumenstrauß und kann den Blick von ihr, als sie sich im Nebenzimmer umzieht, weil sie ihn ein Stück begleiten will, nicht abwenden. »Von ihrem Nacken und von ihren Schultern, von ihren Brüsten, die das Unterkleid mehr umhüllte als verbarg, von ihrem Po, an dem das Unterkleid spannte, als sie den Fuß auf das Knie stützte und auf den Stuhl setzte, von ihrem Bein, zuerst nackt und blaß und dann im Strumpf seidig schimmernd. Sie spürte meinen Blick. Sie hielt im Griff nach dem anderen Strumpf inne, wandte sich zur Tür und sah mir in die Augen. Ich weiß nicht, wie sie schaute – verwundert, fragend, wissend, tadelnd. Ich wurde rot. Einen kurzen Augenblick stand ich mit brennendem Gesicht. Dann hielt ich es nicht mehr aus, stürzte aus der Wohnung, rannte die Treppe hinunter und aus dem Haus.« (15f.)

In Michaels Kopf setzen sich die Bilder fest, er deutet sie als »sündige Gedanken« (21), kurbelt dann aber den Schlagbaum in seinem Kopf hoch und will ganz entschieden »die sündige Tat«. (21) Michael geht also eine Woche später erneut zu ihr, bietet ihr an, Koks aus dem Keller hochzuholen, stellt sich ungeschickt an und erscheint eingestaubt und verdreckt in der Wohnung. »Sie sah mich, lachte zuerst verhalten glucksend und dann aus vollem Hals.« (25) Sie lässt Badewasser einlaufen: »›Willst du mit Schuhen und Hose baden? Jungchen, ich schau nicht hin.‹ Aber als ich den Hahn zugedreht und auch die

9 Wagner (1995a: 114).

10 Schlink (1995). Folgende Seitenzahlen beziehen sich auf diese Ausgabe.

Unterhose ausgezogen hatte, musterte sie mich ruhig. Ich wurde rot, stieg in die Wanne und tauchte unter.« Nachdem er gebadet hat, kommt Hanna mit einem ausgebreiteten Handtuch in den Händen zu ihm. »Sie hüllte mich von hinten in das Tuch, von Kopf bis Fuß und rieb mich trocken. Dann ließ sie das Tuch zu Boden fallen. Ich wagte nicht, mich zu rühren. Sie trat so nahe an mich heran, daß ich ihre Brüste an meinem Rücken und ihren Bauch an meinem Po spürte. Auch sie war nackt. Sie legte die Arme um mich, die eine Hand auf meine Brust und die andere auf mein steifes Geschlecht. ›Darum bist du doch hier!‹« (26)

Aus dieser ersten Erfahrung wird ein Ritual. Wenn Hanna von ihrer Schicht als Straßenbahnschaffnerin zurückkommt, besteht sie auf einer Dusche (»Sie war von peinlicher Sauberkeit«), seift ihn ein und lässt sich von ihr einseifen – »und sie lehrte mich, das nicht verschämt zu tun, sondern mit selbstverständlicher, besitzergreifender Gründlichkeit. Auch wenn wir uns liebten, nahm sie selbstverständlich von mir Besitz.« (33) Erweitert wird das Ritual als Michael anfängt, Hanna vorzulesen: »Vorlesen, duschen, lieben und noch ein bißchen beieinanderliegen – das wurde das Ritual unserer Treffen.« (43) (Emilia Galotti. Immerhin.) Die Verliebten organisieren sogar einen mehrtägigen Fahrradausflug in den Odenwald, verleben einen Sommer als »Gleitflug unserer Liebe« (67), dann schleicht sich Verrat ein; denn Michael beginnt, Hanna zu verleugnen, schafft es auch nicht, einer engen Freundin von Hanna zu erzählen: »Ich schämte mich« (74), heißt es lapidar. Hanna reinszeniert die Eröffnungsszene, damit glaubt Michael die »sonderbare Stimmung« (76) der letzten Tage überwunden, schickt ihn dann zu den Freunden ins Schwimmbad, taucht dort noch einmal auf, Michael geht aber nicht zu ihr, am anderen Tag ist sie verschwunden. Grußlos. Ohne eine Anschrift zu hinterlassen.

Viele Jahre später, als Beobachter in einem KZ-Prozess, sieht Michael, inzwischen werdender Jurist kurz vor dem Examen, Hanna zufällig wieder. Hanna war während des Krieges mit weiteren Angeklagten Aufseherin in einem Außenlager von Auschwitz. Zur Rechenschaft gezogen werden sie für die Selektionen im Lager und für ihr Verhalten während einer Bombennacht, als die Kirche im Ort, in die mehrere hundert Frauen getrieben worden waren, in Flammen aufging. Keine der Aufpasserinnen hatte die Türen aufgesperrt. Alle Frauen verbrannten.

Aufregend verspätet kommt Michael hinter Hannas Geheimnis: Hanna kann nicht lesen, hatte die in frühen Jahren angebotene Beförderung bei Siemens deshalb abgelehnt und war Aufseherin geworden, hatte auch in Auschwitz alles getan, um die Scham zu verbergen, und war dadurch schuldig geworden. »Hannas Scham, nicht lesen und schreiben zu können, als Grund für ihr Verhalten im Prozeß und im Lager? Aus Angst vor der Bloßstellung als Analphabetin die Bloßstellung als Verbrecherin? Aus Angst vor der Bloßstellung als Analphabetin das Verbrechen?« (127) Der Icherzähler Michael muss sich entscheiden, Hanna entweder zu beschämen, indem er dem Gericht sein Wissen über ihren Analphabetismus mitteilt, um ihr eine lange Gefängnisstrafe zu ersparen, oder er muss sich für das Schweigen entscheiden, um ihre Scham zu kaschieren. Michael selbst verstrickt sich in die Logik von Scham und Schuld und entscheidet sich gegen die Beschämung. Hanna wird zu lebenslanger Haft verurteilt.

Über achtzehn Jahre lang schickt Michael besprochene Kassetten in die Haft, bleibt also über die Distanz hinweg ihr Vorleser. Das Treffen nach der Haftentlassung scheitert, weil Hanna in der Haft offenbar ihre Anmut (Hanna, hebräisch: *chen*, Anmut und Gnade) verloren hat. Der Autor fasst diesen Blickdiskurs der Scham in folgende verknappte Szene: »Ich sah die Erwartung in ihrem Gesicht, sah es in Freude aufglänzen, als sie mich erkannte, sah ihre Augen mein Gesicht abtasten, als ich näherkam, sah ihre Augen suchen, fragen, unsicher und verletzt schauen und sah ihr Gesicht erlöschen. Als ich bei ihr war, lächelte sie ein freundliches, müdes Lächeln.« (184f.) Offenbar war der Blick des Michael wenig angelisch, in Sekundenschnelle läuft die Hoffnung auf Grund und kehrt die Scham zurück, die sich in der Nacht vor der Entlassung in einer Selbstaggression entlädt. Erst als Michael vor der aufgebahrten Toten steht, überfällt auch ihn die Scham. »Als ich lange hinschaute, schien im toten Gesicht das lebende auf, im alten das junge. So muss es alten Ehepaaren gehen, dachte ich; für sie bleibt im alten Mann der junge aufgehoben und für ihn die Schönheit und Anmut der jungen Frau in der alten. Warum habe ich den Aufschein vor einer Woche nicht gesehen?« (198)

Stilistisch verzichtet die Prosa von Schlink (wie die von Schirach) auf Knallerbsen und Albernheiten, mit einer im besten Sinne phänomenologischen Präzision werden Schlüsselsituationen beschrieben und die Scham-Verstrickungen aufgedröselt, die in diesem Roman eine himmelschreiende Tragik offenlegen. Das ist Schlinks poetologisches Scham-Programm. Geschickt werden Leerstellen eingebaut, die die Leserin und der Leser bebildern können, um nachzuspüren, wie die Protagonistin Hanna mit der *Schamangst* ringt, um nicht bloßgestellt zu werden. Hanna flieht, taucht vor geargwöhnten Ansprüchen ab wie der biblische Jonas, taucht ein in eine laute Umgebung, die auf Fahnen, Symbole und faschistische Gesten setzt, taucht ein in eine plärrende Masse, um unsichtbar zu werden, taucht ein in einen großen Volkskörper, der individuelle Scham nahezu unmöglich macht.[11] Im Gegen-

11 Vgl. Marks (2011a).

zug steigt Hanna auf zur Aufpasserin von Menschen, die von einem Terror-Regime ausgegrenzt und entmenschlicht wurden – aussortiert von ihr, die sich selbst durch ihren Analphabetismus ausgegrenzt fühlt. Ein Ausnahmezustand in jeder Hinsicht. Weil Hanna ihre Scham nicht bearbeitet, verschiebt sie die Scham in Schuld und wird in einem schier unfassbaren Umfang schuldig. Offenbar ist die Scham so groß, dass Hanna diese persönliche Scham auch noch höher bewertet als die Prinzipien des Rechtstaates – mit denen sie freilich kaum vertraut ist. Offenbar verbaut ihr die *Schamangst* jede Möglichkeit, ein positives Rechtsgefühl auszubilden. Und der Protagonist? Als angehender Jurist schlägt er die Möglichkeit einer Aussage zugunsten der Angeklagten aus. Er bewahrt das Persongeheimnis von Hanna, bewertet die Beschämung, die in seiner Aussage liegen würde, höher als die angedrohte Strafe. Tragisch wird dieser Entschluss, als beim Wiedersehen nach der Verbüßung der Strafe der liebende Blick[12] scheitert, weil er die Anmut ich ihrem Blick vermisst. Hat er aus falscher Scham vor Beschämung geschwiegen? Hanna verschiebt schließlich endgültig Scham in Schuld und wendet Gewalt gegen sich selbst an.

Noch vor dem dilemmatischen Finale hat der Juraprofessor (und Sohn eines Theologieprofessors) Bernhard Schlink eine kleine Melancholie über die Geschichte des Rechts eingewoben. Zunächst, so schreibt Schlink, waren Michaels Arbeiten über die Aufklärung getragen »von dem Glauben, daß in der Welt eine gute Ordnung angelegt ist und daß die Welt daher auch in eine gute Ordnung gebracht werden kann. Zu sehen, wie aus diesem Glauben Paragraphen als feierliche Wächter der guten Ordnung geschaffen und zu Gesetzen gefügt wurden, die schön sein und mit ihrer Schönheit den Beweis für ihre Wahrheit antreten wollten, hat mich beglückt. Lange glaubte ich, daß es einen Fortschritt in der Geschichte des Rechts gibt, trotz furchtbarer Rückschläge und -schritte eine Entwicklung zu mehr Schönheit und Wahrheit, Rationalität und Humanität. Seit mir klar ist, daß dieser Glaube eine Schimäre ist, spiele ich mit einem anderen Bild vom Gang der Rechtsgeschichte. Darin ist er zwar zielgerichtet, aber das Ziel, bei der er bei vielfältigen Erschütterungen, Verwirrungen und Verblendungen ankommt, ist der Anfang, von dem er ausgegangen ist und von dem er, kaum angekommen, erneut ausgehen muß. […] Die Odyssee ist die Geschichte einer Bewegung, zugleich zielgerichtet und ziellos, erfolgreich und vergeblich. Was ist die Geschichte des Rechts anderes!« (173)[13]

12 Als Pastorensohn ist Schlink mutmaßlich vertraut mit Jer 24,6, einer Textstelle, die den liebenden Blick Gottes beschreibt: »(U)nd will sie gnädig ansehen, und will sie wieder in das Land bringen.«

13 Diesen latenten Pessimismus finde ich überzogen, denn man kann mit gleichem Recht sagen: Die Zentralstellung der Menschenrechte bietet Anlass zum Optimismus. Wie oben gesehen, kann man mit Korsch darin einen Beleg für die Weltregierung Gottes sehen.

Wie noch zu zeigen: Die theologischen Rechtsethiken bestätigen dieses Schwanken zwischen Optimismus und Pessimismus. Zunächst will ich aber den Vorschlag von Hermann Schmitz aufnehmen, der von einer Gefühlsbasis des Rechts spricht. *Scham* und *Zorn* spielen in diesem Kontext die zentrale Rolle.

2. Die Gefühlsbasis des Rechts

Sympathie hege ich für den Vorschlag von Hermann Schmitz, Scham und Recht in ihrer Bezogenheit aufeinander zu deuten, anders gewendet: Schmitz versucht, über die *Gefühlsbasis des Rechts* aufzuklären.[14] Weil sich die zwei moralischen Hauptgefühle[15], nämlich Scham über die Ruinierung des sozialen Anerkennungsverhältnisses und Zorn über einen Anschlag auf die eigene Ehre und mein soziales Kapital, spiegelbildlich zueinander verhalten, kann Schmitz die Gefährdung der je eigenen Leibsubjektivität, die so herrlich plastisch durch den Begriff des Resonanzkörpers zur Darstellung kommt, durch eine zentripetale und zentrifugale Störung beschreiben.[16] Für die Scham, so die leibphänomenologische Pointe, ist der »zentripetale Charakter der Erregung« übermächtig »stark; aggressive Erregungen dringen mit durchbohrender Schärfe auf die Enge des Leibes ein und hemmen durch ihr Übergewicht die leiblichen Richtungen, die den Leib aus der Enge hervor in die Weite entfalten. Dadurch kommt es zur Prägung des leiblichen Befindens durch Bewegungssuggestionen der extremen Zusammenziehung, des Sichduckens, Schrumpfens und Versinkens im Anfall der Scham.«[17] An dieser Stelle deutet Schmitz die leibliche Ergriffenheit als »eine unwillkürlich rechtliche Evidenz (sic!); es liegt darin die Gewißheit, daß durch eine ungehörige Initiative (gemeint ist ein milieuinadäquates Verhalten, K.H.) Unrecht geschehen ist.« (43) Spiegelbildlich zur Scham positioniert Schmitz den Zorn, der auf Ehrverletzung reagiert, als heftige »zentrifugale Unruhe«. (25) Schmitz spricht von einer »rechtsgestaltende(n)

14 Nachdrücklich grenzt sich Schmitz (1973: 1-5) gegen Naturrecht und Positivismus ab.

15 Zu den rechtlichen Vorgefühlen rechnet Schmitz (1990: 385) die Schamhaftigkeit und den Geschmack.

16 Mit der Unterscheidung von Scham und Zorn und den entsprechenden Rechtskulturen bietet Schmitz eine Variante der Unterscheidung von Schamkulturen und Schuldkulturen, die die Kulturanthropologin Ruth Benedict 1947 vorgeschlagen hat. (Benedict 2006)

17 Schmitz (1973: 42f.). Die folgenden Seitenzahlen beziehen sich auf diesen Text. Schmitz (1973: 43) macht an dieser Stelle den Stolz als polaren Gegensatz zur Scham aus, »denn für den Stolz ist eine Bewegungssuggestion charakteristisch, in der sich – namentlich beim ›Hochtragen‹ und Zurückwerfen des Kopfes – Aufrichten gegen die Schwere mit schwellender Weitung, die sich – wie bei der dem Stolz nahe verwandten Wollust – gegen engende Spannung durchsetzt, zu einer überlegenen Entfaltung der Enge in die Weite verbindet.«

Qualität des Zorns« (27): »Er fügt sich in keine Schablone, sondern nimmt an jeder kränkenden Situation frisch Maß, um in der *Vergeltung oder Rache* (Hervorhebung von mir, K.H.) ein der Kränkung angemessenes Gegengewicht, eine Gegenkränkung als ausgleichendes Äquivalent zu bestimmen und zu bewirken.« (27)

Konsequent unterscheidet Schmitz zwischen Rechtszustand und Rechtsordnung: »Der Rechtszustand ist, wenn er gelingt, Erfolg menschlicher Maßnahmen, die darauf abzielen, unerträglicher Ergriffenheit von Zorn und Scham nicht bloß am affektiven Betroffensein der Gruppenmitglieder – etwa durch deren Abstumpfung gegen diese Gefühle – zuvorzukommen, sondern durch Meidung und Bannung der mit ergreifender Macht drohenden Atmosphären selber, des Zorns und der Scham, sofern diese als relevant und für den Ergriffenen in typischer Weise unerträglich ausgeschlossen werden sollen. […] Für eine Menschengruppe […] ist ein Rechtszustand eine Konstellation des Gefühlslebens, in das diese Gruppe eingebettet ist, wobei unerträgliche Ergriffenheit ihrer Angehörigen von rechtlich relevanten Typen von Zorn und Scham durch menschliche Maßnahmen, die der Drohung dieser ergreifenden Atmosphären meidend und bannend zuvorkommen, vorgebeugt ist.« (84f.) Von hier aus erschließt sich für Schmitz auch die *Idee von Gerechtigkeit*: »Allgemein kann Gerechtigkeit nur vom Rechtsgefühl her charakterisiert werden, als gänzliche Abwesenheit beschämender und empörender, ernstlich als Verankerungspunkt von Zorn und Scham geeigneter Tatsachen; was als gerecht zu gelten hat, verschiebt sich dann jeweils mit dem Zeugnis der Gefühle. Dabei handelt es sich um ideale Gerechtigkeit, während praktische Gerechtigkeit das Bestreben ist, sich diesem Ideal so weit wie möglich anzunähern.«[18]

Zum Rechtszustand gehören noch nicht *explizit* verbindliche Normen, darin unterschieden vom Recht als Rechtsordnung, die ein »Normenkomplex oder eine normative Ganzheit« (89) darstellt. Im Idealfall verwirklicht sich der Rechtszustand in der Rechtskultur oder bleibt doch wenigstens spürbar als »Standardüberzeugungen« (92), an die etwa ein Richter appellieren kann. Nach Schmitz nun wirken die »atmosphärischen Mächte von Zorn und Scham« als »normgebende Autorität« (148): »Die Normen, die dabei verbindliche Geltung erlangen, bilden die Rechtsordnung, eventuell zusammen mit imperativischen Normen, deren Befehlsgeber ihre Autorität zur Setzung der betreffenden Normen aus jenen vom Rechtsgefühl selbst in Geltung gesetzten Normen schöpfen. Die Rechtsordnung wird demnach von der gesamten Gefühlsbasis des Rechts […] eingesetzt.« (149). Laienrichter sind, so Schmitz' Volte, »Urteilsfinder […], die […] der Stimme des in der Rechtskultur leitenden Rechtsgefühls Mund

18 Schmitz (1990: 389f.).

geben sollen.«[19] Strafe schließlich, so die Antwort auf die eingangs liegengelassene Frage, ist eine Antwort auf die Autorität der Gefühle, um die »vergiftete Atmosphäre im Gefühlsraum« zu reinigen, also die Empörung zu kanalisieren.[20]

Schmitz' These, »dass verbindliche Rechtsnormen der Autorität der Gefühle zu verdanken sind« (159), hat eine starke Erschließungskraft, sie ringt aber mit einem nicht kleinen Problem: In unseren mulitkulturellen Gesellschaften sind Scham und Zorn (als Reaktion auf Ehrverletzungen) kein so monolithischer Block, wie Schmitz gerne möchte. Und es ist sehr die Frage, ob das Recht schnell genug auf die gewandelten Anlässe für Scham und Zorn reagieren kann. Auf diese Anfrage hat der Jurist Krimphove eine Antwort versucht.

»Wie das Recht stellt das Phänomen Scham ein gesellschaftliches Sanktionssystem zum Zweck der Sanktionierung sozialwidrigen Verhaltens dar. Die Sanktionen der Scham können sogar weitaus gravierender als alle rechtlichen (juristischen) Sanktionen wie etwa Strafen, Bußgelder oder Ersatzhandlungen ausfallen.«[21] Mit sicherem Zugriff deutet der in Paderborn lehrende Jurist Dieter Krimphove Scham als ein Phänomen, das wie das Recht menschliches Verhalten steuert und auch im Recht Eingang gefunden hat. Zustimmend greift Krimphove mit dem Stichwort der Verhaltenssteuerung die Einsicht von Norbert Elias auf, der bekanntlich »die Scham als Triebfeder und Ursache der Internalisierung von Fremd- in Selbst-Zwänge« (95) identifiziert hat. Unaufgeregt, gleichsam en passant schlägt der Essay auch einen Bogen von Sartres Zugriff auf das Phänomen der Scham als Verdinglichung zu der abkürzend genannten »Objektformel« deutscher Rechtsprechung, also dem »Verbot, den Menschen nicht lediglich als Objekt staatlichen Handelns zu sehen.« (95)

Recht und Scham, so ein Zwischenergebnis, sanktionieren »sozialwidriges Verhalten« (96). Aber im Unterschied zur Strafe wirkt die Sanktionierung der Scham, weil sie vom Protagonisten der Scham selbst ausgeht, viel unmittelbarer, reicht mithin weiter als schuldhaftes und rechtswidriges Verhalten, kann auch stärkere negative Konsequenzen heraufbeschwören wie etwa die Selbstaggression des Suizids, führt gelegentlich sogar zu desaströsen Asymmetrien zwischen Zeugen und dem Protagonisten der Scham, wenn etwa bei kleineren Verstößen wie einem Spontandiebstahl der Ertappte durch die Gegenwart des Schamzeugen erpressbar wird: »Scham wird so zur ›Mutter‹ der Erpressung.« (97)

19 Schmitz (1990: 401).

20 Schmitz (1990: 303).

21 Krimphove (2012: 115). Anschließende Zitate beziehen sich auf diesen Text.

Ein in den soziologischen und eth(n)ologischen Debatten häufig ausgeblendetes Element erinnert Krimphove: Scham als ein Evolutionsvorteil des Menschen (101). »Nicht die rational abwägende und damit langfristige Bearbeitung eines Konflikts war in der Entstehungszeit der Gattung Mensch gefragt. Einen evolutorischen Überlebensvorteil brachten vielmehr nur zeitnahe, situationsabhängige Reaktionen der Anpassung, Orientierung und Koordination des eigenen Verhaltens in der Gruppe. Diese zeitnahen Reaktionen können nicht hoch technisierte, formalisierte Argumentationsstrukturen, sondern allein Gefühle leisten« (99).[22] Scham, so die These, regulierte den Anpassungsdruck, sorgte aber auch dank des Phänomens der Mitscham für stammesgeschichtliche Solidarität. Als »urzeitliche, aber noch heute virulente, ethologische Vorstufe menschlichen Strafens [...], als den ›älteren Bruder‹ der Strafe« (98) bestimmt Krimphove die Scham.

Im gegenwärtigen Recht findet die Scham durchaus eine Berücksichtigung, denn in Fällen von Beleidigung, Nachstellung oder Stalking, Exhibitionismus, sexuellem Missbrauch von Jugendlichen, ›Verletzungen des persönlichen Lebens- und Geheimnisbereichs‹ »respektiert das deutsche Recht die Scham des Opfers, indem es die gerichtliche und damit öffentliche Verfolgung der Tat grundsätzlich von deren Strafantrag abhängig macht. Die Entscheidung des Opfers gegen eine Verfolgung der Straftat geht dann zu Lasten der gleichmäßigen Strafrechtspflege.« (105) Das deutsche Recht garantiert zugleich einen Scham-Schutz für den Täter und kann deshalb die Öffentlichkeit vom Prozessgeschehen ausschließen – etwa in Ehesachen, Jugendstrafsachen, Disziplinarverfahren gegen Soldaten und Beamte oder in Untersuchungsausschüssen.

Die Forderung, die Scham nun auch programmatisch in das Recht aufzunehmen, erweist sich als kompliziert, denn, so die zentrale Frage, wie »gehen – insbesondere angesichts zunehmender Migration – moderne Rechtsordnungen mit unterschiedlichen Schamvorstellungen und Schamsystemen um?« (110) Nachvollziehbar fordert Krimphove »einen Anteil an Täterscham« im Strafsystem ein, die ermittelt werden kann im Verhalten nach der Tat und im »Bemühen um Wiedergutmachung« (110). Beide Punkte sind bisher bereits als Merkmale im StGB festgehalten worden, Krimphove wünscht sich als zusätzliches Tatbestandmerkmal das »Bedauern des Täters angesichts seiner Tat und seiner Folgen«. (Ebd.) Hiermit trifft sich Krimphove mit der Einsicht von Bernard Williams, dass Scham (nicht Schuld) zur Einstellungsänderung einer Person, hier: eines Täters entscheidend ist.[23] Nahezu unlösbar scheint mir das

22 Dazu Krimphove (2009: 99ff.).

23 Da die Scham oft auch noch die Strafe überlebt, fordert Krimphove zur Resozialisierung Kirchen, Religionsgemeinschaften und Vereine auf, hier aktiv zu wirken. (111) Nachdrücklich weist Krimphove darauf hin, wie die Anonymität der Massenmedien auch eine Scham-Reduktion bewirken können:

dann anstehende Problem, die Ehrlichkeit öffentlicher Scham oder Reue zu bewerten. Es gibt leider abschreckende Beispiele in amerikanischen Gerichtssälen.

Eine Verrechtlichung der Scham lässt sich nur sehr gelegentlich ausweisen, Fluggesellschaften etwa werden per Gesetz angehalten, Behinderten den Flug aufgrund der Behinderung nicht zu verweigern, aber »ein entscheidender Nachteil der Verrechtlichung von Scham besteht darin, dass gesetzliche Regelungen nur noch in einem streng formalisierten Gesetzgebungsverfahren beschlossen werden. Ein umfangreiches Gesetzgebungsverfahren beeinträchtigt massiv eine zeitnahe, flexible und effektive Anpassung von Schamwerten und Schamgrenzen. [...] Der Grund für die Verrechtlichung von Verhaltensscham liegt im Wesentlichen darin, dass nicht mehr alle Mitglieder der Gesellschaft die gleichen Schamgrenzen kennen bzw. akzeptieren.« (113) Das Fazit fällt vorsichtig aus: »Das Nebeneinander von Scham und Strafe gilt es auch in aktuellen Rechtskulturen anzuerkennen. Aus der Bi-Polarität dieser beiden unterschiedlichen – jedoch zur Natur des Menschen gehörenden – Phänomene lassen sich zahlreiche Schlussfolgerungen, etwa für das Entstehen oder die Modifikation bisheriger Rechtsregeln, ableiten.« (115)

An Krimphovens Vorschlägen überzeugt die positive Bewertung der Scham zur gesellschaftlichen Steuerung des Ethos. Angesichts der extrem schnellen Umwälzung spätmoderner Gesellschaften bietet sich die Scham dazu an, schneller als verfahrenstechnisch aufwendige diskursethische Verständigungen einen *Common sense* zumindest subsidiär herzustellen. Allenfalls in einem Punkt verkürzt Krimphove die Debatte, wenn er von der Emanzipation der Schuld von der Scham spricht; phänomenologisch sind beide fest verankert, zumindest dann, wenn die Schuld eine falsche Umgangsweise mit der Scham demonstriert, indem der Beschämte entweder lieber an anderen schuldig wird, um der Scham-Situation zu entkommen, oder gegen sich selbst schuldhaft Hand anlegt. Eine Anfrage an Krimphoves Ansatz wäre es, ob nicht die Re-Shaming-Methode dazu führen kann, echtes Bedauern und echte Reue bei den Tätern zu erzeugen.

3. Re-Shaming und Beschämungspraktiken

Unter dem Fachbegriff des Re-Shaming wird vor allem in den Vereinigten Staaten in sogenannten »Restorative-Justice-Prozessen« der Täter dazu ge-

»Gerade zum Schutz vor gesellschaftlichem Mobbing sind der Gesetzgeber und die Rechtsprechung gefordert, die Aufhebung der Anonymität, das heißt die Erkennbarkeit des Verfassers – gleichberechtigt neben dem Recht auf informationelle Selbstbestimmung zu gewährleisten.« (112)

bracht, Scham über seine Tat zu empfinden.[24] Beschämung wird in diesen Ansätzen als wohlwollende Beschämung verstanden, unterschieden von Beschämungen, wie sie in Dispositiven der Macht zum Einsatz kommen; es geht also, mit Friedrich Schwenger gesagt, darum, einen Unterschied aufzumachen zwischen einer stigmatisierenden und damit exklusiven und einer reintegrativen und damit inklusiven Beschämung. »Beschämung dient dazu, Empathie, tiefe Schuldeinsicht, echte Reue und ehrliche Wiedergutmachung erst möglich zu machen – soll also re-integrativ wirken – inklusiv.«[25] Im Re-Shaming-Verfahren wird die *positive Funktion* der Scham eingesetzt, um Tätern ein Gefühl für die Wichtigkeit von Normen, gegen die sie verstoßen haben, zu vermitteln und ihre soziale Kompetenz auszubilden. Michael Klessmann betont, »dass begrenzte, maßvolle Scham und die damit verbundene Schamangst auch eine sozialisierende Wirkung haben kann.«[26] Schwenger ergänzt: »Ziel ist es, Scham als ein soziales Regulativ zu sehen: Wer sich schämt, ist diplomatisch, diskret, rücksichtsvoll, krakeelt nicht herum, rempelt keine Leute an, begeht kein Verbrechen, klaut keiner alten Dame die Handtasche. Somit dient Scham der sozialen Anpassung.«[27]

Damit wird einerseits gewollt ein gesellschaftlicher *status quo* stabilisiert, andererseits kann in diesen Prozessen der Resozialisierung durchaus auch eine positive Wahrnehmung des Anderen eintreten. Weil in diesen *Circles*, die sich um die Täter bemühen, nicht mit Schuldvorwürfen gearbeitet, weil auf juristischen Jargon verzichtet wird, erleben sich die Täter nicht wie in einem »Verhängnis verstrickt« [28], sondern die Schamerfahrung motiviert sie im Idealfall, sich zu ändern. Freiheit ist das organisierende Zentrum der Schamsituation. In diesen Re-Shaming-Ansätzen wird positiv auf die von Bernard Williams herausgestrichene Stärke der Scham gesetzt: Die Schamerfahrung zielt auf den eigenen Charakter des Täters, hilft, ein Augenmerk etwa auf Defizite der Fähigkeiten zu lenken, die für ein gesellschaftlich adäquates Verhalten unabdingbar sind. Folgende Erfahrung aus Strafvollzügen steuert die Idee des Restaurative Justice: Wer als Täter nur die Schuld absitzt, muss sich nicht zwangsläufig ändern, er kann die Haft verlassen mit der falschen Selbsteinschätzung, inzwischen zu clever zu sein, um sich nochmals erwischen zu lassen. Die Idee ist zunächst evident: Um die Rückfallquote bei Straftätern zu reduzieren, konzentriert sich der Re-Shaming-Prozess auf die Stabilisierung

24 »Reshaming« wurde von dem Soziologen und Kriminologen John Braithwaite (1989) entwickelt.

25 Schwenger (2010: 48).

26 Klessmann (2010: 20).

27 Schwenger (2010: 50).

28 Klessmann (2010: 20).

von Fähigkeiten zum sozialen Zusammenleben, dazu im hohen Maßen auf eine Ausbildung oder Stabilisierung von Besonnenheit.

Theologen wie Schwenger und Klessmann, die Re-Shaming auch für die Gefängnisseelsorge in Deutschland nachdrücklich befürworten, plädieren im gleichen Atemzug für eine schamsensible Anthropologie, die die alte, simple Schuld-Anthropologie ablöst. »(C)hristliche Theologen, angefangen von Paulus über Augustin und Luther, haben sich vorwiegend mit der Schuld des Menschen befasst, haben Sünde als Schuld interpretiert – und die Scham weitgehend außen vor gelassen. So ist eine Anthropologie entstanden, die den Menschen einseitig von den Phänomenen der Sünde und der Schuld – und damit von seinen Taten her zu verstehen sucht.«[29] Mit Friedrich Schwenger gesprochen ist das Ziel schamseelsorgerlicher Kompetenz immer, »Scham in ihrer destruktiven, pathologischen Form zu überwinden (Falschschämen), sodass sie in ihrer positiven Form wieder dazu dienen kann, Werte deutlich zu machen und ins Leben zu bringen«.[30]

In jeder intentionalen Beschämung, auch der wohlwollend inklusiven oder reintegrativen, ist fraglos ein Moment von Gewalt enthalten; die scheint mir aber nötig zu sein, um destruktive Schamabwehr, die sich zur Haltung von Coolness, Demütigungsgesten gegenüber Anderen, Macho-Gehabe oder Opferstilisierung ausgeprägt hat, aufzubrechen.[31] Hellsichtig sieht Schwenger die Gefahr, dass es beim gefängnisseelsorgerlichen Re-Shaming zu »Regressionen und retraumatisierten Folgen« kommen könne, wenn das Re-Shaming »erneut stigmatisiert, etikettiert und beschämt.« Um diese Gefahr zu bannen, schlägt Schwenger vor, dass sich die Gesprächsteilnehmer »Zeit […] lassen«, fordert, dass ein »vertrauenswürdige(r) Raum und vertrauenswürdige Menschen – und nicht zuletzt Therapeuten oder therapeutisch geschulte Mediatoren« zur Verfügung stehen.[32] Schwenger empfiehlt Zeremonien der Versöhnung, die dem Straftäter (vielleicht erstmals) das Gefühl vermitteln, auf Achtsamkeit und Anerkennung zu stoßen. »Achtsam sein, den anderen anerkennen, darin verbirgt sich ein aktives Achten, Beachten, Erkennen – es ist der Respekt vor dem Anderen mit seinen Gaben, lebensgeschichtlichen Erfahrungen und Ressour-

29 Klessmann (2010: 16). Klessmann zeigt auch anhand biblischer Texte die Verschiebung von Scham in Schuld (17-19).

30 Schwenger (2010: 50).

31 Stephan Marks (2010: 43) behauptet: »In der Arbeit mit Menschen kann es nicht das Ziel sein, ihre Scham-Abwehr zu zertrümmern, denn es gibt gute Gründe, weshalb ein Mensch gelernt hat, seine Scham abzuwehren. Es kann nur darum gehen, jemanden darin zu unterstützen, destruktive oder selbstdestruktive Abwehr in konstruktive Scham-Abwehr umzuwandeln. Etwa in Ehrgeiz.« So gern ich Marks teilweise zustimme, wenn es um therapeutische oder seelsorgerliche Kontexte geht, so wird man im Reshaming-Prozess diese Schamabwehr vielleicht auch aufbrechen müssen.

32 Schwenger (2010: 49).

cen.« Seelsorge, so die Hoffnung, kann den »Raum eines befreienden Blickes« bieten.[33]

Fraglos positiv zu bewerten ist der Versuch, durch das integrative Re-Shaming den Tätern ein positives Ehrgefühl zu vermitteln und seine Fähigkeiten zu »soziale(m) Interagieren«[34] zu stärken. Positiv auch schlägt zu Buche, dass in einem geschützen Raum die inszenierte Bloßstellung, die keine Demütigung sein darf, durchgeführt wird und häufig an diesen Prozessen ehemalige Täter und Opfer teilnehmen. Deren Teilnahme sorgt für eine Abschwächung der Asymmetrie, die in therapeutischen und seelsorgerlichen Gesprächen häufig vorherrscht. Ob dem Schuldigwerden selbst möglicherweise Scham vorgängig war, muss im Restaurative-Justice-Prozess von den Therapeuten oder Seelsorgern erfragt werden, andernfalls verschärft das Re-Shaming das Drehmoment der Scham-Schuld-Spirale. Michael Klessmann sieht und benennt das Problem: »Ein entscheidender Schritt besteht darin, dass sich die ursprüngliche Wut, der Hass über erlittene Kränkungen und Verletzungen, die der Ursprung einer bösen Tat waren, in Trauer verwandelt, in den Schmerz der ungeschminkten Selbstwahrnehmung.«[35] Nochmals: Schwierig zu kalkulieren ist die Gefahr einer Retraumatisierung, die vom Straftäter als Gewalt und Entehrung erfahren würde. Anders auch als in nichtintentionalen Schamsituationen wird im Re-Shaming-Prozess die Scham funktionalisiert; ein freier, mithin selbstbestimmter Umgang mit der Scham wird damit unmöglich.

Hochumstritten ist die Frage, ob sich der Staat an Beschämungspraktiken beteiligen soll. Nachdrücklich warnt Martha Carven Nussbaum vor einer Beteiligung des Staates an Schandstrafen: »Es ist ein großer Unterschied, wenn sich der Staat zum Komplizen der Beschämung macht. Menschen werden auch weiterhin andere Menschen stigmatisieren, und Kriminelle gehören notwendigerweise zu den Betroffenen. Doch wenn sich der Staat an dieser Demütigung beteiligt, untergräbt er die Werte von Gleichheit und Würde, auf denen die liberale Gesellschaft begründet ist.«[36] Rechtswissenschaftler wie James Q. Whitman sehen zudem die Gefahr, der Staat würde seine Verantwortung für die Strafzuweisung an die Öffentlichkeit zurückspielen und sich damit aus der Verantwortung stehlen: »Die Bürger haben einen Staat geschaffen, der an ihrer Stelle handelt, auch bei der Bestrafung. Wenn der Staat die Bürger zur Teilnahme an einer Bestrafung einlädt – etwa indem er Verurteilte zwingt, Schilder mit der Beschreibung ihres Vergehens zu tragen –, dann delegiert er einen

33 Schwenger (2010: 51, 52).

34 Schwenger (2010: 53).

35 Klessmann (2010: 30).

36 Zitiert nach Jacquet (2015: 43).

Teil der Verantwortung zurück an die Bürger, die ›launisch und willkürlich‹ reagieren können, so Whitman.«[37] Sollte aber das Re-Shaming nicht öffentlich inszeniert werden, sondern vielmehr in therapeutischen oder seelsorgerlichen Sitzungen einen Ort finden, halte ich diesen Weg, trotz der genannten Vorbehalte, für erfolgversprechend.

Jennifer Jacquet beharrt in ihrem Buch *Scham* darauf, es gebe »Fälle, in denen die Beschämung, auch durch den Staat, zum Nutzen der Gesellschaft eingesetzt werden kann.«[38] Dazu zählt Jacquet etwa Versuche, Raucher durch Nichtraucherkampagnen zu beschämen. Nüchterne Aufklärungsarbeit reicht offenbar nicht hin, es braucht *Schockphotos*, die aufrütteln. Über die Wirkung kann man streiten, belastbare empirische Daten liegen bisher nicht vor. Im Bundesstaat Florida müssen Autofahrer, die bei einer alkoholisierten Fahrt erwischt werden, künftig ein buntes Nummernschild führen. Richtig: Wer mit Alkohol am Steuer ertappt wird, riskiert das eigene Leben und das Leben anderer. Ob aber die abschreckende Wirkung eintritt, ist bisher nicht belegt. Auch in den genannten Fällen würde ich der Argumentation von Nussbaum den Vorzug geben. Aufgabe des Staates kann es nicht sein, seine Bürger zu beschämen.

Ein entschieden probates Mittel sind Beschämungen gegen gemeinschaftsschädigende Verhaltensweisen, »die vom Gesetzgeber nicht unter Strafe gestellt sind«[39], auch deshalb, weil der Gesetzgeber häufig damit überfordert ist, etwa alle möglichen Strategien der Ausbeutung durch Gesetze zu unterbinden. »Die Occupy-Bewegung erinnerte uns auch daran, dass sich die Gesellschaft in Fällen, in denen eine juristische Bestrafung nicht möglich ist, auch durch Beschämung wehren kann.«[40] Besonders erfolgreich sind offenbar Beschämungsszenarien, die mit (derbem) Humor ausgeführt werden, so konnten etwa aufblasbare riesige Ratten, die vor Finanzinstituten aufgestellt werden, Vorstände zur Rücknahme überzogener Verwaltungskosten bewegen. Und giftig-sarkastische Inszenierungen oder Events bringen vielleicht Unternehmen wie Google oder Starbucks dazu, aus den Steuerparadiesen wieder auszuwandern. In diesen Fällen erinnern die Beschämungspraktiken an die Zeichenhandlungen der Propheten im alten Israel. In der »Aufmerksamkeitsökonomie«[41] der Gegenwart ist Kunst das angemessene Beschämungsdispositiv. »Heute buhlen gewaltige Mengen von Informationen um unsere Aufmerksamkeit, und es gibt eine riesige

37 Jacquet (2015: 44).

38 Jacquet (2015: 44).

39 Jacquet (2015: 120).

40 Jacquet (2015: 122).

41 Jacquet (2015: 154ff.).

Plattform zu deren Verteilung und Speicherung. Beschämungen dringen eher durch diesen Lärm, wenn sie mit Spielen arbeiten.«[42]

Dienen Re-Shaming-Prozesse der Stärkung, vielleicht sogar erstmaligen Ausbildung eines Rechtsgefühls bei Straftätern, dann versuchen intentionale Beschämungspraktiken, im Alltag vorrechtliche Unwuchten im Gerechtigkeitsgefühl auszugleichen. Unterschwellig organisiert werden diese Anstrengungen von einer oft verschleierten normativen Anthropologie, die auch die Aufgabenbestimmung des Rechts bestimmt. Ein Blick auf theologische Rechtsethiken kann die These belegen.

4. Der lange Schatten der Sünde

Wie alle theologischen Rechtsethiken, die relativ zeitnah nach dem Ende des Zweiten Weltkriegs verfasst wurden, ist der Ansatz Wolfhart Pannenbergs durch die Erfahrungen des Nationalsozialismus entscheidend geprägt worden. Anfang der 1960er-Jahre[43] stehen für Pannenberg zwei Lösungsversuche parat, die er für ungeeignet hält, einem Rechtspositivismus[44], der ohne theologische Rückbindung auszukommen meint, die Stirn zu bieten: »Auf der einen Seite wird die von Gott gesetzte Ordnung des Menschenlebens, sei es Schöpfungsordnung oder Erhaltungsordnung, als Grundlage richtigen Rechtes angesehen. Auf der anderen Seite wird eine Begründung des Rechtes aus der Christusoffenbarung angestrebt. Die Lehre von den Schöpfungsordnungen geht zurück auf Luthers Unterscheidung der drei Stände: des geistlichen, ökonomischen, politischen Standes – Kirche, Ehe und Familie, Staat. Die spätere lutherische Theologie fasste diese Stände als Schöpfungsordnungen Gottes, in denen jeder Christ lebt, auf.[45] […] Gegenüber der Ordnungstheologie sind die Ansätze zu einer christologischen Rechtsbegründung vergleichsweise jung. Der Anstoß ging von Barths Schrift ›Rechtfertigung und Recht‹, 1938, aus.« (12) Beiden Lösungsvorschlägen hält Pannenberg vor, »der Geschichtlichkeit der Rechtsbildungen« (13) nicht gerecht zu werden.

Als hochproblematisch empfindet Pannenberg die enigmatische Nähe der

42 Jacquet (2015: 160).

43 Pannenberg (1977a: 11-40).

44 Unter Rechtspositivismus versteht etwa Lienemann (2008: 306) mit Bezug auf Dreier (1991: 96f.): »Der Begriff des Rechtspositivismus ist keineswegs so klar, wie seine schlagwortartige Verwendung vermuten lassen könnte. In einem elementaren Sinn kann man ihn jedoch verstehen als die Überzeugung, dass Recht *ist* oder als Recht *gilt*, was von einem dazu befugten Gesetzgeber formal korrekt als Gesetz *gesetzt* und *sozial wirksam* ist.«

45 Pannenberg nennt als Autoren des 20. Jahrhunderts Elert, Althaus und Brunner.

(evangelischen) Ordnungstheologie zur (katholischen) Naturrechtslehre[46], weil sie verhindere, dem sündig ichzentrierten Subjekt den Prozess zu machen. »Der Begriff der Schöpfungsordnung drückt zwar eine der Menschheit wesenhaft eignende, wenigstens im Kern unveränderliche Ordnung der menschlichen Beziehungen aus. Der Unterschied zum Naturrecht liegt jedoch darin, dass es sich bei den Schöpfungsordnungen von Ehe und Familie, Staat und Kirche nicht um Implikationen einer abstrakt-allgemeinen Menschennatur, auch nicht um ideale Vernunftnormen im Sinne des Naturrechts der Aufklärung, sondern um reale Lebensformen jeder konkreten Gesellschaft handelt.« (14) Wegen ihres Bezugs auf »institutionelle gesellschaftliche Gegebenheiten« ist eine Ordnungstheologie[47] zwar »dem abstrakten Naturrecht« überlegen (14), sie zieht aber an anderer Stelle Kritik auf sich. »Die ungeschichtliche Vorstellung, daß die Strukturen der zwischenmenschlichen Bezüge wenigstens im Kern immer gleichbleiben, weil sie mit der geschöpflichen Natur des Menschen gegeben sind, veranlaßt den wichtigsten theologischen Einwand gegen die Konzeption der Schöpfungsordnungen: Die Sünde kann nicht in ihrer Radikalität verstanden werden, wenn man meint, unverfälschte Grundformen der geschöpflichen Natur des Menschen empirisch aufweisen zu können. Wenn der Mensch als ganzer Sünder ist, dann läßt sich die geschöpfliche Natur in keinem Restbestand intakt vorfinden, sondern ist ganz in die Verkehrung des Lebens durch die Sünde hineingezogen.« (17)[48]

Wo immer im Diskurs auf Strukturformen, die sich empirisch durchhalten, verwiesen wird, argwöhnt Pannenberg ein griechisches Denkmodell, das aber quersteht zum israelitisch-biblischen Denkmodell, in dem ein Gott verehrt wird, der immer auch ganz Neues schafft. Im Pannenberg-Sound der frühen Jahre liest sich das Argument so: »Die Rücksicht auf die Freiheit Gottes befähigte Israel, der Kontingenz im Weltgeschehen standzuhalten, gerade im Zufälligen, Unerwarteten das Wirken Gottes zu finden, statt wie die Völker

46 Tanner (1993).

47 Darunter zählt Pannenberg auch die sogenannte Mandatslehre Bonhoeffers. Bonhoeffer spricht von Mandaten statt von Ordnung, »weil dadurch das Mißverständnis einer unveränderlich vorhandenen Struktur vermieden wird und [...] die Beanspruchung der menschlichen Verantwortung durch Ehe, Wirtschaft, Staat und Kirche – ihr Aufgegebensein – deutlicher wird.« Pannenberg kritisiert, dass man keine Klarheit darüber gewinne, »wie es eigentlich zu der begrenzten Zahl von Ordnungen, Mandaten oder Institutionen kommt.« (15f.) Die Anzahl ist in der Tat umstritten, denn Bonhoeffer nennt noch zusätzlich die Arbeit, Elert und Althaus ergänzen das Volk, Althaus schwankt hinsichtlich der Kirche.

48 Bonhoeffer hat deshalb, wie Pannenberg erinnert, lieber von Erhaltungsordnungen gesprochen, die eigentlich erst von der Christusoffenbarung her verstanden werden können. Dann aber nähert sich die Rede von den Schöpfungsordnungen als Erhaltungsordnungen stillschweigend immer stärker der »christologischen Rechtsbegründung« an. (17)

ringsum von der Unübersehbarkeit des als sinnlos, chaotisch empfundenen Zufälligen in die Anschauung ewiger Ordnungen zu flüchten. Daher hat Israel die Wirklichkeit nicht als Abschattung urbildlicher Verhältnisse, von denen der Mythos berichtet, verstanden, sondern als Geschichte.« (17f.)

Pannenberg rechnet nun auch Karl Barth vor, die geschichtliche Struktur biblischen Denkens verfehlt zu haben, weil Barth seine Ethik »aus der Vertikalen des Christusgeschehens« (19) her entwickelt, um über riskante Analogieschlüsse »das Menschsein des Menschen« vom »Menschsein Christi her« zu erhellen, »statt zunächst nach der Verwandlung des immer schon mitgebrachten Vorverständnisses vom Menschen durch die Wahrnehmung des Menschseins Jesu Christi« zu fragen. (19)[49] Nach dieser fundamentalen Kritik an der Methode aber entschließt sich Pannenberg doch noch zu einer Verbeugung vor Karl Barth, denn wegweisend sei es, den Bereich »des Rechts von Jesus Christus her zu verstehen.« (20) Pannenberg will also durchaus nicht zu einer Theologie der Ordnungen zurück, weil die christologische Rechtsbegründung sich treffend gegen den Eindruck einer zeitlosen Gültigkeit der Natur des Seienden wendet. »Die christologische Rechtsbegründung ist insofern auf dem rechten Wege, als die Phänomene des Daseins nicht in irgendwelchen festen Ordnungen, sondern nur im Zusammenhang der Offenbarungsgeschichte angemessen verstanden werden können.« (21)

Recht, so schärft Pannenberg ein, hat es »mit der Frage nach der menschlichen Bestimmung zu tun, deren Erfüllung im Zusammenleben der Menschen gesucht wird, sei es nun im Rahmen einer jeweiligen, schon vorhandenen Gesellschaftsform, oder im Ungenügen an ihr.« (26) Die Frage nach der Bestimmung des Menschen setzt nun aber eine Klärung der Anthropologie voraus. Pannenberg betont neben dem von der philosophischen Anthropologie

49 Pannenberg kritisiert sehr grundsätzlich die Methode der Analogielehre: »Vom biblischen Gott her geschieht in der irdischen Wirklichkeit immerfort Neues, Unerhörtes, nicht nur Abschattung eines uranfänglich Vollendeten. Schon darum kann in der christlichen Theologie der Analogieschluß nie zur grundlegenden Denkform gemacht werden.« (19) Falk Wagner (1995a) stimmt implizit in seinem Essay der Kritik Pannenbergs an einer Ordnungstheologie und an einer »christokratischen Rechtsbegründung« zu: Der Ordnungstheologie hält er vor, dass sie nicht in der Lage sei »den Vorgang historischer Veränderungen und der sozialen Evolution zu erklären.« An Karl Barth kritisiert Wagner (1995a: 127, 128, 129) ebenfalls die Verwendung des Analogiegedankens, der unterkomplex von einer »Einheitskultur« ausgeht: »Die Konzeption der Königsherrschaft Christi überspringt also mit der Nichtbeachtung der säkularen Verfaßtheit der sozialen Umwelt der christlichen Gemeinde das Problem der Vermittelbarkeit zwischen Religion und Gesellschaft.« Dadurch werde der Rechtspositivismus durch einen Offenbarungspositivismus ersetzt. Der Reich-Gottes-Vorstellung hält Wagner zwar zugute, »von vornherein soziopolitische Verhältnisse einzubeziehen«, aber auch diese Konzeption gehe simplifizierend über die Rahmenbedingungen einer funktional ausdifferenzierten Gesellschaft hinaus und flirte weiterhin mit der Idee einer Einheitskultur.

geliehenen Begriff der Weltoffenheit die Erfahrung der Wirklichkeit Gottes, die »immer mit der Erfahrung der Wirklichkeit als ganzer« zusammenhängt. (29) »Gott und das Ganze der Wirklichkeit sind also in der Frage des Menschen nach seiner Bestimmung miteinander verbunden, weil der Mensch seine Bestimmung im Ganzen der Wirklichkeit sucht, das seine Ganzheit doch immer nur von Gott her hat.« (30) Von diesem eschatologischen Ausgriff her ist nun auch die Rechtsfrage anzugehen.

Mit Werner Maihofer spricht Pannenberg in seinem Essay von einem »Vorausentwurf der geschichtlichen Bestimmung des Menschen«, der der Bildung von Recht zugrunde liege; dieser Vorausentwurf muss allerdings, so Pannenbergs Überzeugung, den engen Zusammenhang von Religion und Recht herausstellen, denn »über die Reichweite stattlicher Zwangsgestaltung hinaus gibt es keine dem Menschen mit letztem Ernst zur Bewahrung der Gemeinschaft verpflichtende Wirklichkeit, es sei denn Gott.« (32) Nicht wenig überrascht es, wenn Pannenberg die »religiöse Verankerung des Rechts« wegen des »Zukunftsbezugs der menschlichen Bestimmung« in den frühen Texten nicht nur konservativ verstanden wissen will. Als Ideal preist Pannenberg das Bundesmodell Israels: »Der Zusammenhang zwischen Gottesgemeinschaft und Rechtsgemeinschaft, wie er in der Religion Israels Gestalt geworden ist, enthält in sich die Dynamik einer geschichtlichen Bewegung: Da der Bund Gottes mit Israel die Rechtsgemeinschaft der Israeliten untereinander begründet hat, so wird die Bundestreue Gottes, seine Gerechtigkeit, dadurch zur Erfüllung kommen, daß er die Rechtsgemeinschaft der Menschen untereinander zur Vollendung bringt.« (33) Bundestheologie und Eschatologie gehen Hand in Hand. Heilszukunft wird konkret in einem Friedensreich, in dem Gerechtigkeit herrscht. Offenbar hängt auch die jüdische Messiashoffnung, wie Pannenberg mit Rekurs auf Jesaja zeigt, sehr eng mit der Idee einer vollkommenen Rechtsgemeinschaft zusammen. Aber erst Jesus zieht »die Konsequenz aus der Erkenntnis […], daß das Vertrauen auf das Kommen der Gottesherrschaft die einzige Bedingung für die Teilhabe an ihr ist. […] Die Sünderliebe Gottes ist die Brücke, über die Jesu eschatologische Botschaft zu einer Neubegründung des Rechtes unter den Menschen kommt: Der Mensch kann die im Vertrauen auf Gottes Zukunft ihm geschenkte Gemeinschaft mit Gott für sich selbst nur bewahren, wenn er seinem Mitmenschen ihre Schulden ebenso vergibt, wie sie ihm selbst vergeben sind. […] (D)er Mensch hat seine Gemeinschaft mit Gott zu bewahren, indem er seinen Mitmenschen ebenfalls Zukunft erschließt.« (36f.)

Mit großem Aplomb feiert Pannenberg die Kreativität der Liebe: »Indem die Liebe immer wieder neue Formen menschlicher Gemeinschaft, Verbindung des Getrennten, schafft, bringt sie positives Recht hervor.« (38) Pannenberg schließt mit einem revolutionären Pathos: »Wenn der Mensch nicht seiner Bestimmung folgend das Gegebene überschreitet, so äußert sich darin die Sünde, die Selbstbezogenheit, das Beharren auf der Vorfindlichkeit des eigenen Ich und seiner Welt.« (40)

Liest man späte Texte von Pannenberg zum Thema, hat man den Eindruck, Pannenberg sei über seine eigenen forschen Anfänge selbst erschrocken, der späte Pannenberg ist ein Dissident seiner eigenen Erkenntnisgeschichte. Wie kommt es zu diesem Selbstdementi, zu einer entschiedenen Retraktation? Das liegt in der Unbeständigkeit seines wissenschaftlichen Eros begründet. Einerseits ist Pannenberg hochgradig sozialisierungswillig, wenn es um das Gespräch mit den angrenzenden Wissenschaften geht. Der späte Pannenberg schließt prompt nicht mehr aus, dass es auch andere anthropologische Wurzeln des Rechts geben kann, auch wenn er weiterhin eine religiöse Legitimität des Rechts einfordert. Offenbar ist zwischenzeitlich die Erkenntnis gewachsen, man könne die auch institutionelle Ausdifferenzierung unserer Gesellschaft nicht mehr nach dem Muster individueller Interaktion verstehen. Jetzt deutet Pannenberg die Institutionen als »dauerhafte Sinngestalt«[50] menschlichen Zusammenlebens und empfiehlt im einem großen Rollback eine politische Metaphysik, die garantiert, dass der Staat wieder auf »die in der Ordnung des Kosmos oder (sic!) der Geschichte offenbare göttliche Wahrheit gründet.«[51] Damit koppelt sich Pannenberg von der Tradition der neuzeitlichen Rechtsentwicklung nachdrücklich ab.

Hans-Richard Reuter hat gegen Pannenberg moniert: »Neben der Funktion gesamtgesellschaftlicher Sinnstiftung erschöpft sich die Bedeutung der als Bestandteil der kulturellen Überlieferung begriffenen Religion im Wesentlichen in der Bewahrung derjenigen Institutionen, in denen soziales Verhalten unter dem Aspekt der Gemeinschaftlichkeit auf Dauer gestellt ist: Ehe und Familie. Der Versuch, das Thema einer christlichen Rechtsbegründung *remoto Christo* explizieren zu wollen, endet restaurativ.«[52] Offenbar findet Pannenberg jetzt doch wieder Gefallen am (griechischen) Kosmos. Und die Kreativität der Liebe, die etwa auch die Homosexualität anerkennen müsste, wird rechtzeitig sediert. Vor der Verzauberungsmacht der Liebe, die in ihrer Kreativität auch andere Formen der Liebe als die heterosexuelle Liebe feiern kann, geht Pannenberg ängstlich in die Knie. Das ist falsche Demut und allemal falsche Scham. Wenn ich recht sehe, fällt diese Form der Zwangsberuhigung unter das oben ausgegebene Stichwort der Sünde, das zum Ein-

50 Pannenberg (1983: 394).

51 Pannenberg (1983: 459).

52 Reuter (1996: 119).

satz kommt, wenn man die welt- und wahrnehmungserschließende Kraft der Liebe aushungert.

Problematisch bleibt der Versuch, von einer definitiven Bestimmung des Menschen zu reden, die in der funktional ausdifferenzierten Gesellschaft als unzeitgemäß erscheint. Falk Wagner wendet zudem treffend ein, dass »der Charakter des menschlichen als positiven Rechts nicht aus dem Verständnis der Liebe zureichend begreiflich zu machen (ist, K.H.). Obwohl nämlich die Liebe die Möglichkeit des positiven Rechts begründen soll, muß Pannenberg dem positiven Recht als solchem eine zusätzliche Funktion zuschreiben, die dem Verständnis der anerkennenden Liebe nicht entspricht. [...] Das aus der Liebe hervorgehende Recht beruht darauf, daß jeder Mensch seinen Mitmenschen und dessen Anderssein in *freier Weise* (Hervorhebung von mir, K.H.) anerkennt. Wo aber diese Anerkennung wegen der egoistischen Selbstbezogenheit des Menschen[53] ausbleibt, bedarf es der gesetzlichen Norm des positiven Rechts«, also »erzwingbare Normen«.[54]

Falk Wagner votiert anders, will als theologischen Ort des Rechts die Pneumatologie befragen, um Freiheit als vermittelte Selbstbestimmung zu preisen, die ein Kriterium zur »Beurteilung der Normen des positiven Rechts« bereithält, ob nämlich diese Normen »der Verhältnisweise der Freiheit als vermittelter Selbstbestimmung Rechnung« tragen.[55] Recht realisiert im Idealfall Moralität und geht nicht darin auf, ein Bollwerk gegen die Sünde zu sein. Das ist ein entscheidender Schritt nach vorne, zementiert allerdings eine Überlegenheitsunterstellung christlicher Theologie, weil hier ein Freiheitsbegriff gefeiert wird, der in einer komplexen Gesellschaft durchaus nicht Konsens sein muss.

Der Tübinger systematische Theologe und Ethiker Eilert Herms kennt zwar die skizzierten Probleme, entwindet sich den Zwängen des engen anthropologischen Bestimmungsparadigmas aber nicht. Allenfalls bekommt die temporalisierte Subjektphilosophie klarere Konturen, wenn Herms geradezu trotzig einsetzt: »Alles menschliche Handeln ist weltanschaulich gesteuert und deshalb auch alles öffentliche Handeln in den sozialen Institutionen. [...] Es geht um die begriffliche Klärung derjenigen Überzeugungen von der ursprünglichen Natur und Bestimmung des Menschen und seiner Welt, die für den christlichen

53 Ethnologische Forschung destruiert inzwischen die Rede von einer egoistischen Selbstbezogenheit des Menschen. Vgl. exemplarisch Tomasello (2011); Ders. (2014).

54 Wagner (1995b: 149). Aus diesem Grund hege ich auch Skepsis gegenüber dem Entwurf von Nussbaum (2014a), die die Liebe auszeichnet. Zwar besitzt die Liebe ein hohes Maß an Motivierungskraft zur gegenseitigen Anerkennung; es ist aber naiv zu glauben, etwa durch inszenierte Feste ließe sich die Liebe zu einer definitiven Haltung ausprägen, die sich auch in Krisensituationen bewährt.

55 Wagner (1995a: 133).

Glauben als solchen, also stets und überall wesentlich sind.«[56] Und auch Herms ist ein Sündenpessimist par excellence, ein Alliierter von Pannenberg, der wie er diese Weltsicht für alternativlos hält. In seiner spröden lexikalischen Sprache hört sich das so an: »(Die) Grundüberzeugung des Glaubens erstreckt sich auf den Ursprung, die Verfassung und die Bestimmung von Welt und Mensch und versteht sie als durch die Selbstoffenbarung Gottes in Jesus Christus durch den Heiligen Geist von der Herrschaft der Sünde befreite und auf ihre ewige Bestimmung ausgerichtete Schöpfung Gottes.« (128)

Zwar teilt das christliche Menschenbild mit dem Menschenbild der antiken Philosophie die Deutung des Menschen als Vernunftwesen und versteht den Menschen »als das zur Bildung durch Selbstbestimmung bestimmte Wesen.« (129) Aber, so die resignierende Volte, »das Durchlaufen dieser Bildungsgeschichte und die Erreichung ihres Ziels ist durch eine Perversion der menschlichen Selbstgewissheit bedroht. [...] Entscheidend aber ist, wie diese falsche Selbstgewissheit zustande kommt: nämlich durch den überwältigenden, blendenden Eindruck der innerweltlichen Macht und Freiheit des Menschen; also durch eine Selbsterfahrung, deren sich der Mensch kaum erwehren kann und deren überwältigender Evidenz er zunächst hilflos ausgeliefert bleibt. Die Tatsache, daß der Mensch in dieser Weise verführbar und immer schon verführt ist (sic!), macht den harten Kern des christlichen Wissens um die Sünde des Menschen aus; verstanden nicht als Übertretung irgendeines speziellen Einzelgebots, sondern als grundlegende Verkehrung des menschlichen Selbstbewußtseins. Und hier ist der Punkt, an dem die christliche Sicht des Menschen den ›pessimistischen‹ Zug gewinnt, der so auffällig von dem Optimismus des Menschenbildes der Klassik und der Aufklärung absticht.« (131) Ergo bleibt die »Angewiesenheit des Menschen auf die göttliche Gnade für die Erreichung seiner ewigen Bestimmung.« (131)

Prompt begründet die »Sünde [...] die spezifisch menschliche Gestalt der Gewalttätigkeit. [...] Der Mensch kann nicht anders, als sich immer dort gewalttätig zu verhalten, wodurch eine trügerische Selbsterfahrung seiner innerweltlichen Macht und Freiheit die Geschöpflichkeit und die ewige Bestimmung seiner Existenz abgeblendet werden.« (132) Aus dieser Abblendung resultieren der Machtmissbrauch gegen Natur, gegen die Mitmenschen und gegen sich selbst. Zwar kann der Mensch nicht anders, als Macht zu gebrauchen, aber er »mißbraucht sie immer dann, wenn er den Eigensinn derjenigen Instanzen nicht respektiert, auf die sich seine Machtausübung richtet.« Herms konkretisiert seine jetzt kantischen Geist aspirierende Sicht

56 Herms (1991: 127). Alle weiteren Stellenangaben beziehen sich auf diesen Text; vgl. 2008b.

der Dinge, wenn er schreibt: »Gewalttätigkeit liegt immer dann vor, wo ein Interaktionspartner behandelt wird als physisches Objekt.« (135)

Herms anthropologischer Pessimismus speist sich auch aus zwanghaft einseitig gedeuteten persönlichen Erfahrungen: »Kein aufmerksamer Christ kann sich über das Vorhandensein einer archaischen, kainshaften Gewalttätigkeit (sic!) auch in der besten Kinderstube (sic!) und auf den Spielplätzen der vornehmsten Stadtteile (sic!) hinwegtäuschen.« (136) Offenbar ganz simpel kann man vor Tübinger Kinderspielplätzen stehend sich einen Reim auf hochkomplexe Textstellen machen, wie die berüchtigte aus Gen 8,21, die Menschheit sei böse von Jugend (nicht von Kindheit) an. Im rhetorischen Erfahrungsüberschwang werden die biblischen Texte, gegenläufig zu ihrem Wortlaut, zu Geständnissen genötigt. Es ist interessant zu sehen, wie konsequent Herms hochfragwürdige Alltagserfahrungen für seine These einer totalen Korrumpierung menschlichen Selbstverständnisses instrumentalisiert.[57]

Durchaus konsequent schwingt sich Herms zum Verteidiger eines Gewaltmonopols des Staates auf, das die durch die Sünde verursachte Gewalttätigkeit einhegt: »Das Recht ist also diejenige Institutionalisierung von Gewalt, die auf dem Boden der natürlichen Gewalttätigkeit des Menschen gesamtgesellschaftlich ein Höchstmaß an Sicherheit erbringt.« (138) Das Recht stiftet Frieden durch Institutionalisierung der Gewalt. Herms erkennt durchaus, dass Rechtsregeln inhaltsleer sein müssen, um für alle Personen zu gelten. Theologie anerkenne die Positivität des Rechts, arbeite aber, wie Herms ergänzt, an einer inhaltlichen Qualifizierung. (141) In Fragen der inhaltlichen Qualifizierung ist Herms sehr viel vorsichtiger als etwa der gleich zu besprechende Entwurf von Wolfgang Huber, wenn er jetzt im Geiste von Schleiermacher fordert: »Als ethisch positiv kommt für den Glauben überhaupt nur in Betracht, was ihn nicht an der Führung seines Lebens als eines durch Akte der Selbstbestimmung zu vollziehenden Bildungsprozess hindert.« (142) Im äußersten Fall kann diese Vorgabe auch zu einem Aufstand gegen ein Rechtssystem berechtigen, wenn diese Minimalforderung nicht erfüllt wird. Naiv wäre es allerdings zu glauben, dadurch würde »die Beseitigung einer auf Gewalt beruhenden Rechtsordnung« gelingen. »Sondern es wird lediglich eine notorisch als unverbesserbar erwiesene Rechtsordnung ersetzt durch eine verbesserbare, und dies durch einen Akt der Gewalt.« (145)

Die Rechtsethik von Wolfgang Huber[58] ist nicht nur vom Umfang her den anderen Entwürfen deutlich überlegen. Huber verzichtet zunächst auf eine anthropologische Bestimmung des Menschen aus christlicher Sicht, weil er die

57 Stellt man sich die Szene lebhaft vor, entbehrt sie nicht der Komik.

58 Huber (1996). Ich zitiere nach der Erstausgabe; vgl. auch Huber (2015a: 125-193).

hohe Komplexität und Interreligiösität spätmoderner Gesellschaften ernst nimmt (224). Dieser Verzicht ist durchaus Teil seiner Problemlösung! »Wir leben in einer polyzentrischen Welt, die weder politisch noch weltanschaulich, weder kulturell noch religiös auf ein einziges Zentrum ausgerichtet werden kann oder darf; und wir leben in einer pluriformen Gesellschaft, in der nicht eine bestimmte Religion oder Weltanschauung mit exklusiven Sonderrechten ausgestattet werden kann oder darf.« (39) Von nicht kleiner denkerischer Kraft zeugt Hubers Transformation der Barthschen Theologie, an die er vielspältig andockt, wenn er in seiner kritischen Theorie des Rechts dessen Bundes- oder Föderaltheologie (119-126) so umformuliert, dass in seinem Entwurf die Menschenrechte einen herausgehobenen Platz erhalten. Die durch Barth mit eingekaufte Vorordnung der Dogmatik vor der Ethik – »theologische Ethik ist [...] die Verhaltenslehre des christlichen Glaubens« (41) – fällt deshalb nicht so stark ins Auge, weil Hubers Ideal eine »öffentliche Theologie« ist, »die sich nicht auf eine innertheologische Sondersprache zurückzieht, sondern sich um allgemeine Verständlichkeit wie um die Kommunikation mit anderen Wissenschaften bemüht.« (14)[59] Professionell bedient sich Huber dem Verzauberungsdiskurs der Menschenwürde und der Menschenrechte, die auf religiöse christliche Wurzeln rechnen kann[60], um öffentliche Theologie zu betreiben.

Huber trifft eine alles entscheidende und weitreichende Grundentscheidung, wenn er sich von Kant als dem Philosophen des Protestantismus an entscheidender Stelle lossagt. Huber kritisiert an Kant, »dass der Rechtsbegriff nicht von der Rechtsgemeinschaft, sondern vom individuellen Rechtssubjekt aus konstruiert wird«, dadurch ergebe sich »eine Tendenz zur Individualisierung des Freiheitsverständnisses.« (44) Ob die Stoßrichtung dieser kritischen Kantexegese zutrifft[61], kann hier offenbleiben, wichtig ist die alternative Profilierung. »Eine handlungstheoretisch ausgerichtete Betrachtung des Rechts orientiert sich an der Frage, wie soziales Handeln möglich ist. Sie will klären, wie das Recht zur Ermöglichung sozialen Handelns beiträgt. Dieses enthält strategische und kommunikative Momente. Strategisch nennen wir ein Handeln, wenn das zweckgerichtete Erfolgskalkül mindestens eines Akteurs die Erwartung von Entscheidungen und Handlungen mindestens eines weiteren Akteurs einbezieht. Kommunikativ nennen wir ein Handeln, wenn es auf Pro-

59 Huber (202) sieht durchaus die Probleme, die sich aus der Analogielehre Barths für die Rechtsfrage ergeben.

60 Die reife *Institutio* von Calvin (2008), der bekanntlich ein Flüchtling war, ist nach meiner Einschätzung eine Gründungsurkunde der Menschenrechte.

61 An anderer Stelle (64) heißt es: »Der Gedanke, dass Legalität nur das äußere Verhalten, die Moralität dagegen den Zusammenhang von innerer und äußerer Handlung betrifft, vereinfacht die Wirklichkeit des Lebens allzusehr.«

zessen der sprachlich vermittelten Verständigung zwischen einer Mehrzahl von Akteuren aufruht. In beiden Hinsichten bildet Recht eine wesentliche Konstitutionsbedingung sozialen Handelns. [...] Das Recht hat also dann seinen Zweck erfüllt, wenn Menschen sich wechselseitig aus Freiheit Anerkennung gewähren. [...] Recht wird sozial institutionalisiert, um den Selbstdurchsetzungswillen der Menschen mit ihrer Sozialität auszugleichen.« (51-53)

Recht dient nach Huber der Gestaltwerdung von sozialer Gerechtigkeit, nicht einer individuellen Freiheit. Für Huber werden Theorien interessant, die den Gedanken der Gerechtigkeit zentral positionieren, auch wenn Huber etwa an der Gerechtigkeitskonzeption von Rawls deutliche Korrekturen anbringt und einen Vorrang der Benachteiligten (*Option für die Armen*) einfordert. (184-198) Hubers Rechtskonzeption hat eine sehr stark futurisch-eschatologische Streckung: »Im Licht der eschatologischen Interpretation der Gerechtigkeit liegt der entscheidende Gesichtspunkt für die Legitimität des Rechts darin [...], was es zum Prozess der Gerechtigkeit beiträgt. [...] Alle geschichtlichen Rechtsordnungen tragen einen relativen und vorläufigen Charakter; sie bedürfen der Verbesserung und sind für solche Verbesserungen offen. Ihre Zielorientierung erfährt diese Verbesserung aus der Hoffnung auf die zukünftige Gerechtigkeit des Reiches Gottes.« (179)

Theologie macht also ein Angebot, wie man die Gesellschaft durch rechtliche Regelung verbessern kann; hier kann auch derjenige einstimmen, der die Richtung akzeptiert, ohne die theologische Begründung zu teilen. Huber ist hellsichtig genug, hinsichtlich der Menschenrechte, die als oberste Prinzipien dienen, zuzugestehen, sie müssten »begründungsoffen formuliert werden« (267)[62], um ein planetarisches Ethos, das in der Menschenwürde und den Menschenrechten Gestalt gewinnt, auf den Weg zu bringen. »In der Anerkennung der unveräußerlichen Menschenwürde sowie der Freiheit, der Gleichheit und der Teilhaberechte aller Menschen sind solche Grundelemente eines planetarischen Ethos zu sehen. Sie weiterzuentwickeln ist lebensnotwendig. Denn die Menschenrechte bilden *die* Alternative zur Gewalt. Sie bilden den Kern einer Herrschaft des Rechts, in welcher die einzige (sic!) Alternative zur Herrschaft der Gewalt gesehen werden muss.« (386)[63]

Bei Huber dient das Recht dazu, »die Spannungen zwischen Freiheit und Gleichheit« zu minimieren. Das Recht »kann verstanden werden als ein Inst-

62 Huber (254) gesteht unumwunden zu, »dass der Begriff der Menschenrechte den biblischen Texten fremd ist.«

63 In seiner angenehm unaufgeregten Rechtsethik problematisiert Hartmut Kreß (2012: 111) nachvollziehbar Hubers Forderung (1996: 431), innerhalb der evangelischen Kirche müsse eine »eigenständige und eigengeartete Konzeption von Grundrechten« gelten. Dieser Vorschlag widerspricht der notwendigen Universalisierbarkeit der Rede von Grundrechten.

rument, das allen die gleichen Freiheiten zuweist und dafür sorgen soll, dass die Freiheiten der einen mit den Freiheiten der anderen koexistieren können. Deshalb ist es darauf gerichtet, die Lage der Marginalisierten und Unterdrückten zu verbessern und die Verteilung der gemeinsamen Güter der Gesellschaft auf der Grundlage der Gleichheit zu fördern.« (178) Diese »transformative Gerechtigkeit«[64] plädiert gegen Rawls' ›Theorie der Gerechtigkeit‹[65] und Rawls' späteres Konzept von Fairness[66] mit Martha C. Nussbaum[67] und Amartya Sen[68] für ein Gerechtigkeitsmodell, das sich auf die Entwicklung von Befähigungen[69] zur Entwicklung von Lebensmöglichkeiten (capabilities) konzentriert und zwei Faktoren herausstreicht: erstens *care* im Sinne von Fürsorgeleistungen innerhalb der (Groß-)Familie und zweitens Bildung.[70]

An Huber überzeugt, wie er den Diskurs der Menschenrechte und der Menschenwürde als einen Prozess der Verzauberung deutet: Wo immer von Menschenrechten geredet wird, wird ein Ort der Nichtverzweckung sichtbar. Über Falk Wagner geht Huber hinaus, wenn er die Freiheit der Nichtverzweckung inhaltlich füllt. Ist damit aber nicht das positive Recht überfordert, wenn es darum geht, ›Capabilities‹, über die im Diskurs offenherzig gestritten wird, durchzusetzen? Sind hier nicht eher die Politik und die politische Ethik gefordert? Recht regelt Verhältnisse, die auf Gegenseitigkeit rechnen dürfen, Asymmetrien (Option für die Armen) einzuklagen, setzt wiederum einen starken Liebesbegriff voraus. Zwar hält Huber die Differenzen von Recht und Liebe deutlicher auseinander als etwa Pannenberg, aber auch hier gilt: Man kann Anerkennung, aber durchaus nicht Liebe wechselseitig voneinander fordern.

Der katholische Moraltheologe und Ethiker Josef Römelt[71] diskutiert in einem Essay und in einem eigenen Entwurf unter anderem zwei in der deutschsprachigen ethischen Debatte hochgehandelte Entwürfe philosophischer Rechtsethik, die nach den Erfahrungen des Nationalsozialismus und nach den misslungenen Versuchen einer Revitalisierung des Naturrechtgedankens[72] neu ansetzen: »Die Interpretation des Rechts wird dabei einerseits an die men-

64 Huber (2013: 81).

65 Rawls (1975).

66 Rawls (2006).

67 Nussbaum (2010).

68 Sen (2010).

69 Dabrock (2012a).

70 Treffend verweist Huber (2013: 86) auf das Gleichnis von den Talenten, um den Gedanken der Befähigung religiös zu unterfüttert: »Dem biblischen Gleichnis [...] liegt die Überzeugung zugrunde, dass jedem Gaben anvertraut werden, die er entfalten kann.«

71 Römelt (2005: 597-612). Ders. (2006a). Vgl. auch Ders. (2011); Ders. (2008/2009).

72 Schelauske (1968).

schenrechtlichen Ideen angeschlossen und in Beziehung zum ethischen Potential dieser moralischen und rechtlichen Tradition gesetzt. Es entsteht auf der anderen Seite aber eine Sichtweise, die das Anliegen des Positivismus in eine Theorie überführt, der es um die starke Bindung der Rechtsentwicklung an die ökonomischen Entfaltungen menschlicher Erlebnisweise geht.« (597)

Die Diskursethik sucht, so Römelt (2005), im nachmetaphysischen Kontext einen Zusammenhang zwischen menschlicher Freiheit und »der Tradition der Menschenrechte« zu identifizieren. (603) »Recht und moralische Grundlegung sind danach über den Menschenrechtsgedanken verbunden (nicht über utilitaristische Rationalität oder ökonomisch-systemische Funktionalität).« (603) Wie wird aber nach diesem Verständnis das positive Recht gebildet? »Recht bedarf im Zusammenhang einer säkularisierten Kultur zur eigentlichen Fundierung seiner Legitimität der kommunikativen Wurzeln, in denen in rationalem und freiem Konsens das positive Recht gebildet wird.« (602) Römelt präzisiert das Verfahren im Rekurs auf avancierte diskurstheoretische Ansätze wie exemplarisch dem von Jürgen Habermas: »Die Menschenrechte erscheinen zwar nicht als inhaltliche Prinzipien positiver Gestaltung von Recht selbst – sozusagen als letzte inhaltliche Fundamentalnorm und Grundnorm. Menschenrechtliche Prinzipien begründen aber die Legitimität der demokratischen Prozeduren, von denen her das nachmetaphysisch gebildete Recht seine Geltungsansprüche bezieht.« (605)[73]

Ganz anders die Systemtheorie.[74] Sie formuliert den Anspruch, »dass modernes Recht die eigenen Fundamente in einer flexiblen Positivierung zu suchen habe, welche menschliche Freiheit im Sinne der Steigerung von Handlungsoptionen und Erlebnisweisen zu sich selbst führen soll.« (605) Ausdrücklich positiv werde etwa von Luhmann die Beziehung zwischen Ökonomie und Recht gedeutet: »Die Beziehung zwischen Wirtschaft und Recht bildet dabei den entscheidenden Angelpunkt einer solchen Rechtsnorm, die die menschliche Kultur zu ganz ungeahnten, noch nie erreichten Qualitäten menschlicher Selbsterfahrung führen soll.« (606) Noch einmal leicht variiert spitzt Römelt die Pointe der Systemtheorie zu: »Auch die modernen Verfassungen, die in ihren grundgesetzlichen Fundamenten auf die Menschenrechte aufbauen, bleiben bezogen auf den prinzipiell offenen systemrationalen Kontext der Differenzierungsschübe moderner Gesellschaft, der mit seinen Selektionsleistungen und Anpassungsschüben den gesellschaftlichen Konsens ergibt, von dem her auch das Menschenrecht noch einmal getragen ist und interpretiert werden muss.« (606f.) Die Systemtheorie stellt also »keine We-

73 Vgl. Habermas (1994). Römelt nimmt auch zustimmend Rekurs auf Alexy (1995).

74 Luhmann (1993); Ders. (1999).

senszusammenhänge zwischen Demokratie, menschenrechtlicher Idee und grundrechtlicher Verfassung mehr her. Vielmehr treibt sie die Einsicht in die nachmetaphysische Offenheit pluraler und marktwirtschaftlich organisierter Kultur so weit fort, dass auch der Menschenrechtsgedanke und die auf Grundrechte begründete demokratische Verfassung nur ein zeitbedingter Ausdruck der Entwicklung moderner Kultur in eine immer komplexere Freiheitsentfaltung der Gesellschaft hinein darstellt.« (608)

Die Systemtheorie ist, so die interpretative Pointe, im Unterschied zur Diskursethik, von einem unbändigen Optimismus beseelt. »Die technische und ökonomische Rationalität mit ihrer strategischen und instrumentalisierenden Logik wird nicht als Gefährdung der menschlichen Gestaltung von Freiheit und ihrer Entfaltung gesehen. Es ist im Gegenteil das Vertrauen in die Selbstentfaltung der Freiheit innerhalb der technischen und wirtschaftlichen Kreativität als besonderem Ausdruck der Differenzierung der Kultur, die in einem solchen Denken schließlich auch die Idee des Menschenrechts relativiert. […] Für ein solches Verständnis ist es unvorstellbar, dass die Dynamiken von Wissenschaft, Technik und Ökonomie, die ja um die Entlastung menschlichen Daseins in allen seinen Dimensionen von den Bedrängnissen des Lebenskampfes ringen, durch Kräfte korrumpiert werden können, die genau diese ungebremste Befreiungsdynamik verlieren lassen und einem menschenwürdigen Leben in materieller Sicherheit und kultureller Kreativität entgegenstehen könnten.« (609) Römelt traut sich, dann doch zu fragen, ob hier nicht das »Freiheitsverständnis, (die, K.H.) Deutung von Person- und Menschenwürde als Fundamente demokratischer Kultur […] offenbar zunehmend in Abhängigkeit von ökonomischen Bestimmungen und Interessen« gerät. »Mutiert der Rechtsstaat dabei zu einem Geflecht interessensichernder Kalküle?« (609)[75]

In seinem eigenen Entwurf grenzt sich Römelt (2006) entschieden von allen Versuchen ab, Menschenrechte theologisch zu relativieren und die Menschenwürde – das rechnet er Vertretern der Rendtorff-Schule vor – zu einem regulativen ethischen und rechtlichen Prinzip zu entkernen.[76] Zwar erkennt

75 Vgl. Gäfgen (1991). Problematisch bleibt zudem Luhmanns zentrale These, dass handelnde Personen nur zur Umwelt des Systems gerechnet werden. Darauf hebt vor allem Wolfgang Huber (1996: 50) in seiner Kritik an Luhmann nachvollziehbar ab: Recht bildet nämlich den »exemplarischen Fall eines gesellschaftlichen Teilsystems, das in dreifachem Sinn auf Menschen als Handlungssubjekte angewiesen ist: Zum einen bilden Rechtsordnungen die Resultate geschichtlichen Handelns identifizierbarer Handlungssubjekte; zum anderen ist jede Rechtsordnung auf die Ermöglichung von Handeln ausgerichtet; schließlich vollzieht sich Recht durch Handlungen, beispielsweise durch strafrechtliche Sanktionen.«

76 Römelt (2006a: 155) kritisiert damit gleichermaßen Ulrich H.J. Körtner, der »um die Relativität und Erlösungsbedürftigkeit auch der menschenrechtlichen Orientierungsversuche an Gerechtigkeit und

Römelt das »Gespür der protestantischen Theologie« an, die »aufgrund ihrer theologischen Tradition der Rechtfertigungslehre jenseits aller Gesetzlichkeit« für die Grenzen einer Menschenwürdegarantie sensibel ist, fragt aber selbstbewusst nach: »Aber kann eine solche theologische Relativierung und Offenheit nicht auch zur Mutlosigkeit in der rechtlichen Gestaltung komplexer Gesellschaft und zu einer Konturlosigkeit und Unwirksamkeit der fundamentalen rechtsethischen Verankerung des Freiheitsrechts beitragen«? (167f.)

Römelt plädiert dagegen sehr entschieden für ein »personrechtliche(s) Verständnis menschlicher Freiheit als verdankter Freiheit«, das sich auszeichnet durch eine »Sensibilität für die natürlichen und sozialen Voraussetzungen des Freiheitsvollzuges. [...] (D)ie Nähe theologischer Rechtsethik zur Kategorie der Anerkennung der Person lassen die katholische Theologie aber die Menschenwürde als ein Prinzip begreifen, das gerade als Schutzbegriff für alle Situationen menschlichen Lebens, besonders in seinen verletzlichen, noch nicht voll entwickelten, aber auch zerfallenden und geschwächten Formen gelten soll.« (161) Damit wird die Abgrenzung zur protestantischen Ethik und Rechtsethik markant: »Die Menschenwürdegarantie ist danach für rechtsphilosophisch interessiertes Verfassungsrecht und für katholisch-theologische Rechtsethik nicht nur irgendwie ein regulatives Prinzip, sondern hat als inhaltlich-heuristisches und in diesem Sinne konturiertes Prinzip einen normativen Gehalt, der in den Abwägungskontexten selbst zur Geltung gebracht werden muss.« (165) Römelt deutet seine Interpretation der Freiheitskultur, die auf »die Kategorie der Anerkennung der unverfügbaren Vorgegebenheit menschlicher Freiheit, Würde und Person« abhebt, »(a)ufgrund der Rationalität, die den Bedingungen der Freiheitskultur um der Freiheit aller willen innewohnt [...] als universal kommunikabel.« (176f.) Die sehr nachvollziehbare Verjochung von Personbegriff und Menschenwürde, die mit der Aufforderung einer Unantastbarkeit des menschlichen Lebens (vgl. 161) einhergeht, entlastet freilich nicht von der Frage, ab wann etwa sinnvoll vom Anfang personalen Lebens

Recht« weiß und insofern den menschenrechtlichen Gedanken relativiert, als auch Trutz Rendtorff und seinen Schüler Reiner Anselm, die die Menschenwürde als regulatives Prinzip auslegen: »Mit dieser regulativen Funktion ist aber eine inhaltliche Offenheit des Menschenwürdeverständnisses gemeint, der auch die plurale Vielfalt korrespondiert, mit der sein Gehalt in den Traditionen der historischen Positionen gefüllt wurde und wird.« Römelt bezieht sich auf folgende Texte: Körtner (2001: 84-100); Rendtorff (2000: 183-195); Anselm (2000: 221-226). Römelt (2006a: 156) streitet auch gegen die Kantlesart, die dieser Rede vom regulativen Prinzip zugrunde liegt: »(D)er Würdebegriff als Ausfluss der Formulierungen des kategorischen Imperativs bei Kant (strukturiert, K.H.) sehr unmittelbar die ethische und rechtliche Urteilsfindung.« Folgende Seitenangaben beziehen sich auf diesen Text.

gesprochen werden kann.[77] Und diese Frage wird bekanntlich hochkontrovers diskutiert.

Kleine Rekapitulation: Das Rechtsgefühl als Stimulans

Verschiebung von Scham in Schuld, Schuld in Scham

Beide, Scham und Recht, sanktionieren sozialwidriges Verhalten, Scham aber wirkt weitreichender, denn Scham zielt auf den Charakter und damit auf eine grundsätzliche Änderung des Verhaltens. Scham als Gefühlsbasis von Recht auszuweisen lagert dem Recht ein Stimulans vor, das den Übertritt in den Schuldsektor aufspart oder ganz verhindert. Gegenwendig wollen Re-Shaming-Prozesse, also der Umkehrprozess von Schuld zu Scham, zur Ausbildung eines oft nur rudimentär angelegten Rechtsgefühls bei Straftätern animieren. Nicht in öffentlichen Prozessen, die dann schnell zu Schauprozessen mutieren (der Staat darf nicht öffentlich beschämen), aber in therapeutischen und seelsorgerlichen Kontexten kann eine Therapie des Re-Shaming Täter vielleicht zu einer Charakerumbildung, vor allem zu einer Ausbildung der *Tugend der Besonnenheit* anleiten. Trotz der möglichen Kritikpunkte (Re-Traumatisierung, Funktionalisierung der Scham) halte ich den Umkehrprozess der Verschiebung von Scham in Schuld für klug, sofern die ursprüngliche Scham, die der Schuld vielleicht vorangegangen ist, bearbeitet wird. Ziel der Schamzumutungen ist es, die Masken der Scham (Wurmser) wie Coolness, Macho-Gehabe oder Opferstilisierung als Masken zu erkennen.

77 Judith N. Shklar plädiert in ihrer bekanntesten Arbeit *Der Liberalismus der Furcht* (2013; vgl. 1997; 2014) für eine negative Anthropologie, beteiligt sich nicht an Debatten über das summum bonum. Moderne Gesellschaften, so ihre Überzeugung, sind zu komplex, um hier einen für alle gültigen Kompromiss zu finden. »Der Liberalismus der Furcht [...] geht von einem summum malum aus, das wir alle kennen und nach Möglichkeit zu vermeiden trachten. Dieses Übel ist die Grausamkeit und die Furcht, die sie hervorruft, und schließlich die Furcht vor der Furcht selbst.« (2013: 43) Aufgabe eines Rechtssystems muss es Shklars Einschätzung gemäß deshalb sein, vor Grausamkeit, Demütigung und Schmerz zu schützen. Shklar bringt ihre Überzeugung auf eine klare Formel: »Jeder erwachsene Mensch sollte in der Lage sein, ohne Furcht und Vorurteil so viele Entscheidungen über so viele Aspekte seines Lebens zu fällen, wie es mit der gleichen Freiheit eines jeden anderen erwachsenen Menschen vereinbar ist.« (2013: 26); vgl. Liebsch (2007: 227-257). Nicht zufällig sucht Shklar, exemplarisch in ihrem stilistisch beeindruckenden Buch *Ganz normale Laster* (2014; vgl. Bajohr 2012), in den Romanen Spuren von Leid und Grausamkeit, um die Leserinnen zu sensibilisieren – ein Projekt, dem auch Richard Rorty sich verschrieb. Bei Nabokov lernt Rorty (1989: 272; Huizing 2009): »Nur das hat ästhetischen Nutzen, was unsere Sensibilität für alles, was wir mit uns selbst oder für andere tun sollen, schärfen kann.« Literatur als Archiv von Leid, Schmerz und Demütigung ist exemplarisch in dem Roman 2666 von Bolaño (2009) durchexerziert worden: Er setzt den Hunderten von Gewaltopfern in Mexiko ein Denkmal. Siehe zur moralischen Aufgabe von Literatur auch Nussbaum (1985).

Präventiv-Ethik und der richtige Umgang mit Scham

Hermann Schmitz hat vorgeschlagen, die Idee der Gerechtigkeit vom Rechtsgefühl her zu bestimmen, formal durch eine »gänzliche Abwesenheit beschämender und empörender«[78] Anlässe. Das explizite Recht bezieht sich auf »Standardüberzeugungen«, die alle teilen, die aber durchaus neu ausgehandelt werden können. Empörung oder Scham – und hier treffen sich über die Bande Schmitz und Tugendhat – treten nur ein, wenn gegen das, was man wechselseitig voneinander fordern kann, verstoßen wird. Re-Shaming will nichts weniger, als die Standardüberzeugungen bei Straftätern neu verankern, geschieht präventiv in reintegrativ-inkludierender Absicht. Ziel ist die Ausbildung eines positiven Ehrgefühls.

In Fällen offenbar sozialwidrigen Verhaltens, die rechtlich oft schwer einzudämmen sind, bewirken Beschämungen, wie Jacquet zeigt, konkrete Ergebnisse wie etwa die Rücknahme von überzogenen Verwaltungskosten oder die Repatriierung steuerflüchtiger Unternehmen. Humor und Ironie sind dabei offenbar ideale Regisseure der inszenierten Beschämung.

Weisheitliche Klugheit und concursus divinus

Mein Plädoyer für eine *Entdämonisierung des Rechts als Bollwerk gegen die Sünde* zielt auf eine positive Beschreibung des Rechts als *Ermöglichungsgrund von Freiheit*. Das gelingt dem Recht aber nur im Verbund mit dem Sanktionssystem der Scham, das positiv das Ethos steuert und Solidarität (Krimphove) herstellt. Dietrich Korsch deutet die »Geltung des Rechts, insbesondere der Menschenrechte« als Hinweis darauf, dass Gott – häufig gegen allen Anschein – doch die Welt regiert.[79] Zum *concursus divinus* gehört allerdings die Sensibilisierung für inhaltliche Qualfizierung von Verstößen gegen die Menschenrechte, also die ganze Bandbreite oft versteckter Demütigungen, die Schmerz und Leid hervorrufen. Nur im Rekurs auf die Kunst sind kreative Neubeschreibungen und Vertiefungen der Standardüberzeugungen, wofür man sich schämen soll, aufzusuchen. Deshalb:

Law and Literature

Wenn Schmitz mit seiner Intuition Recht hat, Recht ruhe auf der Gefühlsbasis der hohen Gefühle Scham und Zorn auf, dann ist die oben aufgeworfene Frage nach der Zuordnung von Law und Literature eindeutig: Avancierte Literatur illustriert nicht Gesetze, sondern beeinflusst (auf eine sehr indirekte Weise)

78 Schmitz (1990: 389f.).

79 Korsch (2016: 101).

die Formulierung von Gesetzen, weil sie Standardüberzeugungen kreativ umschreibt.[80] Literatur vermag das, weil sie situative Atmosphären inszeniert und fühlbar macht, für prekäre Situationen sensibilisiert und Mitgefühl, vielleicht sogar Liebe weckt. Literatur kann beides, eine langsame, oft noch nicht explizit gemachte Umcodierung der Standardüberzeugung registrieren und aktiv durch wohlwollende Beschämungsstrategien auf Änderung drängen. Massenwirksam tradieren Literatur und andere Kunstgattungen wie der Film die inhaltlichen Füllungen und Umschichtungen in den Hochgefühlen von Scham und Zorn.

Nachspiel

»Wie oft habe ich mir damals und seitdem dieselben Fragen gestellt. Wenn Hannas Motiv die Angst vor Bloßstellung war – wieso dann statt der harmlosen Bloßstellung als Analphabetin die furchtbare als Verbrecherin? Oder meinte sie, ohne jede Bloßstellung durch- und davonzukommen? War sie einfach dumm? Und war sie so eitel und böse, für das Vermeiden einer Bloßstellung zur Verbrecherin zu werden?«[81]

80 Die Law and Literature-Debatte hat, darauf weist Schlink in seinem Nachwort zum Buch von Richard Weisberg (2013: 275-289) hin, eine amerikanische Besonderheit, nämlich die Frage nach der objektiven Intention und Applikation eines Normtextes.

81 Schlink (1995: 128).

Exkurs: Politische Ethik
Selfies von Europa
Über Bildpolitiken in der Migrationsdebatte

Einleitung: Willkommenskultur oder: Welches Bild von Europa hätten Sie denn gerne?

Wenn ich als Theologe gefragt werde, welchen der vielen Theologen, die auf den Namen Barth hören, ich favorisiere: ob es der Schweitzer Karl Barth (1), der lange in Halle lehrende Ulrich Barth (2), der ehemals in Marburg lehrende Hans-Martin Barth (3) oder ob es, der jüngste in der Reihe, der in Gießen lehrende Roderich Barth (4)[82] sei, dann antworte ich als guter, frankophiler Europäer immer mit Aplomb: ganz eindeutig, es ist: Roland Barthes (5). Roland Barthes ist zwar kein echter Theologe, sondern einer jener lustvollen französischen Meisterdenker, die auch in der eher betulichen deutschen Szene eine beträchtliche Anzahl von Jüngerinnen und Jüngern um sich versammeln konnten, aber Roland Barthes (1915-1980) war ein – was wenige wissen: man höre – gelernter Calvinist, der zumindest kurzzeitig damit kokettierte, Theologie zu studieren.[83] Später aber, nach jahrelangen Aufenthalten in Lungenheilstätten, entschied er sich anders und machte als Linguist, Literatursemiologe und Schriftsteller Karriere, erhielt schließlich, vermittelt über Michel Foucault, einen prestigeträchtigen Elite-Lehrstuhl am *Collège de France* in Paris. Unterschwellig hat Roland Barthes den calvinistischen Instinkt zeitlebens bedient, nämlich: *Die Lust am Text*[84] – so ein inzwischen zum geflügelten Wort aufgestiegener Buchtitel. Roland Barthes ist der (calvinistische) Leser schlechthin, ein Leser, der mit dem Körper liest, der sich affektiv vom Text angehen lässt und erstaunliche Botschaften entziffert, dabei immer gegen die latente Gewalt des Selbstverständlichen (die Doxa, die Stereotype) aufbegehrt. *Schreiben* wird damit im Sinne von Roland Barthes zu einem eminent ethischen (und versteckt religiösen) Projekt.[85]

82 Erinnern darf man auch noch den Skandaltheologen der Neologie: Karl Friedrich Bahrdt (1741-1792).

83 Samoyault (2015: 107).

84 Roland Barthes (1974: 26): »Die Lust am Text, das ist jener Moment, wo mein Körper seinen eigenen Ideen folgt – denn mein Körper hat nicht dieselben Ideen wie ich.« Eine ausgezeichnete Einführung zu Roland Barthes bietet Ottmar Ette (2013), eine umfangreichere, alle wichtigen Texte behandelnde Arbeit legte Ette bereits (1998) vor.

85 Auch in dieser Frage bedient Barthes einen protestantischen Instinkt, wenn er den Texten und dem Schreiben jene Macht zutraut, die mal latente, mal offenbare Gewalt, die in der Allgemeinheit der

Angewandt hat Roland Barthes diese Lesekunst auch auf die visuelle Kultur, zu seinen berühmtesten Büchern gehört deshalb seinen Essay über die Photographie, veröffentlicht unter dem eingängigen Titel: *Die helle Kammer*[86] (nicht die Dunkelkammer). Dieser Essay ist eine Liebeserklärung an das Medium Photographie und zugleich eine Liebeserklärung an die zum Zeitpunkt der Veröffentlichung soeben verstorbene Mutter, mit der er bis zu ihrem Tode mit 84 Jahren zusammenlebte[87], denn seine epochemachenden Einsichten gewinnt er anhand eines Kinderphotos seiner Mutter. Klammer auf: Wir männlichen Calvinisten pflegen zeitlebens, das ist kein Geheimnis, eine große Anhänglichkeit an unsere Mütter, die uns an die Bücher gewöhnten (um von der Welt abzulenken), eine Anhänglichkeit, die unsere Ehen und Liebschaften deshalb häufig so schwierig gestalten. Klammer zu.

Roland Barthes versteht es, Bilder zu lesen, Bildlichkeit und Textualität produktiv aufeinander zu beziehen, auch Bilder sind *Photo-Graphien*, die uns mit Botschaften traktieren. Und weil wir in unseren knappen Zeitressourcen unsere Aufmerksamkeit bewirtschaften müssen, erreichen und betreffen uns besonders jene Bilder, die uns aufrütteln, die uns treffen, die uns schockieren. *Schockphotos*, die Roland Barthes als einer der Ersten klug zu lesen verstand und der auch deshalb als Pate dieses Essays dient, durchbrechen unsere Coolness, sind explizit ethikproduktiv, steuern unterschwellig unsere Wahrnehmung und damit auch unsere Handlungsweisen. Es sind die *Schockphotos*, die uns immer wieder aus Kriegsgebieten erreichen und zunehmend die Schockphotos von hungernden, weinenden und schreienden Kindern in den

Sprache – in seiner Antrittsvorlesung im Collège de France nennt er die Sprache »faschistisch« (Barthes 1980: 19) – und in den binären Strukturen, die der Strukturalismus identifizierte, zu vermeiden. Unter dem Stichwort *Neutrum* suchte der späte Barthes einen *Begriff, der die Gewalt unterläuft*, und findet sie in seinen Streifzügen durch die Bibliotheken der Welt in Phänomenen wie Stille, Schweigen, Müdigkeit, Zartgefühl, Riten, in der Mystik, im Skeptizismus oder in der Figur des Androgynen. Seine vorletzte Vorlesung am Collège de France – ein faszinierender Text – lautet deshalb *Das Neutrum* (2005).

86 Roland Barthes (1989); vgl. Barthes (1990).

87 Berührend liest sich sein Sterbebuch *Das Buch der Trauer*, Barthes (2010b). Verschwiegen freilich hat er seiner Mutter lebenslang seine Homosexualität, die er außerhalb der Wohnung und auf seinen Reisen nach Marokko durchaus exzessiv auslebte. Inzwischen sind aus dem Nachlass die Streifzüge, die Roland Barthes (2007b) im Homosexuellen-Milieu, in den Schwulen-Diskos von Paris und auf seinen Reisen, die er mehrfach mit Michel Foucault unternommen hat, in einem sehr eindringlichen Band herausgebracht worden; Hanns-Josef Ortheil hat ein kluges Nachwort beigesteuert. Ich zitiere eine hübsch ironische Szene: »Drei junge chleus (= Schelluh, Schlöch – ein Berberstamm) bitten, an der Felswand, um eine Französisch-Stunde. ›Wie sagt man…?‹ Als ich darauf eingehe, werde ich gewahr, daß der ganze Sexualapparat in einem Verschlußlaut-Paradigma steckt: cul/con/queue (= quelconque). Die drei, auf der Stelle Philologen, sind baß erstaunt.« (52) Barthes hat lebenslang mit der *Scham* gekämpft, dass er seine sexuellen Vorlieben in Marokko auslebte und damit zwangsläufig einen Neo-Kolonialismus bediente.

Flüchtlingslagern, die uns nicht kalt lassen. Unser Körper reagiert (hoffentlich) mit Scham.

Seit Ende der Nullerjahre sind eher die Spaßphotos hoch im Kurs, die *Selfies*, die die beinahe schon totgesagte Photographie neu belebten. Auf den Selfies posen wir mit großer Lust alleine oder mit Freunden oder auch mit Fremden überall, wo es amikabel ist: So schön ist Norwegen am Polarkreis, oder Sizilien, oder die Pusta, oder Klein Flottbek. Diese fröhliche Flutwelle der Selfies im Netz feiern jenes Bild von Europa, das durch den nahezu mythischen Namen *Schengen* (ein sehr kleiner Ort in Luxemburg, geprägt durch die Landschaft von Tankstellen, hinter der ›Grenze‹ zum Saarland gelegen) erinnert wird: die Freizügigkeit innerhalb Europas, der wahr gewordene Lebenstraum der ehemaligen Bewohner der DDR. Freizügigkeit, ein Wort, das in der alten Bundesrepublik eher mit einem leichten moralischen Vorbehalt ausgesprochen wurde, hat vor allem die Generation unserer Kinder mit einer von allen Schikanen an Grenzen befreiten Reiselust ausgestattet: Eine Generation lang zogen Studentinnen und Studenten mit einer großen Selbstverständlichkeit in andere europäischen Länder, blieben oft auch länger, manche blieben für immer.

Inzwischen ist der umgeschulte Grenzer zurück – nicht nur wegen der Heimsuchung durch Terroristen, sondern auch weil einige Staaten in Europa sich gegen die Flüchtlinge und Migranten abschotten und die Freizügigkeit einschränken. Die glücklichen Selfies der letzten Jahre können zwar nicht verblassen, es scheint aber sinnvoll, die glücklichen Selfies mit einem digitalen Filter, der das Vergilben *faked*, zu versehen: *So ist es gewesen. So unbeschwert.* Schade. Auch die Trauer müssen wir inzwischen digital bearbeiten. Und die Bilder der Willkommenskultur?

Den Bildern der Willkommenskultur droht eine Übermalung durch Berichte über die Masse der Pegida-Umzügler (Patriotische Europäer gegen die Islamisierung des Abendlandes), die in lärmenden Demonstrationen gegen die Willkommenskultur Stimmung machen, als rechter Mob brennende Asylantenheime beklatschen und Politiker symbolisch lynchen. Ihnen spielen Bilder sexueller Belästigung in der Silvesternacht 2015/16 in Köln, die, weil Flüchtlinge an den Übergriffen offenbar beteiligt waren, zunächst von den Journalisten aus Angst vor Instrumentalisierung durch rechte Kreise verschwiegen worden waren, in die Hände. Der Streit der Bilder nimmt auffallend an Schärfe zu: Religiös verbrämte Ressentiments, unterschwellig gesteuert durch die Angst kleinbürgerlicher Schichten und Transferempfänger vor Konkurrenz um Ressourcen an Wohnungen, Arbeitsstellen und medizinischer Versorgung, gegen die demonstrativ ausgestellte Offene-Arme-Kultur der Bildungsschichten. Für Menschen, die in prekären Umständen leben, wirkt die

Willkommenskultur offenbar »wie ein medial inszenieres Eliteprojekt […], das mit ihrer Lebenswirklichkeit wenig zu tun hat.«[88]

Mein Essay hat vier Teile. In einem ersten Teil will ich die mediale Inszenierung (und Instrumentalisierung), genauer: den *Bilderhaushalt der aktuellen Flüchtlings- und Migrations-Debatte* inventarisieren. Politik wird auch durch Bilder gemacht. In politischen Fragen und politischen Ethiken bleibt dieser medienwissenschaftliche Gesichtspunkt häufig zu Unrecht in der Dunkelkammer. Roland Barthes ist es, der als Erster präzise beschrieben hat, welche Bilder uns warum berühren und welche Bilder durch rhetorische Tricks mit der Berührbarkeit emotionale Geschäfte machen wollen, welche Bilder uns also beschämen, welche mit Hintersinn uns beschämen wollen.

In einem zweiten Abschnitt deute ich die politische Kultur anhand des Duals Scham und Ehre. Mir scheint dieser Dual geeignet, politische Entscheidungen emotional klüger einzufädeln und gleichzeitig verständlich zu machen, ohne den oft als Schimpfwort verwendeten Begriff der Gefühlspolitik[89] auf sich zu ziehen. Speziell für die deutsche politische Kultur ist dieses ethische Deutungsmodell sehr schlusskräftig, weil die Willkommenskultur, so (m)eine Lesart, die schambesetzten Bilderhauhalte der Deutschen nach dem zweiten Weltkrieg: genauer: die Bilder der ausgemergelten Häftlinge der KZs durch neue Bilder ergänzen sollen: Wir haben gelernt. *Wir haben die kollektive Scham erfolgreich bearbeitet*. Ansteckend wirkten diese Bilder auf die europäischen Nachbarn offenbar nicht, wohl auch deshalb, weil die Bilderhaushalte der Nachbarn anders vernetzt sind.

Ein dritter Teil fragt nach dem Beitrag, den eine evangelische Ethik, die sehr zentral mit Bildern der Exulierung (Paradies, Kain, Exodus, Jesus) und der spontanen Hilfe für Menschen in Not arbeitet, als Wahrnehmungsschule für die aktuelle Flüchtlingsdebatte anbietet.

Ich schließe mit einem Plädoyer für eine *europäische Kultursynthese*, die nur durch eine Bildungsanstrengung in einem sehr umfassenden Sinn gelingen kann. Für die zu integrierenden Flüchtlinge und Migranten ist Bildung der Königsweg, um das *Ethos dieser Gesellschaft bis in die Gesten hinein einzuprägen*.

1. Schockphotos oder: Wie Bilder uns bestechen

Wer nicht als Mönch oder Einsiedler lebt und sich bedingungslos der Reizarmut überantwortet, ist alltäglich der Bilderflut ausgesetzt und beteiligt sich mit

88 Ott (2016: 67). Auf dem oft milde verlachten flachen Land war und ist die Wilkommenskultur in nahezu allen Milieus verankert.

89 Frevert (2016).

Elan selbst auf mehreren Ebenen an der Bildproduktion, denn jeder hat ein Bild von sich, »durch das er sich als Person konstituiert und das er von anderen erkannt wissen will«[90]. Und dieses (schöne, ehrliche oder angehübschte, vielleicht leicht retuschierte) Bild von uns soll nach Möglichkeit keine Risse bekommen, bitte. Für einen aufgeklärten und zugleich noch halbwegs religiös sozialisierten Mitteleuropäer gehören auch die oft besungene Weltoffenheit und die Gastfreundschaft dazu. Das ist unser Selbstbild: Wir sind zivilisiert und bewohnen eine offene, gastfreundliche Gesellschaft. Selfies dokumentieren: Wir haben einen großen Appetit, das Fremde, die Fremde und den Fremden kennenzulernen. Und deshalb deuten wir den Fremden, wie der Philosoph Hans-Dieter Bahr (beinahe noch ein Barth, ihm fehlt nur ein anorektisches t) in seiner Metaethik über den Gast betont hat, vielleicht sogar als einen Boten der Gottheit.[91] Keinesfalls aber identifizieren wir den Fremden wie Carl Schmitt (der auf Aristoteles zurückgreift) vorschnell als Feind, der jenseits der Grenze des Ethischen verbleibt.[92] Und wir wollen und müssen offen sein für Flüchtlinge, die nicht als Gäste kommen, sondern Flüchtlinge haben nach der Genfer Flüchtlingskonvention von 1951 im Unterschied zu Migranten ein garantiertes Recht auf Aufnahme. »Der Begriff des Flüchtlings ist immer intrinsisch normativ: Man versteht seine Bedeutung nicht, ohne zu wissen, dass sein konkreter Gebrauch jede moralische Person in die Pflicht nimmt. Wenn A als ein Flüchtling anzuerkennen ist, dann hat eine jede moralische Person B gegenüber A *prima facie* bestimmte Verpflichtungen. […] Zu Migrantinnen dagegen dürfen wir uns legitimerweise anders verhalten als zu Flüchtlingen; wir dürfen es auch von unseren wohlerwogenenen Interessen abhängig machen, welchen Gruppen wir aus welchen Gründen die Einwanderung erlauben wollen oder nicht. Ein Menschenrecht auf Einwanderung in ein bestimmtes Land besteht völkerrechtlich nicht.«[93]

Als Bildproduzent und Bildrezipient gleichermaßen sind wir hochgradig empfänglich für die affektiven Potentiale der Bilder. Und wir sind besonders empfänglich für die Bilder, die uns durch ihr fremdes Leid erschüttern und/oder auch erschüttern sollen. In seinem Buch *Mythen des Alltags* spricht Roland Barthes in einer kurzen Vignette über die sogenannten Schockphotos und

90 Barthes (1981: 22). Als Ideal feiert Barthes (2010a: 47) allerdings die Vakanz des Bildes: »Er meint, dass die Vollkommenheit einer menschlichen Beziehung auf der Vakanz des Bildes beruht: untereinander, von einem zum andern, die Adjektive abschaffen«.

91 Bahr (1994). Siehe auch das Kapitel: Die Verabschied/bung des Gastes (1994: 236-258).

92 Schmitt (1963), dazu hellsichtig Figal (2003: 265-286). Michael Walzer (2006: 67) erinnert: »In einer Reihe alter Sprachen, unter ihnen die lateinische, wurden Fremde und Feinde mit ein und demselben Wort bezeichnet.«

93 Ott (2016: 12, 15).

pointiert das Verhältnis von Bild und Betrachter; denn die sogenannten Schockphotos sind nicht als solche grauenhaft, »das Grauen (rührt, K.H.) vielmehr daher, dass *wir* sie aus unserer Freiheit heraus betrachten.«[94] In unseren luxuriösen Wohnungen, bequem vor dem *Mac* sitzend, schockiert uns die Differenz von fremdem Leid und eigenem Wohlstand, diese im Wortsinn schreiende Ungerechtigkeit erreicht unseren Körper. Schockphotos beschämen und erschüttern uns durch das sichtbare Leid. Geschmälert wird das Grauen dann, wenn der Photograph das Schreckliche »überkonstruiert« (135) und »dem Faktum die effektheischende Sprache des Grauens« (135) hinzufügt. Vielleicht fällt die Erschütterung dann sogar aus: Jene »allzu geschickt aufgenommenen Photos« erschüttern nicht: »Das liegt daran, dass wir ihnen gegenüber jedesmal unserer Urteilskraft beraubt sind: Man hat für uns gezittert, für uns nachgedacht; der Photograph hat uns außer dem Recht auf intellektuelle Zustimmung nichts übriggelassen.« (135) Anders gewendet: »Die perfekte Lesbarkeit der Szene, ihre *Gestaltung*, befreit uns davon, das skandalöse Bild in seiner ganzen Tiefe aufzunehmen; auf einen rein sprachlichen Zustand reduziert, bringt uns die Photographie nicht aus der Fassung.« (136) Uns schockieren vielmehr jene Bilder, die auf Überkonstruktion und Inszenierung verzichten, jene Photos, »auf denen das überraschende Faktum in seinem Eigensinn, in seiner Buchstäblichkeit, in der Evidenz seiner Stumpfheit hervorspringt.« (137) Für Roland Barthes sind es oft Agenturphotos von Erschossenen oder Leidenden, die eher »visuell abgeschwächt« erscheinen und auf jede Pose verzichten. »Das *Natürliche* dieser Bilder, ohne Emphase und ohne Erläuterung, nötigt den Betrachter zu einer intensiven Befragung, bringt auf den Weg zu einem Urteil, zu dem er selbst kommt, ohne von der weltschöpferischen Präsenz des Photographen gestört zu werden.« (137f.) Diese Bilder betreffen und schockieren, weil wir sie instinktiv abgleichen mit unserer eigenen Freiheit. Der stumpfe Sinn dieser Photos, dieses nackte Grauen, wühlt uns auf, erschüttert und, so die semantische Volte von Roland Barthes, dieser stumpfe Sinn ist es, der uns besticht.[95] *Leid beschämt uns gerade dann, wenn die Bilder ohne Pose auskommen.*

Die vielleicht höchste Erschütterungs- und Deutlichkeitsstufe erreichen Bilder von weinenden und schreienden Kindern. Für mich – Roland Barthes erwähnt sie überraschenderweise nicht – erfüllen diese Bilder den Begriff des Schockphotos schlechthin. Dazu gehört auch die mögliche *Entbettung der Kinder,* Kinder also, die in keinen Kontext eingebettet sind, die heimatlos in wüsten

94 Barthes (2012: 135.) Die nächsten Seitenangaben beziehen sich auf diesen Text.

95 In späteren Texten, vor allem in *Die helle Kammer* (1989), hat Roland Barthes den stumpfen Sinn als *punctum* benannt, als jenes Detail im Photo, das uns besticht.

Lagern überdauern. Wer in einem christlichen Kontext sozialisiert wurde, kann nicht umhin, diese Bilder immer schon intertextuell zu lesen. Beim Betrachten dieser Photos pumpt sich das Erschütterungs- und Beschämungspotential auf durch die Erinnerung an Bilder unserer christlichen Legende: die Geburt Jesu im wenig luxuriösen Stall von Bethlehem, mit dem Tod, genauer: dem Mord durch einen Tyrannen bedroht, wird dieser Säugling der Gefahr entzogen durch die Flucht seiner Mutter und Josefs in das fremde, oft dem eigenen Volk in der bisherigen Geschichte feindlich gesonnene Ägypten. Zum religiösen Bilderhaushalt im Christentum gehört unzweideutig das Bild unseres Stifters Jesus von Nazaret als eines (zeitweiligen) Asylanten, so wie es frühere Kinderbibeln auf der Festplatte unseres Gehirns abgespeichert haben. Das Christentum ist zunächst und zumeist ein Weihnachtschristentum, es feiert und erinnert die prekäre Geburt und die Rettung aus einer prekären Situation.

Ein Gedanke kommt noch hinzu: Jedes Photo, das ist die ontologische Eigenart der Photographie, friert einen Zustand, eine Situation, die abgebildet wurde, ein, verewigt oder mortalisiert die Szene. In den Schockphotos wird der Notstand festgeschrieben: das Leiden, der nahe, der drohende Tod. Bewusst oder nicht, schließt unser Bildgedächtnis diese Bilder bereits kurz mit Szenen der Pietà, also den zutiefst berührenden Bildern der leidenden und trauernden Maria mit dem Jesus auf dem mütterlichen Schoß – ein Bild, das Bilder der *Maria lactans*, der stillenden, glücksinnigen Maria übermalt. Weil also diese Bilder der schreienden, untröstlichen Kinder aus den Kriegsgebieten zum Beispiel in Syrien durch Bilder aus unserem Bildgedächtnis zusätzlich mit Erschütterungskraft aufgeladen werden, können wir gar nicht anders, als spontan hilfsbereit zu reagieren.

Dieses Kinder-Plebiszit, unsere Beschämung durch die Bilder, steht freilich immer in der Gefahr missbraucht zu werden – und sei es, dass es herhalten muss für eine – welch perverses Wort: Spenden*gala*, die mit Vorliebe kurz vor Weihnachten ausgestrahlt wird, um im Finale dieser Show einen neuen Spendenrekord präsentieren zu können. Auch Mitleid muss olympisch sein, soll die rituelle Fusion des Publikums vor den Fernsehgeräten funktionieren. Wir fühlen uns besser, wenn wir Spendenolympier sind. Festspiele der Barmherzigkeit mit Medaillen-Charme und charming Carmen Nebel.

An dieser Stelle bereits ist die Professionsethik gefragt, also die Berufs-Ethik der Journalisten und Medienschaffenden. Zunächst muss ein Redaktionsteam die Echtheit der geposteten oder übermittelten Photos (oder Filmsequenzen) prüfen (eine, wie bekannt, durch neue Techniken des *Fakens* nicht immer einfache Aufgabe, die Barthes noch gar nicht im Blick haben konnte); zweitens sollte über den Umgang mit effektheischenden Photos, die nahezu immer beim Publikum ankommen, diskutiert werden und Klarheit herrschen. *Sogar schrei-*

ende Kinderphotos können klebrig sein. In jedem Fernsehbeitrag zur Migrationsdebatte werden nahezu immer Kinder oder Kinder in Begleitung gezeigt, dabei liegt der Männeranteil von jungen Erwachsenen bei fast 70 %. So werden durch effektheischende Photos beim Publikum falsche Bilder von den Flüchtlingsströmen erzeugt und ins Gedächtnis eingebrannt. Erschütternd sind Photos dann, wenn sie ohne »Rückgriffe auf Stereotype«[96], ohne effektheischende Rhetorik auskommen, wenn das Mitleid sich an einem Detail des Bildes festmacht, die die Rührung und Erschütterung hervorruft, ohne dabei, wie Roland Barthes mit einem Verweis auf Nietzsche, der einem geschundenen Pferd weinend um den Hals fiel, sagt, »verrückt« zu werden »aus Mitleid«.[97] In der Spur von Roland Barthes gesagt: nüchterne, ohne Hysterie inszenierte Dokumentarphotos und Dokumentarfilme, die die aktuelle Situation der Flüchtlinge abbildet, beschämen unsere Indifferenz.[98]

Eine glückliche Rundung finden die Erschütterungsphotos durch die Photos der Willkommenskultur. Die Geste der offenen Arme ist ikonographisch gleich doppelt besetzt: Es ist die Geste des Vaters im *Gleichnis vom Verlorenen Sohn*, der seinem von ihm entfremdeten Sohn *ohne vorherige Entschuldigung* oder Kniefall mit offenen Armen entgegenkommt; sodann wurde in der Kunst der gekreuzigte Christus mit ausgebreiteten Armen ans Kreuz genagelt dargestellt. Hinterrücks wird damit die Geste extremer Demütigung, der Tod am Schandholz, zu einer Geste des Triumphes; denn die Fixierung dieser Haltung ist die Willkommensgeste schlechthin, urbi et orbi. Durch die Erhöhung Christi am Kreuz gewinnt die Geste eine universale Ausstrahlung, die natürlich dadurch ihre Überzeugungskraft gewinnt, dass die Kenner der Geschichte wissen, dass hier ein Unschuldiger zu Tode gefoltert wird, der zudem noch für die Vergebung dieser an der Untat beteiligten Mörder betet.

Allerdings, auch das lässt sich von der Bildlogik her ableiten: Jesu auf ewig fixierte Geste hat kein menschliches Maß. Menschlich ist das Maß in der Willkommensgeste des Vaters im Gleichnis vom verlorenen Sohn: Vollständig umschließen können wir nur einen erwachsenen Menschen (allenfalls noch zwei kleinere Kinder). Offenbar ist die Agape, die christliche

96 Roland Barthes (1990: 56).

97 Roland Barthes (1989: 128).

98 Schockphotos können einen humanitären Zweck erfüllen, etwa als während des Bürgerkriegs in Syrien Bilder von hungernden, extrem abgemagerten Kindern in der belagerten Stadt Madaya einen so großen öffentlichen Druck auf die Kriegsparteien ausübten, dass nach langen Verhandlungen Konvois mit Lebensmitteln in die belagerte Stadt einreisen durften. Gegen die Hysteriker und Alarmisten der neuen Massenmedien gesagt: Ohne diese *Bild-Politik* wäre eine Rettung der vom Hungertod bedrohten Menschen wahrscheinlich unmöglich geworden. Zur umfänglichen Friedensethikdebatte verweise ich auf Huber (2005), zusammen mit Reuter (1990b).

Nächstenliebe, eine Kultur der Nähe, wie Wilfried Härle sehr richtig beobachtet: »Die Reichweite unseres Erbarmens, unserer Güte und unserer Liebe ist begrenzt, und die Agape selbst ist permanent bedroht. Und darum ist es eine zwar schöne, aber irreführend-harmonische Idee, wenn man meint, die Agape erledige die Aufgabe, für Gerechtigkeit zu sorgen, gleich mit, sozusagen mit der linken Hand. Das kann sie allenfalls im Nahbereich zwischenmenschlicher Begegnungen. Je mehr sich die Gerechtigkeit jedoch auf die Fernen und Fernsten bezieht und je stärker sie durch Strukturen, Institutionen und Organisationen vermittelt ist (und Letzteres gilt in der Neuzeit immer umfassender), desto mehr sind rechtliche Regelungen erforderlich, die der Gerechtigkeit dienen und Rechtsansprüche auf konkrete Gerechtigkeit begründen.«[99]

Härle begrenzt die christliche Solidarität durchaus nicht auf Familie, Freunde, Verwandte oder Staatsbürger, schließt Fremde, deren leidendes Antlitz uns berührt, ein; aber hier droht ein Samariterdilemma oder, um einen ethischen Terminus zu gebrauchen, ein *slippery slope* (ein glitschiger Abhang), weil die Zahl der Menschen, die auch um Solidarität nachfragen, sehr schnell gewaltig ansteigt. In einem fulminanten Essay hat Konrad Ott die emotive Wirkung der Begrüßungsszenen im globalisierten Medienzeitalter herausgestrichen: »Wir müssen also lernen, die Bilder der Willkommenskultur als eine Ursache für Migration zu sehen.«[100] Nicht nur Flüchtlinge, auch Migranten haben die Bilder als Einladung gelesen.

Zunächst gilt es, als Ergebnis der Bildpolitik festzuhalten: Die erschütternden Bilder hungernder, schreiender, entbetteter Kinder finden ihre zunächst glückliche Rundung in den Gesten der Willkommenskultur. Deutschland zeigt der Welt ein menschenfreundliches Gesicht. Die alten, schambesetzten Bilderdepots, die nach 1945 angelegt wurden, bekommen Gegenbilder. Hier haben wir innerhalb der politischen Ethik und der Medienethik einen *Paradefall dafür, wie Schamprozesse sichtbar erfolgreich bearbeitet werden können*. Offen bleibt freilich die Frage, ob Schockphotos auf Dauer ihre Wirkung zeigen. Scham ist häufig ein relativ flüchtiges Gefühl. Und richtig ist festzuhalten: Die Bilder der Willkommenskultur wurden weltweit als Einladung gelesen, nach Deutschland zu migrieren. Und richtig ist auch festzuhalten: Teile der deutschen Bevölkerung, die in eher hoch prekären Verhältnissen leben, haben die Willkomenskutur als »Eliteprojekt« (Ott) der besseren Schichten gedeutet.

99 Härle (2011: 390).
100 Ott (2016: 14).

2. Scham und Ehre als Grundbegriffe politischer Ethik

In dem nach ihm benannten platonischen Dialog fordert der Sophist Protagoras im Rückgriff auf Zeus, wer unfähig sei »an Scham und Recht teilzuhaben, den töte man als Pest einer Stadt.«[101] Ein Satz wie Donnerhall, der mir als Richtschnur für die folgende Überlegung dient; denn offenbar ist nach Ansicht von Protagoras derjenige, der sich nicht auf Scham und Recht versteht, ein Feind der eigenen Polis. Zu den Aufgabenlasten eines polisverträglichen, sprich: gemeinschaftsverträglichen Menschen gehört offenbar sogar an erster Stelle die Teilhabe an der Scham und dann selbstredend auch am Recht.

Als Kompass lässt sich die Scham bestimmen, weil die Scham die Internalisierung jener Normen leistet, die in einer Gesellschaft gelten, also das Ethos einer Gesellschaft, das, was gültig ist, oder banal, aber treffend gesagt: das, was man nicht tut, bitte. Die Scham reicht damit deutlich weiter als der Rahmen des Rechts, obwohl auch das Recht, wie gesehen, eine Rückgebundenheit an die Gefühlskultur der Scham (und wahrscheinlich des Zorns) aufweist; denn wir schämen oder sollten uns schämen für eine breite Liste von Dingen, die der strafrechtlichen Verfolgung vorgelagert sind (etwa: Unflätigkeiten, Unehrlichkeiten, Demütigungen, Stilfehler, unsoziales Verhalten, verachtende Gesten). Unser soziales und symbolisches Kapital, vulgo: die Ehre spart sich an vor dem Hintergrund unserer Werteskala.

Scham und Ehre sind, so meine Überzeugung, nicht nur auf der Ebene der Personalethik zu verhandeln, sondern auch im politischen Kontext. Für die deutsche Gesellschaft ist die *kollektive Scham* nach 1945 über die begangenen Gräueltaten offensichtlich. Während es wenig Sinn macht, von Kollektivschuld zu sprechen, ist die Rede von *Kollektivscham* erkenntnisfördernd; die Herkunftsscham bezieht sich nicht nur auf den individuellen Status, sondern auf die kollektive Herkunftsgeschichte. In einem Brief vom 7.8.1981 an seinen exzentrischen Autor Thomas Bernhard erinnert der Suhrkamp-Verleger Unseld daran, »wir Deutschen müssen hier nicht aus einer Kollektivschuld, sondern aus einer Kollektivscham heraus vieles aushalten«.[102] Fraglos steuern diese Bildwelten der Kollektivscham nicht nur die Handlungsweisen der politischen Akteure, vielmehr unterschwellig noch immer die mentalen Haushalte vieler – durchaus nicht aller – Menschen. Hier bot der Druck der Flüchtlingssituation ab 2015 die Möglichkeit, durch eine hochsympathische Willkommenskultur diese Kollektivscham zu bearbeiten. In dieser Frage besteht ein merklicher Unterschied zwischen der deutschen Kollektivscham über die eigene Ge-

101 Prot 322d; vgl. Meyer (2011: 35-54).

102 Zitiert nach Mittermayer (2015: 327).

schichte und dem Gefühlshaushalt der Nachbarländer. Die politische Kunst der deutschen Politikerelite zeigt sich darin, die bearbeitete Kollektiv-Scham nicht in Schuld zu verschieben, indem etwa die politische Führung in Deutschland den anderen Ländern innerhalb der EU den deutschen Weg im Umgang mit Flüchtlingen und Migranten als alleingültigen Weg oktroyiert. Andere Länder der EU haben häufig eine deutlich längere Erfahrung mit Flüchtlingspolitik und Migration.

Ob Deutschland, wie der niederländische Soziologe (und Sozialdemokrat) Paul Scheffer in einem Artikel in der FAZ vom 22.12.2015 behauptet, die Willkommenskultur als Wiedergutmachenskultur[103] versteht, halte ich semantisch für überzogen, weil man in dieser Frage nichts wiedergutmachen kann. Aber zeigen, dass man sich geändert hat. Das geht. Im gleichen Atemzug muss man aber erwähnen: Die in Europa um Asyl bittenden Menschen sind häufig Opfer von (verlorenen) Kriegen, die von der Nato geführt worden sind. Und das geht – auch mit Blick auf meinen niederländischen Landsmann gesagt – alle Länder in Europa an.

Scham und Ehre als Richtschnur der politischen Ethik macht auch hellsichtig für Konflikte zwischen Amerika, der EU und Russland, denn die *inhaltlichen Füllungen von Scham und Ehre* sind durchaus nicht immer identisch. Zwar haben die Karrieren des Menschenrechts- und des Menschenwürdegedankens zu einer deutlichen Angleichung der Niveaus geführt, aber trotzdem gehört es zur politischen Wahrnehmungskunst, auf die immer noch vorhandene *gleichzeitige Ungleichzeitigkeit* der inhaltlichen Füllungen von Scham und Ehre in unterschiedlichen Weltgegenden sensibel zu reagieren. Diese Unterschiede beziehen sich nicht nur auf Stil- und Anstandsfragen, sondern auf Frauen- und Männerbilder, Bilder von Freundschaft und Feindschaft, nicht zuletzt auf Rituale der Anerkennung. Hier drohen schnell ein Paternalismus und eine Überlegenheitsunterstellung die Debatten zu verhärten. Die Osterweiterung der Europäischen Gemeinschaft und vor allem die Osterweiterung der Nato wurde offenbar, wie man am Dilemma in der Ukraine sieht, von den politisch verantwortlichen Politikern nicht mit Sensibilität und diplomatischem Geschick im Umgang mit Russland, einer der Siegermächte des Zweiten Weltkriegs, ausgeführt. Es war abzusehen, dass Russland diese Nato-Osterweiterung als Entehrung deuten würde. *Eine der größten diplomatischen Torheiten beging Barack Obama, als er die Russen öffentlich als Regionalmacht beschämte.*

103 Paul Scheffer (2015) hält auch die immer wieder zu lesenden Argumente, die Zahl der Flüchtlinge würde die Rentenkassen auffrischen und künftig Prosperität versprechen, für irreführend. Erfahrungen in den Niederlanden, so Scheffer, zeigen, dass bei bereits länger in den Niederlanden lebenden Migranten, die eine Arbeitserlaubnis besitzen, die Partizipation an der Arbeit nur bei den Iranern bei über 60 % liegt, bei allen anderen Bevölkerungsgruppen deutlich darunter.

Inhaltliche Füllungen von Scham und Ehre und Umgangsweisen mit Schamerfahrungen sind, das hat sich herumgesprochen, auch geprägt durch *religiöse Wahrnehmungskulturen*. Galt es lange als problematisch, religiöse Überzeugungen in ethische Debatten einfließen zu lassen, hat sich inzwischen die Diskussionskultur sehr entscheidend geändert, weil jetzt ein neues Zauberwort in die Debatte eingespeist worden ist: *overlapping consensus*. Dieses Stichwort besagt, dass in ethischen Debatten durchaus auch religiöse Hintergrundtheorien (etwa über das Menschenbild, über Fragen nach einer religiös bestimmten Lebensführung) in den Entscheidungsprozess Eingang finden dürfen, sofern Vertreter dieser Deutung in der Lage sind, die Gründe für ihre ethische Entscheidungsfindung zu benennen und darüber zu diskutieren, um zu einem überlappenden Konsens zu kommen.

3. Scham und Ehre in biblischen Narrativen

Ich lese die biblischen Texte des Ersten und Zweiten Testaments als pädagogische Großerzählung, die Lebenswissen weitergibt und sehr nachdrücklich vor prekären Lebenskrisen warnt. Der biblische Gott der Hebräischen Bibel und auch Jesus von Nazaret arbeiten als Autoren der Lebenskunstschulung wohlwollend an zentralen Stellen mit dem Gefühl Scham und auch mit wohlwollender Beschämung. Ich will einige Szenen erinnern.[104] Bekanntlich schämen sich Adam und Eva in der Paradieserzählung erst nach dem Genuss des Apfels vom Baum der Erkenntnis ihrer Nacktheit (Gen 2,25; 3,7), einfach deshalb, weil sie jetzt in der Wahrnehmung ihrer Vereinzelung sich ihrer eigenen Unvollkommenheit bewusst werden. (Relative) Einigkeit bei den Exegeten herrscht darüber, dass an dieser Stelle in der Bibel von Schuld und Sünde im harten Sinne noch nicht die Rede ist, aber das Ergebnis ist eindeutig: *Alle Menschen sind als Vertriebene aus dem Paradies Flüchtlinge und Asylanten*. Die Menschheit ist ein Vertriebenenverband. Menschliche Existenz ist Suche nach Beheimatung, nur konsequent entwirft die christliche Eschatologie Hoffnungsbilder des heimatlichen Friedens.

Die Pointe der Kain- und Abel-Geschichte besteht darin, dass Gott den sich gleichermaßen wütenden und schämenden Kain nach der Opferszene versucht zu coachen (Gen 4,6f.) und nachdrücklich die *Tugend der Besonnenheit* anmahnt, aber dieser Kain lässt sich bekanntlich nicht coachen, sondern verschiebt die Scham in Schuld, indem er den Zeugen der Scham, Abel, ermordet. Für mich ist diese Situation deshalb die entscheidende Situation, weil an dieser Geschichte deutlich wird: Wir Menschen sind nicht zur Schuld oder Sünde

104 Huizing (2012a).

verdammt, wir können besonnen und lebensklug agieren. Weil von den Theologen oft aller Nachdruck auf das tragische Nachspiel gelegt wird, bleibt der bedeutungsexplosive Kern der Geschichte unentdeckt: Die Scham ist ein Warnsignal, nicht schuldig zu werden. Von dieser Schlüsselszene her ergibt sich ein relativ optimistisches Menschenbild, das um die Fehlbarkeit weiß. Sogar Kain, der seine Flüchtlingsexistenz als Strafe für eine Schuld erfährt, wird von Gott fürsorglich mit einem Schutz-Tatoo ausgestattet und nicht als vogelfrei erklärt. Und die Exoduserzählung (Gen 12), der Auszug aus Ägypten, prägt bis heute – unabhängig davon, ob die Geschichte einen historischen Anhalt hat, nach meiner Einschätzung hat sie keinen – das Lebensgefühl der Juden auf der ganzen Welt und in Israel: Dieser Gott ist ein Befreier aus Tyrannei.

In seinem pädagogischen Konzept der Menschenschulung setzt der narrativ inszenierte Gott nach oft herben Rückschlägen schließlich nachdrücklich auf die Kunst. Gott promotet Zeichenhandlungen, dramatische Inszenierungen, wenn er etwa seine Mitarbeiter, die Propheten, dazu anhält entweder wie Jesaja drei Jahre nackt durch Jerusalem zu laufen (Jes 20,1-6), oder wenn er Hosea in eine Ehe mit einer Hure nötigt (Hos 1,1-9). Sehr plastisch stellt Gott in einem Beschämungsevent damit seinem Volk vor Augen, wie er sich fühlt, wenn sein Volk anderen Göttern nachsteigt und mit anderen Göttern unverschämt fremdgeht.

Jesus von Nazaret setzt ebenfalls auf die Kunst – genauer: auf die Miniaturdramen der Gleichnisse. Im Dramajuwel des *Gleichnisses vom Barmherziger Samariter* (Lk 10,25-37) liegt auf Seiten Jesu eine wohlwollende Beschämung desjenigen Schriftgelehrten vor, der Jesus aufgefordert hatte zu konkretisieren, wer denn der sogenannte Nächste sei. Weil, wie an anderer Stelle gezeigt, die Pointe darin besteht, dass ein Fremder, ein Samaritaner, der bei Juden als religiös verwildert gilt, dem Überfallenden hilft und nicht der Priester und der Levit, die beide achtlos vorbeigehen, muss sich der Schriftgelehrte beschämt fühlen. Bei den beiden Vertretern der Kultprominenz funktioniert die semantische Pointe des Gleichnisses nicht, weil nämlich im Griechischen das titelgebende Adjektiv barmherzig auf die im Substantiv gespeicherten Nebenbedeutungen Mutterschoß und Blutsverwandter verweist: Nur der Samariter nimmt den Überfallenden als Blutsverwandten wahr, der Priester und Levit wurden offenbar durch ihre Wahrnehmungsbrille der Reinheitsgesetze daran gehindert, *spontan mitmenschlich zu reagieren.* Eine beschämende Pointe für Jesu Zuhörer, den Schriftgelehrten. Keine Überraschung also, dass die in den Gleichnissen inszenierten Schamsituationen schließlich die Gruppe der Kultprominenz dazu bewegten, diese öffentliche Beschämung, genauer: diese beißende Satire in Schuld zu verschieben, indem sie Jesus den Prozess machten und ihn kreuzigten.

Ernst Tugendhat hat, ich darf nochmals daran erinnern, in seinem Ethikentwurf die ethische Strategie des Jesus von Nazaret präzise auf den Punkt gebracht: »Jesus hat die damals vorgegebene Moral seines Volkes relativiert und ergänzt. […] Was der Reformator sagt, ist: Inhalte, über die ihr euch empört und schämt, sind nicht diejenigen, die dieser Gefühle würdig sind; die neuen Inhalte, die ich fordere, sind diejenigen, deren Einhaltung ihr voneinander wechselseitig fordern solltet.«[105] Zu diesen Inhalten gehört etwa, sich dafür zu schämen, anderen Menschen, sprich: Blutsbrüdern, die Nothilfe zu verweigern; dazu gehört, Frauen weniger Ehre zuzugestehen als den Männern; dazu gehört, Kranke auszusondern, weil die Krankheit fälschlich als Strafe für begangene Taten gedeutet wurde; dazu gehört auch, Feinden, wie den Römern, nicht zu helfen, wenn sie darum bitten; dazu gehört positiv auch, Kollaborateure, wie die Zöllner, aus der Schmuddelecke zu holen und ihnen eine ehrenvolle Reintegration zu ermöglichen.

Neuere exegetische Forschungen und prominente Vertreter der Praktischen Theologie rücken verstärkt Jesus selbst in diesen Scham-Kontext ein, denn einige verstörende Textstellen, wie Jesu Verfluchung von Jerusalem (Mt 23,37-39), anderen Städten (Lk 10,10-15), eines Feigenbaums (Mk 11,2-26 parr.) oder eines gesetzestreuen Gesprächspartners (Mt 23,1-6) zeichnen einen Jesus, *der über die ausbleibende Ehrerfahrung zunehmend deprimiert wirkt.* »Uns begegnet in solchen Sprüchen ein deprimierter, aggressiver […] Jesus. Auch die nächsten Schritte sind Beschämungs-Geschichten. Sein Einzug in Jerusalem, wo er zunächst als Messias gefeiert wird (Markus 11,1-11 parr) und dann zum Opfer der Pogromsehnsüchte der Menge wird (Markus 15,15-19 parr). In Jerusalem, wo er haltlos provoziert, als er sich sofort mit den Händlern und Geldwechslern im Tempel anlegt (Markus 11,15-19 parr). Der Institution also, von der ein Großteil der Bevölkerung seit Jahrzehnten ökonomisch abhängig ist. Er provoziert offenkundig, dass er sich auch die einfache Bevölkerung zu Feinden macht. Denn sein taktisch völlig ungeschütztes Auftreten in dem Prozess, dessen falsche Zeugen eigentlich durchschaubar gewesen wären (Markus 15,55-65 parr.): All dies lässt zumindest der Vermutung einen Raum, dass Jesus seinen Tod gesucht hat.«[106] Einen Grund zur Scham hat er allerdings nicht, hier, in diesem außerordentlichen Fall, wird deshalb auch nicht Scham in Schuld, sprich: in den Selbstmord wie etwa bei Judas verschoben, sondern hier ist der Tod ein letztes Zeichen von Konsequenz und zugleich ein letzter *Aufruf zur Besonnenheit*, wenn er um Vergebung für die pöbelnde, unbesonnene Masse betet.

105 Tugendhat (1993: 63).

106 Gutmann (2015: 214f.).

Für dieses hier nur knapp horizontalisierte *Ethos des Christentums*, das mit Nachdruck *spontane Gerechtigkeit* für die Marginalisierten einfordert, für die Kranken, Armen, Ausgegrenzten, Frauen und Fremden, das zugleich *lebensklug auf die Tugend der Besonnenheit setzt*, muss man sich durchaus nicht schämen. *Sensibilität*, die spontane Hilfe erfordert, und *Besonnenheit* sind freilich zwei Tugenden, die in ethischen Debatten oft Friktionen hervorrufen, weil sie nur schwer lebenspraktisch vereinbar sind. In der Flüchtlingsfrage sind diese Friktionen offensichtlich geworden.

4. Die europäische Kultursynthese, die Bildung und die Trockenheit der Herzen

Der Protestantismus und die Demokratie, dieses Verhältnis war über Jahrhunderte kein Liebesverhältnis, vielmehr wurde bis zur sogenannten Demokratiedenkschrift von 1985 der Staat als »Widerlager gegen das in der Sünde begründete destruktive Potential des Einzelnen«[107] begriffen. An dieser sündentheologischen Lesart, an dieser Sünden-Anthropologie, das dürfte deutlich geworden sein, habe ich vor dem Hintergrund meiner Relektüre biblischer Texte heftige Zweifel, vielmehr scheint mir die biblische Anthropolo-

107 Anselm (2015b: 210; vgl. 213, 216). In diesem klugen Essay hat Reiner Anselm am Beispiel der Politischen Ethik »die neuzeitspezifischen Transformationsprozesse der evangelischen Ethik« (197) herausgearbeitet. Anselm kann in seiner Problemgeschichte zeigen, wie lang und steinig der Weg der evangelischen Ethik zur Akzeptanz der Demokratie war. In der Demokratiedenkschrift »wird nicht mehr von der Legitimationsbedürftigkeit des Staates gesprochen, auch nicht davon, dass der Staat sich den destruktiven Tendenzen des Einzelnen entgegenstellen solle und müsse. Sündhaftigkeit und Fehlbarkeit werden dagegen nun so profiliert, dass nicht die negativen Folgen einseitig auf der Seite der Bürger verortet werden, sondern die Demokratie diejenige Staatsform darstellt, die aufgrund ihrer eigenen Korrekturmechanismen in der Lage ist, die Fehler der Regierenden wie der Regierten durch den Grundgedanken der Begrenzung und der Kontrolle der Macht zu kompensieren.« (226) Aufgabe der evangelischen Ethik, genauer: einer ethischen Theologie, ist es jetzt, »die grundlegenden Lehrbestände des evangelischen Glaubens selbständig an den konkreten Orten der Lebenswirklichkeit« (199) zu entfalten. »Ihr obliegt es nun nicht mehr, die staatliche Ordnung mit einer theologischen Legitimation auszustatten, sondern sie legt die Grundelemente des christlichen Glaubens – Schöpfung, Versöhnung und Erlösung – auf die Lebensführung von Christinnen und Christen in einem vorgefundenen Staatswesen hin aus.« (197) Mir ist dieser Ansatz auch deshalb so sympathisch, weil er die nahezu zwanghafte Fokussierung auf den Sündenbegriff zurückdrängt, vielmehr von einer »Hochschätzung des Einzelnen« ausgeht und den Menschenrechtsgedanken auszeichnet. Als »Leitlinien für eine evangelische Ethik des Politischen« gibt Anselm aus: »Freiheit in der Gemeinschaft ermöglichen« (238f.); »Die Weltlichkeit der Welt respektieren« (239f.); »Die Zukunftsfähigkeit menschlichen Lebens gewährleisten« (243f.); als konkrete Themen werden genannt: »Der Bürger als Wähler« (246f.); »Die Beteiligung in zivilgesellschaftlichen Organisationen und Parteien« (249f.); »Amts- und Funktionsträger der repräsentativen Demokratie« (253f.); »Staatsform und Staatsverwaltung« (255f.). Vgl. Anselm (2006).

gie milde optimistisch strukturiert, weil die Scham als Kompass dienen kann, nicht schuldig zu werden.

Heute, nachdem der Menschenrechtsgedanke, mit dem die Theologie es sich ebenfalls lange nicht leicht machte[108], und der Menschenwürdegedanke auch in der Politischen Ethik des Protestantismus eine führende Rolle spielen, jetzt, da der Protestantismus sogar im Verbund mit dem Naturrechtsdenken der Stoa Herkunftsrechte am Menschenwürdebegriff einklagt, setzt sich verstärkt die Meinung durch, dass das Christentum und die Demokratie äußerst gut zueinander passen.[109]

Umstritten allerdings ist, ob, wie der protestantische Theologe Arnulf von Scheliha mit sehr guten Argumenten vorgeschlagen hat, wir uns das künftige *Europa als Kultursynthese*[110] vorstellen sollen. Eine solche Kultursynthese wäre auch sichtbar im öffentlichen Straßenbild, »denn die politische und religionskulturelle Integration befördert die Sichtbarkeit religiöser Ausdrucksformen. [...] Moscheen, religiöse Feste, religiöse Kleidung und Liturgien werden in der gesellschaftlichen Alltagskultur präsent und müssen beachtet werden. Es wird eventuell muslimische Militär-, Polizei- und Krankenhausseelsorger geben.«[111]

Als zweites Angebot steht im Raum die *Hochschätzung einer christlichen Leitkultur*, wie sie etwa von der rechtskonservativen neuen Regierung (Nov. 2015) im katholischen Polen mit allem Nachdruck betrieben wird. Polen freilich bildet eine Ausnahme, weil es als einziges Land in Europa von einer nahezu homogenen christlichen (zumeist: katholischen) Bevölkerung bewohnt wird. In allen anderen Ländern der EU ist das definitiv nicht der Fall und damit die Forderung nach einer christlichen Leitkultur schlicht weltfremd. Der Tübinger systemati-

108 Huber (2015a: 155): »Zwischen den amerikanischen Rechteerklärungen und der französischen Erklärung der Rechte des Menschen und Bürgers vom 27. August 1789 besteht ein enger Zusammenhang. Doch hier wird nicht mehr im Geist einer christlichen Aufklärung der Schöpfer als Geber unveräußerlicher Rechte bezeichnet, vielmehr wirkt sich die kirchenkritische Haltung der Revolution so aus, dass auch das Bekenntnis zu den Menschenrechten den Charakter einer Abwendung vom Christentum annimmt. Die französische Erklärung wird demgemäß ›in Gegenwart und unter dem Schutze des höchsten Wesens‹ erlassen. Dieser säkularistische Hintergrund hat die Rezeption des Menschenrechtsgedankens in den christlichen Kirchen erheblich erschwert und verzögert.«

109 Verstärkt wird darauf gedrängt, partizipative Elemente auszubauen und Gefahren, die durch das Stichwort der Postdemokratie angezeigt sind, zu bannen. Wenn eine einseitige Verlagerung von politischen Entscheidungen in Kommissionen und regierungsähnlichen Gremien weiterhin zunimmt – das ist die Malaise der Postdemokratie –, dann muss mächtig gegengesteuert werden.

110 Scheliha (2013: 369).

111 Scheliha (2013: 368). Von Scheliha plädiert in tugendethischer Hinsicht für das Modell des Good Governance und ein deliberatives Politikverständnis, das sich sichtbar von bürokratisch und hierarchisch organisierten Modellen absetzt: »Ziel von Good Governance (... ist, K.H.) die Ermutigung zur öffentlichen Mitwirkung« (377), treffend priorisiert wird ein Verfahren, das auf einen überlappenden Konsens zielt.

sche Theologe Eilert Herms hat hellsichtig vom »Pluralismus aus Prinzip«[112] gesprochen, weil sehr unterschiedliche (auch nichtreligiöse) Weltanschauungen in den (europäischen) Ländern das Handeln unterschwellig steuern, die als Weltanschauungen deshalb in Konsensfindungsprozessen offen diskutiert und mitbedacht werden müssen.

Geäußerte Angst vor einem Verlust christlicher Werte in einem Europa, das auf die Kultursynthese setzt, ist nach meiner Einschätzung unbegründet, weil in dem Begriffspaar Menschenwürde und Menschenrechte alle jene Elemente Eingang gefunden haben, die durch den Stifter der christlichen Religion, Jesus von Nazaret, in Narrativen eingeklagt wurden. Die Transmission unseres christlichen Erbes hat dazu geführt, dass das christliche Ethos zum Ferment unserer Kultur geworden ist. Dieses hier in Europa gültige christlich fermentierte Ethos ist, so meine Überzeugung, für nichtreligiöse Bürger oder Gläubige anderer Religionen annehmbar, auch wenn sie Menschenwürde und Menschenrechte teilweise anders begründen.[113] In diesen Fragen ist also ein *Overlapping consensus* möglich. *Religiöse und nichtreligiöse Bürger schämen sich im Idealfall bei Verstößen gegen das beschriebene Ethos.*

Wie gesehen: Nothilfe gehört zu den Basics des Christentums (hat als unterlassene Hilfeleistung übrigens auch Eingang in das Strafgesetzbuch gefunden). Wenn wir jetzt noch erinnern, dass unsere jüdisch-christliche Kultur durch Bilder des Exodus (Auszug aus dem Paradies, Kains Flüchtlingsexistenz, Auszug aus Ägypten, Exulierung Jesu nach Ägypten) geprägt ist, ergänzt durch die Bilder von den Flüchtlingstrecks nach dem Zweiten Weltkrieg, dann wird deutlich, warum die aktuelle Flüchtlingsdebatte nicht sofort massenwirksam Ängste wachrief, sondern zunächst, auch um Gegen-Bilder zu den Hungerbildern der KZs zu haben, durch eine Willkommenskultur begleitet wurde.

Bundeskanzlerin Merkels Entscheidung, die im Sommer 2015 in Ungarn gestrandeten Flüchtlinge, die sich humanitär in einer ausgesprochen prekären Situation befanden, nach Deutschland einreisen zu lassen, halte ich, weil jenem

112 Herms (1999b: 77-95).

113 Wolfgang Huber (2015a: 158, 160) hat mit Nachdruck darauf hingewiesen, dass die »Bindung der Menschenrechte an die Person des Einzelnen« auch Vorbehalte aufruft: »Gegen sie wird geltend gemacht, dass die Vorstellung von der Selbstbestimmung des Einzelnen und der damit verbundene Personbegriff in vielen Teilen der Welt als Besonderheit der westlichen Kultur angesehen wird. [...] Zur Stärkung der grundlegenden Bedeutung der Menschenrechte für die Legitimität des Rechts sind weitere Fortschritte auf zwei Ebenen erforderlich: auf der Ebene ihrer Begründung und Interpretation aus den Perspektiven unterschiedlicher Kulturen und Überzeugungen sowie auf der Ebene ihrer Implementierung und ihres Schutzes.« In der Tat: Hier wird häufig unausgesprochen ein begründungslogischer Streit zwischen sozialen versus individuellen Menschenrechten geführt. Vielleicht hat auch Polen durch die lange Einbindung in die Sowjetunion unterschwellig die sozialen Menschenrechte stärker habitualisiert.

Element im Ethos des Christentums, das auf spontane Hilfe zielt, entsprechend, für fraglos richtig. Dafür verdient sie höchsten Respekt. Nothilfe, das lehrt eindringlich das *Gleichnis vom Barmherzigen Samariter*, geschieht in Krisensituationen spontan. Vorgehalten wird Angela Merkel von Kritikern gerne, diese damalige Entscheidung sei eine rein *gesinnungsethische* (und ich ergänze: bildpolitisch beförderte) Entscheidung gewesen, ohne auf die möglichen Folgen zu achten, also jenem anderen Element im christlichen Ethos, dem der *Besonnenheit*, nicht genug Aufmerksamkeit gezollt zu haben. *Gesinnungsethik* (Kant) und *Verantwortungsethik*, die auf die Folgen achtet, klug und pragmatisch agiert (Weber), werden hier gegeneinander aufgelistet.

In seinem klärenden Essay spricht Konrad Ott sogar von einem »clash of morals«[114], weil Gesinnungsethik und Verantwortungsethik kaum zur Deckung zu bringen sind. Ott zeigt, wie Gesinnungsethiker, die »das einzelne Antlitz in der Menge hervorheben«[115] und von einem »normativen Individualismus«[116] ausgehen, dazu tendieren, »für die Ausweitung von Fluchtgründen einzutreten.«[117] Scharfsinnig beschreibt Ott einen gesinnungsethischen Normenkomplex, der langfristig auf eine Forderung nach open borders hinausläuft. *»Ein Staat S hat unabhängig davon, was andere Staaten tun oder lassen, eine in Menschenrechten gründende Pflicht O, alle Flüchtlinge F aufzunehmen und zu versorgen und, soweit möglich, sichere Flüchtlingskorridore für sie einzurichten, wobei die Menge der Fluchtgründe folgende Elemente umfassen: a,b,c…x,y,z. Gegen die Verpflichtung darf nur mit Gründen argumentiert werden, die nicht völkisch (v), xenophobisch (x), rassistisch (r) sind, wobei v-, x- und r-Gründe möglichst weit definiert werden dürfen. Das Refoulment-Verbot ist gemäß einem umfänglichen System der Menschenrechte auszulegen. Abschiebungen sind möglichst zu unterlassen. Vor Abschiebungen müssen alle humanitären Gründe berücksichtigt werden. Alternativen zum Rechtszwang sind nicht zu prüfen.«*[118]

Wegen der Immunisierungsstrategie der Gesinnungsethiker geraten Verantwortungsethiker leicht in die Defensive, und »grundsätzliche Argumente« wie »das argumentum ad numerum«[119], das Überforderungsargument, das *slipery-slope*-Argument und das Verständnis von »Staatsterritorien als recht-

114 Ott (2016: 87).

115 Ott (2016: 16).

116 Ott (2016: 31).

117 Ott (2016: 26).

118 Ott (2016: 39). Ott hat hintersinnig darauf hingewiesen, dass in letzter Konsequenz die Gesinnungsethik zu einer Koalition mit linken Ideologien führen kann, die die Flüchtlingskrise für die Idee »des globalen Klassenkampfes« (50) nutzen.

119 Zur Konkretisierung des Arguments verweist Ott auf die Erfahrung, dass Seminare mit 80 Studenten einfach keinen Sinn machen.

mäßiges kollektives Eigentum der jeweiligen Bürgerschaft«[120] sind bisher noch nicht hinlänglich ausgearbeitet worden, wie Ott feststellt. Durchaus konsequent der Vorschlag: »Verantwortungsethiker hielten es nicht für politisch skandalös, auch auf Budgets zurückzugreifen, in denen die Gesinnungsethik mehrheitlich vertreten wird, wie etwa die Kirchen, Wissenschaft, Medien und Kultur.«[121]

Um Fragen nach einer tragfähigen, zu Handlungen befähigenden Definition von Flüchtlingen werden wir, wenn wir das Programm der *open borders* nicht ratifizieren wollen, nicht herumkommen. Die Frage ist also, ob eine Begrenzung des Zuzugs einer ethischen Begründung standhält. Wie lässt sich die Idee universaler Menschenrechte mit einer Abschottung oder (vornehmer formuliert) mit einer Kontingentierung von Zuzug der Migranten verbinden? Ist unser Glück durch Geburt in reicher Umgebung zu leben, nicht blanke Kontingenz[122], auf jeden Fall unverdient? Sind wir (als Christen) nicht zur umfassenden Solidarität verpflichtet?[123]

Drei Argumente für die Begrenzung des Zuzugs von Migranten werden – oft in einer Verschränkung – genannt. Als Erstes fällt in der Regel das Argument der Verteidigung einer bestimmten Kultur, die, da zumeist keine homogenen (religiösen) Kulturen wie in Polen auszumachen sind, gerne als »Kultur der Liberalität«[124] spezifiziert wird. Oft flankiert wird dieses Argument vom Argument der Selbsterhaltung[125], sei es, dass mit dem Schreckgespenst einer Unterhöhlung der inneren Sicherheit gearbeitet wird, oder, feinsinniger, mit dem Verlust eines Pools von Werten, also dem Ethos einer Gesellschaft, der sich für das Funktionieren der Demokratie als förderlich erwiesen hat.[126] Vor allem Michael Walzer hat, so das zugkräftige dritte Argument, die Zugehörigkeit zu einer politischen Gemeinschaft als ein Gut bestimmt, deren Mitglieder das Recht haben, frei darüber zu entscheiden, wer dazugehören soll. »Mitgliedschaft als soziales Gut wird begründet durch unser Verständnis von Zugehörigkeit, ihr Wert bemißt sich an unserer Arbeit und unserer Kommunikation; und so sind wir es (wer sonst sollte es sein?), denen die Verantwortung für ihre

120 Ott (2016: 85).

121 Dieser Vorschlag ist deshalb konsequent, weil Ott Gesinnungsethik bestimmten Milieus zuschlägt. Diese dürfen in der Tat nicht für alle sprechen. »Die Gesinnungsethik lässt sich aus verantwortungsethischer Sicht politisch nicht durchhalten, wohingegen sich die Verantwortungsethik aus gesinnungsethischer Perspektive moralisch nicht duchhalten lässt.« (88)

122 Nussbaum (2010); vgl. Ott (2016: 43).

123 Vgl. den sehr hellsichtigen Artikel von Uwe Volkmann (2016: 6).

124 Volkmann (2016: 6).

125 Volkmann (2016: 6).

126 Volkmann (2016) verweist auf das vertraute Argument von Ernst-Wolfgang Böckenförde, die Demokratie lebe »von bestimmten entgegenkommenden Voraussetzungen« (6).

Vergabung und Verteilung zufällt.«[127] Walzer nennt auch ein Kriterium für gegenseitige Hilfeleistung für den Fall, dass die Zahl der Opfer dazu zwingt auszuwählen: »(D)ann wird – legitimerweise – die jeweils engere Beziehung zu unserer eigenen Lebensweise als Kriterium dominieren. […] Gemeinschaften müssen Grenzen haben und wie immer sie diese Grenzen im Hinblick auf Territorium und Ressourcen definieren, in Bezug auf die Bevölkerung werden sie von einem Gefühl der Verwandtschaft und Gegenseitigkeit bestimmt.«[128] Aber auch Walzer muss an entscheidender Stelle passen: »(I)m Extremfall ist der Asylanspruch praktisch unabweisbar. Ich gehe zwar davon aus, daß es tatsächlich Grenzen für unsere kollektive Pflicht gibt, vermag sie aber nicht zu spezifizieren und zu benennen.«[129]

In seiner eindrucksvollen politischen Ethik hat Arnulf von Scheliha – gut protestantisch – mit dem Begriff der Freiheit gearbeitet: »(D)ie Ideen von Gleichheit und Liebe zielen auf ein Zusammengehörigkeitsbewusstsein aller Menschen, das durch Migration zu einer konkreten politischen Gestaltungsaufgabe geworden ist. Migration ist eine Entfaltung menschlicher Freiheit, und zwar unabhängig davon, welche Gründe den Entschluss zur Migration veranlasst haben. Zwar kann das Recht zur Einschränkung dieser Frage ethisch begründet werden, weil die Erhaltung von geordneten Freiheitsräumen in den Nationalstaaten und in Staatenverbünden Priorität vor der Freiheit aller Einzelnen hat. Insofern verbinden sich mit Migration und Integration politische Gestaltungsaufgaben im Nationalstaat. Aber eine vollständige und für einwanderungswillige Menschen völlig perspektivlose Abschottung wäre ethisch nicht zu begründen.«[130] Arnulf von Schelihas Argument ist schlusskräftig, weil Freiheit auf Entfaltungsräume angewiesen ist, nur so kann ein Höchstmaß an entfalteter Freiheit und zugleich innerer Friede garantiert werden. Die Entfaltung menschlicher Freiheit ist immer rückgebunden an institutionell abgesicherte Möglichkeitsbedingungen. Wie viele Flüchtlinge und Migranten Deutschland aufnehmen kann, damit kein Kollaps der Sozialsysteme droht,

127 Walzer (2006: 66). Walzer versucht, gegen Rawls das »Prinzip gegenseitiger Hilfe« von einer Verpflichtung gegenüber »Menschen überhaupt« genauer zu spezifizieren, will über Analogien von Nachbarschaften, Vereinen und Familien Zulassungskriterien erarbeiten. Rawls hat das Phänomen der Flüchtlinge und Migration nicht im Focus gehabt.

128 Walzer (2006: 90).

129 Walzer (2006: 91).

130 Scheliha (2013: 272). In diese Richtung zielte auch Bundespräsident Joachim Gauck in einer Rede in Davos vom 20.01.2016. Nochmals: Die Agape ist ein Konzept, das auf den Nahbereich zielt. Der Staat muss Spielräume für die freiheitliche Entfaltung seiner bisherigen und der künftigen Bürger garantieren. Das christliche Ethos einer stark am Einzelfall orientierten Verhaltenskultur kommt hier an seine Grenzen.

die Bürgerrechte[131] nicht erodieren und die geordneten Freiheitsräume für die Entfaltung aller hier lebenden Bürger gewahrt bleiben, ist offenbar schwierig zu benennen und letztlich nur durch eine enge Absprache mit den Institutionen vor Ort zu klären.[132] Für Hysterie besteht aber kein Anlass. Und eine Obergrenze für Asyl darf es nicht geben.[133] *Als extrem schwierig gestaltet sich allerdings der Versuch, eine Einigung darüber zu erzielen, wer als Flüchtling zu gelten hat.*

Ebenso wichtig ist eine Politik der Entängstigung. Vor allem in den unteren Einkommensschichten, die durch Flüchtlinge und Migranten eine Konkurrenzsituation um bezahlbaren Wohnraum und um Arbeitsplätze befürchten, herrscht inzwischen ein hoch-infektuöses Angstklima. Gott sei Dank hat der eingeführte Mindestlohn hier Standards gesetzt, hinter die man auch bei anerkannten Flüchtlingen nicht zurückfallen darf. Rechtsliberale und rechtskonservative Politiker schüren leider erfolgreich Ängste, die im Extremfall zu politischen Konstellationen und Wahlergebnisse führen können, die die freiheitliche Kultur nachhaltig gefährden. Für diese Angst-Kulturen ist eine Kontingentierung von Migranten und eine künftig geregelte Zuwanderung ein Beruhigungsmittel.

Eine gelungene Flüchtlings- und Migrationspolitik arbeitet, auch daran erinnert von Scheliha, auf zwei Ebenen: auf internationaler und nationaler Ebene. Unter dem Stichwort *Gerechter Friede*, zunächst 2000 als Friedenswort der Deutschen Bischofskonferenz publiziert[134], hat die EKD unter dem Titel *Aus Gottes Frieden leben – für gerechten Frieden*[135] sorgen, ein Papier erarbeitet, das auch die Ursachen der Migration in den Blick bringt. Darin wird als Aufgabe

131 Scheffer (2015) weist in seinem Artikel darauf hin, dass Menschenrechte transterritorial gelten, Bürgerrechte nur territorial.

132 Alexander Demandt (2016) hat auf den Untergang des fremdenfreundlichen Römischen Reiches verwiesen mit folgendem Resümee: »Überschaubare Zahlen von Zuwanderern ließen sich integrieren. Sobald diese eine kritische Menge überschritten und als eigenständige handlungsfähige Gruppe organisiert waren, verschob sich das Machtgefüge, die alte Ordnung löste sich auf.« Die FAZ druckte den Artikel in voller Länge ab, weil die von der Adenauer-Stiftung herausgegebene Zeitschrift »Die politische Meinung« den bestellten Artikel ablehnte, weil, so die unfassbare Begründung des Chefredakteurs, die Gefahr bestünde, »dass isolierte Textstellen missbräuchlich herangezogen werden könnten, um allzu einfache Parallelitäten zu konstruieren, die wir uns nicht wünschen können.«

133 Ich darf nochmals daran erinnern: Johannes Calvin war selbst Flüchtling, seine ganze Theologie ist nur verstehbar vor dem Hintergrund dieser persönlichen Erfahrung. Für einen Calvinisten steht in der Flüchtlingsfrage das eigene Selbstverständnis auf dem Spiel. Das entbindet uns aber nicht davon, sensibel auf die Problemlagen, auch auf die Entgrenzungsdynamiken im Begriff des Flüchtlings zu achten.

134 Sekretariat der Deutschen Bischofskonferenz (2000).

135 EKD (2007).

genannt: »Für den Frieden bilden und erziehen«[136]. Zentraler Begriff ist die Menschenwürde, deren Minimalbestimmung als »Schutz vor Demütigung«[137] konkretisiert wird. Von Scheliha kritisiert milde den »visionären Überschwang«[138] des Papiers, wenn von einer »umfassenden Wohlordnung«[139] die Rede ist und dadurch die »Politik der ›kleinen Schritte‹«[140] nicht hinreichend Würdigung findet. Nachvollziehbar wendet er sich auch gegen die zu enge Verknüpfung von politischer mit ökonomischer Freiheit. »Stattdessen ist die glaubwürdige Herstellung von Gewaltfreiheit, Gewaltmonopol und Gewaltprävention ethisch zu priorisieren, weil die Abwesenheit von Gewalt die Ausgangsbasis für die selbstbestimmte Entwicklung einer Freiheitskultur, von Rechtsstaatlichkeit, Demokratie und ökonomischer Wohlfahrt ist.«[141] Dieses Projekt eines *Gerechten Friedens*, das jetzt politisch sehr viel stärker in den Fokus rückt und die Agenda beherrscht, scheint mir der richtige Weg zu sein, er wird allerdings nur langfristig den Migrationsdruck in diesen Ländern abbauen. Künftig würde auch ein gerechter Friede verhindern, dass viele junge Männer sich auf lebensgefährliche Routen begeben und das Scheitern ihrer Migrationsträume als Beschämung erleben, als Ehrverlust, der sich sehr schnell in Hass gegen den Westen verwandelt und zu einer Radikalisierung führt. Der IS mit seinen voraufklärerischen Vorstellungen von männlicher Ehre ist ein leider ideales Auffangbecken für diese sich beschämt und entehrt fühlenden jungen Migranten.[142]

Als Schlüssel für die Integration innerhalb der EU sehe ich *primo loco* die Bildung der Flüchtlinge: Fördern heißt auch fordern. Für diesen Satz hätte ich mich wahrscheinlich vor Jahresfrist noch in Grund und Boden geschämt, aber auf Seiten der deutschen Intellektuellen ist eine Umorientierung an entscheidender Stelle überfällig: Aus Angst vor einem Neo-Kolonialismus haben wir

136 EKD (2007: 36f.).

137 EKD (2007: 53; Nr. 79).

138 Scheliha (2013: 326).

139 EKD (2007: 51; Nr. 75).

140 Scheliha (2013: 328).

141 Scheliha (2013: 329). Härle (2011: 422) nennt das »staatliche Gewaltmonopol« mit gutem Grund eine »wesentliche zivilisatorische Errungenschaft der Neuzeit«. Härle auch hat für einen gerechten Frieden als »Leitbild« (425) plädiert und »aus dem Konzept der Menschenwürde« (423) begründet. Das schließt in Härles Konzeption nicht nur »Schutz vor Gewalt« und einen »Abbau von Not«, sondern auch die »Anerkennung kultureller Verschiedenheit« (422; 423) ein. Vgl. zu dem Thema auch Huber (2004; 2013: 228-240).

142 Aus verantwortungsethischer Perspektive formuliert Ott (2016: 74): »Es geht darum, wirksame Abreize gegen Migration in den Grenzen der Menschenwürde zu setzen und Fluchtgründe im Rahmen des Völkerrechts zu reduzieren.« Präventive Migrationspolitik lässt sich kaum auf den Unterschied von Gesinnungsethik und Verantwortungsethik beziehen. Hier verwischen die Unterschiede.

in allen Veröffentlichungen und Statements Nachdruck auf die Gleichwertigkeit aller Kulturen gelegt und ängstlich verschwiegen, dass die Freiheitskulturen nicht überall gleich entwickelt sind und in Menschenrechtsfragen nicht weltweit die gleichen Standards herrschen. So richtig es ist, für eine internationale Politik die gleichzeitige Ungleichzeitigkeit der semantischen Füllungen von Scham und Ehre feinfühlig im Auge zu haben, so muss doch, will man Parallelgesellschaften in einem Staat oder einem Staatenverbund vermeiden, das in Europa erreichte Niveau von Menschenrechten und Menschenwürde Maßstab bleiben. Bildungspolitik gelingt dann, wenn dieses Niveau bei allen Bürgern und künftigen Bürgern verbindlich bis in die Gesten hinein habitualisiert würde. Voraussetzung freilich ist, dass das Angebot an Bildung groß genug ist.

Ich bin durchaus optimistisch, dass wir diesen Prozess der Habitualisierung schaffen, sofern wir uns von der »Bequemlichkeit des Stereotyps«[143], mit denen wir Menschen und Kulturen begegnen, verabschieden. Die christliche Theologie hat unter dem Stichwort der *Erlösung* die Überzeugung vertreten, dass die jeweiligen Lebensentwürfe nicht durch die Herkunft unabänderlich festgeschrieben, sondern vielmehr gestaltbar sind. Um es deutlich zu sagen: Nicht jeder junge Mann aus dem Maghreb, aus Syrien oder Afghanistan ist auf eine bestimmte Gestenkultur und ein Frauenbild unabänderlich festgelegt. Ziel einer Kultursynthese muss es vielmehr sein, dass alle sich künftig für die gleichen Verstöße gegen das als gültig ausgegebene Ethos schämen und diese erlittene Scham dazu einsetzen, den eigenen Charakter zu formen, bitteschön. Dann hat die Integration funktioniert. Damit ist aber zugleich gesagt: »(N)ur, wenn Bürgerinnen und Bürger *ohne Scham und sprachfähig* den öffentlichen Raum betreten können, ist ihnen die Teilnahme am gesellschaftlichen Diskurs über die verbindlichen Normen einer gerechten Ordnung und über die anerkennungswürdigen Ziele eines guten Zusammenlebens möglich.«[144]

Ein wichtiges Teilmodul dieser Bildung heißt Medienkompetenz. Wir müssen Bilder oder Schockphotos von weinenden Kindern ertragen, wenn in einem fairen Prozess entschieden wurde, dass die Gründe für einen Aufenthalt nicht ausreichen und die Abschiebung in ein sicheres Herkunftsland nötig ist. Deshalb nochmals meine Forderung: Wir benötigen auch eine Pädagogik für den Umgang mit Bildern und für den Umgang mit den neuen Medien. Das gilt für die hier lebenden Bürger, aber auch für die Migrationswilligen, denen von Schleppern (manchmal sogar von den eigenen Regierungen) ein ganz falsches Bild von Deutschland vorgegaukelt wurde. Migrationspolitik ist inzwischen

143 Barthes (2003: 6).

144 Reuter (2009: 200).

auch ein Streit um die gültigen, nicht effektheischenden Bilder. Evident ist, dass im Gegenzug die Berufsethik der Journalisten künftig einen sensibleren Umgang mit Bildern garantiert und Zwischentöne sichtbar macht.[145] Auf *effektheischende* Schockphotos lässt sich langfristig keine politische Ethik aufbauen, aber *nüchterne* Schockphotos sind nötig, um uns zu beschämen und Mitleid zu wecken. Und nüchterne Bilder gelingender Integration stärken das (stark christlich geprägte) Ethos auch hier vor Ort.

Welches Europa hätten wir denn gerne? Für mich ist die Antwort eindeutig: ein Europa der Kultursynthese, das auf der Idee der Menschenrechte und der Menschenwürde aufruht, deren inhaltliche Füllung durch den Stifter des Christentums vorgeprägt wurde, aber durchaus auch durch die Migranten produktiv vertieft werden kann. Ich wünsche mir, dass dieses Ethos sich bei allen Bürgern in den europäischen Ländern bis in die Gesten hinein habitualisiert und zur Scham führt, wenn dagegen verstoßen wird. Ich wünsche mir Bilder von *Selfies*, in denen Menschen aller Hautfarben Schulter an Schulter entspannt und fröhlich in die Kamera schauen. Um Roland Barthes das letzte Wort zu überlassen: Diesen nicht auf Effekte zielenden Bildern traue ich zu, einen Kampf zu führen gegen die *Akedia*, gegen »die Trockenheit des Herzens«.[146]

Kleine Rekapitulation: Schockphotos und die Folgen

Schockphotos und Bilder des Gelingens. In eine medienkulturelle Perspektive gerückt, beschämen Schockphotos jeden Medienrezipienten, weil der Abstand zwischen der saturierten Alltäglichkeit im reichen Deutschland und den Bildern des Leidens der Migranten in den Flüchtlingslagern und auf der Flucht Empathie auslöst. Diese Bilder rufen ein dichtgeknüpftes Netz an Assoziationen aus den christlichen Bildarchiven auf. Weil Schockphotos zumindest kurzfristig immer funktionieren, benötigen wir gleichermaßen qualifizierte, sprich: besonnene Bildrezipienten und Journalisten, die ohne Hysterie, also eher asketisch mit diesen Bildern umgehen. Schockphotos rütteln uns auf, verstören und beschämen unsere Indifferenz, verlangen einerseits spontane Hilfe, aber auch einen besonnenen Umgang mit der schieren Größe der Herausforderung, weil andernfalls das Szenario im Samariterdilemma, sprich: in Überforderung endet. Gesucht werden im Gegenzug Bilder und Dokumentationen, die gelingende Integration hysteriefrei präsentieren.

145 Barthes (2008: 97, 93) plädiert nachdrücklich gegen jeden »grobschlächtigen Journalismus« und für die Nuance, »die von der heutigen Herdenzivilisation neurotisch zensiert« werde. Die Nuance ist für Barthes »grundlegende Kommunikationspraxis. [...] Man könnte Stil als Praxis des nuancierten Schreibens definieren.«

146 Barthes (2008: 49).

Scham und Ehre im politischen Kontext. Das Dual Scham und Ehre ist ein Dual, das sowohl auf der personalethischen Ebene als auch in politischen Kontexten als Warnsignal dient, um sensibel auf Unwuchten im sozialen und politischen Bereich aufmerksam zu werden. Nicht nur in mikroethischer Perspektive deutet die Scham auf einen drohenden Verlust des symbolischen Kapitals, vulgo auf den Verlust an Ehre oder das Ansehen hin, auch die kollektive Scham eines Staates setzt Praktiken in Kraft, die auf einen Zuwachs an symbolischem Kapital setzen. Fraglos ist die Willkommenskultur in Deutschland ein Reflex auf die kollektive Scham der Deutschen nach 1945. Die kollektive Scham wurde offenbar richtig bearbeitet. Ebenso sensibel müssen politische Prozesse daraufhin befragt werden, ob Entscheidungen nicht als Entehrung (die Rede von Russland als einer Regionalmacht war eine unbesonnene Rede) eines Landes verstanden werden. *Wie oft sind noch in jüngster Vergangenheit Kriege aus verdrängter, in Schuld verschobener Scham angezettelt worden!*

Scham und Ehre im religiösen Kontext. Die jüdisch-christliche Kultur ist eine schamimprägnierte Kultur, denn der literalisierte Gott der Bibel arbeitet (zunehmend) mit *wohlwollender* Beschämung, um Menschen zu bilden. Jesus von Nazaret prägt das Ethos seiner Umwelt nochmals radikal um und setzt Maßstäbe, die wir heute gerne unter dem Rubrum Menschenrechte und dem Rubrum Menschenwürde verrechnen. Dieser Jesus von Nazaret schickt sich schließlich in die größtmögliche Beschämung, nämlich den Tod am Schandholz, um für dieses Ethos einzustehen – eine Tat freilich, die nicht auf Nachahmung zielt; denn dieser Jesus betet für seine Schächer mit dem Satz, sie wüssten nicht, was sie tun. Wir Spätgeborenen haben aber verstanden, wie der Mechanismus von Scham und Schuld, wie die Verschiebung von Scham in Schuld funktioniert. Wir müssen und sollen keine Märtyrer werden.

Buntheit und Kultursynthese. Ich sehe keine Alternative zu einer Kultursynthese, die sich auf Menschenwürde und Menschenrechte konzentriert. (Nochmals: Beide Begriffe sind christlich tiefenimprägniert.) Eine Kultursynthese ist dann gelungen, wenn alle Einwohner im Land sich für Verstöße gegen dieses durch diese Begriffe horizontalisierten Ethos schämen. Voraussetzung für die Kultursynthese ist, dass alle Gruppen Freiräume und Möglichkeiten haben, sich zu entwickeln. Freiräume bewahren heißt: Ein Land, auch Deutschland (auch Europa), kann nicht unbegrenzt Migranten aufnehmen. Deshalb ist es wichtig, präventiv in den sogenannten Herkunftsländern diese herkulische Aufgabe in einer Mischung aus spontaner Hilfsbereitschaft und besonnener Ordnungspolitik anzugehen.

Gesinnungsethik und Verantwortungsethik: Ein *clash of morals* kann nur dann verhindert werden, wenn vor allem die Gesinnungsethiker (die eigentlichen Revolutionäre in ethischen Fragen) ihre Strategie auf Immunisierung und unbegrenzte Ausweitung der Flüchtlingsgründe aufgeben. Wir benötigen eine Befriedung des Diskurses. Die christliche Hintergrundtheorie kennt beides: die Forderung nach spontaner Hilfe für Menschen in Not und den Aufruf zur Besonnenheit. Gelingen wird eine Vermittlung von Gesinnungsethik[147] und Verantwortungsethik (Verantwortungsethiker sind die eigentlichen Konservativen) allerdings nur, wenn beide Lager einen Diskurs über ihr höchstes Gut führen und eine *barrierefreie Verständigung darüber gelingt, wer als Flüchtling gelten soll.*

147 Konrad Ott (2016: 21f.) stellt mit Einsichten aus der neueren Exegese richtig, dass Mt 25,45: »Wahrlich, ich sage euch: Was ihr nicht getan habt einem von diesen Geringsten, das habt ihr mir auch nicht getan«, christliche Missionare im Blick stehen. Allerdings ergänzt Ott: »Freilich gibt es demgegenüber genuin christologische Deutungen, die eine universalistische entschränkte Deutung hinsichtlich all derer vertreten, denen die Werke der Barmherzigkeit geschuldet sind.«

Epilog
Vor der Tafel

Die Liturgie eines demütigenden Beschämungsrituals

»Du bist ein Opfer der Kurzschuljahre. Ich habe es immer prophezeit. Auf den Kurzschuljahren ruht kein Segen. Du wirst lebenslang ein Opfer der Kurzschuljahre bleiben.«

Meine Mutter schaute mich nicht an. Meine Mutter trug erneut unendliche Zahlenreihen in ihr Buchungsbuch ein. Meine Mutter schüttelte kaum merklich den Kopf.

»Und der Lehrer Borggreve hat nur einen Arm. Und seine Frau ist an Magenkrebs gestorben. Und seine Kinder sind sehr unfertig.«

Ich wischte mir mit der Linken die Tränen ab. Nach jeder Rechenstunde hatte ich es mir angewöhnt, noch stundenlang alles mit der Linken zu machen, um zu üben, wie es ist, wenn man wie der Lehrer Borggreve ohne den rechten Arm aus dem Krieg zurückkommt. Ein anderer Lehrer hatte ein Bein verloren, ein dritter eine Hand. Offenbar konnte man im Krieg nicht nur Länder verlieren, sondern auch Körperteile. Mein Vater war noch vollständig, weil er als Holländer, der auf der deutschen Seite der Grenze lebte, nicht im Krieg gewesen war. Mein Vater hatte den Verlobten meiner Mutter ersetzt, der im Krieg seinen Kopf verloren hatte. Mein Vater saß im Nebenzimmer, die Schreibmaschine, die er so bediente, als würde er wie sonntags vor der Orgel sitzen, schwieg seit einigen Minuten. Manchmal überholten sich seine Finger gegenseitig, aber nie verhakten sich die Anschläge. Mein Vater war ein Künstler.

»Ich schreibe dem Lehrer Borggreve noch heute eine Mahnung«, hörte ich ihn leicht gepresst sagen. »Es stehen vom Umbau seines Hauses noch etliche tausend Mark offen.«

Mein Vater hasste es, Mahnungen zu schreiben. Dann überfiel ihn immer eine Niesattacke, an der er sonst nur litt, wenn er Bier trank oder wenn alle Arbeiter unterwegs waren, er selbst Säcke mit Zement oder Gips in den Kofferraum eines Autos einladen musste.

Dann endlich der mutterwarme Blick. »Geh spielen. Und mach dir keine Sorgen. Du schaffst die höhere Schule. Ganz sicher. Aber die Schule ist nicht immer ein Spaß.«

Ich nickte, verließ die Büroräume, zog mir eine Windjacke an und ging nach draußen. Auf halbem Weg zu meinem Freund Gerold blieben meine

Beine stehen. Ich schaute wieder auf meine Schuhe, die an den Spitzen etwas abgestoßen waren. Ich wünschte mir neue Schuhe. Ich wünschte mir, diesen Tag zu vergessen.

»Komm du zu mir an die Tafel, Klaas.«

Beinahe nach jedem Satz hustete der Lehrer Borggreve kurz und zerkaute dann seinen Schleim. Er sprach deshalb wenig. Oft konnte man zwischen Husten und Reden kaum unterscheiden.

Ich stellte mich neben ihn und versuchte, nicht auf seinen leeren, mit einer riesigen Sicherheitsnadel verschlossenen Ärmel seiner Anzugjacke zu starren. Der Lehrer Borggreve schrieb eine sehr lange Rechenaufgabe an die Tafel.

»Der Klaas und einige andere von euch wollen ja unsere schöne Schule verlassen und auf die höhere Schule in der Stadt wechseln.« Husten. Kauen. Schlucken. »Der Klaas kann jetzt schon mal üben, was ihn erwartet.« Husten. Kauen. Schlucken. »Du hast alle Zeit der Welt.« Husten. Kauen. Schlucken. Der Lehrer Borggreve trat einen Schritt zurück und steckte seine linke Hand in die Tasche seiner Anzugjacke, nur der Daumen schaute noch heraus.

Ich kannte diese Zahlen bereits von meinen älteren Schwestern. Zahlen, die übereinanderstanden und durch einen schmalen Strich getrennt waren, als würden einige Zahlen andere Zahlen huckepack nehmen. Und dann entdeckte ich Zahlen, die sich unter ein großes V geflüchtet hatten. Ich konnte nirgendwohin flüchten. Ich starrte die Zahlen an, die zurückstarrten. Ich versuchte, ihrem Blick standzuhalten. Wie in einem Zauber waren meine Klassenkameraden offenbar auch erstarrt. Ich hörte nicht mal ihren Atem. Immer wieder tasteten meine Augen diese Zahlen ab. Wie schön dieser Herr Lehrer schreiben konnte. Ich spürte, wie eine glühende Hitze in mein Gesicht wanderte. Dann gab ich auf und senkte den Blick, musterte meine Schuhe, wäre gerne mit den Fingern über die absplitternde Farbe gefahren. Noch lieber wäre ich im Erdboden versunken. Vom Lehrer Borggreve kein Ton. Kein Husten. Kein Kauen. Kein Schlucken. Und ich lernte, was Ewigkeit bedeutet. Ich konzentrierte mich nur noch auf den stechenden Schmerz in meiner Blase und versuchte, da der Erdboden sich nicht öffnete, Stein zu werden. Wie durch eine Nebelwand hörte ich den Stundengong. Der Lehrer Borggreve ging, ohne ein Wort an mich zu richten, an mir vorbei aus dem Klassenzimmer. Es dauerte noch eine lange Weile, bis sich die ersten Klassenkameraden trauten, nach draußen zu schleichen. Ich musste meinen Oberkörper sehr weit nach vorne beugen, damit die Beine überredet werden konnten, zur Toilette zu eilen. Auf dem Schulhof blieb ich allein, meine Mitschüler behandelten mich wie einen Kranken. Wie einen Aussätzigen.

Und jetzt wollten meine Beine mir schon wieder nicht gehorchen.

»Bist du ein Ölgötze?« Mein Freund Gerold schlug mir auf die Schulter. Für heute war der Bann gebrochen.

Ich bin nie ein Freund der Zahlen geworden. Unterschwellig lebte die Schamangst weiter, ich erlag ihr final am Morgen des Matheabiturs. Ich habe nach quälend langen Stunden meine Versuche zerrissen, einen fast leeren Bogen abgegeben und meine Abiturnote sehr grundsätzlich ruiniert. Ich bin ein mathematisches Mängelwesen. Noch heute schäme ich mich für dieses am letzten Tag der Grundschule vorgeprägte Versagen. Meinen beiden längst erwachsenen Töchtern habe ich niemals mein Abitur-Zeugnis gezeigt. Irgendwann habe ich es bei Umzügen verloren. Ich besitze nur noch zwei beglaubigte Kopien.

Aber diese Zahlen auf der Tafel in meiner Grundschule stehen noch immer feixend vor meinem geistigen Auge. Meine Augenlider können sie nicht auswischen.

Literatur

Adorno, Theodor W. (2007): Musikalische Warenanalysen, in: Dettmar, Ute/Küpper, Thomas (Hg.): Kitsch. Texte und Theorien, Stuttgart 2007, 199-203.

Agamben, Giorgio (2010a): Nacktheiten. Aus dem Italienischen von Andreas Hiepko, Frankfurt am Main 2010.

Agamben, Giorgio (2010b): Herrschaft und Herrlichkeit. Zur theologischen Genealogie von Ökonomie und Regierung. Homo sacer II/2. Aus dem Italienischen von Andreas Hiepko, Berlin 2010.

Agamben, Girogio (2010c): Das Sakrament der Sprache. Eine Archäologie des Eides, Homo sacer II/3. Aus dem Italienischen von Stephanie Günther, Berlin 2010.

Agamben, Giorgio (2008): Was ist ein Dispositiv? Aus dem Italienischen von Andreas Hiepko, Zürich/Berlin 2008.

Agamben, Giorgio (2007): Die Beamten des Himmels. Über Engel. Aus dem Italienischen übersetzt und hg. von Andreas Hiepko. Mit der Angelologie des Thomas von Aquin, Frankfurt am Main/Leipzig 2007.

Agamben, Giorgio (2003a): Das Offene. Der Mensch und das Tier. Aus dem Italienischen von Davide Giuriato, Frankfurt am Main 2003.

Agamben, Giorgio (2003b): Was von Auschwitz bleibt. Das Archiv und der Zeuge. Homo sacer III. Aus dem Italienischen von Stefan Monhardt, Frankfurt am Main 2003.

Agamben, Giorgio (2002): Homo sacer. Die souveräne Macht und das nackte Leben. Aus dem Italienischen von Hubert Thüring. Erbschaft unserer Zeit Bd. 16, Frankfurt am Main 2002.

Alberts, Rainer (1992): »Ihr werdet sein wie Gott« (Gen 3,5), in: Crüsemann, Frank/Hardmeier, Christoph/Kessler, Rainer (Hg.): Was ist der Mensch? Beiträge zur Anthropologie des Alten Testaments. Hans Walter Wolff zum 80. Geburtstag, Gütersloh 1992, 11-27.

Albrecht, Christian (2003): Die Ermöglichung von Korrelativität. Religion als »Anschauung und Gefühl« in Schleiermachers zweiter Rede, in: Schreurs, Nico F.M. (Hg.): »Welche unendliche Fülle offenbart sich da ...«. Die Wirkungsgeschichte von Schleiermachers »Reden über die Religion«. Papers read at the Symposium of the Theological Faculty Tilburg, Tilburg 15. April 1999, Assen 2003, 45-60.

Albus, Anita (2005): Von seltenen Vögeln, Frankfurt am Main 2005.

Alexy, Robert (1995): Recht, Vernunft, Diskurs. Studien zur Rechtsphilosophie, Frankfurt am Main 1995.

Alloa, Emmanuel (Hg.) (2011a): Bildtheorien aus Frankreich. Eine Anthologie, München 2011, 65-84.

Alloa, Emmanuel (2011b): Georges Didi-Hubermann, in: Busch, Kathrin/Därmann, Iris (Hg): Bildtheorien aus Frankreich. Ein Handbuch, München 2011, 139-151.

Amery, Carl (1972): Das Ende der Vorsehung. Die gnadenlosen Folgen des Christentums, Reinbek bei Hamburg 1972.

Ammann, Christoph (2007): Emotionen – Seismographen der Bedeutung. Ihre Relevanz für eine christliche Ethik, Stuttgart 2007.

Ammer, Christian/von Bülow, Vicco/Heimbucher, Martin (Hg.) (2010): Herausforderung Menschenwürde. Beiträge zum interdisziplinären Gespräch. Evangelische Impulse Bd. 2, Neukirchen-Vluyn 2010.

Ammicht Quinn, Regina (2011): Versuch über die Scham, in: Mediation 3 (2011), 13-19.

Ammicht Quinn, Regina (2004): Körper – Religion – Sexualität: Theologische Reflexionen zur Ethik der Geschlechter, Mainz 2004.

Andermann, Kerstin (2012): Hermann Schmitz – Leiblichkeit als kommunikatives Selbst- und Weltverhältnis, in: Alloa, Emmanuel/Bedorf, Thomas/Grüny, Christian/Klass, Tobias N. (Hg.): Leiblichkeit, Tübingen 2012, 130-145.

Anders, Günther (1988a): Die Antiquiertheit des Menschen 1: Über die Seele im Zeitalter der zweiten industriellen Revolution, München 1988.

Anders, Günther (1988b): Die Antiquiertheit des Menschen 2: Über die Zerstörung des Lebens im Zeitalter der dritten industriellen Revolution, München 1988.

Anderson, Sheerwood (2013): Winesburg, Ohio. Roman. Aus dem Amerikanischen übersetzt von Mirko Bonné, Frankfurt am Main 2013.

Anselm, Reiner (2015a): Leben als Gut, nicht als Pflicht. Der Beitrag der evangelischen Ethik in der Debatte um den assistierten Suizid, in: Zeitschrift für Evangelische Ethik 59 (2015), 104-113.

Anselm, Reiner (2015b): Politische Ethik, in: Huber, Wolfgang/Meireis, Torsten/Reuter, Hans-Richard (Hg.): Handbuch der Evangelischen Ethik, München 2015, 195-264.

Anselm, Reiner (2014a): Bewahrung der Schöpfung. Genese, Gehalt und gegenwärtige Bedeutung der Programmformel in der Perspektive ethischer Theologie, in: Evangelische Theologie 74 (2014), 227-236.

Anselm, Reiner (2014b): Naturalität, Körperlichkeit und Ethik des Geschöpflichen. Ein Kommentar, in: Verkündigung und Forschung 59 (2014), 67-72.

Anselm, Reiner (2009): Ethik ist etwas Vernünftiges. Öffentliche Theologie im Zeitalter der Finanzkrise, in: Zeitschrift für Evangelische Ethik 53 (2009), 4-7.

Anselm, Reiner (2006): Relative Absolutheit. Zum Verständnis und Gebrauch des Menschenwürdearguments in den Konfliktlagen am Lebensbeginn aus der Perspektive der evangelischen Ethik, in: Bahr, Petra/Heinig, Hans Michael (Hg.): Menschenwürde in der säkularen Verfassungsordnung. Rechtswissenschaftliche und theologische Perspektiven, Religion und Aufklärung 12, Tübingen 2006, 179-196.

Anselm, Reiner (2000): Menschenwürde als regulatives Prinzip in der Bioethik, in: Knoepffler, Nikolaus u.a. (Hg.): Menschenwürde und medizinethische Konfliktfälle, Stuttgart 2000, 221-226.

Anz, Thomas (2006): Emotional Turn? Beobachtungen zur Gefühlsforschung, in: literaturkritik.de, Nr. 12, Dezember 2006; http://www.literaturkritik.de/public/rezension.php?rez_id=10267.

Appiah, Kwame Anthony (2011): Eine Frage der Ehre oder wie es zu moralischen Revolutionen kommt. Aus dem Englischen von Michael Bischoff, München 2011.

ARD/ZDF-Onlinestudien 2012, in: Media Perspektiven 7-8 (2012), 262-373.

Arendt, Hannah (2007): Vita activa oder Vom tätigen Leben, München 2007.

Arendt, Hannah (2002): Denktagebuch 1950-1973, hg. v. Ursula Ludz und Ingeborg Nordmann, München 2002.

Arendt, Hannah (2000): Zwischen Vergangenheit und Zukunft. Übungen im politischen Denken 1, München 2000.

Arendt, Hannah (1970): Macht und Gewalt, München/Zürich 1970.

Assheuer, Thomas (2016): Ein autoritäres Angebot. Bisher glaubte man, die liberale Gesellschaft sei der Sieger der Weltgeschichte. Warum eigentlich? Der Aufstieg rechter Politiker zeigt: Sie könnte ebenso gut wieder verschwinden, in: Die Zeit, 25. Mai 2016, 43.

Assmann, Jan (2015): Die Fremdheit des Alten Testaments. Bemerkung zu einer These von Notger Slenczka, in: FAZ Nr.149, 01. Juli 2015, N3.

Assmann, Jan (2011): Moses der Ägypter. Entzifferung einer Gedächtnisspur, Frankfurt am Main 2011.

Assmann, Jan (2010a): Die Mosaische Unterscheidung. Oder der Preis des Monotheismus, München 2010.

Assmann, Jan (2010b): Der Mann Moses und die monotheistische Religion. Drei Abhandlungen, Stuttgart 2010.

Assmann, Jan (2006): Monotheismus und die Sprache der Gewalt, Wien 2006.

Assmann, Jan (2005): Monotheismus und die Sprache der Gewalt, in: Walter, Peter (Hg.): Das Gewaltpotential des Monotheismus und der dreieine Gott, Freiburg i. Br. 2005, 18-38.

Auchter, Thomas (1998): Die Bedeutung der Scham für den Umgang mit seelisch kranken Menschen, in: Wege zum Menschen 50 (1998), 144-160.

Auer, Alfons (1998): Verantwortete Vermittlung. Bausteine einer medialen Ethik, in: Glässgen, Heinz/Tompert, Hella (Hg.): Zeitgespräch. Kirche und Medien, Freiburg/Basel/Wien 1988, 63-84.

Augsberg, Ingo (2009): Die Lesbarkeit des Rechts, Weilerswist 2009.

Austin, John L. (1986): Performative Äußerungen, in: Ders.: Gesammelte philosophische Aufsätze, Stuttgart 1986, 305-327.

Austin, John L. (1979): Zur Theorie der Sprechakte. Übersetzt von Eike von Savigny, Stuttgart 1979.

Badiou, Alain (2011): Lob der Liebe, ein Gespräch mit Nicolas Truong. Aus dem Französischen von Richard Steurer, Wien 2011.

Bahr, Petra (2015): Ethik der Kultur, in: Huber, Wolfgang/Meireis, Torsten/Reuter, Hans-Richard: Handbuch der Evangelischen Ethik, München 2015, 401-450.

Bahr, Hans-Dieter (1994): Die Sprache des Gastes. Eine Metaethik, Leipzig 1994.

Bajohr, Hannes (2014): »Am Leben zu sein heißt Furcht zu haben«. Judith Shklars negative Anthropologie des Liberalismus, in: Shklar, Judith N.: Der Liberalismus der Furcht. Mit einem Vorwort von Axel Honneth und Essays von Michael Walzer, Seyla Benhabib und Bernard Williams, hg., aus dem Amerikanischen übersetzt und mit einem Nachwort versehen von Hannes Bajohr, Berlin 2014, 131-167.

Baltes, Dominik (2008): Heil im Hier und Jetzt. »Gesundheitsreligion« als Substitut christlich-religiöser Heilserwartung, in: Schäfer, Daniel/Frewer, Andreas/Schockenhoff, Eberhard/Wetzstein, Verena (Hg.): Gesundheitskonzepte im Wandel. Geschichte, Ethik und Gesellschaft, Stuttgart 2008, 151-176.

Bammel, Christina-Maria (2011): Schau her, hier steh ich Armer, der Zorn verdienet hat…: Eine theologische Ortsbestimmung des roten Gefühls, in: Kunst und Kirche 4 (2011), 12-15.

Bammel, Christina-Maria (2005): Aufgetane Augen – Aufgedecktes Angesicht. Theologische Studien zur Scham im interdisziplinären Gespräch, Öffentliche Theologie 19, Gütersloh 2005.

Bammel, Christina-Maria (2004): Der Schambegriff als Kommentar zur Wirklichkeit des Menschen. Anthropologische Anmerkungen zu einem Phänomen des Fühlens in hamartiologischer Perspektive, in: Berliner Theologische Zeitschrift 21 (2004), 192-205.

Banville, John (2012): Unendlichkeiten. Roman. Aus dem Englischen von Christa Schuenke, Köln 2012.

Baranzke, Heike (2012a): Zwischen Speziezismus und Lockes Personenbegriff – Singers Tierethik, in: Jähnichen, Traugott/Wustmans, Clemens (Hg.) Tierethik. Biblisch-historische Grundlagen – normative Perspektiven – aktuelle Herausforderungen, Kamen 2012, 41-55.

Baranzke, Heike (2012b): Was bedeutet ›Ehrfurcht‹ in Albert Schweitzers Verantwortungsethik? Eine Begriffsanalyse im Vergleich mit Schwantje, Kant, Goethe und Nietzsche, in: Synthesis Philosophica 53 (2012), 7-29.

Baranzke, Heike (2002): Würde der Kreatur? Die Idee der Würde im Horizont der Bioethik, Würzburg 2002.

Barker, Eileen (1989): New Religious Movements. A Practical Introduction, London 1989.

Barnbrock, Christoph (2010): Sünde – wie bitte? Theologische Streifzüge durch das Gebiet von Schuld und Scham, Verdrängen, Vergessen und Vergeben, in: Lutherische Zeitschrift für Theologie und Kirche 34 (2010), 285-304.

Barnes, Julian (2012): Unbefugtes Betreten. Roman. Aus dem Englischen von Thomas Bodmer und Gertraude Krueger, Köln 2012.

Barnes, Julian (2009): Eine Geschichte der Welt in 10 ½ Kapiteln. Aus dem Englischen übersetzt von Gertraude Krueger, München 2009.

Barry, Max (2012): Maschinenmann. Roman. Aus dem Englischen von Friederich Mader, München 2012.

Bartelmus, Rüdiger (2005): Von Eselinnen mit Durchblick und blinden Sehern. Numeri 22,20-35 als Musterbeispiel narrativer Theologie im Alten Testament, in: Theologische Zeitschrift 61 (2005), 27-43.

Bartelmus, Rüdiger (1993): Die Tierwelt in der Bibel I. Exegetische Beobachtungen zu einem Teilaspekt der Diskussion um eine Theologie der Natur, in: Janowski, Bernd u.a. (Hg.): Gefährten und Feinde des Menschen. Das Tier in der Lebenswelt des alten Israel, Neukirchen-Vluyn 1993, 245-311.

Bartens, Werner (2012): Heillose Zustände. Warum die Medizin die Menschen krank und das Land arm macht, München 2012.

Barth, Roderich/Zarnow, Christopher (Hg.) (2015): Theologie der Gefühle, Berlin/New York 2015.

Barth, Ulrich (2014): Subjektphilosophie, Kulturtheorie und Religionswissenschaft. Kritische Anfragen an Schleiermachers Theologieprogramm, in: Ders.: Kritischer Religionsdiskurs, Tübingen 2014, 293-320.

Barthes, Roland (2015): Fragmente einer Sprache der Liebe. Aus dem Französischen von Hans-Horst Henschen und Horst Brühmann. Erweiterte Neuausgabe, Berlin 2015.

Barthes, Roland (2012): Mythen des Alltags. Vollständige Ausgabe. Aus dem Französischen von Horst Brühmann. Berlin 2012.

Barthes, Roland (2010a): Über mich selbst. Aus dem Französischen von Jürgen Hoch, Berlin 2010.

Barthes, Roland (2010b): Tagebuch der Trauer. Aus dem Französischen von Horst Brühmann, München 2010.

Barthes, Roland (2008): Die Vorbereitung des Romans. Vorlesung am Collège de France 1978-1979 und 1979-1980. Aus dem Französischen von Horst Brühmann, Frankfurt am Main 2008.

Barthes, Roland (2007a): Wie zusammen leben. Simulation einiger alltäglicher Räume im Roman. Vorlesung am Collège de France 1976-1977. Übersetzt von Horst Brühmann, Frankfurt am Main 2007.

Barthes, Roland (2007b): Begebenheiten, Incidents. Aus dem Französischen übertragen von Hans-Horst Henschen. Mit einem Nachwort von Hanns-Josef Ortheil, Mainz 2007.

Barthes, Roland (2005): Das Neutrum. Vorlesung am Collège de France 1977-1978. Aus dem Französischen von Horst Brühmann, Frankfurt am Main 2005.

Barthes, Roland (2003): Chronik. Aus dem Französischen von Mira Köller, Berlin 2003.

Barthes, Roland (1990): Rhetorik des Bildes, in: Ders.: Der entgegenkommende und der stumpfe Sinn. Kritische Essays III. Aus dem Französischen von Dieter Hornig, Frankfurt am Main 1990, 28-46.

Barthes, Roland (1989): Die helle Kammer: Bemerkung zur Photographie. Aus dem Französischen von Dietrich Leube, Frankfurt am Main 1989.

Barthes, Roland (1986): Sade Forier Loyola. Übersetzt von Maren Sell und Jürgen Hoch, Frankfurt am Main 1986.

Barthes, Roland (1981): Das Reich der Zeichen. Aus dem Französischen von Michael Bischoff, Frankfurt am Main 1981.

Barthes, Roland (1980): Leçon/Lektion. Antrittsvorlesung im Collège de France. Übersetzt von Helmut Scheffel, Frankfurt am Main 1980.

Barthes, Roland (1974): Die Lust am Text. Aus dem Französischen von Traugott König, Frankfurt am Main 1974.

Bastian, Till/Hilgers, Micha (1990): Kain. Die Trennung von Scham und Schuld am Beispiel der Genesis, in: Psyche 44 (1990), 1100-1112.

Bataille, Georges (1994): Die Erotik. Übersetzt von Gerd Bergfleth, München 1994.

Bataille, Georges (1981): Die Tränen des Eros. Übersetzt von Gerd Bergfleth, München 1981.

Bator, Asnat (2010): Reading Law as Narrative. A Study in the Casuistic Laws of Pentateuch, Ancient Israel and its Literature, Atlanta 2010.

Baudrillard, Jean (2005): Der symbolische Tausch und der Tod. Übersetzt von Gerd Bergfleth, Gabrielle Ricke u. Ronald Voullié, München 2005.

Bauer, Annemarie/Gröning, Katharina (1996): Verlust und Scham, Protest und Trauer. Bausteine zu einer verstehenden Gerontologie, in: Zeitschrift für medizinische Ethik 42 (1996), 39-48.

Bauer, Michael (2015): Homosexualität im gegenwärtigen Diskurs theologischer Sexualethik. Ein problemorientierter Überblick über Positionen und Argumente, in: Breckenfelder, Michaela (Hg.): Homosexualität und Schule. Handlungsfelder – Zugänge – Perspektiven, Opladen/Berlin/Toronto 2015, 71-91.

Bauks, Michaela/Meyer, Martin (Hg.) (2011): Zur Kulturgeschichte der Scham. Archiv für Begriffsgeschichte, Sonderheft 9, Hamburg 2011.

Bayer, Oswald (1995): Sprachbewegung und Weltveränderung. Die Neusetzung des Ethos durch die Bergpredigt, in: Ders.: Freiheit als Antwort, Tübingen 1995, 26-40.

Bayertz, Kurt (1991): Praktische Philosophie als Angewandte Ethik, in: Ders. (Hg.): Praktische Philosophie. Grundorientierungen angewandter Ethik, Reinbek bei Hamburg 1991, 7-47.

Beck, James R. (2008): Emotion as an integrative topic. An analysis of ›faithful feelings‹, in: Journal of psychology and theology 36 (2008), 53-57.

Beck, Ulrich/Beck-Gernsheim, Elisabeth (1990): Das ganz normale Chaos der Liebe, Frankfurt am Main 1990.

Beck-Gernsheim, Elisabeth (2008): Welche Gesundheit woll(t)en wir? Neue Diagnose- und Therapiemöglichkeiten bringen auch neue Kontrollen, Entscheidungszwänge und -konflikte, in: Schäfer, Daniel/Frewer, Andreas/Schockenhoff, Eberhard/Wetzstein, Verena (Hg.): Gesundheitskonzepte im Wandel. Geschichte, Ethik und Gesellschaft, Stuttgart 2008, 115-126.

Becker, Harald (2008): Lebensdienliche Technik. Ethik des Ingenieurberufs in theologischer Perspektive, Berlin 2008.

Bedford-Strohm, Heinrich (2015): Leben dürfen – Leben müssen: Argumente gegen die Sterbehilfe, München 2015.

Bedford-Strohm, Heinrich (2010) (Hg.): Zauberformel Soziale Marktwirtschaft, Gütersloh 2010.

Bedford-Strohm, Heinrich (Hg.) (2009): Und Gott sah, dass es gut war. Schöpfung und Endlichkeit im Zeitalter der Klimakatastrophe, Neukirchen-Vluyn 2009.

Bedorf, Thomas (2010): Verkennende Anerkennung. Über Identität und Politik, Berlin 2010.

Bedorf, Thomas/Fischer, Joachim/Lindemann, Gesa (Hg.) (2010): Theorie des Dritten. Innovationen in Soziologie und Sozialphilosophie, München 2010.

Bedorf, Thomas (2003): Dimensionen des Dritten. Sozialphilosophische Modelle zwischen Ethischem und Politischem, München 2003.

Begley, Louis (1998): Mistlers Abschied. Roman. Übersetzt von Christa Krüger, Frankfurt am Main 1998.

Beile, Hartmut (1999): Religiöse Emotionen. Schlüssel der religiösen Entwicklung, in: Seelsorge 2 (1999), 12-18.

Benedict, Ruth (2006): Chrysantheme und Schwert. Formen der japanischen Kultur. Mit einem Vorwort von Ezra F. Vogel, übersetzt von Jobst-Mathias Spannagel, Frankfurt am Main 2006.

Benjamin, Walter (2010): Das Kunstwerk im Zeitalter seiner technischen Reproduzierbarkeit, Frankfurt am Main 2010.

Benjamin, Walter (1989): Franz Kafka. Zur zehnten Wiederkehr seines Todestages, in: Ders.: Gesammelte Schriften, Bd.II,2, hg. von Rolf Tiedemann und Hermann Schweppenhäuser, Frankfurt am Main 1989, 409-438.

Benjamin, Walter (1980): Eine kleine Geschichte der Photographie (1931), in: Ders.: Gesammelte Schriften, Bd. II,1, hg. von Rolf Tiedemann und Hermann Schweppenhäuser, Frankfurt am Main 1980, 368-385.

Benjamin, Walter (1977): Zur Kritik der Gewalt, in: Ders.: Gesammelte Schriften, Bd. II,1, hg. von Rolf Tiedemann und Hermann Schweppenhäuser, Frankfurt am Main 1977, 179-204.

Benthien, Claudia (2011): Tribunal der Blicke. Kulturtheorien von Scham und Schuld und die Tragödie um 1800, Köln u.a. 2011.

Berger, Klaus (1991): Historische Psychologie des Neuen Testaments, SBS 146/147, Stuttgart 1991.

Berger, Peter L. (1963): A Market Model for the Analysis of Ecumenicity, in: Social Research 30 (1963), 77-94.

Berner, Knut/Faß, Friederike (Hg.) (2014): Sichtbares und Unsichtbares, Berlin 2014.

Bernet, Rudolf (2003): Zur Phänomenologie von Lust und Scham, in: Bermes, Christian u.a. (Hg.): Vernunft und Gefühl. Schelers Phänomenologie des emotionalen Lebens, Würzburg 2003, 25-39.

Bernhard, Thomas (2006): Der Untergeher. Werke in 22 Bänden, Bd. 6, hg. von Beate Langer, Frankfurt am Main 2006.

Bernhard, Thomas (2004): Die Autobiographie. Werke in 22 Bände, Bd. 10, hg. von Martin Huber und Manfred Mittermayer, Frankfurt am Main 2004.

Bernhardt, Reinhold (1999): Was heißt ›Handeln Gottes‹? Eine Rekonstruktion der Lehre von der Vorsehung, Gütersloh 1999.

Bernhardt, Uwe (2001): Die Jugendlichkeit des Werkes. Zum Status der Kunst bei Levinas, in: Allgemeine Zeitschrift für Philosophie 26 (2001), 225-244.

Berthould, Ella/Elderkin, Susan/Bünger, Traudl (2013): Die Romantherapie. 253 Bücher für ein besseres Leben, Berlin 2013.

Bette, Karl-Heinrich (1989): Körperspuren. Zur Semantik und Paradoxie moderner Körperlichkeit, Berlin/New York 1989.

Bieber, Alain (Hg.) (2015): EGO Update. Die Zukunft der digitalen Identität, NRW-Forum Düsseldorf (19. September 2015 – 17. Januar 2016), Düsseldorf 2015.

Bieri, Peter (2013): Eine Art zu leben. Über die Vielfalt menschlicher Würde, München 2013.

Bieri, Peter (2001): Das Handwerk der Freiheit. Über die Entdeckung des eigenen Willens, München, Wien 2001.

Bilkau, Kristine (2015): Die Glücklichen. Roman, München 2015.

Binswanger, Hans-Christoph (2009): Vorwärts zur Mäßigung. Perspektiven einer nachhaltigen Wirtschaft, Hamburg 2009.

Binswanger, Hans-Christoph (2006): Die Wachstumsspirale. Geld, Energie und Imagination in der Dynamik des Marktprozesses, Marburg 2006.

Binswanger, Hans-Christoph (1998): Die Glaubensgemeinschaft der Ökonomen. Essays zur Kultur der Wirtschaft, München 1998.

Binswanger, Hans-Christoph (1985): Geld und Magie. Deutung und Kritik der modernen Wirtschaft an Hand von Goethes Faust, Stuttgart 1985.

Blanchot, Maurice (2007): Thomas der Dunkle. Roman. Aus dem Französischen übersetzt von Jürg Laederach, Basel/Weil am Rhein 2007.

Blenkinsopp, Joseph (1995): Wisdom and Law in the Old Testament. The Ordering of Life in Israel and Early Judaism, Oxford 1995.

Bloch, Ernst (2007): Traumschein, Jahrmarkt und Kolportage, in: Dettmar, Ute/Küpper, Thomas (Hg.): Kitsch, Texte und Theorien, Stuttgart 2007, 193-203.

Blomsted, Jan (1998): Shame and Guilt. Diderot's Moral Rhetoric, Jyväskylä 1998.

Blume, Anna (2003): Scham und Selbstbewusstsein. Zur Phänomenologie konkreter Subjektivität bei Hermann Schmitz, Freiburg i. Br./München 2003.

Blumenberg, Hans (1998): Paradigmen zu einer Metaphorologie, Frankfurt am Main 1998.

Böckenförde, Ernst-Wolfgang (1991): Recht, Staat, Freiheit. Studien zur Rechtsphilosophie, Staatstheorie und Verfassungsgeschichte, Frankfurt am Main 1991.

Boehm, Gottfried (Hg.) (1994): Was ist ein Bild?, München 1994.

Boehm, Gottfried (1985): Bildnis und Individuum. Über den Ursprung der Porträtmalerei in der italienischen Renaissance, München 1985.

Boelderl, Artur R. (2006): Von Geburts wegen. Unterwegs zu einer philosophischen Natologie, Würzburg 2006.

Böhme, Gernot (2016): Ästhetischer Kapitalismus, Berlin 2016.

Böhme, Gernot (2008a): Ethik leiblicher Existenz. Über unseren moralischen Umgang mit der eigenen Natur, Frankfurt am Main 2008.

Böhme, Gernot (2008b): Invasive Technisierung. Technikphilosophie und Technikkritik, Kusterdingen 2008.

Böhme, Gernot/Akashe-Böhme, Farideh (2005): Mit Krankheit leben. Von der Kunst, mit Schmerz und Leid umzugehen, München 2005.

Böhme, Gernot (2001): Aisthetik. Vorlesungen über Ästhetik als allgemeine Wahrnehmungslehre, München 2001.

Böhme, Gernot (1997): Ethik im Kontext. Über den Umgang mit ernsten Fragen, Frankfurt am Main 1997.

Böhme, Gernot (1995): Atmosphäre. Essays zur neuen Ästhetik, Frankfurt am Main 1995.

Böhme, Hartmut (1997): Enthüllen und Verhüllen des Körpers in Bibel, Mythos und Kunst (mit besonderer Rücksicht auf Albrecht Dürers »Selbstbildnis als Akt«) in: Paragrana 6/1 (1997), 218-247.

Bohrer, Clemens (2009): Babel oder Pfingsten? Elektronische Medien in der Perspektive von Marshall McLuhan, Ostfildern 2009.

Bolaño, Roberto (2009): 2666. Roman. Aus dem Spanischen von Christian Hansen, München 2009.

Bologne, Jean-Claude (2001): Nacktheit und Prüderie. Eine Geschichte des Schamgefühls. Aus dem Französischen von Rainer von Savigny und Thorsten Schmidt, Weimar 2001.

Bolz, Norbert (2007): Marketing als Kunst oder Was man von Jeff Koons lernen kann, in: Dettmar, Ute/Küpper, Thomas (Hg.): Kitsch. Texte und Theorien, Stuttgart 2007.

Bonhoeffer, Dietrich (1989): Schöpfung und Fall, in: Rüter, Martin/Tödt, Ilse (Hg.): Dietrich Bonhoeffer Werke, Bd. 3, Gütersloh 1989.

Boomgarden, Jürgen (2011): Das Wissen in der Unwissenheit. Zum Schambegriff bei Sören Kierkegaard, in: Bauks, Michaela/Meyer, Martin F. (Hg.): Zur Kulturgeschichte der Scham. Archiv für Begriffsgeschichte, Sonderheft 9, Hamburg 2011, 137-156.

Bormann, Lukas (2012): Gerechtigkeitskonzeptionen im Neuen Testament, in: Witte, Markus (Hg.): Gerechtigkeit. Themen der Theologie 6, Tübingen 2012, 69-98.

Bostrom, Nick (2014): Superintelligenz – Szenarien einer kommenden Revolution. Aus dem Englischen von Jan-Erik Strasser, Berlin 2014.

Bourdieu, Pierre (2007): Politisches Feld und symbolische Macht. Gespräch mit Effi Böhlke, in: Böhlke, Effi/Rilling, Rainer (Hg.): Bourdieu und die Linke. Politik – Ökonomie – Kultur, Berlin 2007.

Bourdieu, Pierre (2000): Das religiöse Feld. Texte zur Ökonomie des Heilsgeschehens, Konstanz 2000.

Bourdieu, Pierre (1992): Die verborgenen Mechanismen der Macht enthüllen, in: Ders.: Die verborgenen Mechanismen der Macht. Schriften zu Politik & Kultur 1, hg. von Margarete Steinrücke. Aus dem Französischen von Jürgen Bolder, Hamburg 1992, 81-86.

Bourdieu, Pierre (1982): Die feinen Unterschiede. Kritik der gesellschaftlichen Urteilskraft. Aus dem Französischen von Achim Russer und Bernd Schwibs, Frankfurt am Main 1982.

Boventer, Hermann (1988): Wertorientierter Journalismus. Die Sicht der Moralphilosophie, in: Erbring, Lutz/Ruß-Mohl, Stephan u.a. (Hg.): Medien ohne Moral. Variationen über Journalismus und Ethik, Berlin 1988, 226-237.

Boyle, Tom Coraghessan (2012): Wenn das Schlachten vorbei ist. Roman. Aus dem Amerikanischen von Dirk van Gunsteren, München 2012.

Braithwaite, John (1989): Crime, shame and reintegration, Cambridge 1989.

Braulik, Georg (1996): »Weisheit« im Buch Deuteronomium, in: Janowski, Bernd (Hg.): Weisheit außerhalb der kanonischen Weisheitsschriften, Gütersloh 1996, 39-69.

Braun, Christina von (2012): Der Preis des Geldes. Eine Kulturgeschichte, Berlin 2012.

Braun, Christina von (1997): Das Behagen in der Schuld, in: Gast, Lilli/Körner, Jürgen (Hg.): Psychoanalytische Anthropologie I. Über die verborgenen anthropologischen Entwürfe der Psychoanalyse, Tübingen 1997, 61-95.

Braverman, Mark (2011): Verhängnisvolle Scham. Israels Politik und das Schweigen der Christen. Mit einem Geleitwort von Mitri Raheb. Aus dem Amerikanischen von Bernardin Schellenberger, Gütersloh 2011.

Bredekamp, Horst (2010): Theorie des Bildakts, Berlin 2010.

Breit-Keßler, Susanne (2015): Das Leben – kostbarer als alles sonst auf der Erde. Ein theologisches Plädoyer gegen die Sterbehilfe, in: Nachrichten der Evangelisch-Lutherischen Kirche in Bayern 5/2015, 139-141.

Brenner, Andreas (2014): UmweltEthik. Ein Lehr- und Lesebuch, Würzburg 2014.

Breun, Richard (2014): Scham und Würde. Über die symbolische Prägnanz des Menschen, Freiburg i. Br./München 2014.

Broch, Hermann (2007): Einige Bemerkungen zum Problem des Kitsches, in: Dettmar, Ute/Küpper, Thomas (Hg.): Kitsch. Texte und Theorien, Stuttgart 2007, 215-226.

Brock, Brian (2009): Menschliche Freiheit in der Medizinethik. Amniocentese als Antidoxologie, in: Mühling, Markus (Hg.): Gezwungene Freiheit? Personale Freiheit im pluralistischen Europa, Göttingen 2009, 222-243.

Brucker, Ralph (1997): ›Christushymnen‹ oder ›epideiktische Passagen‹? Studien zum Stilwechsel im Neuen Testament und seiner Umwelt, Göttingen 1997.

Brunkhorst, Hauke (1999): Hannah Arendt, München 1999.

Brünnagel, Karin (2014): Wenn das Private öffentlich ist. Social Media verändert unser Leben und zeigt, dass wir heute stärker als früher auf uns selbst fokussiert sind, in: FAZ 24. Oktober 2014, Verlagsspezial: Werte der Zukunft, V4.

Buber, Martin (1998): Das Buch der Preisungen, Berlin 1998.

Buchanan, James M./Brennan, Geoffrey (1993): Die Begründung von Regeln. Konstitutionelle Politische Ökonomie. Aus dem Englischen von Monika Vanberg, Tübingen 1993.

Büchner, Georg (2012): Lenz, in: Ders.: Sämtliche Werke und Briefe, hg. v. Ariane Martin, Stuttgart 2012, 153-181.

Buntfuß, Markus (2015): Begeisterung – Ergebung – Andacht, in: Barth, Roderich/Zarnow, Christopher (Hg.): Theologie der Gefühle, Berlin/Boston, 143-154.

Buntfuß, Markus (1997): Tradition und Innovation. Die Funktion der Metapher in der theologischen Theoriesprache, Berlin/New York 1997.

Burkhardt, Helmut (2008): Ethik. Teil II. Das gute Handeln (Allgemeine Materialethik). Zweiter Teilband: Sexualethik, Wirtschaftsethik, Umweltethik, Kulturethik, Basel 2008.

Busch, Kathrin (2011): Jacques Derrida, in: Dies./Därmann, Iris (Hg.): Bildtheorien in Frankreich. Ein Handbuch, München 2011, 124-137.

Caillois, Roger (1960): Die Spiele und die Menschen. Aus dem Französischen von Sigrid von Massenbach, München 1960.

Calvin, Johannes (1998): Von der ewigen Vorherbestimmung Gottes. Übersetzt und hg. von Wilhelm H. Neuser, Düsseldorf 1998.

Calvin, Johannes (2008): Unterricht in der christlichen Religion. Institutio Christianae Religionis, nach der letzten Ausgabe von 1559 übersetzt und bearbeitet von Otto Weber. Im Auftrag des Reformierten Bundes bearbeitet und neu hg. v. Matthias Freudenberg, Neukirchen-Vluyn 2008.

Carrère, Emmanuel (2016): Das Reich Gottes. Aus dem Französischen von Claudia Hamm, Berlin 2016.

Carver, Raymond (2012): Würdest du bitte endlich still sein, bitte. Erzählungen. Aus dem Amerikanischen von Helmut Frielinghaus, Frankfurt am Main 2012.

Casanova, José (1994): Religion und Öffentlichkeit. Ein Ost/Westvergleich, in: Transit – Europäische Revue 8 (1994), 21-41.

Cassirer, Ernst (1994): Philosophie der symbolischen Formen, 5 Bde., Darmstadt 1994.

Cassirer, Ernst (1990): Versuch über den Menschen. Einführung in eine Philosophie der Kultur, Frankfurt am Main 1990.

Chance, John K. (1994): The Anthropology of Honor and Shame: Culture, Values and Practice, Semeia 68 (1994), 139-152.

Charbonnier, Lars/Weyel, Birgit (Hg.) (2013): Religion und Gefühl. Praktisch-theologische Perspektiven einer Theorie der Emotionen, Festschrift für Wilhelm Gräb zum 65. Geburtstag, Göttingen 2013.

Chibici-Revneanu, Nicole (2010): Ehre, Scham, Schande (NT), WiBiLex 2010: https://www.bibelwissenschaft.de/wibilex/das-bibellexikon/lexikon/sachwort/anzeigen/details/ehre-scham-schande-nt/ch/cd45951981187dd18a96902e57eadc7b/

Childs, Brevard S. (2003): Die Theologie der einen Bibel, Bd.1: Grundstrukturen; Bd.2: Hauptthemen. Freiburg i. Br./Basel/Wien 2003.

Childs, Brevard S. (1997): Does the Old Testament Witness to Jesus Christ, in: Adna, Jostein u.a. (Hg.): Evangelium – Schriftauslegung – Kirche. Festschrift für Peter Stuhlmacher zum 65. Geburtstag, Göttingen 1997, 57-64.

Childs, Brevard S. (1985): The New Testament as Canon. An Introduction, Philadelphia 1985.

Christians, Heiko (2016): Crux Senica. Eine Kulturgeschichte der Szene von Aischylos bis YouTube, Bielefeld 2016.

Clough, Patricia Ticineto/Halley, Jean (Hg.) (2007): The Affective Turn. Theorizing the Social, Durham 2007.

Costanza, Christina (2012a): Fernanwesenheit. Personsein im Social Web im Lichte der Theologie, in: Dies. Ernst, Christina (Hg.): Personen im Web 2.0, Edition Ethik, Bd. 11, Göttingen 2012, 127-145.

Costanza, Christina/Ernst, Christina (2012b): Einleitung. Interdisziplinäre Zugänge zu einer Theologie der Social Media, in: Dies./Ernst, Christina (Hg.): Personen im Web 2.0, Edition Ethik, Bd. 11, Göttingen 2012, 8-16.

Culler, Jonathan (2002): Literaturtheorie. Eine kurze Einführung. Übersetzt von Andreas Mahler, Stuttgart 2002.

Culmann, Theodor (1864): Die christliche Ethik. Erster Teil, Stuttgart 1864.

Cyrulnik, Boris (2011): Scham. Im Bann des Schweigens. Wenn die Scham die Seele vergiftet. Aus dem Französischen von Maria Buchwald und Andrea Alvermann, Hünfelden 2011.

D'Anna-Huber, Christiane (Hg.) (2011): Digital Natives. Wie braucht die ›Generation Internet‹ das Internet?, Bern 2011.

Dabrock, Peter/Augstein, Renate/Helfferich, Cornelia/Schardien, Stafanie/Sielert, Uwe (2015a): Unverschämt – schön. Sexualethik: evangelisch und lebensnah, Gütersloh 2015.

Dabrock, Peter (2015b): Selbstbestimmungsalternativen zwischen ethischer Bewertung und rechtlicher Normierung. Ein Beitrag (nicht nur) zur Sterbehilfe-Diskussion, in: Zeitschrift für Evangelische Ethik 59 (2015), 123-132.

Dabrock, Peter (2015c): Bioethik des Menschen, in: Huber, Wolfgang/Meireis, Torsten/Reuter, Hans-Richard (Hg.): Handbuch der Evangelische Ethik, München 2015, 517-583.

Dabrock, Peter (2015d): Gabe, in: Anselm, Reiner/Körtner, Ulrich H.J. (Hg.): Evangelische Ethik kompakt. Basiswissen in Grundbegriffen, Gütersloh 2015, 48-55.

Dabrock, Peter (2014): Geheimnis, Freiheit, Verzeihen. Warum Big Data an die Lehre von der Vorsehung erinnert, in: Zeitzeichen 11/2014, 20-23.

Dabrock, Peter (2013): Contextualising Enhancement. Religious and Ethical Aspects from a European Perspective, in: Fischer, Robert u.a. (Hg.): Human Enhancement. Moral, Religious and Ethical Aspects from a European Perspective, Brüssel 2013, 156-170.

Dabrock, Peter (2012a): Befähigungsgerechtigkeit. Ein Grundkonzept konkreter Ethik in fundamentaltheologischer Perspektive. Unter Mitarbeit von Ruth Denkhaus, Gütersloh 2012.

Dabrock, Peter (2012b): Zum Gebrauch der Bibel in der Theologischen Ethik. Erörterungen angesichts der aktuellen Debatte um Homosexualität, in: Ökumenische Rundschau 61 (3/2012), 275-286.

Dabrock, Peter (2006): Heil und Heilung. Theologisch-identitätsethische Unterscheidung und ökumenische Herausforderung im Verständnis von und im Umgang mit Gesundheit, in: Una Sancta 61 (2006), 129-139.

Dalferth, Ingolf U. (2013): Selbstlose Leidenschaften. Christlicher Glaube und menschliche Passionen, Tübingen 2013.

Dalferth, Ingolf U. (2011): Umsonst. Eine Erinnerung an die kreative Passivität des Menschen, Tübingen 2011.

Daly, Todd T.W. (2011): Chasing Methuselah. Transhumanism and Christian Theosis in Critical Perspective, in: Cole-Turner, Ronald (Hg.): Transhumanism and Transcendence. Christian Hope in an Age of Technological Enhancement, Washington 2011, 131-144.

Damasio, Antonio R. (2010): Descartes' Irrtum. Fühlen, Denken und das menschliche Gehirn, Berlin 2010.

Daniels, Norman (1996): Reflective Equilibrium and Archimedean Points, in: Ders.: Justice and Justification. Reflective Equilibrium in Theory and Practice, Cambridge u.a. 1996, 47-65.

Danz, Christian (2008): Die Deutung der Religion in der Kultur. Aufgaben und Probleme der Theologie im Zeitalter des religiösen Pluralismus, Neukirchen-Vluyn 2008.

Därmann, Iris (2011): Roland Barthes, in: Busch, Kathrin/Därmann, Iris (Hg): Bildtheorien aus Frankreich. Ein Handbuch, München 2011, 25-37.

Delhom, Pascal (2011): Emmanuel Levinas, in: Busch, Kathrin/Därmann, Iris (Hg.): Bildtheorien in Frankreich, München 2011, 204-215.

Delhom, Pascal (2002): Der Dritte. Philosophie zwischen Verantwortung und Gerechtigkeit, München 2002.

DeLillo, Don (2003): Cosmopolis. Roman. Aus dem Amerikanischen von Frank Heibert, Köln 2003.

Delius, Friedrich Christian (2013): Die linke Hand des Papstes. Roman, Berlin 2013.

Demandt, Alexander (2016): Das Ende der alten Ordnung. Das Römische Reich war fremdenfreundlich, in: FAZ 22. Januar 2016.

Demmerling, Christoph (2009a): Philosophie der Scham, in: Schäfer, Alfred/Thompson, Christiane (Hg.): Scham, Paderborn/München/Wien/Zürich 2009, 75-101.

Demmerling, Christoph (2009b): Scham, Schuld und Empörung, in: Esterbauer, Reinhold/Rinofner-Kreidel, Sonja (Hg.): Emotionen im Spannungsfeld von Phänomenologie und Wissenschaften, Frankfurt am Main u.a. 2009, 201-215.

Demmerling, Christoph/Landweer, Hilge (2007): Philosophie der Gefühle. Von Achtung bis Zorn, Stuttgart 2007.

Dennebaum, Tonke (2010): Doxologie und Ethik der Schöpfung. Zur Bedeutung liturgischer Vollzüge im Kontext einer ökologischen Ethik, in: Una Sancta 65 (2010), 84-104.

Derenthal, Brigitta (2006): Medienverantwortung in christlicher Perspektive. Ein Beitrag zu einer praktisch-theologischen Medienethik, Theologie und Praxis Bd. 29, Münster/Hamburg/London 2006.

Derrida, Jacques (2007): Berühren. Jean-Luc Nancy. Aus dem Französischen von Hans-Dieter Gondek, Berlin 2007.

Derrida, Jacques (1997): Gewalt und Metaphysik. Essay über das Denken von Emmanuel Levinas, in: Ders. (Hg.): Die Schrift und die Differenz. Aus dem Französichen von Rodolphe Gasché, Frankfurt am Main 1997, 121–235.

Derrida, Jacques (1993): Falschgeld. Zeit geben 1. Aus dem Französischen von Andreas Knop und Michael Wetzel, München 1993.

Didi-Huberman, Georges (1999): Was wir sehen, blickt uns an. Zur Metapsychologie des Bildes. Übersetzt von Markus Sellaczek, München 1999.

Dierksmeier, Claus (2001): Zum Begriff des religiösen Gefühls im Anschluß an Kant, in: Zeitschrift für neuere Theologiegeschichte 8 (2001), 201-217.

Dietz, Alexander (2005): Der homo oeconomicus. Theologische und wirtschaftsethische Perspektiven auf ein ökonomisches Modell, Gütersloh 2005.

Dietzfelbinger, Daniel (1998): Soziale Marktwirtschaft als Wirtschaftsstil. Alfred Müller-Armacks Lebenswerk, Gütersloh 1998.

Dinzelbacher, Peter: (2006) Das fremde Mittelalter. Gottesurteil und Tierprozess, Essen 2006.

Dodds, Eric R. (1970): Die Griechen und das Irrationale. Aus dem Englischen von Herman-Josef Dirksen, Darmstadt 1970.

Döhling, Jan-Dirk (2011): Von Ratschlägen und Lebensgeschichten. Zum Verhältnis von Spruchweisheit und weisheitlichem Erzählen, in: Karle, Isolde (Hg.): Lebensberatung – Weisheit – Lebenskunst, Leipzig 2011, 30-47.

Donath, Orna (2016): #regretting motherhood. Wenn Mütter bereuen. Aus dem Amerikanischen von Karlheinz Dürr, München 2016.

Donnachie, Karen ann (sic!) (2016): Selfies, #ich. Augenblicke der Authentizität. Selfies, #me. Glimpses of Authenticity, in: Alain Bieber (Hg.): Ego Update. NRW-Forum Düsseldorf, (19. September 2015 – 17. Januar 2016), Düsseldorf 2015, 50-79.

Döring, Sabine A. (2009): Philosophie der Gefühle, Frankfurt am Main 2009.

Dörrie, Doris (1995): Bin ich schön? Erzählungen, Zürich 1995.

Dornes, Martin (2016): Macht Kapitalismus depressiv? Über seelische Gesundheit und Krankheit in der modernen Gesellschaft, Frankfurt am Main 2016.

Dorschel, Andreas (1999): Emotion und Verstand, in: Philosophisches Jahrbuch 106 (1999), 18-40.

Dössel, Christine (2014): Süddeutsche Zeitung, Nr. 271, 25. November 2014, 13.

Douglas, Mary (1986): Ritual, Tabu und Körpersymbolik. Sozialanthropologische Studien in Industriegesellschaft und Stammeskultur. Frankfurt am Main 1986.

Draesner, Ulrike (2014): subsong. Gedichte, München 2014.

Drägert, Christian/Schneider, Nikolaus (Hg.) (2001): Medienethik. Freiheit und Verantwortung, Stuttgart 2001.

Dreier, Ralf (1986): Der Begriff des Rechts, in: Dreier, Ralf (Hg.): Recht – Staat – Vernunft, Frankfurt am Main 1991, 96-99.

Drewermann, Eugen (1981): Der tödliche Fortschritt. Von der Zerstörung der Erde und des Menschen im Erbe des Christentums, Regensburg 1981.

Duerr, Hans Peter (1988): Nacktheit und Scham. Der Mythos vom Zivilisationsprozeß, Frankfurt am Main 1988.

Dülmen van, Richard (2001): Historische Anthropologie. Entwicklung, Probleme, Aufgaben, Köln 2001.

Duve, Karen (2004): Dies ist kein Liebeslied. Roman, München 2004.

Düwell, Marcus/Hübenthal, Christoph/Werner, Micha H. (2011a): Handbuch Ethik, Stuttgart/Weimar 2011.

Düwell, Marcus (2011b): Rationalisten sind auch Menschen. Über hartnäckige Vorurteile am Beispiel eines Beitrags von Johannes Fischer, in: Zeitschrift für Evangelische Ethik 55 (2011) 3, 205-213.

Dux, Günter (1990): Die Logik der Weltbilder. Sinnstrukturen im Wandel der Geschichte, Frankfurt am Main 1990.

Ebach, Jürgen (2012): Zwischen Lebenskampf und Utopie. Die Tiere im Alten Testament, in: Jähnichen, Traugott/Wustmans, Clemens (Hg.): Tierethik. Biblisch-historische Grundlagen – normative Perspektiven – aktuelle Herausforderungen, Kamen 2012, 9-17.

Ebeling, Gerhard (1969a): Die Evidenz des Ethischen und die Theologie, in: Ders. (Hg.): Wort und Glaube Bd. 2: Beiträge zur Fundamentaltheologie und zur Lehre von Gott, Tübingen 1969, 1-41.

Ebeling, Knut (2011): Maurice Blanchot, in: Busch, Kathrin/Därmann, Iris (Hg.): Bildtheorien in Frankreich. Ein Handbuch, München 2011, 73-83.

Ebner, Martin (1998): Jesus – ein Weisheitslehrer? Synoptische Weisheitslogien im Traditionsprozess, Freiburg i.Br. u.a. 1998.

Eco, Umberto (1994): Apokalyptiker und Integrierte. Zur Kritik der Massenkultur. Übersetzt von Max Looser, Frankfurt am Main 1994.

Eggers, Dave (2014): Der Circle. Roman. Aus dem Amerikanischen von Ulrike Wasel und Klaus Timmermann, Köln 2014.

Eggers, Dave (2013): Ein Hologramm für den König. Aus dem Amerikanischen von Ulrike Wasel und Klaus Timmermann, Köln 2013.

Ego, Beate: Gottes Lob als Existenzerschließung. Aspekte der Doxologie in der Tobiterzählung, in: Bibel und Liturgie 77 (2004), 20-26.

Eichner, Katja (2005): Abtreibung/Empfängnis. Hinduismus, in: Klöcker, Michael/Tworuschka, Udo (Hg.): Ethik der Weltreligionen. Ein Handbuch, Darmstadt 2005, 22-23.

EKD (2015): Für uns gestorben. Die Bedeutungen von Leiden und Sterben Jesu Christi. Ein Grundlagentext des Rates der Evangelischen Kirche in Deutschland, Gütersloh 2015.

EKD (2013): Zwischen Autonomie und Angewiesenheit: Familie als verlässliche Gemeinschaft stärken. Eine Orientierungshilfe des Rates der Evangelischen Kirche in Deutschland, Gütersloh 2013.

EKD (2011): »Und unsern kranken Nachbarn auch!« Aktuelle Herausforderungen der Gesundheitspolitik. Eine Denkschrift des Rates der Evangelischen Kirche in Deutschland, Gütersloh 2011.

EKD (2009): »Wie ein Riss in einer hohen Mauer«. Wort des Rates der EKD zur globalen Finanzmarkt- und Wirtschaftskrise, EKD-Texte 100, Hannover 2009. Online abrufbar unter: https://www.ekd.de/download/ekd_texte_100.pdf.

EKD (2008): Unternehmerisches Handeln in evangelischer Perspektive. Eine Denkschrift des Rates der Evangelischen Kirche in Deutschland, Gütersloh 2008.

EKD (2007): Aus Gottes Frieden leben – für gerechten Frieden sorgen. Eine Denkschrift des Rates der Evangelischen Kirche in Deutschland, Gütersloh 2007.

EKD (2006): Gerechte Teilhabe – Befähigung zu Eigenverantwortung und Solidarität. Eine Denkschrift des Rates der EKD zur Armut in Deutschland, Gütersloh 2006.

EKD (1985): Evangelische Kirche und freiheitliche Demokratie. Der Staat des Grundgesetzes als Angebot und Aufgabe. Eine Denkschrift der EKD, Gütersloh 1985.

EKD (1971): Denkschrift zu Fragen der Sexualethik, Gütersloh 1971.

Elias, Norbert (1997a): Über den Prozess der Zivilisation. Soziogenetische und psychogenetische Untersuchungen. Wandlungen des Verhaltens in den weltlichen Oberschichten des Abendlandes, Bd. 1, Frankfurt am Main 1997.

Elias, Norbert (1997b): Über den Prozess der Zivilisation. Soziogenetische und psychogenetische Untersuchungen. Wandlungen der Gesellschaft. Entwurf zu einer Theorie der Zivilisation, Bd. 2, Frankfurt am Main 1997.

ELKB (2015): Das Netz als sozialer Raum: Kommunikation und Gemeinschaft im digitalen Zeitalter. Ein Impulspapier, München 2015, http://www.bayern-evangelisch.de/epaper/das-netz-als-sozialer-raum/.

Elliott, Matthew (2008): A Response to »Emotions as an intergrative topic: an analysis of faithful feelings« by James R. Beck. Some thoughts on integration, in: Journal of Psychology and Theology 36 (2008), 58-61.

Emecheta, Buchi/Nwapa, Flora (Hg.) (2002): Palaver. Geschlechter- und Gesellschaftsdiskurs in Nigeria. Kon/Textuelle Lesung ausgewählter Romane der Igbo, Bayreuth 2002.

Emunds, Bernhard (2011): Die Finanzkrise rührt an die Grundlagen der Wirtschaftsordnung, in: Zeitschrift für Evangelische Ethik 55 (2011), 21-35.

Endreß, Martin (Hg.) (1995): Zur Grundlegung einer integrativen Ethik. Für Hans Krämer, Frankfurt am Main 1995.

Engemann, Wilfried (2009a): Die emotionale Dimension des Glaubens als Herausforderung für die Seelsorge, in: Wege zum Menschen 61 (2009), 287-299.

Engemann, Wilfried (2009b): Das Lebensgefühl im Blickpunkt der Seelsorge. Zum seelsorgerlichen Umgang mit Emotionen, in: Wege zum Menschen 61 (2009), 271-286.

Ermecke, Gustav (1980): Zur Sexualethik und Sexualerziehung heute. Was gilt von den Tugenden der Schamhaftigkeit und der Keuschheit heute noch?, in: Münchener theologische Zeitschrift 31 (1980), 48-61.

Ermert, Karl (Hg.) (2011): »und noch mal mit Gefühl…«. Die Rolle der Emotionen in Kultur und Kulturvermittlung, Wolfenbütteler Akademie-Texte Band 49, Norderstedt 2011.

Ernst, Christina (2012): Sichtbar entzogen. Medienwissenschaftliche und theologische Deutung von Selbstdarstellungspraktiken auf Facebook, in: Costanza, Christina/Ernst, Christina (Hg.): Personen im Web 2.0, Göttingen 2012, 32-47.

Esterbauer, Reinhold (1998): Das Bild als Antlitz? Zur Gotteserfahrung in der Kunst beim späten Levinas, in: Wohlmuth, Josef (Hg.): Emmanuel Levinas. Eine Herausforderung für die christliche Theologie, Paderborn u.a. 1998, 13-23.

Ette, Ottmar (2013): Roland Barthes zur Einführung, Hamburg 2013.

Ette, Ottmar (1998): Roland Barthes. Eine intellektuelle Biographie, Frankfurt am Main 1998.

Etzelmüller, Gregor (2014): Trauer, Wut, Klage. Warum lässt Gott das Böse zu?, in: Berner, Knut/ Faß, Friederike (Hg.): Sichtbares und Unsichtbares, Berlin 2014, 213-232.

Evans, E.P. (1906): The Criminal Prosecution and Capital Punishment of Animals, London 1906.

Fechtner, Kristian (2015): Diskretes Christentum. Religion und Scham, Gütersloh 2015.

Fechtner, Kristian (2011): Kirche von Fall zu Fall. Kasualien wahrnehmen und gestalten, Gütersloh 2011.

Feige, Daniel Martin (2015): Computerspiele. Eine Ästhetik, Berlin 2015.

Felber, Christian (2014): Geld. Die neuen Spielregeln, Wien 2014.

Fellmann, Ferdinand (2005): Das Paar. Eine erotische Rechtfertigung des Menschen, Berlin 2005.

Ferencz, Árpád (2012): Scham. Eine systematisch-theologische Annäherung, in: Beintker, Michael/Fazakas, Sándor (Hg.): Die öffentliche Relevanz von Schuld und Vergebung, Studia Theologica Debrecinensis, Sonderheft, Debrecen 2012, 23-33.

Ferguson, Neil (2010): Der Aufstieg des Geldes. Die Währung der Geschichte. Aus dem Englischen von Klaus-Dieter Schmidt, Berlin 2010.

Figal, Günter (2013): Martin Heidegger. Phänomenologie der Freiheit, Freiburg i. Br. 2013.

Figal, Günter (2003): Fremdheit und Feindschaft. Erörterung zur Grenze des Ethischen, in: Liebsch, Burkhard/Mensik, Dagmar (Hg.): Gewalt verstehen, Berlin 2003, 265-286.

Figal, Günter (1992): Martin Heidegger zur Einführung, Hamburg 1992.

Fink, Eugen (2010): Spiel als Weltsymbol, Gesamtausgabe Band 7, hg. von Cathrin Nielsen u.a. Freiburg i. Br. 2010.

Fischer, Johannes: (2015a): Emotionen und die religiöse Dimension der Moral, in: Barth, Roderich/Zarnow, Christopher (Hg.): Theologie der Gefühle, Berlin/Boston, 191-205.

Fischer, Johannes (2015b): Handlung, in: Anselm, Reiner/Körtner, Ulrich H.J. (Hg.): Evangelische Ethik kompakt, Gütersloh 2015, 88-93.

Fischer, Johannes (2012): Verstehen statt Begründen. Warum es in der Ethik um mehr als nur um Handlungen geht, Stuttgart 2012, 25-71.

Fischer, Johannes (2011a): Krankheit und Sinn: Zur religiösen Wahrnehmung von Krankheit und ihren ethischen Implikationen, in: Graumann, Sigrid/Rabe, Marianne (Hg.): Ethik in der Medizin, Heidelberg 2011, 79-92.

Fischer, Johannes (2011b): Christliches Menschenbild als Götze, in: Zeitzeichen 6/2011, 41-43.

Fischer, Johannes (2011c): Ethik als rationale Begründung der Moral?, in: Zeitschrift für Evangelische Ethik 55 (2011), 192-204.

Fischer, Johannes (2011d): Wo ist das Argument?, in: Zeitschrift für Evangelische Ethik 55 (2011), 214-217.

Fischer, Johannes (2011e): Rezension: Wilfried Härle: Ethik, in: Zeitschrift für Evangelische Ethik 55 (2011), 305-310.

Fischer, Johannes (2009): Zum narrativen Fundament der sittlichen Erkenntnis. Metaethische Überlegungen zur Eigenart theologischer Ethik, in: Nüssel, Frederike (Hg.): Theologische Ethik der Gegenwart. Ein Überblick über zentrale Ansätze und Themen, Tübingen 2009, 75-101.

Fischer, Johannes/Gruden, Stefan/Imhof, Esther/Strub, Jean-Daniel (Hg.) (2008): Grundkurs Ethik. Grundbegriffe philosophischer und theologischer Ethik, Stuttgart/Berlin/Köln 2008.

Fischer, Johannes (2002): Theologische Ethik. Grundwissen und Orientierung, Stuttgart/Berlin/Köln 2002.

Fischer, Johannes (1994): Leben aus dem Geist. Zur Grundlegung christlicher Ethik, Zürich 1994.

Fischer, Michael (2005): Tierstrafen und Tierprozesse zur sozialen Konstruktion von Rechtssubjekten, Münster u.a. 2005.

Fischer, Sarah (2016): Die Mutterglück-Lüge. Regretting Motherhood. Warum ich lieber Vater geworden wäre, München 2016.

Fischer-Lichte, Erika (2004): Ästhetik des Performativen, Frankfurt am Main 2004.

Fitzgerald, John T. (Hg.) (1996): Friendship, Flattery, and Frankness of Speech. Studies in the New Testament World, Leiden/New York/Köln 1996.

Flasch, Kurt (2004): Eva und Adam. Wandlungen eines Mythos, München 2004.

Floridi, Luciano (2015): Die vierte Revolution. Wie die Infosphäre unser Leben verändert. Aus dem Englischen übersetzt von Axel Walter, Berlin 2015.

Flotow, Paschen von (1995): Geld, Wirtschaft und Gesellschaft. Georg Simmels Philosophie des Geldes, Frankfurt am Main 1995.

Flusser, Vilém (2009): Kommunikologie weiter denken. Die Bochumer Vorlesungen, Frankfurt am Main 2009.

Flusser, Vilém (1997): Medienkultur, Frankfurt am Main 1997.

Foer, Jonathan Safran (2012): Tiere essen. Aus dem amerikanischen Englisch von Isabel Bogdan, Ingi Herzke, Brigitte Jakobeit, Köln 2012.

Fohrer, Georg (1953): Die symbolischen Handlungen der Propheten, Zürich/Stuttgart 1953.

Foucault, Michel (2011): Der Mut zur Wahrheit: Die Regierung des Selbst und der anderen II. Vorlesung am Collège de France 1983/84. Aus dem Französischen von Jürgen Schröder, Berlin 2011.

Foucault, Michel (2007): Die Ästhetik der Existenz. Schriften zur Lebenskunst. Aus dem Französischen von Michael Bischoff, Ulrike Bokelmann, Hans-Dieter Gondek, Hermann Kocyba, Frankfurt am Main 2007.

Foucault, Michel (1987): Der Wille zum Wissen. Sexualität und Wahrheit. Aus dem Französischen von Ulrich Raulff und Walter Seitter, Frankfurt 1987.

Franck, Georg (1998): Ökonomie der Aufmerksamkeit, München 1998.

Frank, Manfred (2002): Selbstgefühl. Eine historisch-systematische Erkundung, Frankfurt am Main 2002.

Frank, Robert (1992): Strategie der Emotionen (Passions within Reason, 1988). Übersetzt von Ruth Zimmerling, München 1992.

Franke, Alexa (2006): Modelle von Gesundheit und Krankheit, Bern 2006.

Franzen, Jonathan (2013): Weiter weg. Aus dem Amerikanischen von Bettina Arbarbanell, Reinbek bei Hamburg 2013.

Franzen, Jonathan (2010): Shame made it impossible for me to write for a decade, Interview, in: The Guardian 29.10.2010.

Freuling, Georg (2004): »Wer eine Grube gräbt ...«. Der Tun-Ergehen-Zusammenhang und sein Wandel in der alttestamentlichen Weisheitsliteratur, Neukirchen-Vluyn 2004.

Frevert, Ute (2016): Noch einmal mit Gefühl. Ehre, Stolz, Hass, Neid – und alles unter dem Dach der Vaterlandsliebe. Wer anderen Affektpolitik vorhält, betreibt meist selber welche, in: Süddeutsche Zeitung, 21.01. 2016.

Frevert, Ute (2013): Vergängliche Gefühle, hg. von Bernhard Jussen und Susanne Scholz, Göttingen 2013.

Frevert, Ute (2009): »Was haben Gefühle in der Geschichte zu suchen?, in: Geschichte und Gesellschaft 35 (2009), 183-208.

Frey, Christopher (2006): Einführung, in: Ders./Hädrich, Jürgen/Klinnert, Lars (Hg.): Gerechtigkeit – Illusion oder Herausforderung? Felder und Aufgaben für die interdisziplinäre Diskussion, Münster 2006.

Frey, Hans-Jost (2007): Maurice Blanchot: Das Ende der Sprache schreiben, Basel/Weil am Rhein 2007.

Friedländer, Moritz (1904): Griechische Philosophie im Alten Testament. Eine Einleitung in die Psalmen- und Weisheitsliteratur: Psalmen, Proverbien, Hiob, Kohelet, Sirach, Pseudo-Salomo und Anhang der Bücher Jona und Ruth; mit kritischen Anmerkungen, Nachweisen und Zitaten, Amsterdam 1904.

Friedrich, Franz (2014): Die Meisen von Uusimaa singen nicht mehr. Roman, Frankfurt am Main 2014.

Frieß, Michael (2010): Sterbehilfe. Zur theologischen Akzeptanz von assistiertem Suizid und aktiver Sterbehilfe, Stuttgart 2010.

Fuchs, Thomas (2000a): Psychopathologie von Leib und Raum. Phänomenologisch-empirische Untersuchungen zu depressiven und paranoiden Erkrankungen, Darmstadt 2000.

Fuchs, Thomas (2000b): Leib, Raum, Person. Entwurf einer phänomenologischen Anthropologie, Stuttgart 2000.

Fuld, Werner (2014): Eine Geschichte des sinnlichen Schreibens, Berlin 2014.

Funiok, Rüdiger (2007): Medienethik. Verantwortung in der Mediengesellschaft, Stuttgart 2007.

Funiok, Rüdiger (1996): Grundfragen einer Publikumsethik, in: Ders. (Hg.): Grundfragen der Kommunikationsethik, München 1996, 107-122.

Gabert, Klaus (1987): Prometheische Schamlosigkeit, in: Ästhetik und Kommunikation 69 (1987), 85-91.

Gabriel, Karl/Reuter, Hans-Richard (Hg.): Religion und Gesellschaft. Texte zur Religionssoziologie, Paderborn u.a. 2010.

Gadamer, Hans-Georg (1994): Über die Verborgenheit der Gesundheit, Frankfurt am Main 1994.

Gäfgen, Kerstin (1991): Das Recht in der Korrelation von Dogmatik und Recht, Berlin 1991.

Gehlen, Arnold (1986): Zeit-Bilder. Zur Soziologie und Ästhetik der modernen Malerei, Frankfurt am Main 1986.

Gehlen, Arnold (1950): Der Mensch. Seine Natur und seine Stellung in der Welt, Frankfurt am Main 1950.

Geimer, Peter (2009): Theorien der Photographie zur Einführung, Hamburg 2009.

Genazino, Wilhelm (2001): Ein Regenschirm für diesen Tag. Roman, München 2001.

Gerber. Uwe: Das Doppelgesicht der Scham, in: Hermeneutische Blätter 2015 1/2, 52-63.

Gerhardt, Volker (2014): Der Sinn des Sinns. Versuch über das Göttliche, München 2014.

Gerstenberger, Eberhard S. (2005): Israel in der Perserzeit. 5. und 4. Jahrhundert v. Chr., Biblische Enzyklopädie, Bd. 8, Stuttgart 2005, 264-265.

Gheorghiu, Constantin Virgil (1950): 25 Uhr. Roman. Übersetzt von Eleonore Schlaich, Frankfurt am Main 1950.

Gibson, William (1999): Neuromancer. Roman. Aus dem Amerikanischen von Reinhard Heinz, München 1999.

Girard, René (2012): Das Heilige und die Gewalt. Aus dem Französischen von Elisabeth Mainberger-Ruh, Ostfildern 2012.

Girard, René (2002): Ich sah den Satan vom Himmel fallen, wie einen Blitz. Eine kritische Apologie des Christentums, München 2002.

Gladigow, Burkhard (2005): Von der Lesbarkeit der Religion zum iconic turn, in: Ders.: Religionswissenschaft als Kulturwissenschaft, hg. v. Christoph Auffahrt und Jörn Rüpke, Stuttgart 2005, 274-288.

Gleich, Uli/ARD-Forschungsdienst (2014): Motive und Funktionen der Internetnutzung, in: Media Perspektiven 5 (2014), 302-308.

Göbel, Esther: (2016): Die falsche Wahl. Wenn Frauen ihre Entscheidung für Kinder bereuen, München 2016.

Godina, Bojan (2003): Religiöse Emotionen und Persönlichkeitsprofil, in: Seelsorge 6 (2003), 17-20.

Goethe, Johann Wolfgang (1994): Faust. Der Tragödie Zweiter Teil, in: Ders.: Sämtliche Werke, Briefe und Tagebücher und Gespräche, 1. Abteilung, Band 7/1, hg. von Albrecht Schöne, Frankfurt am Main 1994, 201-446.

Goetz, Rainald (2012): Johann Holtrop. Roman, Berlin 2012.

Golka, Friedemann W. (1980): Keine Gnade für Kain, in: Albertz, Rainer/Müller, Hans-Peter/Wolff, Hans Walter/Zimmerli, Walther (Hg.): Werde und Wirken des Alten Testaments. Festschrift für Claus Westermann zum 70. Geburtstag, Göttingen 1980, 58-73.

Goller, Hans (2000): Hirnforschung und Menschenbild. Die Bedeutung von Körper und Emotion für Bewußtsein und Selbst, in: Stimmen der Zeit 218 (2000), 579-594.

Gorke, Martin (2006): Albert Schweitzers Ethik der Ehrfurcht vor dem Leben als Wegbereiterin einer holistischen Umweltethik, in: Hauskeller, Michael (Hg.): Ethik des Lebens. Albert Schweitzer als Philosoph, Reutlingen 2006, 259-278.

Götz, Thomas/Frenzel, Anne C./Pekrun, Reinhard (2007): Emotionen im Lern- und Leistungskontext, in: Katechetische Blätter 132 (2007), 13-19.

Gräb, Wilhelm (2006): Sinnfragen. Transformationen des Religiösen in der modernen Kultur, Gütersloh 2006.

Gräb-Schmidt, Elisabeth (2015a): Umweltethik, in: Huber, Wolfgang/Meireis, Torsten/Reuter, Hans-Richard (Hg.): Handbuch der Evangelischen Ethik, München 2015, 649-709.

Gräb-Schmit, Elisabeth (2015b): Scham, in: Anselm, Reiner/Körtner, Ulrich H.J.: Evangelische Ethik kompakt. Basiswissen in Grundbegriffen, Gütersloh 2015, 174-181.

Gräb-Schmidt, Elisabeth (2012a): Gerechtigkeit systematisch-theologisch, in: Witte, Markus (Hg.): Gerechtigkeit. Themen der Theologie 6, Tübingen 2012, 125-156.

Gräb-Schmidt, Elisabeth (2012b): Der homo faber als homo religiosus. Zur anthropologischen Dimension der Technik, in: Neumeister, Katharina/Renger-Berka, Peggy/Schwarke, Christian (Hg.): Technik und Transzendenz. Zum Verhältnis von Technik, Religion und Gesellschaft, Stuttgart 2012, 39-56.

Gräb-Schmidt, Elisabeth (2002): Technikethik und ihre Fundamente. Dargestellt in Auseinandersetzung mit den technikethischen Ansätzen von Günter Ropohl und Walter Christoph Zimmerli, Theologische Bibliothek Töpelmann Bd. 118, Berlin/New York 2002.

Gräb-Schmidt, Elisabeth (2001): Technik – Schicksal oder Gestaltung? Reflexionen zur Technik als Macht und Verantwortung, in: Berg, Christian/Charbonnier, Ralph/Gräb-Schmidt, Elisabeth/ Wende, Sven (Hg.): Der Mensch als homo faber. Technikentwicklung zwischen Faszination und Verantwortung, Forum Technikethik Loccum 1999, Münster 2001, 165-173.

Graeber, David (2012): Schulden. Die ersten 5.000 Jahre. Aus dem Amerikanischen von Ursel Schäfer, Hans Freudl, Stephan Gebauer, Köln 2012.

Graf, Friedrich Wilhelm (2015): Apodiktische Ethik mit Lügen. Die deutschen Kirchen und der ärztlich assistierte Suizid, in: Merkur 69 (2015), 5-17.

Graf, Friedrich Wilhelm (2014): Götter Global. Wie die Welt zum Supermarkt der Religionen wird, München 2014.

Graf, Friedrich Wilhelm (2011): Leerlauf in der Religionsmaschine. Wortreiche Suche nach der verwandelnden Kraft religiöser Rede: Bruno Latour will die Beziehungskrise zwischen Gläubigen und ihrem Gott lösen, in: FAZ 08. Oktober 2011, L34.

Graf, Friedrich Wilhelm (2004): Beeinflussen religiöse Weltbilder den ökonomischen Habitus?, in: Berghoff, Hartmut/Vogel, Jacob (Hg.): Wirtschaftsgeschichte als Kulturgeschichte. Dimensionen eines Perspektivenwechsels, Frankfurt am Main 2004, 241-264.

Grandy, Andreas (2012): Die Weisheit der Gottesherrschaft. Eine Untersuchung zur jesuanischen Synthese von traditioneller und apokalyptischer Weisheit, Göttingen 2012.

Grassegger, Hannes (2014): Das Kapital bin ich. Schluss mit der digitalen Leibeigenschaft, Zürich/Berlin 2014.

Greenwood, Dara N. (2013): Fame Facebook and Twitter: How attitudes about fame predict frequency and nature of social media use, in: Psychology of Popular Media Culture 2 (2013), 222-236.

Greifenstein, Karin/Faber, Martin (Hg.): »Hinter dem Feigenblatt«: Schuld, Scham, Beschämung, Dokumentation der Jahrestagung der Evangelischen Konferenz für Gefängnisseelsorge in Deutschland vom 26. - 20. April in Waldfischbach-Burgalben, Hannover 2010.

Greiner, Ulrich (2014): Schamverlust. Vom Wandel der Gefühlskultur, Reinbek bei Hamburg 2014.

Grimsley, Jim (2012): Das Leben zwischen den Sternen. Roman. Aus dem Amerikanischen von Frank Heibert, Berlin 2012.

Grom, Bernhard (1992): Religionspsychologie, München/Göttingen 1992.

Groß, Walter (2000): Gen 1,26.27; 9,6: Statue oder Ebenbild Gottes?, in: Menschenwürde. Jahrbuch für Biblische Theologie 15 (2000), 11-38.

Großhans, Hans P. (2006): Alles (nur) Gefühl? Zur Religionstheorie Friedrich Schleiermachers, in: Arndt, Andreas/Barth, Ulrich/Gräb, Wilhelm (Hg.): Christentum – Staat – Kultur, Akten des Kongresses der Internationalen Schleiermacher-Gesellschaft in Berlin, März 2006, Berlin/New York 2008, 547-565.

Großheim, Michael (2009): Die Gefühle zwischen Seele und Leib, Konstruktivismus und Phänomenologie, in: Esterbauer, Reinhold/Rinofner-Kreidel, Sonja (Hg.): Emotionen im Spannungsfeld von Phänomenologie und Wissenschaften, Frankfurt am Main u.a. 2009, 171-184.

Grundmann, Walter (1988): Weisheit im Horizont des Reiches Gottes. Erwägungen zur Christusbotschaft und zum Christusverständnis im Lichte der Weisheit in Israel, Stuttgart 1988.

Grunwald, Armin (Hg.) (2013): Handbuch Technikethik, Stuttgart 2013.

Grunwald, Armin (2008): Auf dem Weg in eine nanotechnologische Zukunft. Philosophisch-ethische Fragen, Freiburg i. Br. 2008.

Gubo, Michael/Kypta, Martin/Öchsner, Florian (Hg.) (2011): Kritische Perspektiven. »Turns«, Trends und Theorien, Berlin u.a. 2011.

Gugutzer, Robert (2013): Soziologie des Körpers, Bielefeld 2013.

Gugutzer, Robert (Hg.) (2006): body turn. Perspektiven der Soziologie des Körpers und des Sports, Bielefeld 2006.

Gülzow, Matthias (2015): Das Evangelium und die digitale Welt. Was wir aus der Geschichte für die Zukunft der Medien lernen können, Hannover 2015.

Gustafsson, Lars (1991): Nachmittag eines Fließenlegers. Roman. Aus dem Schwedischen von Verena Reichel, München 1991.

Gutmann, Hans-Martin (2015): Evangelisch leben zwischen Religion, Politik und populärer Kultur, Berlin 2015.

Gutmann, Hans-Martin (2013): »Irgendwas ist immer«. Durchs Leben kommen. Sprüche und Kleinrituale – die Alltagsreligion der Leute, Berlin 2013.

Gutmann, Hans-Martin (1991): Über Liebe und Herrschaft. Luthers Verständnis von Intimität und Autorität im Kontext des Zivilisationsprozesses, Göttinger Theologische Arbeiten 47, Göttingen 1991.

Guyotat, Pierre (2015): Eden Eden Eden. Aus dem Französischen von Holger Fock, Zürich 2015.

Haas, Daniela (2013): Das Phänomen Scham. Impulse für einen lebensförderlichen Umgang mit Scham im Kontext von Schule und Unterricht, Stuttgart 2013.

Haberer, Johanna (2015): Digitale Theologie. GOTT und die Medienrevolution der Gegenwart, München 2015.

Haberer, Johanna (2014a): Medienethik und die Rolle der christlichen Publizistik in der heutigen Medienlandschaft, in: Zeitschrift für Evangelische Ethik 58 (2014), 261-272.

Haberer Johanna (2014b): Anti-Kontaminierung. Grundlinien einer Medienethik im Zeitalter der Netz-Bedingungen, in: Hörisch, Jochen/Kammann, Uwe (Hg.): Organisierte Phantasie. Medienwelten im 21. Jahrhundert – 30 Positionen, Paderborn 2014, 257-265.

Haberer, Johanna (2013): Regeln fürs globale Dorf, in: Eumann, Marc u.a. (Hg.): Medien, Netz und Öffentlichkeiten, Essen 2013, 431-440.

Haberer, Johanna (2002): (Art.) Medienethik, in: RGG^{4} 5 (2002), 959.

Haberer, Johanna/Rosenstock, Roland (2010): Theologische Perspektiven, in: Schicha, Christian/Brosda, Carsten (Hg.): Handbuch Medienethik, Wiesbaden 2010, 107-123.

Haberer, Johanna/Rosenstock, Roland (2005): Medium der Selbstverantwortung. Jugendschutz und Ethik im Internet, epd-medien 51/2005, 3-8.

Habermas, Jürgen (2012): Eine Hypothese zum gattungsgeschichtlichen Sinn des Ritus, in: Ders.: Nachmetaphysisches Denken II, Frankfurt am Main 2012, 95.

Habermas, Jürgen (2002): Die Zukunft der menschlichen Natur. Auf dem Weg zu einer liberalen Eugenik?, Frankfurt am Main 2002.

Habermas, Jürgen (1995): Theorie des kommunikativen Handelns. Zur Kritik der funktionalistischen Vernunft, 2. Bd., Frankfurt am Main 1995.

Habermas, Jürgen (1994): Faktizität und Geltung. Beiträge zur Diskurstheorie des Rechts und des demokratischen Rechtsstaats, Frankfurt am Main 1994.

Habermas, Jürgen (1991): Erläuterungen zur Diskursethik, Frankfurt am Main 1991.

Haecker, Theodor (1959): Was ist der Mensch?, Frankfurt am Main 1959.

Haese, Bernd-Michael (2007): Internet – Medienentwicklung/Bedingungen religiöser Kommunikation/virtuelle Gemeinschaft/Kirchliche Internetpraxis, in: Gräb, Wilhelm/Weyel, Birgit (Hg.): Handbuch Praktische Theologie, Gütersloh 2007, 310-321.

Haese, Bernd-Michael (2006): Hinter den Spiegeln. Kirche im virtuellen Zeitalter des Internet, Stuttgart 2006.

Hagencord, Rainer (2008): Gott und die Tiere. Ein Perspektivenwechsel, Kevelaer 2008.

Hailer, Martin (2014): Urteilen lernen durch Habitus-Erwerb? Vorüberlegungen zu einer evangelischen Tugendethik, in: Schoberth, Ingrid (Hg.): Urteilen lernen II. Ästhetische, politische und eschatologische Perspektiven moralischer Urteilsbildung im interdisziplinären Diskurs, Göttingen 2014, 69-87.

Halter, Hans (2005): Der tierethische Speziezismus-Vorwurf und die christliche Ethik, in: Wils, Jean-Pierre/Zahner, Michael (Hg.): Theologische Ethik zwischen Tradition und Modernitätsanspruch. Festschrift für Adrian Holderegger zum sechszigsten Geburtstag, Freiburg i. Br./Wien 2005, 229-242.

Hampe, Michael (2014): Die Lehren der Philosophie. Eine Kritik, Berlin 2014.

Han, Byung-Chul (2015): Die Errettung des Schönen, Frankfurt am Main 2015.

Han, Byung-Chul (2014a): Psychopolitik. Neoliberalismus und die neuen Machttechniken, Frankfurt am Main 2014.

Han, Byung-Chul (2014b): Duft der Zeit. Ein philosophischer Essay zur Kunst des Verweilens, Bielefeld 2014.

Han, Byung-Chul (2013a): Müdigkeitsgesellschaft, Berlin 2013.

Han, Byung-Chul (2013b): Im Schwarm. Ansichten des Digitalen, Berlin 2013.

Han, Byung-Chul (2012a): Transparenzgesellschaft, Berlin 2012.

Han, Byung-Chul (2012b): Agonie des Eros, Berlin 2012.

Han, Byung-Chul (2011): Topologie der Gewalt, Berlin 2011.

Han, Byung-Chul (2010): Müdigkeitsgesellschaft, Berlin 2010.

Han, Byung-Chul (2005): Was ist Macht?, Leipzig 2005.

Händler, Ernst-Wilhelm (2013): Der Überlebende. Roman, Frankfurt am Main 2013.

Händler, Ernst-Wilhelm (2012): Das Wissen der Ökonomie. Theorie und Praxis, Formen und Grenzen, in: Merkur 66 (2012) 2, 89-101.

Händler, Ernst-Wilhelm (2011): Wenn wir sterben. Roman, Frankfurt am Main 2011.

Handke, Peter (2015): Tage und Werke. Begleitschreiben, Berlin 2015.

Handke, Peter (2012): Versuch über den stillen Ort, Berlin 2012.

Hank, Rainer (2012): Die Pleiterepublik. Wie der Schuldenstaat uns entmündigt und wie wir uns befreien können, München 2012.

Haraway, Donna J. (2008): When Species Meet, Posthumanities Vol. 3, Minneapolis 2008.

Harbeck-Pingel, Bernd/Roth, Michael (Hg.) (2012): Emotionen und Verhalten in theologischer und philosophischer Perspektive, Theologie, Kultur, Hermeneutik Bd. 15, Leipzig 2012, 95-106.

Härle, Wilfried (2013): Warum Gott? Für Menschen, die mehr wissen wollen, Leipzig 2013.

Härle, Wilfried (2011): Ethik: Berlin/New York 2011.

Härle, Wilfried (2001): Sozialethik in der Mediengesellschaft, in: Drägert, Christian/Schneider, Nikolaus (Hg.): Medienethik. Freiheit und Verantwortung. Festschrift zum 65. Geburtstag von Manfred Kock, Christliche Publizistik Band 1, Stuttgart/Zürich 2001, 419-435.

Härle, Wilfried (2000): Dogmatik, Berlin/New York 2000.

Harrasser, Karin (2013): Körper 2.0. Über die technische Erweiterbarkeit des Menschen, Bielefeld 2013.

Harraway, Donna (1995): Die Neuerfindung der Natur. Primaten, Cyborgs und Frauen, Frankfurt am Main/New York 1995.

Hartenstein, Friedhelm (2015): Die Theologie der Gefühle JHWHs. Zu den Anthropopathismen alttestamentlicher Gottesbilder, in: Barth, Roderich/Zarnow, Christopher (Hg.): Theologie der Gefühle, Berlin/Boston 2015, 225-238.

Hartmann, Martin (2005): Gefühle. Wie die Wissenschaften sie erklären, Frankfurt am Main/New York 2005.

Hauerwas, Stanley (1995): Selig sind die Friedfertigen. Ein Entwurf christlicher Ethik. Evangelium und Ethik, Bd. 4. Aus dem amerikanischen Englisch von Guy Marcel Cliqué, Neukirchen-Vluyn 1995.

Hauschildt, Eberhard/Schmidt, Jochen (Hg.) (2015): Theologie des Psalters, Leipzig 2015.

Hauschildt, Eberhard (1993): Was ist ein Ritual? Versuch einer Definition und Typologie in konstruktivem Anschluss an die Theorie des Alltags, in: Wege zum Menschen 45 (1993), 24-35.

Hauskeller, Michael (Hg.) (2006): Ethik des Lebens. Albert Schweitzer als Philosoph, Zug 2006.

Hauskeller, Michael (2002): The Relation between Ethics and Aesthetics in Connection with Moral Judgements about Gene Technology, in: Heaf, David/Wirz, Joahnnes (Hg.): Genetic Engineering and the Intrinsic Value and Integrity of Animals and Plants. Proceedings of a Workshop at the Royal Botanic Garden, Edinburgh 2002, 99-102.

Hauskeller, Michael (2001): Versuch über die Grundlagen der Moral, München 2001.

Heesch, Matthias (2005): Ehe und Familie; Protestantismus, in: Klöcker, Michael/Tworuschka, Udo (Hg.): Ethik der Weltreligionen. Ein Handbuch, Darmstadt 2005, 70-72.

Heidegger, Martin (1997): Der Satz vom Grund, Gesamtausgabe Bd. I/10, hg. von P. Jaeger, Frankfurt am Main 1997.

Heidegger, Martin (1962): Die Technik und die Kehre, Tübingen 1962.

Heidegger, Martin (1954): Vorträge und Aufsätze, Pfullingen 1954.

Heidenreich, Felix (2013): Die tückischen Zauberkräfte des Geldes. Kulturphilosophische Analysen aus gegebenem Anlass, in: Philosophische Rundschau 60 (2013), 35-51.

Heinen, René (2009): Eigeninteresse, Integrität, Gerechtigkeit? Der Neuentwurf der Fairness-Konzeption bei John Rawls und seine Aktualität für die Wirtschaftsethik, in: Zeitschrift für Evangelische Ethik 53 (2009), 133-143.

Hentschel, Linda (2011): Schämt Euch!, in: Kunst und Kirche 04/2011, 5-9.

Herbrik, Regine/Knoblauch, Hubert (2014): Die Emotionalisierung der Religion, in: Gebauer, Gunter/Edler, Markus (Hg.): Sprachen der Emotion. Kultur, Kunst, Gesellschaft, Frankfurt am Main 2014, 192-210.

Herleyn, Otto (2012): Neue ›herrenlose Gewalten‹?, in: Englert, Rudolf/Kohler-Spiegel, Helga/Naurath, Elisabeth/Schröder, Bernd/Schweitzer, Friedrich (Hg.): Gott googeln? Multimedia und Religion – Jahrbuch der Religionspädagogik Bd. 28, Neukirchen-Vluyn 2012, 23-26.

Hermisson, Hans-Jürgen (2003): Prophetie und Weisheit, in: Clines, David J.A./Lichtenberger, Hermann/Müller, Hans-Peter (Hg.): Weisheit in Israel. Beiträge des Symposiums »Das Alte Testament und die Kultur der Moderne« anlässlich des 100. Geburtstags Gerhard von Rads (1901-1971), Heidelberg, 18.-21. Oktober 2001, atm 12, Berlin u.a. 2003, 129-144.

Herms, Eilert (2010): Das theologische Menschenbild in der Ökonomie, in: Manzeschke, Arne (Hg.): Sei ökonomisch! Prägende Menschenbilder zwischen Modellbildung und Wirkmächtigkeit, Münster 2010, 1-16.

Herms, Eilert (2008a): Theologische Wirtschaftsethik. Das Problem ihrer bibeltheologischen Begründung und ihres spezifischen Beitrags zum wirtschaftsethischen Diskurs, in: Ders. (Hg.): Die Wirtschaft des Menschen, Tübingen 2008, 133-162.

Herms, Eilert (2008b): Theologische Ethik und Rechtsbegründung, in: Ders.: Politik und Recht im Pluralismus, Tübingen 2008, 285-312.

Herms, Eilert (2006): Äußere und innere Klarheit des Wortes Gottes bei Paulus, Luther und Schleiermacher, in: Ders. (Hg.): Phänomene des Glaubens, Tübingen 2006, 1-55.

Herms, Eilert (2005a): Menschenwürde, in: Girardet, Klaus M./Nortmann, Ulrich (Hg.): Menschenrechte und europäische Identität. Die antiken Grundlagen, Stuttgart 2005, 183-214.

Herms, Eilert (2005b): Technik V. Ethisch, in: RGG[4] 8 (2005), 110f.

Herms, Eilert (2005c): Technikethik, in: RGG[4] 8 (2005), 111f.

Herms, Eilert (2004): Die Wirtschaft des Menschen. Beiträge zur Wirtschaftsethik, in: Ders.: Theologische Wirtschaftsethik. Das Problem ihrer bibeltheologischen Begründung und ihres spezifischen Beitrags zum wirtschaftlichen Diskurs, Tübingen 2004,133-162.

Herms, Eilert (1999a): Liebe, Sexualität, Ehe. Unerledigte Themen der Theologie und der christlichen Kultur, in: Zeitschrift für Theologie und Kirche 96 (1999), 94-135.

Herms, Eilert (1999b): Pluralismus aus Prinzip, in: Bookhagen, Rainer/Frickel, Heinrich (Hg.): Vor Ort. Praktische Theologie in der Erprobung. FS für Peter C. Bloth, Nürnberg 1991, 77-95.

Herms, Eilert (1993): Der Körper als Symbol, in: Ders. (Hg.): Sport. Partner der Kirche und Thema der Theologie, Hannover 1993, 13-24.

Herms, Eilert (1992): Virtue. A Neglected Concept in Protestant Ethics, in: Ders. (Hg.): Offenbarung und Glaube. Zur Bildung des christlichen Lebens, Tübingen 1992, 124-137.

Herms, Eilert (1991): Gewalt und Recht in theologischer Sicht, in: Ders.: Gesellschaft gestalten. Beiträge zur evangelischen Sozialethik, Tübingen 1991, 125-145.

Herrmann, Christian (2010): Tugend als doxologische Existenzweise. Beobachtungen zur Begründung von Ethik bei Jonathan Edwards, in: Jahrbuch für evangelikale Theologie 24 (2010), 31-151.

Herrmann, Friederike (2003): Ein neuer Begriff des Privaten – Scham als medienethische Kategorie, in: Debatin, Bernhard/Funiok, Rüdiger (Hg.): Kommunikations- und Medienethik, Konstanz 2003, 143-156.

Herrmann, Jörg (2014): Gefühl und Religion. Zum Diskussionstand eines zu wenig beachteten Zusammenhangs, in: Wort und Antwort 55 (2014), 5-10.

Herrmann, Jörg (2000): Erlösung durch Kommunikationstechnologie? Die Herausforderung des Internets für Theologie und Religionspädagogik, in: Klie, Thomas (Hg.): Darstellung und Wahrnehmung – Religion im medialen Crossover, Münster 2000, 77-95.

Herrndorf, Wolfgang (2015): Scham & Ekel GmbH, in: Gesamtausgabe Band 1, Berlin 2015, 382.

Heyden, Katharina (2003): Die Sünde Kains. Exegetische Beobachtungen zu Gen 4,1-16, in: Biblische Notizen 118 (2003), 85-109.

Hilgers, Micha (1996): Scham. Gesichter eines Affekts, Göttingen 1996.

Hillebrandt, Claudia (2011): Das emotionale Wirkungspotenzial von Erzähltexten. Mit Fallstudien zu Kafka, Perutz und Werfel, Berlin 2011.

Hoffmann, Veronika (2013): Skizzen zu einer Theologie der Gabe. Rechtfertigung – Opfer – Eucharestie – Gottes- und Nächstenliebe, Freiburg i. Br. 2013.

Hofheinz, Marco (2011): Einleitung. Wie kommt die Bibel in die Ethik? – Wie kommt die Ethik in die Bibel?, in: Ders./Mathwig, Frank/Zeindler, Matthias (Hg.): Wie kommt die Bibel in die Ethik? Beiträge zu einer Grundfrage theologischer Ethik, Zürich 2011, 9-22.

Hofheinz, Marco (2008): Gezeugt, nicht gemacht. In-vitro-Fertilisation in theologischer Perspektive, Wien/Berlin 2008.

Hofman, Zilla (2009): Nicht bloß ein König des Kitsches: Jeff Koons. Gekürzte und übersetzte Fassung von Jonathan Jones: Jeff Koons. Not just the king of kitsch, The Guardian 30. June 2009, www.freitag.de 02. Juli 2009, https://www.freitag.de/autoren/the-guardian/nicht-bloss-ein-konig-des-kitschs.

Hofstetter, Yvonne (2014): Sie wissen alles: Wie intelligente Maschinen in unser Leben eindringen und warum wir für unsere Freiheit kämpfen müssen, München 2014.

Hogarth, William (2002): Analyse der Schönheit. Aus dem Englischen von Jörg Heiniger, Hamburg 2002.

Homann, Karl/Suchanek, Andreas (2005): Ökonomik. Eine Einführung, Tübingen 2005.

Homann, Karl/Blome-Drees, Franz (1992): Wirtschafts- und Unternehmensethik, Göttingen 1992.

Honecker, Martin (2013): Evangelische Ethik im Wandel, in: Theologische Rundschau 78 (2013), 237-252.

Honecker, Martin (2010): Evangelische Ethik als Ethik der Unterscheidung. Mit einer Gesamtbibliographie von Martin Honecker, Ethik im Theologischen Diskurs Band 20, Berlin 2010.

Honecker, Martin (1995): Grundriß der Sozialethik, Berlin/New York 1995.

Honecker, Martin (1990): Folgen der Technik, in: Zeitschrift für Theologie und Kirche 87 (1990), 471-486.

Honecker, Martin (1985): Ethik und Technik, in: Theologische Rundschau 50 (1985), 196-201.

Honecker, Martin (1980): Vernunft, Gewissen, Glaube. Das spezifisch Christliche im Horizont der Ethik, in: Zeitschrift für Theologie und Kirche 77 (1980), 339.

Honneth, Axel (2010): Das Ich im Wir. Studien zur Anerkennungstheorie, Berlin 2010.

Honneth, Axel (1985): Die verletzte Ehre – zur Alltagsform moralischer Erfahrungen, in: Lüdke, Martin/Schmidt, Delf (Hg.): Literatur, Macht, Moral. Essays – Gespräche – Porträts. Erzählungen – Gedichte – Prosa. Reinbek bei Hamburg 1985, 84–90.

Hörisch, Jochen (2014): Massenhafte Individuen. Medienanalyse(n) in Daniel Kehlmanns Roman ›Ruhm‹, in: Ders./Kammann, Uwe (Hg.): Organisierte Phantasie. Medienwelten im 21. Jahrhundert – 30 Positionen, Paderborn 2014, 109-118.

Hörisch, Jochen (2013): Man muss dran glauben. Die Theologie der Märkte, München 2013.

Hörisch, Jochen (2001): Der Sinn und die Sinne. Eine Geschichte der Medien, Frankfurt am Main 2001.

Hörisch, Jochen (1999): Ende der Vorstellung. Die Poesie der Medien, Frankfurt am Main 1999.

Hörisch, Jochen (1996): Kopf oder Zahl. Die Poesie des Geldes, Frankfurt am Main 1996.

Hörisch, Jochen(1992): Brot und Wein. Die Poesie des Abendmahls, Frankfurt am Main 1992.

Horn, Friedrich W. (1992): Wandel im Geist. Zur pneumatologischen Begründung der Ethik bei Paulus, in: Kerygma und Dogma 38 (1992), 149-170.

Houellebecq, Michel (2012): Karte und Gebiet. Roman. Aus dem Französischen von Uli Wittmann, Köln 2012.

Huber, Markus (2013): Ausblick auf unser Leben als Cyborgs. Google Glass ist nur ein Anfang – aber wovon? Jenseits apokalyptischer Schreckensszenarien sinnt Karin Harrasser über technische Erweiterungen des Menschen nach, in: FAZ 23. Oktober 2013, 30.

Huber, Wolfgang (2015a): Rechtsethik, in: Ders./Meireis, Torsten/Reuter, Hans-Richard (Hg.): Handbuch der Evangelischen Ethik, München 2015, 125-193.

Huber, Wolfgang (2015b): Assistierter Suizid als Thema öffentlicher Ethik, in: Zeitschrift für Evangelische Ethik 59 (2015), 83-87.

Huber, Wolfgang (2013): Ethik. Die Grundfragen unseres Lebens. Von der Geburt bis zum Tod, München 2013.

Huber, Wolfgang (2005): Rückkehr zur Lehre vom gerechten Krieg? Aktuelle Entwicklungen in der evangelischen Friedensethik, in: Zeitschrift für Evangelische Ethik 49 (2005), 113-128.

Huber, Wolfgang (1996): Gerechtigkeit und Recht. Grundlinien christlicher Rechtsethik, Gütersloh 1996.

Huber, Wolfgang (1990a): Konflikt und Konsens. Studien zur Ethik der Verantwortung, München 1990.

Huber, Wolfgang/Reuter, Hans-Richard (1990b): Friedensethik, Stuttgart/Berlin/Köln 1990.

Hübner, Jörg (2012a): Kann man die Wirkung des ›heißen Geldes‹ eindämmen? Zur Besteuerung von Finanztransaktionen. Entwicklungslinien, Perspektiven und sozialethische Implikationen, in: Zeitschrift für Evangelische Ethik 56 (2012), 187-196.

Hübner, Jörg (2012b): Protestantische Wirtschaftsethik und Soziale Marktwirtschaft. Verbindungslinien und Zusammenhänge zwischen 1937 und 1954, in: Zeitschrift für Theologie und Kirche 109 (2012), 235-269.

Hübner, Jörg (2009): »Macht euch Freunde mit dem ungerechten Mammon!« Grundsatzüberlegungen zu einer Ethik der Finanzmärkte, Stuttgart 2009.

Hueck, Nikolaus (2005): Mediengebrauch. Protestantismus, in: Klöcker, Michael/Tworuschka, Udo (Hg.): Ethik der Weltreligionen. Ein Handbuch, Darmstadt 2005, 200-203.

Huizing, Klaas (2018): Zu Dritt. Ein Karl Barth Roman, erscheint 2018.

Huizing, Klaas (2016): Deus et homo medialis. Serviert auf dem Tablet, in: Nord, Ilona/Zipernovsky, Hanna (Hg.): Religionspädagogik in einer mediatisierten Welt, Stuttgart 2016. Im Druck.

Huizing, Klaas (2015a): Ästhetische Theologie, 3 Bde in einem Band, Gütersloh 2015.

Huizing, Klaas (2015b): Viel Lob, viel Ehr. Karte und Gebiet einer doxologischen Ethik, in: Volp, Ulrich/Horn, Friedrich W./Zimmermann, Ruben (Hg.): Metapher – Narratio – Mimesis

– Doxologie. Begründungsformen frühchristlicher und antiker Ethik, Kontexte und Normen neutestamentlicher Ethik/Contexts and Norms of New Testament Ethics Band VII, Tübingen 2016, 295-338.

Huizing, Klaas (2014a): Bruderland. Roman, Saarbrücken 2014.

Huizing, Klaas (2014b): Die Weisheit als Kanon-Hermeneutin. Über die Lektoralisierung religiöser Erfahrung, in: Landmesser, Christof/ Klein, Andreas (Hg.): Normative Erinnerung. Der biblische Kanon zwischen Tradition und Konstruktion, Leipzig 2014, 101- 129.

Huizing, Klaas (2013a): Clap your fat. Ein Nachruf auf die Gesundheitsstreber, in: Ders./Brummer, Arnd (Hg.): Hauptsache gesund! Wider den Wellnesswahn, Frankfurt am Main 2013, 62-103.

Huizing, Klaas (2013b): Shame on you. Scham als Grundbegriff einer protestantischen Ethik, in: Zeitschrift für Evangelische Ethik 57 (2013), 89-101.

Huizing, Klaas (2012a): Eva, Adam und der David-Clan. Scham, Schuld und Verbrechen in der Bibel, Frankfurt am Main 2012.

Huizing, Klaas (2012b): Die Wollust der Kunst und die Liebkosung der Religion? Eine Erkundung, in: Erne, Thomas/Schütz, Peter (Hg.): Der religiöse Charme der Kunst, Paderborn/München/Wien/Zürich 2012, 236-253.

Huizing, Klaas (2012c): Ezechiel – Prophetie als Gesamtkunstwerk. Eine Antwort auf Gottes Medienkrise, in: Dressler, Bernhard/Schroeter-Wittke, Harald (Hg.): Religionspädagogischer Kommentar zur Bibel, Leipzig 2012, 233-242.

Huizing, Klaas (2012d): Jeff Koons covert die Bibel. Ist Kitsch heute theologisch satisfaktionsfähig?, in: Herder Korrespondenz Spezial 1/2012, 42-45.

Huizing, Klaas (2011a): Die Würde der Verwundbarkeit. Eine Theologie des Unperfekten, in: Wege zum Menschen 63 (2011), 370-383.

Huizing, Klaas (2011b): Gier! Versuch einer Aushöhlung, in: Neue Zeitschrift für Systematische Theologie 53 (2011), 251-264.

Huizing, Klaas (2010): Johannes Calvin – und was vom Reformator übrig bleibt, Frankfurt am Main 2010.

Huizing, Klaas (2009): Fürchte dich nicht. Die Kunst der Entängstigung, Frankfurt am Main 2009.

Huizing, Klaas (2007): Handfestes Christentum. Eine kleine Kunstgeschichte christlicher Gesten, Gütersloh 2007.

Huizing, Klaas (2003): Live übertragen. Die Metapherndebatte geht in die nächste Runde, in: Frey, Jörg/Rohls, Jan/Zimmermann, Ruben (Hg.): Metaphorik und Christologie, Berlin/New York 2003, 383-397.

Huizing, Klaas (1996): Homo legens. Vom Ursprung der Theologie im Lesen, Berlin/New York 1996.

Huizing, Klaas (1988): Das Sein und der Andere. Levinas' Auseinandersetzung mit Heidegger, Königstein 1988.

Huizinga, Johan (2004): Homo ludens. Vom Ursprung der Kultur im Spiel. Übersetzt von H. Nachod, Reinbek bei Hamburg 2004.

Hurth, Elisabeth (2012): Von der ›Entmachtung Gottes‹ zur ›Allmacht‹ der Medien. Die Googleisierung der Welt, in: Trierer Theologische Zeitschrift 121 (2012), 240-259.

Illouz, Eva (2016): Warum Liebe weh tut. Eine soziologische Erklärung. Aus dem Englischen von Michael Adrian, Berlin 2016.

Illouz, Eva (2013): Die neue Liebesordnung. Frauen, Männer und Shades of Grey. Aus dem Englischen von Michael Adrian, Berlin 2013.

Illouz, Eva (2007): Gefühle in Zeiten des Kapitalismus. Frankfurter Adorno-Vorlesungen 2004. Aus dem Englischen von Martin Hartmann, Frankfurt am Main 2007.

Immenschuh, Ursula/Marks, Stephan (2014): Scham und Würde in der Pflege. Ein Ratgeber, Frankfurt am Main 2014.

Inselmann, Anke (2012): Die Freude im Lukasevangelium. Ein Beitrag zur psychologischen Exegese, Wissenschaftliche Untersuchungen zum Neuen Testament II/322, Tübingen 2012.

Irving, John (2012): In einer Person. Roman. Aus dem Amerikanischen von Hans M. Herzog und Astrid Arz, Zürich 2012.

Jacobs, Arthur M. (2014): Affektive und ästhetische Prozesse beim Lesen. Anfänge einer neurokognitiven Poetik, in: Gebauer, Gunter/Edler, Markus (Hg.): Sprachen der Emotion. Kultur, Kunst, Gesellschaft, Frankfurt am Main 2014, 134-154.

Jacobs, Arnold J. (2013): saufit. Von einem, der auszog, nie wieder krank zu werden. Aus dem Amerikanischen von Susanne Reinker, Berlin 2013.

Jacoby, Mario (1997): Scham-Angst und Selbstwertgefühl, in: Kühn, Rolf (Hg.): Scham ein menschliches Gefühl, Wiesbaden 1997, 159-168.

Jacoby, Mario (1993): Zur Psychotherapie von Selbstwertproblematik und Schamanfälligkeit, in: Ders.: Scham-Angst und Selbstwertgefühl. Ihre Bedeutung in der Psychotherapie, Zürich/Düsseldorf 1993.

Jacquet, Jennifer (2015): Scham. Die politische Kraft eines unterschätzten Gefühls. Aus dem Amerikanschen von Jürgen Neubauer, Frankfurt am Main 2015.

Jaeger, Werner (1989): Paideia. Die Formung des griechischen Menschen, 2. ungekürzter photomechanischer Nachdruck in einem Band, Berlin/New York 1989.

Jähnichen, Traugott (2015): Wirtschaftsethik, in: Wolfgang, Huber/Meireis, Torsten/Reuter, Hans-Richard u.a. (Hg.): Handbuch der Evangelischen Ethik, München 2015, 385-386.

Jähnichen, Traugott (2010): Die Ethik Calvins und der »Geist des Kapitalismus«. Zur Wirtschaftsethik des Genfer Reformators, in: Ders./Kuhn, Thomas K./Lohmann, Arno (Hg.): Calvin entdecken. Wirkungsgeschichte – Theologie – Sozialethik, Münster 2010, 163-176

Jähnichen, Traugott (2008): Wirtschaftsethik. Konstellationen – Verantwortungsebenen – Handlungsfelder, Stuttgart 2008.

Janowski, Bernd (2013): Ein Gott, der straft und tötet? Zwölf Fragen zum Gottesbild des Alten Testaments, Neukirchen-Vluyn 2013.

Janowski, Bernd/Bester, Dörte (2009a): Anthropologie des Alten Testaments, in: Janowski, Bernd/Liess, Kathrin (Hg.): Der Mensch im Alten Israel. Neuere Forschungen zur alttestamentlichen Anthropologie, Freiburg i. Br. 2009, 3-40.

Janowski, Bernd (2009b): »Heile mich, denn ich habe an dir gesündigt!« Ps 41,5. Zum Konzept von Krankheit und Heilung im Alten Testament, in: Karle, Isolde/Thomas, Günter (Hg.): Krankheitsdeutung in der postsäkularen Gesellschaft. Theologische Ansätze im interdisziplinären Gespräch, Stuttgart 2009, 290-306.

Janowski, Bernd (2003): Konfliktgespräche mit Gott. Eine Anthropologie der Psalmen, Neukirchen-Vluyn 2003.

Janowski, Bernd (2001): Die Toten loben JHWH nicht. Psalm 88 und das alttestamentliche Todesverständnis, in: Avemarie, Friedrich/Lichtenberger, Hermann (Hg.) Auferstehung – Resurrection, Tübingen 2001, 3-46.

Janowski, Bernd (Hg.) (1996): Weisheit außerhalb der kanonischen Weisheitsschriften, Gütersloh 1996.

Janowski, Bernd (1993): Auch die Tiere gehören zum Gottesbund. Zur Einführung, in: Ders. u.a. (Hg): Gefährten und Feinde des Menschen. Das Tier in der Lebenswelt des alten Israel, Neukirchen-Vluyn 1993, 1-19.

Jaspers, Karl (1955): Vom Ursprung und Ziel der Geschichte, Frankfurt am Main 1955.

Jessen, Jens (2014): Der neue Mensch. Befreit von allen Fesseln der Natur: Ein Jahresrückblick auf die Debatten um Social Freezing, Gendertheorie und Sterbehilfe, in: DIE ZEIT, 17. Dezember 2014.

Jewett, Robert (1999): Saint Paul Returns to the Movies. Triumph over Shame, Michigan/Cambridge 1999

Joas, Hans (2011): Die Sakralität der Person. Eine neue Genealogie der Menschenrechte, Berlin 2011.

Joas, Hans (2012): Glaube als Option: Zukunftsmöglichkeiten des Christentums, Freiburg i. Br. 2012.

John, Ottmar (2002): Zur Logik des Monotheismus. Verteidigung des Monotheismus gegen den Vorwurf einer inhärenten Gewalttätigkeit, in: Jahrbuch politische Theologie 4 (2002), 154-159.

Jonas, Hans (1979): Das Prinzip Verantwortung. Versuch einer Ethik für die technologische Zivilisation, Frankfurt am Main 1979.

Jonas, Hans (1985): Technik, Medizin und Ethik. Zur Praxis des Prinzips Verantwortung, Frankfurt am Main 1985.

Jörns, Klaus Peter (2004): Notwendige Abschiede. Auf dem Weg zu einem glaubwürdigen Christentum, Gütersloh 2004.

Jung, Matthias (2014): Gewöhnliche Erfahrung, Tübingen 2014.

Jüngel, Eberhard (1997): Gewinn im Himmel und auf Erden. Theologische Bemerkungen zum Streben nach Gewinn, in: Zeitschrift für Theologie und Kirche 94 (1997), 532-552.

Kallhoff, Angela/Siep, Ludwig (2003): Tierethik, in: Düwell, Marcus/Steigleder, Klaus (Hg.): Bioethik. Eine Einführung, Frankfurt am Main 2003, 13-21.

Kallhoff, Angela (2002): Prinzipien der Pflanzenethik. Die Bewertung pflanzlichen Lebens in Biologie und Philosophie, Frankfurt am Main/New York 2002.

Kang, Han (2016): Die Vegetarierin. Roman. Aus dem Koreanischen von Ki-Hyang Lee, Berlin 2016.

Kant, Immanuel (1907): Die Metaphysik der Sitten. Kants gesammelte Schriften Abt. 1, Bd. 6, hg. von der Preußischen Akademie der Wissenschaften, Berlin 1907.

Karle, Isolde (2014a): Liebe in der Moderne. Körperlichkeit, Sexualität und Ehe, Gütersloh 2014.

Karle, Isolde (2014b): Tiefe Adressierung. Körperlichkeit zwischen Verdrängung und Aufwertung, in: Zeitschrift für Evangelische Ethik 58 (2014), 179-189.

Karle, Isolde (2014c): Die Ehe als Institution – für Hetero- und Homosexuelle. Überlegungen zur Diskussion über die EKD-Orientierungshilfe, in: Evangelische Theologie 74 (2014), 193-202.

Karle, Isolde (2012): Sexualität in der Moderne. Gendertheoretische und sozialethische Perspektiven, in: Zeitschrift für Evangelische Ethik 56 (2012), 265-278.

Karle, Isolde (2006): »Da ist nicht mehr Mann noch Frau ...«. Theologie jenseits der Geschlechterdifferenz, Gütersloh 2006.

Käßmann, Margot (2001): Möglichkeiten und Unmöglichkeiten der Medien, in: Drägert, Christian/Schneider, Nikolaus (Hg.): Medienethik. Freiheit und Verantwortung. Festschrift zum 65. Geburtstag von Manfred Kock. Christliche Publizistik Band 1, Stuttgart/Zürich 2001, 99-106.

Kaufmann, Thomas (2009): Geschichte der Reformation, Frankfurt am Main/Leipzig 2009.

Kazen, Thomas (2011): Moralische Emotionen in der Jesusüberlieferung. Ein psycho-biologischer Beitrag zum Verhältnis von Selbsterhaltung und Nächstenorientierung, in: Evangelische Theologie 71 (2011), 288-306.

Keel, Othmar (2004): Monotheismus – ein göttlicher Makel? Über eine allzu bequeme Anklage, in: Neue Züricher Zeitung, Nr. 254, 30./31. Oktober 2004.

Keel, Othmar (1993): Allgegenwärtige Tiere. Einige Weisen ihrer Wahrnehmung in der hebräischen Bibel, in: Janowski, Bernd/Neumann-Gorsolke, Ute/Glessmer, Uwe (Hg.): Gefährten und Feinde des Menschen. Das Tier in der Lebenswelt des alten Israel, Neukirchen-Vluyn 1993, 155-193.

Kehlmann, Daniel (2013): F. Roman, Reinbek bei Hamburg 2013.

Kehlmann, Daniel (2010): Ruhm. Ein Roman in neun Geschichten, Reinbek bei Hamburg 2010.

Kenny, Anthony (1963): Action, Emotion and Will, London 1963.

Keil, Siegfried/Haspel, Michael (Hg.) (2000): Gleichgeschlechtliche Lebensgemeinschaften in sozialethischer Perspektive. Beiträge zur rechtlichen Regelung pluraler Lebensformen, Neukirchen-Vluyn 2000.

Kierkegaard, Sören (1991): Der Begriff Angst. Eine schlichte psychologisch-andeutende Überlegung in Richtung auf das dogmatische Problem der Erbsünde. Übersetzt von Emanuel Hirsch. Gesammelte Werke 11./12. Abteilung, Gütersloh 1991.

Kilborne, Benjamin (2002): Disappearing Persons. Shame and Appearance, Albany 2002.

Kirchhoff, Bodo (2014): Was ist guter Sex, Herr Kirchhoff?, in: Die Literarische Welt, 20. Dezember 2014, 6.

Kirchhoff, Bodo (2012): Die Liebe in groben Zügen. Roman, Frankfurt am Main 2012.

Kirschbaum, Charlotte von (1949): Die wirkliche Frau, Zöllikon/Zürich 1949.

Kisch, Robert (2015): Möbelhaus. Ein Tatsachenroman, München 2015.

Klapheck, Elisa (2012): http://www.dradio.de/kultur/sendungen/thema/1649908.

Klessmann, Michael (2010): »Ich armer, elender, sündiger Mensch ...«. Das Christentum, die Schuld und die Scham – im Kontext der Gefängnisseelsorge, in: Greifenstein, Karin/Faber, Martin (Hg.): »Hinter dem Feigenblatt«: Schuld, Scham, Beschämung. Dokumentation der Jahrestagung der Evangelischen Konferenz für Gefängnisseelsorge in Deutschland vom 26. - 20. April in Waldfischbach-Burgalben, Hannover 2010, 16-31.

Klessmann, Michael (1995): Die Suche nach Sinn in der Krankheit. Säkulare und religiöse Deutungsmuster, in: Praktische Theologie 30 (1995), 158-169.

Klöcker, Michael/Tworuschka, Udo (Hg.) (2015): Ethik der Weltreligionen. Ein Handbuch, Darmstadt 2015.

Klopfenstein, Martin A. (1972): Scham und Schande nach dem Alten Testament. Eine begriffsgeschichtliche Untersuchung zu den hebräischen Wurzeln *bôš*, *klm* und *hpr*, Abhandlungen zur Theologie des Alten und Neuen Testaments 62, Zürich 1972.

Kluge, Alexander (2004): Chronik der Gefühle, Bd. 1: Basisgeschichten, Berlin 2004.

Klüssendorf, Angelika (2011): Das Mädchen. Roman, Köln 2011.

Knausgård, Karl Ove (2011): Sterben. Roman. Aus dem Norwegischen von Paul Berf, Roman, München 2011.

Knausgård, Karl Ove (2009): Alles hat seine Zeit. Roman. Aus dem Norwegischen von Paul Berf, München 2009.

Knecht, Doris (2012): Gruber geht. Roman, Reinbek bei Hamburg 2012.

Knoblauch, Hubert/Herbrik, Regine (2014): Die Emotionalisierung der Religion, in: Gebauer, Gunter/Edler, Markus (Hg.): Sprachen der Emotion. Kultur, Kunst, Gesellschaft, Frankfurt am Main 2014, 192-210.

Knoepffler, Nikolaus (2010): Angewandte Ethik, Stuttgart/Wien 2010.

Knoepffler, Nikolaus/Roser, Traugott: Gesundheit, Krankheit. Katholizismus/Protestantismus, in: Klöcker, Michael/Tworuschka, Udo (Hg.): Ethik der Weltreligionen. Ein Handbuch, Darmstadt 2005, 137-140.

Kofman, Sarah (1986): Melancholie der Kunst. Übersetzt von Birgit Wagner, Wien 1986.

Köhlmoos, Melanie (2003): Weisheit/Weisheitsliteratur, Altes Testament, in: TRE 35 (2003), 478-522.

König, Andrea (2006): Medienethik aus theologischer Perspektive. Medien und Protestantismus – Chancen, Risiken, Herausforderungen und Handlungskonzepte, Marburg 2006.

Koons, Jeff (1989): To be baptized in banality, Interview in: Performance Magazine 58-62 (1989), 86.

Kopjar, Karsten (2013): Kommunikation des Evangeliums für die Web-2.0-Generation. Virtuelle Realität als reale Virtualität, Münster 2013.

Kopjar, Karsten (2012): Kirche 2.0 – zwischen physischer, virtueller und geistlicher Gemeinschaft, in: Costanza, Christina/Ernst, Christina (Hg.): Personen im Web 2.0. Kommunikationswissenschaftliche, ethische und anthropologische Zugänge zu einer Theologie der Social Media, Göttingen 2012, 146-165.

Korsch, Dietrich (2016): Antwort auf Grundfragen christlichen Glaubens. Dogmatik als integrative Disziplin, Tübingen 2016.

Körtner, Ulrich H.J. (2015a): Bioethik nichtmenschlicher Lebensformen, in: Huber, Wolfgang/Meireis, Torsten/Reuter, Hans-Richard (Hg.): Handbuch der Evangelischen Ethik, München 2015, 634-637.

Körtner, Ulrich H.J. (2015b): Beihilfe zur Selbsttötung – eine Herausforderung für eine christliche Ethik, in: Zeitschrift für Evangelische Ethik 59 (2015), 89-103.

Körtner, Ulrich H.J. (2015c): Macht, in: Anselm, Reiner/Körtner, Ulrich H.J. (Hg.): Evangelische Ethik kompakt, Gütersloh 2015, 123-130.

Körtner, Ulrich H.J. (2015d): Mensch, in: Anselm, Reiner/Körtner, Ulrich H.J. (Hg.): Evangelische Ethik kompakt, Gütersloh 2015, 131-137.

Körtner, Ulrich H.J. (2015e): Ethik, Moral, in: Anselm, Reiner/Körtner, Ulrich H.J. (Hg.): Evangelische Ethik kompakt, Gütersloh 2015, 33-40.

Körtner, Ulrich H.J. (2013): Hauptsache gerecht. Wie die EKD Familie neu zu denken versucht, in: Zeitschrift für Evangelische Ethik 57 (2013), 243-248.

Körtner, Ulrich H.J. (2012): Evangelische Sozialethik. Grundlagen und Themenfelder, Stuttgart 2012.

Körtner, Ulrich H.J. (2011): Grundkurs Pflegeethik, Wien 2011.

Körtner, Ulrich H.J. (2010a): Leib und Leben. Bioethische Erkundungen zur Leiblichkeit des Menschen, Göttingen 2010.

Körtner, Ulrich H.J. (2010b): Muss Strafe sein? Menschenbild und Strafrecht aus theologischer Sicht, in: Zeitschrift für Evangelische Ethik 54 (2010), 105-120.

Körtner, Ulrich H.J. (2010c): God's Commandments and their Political Presence: Notes of a Tradition on the ›Ground‹ of Ethics, in: Studies in Christian Ethics 23 (2010), 42-58.

Körtner, Ulrich H.J. (2009): Spiritualität, Religion und Kultur – eine begriffliche Annäherung, in: Ders./Müller, Sigrid/Kletečka-Pulker, Maria/Inthorn, Julia (Hg.): Spiritualität, Religion und Kultur am Krankenbett, Wien/New York 2009, 1-17.

Körtner, Ulrich H.J. (2007): Ethik im Krankenhaus. Diakonie – Seelsorge – Medizin, Göttingen 2007.

Körtner, Ulrich H.J. (2006): Sündenvergebung und Schuldübernahme in der Seelsorge, in: Wege zum Menschen 58 (2006), 259-269.

Körtner, Ulrich H.J. (2001): Freiheit und Verantwortung. Studien zur Grundlegung theologischer Ethik, Freiburg i.d. Schweiz u.a. 2001, 84-100.

Körtner, Ulrich H.J. (1988): Ehrfurcht vor dem Leben – Verantwortung für das Leben. Bedeutung und Problematik der Ethik Albert Schweitzers, in: Zeitschrift für Theologie und Kirche 85 (1988), 329-348.

Kostka, Ulrike (2006): Krankheit und Heilung. Zum theologischen Verständnis von Gesundheit und Krankheit und zur therapeutischen Kompetenz der Theologie, in: Jahrbuch für christliche Sozialwissenschaften 47 (2006), 51-76.

Kostka, Ulrike (2000): Der Mensch in Krankheit, Heilung und Gesundheit im Spiegel der modernen Medizin. Eine biblische und theologisch-ethische Reflexion, Münster 2000.

Kracauer, Siegfried (1985): Theorie des Films. Die Errettung der äußeren Wirklichkeit, Frankfurt am Main 1985.

Krämer, Hans (1995): Integrative Ethik, Frankfurt am Main 1995.

Krebs, Angelika (2015): Zwischen Ich und Du. Eine dialogische Philosophie der Liebe, Berlin 2015.

Kreß, Hartmut (2015a): Suizid und Suizidhilfe unter dem Aspekt des Grundrechts auf Selbstbestimmung, in: Zeitschrift für Evangelische Ethik 59 (2015), 114-122.

Kreß, Hartmut (2015b): Schuld, in: Anselm, Reiner/Körtner, Ulrich H.J. (Hg.): Evangelische Ethik kompakt, Gütersloh 2015, 182-188.

Kreß, Hartmut (2013): Gleichgeschlechtliche Partnerschaften ohne und mit Kindern. Persönlichkeits- und Kinderrechte als Maßstab der Ethik – Probleme der Kirchen, in: Evangelische Theologie 73 (2013), 364-376.

Kreß, Hartmut (2012): Ethik der Rechtsordnung. Staat, Grundrechte und Religionen im Licht der Rechtsethik, Stuttgart 2012.

Kreß, Hartmut (2006): Das Ideal der Wahrhaftigkeit in der Ethik Albert Schweitzers, in: Hauskeller, Michael (Hg.): Ethik des Lebens. Albert Schweitzer als Philosoph, Zug/Schweiz 2006, 112-146.

Krimphove, Dieter (2012): Scham als Verhaltenssteuerung im Recht. Rechtstheoretische Aspekte eines Phänomens, in: Rechtstheorie 43 (2012), 19-115.

Krimphove, Dieter (2009): Gefühltes Recht, in: Rechtstheorie 40 (2009), 99-124.

Krispenz, Jutta (2004): Leben als Zeichen. Performancekunst als Deutungsmodell für prophetische Zeichenhandlungen im Alten Testament, in: Evangelische Theologie 64 (2004), 51-64.

Krotz, Friedrich (2007): Mediatisierung. Fallstudien zum Wandel von Kommunikation, Wiesbaden 2007.

Krüger, Thomas (2015): »Schäm dich (nicht)!« Anmerkungen zu Scham, Schande und Schuld in der Hebräischen Bibel, in: Hermeneutische Blätter 1/2 (2015), 86-109.

Krüger, Thomas (2003): Erkenntnisbindung im Weisheitsspruch. Überlegungen im Anschluss an Gerhard von Rad, in: Clines, David J.A./Lichtenberger, Hermann/Müller, Hans-Peter (Hg.): Weisheit in Israel. Beiträge des Symposiums »Das Alte Testament und die Kultur der Moderne« anlässlich des 100. Geburtstags Gerhard von Rads (1901-1971), Heidelberg, 18.-21. Oktober 2001, atm 12, Berlin u.a. 2003, 53-66.

Krüger, Thomas (1997): Kritische Weisheit. Studien zur weisheitlichen Traditionskritik im Alten Testament, Zürich 1997.

Kuhlmann, Helga (2006): Gott fühlen – Gott denken. Zum Gefühl der Frömmigkeit in der christlichen Religion, in: Evangelische Theologie 66 (2006), 124-141.

Kuhlmann, Helga (2004): Leib und Leben theologisch denken. Reflexionen zur theologischen Anthropologie, Münster 2004.

Kummer, Christian (2013): Pflanzenwürde. Zu einem Scheinargument in der Gen-Technik-Debatte, in: Stimmen der Zeit 138 (2013), 21-30.

Kundera, Milan (2001): Die Unwissenheit. Roman. Aus dem Französischen von Uli Aumiller. München 2001.

Kunzmann, Peter (2005): Können Tiere leiden? Zur Begründung einer Tierethik, in: Stimmen der Zeit 223 (2005), 90-102.

Kurzke, Hermann (2013): Georg Büchner: Geschichte eines Genies, München 2013.

Lämmermann, Godwin (2002): Wenn die Triebe Trauer tragen. Von der sexuellen Freiheit eines Christenmenschen, München 2002.

Lanchester, John (2012): Kapital. Roman. Aus dem Englischen übersetzt von Dorothee Merkel, Stuttgart 2012.

Landweer, Hilge/Renz, Ursula (Hg.) (2012): Handbuch Klassische Emotionstheorien. Von Platon bis Wittgenstein, Berlin/Boston 2012.

Landweer, Hilge (2004): Phänomenologie und Grenzen des Kognitivismus, in: Deutsche Zeitschrift für Philosophie 25 (2004), 467-486.

Landweer, Hilge (1999): Scham und Macht. Phänomenologische Untersuchungen zur Sozialität eines Gefühls, Tübingen 1999.

Laner, Iris (2013): Ereignis, Bild, Iterabilität. Zum Problem der Geschichtlichkeit der Fotographie, in: Alloa, Emmanuel (Hg.): Erscheinung und Ereignis. Zur Zeitlichkeit des Bildes, München 2013, 127-150.

Lang, Bernhard (1991): Klugheit als Ethos und Weisheit als Beruf, in: Assmann, Aleida (Hg.): Weisheit. Archäologie der literarischen Kommunikation III, München 1991, 177-192.

Lange, Dietz (2009): Die Radikalität der Bergpredigt in einer pluralistischen Gesellschaft, in: Nüssel, Friederike (Hg.): Theologische Ethik der Gegenwart. Ein Überblick über zentrale Ansätze und Themen, Tübingen 2009, 119-135.

Lanier, Jaron (2015): Wer die Daten hat, bestimmt unser Schicksal, in: Schirrmacher, Frank (Hg.): Technologischer Totalitarismus, Berlin 2015, 158-167.

Lapp, Michael (2012): Die Wirtschaftsethik Martin Luthers anhand seiner Schriften gegen den Wucher, in: Luther 83 (2012), 91-107.

Larsson, Liv (2012): Wut, Schuld und Scham. Drei Seiten der gleichen Medaille. Aus dem Schwedischen von Judith Momo Henke, Paderborn 2012.

Latour, Bruno (2015): Der Berliner Schlüssel. Aus dem Französischen von Gustav Roßler, Berlin 2015.

Latour, Bruno (2011): Jubilieren. Über religiöse Rede. Aus dem Französischen von Achim Russer, Berlin 2011.

Latour, Bruno (2010): Das Parlament der Dinge. Für eine politische Ökologie. Aus dem Französischen von Gustav Roßler, Frankfurt am Main 2010.

Latour, Bruno (2008): Wir sind nie modern gewesen. Versuch einer symmetrischen Anthropologie. Aus dem Französischen von Gustav Roßler, Frankfurt am Main 2008.

Latour, Bruno (2006): ›Technik ist stabilisierte Gesellschaft‹, in: Belliger, Andréa/Krieger, David J. (Hg.): ANThology. Ein einführendes Handbuch zur Akteur-Netzwerk-Theorie, Bielefeld 2006, 369-397.

Lauster, Jörg (2014): Die Verzauberung der Welt. Eine Kulturgeschichte des Christentums, München 2014.

Lauster, Jörg (2010a): Theologie der Gefühle, in: Pastoraltheologie 99 (2010), 58-64.

Lauster, Jörg (2010b): Erfahrungserhellung. Zur Bedeutung der Bibel für die Systematische Theologie, in: Ebner, Martin/Fischer, Irmtraud/Frey, Jörg/Fuchs, Ottmar/ Hamm, Berndt/ Janowski, Bernd (Hg.): Wie biblisch ist die Theologie?, Jahrbuch für biblische Theologie 25, Neukirchen-Vluyn 2010, 207-220.

Lauster, Jörg (2009): Vom Sinn der Beunruhigung. Gesundheit und Krankheit in der Philosophie der Lebenskunst, in: Zeitschrift für Pädagogik und Theologie 61 (2009), 55-63.

Lavater, Johann Caspar (1788): Handbibel für Leidende, Winterthur 1788.

Leiner, Martin (2014): Grundfragen und Schwerpunkte einer Mediennutzerethik, in: Zeitschrift für Evangelische Ethik 58 (2014), 241-260.

Leiner, Martin (2006): Medienethik in der Gegenwart, in: Knoepffler, Nikolaus/Kunzmann, Peter/Pies, Ingo/Siegetsleitner, Anne (Hg.): Einführung in die angewandte Ethik, Freiburg i. Br./München 2006, 155-194.

Lemche, Niels Peter (1996): Die Vorgeschichte Israels. Von den Anfängen bis zum Ausgang des 13. Jahrhunderts v. Chr., Biblische Enzyklopädie 1, Stuttgart 1996.

Leonhardt, Rochus (2010): Moralische Urteilsbildung in der evangelischen Ethik. Hermeneutische und anthropologische Überlegungen, in: Zeitschrift für Evangelische Ethik 54 (2010), 181-193.

Lesch, Walter (2003): Narrative Ansätze der Bioethik, in: Düwell, Marcus/Steigleder, Klaus (Hg.): Bioethik. Eine Einführung, Frankfurt am Main 2003, 184-199.

Leuenberger, Martin (2011): Gott in Bewegung. Religions- und theologiegeschichtliche Beiträge zu Gottesvorstellungen im Alten Israel, Tübingen 2011.

Levin, Adam (2015): Das vernetzte Selbst. Codes, Knoten und Rhizome. The Networked Self(ie). Codes, Nodes and Rhizomes, in: Bieber, Alain (Hg.): Ego Update. NRW-Forum Düsseldorf, (19. September 2015 – 17. Januar 2016), Düsseldorf 2015, 96-133.

Levinas, Emmanuel (2011): Die Wirklichkeit und ihr Schatten, in: Alloa, Emmanuel (Hg.): Bildtheorien aus Frankreich. Eine Anthologie, München 2011, 65-86.

Levinas, Emmanuel (2008): Vom Sein zum Seienden. Aus dem Französischen übersetzt von Anna Maria Krewani und Wolfgang Nikolaus Krewani, Freiburg i. Br./München 2008.

Levinas, Emmanuel (2005): Humanismus des anderen Menschen, deutsch von Ludwig Wenzler, Hamburg 2005.

Levinas, Emmanuel (2003): Totalität und Unendlichkeit. Versuch über die Exteriorität, deutsch von Nikolaus Krewani, Freiburg i. Br./ München 2003.

Levinas, Emmanuel (1992): Jenseits des Seins oder anders als Sein geschieht. Aus dem Französischen von Thomas Wiemer, Freiburg i. Br./München 1992.

Levinas, Emmanuel (1989): Humanismus des anderen Menschen. Aus dem Französischen übersetzt und mit einer Einleitung versehen von Ludwig Wenzler, Hamburg 1989.

Levinas, Emmanuel (1986): Ethik und Unendliches. Gespräche mit Philippe Nemo. Aus dem Französischen von Dorothea Schmidt, Graz/Wien 1986.

Levinas, Emmanuel (1985): Wenn Gott ins Denken einfällt. Diskurse über die Betroffenheit von Transzendenz. Aus dem Französischen von Thomas Wiemer, Freiburg i. Br./München 1985.

Levinas, Emmanuel (1983): Die Spur des Anderen. Aus dem Französischen von Wolfgang Nikolaus Krewani. Untersuchungen zur Phänomenologie und Sozialphilosophie, Freiburg i. Br./München 1983.

Levinas, Emmanuel (1982): De l'évasion, Montpellier 1982.

Levinas, Emmanuel (1975): Sur Maurice Blanchot, Paris 1975.

Levinas, Emmanuel (1948/1949): La réalité et son ombre, in: Les Temps Modernes 4,1 (1948/1949), 769-789.

Lewandowski, Sven (2004): Sexualität in den Zeiten funktionaler Differenzierung. Eine systemtheoretische Analyse, Bielefeld 2004.

Liebsch, Burkhard (2007): Würdigung des Anderen. Bezeugung menschlicher Würde in interkultureller Perspektive – in Anschluss an Judith Shklar, in: Allgemeine Zeitschrift für Philosophie 32 (2007) 3, 227-257.

Liedke, Gerhard (1993): »Tier-Ethik« – Biblische Perspektiven. Ein Bericht, in: Janowski, Bernd u.a. (Hg.): Gefährten und Feinde des Menschen. Das Tier in der Lebenswelt des alten Israel, Neukirchen-Vluyn 1993, 199-213.

Lienemann, Wolfgang (2008): Grundinformation Theologische Ethik, Göttingen 2008.

Lienkamp, Andreas (2009): Klimawandel und Gerechtigkeit. Eine Ethik der Nachhaltigkeit in christlicher Perspektive, Paderborn 2009.

Liessmann, Konrad Paul (2007): Warum der schlechte Geschmack der eigentlich gute ist, in: Dettmar, Ute/Küpper, Thomas (Hg.): Kitsch, Texte und Theorien, Stuttgart 2007, 305-308.

Liessmann, Konrad Paul (2002): Kitsch! Oder warum der schlechte Geschmack der eigentlich gute ist, Wien 2002.

Lietzmann, Anja (2007): Theorie der Scham. Eine anthropologische Perspektive auf ein menschliches Charakteristikum, Boethiana. Forschungsergebnisse zur Philosophie Band 74, Hamburg 2007.

Lilje, Hanns (1960): Der Christ im planetarischen Zeitalter, Hamburg 1960.

Lipps, Hermann von (1990): Weisheitliche Traditionen im Neuen Testament, Neukirchen-Vluyn 1990.

Løgstrup, Knud E. (1959): Die Ethische Forderung. Übersetzt von Rosemarie Løgstrup, Tübingen 1959.

Lotter, Maria-Sibylla (2012): Scham, Schuld, Verantwortung. Über die kulturellen Grundlagen der Moral, Berlin 2012.

Luchsinger, Jürg (2010): Poetik der alttestamentlichen Spruchweisheit, Stuttgart 2010.

Lück, Monika/Strüber, Daniel/Roth, Gerhard (Hg.) (2005): Psychobiologische Grundlagen aggressiven und gewalttätigen Verhaltens, Oldenburg 2005.

Luhmann, Niklas (1999): Ausdifferenzierung des Rechts. Beiträge zur Rechtssoziologie und Rechtstheorie, Frankfurt am Main 1999.

Luhmann, Niklas (1993): Das Recht der Gesellschaft, Frankfurt am Main 1993.

Luhmann, Niklas (1982): Liebe als Passion. Zur Codierung von Intimität, Frankfurt am Main 1982.

Luther, Martin (1540): An die Pfarrherrn wider den Wucher zu predigen. Vermahnung (1540), in: Martin Luthers Werke, Weimarer Ausgabe, Bd. 50, Weimar 1914/1967, 325-424.

Luther, Martin (1530): Vermahnung zum Sakrament des Leibes und Blutes Christi (1530), in: Martin Luthers Werke, Weimarer Ausgabe, Bd. 30/II, Weimar 1909/1964, 589-626.

Luther, Martin (1525): An die Innung der Goldschmiede zu Nürnberg, Wittenberg 1. April 1525, in: Martin Luthers Werke, Weimarer Ausgabe, Briefwechsel 3. Band, Weimar 1933/1969, Nr. 851, 467f.

Lütkehaus, Ludger L. (2006): Natalität. Philosophie der Geburt, Zug 2006.

Lütz, Manfred (2011): Das Leben kann so leicht sein. Lustvoll genießen statt zwanghaft gesund, Heidelberg 2011.

Lütz, Manfred (2008): Postsäkulare Gesundheit. Über Risiken und Nebenwirkungen einer neuen Religion, in: Gesundheitskonzepte im Wandel. Geschichte, Ethik und Gesellschaft, Stuttgart 2008.

Lütz, Manfred (2007): Lebenslust. Wider die Diät-Sadisten, den Gesundheitswahn und den Fitness-Kult, München 2007.

Lux, Rüdiger (2001): Josef. Der Auserwählte unter seinen Brüdern, Leipzig 2001.

Luy, Jörg/Hildebrandt, Goetz (2003): Albert Schweitzer. Leitbild für die Tiermedizin?, in: Deutsches Tierärzteblatt 51 (2003), 1024-1027.

Macho, Thomas (2011): Vorbilder, München 2011.

MacIntyre, Alasdair (1987): Der Verlust der Tugend. Zur moralischen Krise der Gegenwart. Aus dem Amerikanischen von Wolfgang Rhiel, Frankfurt am Main 1987.

Mack, Elke (2008): Die deutsche Christliche Sozialethik und die Theorie Karl Homanns, in: Pies, Ingo/Schönwälder-Kuntze, Tatjana/Lütge, Christoph/Suchanek, Andreas (Hg.): Freiheit durch Demokratie. Festschrift für Karl Homann, Berlin 2008, 143-155.

Mainzer, Klaus (2014): Die Berechnung der Welt. Von der Weltformel zu Big Data, München 2014.

Majer, René (2013): Scham, Schuld und Anerkennung, Berlin/Boston 2013.

Malina, Bruce J. (1993): Die Welt des Neuen Testaments. Kulturanthropologische Einsichten, Stuttgart 1993.

Manzeschke, Arne (2014): Technik als Lebensform? Biotechnologie, Ethik und Anthropologie, in: Verkündigung und Forschung 59 (2014), 50-60.

Marböck, Johannes (2010): Jesus Sirach 1-23. Herders theologischer Kommentar zum Alten Testament, Freiburg i. Br. u.a. 2010.

Marchessault, Janine (2005): Marshall McLuhan, London 2005.

Margalit, Avishai (2012): Politik der Würde. Über Achtung und Verachtung. Aus dem Englischen von Anne Vonderstein und Gunnar Schmidt, Berlin 2012.

Margalit, Avishai (2011): Über Kompromisse und faule Kompromisse. Aus dem Englischen von Michael Bischoff, Berlin 2011.

Marin, Louis (2006): Das Porträt des Königs. Übersetzt von Heinz Jatho, Berlin 2006.

Marin, Louis (1997): Pascal et Port-Royale, Paris 1997.

Marion, Jean-Luc (2011): Das Erotische. Ein Phänomen. Sechs Meditationen. Aus dem Französischen von Alwin Letzkus, Freiburg i. Br./München 2011.

Marion, Jean-Luc (1979): Idol und Bild, in: Caspar, Bernhard (Hg.): Phänomenologie des Idols, Freiburg i. Br./München 1979, 107-132.

Marion, Jean-Luc (1977): L'idole et la distance, Paris 1977.

Marks, Stephan/Immenschuh, Ursula (2014): Scham und Würde in der Pflege. Ein Ratgeber, Frankfurt am Main 2016.

Marks, Stephan (2011a): Warum folgten sie Hitler? Die Psychologie des Nationalsozialismus, Ostfildern 2011.

Marks, Stephan (2011b): Scham und Würde. Zugänge zu einer tabuisierten Emotion, in: meditation 3 (2011), 8-12.

Marks, Stephan (2010): Von Scham und Beschämung zu Anerkennung und Menschenwürde, in: Greifenstein, Karin/Faber, Martin (Hg.): »Hinter dem Feigenblatt«: Schuld, Scham, Beschämung, Dokumentation der Jahrestagung der Evangelischen Konferenz für Gefängnisseelsorge in Deutschland vom 26. – 20. April in Waldfischbach-Burgalben, Hannover 2010, 32-44.

Marks, Stephan (2007): Scham – die tabusierte Emotion, Düsseldorf 2007.

Marquard, Odo (1978): Lob des Polytheismus, in: Ders.: Abschied vom Prinzipiellen. Philosophische Studien, Stuttgart 1978, 96-116.

Marttila, Marko (2010): Das Sirachbuch und das Neue Testament. Der Einfluss eines jüdischen Weisheitswerkes auf die frühchristlichen Autoren, in: Biblische Notizen 144 (2010), 95-116.

Mathwig, Frank (2000): Technikethik – Ethiktechnik. Was leistet angewandte Ethik?, Stuttgart 2000.

Mauz, Andreas (2016): Machtworte. Studien zur Poetik des ›heiligen Textes‹, Tübingen 2016.

Mayer-Edoloeyi, Andrea (2012): Kommunikationsräume der Kirchen mit Digital Natives eröffnen, in: Costanza, Christina/Ernst, Christina (Hg.): Personen im Web 2.0. Kommunikationswissenschaftliche, ethische und anthropologische Zugänge zu einer Theologie der Social Media, Göttingen 2012, 166-187.

McLuhan, Marshall (1992): Die magischen Kanäle. Understanding Media, Düsseldorf/Berlin/München 1992.

Meckenstock, Günter (1997): Wirtschaftsethik, Berlin/New York 1997.

Meireis, Torsten (2015): Ethik des Sozialen, in: Huber, Wolfgang/Meireis Torsten/Reuter, Hans-Richard (Hg.): Handbuch der Evangelischen Ethik, München 2015, 265-329.

Meireis, Torsten (2011): Arbeit als Beruf – eine protestantische Perspektive, in: Bedford-Strohm, Heinrich u.a. (Hg.): Jahrbuch Sozialer Protestantismus 5, Gütersloh 2011, 14-51.

Meireis, Torsten (2008): Tätigkeit und Erfüllung. Protestantische Ethik im Umbruch der Arbeitsgesellschaft, Tübingen 2008.

Menasse, Eva (2009): Lässliche Todsünden. Erzählungen, Köln 2009.

Menke, Christoph (2013): Die Kraft der Kunst, Berlin 2013.

Mertin, Andreas (2007): Zeichenhandlungen, in: Tà katoptrizómena 47/2007, http://www.theomag.de/47/am212.htm.

Metz, Markus/ Seeßlen, Christoph (2014): Geld frisst Kunst, Kunst frisst Geld. Ein Pamphlet, Frankfurt am Main 2014.

Meyer, Martin F. (2011): Scham im klassischen griechischen Denken, in: Bauks, Michaela/Meyer, Martin F.: Zur Kulturgeschichte der Scham. Archiv für Begriffsgeschichte, Sonderheft 9, Hamburg 2011, 35-54.

Meyer-Abich, Klaus Michael (1990): Aufstand für die Natur. Von der Umwelt zur Mitwelt, München 1990.

Miggelbrink, Ralf (2009): Lebensfülle. Für die Wiederentdeckung einer theologische Kategorie, Freiburg i. Br. 2009.

Misheva, Vessela (2000): Shame and Guilt. Sociology as a Poietic System, Uppsala 2000.

Mittelstraß, Jürgen (1996): Die Schamlosigkeit moderner Medien, in: Universitas. Zeitschrift für interdisziplinäre Wissenschaft 600 (1996), 574-583.

Mittermayer, Manfred (2015): Thomas Bernhard. Eine Biographie, Wien/Salzburg 2015.

Moltmann, Jürgen (2014): Die Hoffnung der Erde. Die ökologische Wende der christlichen Theologie und der christlichen Spiritualität, in: Evangelische Theologie 74 (2014), 216-226.

Mondzain, Marie-José (2011): Bild, Ikone, Ökonomie. Die byzantinischen Quellen des zeitgenössischen Imaginären. Übersetzt von Heinz Jatho, Zürich/Berlin 2011.

Mondzain, Marie-José (2006): Können Bilder töten? Aus dem Französischen von Roland Voullié, Berlin 2006.

Mondzain, Marie-José (2003): Le commerce des egards, Paris 2003.

Morgenroth, Matthias (2016): Heute schon gelebt? Gegenwart war gestern, in: Senkel, Christian (Hg.): Geistes Gegenwart. Zur religiösen Grundierung der Lebenswelt, Leipzig 2016, 127-145.

Moritz, Reiner (2015): Wer hat den schlechtesten Sex? Eine literarische Stellensuche, München 2015.

Morozow, Evgeny (2015): Wider digitales Wunschdenken, in: Schirrmacher, Frank (Hg.): Technologischer Totalitarismus. Eine Debatte, Berlin 2015, 23-28.

Moxnes, Halvor (1993): Honor and Shame, in: Biblical Theology Bulletin 23 (1993), 167-176.

Moxter, Michael (2015): Gefühl und Ausdruck. Nicht nur ein Problem der Schleiermacherinterpretation, in: Barth, Roderich/Zarnow, Christopher (Hg.): Theologie der Gefühle, Berlin/Boston 2015, 125-141.

Müller, Hans-Peter (2002): Tun-Ergehen-Zusammenhang, Klageerhörung und Theodizee im biblischen Hiobbuch und in seinen babylonischen Parallelen, in: Hempel, Charlotte/Lange, Armin/Lichtenberger, Hermann (Hg.): The Wisdom Texts from Qumran and the Development of Sapiential Thought, Leuven 2002, 153-171.

Müller, Hans-Peter (1978): Die weisheitliche Lehrerzählung im Alten Testament und in seiner Umwelt, in: Die Welt des Orients 9 (1978), 77-98.

Müller, Klaus (2011): Endlich unsterblich. Zwischen Körperkult und Cyberworld, Kevelaer 2011.

Müller, Leo (2006): Ackermanns Welt. Ein Tatsachenbericht, Reinbek bei Hamburg 2006.

Müllner, Ilse (2006): Das hörende Herz. Weisheit in der hebräischen Bibel, Stuttgart 2006.

Münch, Karsten (2010): Stolz und Scham aus psychoanalytischer Sicht, in: Theologie der Gegenwart 53 (2010), 90-97.

Munz, Regine (2009): Zur Theologie der Scham. Grenzgänge zwischen Dogmatik, Ethik und Anthropologie, in: Theologische Zeitschrift 65 (2009), 129-147.

Münzberg, Katharina (2001): Wahrheit und Bild. Zur Kunstphilosophie Heideggers und Derridas, in: Drügh, Heinz J./Moog-Grünewald, Maria (Hg.): Behext von Bildern? Ursachen, Funktionen und Perspektiven der textuellen Faszination durch Bilder, Heidelberg 2001, 159-176.

Murrmann-Kahl, Michael (2005): Philosophische Theologie im Horizont der radikal-genetischen Religionskritik. Zum Grundthema der Theologie Falk Wagners, in: Danz, Christian/Dierken, Jörg/Murrmann-Kahl, Michael (Hg.): Religion zwischen Rechtfertigung und Kritik. Beiträge zur rationalen Theologie, Bd. 15, Frankfurt am Main u.a. 2005, 55-80.

Murrmann-Kahl, Michael (2000): Zur pneumatologischen Verortung der theologischen Ethik, in: Wiener Jahrbuch für Theologie 3 (2000), 101-112.

Nádas, Péter (2012): Parallelgeschichten. Roman. Aus dem Ungarischen von Christina Viragh, Reinbek bei Hamburg 2012.

Nancy, Jean-Luc (2011): Das Bild: Mimesis & Methexis, in: Alloa, Emmanuel (Hg.): Bildtheorien aus Frankreich. Eine Anthologie, München 2011, 349-370.

Naurath, Elisabeth (2011): Praktische Theologie mit Gefühl. Zur gegenwärtigen Wiederentdeckung der Gefühle in Poimentik und Religionspädagogik, in: Praktische Theologie 46 (2011), 214-218.

NDiaye, Marie (2014): Ladivine. Roman. Aus dem Französischen von Claudia Kalscheuer, Berlin 2014.

Neckel, Sighard (1993): Achtungsverlust und Scham. Die soziale Gestalt eines existentiellen Gefühls, in: Fink-Eitel, Heinrich/Lohmann, Georg (Hg.): Zur Philosophie der Gefühle, Frankfurt am Main 1993, 244-265.

Neckel, Sighard (1991): Status und Scham. Zur symbolischen Reproduktion sozialer Ungleichheit, Frankfurt am Main 1991.

Nelson, Leonard (1964): System der philosophischen Rechtslehre und Politik, Sämtliche Werke Bd. 6, Frankfurt am Main 1964.

Nethöfel, Wolfgang (2001): Christliche Orientierung in einer vernetzten Welt, Neukirchen-Vluyn 2001.

Nethöfel, Wolfgang (1999): Ethik zwischen Medien und Mächten. Theologische Orientierung im Übergang zur Dienstleistungs- und Informationsgesellschaft, Neukirchen-Vluyn 1999.

Neumeister, Katharina/Renger-Berka, Peggy/Schwarke, Christian (Hg.) (2012): Technik und Transzendenz. Zum Verhältnis von Technik, Religion und Gesellschaft, Stuttgart 2012.

Nida-Rümelin, Julian (Hg.) (2005): Angewandte Ethik. Die Bereichsethiken und ihre theoretische Fundierung. Ein Handbuch, Stuttgart 2005.

Nord, Ilona (2004): Fernnahe Einbildungsprozesse fördern. Überlegungen zu einem christlichen Bildungsverständnis in der ›globalen NetzWerkGesellschaft‹, in: Dungs, Susanne/Gerber, Uwe (Hg.): Netz – Werk – Beruf – Bildung. Gewinne, Risiken, Verluste, Bielefeld 2004, 67-82.

Nord, Ilona (2001): Individualität, Geschlechterverhältnis und Liebe. Partnerschaft und ihre Lebensformen in einer pluralen Gesellschaft, Gütersloh 2001.

Novalis (1981): Fragment 190 (1800), in: Schulz, Gerhard (Hg.): Novalis. Werke, München 1981.

Nunn, Johanna (2014): Bergpredigt und Kohelet. Die Überbietung von Weisheit und Prophetie im Matthäusevangelium, Diss. Bochum 2014.

Nussbaum, Martha C. (2014a): Politische Emotionen. Warum Liebe für Gerechtigkeit wichtig ist. Aus dem Amerikanischen von Ilse Utz, Berlin 2014.

Nussbaum, Martha C. (2014b): Jenseits von ›Mitleid und Menschlichkeit‹: Gerechtigkeit für nichtmenschliche Tiere, in: Schmitz, Friederike (Hg.): Tierethik. Grundlagentexte, Berlin 2014, 176-216.

Nussbaum, Martha C. (2012): Gefühle und Fähigkeiten von Frauen, in: Dies.: Gerechtigkeit oder Das gute Leben. Gender Studies. Aus dem Amerikanischen von Ilse Utz, Frankfurt am Main 2012, 131-175

Nussbaum, Martha C. (2010): Die Grenzen der Gerechtigkeit. Behinderung, Nationalität und Spezieszugehörigkeit. Aus dem Amerikanischen von Robin Celikates und Eva Engels, Berlin 2010.

Nussbaum, Martha C. (2004): Hiding from Humanity. Disgust, Shame and the Law, Princeton/Oxford 2004.

Nussbaum, Martha C. (2000a): Women and Human Development. The Capabilities Approach, Cambridge 2000.

Nussbaum, Martha C. (2000b): Upheavals of Thought. The Intelligence of Emotions, Cambridge 2000.

Nussbaum, Martha C. (1985): Finely Aware and Richly Responsible. Moral Attention and the Moral Task of Literature, in: Journal of Philosophy 82 (1985), 516-529.

Nygren, Anders (1955): Eros und Agape. Gestaltwandlungen der christlichen Liebe. Aus dem Schwedischen übertragen von Irmgard Nygren, Berlin 1955.

O'Connor, Kathleen V. (1996): Reconfiguring the Emotions in the Psychology of Religion, in: The international journal for the psychology of religion 6 (1996), 165-173.

Oermann, Nils Ole (2014): Wirtschaftsethik – quo vadis? ›Ist‹ und ›Soll‹ eines Bindestrichfachs aus protestantischer Perspektive, in: Theologische Literaturzeitung 139 (2014), 411-426.

Oermann, Nils Ole (2013): Tod eines Investmentbankers. Eine Sittengeschichte der Finanzbranche, Freiburg i. Br./Basel/Wien 2013.

Oermann, Nils Ole (2007): Anständig Geld verdienen? Eine protestantische Wirtschaftsethik unter den Bedingungen globaler Märkte, Gütersloh 2007.

Ohly, Lukas (2015): Schöpfungstheologie und Schöpfungsethik im biotechnologischen Zeitalter, Berlin/Boston 2015.

Oorschot, Jürgen van (2010): Zur Grundlegung alttestamentlicher Anthropologie. Orientierung und Zwischenruf, in: Ders. /Iff, Markus (Hg.): Der Mensch als Thema theologischer Anthropologie, Biblisch-Theologische Studien 111, Neukirchen-Vluyn 2010, 1-41.

Osthövener, Claus-Dieter (2015): »Affectionate Religion«. Religion und Gefühl in der englischen und deutschen Aufklärung, in: Barth, Roderich/Zarnow, Christopher (Hg.): Theologie der Gefühle, Berlin/Boston 2015, 79-112.

Ott, Konrad (2016): Zuwanderung und Moral, Stuttgart 2016.

Ott, Konrad (2005): Technikethik, in: Nida-Rümelin, Julian (Hg.): Angewandte Ethik, Stuttgart 2005, 568-647.

Ott, Konrad (2001): Moralbegründungen. Zur Einführung, Hamburg 2001.

Otto, Eckart (2012): Recht in der Erzählung und Erzählung im Recht. Neue Forschungen zu »Recht und Erzählung/Law and Narrative« in altorientalischer und biblischer Natur, in: Zeitschrift für Altorientalische und Biblische Rechtsgeschichte/Journal for Ancient Near Eastern and Biblical Law 18 (2012), 355-364.

Otto, Eckart (1999): Woher weiß der Mensch um Gut und Böse? Philosophische Annäherungen der ägyptischen und biblischen Weisheit an ein Grundproblem der Ethik, in: Beyerle, Stefan/Mayer, Günter/Strauß, Hans (Hg.): Recht und Ethos im Alten Testament. Gestalt und Wirkung, Neukirchen-Vluyn 1999, 207-231.

Otto, Eckart (1996): Die Paradieserzählung Gen 2-3: Eine nachpriesterschriftliche Lehrerzählung in ihrem religionshistorischen Kontext, in: Diesel, Anja A./Lehmann, Reinhard G./Otto, Eckart/Wagner, Andreas (Hg.): »Jedes Ding hat seine Zeit …«. Studien zur israelitischen und altorientalischen Weisheit. Festschrift für Diethelm Michel zum 65. Geburtstag, Beihefte zur Zeitschrift für die alttestamentliche Wissenschaft 241, Berlin/New York 1996, 167-192.

Panek, Elliot T./Nardis, Yiorgos/Konrath, Sara (2013): Mirror or Megaphone? How Relationships between Narcissism and Social networking site use differ of Facebook and Twitter, in: Computers in Human Behavior 29 (2013), 2004-2012.

Panksepp, Jaak (2004): Affective Neuroscience. The Foundations of Human and Animal Emotions, Oxford 2004.

Pannenberg, Wolfhart (1983): Anthropologie in theologischer Perspektive, Göttingen 1983.

Pannenberg, Wolfhart (1977a): Zur Theologie des Rechts, in: Ders.: Ethik und Ekklesiologie. Gesammelte Aufsätze, Göttingen 1977, 11-40.

Pannenberg, Wolfhart (1977b): Die Krise des Ethischen und die Theologie, in: Ders.: Ethik und Ekklesiologie. Gesammelte Aufsätze, Göttingen 1977, 41-54.

Paul, Andreas (1998): Von Affen und Menschen. Verhaltensbiologie der Primaten, Darmstadt 1998.

Paul, Axel T. (2012): Die Gesellschaft des Geldes. Entwurf einer monetären Theorie der Moderne, Wiesbaden 2012.

Pernlochner-Kügler, Christine (2004): Körperscham und Ekel. Wesentliche menschliche Gefühle, Berlin/Münster/Wien/Zürich 2004.

Peterson, Erik (1995): Theologie des Kleides, in: Ders./Nichtweiß, Barbara (Hg.): Ausgewählte Schriften. Marginalien zur Theologie und andere Schriften, Bd. 2, Würzburg 1995, 10-19.

Pfannkuche, Walter (2006): Wege zur moralischen Wahrheit, in: Scarano, Nico/Suárez, Mauricio (Hg.): Ernst Tugendhats Ethik. Einwände und Erwiderungen, München 2006, 171-194.

Picht, Georg (1980): Zum philosophischen Begriff der Ethik, in: Ders.: Hier und jetzt: Philosophieren nach Auschwitz und Hiroshima, Bd. 1, Stuttgart 1980, 137-161.

Pieper, Annemarie (2007): Einführung in die Ethik, Tübingen/Basel 2007

Pieper, Annemarie/Thurnherr, Urs (Hg.) (1998): Angewandte Ethik. Eine Einführung, München 1998.

Pieper, Annemarie (1995): Stiefkind Sinnlichkeit. Zur Verdrängung des Besonderen durch das Allgemeine, in: Kolmer, Petra/Korten, Harald (Hg.): Grenzbestimmungen der Vernunft, Freiburg i. Br./München 1995, 231-252.

Pierer, Heinrich von/Homann, Karl/Lübbe-Wolf, Gertrude (2003): Zwischen Profit und Moral. Für eine menschliche Wirtschaft, München 2003.

Piketty, Thomas (2014): Capital in the Twenty-First Century, Harvard 2014.

Piperno, Alessandro (2013): Die Verfolgung. Im Feuer der Erinnerungen. Roman. Aus dem Italienischen von Ulrich Hartmann, Frankfurt am Main 2013.

Pirner, Manfred L. (2003a): Extra media nullus homo? Theologische Aspekte zu einer Anthropologie der Medien, in: Rath, Matthias/Pirner, Manfred L. (Hg.): Homo medialis. Perspektiven und Probleme einer Anthropologie der Medien, München 2003, 107-118.

Pirner, Manfred L. (2003b): ›Muss denn Unterhaltung Sünde sein?‹. Anthropologische Grundlagen der Medienunterhaltung, in: Rath, Matthias/Pirner, Manfred L.: (Hg.): Homo medialis. Perspektiven und Probleme einer Anthropologie der Medien, München 2003, 177-188.

Pitt-Rivers, Julian (1965): Honour and Social Status, in: Peristiany, Jean G. (Hg.): Honour and Shame. The Values of Mediterranean Society, London 1965.

Plamper, Jan (2012): The History of Emotions. An Introduction, Oxford 2012.

Plüss, David (2007): Gottesdienst als Textinszenierung. Perspektiven einer performativen Ästhetik des Gottesdienstes, Zürich 2007.

Pompey, Heinrich (1980): Die emotionale Dimension der Glaubens- und Heilserfahrung, in: Theologie der Gegenwart 23 (1980), 21-26.

Pontzen, Alexandra/Preußer, Hans-Peter (2008): Ritualisierte Verarbeitungsformen von Fehlverhalten. Eine Einleitung zu Schuld und Scham, in: Dies. (Hg.): Schuld und Scham: Jahrbuch Literatur und Politik, Heidelberg 2008, 7-24.

Pörksen, Bernhard (2014): Rettet die Geheimnisse!, in: Chrismon 5/2014, 40-41.

Pörksen, Bernhard/Detel, Hanne (2012): Der entfesselte Skandal. Kontrolle im digitalen Zeitalter, Köln 2012.

Poschmann, Marion (2013): Sonnenposition. Roman, Berlin 2013.

Postman, Neil (1985): Wir amüsieren uns zu Tode. Urteilsbildung im Zeitalter der Unterhaltungsindustrie, New York/Frankfurt am Main 1985.

Prantl, Heribert (2014): Josef, ein moderner Held, in: Süddeutsche Zeitung 24. Dezember 2014.

Preul, Reiner (2001): Das Sinnangebot der Medien und die kirchliche Verkündigung, in: Drägert, Christian/Schneider, Nikolaus (Hg.): Medienethik. Freiheit und Verantwortung. Festschrift zum 65. Geburtstag von Manfred Kock. Christliche Publizistik Band 1, Stuttgart/Zürich 2001, 363-380.

Preuß, Horst Dietrich (1987): Einführung in die alttestamentliche Weisheitsliteratur, Stuttgart/Berlin/Köln/Mainz 1987, 154-171.

Pschera, Alexander (2014): Das Internet der Tiere. Der neue Dialog zwischen Mensch und Natur, Berlin 2014.

Rad, Gerhard von (1970): Weisheit in Israel, Neukirchen-Vluyn 1970.

Radics, Viktória (2012): Statt einer Kritik, in: Graf, Daniel/Schmidt, Delf (Hg.): Péter Nádas lesen. Bilder und Texte zu den Parallelgeschichten, Reinbek bei Hamburg 2012, 127-229.

Rancière, Jacques (2008): Ist Kunst widerständig? Aus dem Französischen von Frank Ruda, Berlin 2008.

Rath, Matthias (2014): Ethik der mediatisierten Welt. Grundlagen und Perspektiven, Wiesbaden 2014.

Rath, Matthias (2003): Homo medialis und seine Brüder – zu den Grenzen eines (medien-) anthropologischen Wesensbegriffs, in: Ders./Pirner, Manfred (Hg.): Homo medialis. Perspektiven und Probleme einer Anthropologie der Medien, Medienpädagogik interdisziplinär 1, München 2003, 17-30.

Rauh, Andreas (2012): Die besondere Atmosphäre. Ästhetische Feldforschung, Bielefeld 2012.

Rawls, John (2010): Über Sünde, Glaube und Religion. Mit einem Nachwort von Jürgen Habermas. Aus dem Amerikanischen von Sebastian Schwark, Berlin 2010.

Rawls, John (2006): Gerechtigkeit als Fairness. Ein Neuentwurf. Aus dem Amerikanischen von Joachim Schulte, Frankfurt am Main 2006.

Rawls, John (1975): Eine Theorie der Gerechtigkeit. Aus dem Amerikanischen von Hermann Vetter, Frankfurt am Main 1975.

Regan, Tom (1984): The Case of Animal Rights, London 1984.

Rehmann-Sutter, Christoph (2013): Leben 2.0. Ethische Implikationen synthetischer lebender Systeme, in: Zeitschrift für Evangelische Ethik 57 (2013), 113-125.

Rehmann-Sutter, Christoph (1993): Weisen des Wahrnehmens. Ästhetik und Ethik, in: Ders. u.a. (Hg.): Sinnengegenwart. Essays zur Wahrnehmung, Bottmingen 1993, 38-141.

Reilley, Georg (1984): Sinnerschließung und Emotionen. Ein Beitrag zur Frage der emotionalen Dimension des Religionsunterrichts, in: Religionspädagogische Beiträge 13 (1984), 156-171.

Reilley, Georg (1981): Erziehung der religiösen Emotionen, in: Religionsunterricht an höheren Schulen 24 (1981), 139-143.

Rendtorff, Trutz (2011): Ethik. Grundelemente, Methodologie und Konkretionen ethischer Theologie, hg. von Reiner Anselm und Stephan Schleissing, Tübingen 2011.

Rendtorff, Trutz (2000): Jenseits der Menschenwürde? Zum ethischen Diskurs über humane, embryonale Stammzellen, in: Jahrbuch für Wissenschaft und Ethik 5 (2000), 183-195.

Reuß, Roland (2012): Ende der Hypnose. Vom Netz und zum Buch, Frankfurt am Main 2012.

Reuter, Hans-Richard (2015a): Grundlagen und Methoden der Ethik, in: Huber, Wolfgang/ Meireis, Torsten/Reuter, Hans-Richard (Hg.): Handbuch der Evangelischen Ethik, München 2015, 9-123.

Reuter, Hans-Richard (2015b): Tugend, in: Anselm, Reiner/Körtner, Ulrich H.J. (Hg.): Evangelische Ethik kompakt. Basiswissen in Grundbegriffen, Gütersloh 2015, 204-111.

Reuter, Hans-Richard (2009): Eigenverantwortung und Solidarität, Befähigung und Teilhabe. Zur neuen Gerechtigkeitssemantik in der evangelischen Sozialethik, in: Nüssel, Friederike (Hg.): Theologische Ethik der Gegenwart, Tübingen 2009, 183-203.

Reuter, Hans-Richard (2006): Gerechte Teilhabe. Befähigung zur Eigenverantwortung und Solidarität, Gütersloh 2006.

Reuter, Hans-Richard (1996): Rechtsethik in theologischer Perspektive. Studien zur Grundlegung und Konkretion, Gütersloh 1996.

Rich, Arthur (1987): Wirtschaftsethik. Grundlagen in theologischer Perspektive, Gütersloh 1987.

Richter, Anne-Maren/Schwarke, Christian (Hg.) (2014): Technik und Lebenswirklichkeit. Philosophische und theologische Deutungen der Technik im Zeitalter der Moderne, Stuttgart 2014.

Ricken, Frido (2013): Allgemeine Ethik, Grundkurs Philosophie Band 4, Stuttgart 2013.

Ricken, Frido (2003): Allgemeine Ethik, Grundkurs Philosophie Band 4, Stuttgart 2003.

Ricken, Frido (1998): Allgemeine Ethik, Grundkurs Philosophie Band 4, Stuttgart 1998.

Ricken, Frido (1983): Allgemeine Ethik, Grundkurs Philosophie Band 4, Stuttgart 1983.

Ricoeur, Paul (2005): Das Selbst als ein Anderer. Aus dem Französischen von Jean Greisch, München 2005.

Ricoeur, Paul/Jüngel, Eberhard (1974): Metapher. Zur Hermeneutik religiöser Sprache. Mit einer Einführung von Pierre Giesel, München 1974.

Rieger, Hans-Martin (2008a): Alter anerkennen und gestalten. Ein Beitrag zu einer gerontologischen Ethik, Leipzig 2008.

Rieger, Hans-Martin (2008b): Gesundheit als Kraft zum Menschsein, in: Zeitschrift für Evangelische Ethik 52 (2008), 183-199.

Riel, Raphael van/Di Nucci, Ezio/Schildmann, Jan (Hg.) (2015): Enhancement der Moral, Münster 2015.

Riesebrodt, Martin (2010): Die globale Rückkehr von Religionen, in: Gabriel, Karl/Reuter, Hans-Richard (Hg.): Religion und Gesellschaft. Texte zur Religionssoziologie, Paderborn u.a. 2010, 355-376.

Riis, Søren (2011): Zur Neubestimmung der Technik. Eine Auseinandersetzung mit Martin Heidegger, Tübingen 2011.

Ritschl, Dietrich (1988): Zur Logik der Theologie. Kurze Darstellung der Zusammenhänge theologischer Grundgedanken, München 1988.

Ritschl, Dietrich (1986): Konzepte. Ökumene, Medizin, Ethik. Gesammelte Aufsätze, München 1986.

Rodenstock, Randolf/Huber, Wolfgang/Uhl, Bernd/Goldschmidt, Nils (Hg.) (2010): Zwischen Gewinn und Gewissen. Wie viel Nächstenliebe kann sich die Soziale Marktwirtschaft leisten?, München 2010.

Rohls, Jan (1999): Geschichte der Ethik, Tübingen 1999.

Rolfes, Helmut (2002): Christlicher Glaube und Medienethik. Der Beitrag von Theologie und Kirche zum medienethischen Gespräch der Gesellschaft, in: Karmasin, Matthias (Hg.): Medien und Ethik, Stuttgart 2002, 238-261.

Rollin, Bernard E. (1981): Animal Rights and Human Obligations, Englewood Cliffs 1981.

Römelt, Josef (2011): Der kulturwissenschaftliche Anspruch der theologischen Ethik, Freiburg i. Br./Basel/Wien 2011.

Römelt, Josef (2008/2009): Christliche Ethik in moderner Gesellschaft: Bd. 1: Grundlagen; Bd. 2: Lebensbereiche, Freiburg i. Br./Basel/Wien 2008/2009.

Römelt, Josef (2006a): Menschenwürde und Freiheit. Rechtsethik und Theologie des Rechts jenseits von Naturrecht und Positivismus, Freiburg i. Br./Basel/Wien 2006.

Römelt, Josef (2006b): Von der Vorsehung Gottes zur Verantwortung Gottes für die selbstverantwortete Freiheit des Menschen. Freiheit und Verantwortung in den Traditionen christlicher Theologie, in: Freitag, Josef/März, Claus-Peter (Hg.): Christi Spuren im Umbruch der Zeiten. Festschrift für Bischof Joachim Wanke zum 65. Geburtstag, Leipzig 2006, 145-160.

Römelt, Josef (2005): Rechtsbegründung jenseits von Naturrecht und Positivismus. Von der traditionellen Rechtsphilosophie zur modernen Rechtsethik, in: Freiburger Zeitschrift für Philosophie und Theologie 52 (2005), 597-612.

Rondez, Pascale (2006): Alltägliche Weisheit? Untersuchung zum Erfahrungsbezug von Weisheitslogien in der Q-Tradition, Zürich 2006.

Ropohl, Günter (2009): Allgemeine Technologie. Eine Systemtheorie der Technik, Karlsruhe 2009.

Ropohl, Günter (1996): Ethik und Technikbewältigung, Frankfurt am Main 1996.

Ropohl, Günter (1991): Technologische Aufklärung. Beiträge zur Technikphilosophie, Frankfurt am Main 1991.

Ropohl, Günter (1982): Kritik des technologischen Determinismus, in: Rapp, Friedrich/Durbin, Paul T. (Hg.): Technikphilosophie in der Diskussion, Braunschweig 1982, 3-18.

Ropohl, Günter (1979): Eine Systemtheorie der Technik. Zur Grundlegung einer Allgemeinen Technologie, München/Wien 1979.

Rorty, Richard (1989): Kontingenz, Ironie und Solidarität. Aus dem Amerikanischen von Christa Krüger, Frankfurt am Main 1989.

Rosa, Hartmut (2016): Resonanz. Eine Soziologie der Weltbeziehung, Berlin 2016.

Rosa, Hartmut (2015): Jeder 5. Deutsche fühlt sich fremd im eigenen Land, in: FAZ 24. April 2015.

Rosa, Hartmut (2012): Weltbeziehungen im Zeitalter der Beschleunigung. Umrisse einer neuen Gesellschaftskritik, Berlin 2012.

Rosa, Hartmut (2005): Die Veränderung der Zeitstrukturen in der Moderne, Frankfurt am Main 2005.

Roselt, Jens (2008): Phänomenologie des Theaters, München 2008.

Rosenstock Roland (2014): Computerspiele und soziale Netzwerke. Perspektiven einer Mediennutzerethik aus medienpädagogischer Sicht, in: Zeitschrift für Evangelische Ethik 58 (2014), 273-285.

Rosenstock, Roland (2007): Medienethik und Ästhetik, in: Schlag, Thomas/Klie, Thomas/Kunz, Ralph (Hg.): Ästhetik und Ethik. Die öffentliche Bedeutung der Praktischen Theologie, Zürich 2007, 127-140.

Roß, Jan (2012): »Die Verteidigung des Menschen«. Warum Gott gebraucht wird, Berlin 2012.

Roth, Michael (2015): Selbstformung und Selbstoptimierung. Selbstkritische Überlegungen zum »Tanz« um das eigene Selbst, in: Conrad, Ruth/Kipke, Roland (Hg.): Selbstformung. Beiträge zur Aufklärung einer menschlichen Praxis, Münster 2015, 277-287.

Rössler, Dietrich (2011): Akzeptierte Abhängigkeit. Gesammelte Aufsätze zur Ethik, Tübingen 2011.

Sæbø, Magne (2012): Sprüche. Das Alte Testament Deutsch, Göttingen 2012.

Saltz, Jerry (2015): Kunst am ausgestreckten Arm. Eine Geschichte des Selfies. Art at Arm's Length. A History of the Selfie, in: Bieber, Alain (Hg.): Ego Update. NRW-Forum Düsseldorf, (19. September 2015 – 17. Januar 2016), Düsseldorf 2015, 30-49.

Samoyault, Tiphaine (2015): Roland Barthes. Die Biographie. Aus dem Französischen von Mari Hoffmann-Dartevelle und Liz Künzli, Berlin 2015.

Saner, Hans (1995): Geburt und Phantasie. Von der natürlichen Dissidenz des Kindes, Basel 1995.

Saramago, José (2011): Kain. Roman. Übersetzt von Karin von Schweder-Schreiner, Hamburg 2011.

Sartre, Jean-Paul (1993): Das Sein und das Nichts. Versuch einer phänomenologischen Ontologie. Übersetzt von Traugott König und Hans Schöneberg, Reinbek bei Hamburg 1993.

Schaede, Stephan (2009): Zur Relevanz alter und uralter Krankheitsdeutungen für die aktuelle Diskussion, in: Karle, Isolde/Thomas, Günter (Hg.): Krankheitsdeutung in der postsäkularen Gesellschaft. Theologische Ansätze im interdisziplinären Gespräch, Stuttgart 2009, 290-306.

Schade, Sigrid (2011): Bilder als Agenten der Scham, in: Kunst und Kirche 04/2011, 34-37.

Schapp, Wilhelm (2012): In Geschichten verstrickt. Zum Sein von Mensch und Ding. Mit einem Vorwort von Karen Joisten, Frankfurt am Main 2012.

Schardien, Stefanie (2013a): Between Mere Opposition and Dull Allegiance. Enhancement in Theological-Ethical Perspective, in: Fischer, Robert/Noll, Rüdiger (Hg.): Human Enhancement. Moral, Religious and Ethical Aspects from a European Perspective, Brüssel 2013, 249-259.

Schardien, Stefanie (2013b): »Was weh tut, lebt!« Gesundheit und Krankheit im Gespräch von Systematischer Theologie und Popmusik, in: Evangelische Theologie 73 (2013), 37-51.

Scharnigg, Max: Herrn Knigge gefällt das!, Hamburg 2016.

Scheffer, Paul (2015): Der Exodus und wir. Auch die Liberalen müssen über Grenzen nachdenken. Sonst tun es die Autokraten. Plädoyer für eine begrenzte Einwanderung, in: FAZ 12. Dezember 2015.

Schelauske, Hans D. (1968): Philosophische Probleme der Naturrechtsdiskussion in Deutschland. Ein Überblick über zwei Jahrzehnte: 1945-1965, Köln 1968.

Scheler, Max (1957): Über Scham und Schamgefühl, in: Ders.: Schriften aus dem Nachlass, Bd.1: Zur Ethik und Erkenntnislehre, Bern 1957, 65-154.

Scheliha, Arnulf von (2013): Protestantische Ethik des Politischen, Tübingen 2013.

Scheliha, Arnulf von (1999): Der Glaube an die göttliche Vorsehung. Eine religionssoziologische, geschichtsphilosophische und theologiegeschichtliche Untersuchung, Stuttgart/Berlin/Köln 1999.

Scherke, Katharina (2009): Emotionen als Forschungsgegenstand der deutschsprachigen Soziologie, Wiesbaden 2009.

Scherke, Katharina (2007): Emotionen in aller Munde? Zum Wandel wissenschaftlichen Interesses, in: Moderne. Kulturwissenschaftliches Jahrbuch 3 (2007), 19-33.

Schetsche, Michael/Schmidt, Renate-Berenike (Hg.) (2010): Sexuelle Verwahrlosung. Empirische Befunde – Gesellschaftliche Diskurse – Sozialethische Reflexionen, Wiesbaden 2010.

Scheuermann, Silke (2014): Skizze vom Gras. Gedichte, Frankfurt am Main 2014.

Scheve, Christian von (2009): Emotionen und soziale Strukturen. Die affektiven Grundlagen sozialer Ordnung, Frankfurt am Main/New York 2009.

Schilderman, Hans (2001): Religion and Emotion. Notes on their Relationship, in: Journal of Empirical Theology 14 (2001), 85-96.

Schiller, Friederich (2009): Über die ästhetische Erziehung des Menschen, Berlin 2009.

Schirach, Ferdinand von (2013): Verbrechen. Stories, München/Zürich 2013.

Schirrmacher, Frank (2013): EGO. Das Spiel des Lebens, München 2013.

Schlaffer, Heinz (2002): Die kurze Geschichte der deutschen Literatur, München 2002.

Schleiermacher, Friedrich Daniel Ernst (1980): Der christliche Glaube nach den Grundsätzen der evangelischen Kirche im Zusammenhange dargestellt (1821/22), KGA I/7.1, hg. von Hermann Fischer, Berlin/New York 1980.

Schleiermacher, Friedrich D.E. (2008): Pädagogik 1820/1821, hg. von Christiane Ehrhardt und Wolfgang Virmond, Berlin 2008, 131-133.

Schleiermacher, Friedrich D.E. (1984): Über die Religion. Reden an die Gebildeten unter ihren Verächtern, in: Ders.: Kritische Gesamtausgabe. Erste Abteilung, Schriften und Entwürfe, Bd.2, Schriften aus der Berliner Zeit 1796-1799, Berlin/New York 1984, 187-326.

Schleissing, Stephan (2005): Wirtschaft, Globalisierung: Protestantismus, in: Klöcker, Michael/Tworuschka, Udo (Hg.): Ethik der Weltreligionen. Ein Handbuch, Darmstadt 2005, 290-293.

Schlink, Bernhard (2000): Liebesfluchten. Erzählungen, Zürich 2000.

Schlink, Bernhard (1995): Der Vorleser. Roman, Zürich 1995.

Schlögl-Flierl, Kerstin (2014): Web 3.0. Eine neue Herausforderung für die theologische Ethik, in: Ethica 22 (2014), 55-72.

Schlossberger, Matthias (2000): Philosophie der Scham, in: Deutsche Zeitschrift für Philosophie 48 (2000), 807-829.

Schmid, Konrad (2012): Altes Testament, in: Ders. (Hg.): Schöpfung, Themen der Theologie 4, Tübingen 2012, 71-120.

Schmid, Konrad (2002): Die Unteilbarkeit der Weisheit. Überlegungen zur sogenannten Paradieserzählung Gen 2f. und ihrer theologischen Tendenz, in: Zeitschrift für die alttestamentliche Wissenschaft 114 (2002), 21-39.

Schmidt, Eric (2015): Die Chancen des Wachstums, in: Schirrmacher, Frank (Hg.): Technologischer Totalitarismus. Eine Debatte, Berlin 2015, 23-28.

Schmidt, Gunter/Matthiesen, Silja/Dekker, Arne/Starke, Kurt (Hg.) (2006): Spätmoderne Beziehungswelten. Report über Partnerschaft und Sexualität in drei Generationen, Wiesbaden 2006.

Schmidt Jan (2009): Das neue Netz. Merkmale, Praktiken und Folgen des Web 2.0, Konstanz 2009.

Schmidt, Jan (2005): Technik/Technologie IV. Gesellschaftstheoretisch, in: RGG[4] 8 (2005), 108-110.

Schmidt, Jens-Uwe (1986): Adressat und Paraineseform. Zur Intention von Hesiods »Werken und Tagen«, Hypomnemata Bd. 86, Göttingen 1986.

Schmidt, Ludwig (1996): Weisheit und Geschichte beim Elohisten, in: Diesel, Anja A./Lehmann, Reinhard G./Otto, Eckart/Wagner, Andreas (Hg.): »Jedes Ding hat seine Zeit ...«. Studien zur israelitischen und altorientalischen Weisheit. Diethelm Michel zum 65. Geburtstag, Beihefte zur Zeitschrift für die alttestamentliche Wissenschaft 241, Berlin/New York 1996, 209-226.

Schmitt, Carl (1963): Der Begriff des Politischen, Berlin 1963.

Schmitz, Hermann (2014): Atmosphären, Freiburg i. Br./München 2014.

Schmitz, Herrmann (2012): Das Reich der Normen, Freiburg i. Br./München 2012.

Schmitz, Hermann (2011): Der Leib, Berlin/Boston 2011.

Schmitz, Herrmann (2007): Der Leib, der Raum und die Gefühle. Um eine Vorrede vermehrte und aktualisierte Neuauflage, Bielefeld/Locarno 2007.

Schmitz, Hermann (2006): Scham und Macht – Kann man Scham auf Dauer stellen?, in: Berliner Debatte Initial 17 (2006),100-104.

Schmitz, Hermann (2003): Wie Tiere sind, in: Brenner, Andreas (Hg.): Tiere beschreiben, Erlangen 2003, 86-104.

Schmitz, Hermann (2000): Die Verwaltung der Gefühle in Theorie, Macht und Phantasie, in: Benthien, Claudia/Fleig, Anne/Kasten, Ingrid (Hg.): Emotionalität. Zur Geschichte der Gefühle, Köln/Weimar/Wien 2000, 42-59.

Schmitz, Herrmann (1998): Der Leib, der Raum und die Gefühle, Ostfildern 1998.

Schmitz, Hermann (1993): Die Liebe, Bonn 1993.

Schmitz, Hermann (1990): Der unerschöpfliche Gegenstand. Grundzüge der Philosophie, Bonn 1990.

Schmitz, Herrmann (1989): Die Angst: Atmosphäre und leibliches Befinden, in: Ders. (Hg.): Leib und Gefühl. Materialien zu einer philosophischen Therapeutik, Paderborn 1989, 135-152.

Schmitz, Hermann (1980): Neue Phänomenologie, Bonn 1980.

Schmitz, Hermann (1977): System der Philosophie Band III: Der Raum, 4. Teil: Das Göttliche und der Raum, Bonn 1977.

Schmitz, Hermann (1973): System der Philosophie III: Der Raum, 3. Teil: Der Rechtsraum. Praktische Philosophie, Bonn 1973.

Schmitz, Herrmann (1965): System der Philosophie II: Der Leib, 1. Teil, Bonn 1965.

Schnaas, Dieter (2010): Kleine Kulturgeschichte des Geldes, München 2010.

Schneider-Flume, Gunda (2010): Die Geschichte der Imago Dei als Schutzraum der Menschenwürde, in: Ammer, Christian/von Bülow, Vicco/Heimbucher, Martin (Hg.): Herausforderung Menschenwürde. Beiträge zum interdisziplinären Gespräch. Evangelische Impulse, Neukirchen-Vluyn 2010, 37-60.

Schneider-Quindeau, Werner (2007): Die »zweite Schöpfung« im Kino. »Künstliche Inteligenz« zwischen Traum und Alptraum, Erlösung und Vernichtung, in: Bohrmann, Thomas/Veith, Werner/Zoller, Stephan (Hg.): Handbuch Theologie und Populärer Film, Bd. 1, Paderborn u.a. 2007, 257-268.

Schneuwly, Joseph (1954): Das Schamgefühl in Wladimir Solovieffs »Rechtfertigung des Guten«, Freiburg i.d. Schweiz 1954.

Schoberth, Wolfgang (2009): Prolegomena zu einer ›narrativen Ethik‹. Zum Zusammenhang von Anthropologie und Ethik, in: Hofheinz, Marco/Mathwig, Frank/Zeindler, Matthias (Hg.): Ethik und Erzählung. Theologische und philosophische Beiträge zur narrativen Ethik, Zürich 2009, 249-273.

Schockenhoff, Eberhard (2008): Von der Therapie zur Verbesserung? Überlegungen zum künftigen Weg der Medizin, in: Schäfer, Daniel/Frewer, Andreas/Schockenhoff, Eberhard/Wetzstein, Verena (Hg.) (2008): Gesundheitskonzepte im Wandel. Geschichte, Ethik und Gesellschaft, Stuttgart 2008, 293-302.

Schockenhoff, Eberhard (2007): Grundlegung der Ethik. Ein theologischer Entwurf, Freiburg i. Br. 2007.

Schockenhoff, Eberhard (2001): Krankheit – Gesundheit – Heilung. Wege zum Heil aus biblischer Sicht, Regensburg 2001.

Schöne-Seifert, Bettina (2014): Wenn es ganz unerträglich wird, in: FAZ 5.11.2014.

Schopenhauer, Arthur (2007): Über die Grundlagen der Moral. Mit Einleitung, Anmerkung und einem Register hg. von Peter Welsen, Hamburg 2007.

Schottlaender, Rudolf (1982): Zu einer neophänomenologischen Gefühlstheorie. Über einen Aspekt der von Hermann Schmitz seinem zehnbändigen »System der Philosophie« nachgeschickten Schrift »Neue Phänomenologie«, in: Philosophisches Jahrbuch 89 (1982), 162-167.

Schroer, Silvia/Staubli, Thomas (2007): Biblische Emotionswelten, in: Katechetische Blätter 132 (2007), 44-49.

Schües, Christina (2008): Philosophie des Geborenseins, Freiburg i. Br. 2008.

Schüle, Andreas (2006): Der Prolog der hebräischen Bibel. Der literar- und theologiegeschichtliche Diskurs der Urgeschichte (Gen 1-11), Zürich 2006.

Schürmann, Eva (2013): Erscheinen als Ereignis. Zeittheoretische Überlegungen zur Fotographie, in: Alloa, Emmanuel (Hg.): Erscheinung und Ereignis. Zur Zeitlichkeit des Bildes, München 2013, 17-38.

Schuster, Max-Josef (2011): Scham. Ein Kaleidoskop der Gefühle, in: meditation 3/2011, 2-7.

Schützeichel, Reiner (2006): Emotionen und Sozialtheorie. Disziplinäre Ansätze, Frankfurt am Main 2006.

Schwarke, Christian (2014): Technik und Religion. Religiöse Deutungen und theologische Rezeption der Zweiten Industrialisierung in den USA und Deutschland, Stuttgart 2014.

Schwarke, Christian (2005): Technik und Theologie. Was ist der Gegenstand einer theologischen Technikethik?, in: Zeitschrift für Evangelische Ethik 49 (2005), 88-104.

Schwarke, Christian (2000): Die Kultur der Gene. Eine theologische Hermeneutik der Gentechnik, Stuttgart 2000.

Schweitzer, Albert (2007): Kulturphilosophie. Verfall und Wiederaufbau der Natur. Kultur und Ethik, München 2007.

Schweitzer, Albert (2006): Ehrfurcht vor den Tieren, hg. von Erich Gräßer, München 2006.

Schweitzer, Albert (1981): Die Mystik des Apostels Paulus, Tübingen 1981.

Schweizer, Eduard (1973): Das Evangelium nach Matthäus. NTD Bd. 2, Göttingen 1973.

Schwenger, Friedrich (2010): »Reshaming« – Eine sinnvolle Praxis aus dem Restorative Justice?, in: Greifenstein, Karin/Faber, Martin (Hg.): »Hinter dem Feigenblatt«: Schuld, Scham, Beschämung. Dokumentation der Jahrestagung der Evangelischen Konferenz für Gefängnisseelsorge in Deutschland vom 26. – 20. April in Waldfischbach-Burgalben, Hannover 2010, 45-53.

Schwienhorst-Schönberger, Ludger (2013): Alttestamentliche Weisheit im Diskurs, in: Zeitschrift für die alttestamentliche Wissenschaft 125 (2013), 118-142.

Schwöbel, Christoph (2009): Herausforderung für die Freiheit. Die Herausforderung des religiös-weltanschaulichen Pluralismus für personale Freiheit – Risiken und Chancen, in: Mühling, Markus (Hg.): Gezwungene Freiheit? Personale Freiheit im pluralistischen Europa, Göttingen 2009, 207-213.

Schwöbel, Christoph (2005): Der Gott der Geschichte und der Gott der Weisheit. Systematisch-theologische Erwägungen im Anschluss an Gerhard von Rad, in: Hanson, Paul/Janowski, Bernd/Welker, Michael (Hg.): Biblische Theologie. Beiträge des Symposiums »Das Alte Testament und die Kultur der Moderne« anlässlich des 100. Geburtstags Gerhard v. Rads (1901–1971), Heidelberg 18. – 21. – Oktober 2001, atm 14, Münster 2005, 139-154.

Scruton, Roger (2012): Schönheit. Eine Ästhetik. Aus dem Englischen von Reinhard Kreissl, München 2012.

Sedlácek, Tomas (2012): Die Ökonomie von Gut und Böse. Aus dem Englischen von Ingrid Proß-Gill, München 2012.

Seel, Martin (1991): Eine Ästhetik der Natur, Frankfurt am Main 1991.

Seele, Peter/Pfleiderer, Georg (Hg.) (2013): Kapitalismus. Eine Religion in der Krise I. Grundprobleme von Risiko, Vertrauen, Schuld, Zürich 2013.

Segbers, Franz (2011): Die Dahlemer Thesen zu »Theologie und Wirtschaftsordnung« und die »Freiburger Denkschrift« (1943) aus dem Geist der Barmer Theologischen Erklärung. Eine unbeachtete Ursprungslinie der Sozialen Marktwirtschaft, in: Zeitschrift für Evangelische Ethik 55 (2011), 83-95.

Seibert, Christoph (2009): Gefühl und Vernunft. Überlegungen zu Max Schelers fundamentalethischem Ansatz, in: Theologie und Philosophie 84 (2009), 509-523.

Seidler, Günther H. (1995): Der Blick des Anderen. Eine Analyse der Scham, Stuttgart 1995.

Sekretariat der Deutschen Bischofskonferenz (Hg.) (2000): Gerechter Friede. Die deutschen Bischöfe 66, Bonn 2000.

Selke, Stefan (2013): Schamland. Die Armut mitten unter uns, Berlin 2013.

Sen, Armatya (2010): Die Idee der Gerechtigkeit. Aus dem Englischen von Christa Krüger, München 2010.

Sen, Amartya (1993): Capability and Well-Being, in: Ders./Nussbaum, Martha (Hg.): The Quality of Life, Oxford 1993, 30-53.

Sepp, Hans Rainer (2013): Einbrüche im Erscheinen. Von der Uneinholbarkeit des Selbst im Bildnis, in: Alloa, Emmanuel (Hg.): Erscheinung und Ereignis. Zur Zeitlichkeit des Bildes, München 2013, 151-164.

Seubold, Günter (1985): Mittel zum Zweck? Martin Heideggers Kritik der instrumentalen Interpretation neuzeitlicher Technik, in: Baumgartner, Hans Michael/Irrgang, Bernhard (Hg.): Am Ende der Neuzeit? Die Forderungen eines fundamentalen Wertwandels und ihre Probleme, Würzburg 1985, 51-68.

Seybold, Klaus (2003): Poetik der Psalmen, Stuttgart 2003.

Sheppard, Gerald T. (1980): Wisdom as a Hermeneutical Construct. A Study in the Sapientializing of the Old Testament, Berlin/New York 1980.

Shklar, Judith N. (2014): Ganz normale Laster. Aus dem Amerikanischen übersetzt und mit einem Nachwort versehen von Hannes Bajohr, Berlin 2014.

Shklar, Judith N. (2013): Der Liberalismus der Furcht. Übersetzt und hg. von Hannes Bajohr, Berlin 2013.

Shklar, Judith N. (1997): Über Ungerechtigkeit. Erkundungen zu einem moralischen Gefühl. Aus dem Amerikanischen von Christiane Goldmann, Berlin 1997.

Siemons, Mark (2016): Ohnmacht der Mitte. Im öffentlichen Diskurs hat der Rassismus keine Chance. Trotzdem wird er immer stärker. Warum?, in: FAS Nr. 22, 1. Juni 2016, 45.

Siep, Ludwig (1998): Bioethik, in: Pieper, Annemarie u.a. (Hg.): Angewandte Ethik. Eine Einführung, München 1998, 16-36.

Simmel, Georg (2016): Philosophie des Geldes. Zweite, vermehrte Auflage von 1907, Berlin 2016.

Singer, Peter (2016): Effektiver Altruismus. Eine Anleitung zum ethischen Leben. Aus dem Englischen von Jan-Erik Strasser, Berlin 2016.

Singer, Peter (2013): Praktische Ethik. Aus dem Englischen von Oscar Bischoff, Stuttgart 2013.

Singer, Peter (1980): Animal Liberation. Die Befreiung der Tiere. Aus dem Englischen von Elke vom Scheidt, Reinbek bei Hamburg 1980.

Sistermann, Rolf (1996): Symbole, Mythen und Gefühle. Zur Theorie der Gefühle als Grundlage einer symboldidaktischen Glaubenslehre, in: Der Evangelische Erzieher 48 (1996), 69-85.

Slenczka, Notger (2015): Neid, in: Barth, Roderich/Zarnow, Christopher (Hg.): Theologie der Gefühle, Berlin/Boston 2015, 157-189.

Slenczka, Notger (2014): ›Sich schämen‹. Zum Sinn und theologischen Ertrag einer Phänomenologie negativer Selbstverhältnisse, in: Richter, Cornelia u.a. (Hg.): Dogmatik im Diskurs, Leipzig 2014, 241-261.

Slenczka, Notger (2013): Die Kirche und das Alte Testament, in: Gräb-Schmidt, Elisabeth (Hg.): Das Alte Testament in der Theologie, Marburger Jahrbuch Theologie XXV, Leipzig 2013, 83-119.

Sloterdijk, Peter (2009): ›Du mußt dein Leben ändern‹. Über Anthropotechnik, Frankfurt am Main 2009.

Sloterdijk, Peter (2008): Zorn und Zeit, Frankfurt am Main 2008.

Sloterdijk, Peter (2004): Sphären III: Schäume, Plurale Sphärologie, Frankfurt am Main 2004.

Sloterdijk, Peter (1988): Zur Welt kommen – Zur Sprache kommen. Frankfurter Vorlesungen, Frankfurt am Main 1988.

Smith, Adam (1977): Theorie der ethischen Gefühle. Aus dem Englischen von Horst D. Brandt, Hamburg 1977.

Sofoulis, Zoë (2002): Post-, nicht- und parahuman. Ein Beitrag zu einer Theorie soziotechnischer Personalität, in: Angerer, Marie-Luise/Peters, Kathrin/Sofoulis, Zoe (Hg.): Future Bodies. Zur Visualisierung von Körpern in Science und Fiction, Wien/New York 2002, 273-297.

Solomon, Robert C. (2000): Gefühle und der Sinn des Lebens, Frankfurt am Main 2000.

Sontag, Susan (2007): Notes on camp, in: Dettmar, Ute/Küpper, Thomas (Hg.): Kitsch. Texte und Theorien, Stuttgart 2007, 285-288.

Sontag, Susan (1978): Über Fotografie. Aus dem Amerikanischen von Mark W. Rien und Gertrud Baruch, München/Wien 1978.

Soros, George (2014): Wetten auf Europa: Warum Deutschland den Euro retten muss, um sich selbst zu retten. Im Gespräch mit Gregor Peter Schmitz, Frankfurt am Main 2014.

Sousa, Ronald de (1997): The Rationality of Emotion, Cambridge/Mass. 1997.

Spieckermann, Hermann (2004): Gott im Gleichnis der Welt. Die Stellung der Weisheit in der Theologie des Alten Testaments, in: Oeming, Manfred/Schmid, Konrad/Welker, Michael (Hg.): Das Alte Testament und die Kultur der Moderne. Beiträge des Symposiums »Das Alte Testament und die Kultur der Moderne« anlässlich des 100. Geburtstags Gerhard von Rads (1901-1971), Münster 2004, 99-115.

Spitzer, Manfred (2012): Digitale Demenz. Wie wir unsere Kinder um den Verstand bringen, München 2012.

Spreen, Dierk (2015): Upgradekultur. Der Körper in der Enhancementgesellschaft, Bielefeld 2015.

Stallknecht, Michael (2014): Irren gehört dazu. Seinsgeschichtlicher Antisemitismus. Peter Trawny, Herausgeber der »Schwarzen Hefte«, über Abgründe im Denken Heideggers – und warum der Philosoph anregend bleibt, in: Cicero, Dezember 2014, 131-132.

Stegemann, Wolfgang (2010): Jesus und seine Zeit, Stuttgart 2010.

Steger, Peter (1997): Die Scham in der griechisch-römischen Antike. Eine philosophisch-historische Bestandsaufnahme von Homer bis zum Neuen Testament, in: Kühn, Rolf/Raub, Michael/Titze, Michael (Hg.): Scham. Ein menschliches Gefühl, kulturelle, psychologische und philosophische Perspektiven, Opladen 1997, 57-73.

Steinkühler, Martina (2013): Kain und Abel, in: Zimmermann, Mirjam/Zimmermann, Ruben (Hg.): Handbuch Bibeldidaktik, Tübingen 2013, 275-279.

Stenger, Jan (2009): Ich schäme mich, also bin ich. Scham und Selbstbewußtsein in der griechischen Literatur, in: Arweiler, Alexander/Möller, Melanie (Hg.): Vom Selbst-Verständnis in Antike und Neuzeit/Notions of the Self in Antiquity and Beyond, Berlin/New York 2009, 217-238.

Stiebert, Johanna (2002): The Construction of Shame in the Hebrew Bible. The Prophetic Contribution, Sheffield 2002.

Stock, Konrad (2011): Einleitung in die Systematische Theologie, Berlin/New York 2011.

Stock, Konrad (2000): Gottes wahre Liebe. Theologische Phänomenologie der Liebe, Tübingen 2000.

Stock, Konrad (1999): Emotionen III. Ethisch, in: RGG[4] 2 (1999), 1260.

Stock, Konrad (1995): Grundlegung der protestantischen Tugendlehre, Gütersloh 1995.

Stock, Wibke-Marie (2004): Geschichte des Blicks. Zu Texten von Georges Didi-Huberman, Berlin 2004.

Stoellger, Philipp (2000): Metapher und Lebenswelt. Blumenbergs Metaphorologie als Lebenswelthermeneutik und ihr religionsphänomenologischer Horizont, Tübingen 2000.

Stoker, Wessel (2003): Religion als Ausdruck des gestimmten Gefühls. Schleiermachers Sicht der religiösen Erfahrung in den »Reden«, in: Schreurs, Nico F.M. (Hg.): »Welch unendliche Fülle offenbart sich da...«. Die Wirkungsgeschichte von Schleiermachers »Reden über die Religion«, Assen 2003, 79-104.

Strauß, Botho (2014): Herkunft. Erzählung, München 2014.

Strawson, Peter (1978): Freiheit und Übelnehmen, in: Ulrich Pothast (Hg.): Freies Handeln und Determinismus, Frankfurt am Main 1978, 201-233.

Strube, Sonja Angelika (2011): »Die Frage ist freilich, wie man vom Text zum Handeln kommt.« Die Bedeutung von Emotionen für Lesen, Handeln und Exegese, in: Kügler, Joachim/Souga Onomo, Eric/Feder, Stephanie (Hg.): Bibel und Praxis. Beiträge des Internationalen Bibel-Symposiums 2009 in Bamberg, bayreuther forum TRANSIT 11, Berlin 2011, 173-188.

Strunk, Heinz (2009): Fleckenteufel. Roman, Reinbek bei Hamburg 2009.

Suleiman, Bettina (2014): Auswilderung, Berlin 2014.

Surall, Frank (2015): Ethik der Lebensformen, in: Huber, Wolfgang/Meireis, Torsten/Reuter, Hans-Richard (Hg.): Handbuch der Evangelischen Ethik, München 2015, 431-516.

Surall, Frank (2009): Ethik des Kindes. Kinderrechte und ihre theologisch-ethische Rezeption, Stuttgart 2009.

Süssmuth, Hans (Hg.) (2002): Historische Anthropologie. Der Mensch in der Geschichte, Göttingen 2002.

Swertz, Christian/Wallnöfer, Elsbeth (2006): Internet und Scham – Sensationen, Skurrilitäten und Tabus im Internet, in: Ganguin, Sonja/Sanders, Uwe (Hg.): Sensation, Skurrilität und Tabus in den Medien, Wiesbaden 2006, 69-76.

Tangney, June Price/Stuewig, Jeff/Mashek, Debra J. (2007): Moral Emotions and Moral Behavior, in: Annual Review of Psychology 58 (2007), 345-372.

Tanner, Klaus (1993): Der lange Schatten des Naturrechts. Eine fundamentalethische Untersuchung, Stuttgart 1993.

Taylor, Gabrielle (1985): Pride, Shame and Guilt. Emotions of Self-Assessment, Oxford 1985.

Teichert, Will (2005): Medienethik, in: Nida-Rümelin, Julian (Hg.): Angewandte Ethik. Die Bereichsethiken und ihre theoretische Fundierung, Stuttgart 2005, 803-833.

Thandeka, Abraham (2005): Schleiermacher's »Affekt« Theology, in: International Journal of Practical Theology 9 (2005), 197-216.

't Hart, Maarten (2016): Magdalena. Eine Familiengeschichte. Aus dem Niederländischen von Gregor Seferens, München/Berlin/Zürich 2016.

Theißen, Gerd (2013): Bibelhermeneutik und Ethikbegründung. Wie können Imperative in religiösen Erfahrungen begründet werden?, in: Horn, Friedrich W./Volp, Ulrich/Zimmermann, Ruben (Hg.): Ethische Normen des frühen Christentums. Gut – Leben – Leib – Tugend. Kontexte und Normen neutestamentlicher Ethik. Contexts and Norms of New Testament Ethics, Bd. IV, Tübingen 2013, 29-52.

Theißen, Gerd (2012): Glaubenssätze. Ein kritischer Katechismus, Gütersloh 2012.

Theißen, Gerd (2008): Die Weisheit des Urchristentums, München 2008.

Theißen, Gerd (2007): Erleben und Verhalten der ersten Christen. Eine Psychologie des Urchristentums, Gütersloh 2007.

Theißen, Gerd (2003): Zur Bibel motivieren. Aufgaben, Inhalte und Methoden einer offenen Bibeldidaktik, Gütersloh 2003.

Theißen, Gerd (1992): Die Bibel an der Schwelle zum dritten Jahrtausend n. Chr. Überlegungen zu einer Bibeldidaktik für das Jahr 1992, in: Theologia Practica 27 (1992), 4-23.

Theißen, Henning (2012): Natalität. Eine noch junge Begriffskarriere in der Anthropologie, in: Neue Zeitschrift für Systematische Theologie und Religionsphilosophie 54 (2012), 285-311.

Theunissen, Michael (2002): Freiheit und Schuld – Freiheit und Sünde, in: Bedford-Strohm, Heinrich/Reuter, Hans-Richard/Kuhlmann, Helga/Lütcke, Karl-Heinrich (Hg.): Freiheit verantworten. Festschrift für Wolfgang Huber, Gütersloh 2002, 343-356.

Theunissen, Michael (1991a): Freiheit von der Zeit. Ästhetisches Anschauen als Verweilen, in: Ders. (Hg.): Negative Theologie der Zeit, Frankfurt am Main 1991.

Theunissen, Michael (1991b): Ho aitón lambánei. Der Gebetsglaube Jesu und die Zeitlichkeit des Christsein, in: Ders. (Hg.): Negative Theologie der Zeit, Frankfurt am Main 1991, 321-377.

Thiede, Werner (2013): Die digitalisierte Freiheit. Morgenröte einer technokratischen Ersatzreligion, Münster 2013.

Thielicke, Helmut (1964a): Der Einzelne und der Apparat. Von der Freiheit des Menschen im technischen Zeitalter, Hamburg 1964.

Thielicke, Helmut (1964b): Theologische Ethik, III. Band, Tübingen 1964, 559-563.

Thomas, Günter (2009): Krankheit im Horizont der Lebendigkeit Gottes, in: Thomas, Günter/Karle, Isolde (Hg.): Krankheitsdeutung in der postsäkularen Gesellschaft. Theologische Ansätze im interdisziplinären Gespräch, Stuttgart 2009, 503-525.

Thomas, Günter (2003): Umkämpfte Aufmerksamkeit. Medienethische Erwägungen zu einer knappen kulturellen Ressource, in: Zeitschrift für Evangelische Ethik 47 (2003), 89-104.

Tiedemann, Holger (2005): Sexualität, in: Erlemann, Kurt/Noethlichs, Karl Leo/Scherberich, Klaus/Wagner,Thomas/Zangenberg, Jürgen (Hg.): Neues Testament und Antike Kultur, Bd. 2, Neukirchen-Vluyn 2005, 21-25.

Tillich, Paul (1965): Systematische Theologie III, Stuttgart 1965.

Timm, Hermann (1995): Die Weisheit. Die kanonische Entsockelung der Megatheologie, in: Ders.: Sage und Schreibe. Inszenierungen religiöser Lesekultur, Kampen 1995, 260-271.

Timm, Hermann (1992): Phänomenologie des Heiligen Geistes, Bd. 2, Dialektik. Von Angesicht zu Angesicht. Sprachmorphische Anthropologie, Gütersloh 1992.

Timm, Hermann (1985): Phänomenologie des Heiligen Geistes. Bd.1. Das Weltquadrat. Eine religiöse Kosmologie, Gütersloh 1985.

Timm, Hermann (1983): Zwischenfälle. Zur Grundierung des Alltags, Gütersloh 1983.

Timm, Hermann (1977): Das weite Herz. Religiöses Philosophieren in Israel, in: Zeitschrift für Theologie und Kirche, 74 (1977), 224-237.

Tomasello, Michael (2014): Eine Naturgeschichte des menschlichen Denkens. Aus dem Amerikanischen von Jürgen Schröder, Berlin 2014.

Tomasello, Michael (2011): Die Ursprünge der menschlichen Kommunikation. Aus dem Amerikanischen von Jürgen Schröder, Berlin 2011.

Trillhaas, Wolfgang (1970): Ethik, Berlin 1970.

Trowitzsch, Michael (1988): Heideggers Verständnis der neuzeitlichen Technik. Vorüberlegungen, in: Ders.: Technokratie und Geist der Zeit. Beiträge zu einer theologischen Kritik, Tübingen 1988, 83-195.

Tugendhat, Ernst (2006): Das Problem einer autonomen Moral, in: Scarano, Nico/Suárez, Mauricio (Hg.): Ernst Tugendhats Ethik. Einwände und Erwiderungen, München 2006, 13-30.

Tugendhat, Ernst (2003): Egozentrizität und Mystik. Eine anthropologische Studie, München 2003.

Tugendhat, Ernst (2001): Aufsätze 1992-2000, Frankfurt am Main 2001.

Tugendhat, Ernst (1993): Vorlesungen über Ethik, Frankfurt am Main 1993.

Tugendhat, Ernst (1992): Zum Begriff und zur Begründung von Moral, in: Ders.: Philosophische Aufsätze, Frankfurt am Main 1992, 315-333.

Turner, Victor (1989): Vom Ritual zum Theater. Der Ernst des menschlichen Spiels. Aus dem Englischen von Sylvia M. Schomburg-Scherff, Frankfurt am Main/New York 1989.

Ulfkotte, Udo (2014): Gekaufte Journalisten. Wie Politiker, Geheimdienste und Hochfinanz Deutschlands Massenmedien lenken, Rottenburg 2014.

Ullmann, Linn (2004): Gnade. Roman. Aus dem Norwegischen von Ina Kronenberger, München 2004.

Ullrich, Wolfgang (2016a): Siegerkunst. Neuer Adel, teure Lust, Berlin 2016.

Ullrich, Wolfgang (2016b): Der kreative Mensch. Streit um eine Idee, Salzburg/Wien 2016.

Ullrich, Wolfgang (2015): Selfies als Weltsprache, in: Müller-Tamm, Pia/Schäfer, Doris (Hg.): Ich bin hier! Von Rembrandt zum Selfie. Ein Kooperationsprojekt der Staatlichen Kunsthalle Karlsruhe, des Musée des Beaux-Arts in Lyon und der National Galleries of Scotland in Edinburgh, Köln 2015, 32-43.

Ullrich, Wolfgang (2014): Des Geistes Gegenwart. Eine Wissenschaftspoetik, Berlin 2014.

Ulrich, Hans G. (1988): Eschatologie und Ethik. Die theologische Theorie der Ethik in ihrer besonderen Beziehung auf die Rede von Gott seit Friedrich Schleiermacher, München 1988.

Ulrich, Peter (2010): Zivilisierte Marktwirtschaft. Eine wirtschaftsethische Orientierung. Aktualisierte und erweiterte Neuausgabe, Bern 2010.

Ulrich, Peter (2002): Der entzauberte Markt. Eine wirtschaftsethische Orientierung, Freiburg i. Br. 2002.

Ulrich, Peter (1987): Transformation der ökonomischen Vernunft. Fortschrittsperspektiven der modernen Industriegesellschaft, Bern/Stuttgart 1987.

Utzschneider, Helmut (1999): Michas Reise in die Zeit. Studien zum Drama als Genre der prophetischen Literatur. Stuttgarter Bibelstudien 180, Stuttgart 1999.

Vester, Heinz-Günter (1999): Emotions in Postemotional Culture, in: Schlaeger, Jürgen/Stedman, Gesa (Hg.): Representations of Emotions, Literatur und Anthropologie Bd. 3,Tübingen 1999, 19-28.

Virilio, Paul (2012): Der große Beschleuniger. Aus dem Französischen von Paul Maercker, Wien 2012.

Vogl, Joseph (2010): Das Gespenst des Kapitals, Zürich 2010.

Vogt, Ludgera (1997): Zur Logik der Ehre in der Gegenwartsgesellschaft, Frankfurt am Main 1997.

Vogt, Ludgera/Zingerle, Arnold (Hg.) (1994): Ehre. Archaische Momente in der Moderne, Frankfurt am Main 1994.

Voigt, Friedemann (2008): Geist und Wirklichkeit. Zur ethischen Dimension der Pneumatologie, in: Zeitschrift für Evangelische Ethik 52 (2008), 89-103.

Voigt, Friedemann (2007): Das protestantische Leistungsethos. Konturen einer historischen These und ihrer aktuellen ethischen Bedeutung, in: Laube, Martin (Hg.): Sprachlos gegenüber Leistung und Erfolg? Das ambivalente Profil der Kirchen in der modernen Gesellschaft, Loccumer Protokolle 64 (2007), 111-123.

Volkmann, Uwe (2016): Die Fragen des Flüchtlings. Sollen wir unsere Grenzen weiterhin öffnen oder nun endlich schließen? Drei Gründe, drei Gegengründe – und was das über uns selbst verrät, in: FAZ 29. Februar 2016, 6.

Vries, Hent de (2001): Levinas über Kunst und Wahrheit, in: Fischer, Matthias/Gondek, Hans-Dieter/Liebsch, Burkhard (Hg.): Vernunft im Zeichen des Fremden. Zur Philosophie von Bernhard Waldenfels, Frankfurt am Main 2001, 99-129.

Waal, Franz de (2011): Das Prinzip Empathie. Was wir von der Natur für eine bessere Gesellschaft lernen können. Aus dem Englischen von Hainer Kobel, München 2011.

Waal, Franz de (2008): Primaten und Philosophen. Wie die Evolution die Moral hervorbrachte. Aus dem Englischen von Hartmut Schickert, Birgit Brandau, Klaus Fritz, hg. von Stephen Macedo und Josiah Ober, München 2008.

Wackernagel-Jacobs, Barbara (Hg.) (2015): Sputnik Moment. 30 gewonnene Jahre. Das Buch zum Film, Saarbrücken 2015.

Wagener, Fredrik (2015): Figuren als Handlungsmodelle: Simon Petrus, die samaritanische Frau, Judas und Thomas als Zugänge zu einer narrativen Ethik des Johannesevangeliums, Tübingen 2015.

Wagenknecht, Sahra (2016): Reichtum ohne Gier. Wie wir uns vor dem Kapitalismus retten, Frankfurt am Main 2016.

Wagner, Andreas (2007): Der Parallelismus Membrorum zwischen poetischer Form und Denkfigur, in: Ders. (Hg.): Parallelismus Membrorum, Fribourg 2007, 1-24.

Wagner, Andreas (2006): Emotionen, Gefühle und Sprache im Alten Testament, Waltrop 2006.

Wagner, Falk (1998): Selbstzeugnis, in: Henning, Christian/Lehmkühler, Karsten (Hg.): Systematische Theologie der Gegenwart in Selbstdarstellungen, Tübingen 1998, 276-299.

Wagner, Falk (1996): Kritik und Krise der Religion. Überlegungen zu Günter Dux' historisch-genetischer Theorie der Religion, in: Ders./Murrmann-Kahl, Michael (Hg.): Ende der Religion – Religion ohne Ende? Zur Theorie der ›Geistesgeschichte‹ von Günter Dux, Wien 1996, 17-123; 285-293.

Wagner, Falk (1995a): Recht und Religion in der Sicht der protestantischen Theologie, in: Ders.: Zur gegenwärtigen Lage des Protestantismus, Gütersloh 1995, 114-136.

Wagner, Falk (1995b): Recht und Moral in der theologischen Ethik, in: Ders.: Zur gegenwärtigen Lage des Protestantismus, Gütersloh 1995, 137-157.

Wagner, Falk (1991a): Was ist Religion? Studien zu ihrem Begriff und Thema in Geschichte und Gegenwart, Gütersloh 1991.

Wagner, Falk (1991b): Der irdische Gott des Geldes, in: Religion heute 1/1991, 32-37.

Wagner, Falk (1985): Geld oder Gott? Zur Geldbestimmtheit der kulturellen und religiösen Lebenswelt, Stuttgart 1985.

Wagner, Falk (1975): Sozialethik als Theorie des Geistes, in: Zeitschrift für Evangelische Ethik 19 (1975), 197-214.

Wagner-Rau, Ulrike (2011): Scham. Blickwechsel zwischen Theologie und Psychoanalyse, in: Pastoraltheologie 100 (2011), 184-197.

Wahlberg, Mats (2016): The Medium, the Message, and the Mass: What has Marshall McLuhan to say to Systematic Theology, in: Nord, Ilona/Zipernovsky, Hanna (Hg.): Religionspädagogik in einer mediatisierten Welt, Stuttgart 2016. Im Druck.

Wälchli, Stefan (1999): Der weise König Salomo. Eine Studie zu den Erzählungen von der Weisheit Salomos in ihrem alttestamentlichen und altorientalischen Kontext, Stuttgart 1999.

Waldenfels, Bernhard (2012): Wahrsprechen und Antworten, in: Gehring, Petra/Gelhard, Andreas: Parrhesia. Foucault und der Mut zur Wahrheit, Zürich 2012, 63-81.

Waldenfels, Bernhard (2007): Antwortregister, Frankfurt am Main 2007.

Waldenfels, Bernhard (2000): Das leibliche Selbst. Vorlesungen zur Phänomenologie des Leibes, Frankfurt am Main 2000.

Wallace, David Foster (2012): Kurze Interviews mit fiesen Männern. Storys. Aus dem amerikanischen Englisch von Marcus Ingendaay, Köln/Reinbek bei Hamburg 2012.

Wallace, David Foster (2010): Am Beispiel des Hummers. Aus dem Amerikanischen Englisch von Marcus Ingendaay, Köln 2010.

Wallich, Matthias (2004): @-Theologie. Medientheologie und Theologie des Rests, St. Ingbert 2004.

Walzer, Michael (2006): Sphären der Gerechtigkeit. Ein Plädoyer für Pluralität und Gleichheit. Aus dem Englischen von Hanne Herkommer, Frankfurt am Main 2006.

Wannenwetsch, Bernd (2004): Singen und Sagen. Zur musisch-musikalischen Dimension der Theologie, in: Neue Zeitschrift für systematische Theologie und Religionsphilosophie 46 (2004), 330-347.

Ward, Peter (1992): Kitsch as Kitsch can. Ein Konsumführer für den schlechten Geschmack. Aus dem Amerikanischen von Stephen Tree, Berlin 1992.

Weber, Max (1993): Die protestantische Ethik und der Geist des Kapitalismus, Bodenheim 1993.

Weber-Guskar, Eva (2009): Die Klarheit der Gefühle, Berlin 2009.

Weidenholzer, Anna (2012): Der Winter tut den Fischen gut. Roman, St. Pölten/Salzburg/Wien 2012.

Weisberg, Richard (2013): Rechtsgeschichten. Über Gerechtigkeit in der Literatur. Aus dem Amerikanischen von Walter Popp. Mit einem Nachwort von Bernhard Schlink, Frankfurt am Main 2013.

Weitin, Thomas (2010): Recht und Literatur, Münster 2010.

Weitin, Thomas (2009): Zeugenschaft. Das Recht der Literatur, München 2009.

Welzer, Harald (2016): Die smarte Diktatur. Der Angriff auf unsere Freiheit, Frankfurt am Main 2016.

Wende, Sven (2001): Techniktheorie in evangelischer Perspektive. Eine theologische Untersuchung zur Realtechnik und ihren Grundrelationen, Münster 2001.

Wenz, Gunther (2013): Abraham und Jakob sind keine Vorbilder. Zur ethischen Orientierung für das Zusammenleben in Ehe und Familie, in: Nachrichten der Evangelisch-Lutherischen Kirche in Bayern 68 (2013) 10, 317–321.

Werden, Rita (2015): Schamkultur und Schuldkultur. Revision einer Theorie, Münster 2015.

Werner, Micha H. (2003): Hans Jonas' Prinzip Verantwortung, in: Düwell, Marcus/Steigleder, Klaus (Hg.): Bioethik. Eine Einführung, Frankfurt am Main 2003, 51-56.

Westermann, Claus (1999): Genesis, Bd. II: Genesis 1-11, Teil 2: Gen 4-11, Neukirchen-Vluyn 1999.

Wetz, Franz Josef (2009): Baustelle Körper. Bioethik der Selbstachtung, Stuttgart 2009.

Wieland, Josef (1998): Handlungsfelder angewandter Ethik. Eine theologische Orientierung, Stuttgart/Berlin/Köln 1998.

Wieland, Josef (1996): ›Option für die Armen?‹ Grenzgänge der Sozialethik, in: Zeitschrift für Evangelische Ethik 40 (1996), 57-66.

Williams, Bernard (2000): Scham, Schuld und Notwendigkeit. Eine Wiederbelebung antiker Begriffe der Moral. Aus dem Englischen von Martin Hartmann, Berlin 2000.

Williams, Bernard (1999): Ethik und die Grenzen der Philosophie. Aus dem Englischen von Michael Haupt, Hamburg 1999.

Williams, Sam (2003): Towards a theology of emotion, in: Southern Baptist Convention. The Southern Baptist Journal of Theology 7 (2003), 58-73.

Wils, Jean-Pierre (1990): Ästhetische Güte. Philosophisch-theologische Studien zu Mythos und Leiblichkeit im Verhältnis von Ethik und Ästhetik, München 1990.

Winterling, Aloys (Hg.) (2006): Historische Anthropologie. Basistexte, Stuttgart 2006.

Wischmeyer, Oda (2015): Liebe als Agape, Tübingen 2015.

Witte, Markus (Hg.) (2012a): Gerechtigkeit. Themen der Theologie 6, Tübingen 2012.

Witte, Markus (2012b): ›Weisheit‹ in der alttestamentlichen Wissenschaft. Ausgewählte literatur- und theologiegeschichtliche Fragestellungen und Entwicklungen, in: Theologische Literaturzeitung 137 (2012), 1159-1176.

Wittgenstein, Ludwig (1989): Vortrag über Ethik, in: Ders.: Vortrag über Ethik und andere kleine Schriften, Frankfurt am Main 1989, 9-19.

Wohlleben, Peter: (2015): Das geheime Leben der Bäume, München 2015.

Wolf, Jean-Claude (2005): Tierethik. Neue Perspektiven für Menschen und Tiere, Erlangen 2005.

Wolf, Ursula (2012): Ethik der Mensch-Tier-Beziehung, Frankfurt am Main 2012.

Wolf, Ursula (Hg.) (2008): Texte zur Tierethik, Stuttgart 2008.

Wolf, Ursula (2006): Für Tiere nur Mitleid? Überlegungen zu den Quellen der Moral, in: Scarano, Nico/Suárez, Mauricio (Hg.): Ernst Tugendhats Ethik. Einwände und Erwiderungen, München 2006, 77-90.

Wollheim, Richard (2001): Emotionen. Eine Philosophie der Gefühle, München 2001.

Wollzogen, Christoph von (1995): Die eigentliche metaphysische Störung. Zu den Quellen der Ethik bei Heidegger und Levinas, in: Endreß, Martin (Hg.): Zur Grundlegung einer integrativen Ethik. Für Hans Krämer, Frankfurt am Main 1995, 130-154.

Wounders, Cas (1994): Duerr und Elias. Scham und Gewalt in Zivilisationsprozessen, in: Zeitschrift für Sexualforschung 7 (1994), 203-216.

Wulf, Christoph (2004): Geschichte – Kultur – Philosophie, Reinbek bei Hamburg 2004.

Wurmser, Léon (2013): Die Maske der Scham. Zur Psychoanalyse von Schamaffekten und Schamkonflikten, Magdeburg 2013.

Wurmser, Léon (1986): Die innere Grenze. Das Schamgefühl. Ein Beitrag zur Über-Ich-Analyse, in: Jahrbuch der Psychoanalyse 21 (1986), 16-41.

Würthwein, Ernst (1970): Die Weisheit Ägyptens und das Alte Testament (1958/1959); in: Ders.: Wort und Existenz. Studien zum Alten Testament, Göttingen 1970, 197-216.

Wustmans, Clemens (2015): Tierethik als Ethik des Artenschutzes. Chancen und Grenzen, Stuttgart 2015.

Yang, Jeffrey (2012): Ein Aquarium. Aus dem Englischen von Beatrice Faßbender, Berlin 2012.

Yglesias, Rafael (2010): Glückliche Ehe. Roman. Aus dem Amerikanischen von Cornelia Holfelder-von der Tann, Stuttgart 2010.

Zeh, Juli (2015): Treideln. Frankfurter Poetikvorlesungen, München 2015.

Zeh, Juli (2010): Corpus Delicti. Ein Prozess, München 2010.

Zeilinger, Thomas (2012a): Der Bischof zeigt Gesicht. Die evangelische Kirche sollte in den sozialen Netzwerken den Dialog pflegen, in: Zeitzeichen 3/2012, 31-33.

Zeilinger, Thomas (2012b): Auf dem Weg zu einer Ethik der Verbundenheit. Kommunikationstheoretische, ethische und anthropologische Hinweise zum Personsein im Web 2.0, in: Costanza, Christina/Ernst, Christina (Hg.): Personen im Web 2.0. Kommunikationswissenschaftliche, ethische und anthropologische Zugänge zu einer Theologie der Social Media, Göttingen 2012,188-199.

Zeller, Dieter (1983): Die weisheitlichen Mahnsprüche bei den Synoptikern, Würzburg 1983.

Zielcke, Andreas (2014): Sieg über das Gesetz, in: Süddeutsche Zeitung, 2. Mai 2014, 11.

Zimmerli, Walther Ch. (1998): Ethik in der Technik – überfällig oder überflüssig?, in: Geisler, Ralf/Knüppel, Renate/Wegner, Gerhard (Hg.): Mensch – Natur – Technik. Beiträge aus christlicher Perspektive, Hannover 1998, 13-29.

Zimmermann, Ruben (2016a): Metaphorische Ethik. Ein Beitrag zur Wiederentdeckung der Bibel für den Ethik-Diskurs, in: Theologische Literaturzeitung 141 (2016) 4, 295-310.

Zimmermann, Ruben (2016b): Die Logik der Liebe. Die implizite Ethik der Paulusbriefe am Beispiel des 1. Korintherbriefes, Neukirchen-Vluyn 2016.

Zimmermann, Ruben (2013): Pluralistische Ethikbegründung und Normenanalyse im Horizont einer ›impliziten Ethik‹ frühchristlicher Schriften, in: Horn, Friedrich W./Volp, Ulrich/Zimmermann, Ruben (Hg.): Ethische Normen des frühen Christentums. Gut – Leben – Leib – Tugend. Kontexte und Normen neutestamentlicher Ethik, Tübingen 2013, 3-27.

Zimmermann, Ruben (2009): Die Ethico-Ästhetik der Gleichnisse Jesu. Ethik durch literarische Ästhetik am Beispiel der Parabeln im Matthäus-Evangelium, in: Horn, Friedrich W./Zimmermann, Ruben (Hg.): Jenseits von Indikativ und Imperativ. Kontexte und Normen neutestamentlicher Ethik Band I, Tübingen 2009, 235-265.

Zimmermann, Ruben (2007): Jenseits von Indikativ und Imperativ. Entwurf einer »impliziten Ethik« des Paulus am Beispiel des 1.Korintherbriefes, in: Theologische Literaturzeitung 132 (2007), 259-284.

Zitt, Christian (2008): Vom medialen Körperkult zum gesellschaftlichen Krankheitsbild. Zu den Zusammenhängen zwischen der Darstellung des weiblichen Körpers in Printmedien und Internet und Essstörungen, Wien 2008.

Zola, Emile (2012): Das Geld. Roman. Aus dem Französischen von Leopold Rosenzweig, Berlin 2012.

Zuboff, Shoshana (2015a): Schürfrechte am Leben, in: Schirrmacher, Frank (Hg.): Technologischer Totalitarismus. Eine Debatte, Berlin 2015, 168-182.

Zuboff, Shoshana (2015b): Der menschliche Faktor, in: Schirrmacher, Frank (Hg.): Technologischer Totalitarismus. Eine Debatte, Berlin 2015, 262-273.

Filmverzeichnis

Bauder, Marc (2013): Master of the Universe, Deutschland 2013.

Dearden, James (1999): High Speed Money – Die Nick-Leeson-Story, Großbritannien 1999.

Erpulat, Nurhan/Hillje, Jens (2012): Verrücktes Blut, Deutschland 2012.

Haneke, Michael (2009): Das weiße Band, Deutschland 2009.

Hochhäusler, Christoph (2010): Unter dir die Stadt, Deutschland 2010.

McQueen, Steve (2012): Shame, Spanien 2012.

Mörsdorf, Rüdiger (2010): Das gelobte Land der Alpen. Wie Jerusalem nach Italien kam. SWR/SR-Fernsehen, 2010.

Opitz, Stephan (2012): Speed. Auf der Suche nach der verlorenen Zeit, Deutschland 2012.

Schmidt, Lukas/Wackernagel-Jacobs, Barbara (2015): Sputnik moment. Leben im Alter, Saarbrücken 2015.

Tykwer, Tom (2016): Ein Hologramm für den König, Deutschland 2016.

Namenregister